CEDR

武汉大学经济发展研究中心

中国发展经济学年度发展报告

（2020 — 2021）

叶初升　主编

WUHAN UNIVERSITY PRESS

武汉大学出版社

图书在版编目（CIP）数据

中国发展经济学年度发展报告.2020-2021/叶初升主编.—武汉:武汉大学出版社,2022.11

ISBN 978-7-307-23422-2

Ⅰ.中…　Ⅱ.叶…　Ⅲ.发展经济学—研究报告—中国—2020-2021

Ⅳ.F120.4

中国版本图书馆 CIP 数据核字（2022）第 204811 号

责任编辑:陈　红　　　责任校对:汪欣怡　　　整体设计:马　佳

出版发行:**武汉大学出版社**　　（430072　武昌　珞珈山）

（电子邮箱:cbs22@ whu.edu.cn 网址:www.wdp.com.cn）

印刷:武汉中科兴业印务有限公司

开本:787×1092　1/16　印张:34.75　字数:824 千字　插页:2

版次:2022 年 11 月第 1 版　　　2022 年 11 月第 1 次印刷

ISBN 978-7-307-23422-2　　　定价:138.00 元

版权所有,不得翻印;凡购买我社的图书,如有质量问题,请与当地图书销售部门联系调换。

学 术 委 员 会

名誉主任：林毅夫（北京大学）

主　　任：郭熙保（武汉大学）

　　　　　朱晓冬（多伦多大学、武汉大学）

委　　员：（以姓氏拼音为序）

　　　　　陈广汉（中山大学）

　　　　　杜巨澜（香港中文大学）

　　　　　马春文（吉林大学）

　　　　　马　颖（武汉大学）

　　　　　彭　刚（中国人民大学）

　　　　　万广华（复旦大学）

　　　　　王　勇（北京大学）

　　　　　徐长生（华中科技大学）

　　　　　叶初升（武汉大学）

　　　　　张东辉（山东大学）

　　　　　张建华（华中科技大学）

　　　　　张其仔（中国社会科学院）

　　　　　郑江淮（南京大学）

编 委 会

主　　编：叶初升

副 主 编：肖利平　胡　晖

编　　委：刘传江　李　卓　罗　知

武汉大学经济发展研究中心
简　介

　　武汉大学经济发展研究中心（The Center for Economic Development Research，简称 CEDR）由我国著名经济学家谭崇台先生创立于 1990 年，是依托武汉大学经济学领域四个国家级重点学科（西方经济学、世界经济、人口资源与环境经济学和金融学），集聚校内外发展经济学领域优秀学者而构建的，是集理论研究、政策分析和教学于一体的学术机构和智库。武汉大学经济发展研究中心直属武汉大学。2000年被批准为教育部人文社会科学重点研究基地。

　　自成立以来，武汉大学经济发展研究中心始终把发展经济学作为主要研究领域，以发展经济学理论和方法研究中国经济实践，以中国经济发展的经验事实推动发展经济学的理论创新，取得了一系列丰硕成果，使武汉大学成为中国发展经济学研究重镇。武汉大学经济发展研究中心是中国唯一的发展经济学学术团体——中华外国经济学说研究会发展经济学分会的常设秘书处。

　　武汉大学经济发展研究中心现有研究人员43人，其中教授22人，长江学者特聘教授1人，国家"千人计划"入选者1人，青年长江学者1人，国家青年拔尖人才1人，教育部跨世纪人才和新世纪优秀人才7人，楚天学者4人，武汉大学珞珈杰出学者3人，珞珈特聘教授2人，珞珈青年学者5人。10人在海外高水平大学获得博士学位。自2017年4月开始，武汉大学经济发展研究中心实行学术委员会领导下的海内外联席主任负责制。现任联席主任为朱晓冬教授（University of Toronto）和叶初升教授（武汉大学）。

　　武汉大学经济发展研究中心编辑出版学术期刊《经济评论》，以及《武汉大学经济发展研究中心学术丛书》《发展经济学研究》《珞珈智库·经济观察》和《中国发展经济学年度发展报告》等五个系列学术产品。

　　武汉大学经济发展研究中心的宗旨是，集聚和培养一批创新人才，全面提升教学、科研和咨政三位一体的创新能力，致力于推进发展经济学的中国化与时代化以及中国经济发展实践的理论化与国际化，以标志性的系列学术成果塑造发展经济学研究的珞珈品牌，努力把武汉大学经济发展研究中心办成国内顶尖、国际知名的学术平台和具有社会影响力的智库，为中国经济发展贡献智慧。

序

自 18 世纪中叶英国发生工业革命以后，世界出现了大分流，西欧涌现了几个发达的工业化国家，其科学技术日新月异，经济发展一日千里，相比之下亚非拉其他国家变成了落后的发展中国家。发达国家以船坚炮利迫使世界各地的发展中国家变成受其剥削的殖民地、半殖民地。第一次世界大战以后民族主义风起云涌，第二次世界大战以后，亚非拉的前殖民地、半殖民地国家纷纷摆脱西方列强的控制，取得政治独立，开始在第一代革命精英的领导下推动工业化现代化，冀图民富国强，和前殖民国家平等屹立于世界之林。

经济学是经世济民之学，为帮助第二次世界大战后发展中国家实现经济腾飞的梦想，发展经济学成为一门从现代经济学中独立出来的子学科，为各个发展中国家工业化现代化的努力提供理论指导。诺贝尔经济学奖获得者罗伯特·卢卡斯曾言，"一名经济学家若开始思考发展的问题，就很难再思考其他问题"，发展经济学自产生以来大师辈出，相继涌现了主张政府发挥积极作用以克服市场失灵，直接动员资源、配置资源来发展现代化大产业的结构主义思潮和主张克服政府失灵，建立以私有化、市场化、自由化为基础制度安排以发挥市场配置资源作用的新自由主义思潮。结构主义和新自由主义各自的理论体系都逻辑严谨自洽，也能对人们所观察到的许多发展中国家的问题提出令人信服的解释，因此，这两波理论思潮产生后广被发展中国家的政府和社会精英以及国际发展机构所接受，影响了第二次世界大战结束以来大多数发展中国家的政策实践。然而，在第二次世界大战后的近 200 个发展中经济体中，经过两代多人的努力，只有韩国和我国台湾地区从低收入跃进高收入。在 1960 年的 101 个中等收入经济体中，到 2008 年国际金融经济危机爆发前只有13 个超越中等收入，成为高收入经济体，其中 8 个是原本和发达国家收入差距就不大的西欧周边国家或石油生产国，另外 5 个是日本和亚洲四小龙。

我国自 1978 年开始改革开放，从社会主义计划经济体制向市场经济体制转型，发展经济学随同西方的各种理论思潮涌进。我国政府则本着解放思想、实事求是的精神，坚持走一条适合自己国情的道路，避免了苏联东欧和其他社会主义国家转型期照搬西方主流理论导致的经济崩溃停滞和危机不断。40 年来我国经济取得了前无古人的持续高速增长，成为世界第二大经济体、第一大贸易国，7 亿多人摆脱贫困。继续沿着这条道路，不断深化改革，我国很有可能到 2025 年前后成为一个高收入国家。

纵观第二次世界大战结束以来发展中国家工业化现代化的努力，尚未有哪个发展中国家照搬西方主流理论而追赶上发达国家，少数几个发展或转型成功的经济体其主要政策在推行时，从当时盛行的主流理论来看一般是错误的。究其原因，现在的主流发展经济学理论来自发达国家，总是以发达国家有什么、做好了什么为参照系来看发展中国家缺什么、

1

做不好什么，并要发展中国家拥有发达国家所拥有的，按发达国家能做好的来做。这样的理论用意良好，但是，忽视了发达国家和发展中国家条件的差异，许多发展中国家按此付出许多努力，结果总是事与愿违。

我国老一辈发展经济学家张培刚、谭崇台、陶文达、杨敬年等在改革开放初期编写教材引进西方主流发展经济学理论的同时，也从我国的政策实践中认识到需要根据我国的国情、改革开放的成效，以及第二次世界大战以来其他发展中国家发展转型的成败经验，来总结提出能帮助我们认识世界改造世界的新的发展经济学。新一代的发展经济学家在老一辈发展经济学家的培养熏陶下也纷纷做了大量的实证研究，从中国改革发展实践经验中提出了许多新的观点、新的理论，并组织了中华发展经济学会来推动这项工作。2009年我在世界银行高级副行长兼首席经济学家任上开始倡导的新结构经济学就是沿着这个方向所做的一个努力。2017年7月第十一届中华发展经济学年会在温州大学召开，我很高兴获选为新一届学术委员会主任，并应邀在大会开幕式上作了题为《新结构经济学、自生能力与新的理论见解》的主旨报告，该报告获得了国内发展经济学界同行们的肯定并产生了热烈反响。

2016年5月17日习近平总书记在哲学社会科学工作会议的讲话中指出："这是一个需要理论而且一定能够产生理论的时代，这是一个需要思想而且一定能够产生思想的时代。我们不能辜负了这个时代。"这是总书记对我国哲学社会科学工作者，包括从事发展经济学理论研究工作的经济学家们发出的一个号召。我们有幸作为生活工作在最接近中华民族伟大复兴这一时期的发展经济学家，自然不能辜负这个时代给予我们的机遇，应该承担起推动创新发展经济学理论和思潮的责任。

呈现在读者面前的这本由中华发展经济学研究会和武汉大学经济发展研究中心策划，叶初升教授主编，中国发展经济学研究领域许多优秀学者参与编写的《中国发展经济学年度发展报告》，旨在记录和梳理中国发展经济学研究的历史进程，反思和评论我国发展经济学的研究现状，探寻进一步发展的方向，对我国学者在国内外发表的发展经济学相关领域的重要论著进行评论，指出存在的问题，展望未来的研究趋势。在当前发展阶段，这本报告的发布具有重要的理论和现实意义。我相信，展读此报告将对广大经济理论工作者和关心中国经济学科发展以及中国未来发展前景的广大读者大有裨益。也希望这本报告能够引发读者思考，帮助其了解我国当前深化改革存在的问题和原因，解决问题的办法等。

作为一名发展经济学的研究者和教育者，以及热切期盼中国经济学研究走向世界经济学殿堂的工作者，我呼吁大家共同为发展经济学的理论创新与学科发展努力，为中国经济学家引领世界发展经济学思潮时代的到来努力！

林毅夫

2018年9月12日于

芬兰赫尔辛基旅次

前　言

发展经济学是现代经济学体系中唯一专注于发展中国家经济发展问题的分支学科，但是，它并非诞生于发展中国家。发展经济学在西方发达国家萌发并成长起来，这种实践背景在很大程度上决定了它的主流理论取向：立足于发达国家而俯视发展中国家，以发达国家经济发展为样板，从发达国家的实践经验中提炼理论而应用于发展中国家。这种研究取向把发展经济学引向两难境地：在实践上，不能很好地解释和解决发展中国家的发展问题；在理论上，由于只是发达国家经验与理论的应用，失去了独立存在的必要性而受到诘难（Hirschman，1981；Haberler，1984；Lal，1985；Krugman，1993）。

实践是理论之源。研究发展中国家经济发展问题的发展经济学，必须植根于发展中国家经济实践。20 世纪 80 年代初，遭受阵营内外夹击的发展经济学，被范家骧、谭崇台等老一辈经济学家引入中国。时代选择了中国，中国选择了发展经济学。

改革开放的中国需要发展经济学，发展经济学的生存发展也需要中国。中国是一个发展中国家，在经济基本面、面临的发展问题和发展任务等方面，既不同于发达国家的过去，更区别于发达国家的现在，但与其他发展中国家存在诸多共性。中国走弯路的教训以及创造增长奇迹的经验，都具有典型的发展经济学意义。事实上，中国的改革开放为发展经济学研究提供了天然的实验场，吸引了全球发展经济学研究者的目光。在这片充满勃勃生机的土地上，中国发展经济学研究者亲历了这场伟大实践，他们以自己的经验观察与学术研究推动了发展经济学的理论创新。20 世纪 90 年代初以来，发展经济学再度呈现繁荣景象，与中国改革开放实践的推动，与张培刚、谭崇台、陶文达、杨敬年等老一辈经济学家在中国所进行的学科重建，具有密切的关系。近年来，林毅夫教授在反思发展经济学理论和发展中国家特别是中国发展成败经验的基础上，系统地提出了新结构经济学理论，获得国际经济学界的高度评价以及许多发展中国家政府和知识界的重视。新结构经济学被称为继结构主义、新古典主义之后的第三波发展思潮。中国不仅仅是世界发展经济学关注的中心，也将会成为世界发展经济学的研究中心。

教育部人文社会科学重点研究基地武汉大学经济发展研究中心自 1990 年我国著名经济学家谭崇台教授创建以来，一直以发展经济学研究为己任，致力于推进发展经济学的中国化和中国发展实践的理论化、国际化。为进一步推动中国发展经济学的学科建设与理论创新，我们决定编撰《中国发展经济学年度发展报告》。该报告每两年出版一期，年鉴式地记录和梳理中国发展经济学在学术研究和学科建设等方面的发展进程，展示报告期内中国发展经济学的风貌，评论和反思报告期内中国发展经济学各领域的发展状况，探寻进一步发展的方向，为我国发展经济学的学术研究和学科发展提供建设性的参考意见，为新时代中国特色社会主义经济建设贡献智慧。

　　《中国发展经济学年度发展报告》分十四个专题，涵盖了发展经济学研究的各个领域；每个专题包括研究综述、重要论文简介、重要著作简介和学术会议简介等四个方面的内容。"研究综述"：从发展经济学研究视角出发，对两年来中国学者在国内外发表的该领域重要论著进行评论，厘清研究路径，展现研究成果，指出存在的问题，展望未来的研究趋势；"重要论文"：筛选该领域两年来中国学者的重要论文，并简要介绍每篇论文的基本思想、主要结论、学术创新或实践意义、学术影响或社会影响；"重要著作"：筛选两年来该领域重要著作，并简要介绍每部著作的基本思想、分析框架、主要观点、学术创新或实践价值、学术影响或社会影响；"学术会议"：简要介绍两年来该领域重要的学术会议，包括理论或现实背景、会议主题、主办及协办单位、会议规模、会议架构、主要观点和会议成效等。

　　为了保证发展报告的学术权威性、研究前沿性和评论公正性，我们邀请发展经济学领域著名学者组成学术委员会指导本报告的编撰工作，并将研究内容分成若干方向领域以招标的形式征文。林毅夫教授欣然出任《中国发展经济学年度发展报告》学术委员会名誉主任，并为本报告作序。

　　中国已经由一个农业国初步转变为工业国，由落后的低收入国家跨进了中等收入国家的行列。在新的发展阶段，中国的要素禀赋、社会需求、外部发展环境等都发生了明显变化。相应地，经济社会的主要矛盾、经济发展的基本问题也随之变化。新时代，新的经济实践，赋予发展经济学新的历史使命。从全球视野中把握中国经济，从中国经济增长与结构变迁的经验事实中探寻发展的逻辑，从中国发展故事中凝练具有普遍意义的发展经验与理论，在发展经济学的理论创新中注入中国元素，揭开发展经济学新的一页。这是时代对中国学者的期待。

目　　录

引论　中国经济（2020—2021）：发展环境、发展问题与发展政策

2020—2021 年，受世界百年未有之大变局加速演进和新冠肺炎疫情全球大流行交织影响，中国经济发展外部环境更趋复杂严峻，国内新冠肺炎疫情防控和经济社会发展各项任务繁重艰巨。在以习近平同志为核心的党中央的坚强领导下，各地区各部门坚持稳中求进的工作总基调，立足新发展阶段，贯彻新发展理念，构建新发展格局，以深化供给侧结构性改革为主线，以改革创新为根本动力，科学精准实施宏观政策，统筹疫情防控和经济社会发展，扎实做好"六稳""六保"工作，经济持续稳定恢复、保持较好发展态势，改革开放向纵深推进，就业民生保障有力，高质量发展取得新成效，脱贫攻坚战如期打赢，小康社会全面建成，实现了第一个百年奋斗目标。2020 年，中国成为全球主要经济体中唯一实现正增长的经济体，GDP 首次突破百万亿元大关，比上年增长 2.2%；2021 年 GDP 达 114.4 万亿元，同比增长 8.1%，占全球经济的比重超过 18%，人均 GDP 达 1.25 万美元，首次超过世界人均 GDP 水平。在引论中，我们将从发展环境、发展问题与发展政策三个维度对 2020 年和 2021 年中国经济发展实践进行简单的梳理，为后续各章关于发展经济学各领域的理论研究概述提供实践基础。

一、中国经济发展的外部环境

2020—2021 年，疫情冲击下世界经济整体低迷、逆全球化、政局动荡和国际金融环境恶化等成为制约中国经济发展的主要外部因素。

第一，疫情冲击，世界经济下行风险加剧。2020—2021 年世界经济经历了深度衰退与艰难复苏的过程。2020 年，新冠肺炎疫情这只"黑天鹅"重创全球经济，衰退成为世界经济的主旋律，美国、欧元区等发达经济体、新兴市场和发展中经济体均经历了不同程度的衰退；2021 年，复苏成为全球经济的主旋律，各主要经济体经济发展逐步走向正轨。据国际货币基金组织的统计数据，2020 年世界产出（实际 GDP）增长率为 -3.1%，2021 年上升为 6.1%。国际疫情持续反复的不确定性，加剧世界经济下行风险，阻碍经济复苏进程。

第二，全球化遭遇逆流，保护主义上升。2020 年突如其来的新冠肺炎疫情给世界各国和全球秩序带来了前所未有的冲击和影响，阻碍了全球化进程。一方面，疫情在很大程度上阻止了人员跨国流动，影响商品和资本的跨国流通；另一方面，疫情加速了逆全球化

1

思潮泛起，全球供应链、产业链与价值链加快重塑，我国产业链外移风险加剧。面对疫情挑战，某些西方国家操纵国内政治，民粹主义、保护主义暗潮涌动，"去中国化"甚嚣尘上，要求采取保护主义措施增强产业本土化和自主化，提升安全性，导致国际信任赤字上升，国际宏观经济政策协调难度加大，极大阻碍全球化进程，给我国开展国际经贸合作带来严峻挑战。

第三，世界政局动荡，不确定性因素增加。近两年来，国际关系大变革、大改组、大分化更加明显，世界百年未有之大变局加速发展，世界政局动荡不安，加剧了世界范围内的不稳定性。英国脱欧尘埃落定、美国总统换届、俄罗斯与北约关系跌至冰点等重大国际事件加剧了世界政局的动荡程度，使得国际形势变幻莫测。经济问题和政治问题相互关联，地缘政治动荡将放大经济周期波动，并对世界整体经济活动产生长期负面影响。政治风险带来的不确定性风险，会进一步影响行为主体的风险认知和经济行为，从而提高了实体经济、金融市场发展的不确定性，增加经济政策的实施难度。

第四，国际金融环境恶化，金融风险增加。在新冠疫情和原油价格暴跌的联合冲击下，2020年3月美股在连续8个交易日内四次熔断，前所未有的情形造成全球经济紧张，带来较大经济下行压力。作为中国进入现代化的重要手段之一金融对外开放至关重要，而全球经济形势复杂严峻程度加重，给中国经济金融体系带来较大外部压力。新冠疫情的外部冲击下，国际贸易规模急剧下降、投资大幅萎缩，国际金融市场动荡不安，国际交往受限。如国际货币基金组织（IMF）和世界银行年会中所言："新兴市场正面临多重风险，包括高昂的外部借款成本、居高不下的通胀、波动剧烈的大宗商品市场、高度不确定的全球经济前景以及发达经济体政策收紧等带来的压力。"

二、中国经济面临的发展问题

2020—2021年，一方面，国际疫情发展、中美经贸关系、全球化发展仍存在不确定性，全球流动性泛滥、大宗商品价格上涨、国际金融环境恶化等因素加剧经济发展的外部风险；另一方面，存在投资复苏基础不牢固、财政收支矛盾、地方政府债务高企、金融条件收紧、失业率上升等问题，经济复苏艰难曲折。这两年，下述六大核心问题凸显，也因此备受学界和政策制定者关注。

第一，国内有效需求收缩。近年来，由于世界各国贸易保护主义抬头，加之全球大流行性的新冠疫情冲击，世界经济遭遇断崖式下滑，全球市场萎缩，国际贸易和投资大幅缩减，我国外需不稳定、不确定性风险增加，因此，相对稳定的内需成为化解外部冲击和经济危机的重要力量。2020年5月，习近平总书记提出要"逐步形成以国内大循环为主体、国内国际双循环相互促进的新发展格局"。消费是最终需求，是畅通国内大循环的关键环节和重要引擎，对经济具有持久拉动力，事关保障和改善民生。我国拥有14亿多人口的超大规模市场，但由于疫情冲击、供给结构性失衡、就业形势严峻等原因，内需收缩态势明显，投资消费领域存在有效需求不足问题，微观主体的积极性和活跃性程度不高，居民消费行为和企业投资行为趋于保守，内需潜力得不到充分释放，进而制约了内需拉动经济增长的作用。

第二，供给冲击压力增加。一方面，企业面临原材料、劳动和资本等生产要素供给冲击。2020—2021年疫情冲击和国际流动性泛滥等原因导致国际大宗商品供给减少，原材料价格大幅上涨，加之国内开展低碳减排导致煤炭、石油等传统能源停产减产，助推原材料价格上涨，我国中下游企业承受较大的成本压力；随着人口老龄化进程加快，劳动力供给增速放缓，劳动力规模下降，加之疫情管控使人员流动受限，劳动力要素供给被迫中断；同时疫情影响诸多企业尤其是中小企业的正常生产经营，由于市场订单减少、生产约束加大、生产成本上升等，企业资金回流放缓，再加上融资困难，企业经营效益下行压力加大，最终面临现金流短缺的风险。另一方面，百年变局叠加世纪疫情给原本形成的产业链和供应链带来极大挑战，企业停工停产、职工失业、产业链和供应链的断裂、阻隔加剧供给冲击。同时，某些国家为抑制中国发展，通过设置贸易壁垒、提高关税、中断合作等方式公开打压，加剧产业链和供应链的不稳定性风险。

第三，科技创新面临诸多瓶颈。习近平总书记多次强调：当今世界，科技创新已经成为提高综合国力的关键支撑，成为社会生产方式和生活方式变革进步的强大引领，对在国际社会中占领先机、赢得优势起着不可忽视的作用。国内方面，我国在科技创新方面本身就存在基础薄弱、根子不深、底子不牢的问题，再加上缺少外部优质创新资源的注入，创新能力和效率不高。2021年，在《努力成为世界主要科学中心和创新高地》一文中，习近平总书记肯定了我国科技方面取得的成就：随着中国经济不断飞速上升，科技不断取得进步，我国科技实力正在从量的积累迈向质的飞跃、从点的突破迈向系统能力提升；同时也对我国科技面临的诸多瓶颈，如在视野格局、创新能力、资源配置、体制政策等方面存在诸多不适应的地方，人才发展体制机制还不完善，顶尖人才和团队比较缺乏等进行深刻分析。国外方面，目前我国在中低端制造业已基本打破国外的垄断，具备自主能力，但在高端行业如芯片等，发展还较为落后。而美国不惜一切代价，通过一轮又一轮打压中国科技行业等手段，也给相关行业造成困扰，使得中国的技术在短时间难以实现突破。

第四，中小企业经营压力加剧。在畅通国内大循环、国内国际双循环中，中小企业发挥着将生产端、消费端等串联起来的重要作用。而央行紧缩性的货币政策通常使得商业银行收紧对中小企业贷款，中小企业融资难的问题长期限制其进一步的发展。此外，中小企业议价能力和成本转嫁能力有限，在上游原材料价格上涨明显，下游需求增长乏力的市场趋势下，利润空间不断受到挤压①。中小企业在人力财力、公司现代化治理水平等方面也存在不足，进一步提升了自身经营风险。在新冠疫情和国内外双重环境变化的联合影响下，2020年我国经济下行压力加大，中小企业受到重创，生产经营面临较大困难。与大企业相比，中小企业灵活度高但风险承受能力弱，新冠疫情冲击下高度敏感的中小企业折损严重，即便国家出台各种补救政策，疫情反复下几个月的停工停产还是让中小企业不堪重负。此外，中小企业经济复苏的速度较慢，且恢复动能正在减弱，恢复至疫情前的水平仍需要一段时间。

第五，就业结构性矛盾突出。劳动力需求的结构性变化是就业结构性矛盾产生的根源，劳动力供给的结构性变化、劳动力市场功能未能充分发挥也是结构性矛盾产生的重要

---

① 李庚南. 当前小企业生存究竟有多难？［EB/OL］. 新浪财经，2021-11-26.

因素。我国新产业、新业态、新商业模式的出现，给已有就业岗位带来创造性破坏效应，使得大量工人面临隐形失业风险，而新兴产业竞争激烈，对创新的要求较高的特点加剧了技能需求和供应的结构性矛盾。尽管目前我国整体就业情况趋于好转，但以农民工数量下降和大学生就业难度上升为主的结构性失衡问题依然突出。一方面，国家鼓励就近就业政策发挥效应，使得未来一个时期内农民工更多偏向本地就业，外出务工需求下降，同时疫情冲击下企业用工需求也有所下降。另一方面，在经济周期性因素驱动下，大学毕业生的供给与需求波动规律不同，大学毕业生的供给与需求存在一定不匹配[①]。而新冠疫情使得中国经济遭受重创，后疫情时代制造业恢复相对缓慢，就业市场的大学毕业生在企业用工需求锐减和应聘时间缩短的双重冲击下，失业率有所上升。

第六，巩固拓展脱贫成果任重道远。2020 年的突发疫情扰乱了我国脱贫攻坚工作的正常节奏，对脱贫攻坚帮扶机制形成严峻挑战，重点帮扶措施如产业、教育、医疗、易地搬迁等都受到不同程度的不利影响，工厂停产、开学延迟，深度贫困地区劳动力输出受阻，特色农产品销售乏力，极大增加了按时完成全面脱贫任务的整体难度。2020 年 11 月 23 日，在新冠疫情和经济下行的压力下，我国如期打赢脱贫攻坚战，脱贫减贫取得历史性成就，但仍存在许多亟待解决的问题，绝对贫困转化为相对贫困成为未来长期存在的贫困现象；贫困地区和贫困群体内生发展动力相对不足，面临极大返贫风险；脱贫攻坚与乡村振兴的政策衔接也面临较大挑战。

三、中国经济发展的政策实践

（一）总体战略布局

2020 年中共中央政治局会议指出，2020 年是全面建成小康社会和"十三五"规划收官之年，是实现第一个百年奋斗目标、为"十四五"发展和实现第二个百年奋斗目标打好基础的关键之年；而十九届五中全会也提到 2021 年是"十四五"开局之年，是开启全面建设社会主义现代化国家新征程、向第二个百年奋斗目标进军的第一年。在新冠疫情冲击下，国内外不稳定性显著上升，中国顶住压力，经济持续恢复，为 2020 年全球唯一正增长主要经济体。中国政府坚持系统观念，统筹推进"五位一体"总体布局、协调推进"四个全面"战略布局，从全局上确立了新时代坚持和发展中国特色社会主义的战略部署，丰富和发展了我国改革开放和社会主义现代化建设的顶层设计。

十九届五中全会提出要加快发展现代产业体系，推动经济体系优化升级，把发展经济着力点放在实体经济上，坚定不移建设制造强国、质量强国、网络强国、数字中国，推进产业基础高级化、产业链现代化，提高经济质量效益和核心竞争力；加快构建以国内大循环为主体、国内国际双循环相互促进的新发展格局，深入实施科教兴国战略、人才强国战略、创新驱动发展战略；巩固拓展脱贫攻坚成果，全面推进乡村振兴战略，实现巩固拓展脱贫攻坚成果同乡村振兴有效衔接等经济社会发展主要目标。

---

① 陈建伟，赖德胜. 周期性与结构性因素交织下就业结构性矛盾及其政策应对［J］. 中国特色社会主义研究，2019（1）：2，32-38.

（二）经济发展的政策举措

围绕叠加疫情冲击的经济发展问题，中央和地方政府出台了许多具体措施。我们以2020—2021年的六大核心问题为线索，梳理相关的具体政策实践。

1. 激发消费活力扩内需

2020年初疫情暴发后，党中央将经济复苏、保障民生列为政府工作重心，中央和地方政府也相继出台一系列政策以复苏经济、提振消费，其中，消费券和减税降费成为我国刺激消费的主要手段。在消费券方面，山东、浙江、湖北等多省市先后面向全体居民发放消费券，涵盖商业、文旅、吃住行等多品类，刺激效果明显。在减税降费方面，2020年7月，国家税务总局发布《支持疫情防控和经济社会发展税费优惠政策指引》，聚焦稳外贸扩内需，对二手车经销企业销售旧车减征增值税，将新能源汽车免征车辆购置税政策延长2年，促进汽车消费。此外，在常态化疫情防控背景下，发展新型消费作用愈加凸显。2020年7月国家发改委等多部门联合发布《关于支持新业态新模式健康发展激活消费市场带动扩大就业的意见》，提出要积极探索融合化在线教育、互联网医疗、便捷化线上办公、数字化治理等线上服务新模式，激活消费新市场，同时鼓励发展新个体经济，开辟消费和就业新空间。随后，国务院发布《关于以新业态新模式引领新型消费加快发展的意见》（2020年9月），国家发改委等部门联合发布《加快培育新型消费实施方案》（2021年3月）等系列文件指导新型消费的培育和发展。促进新型消费发展主要包括四个方面：一是加力推动线上线下消费有机融合；二是加快新型消费基础设施和服务保障能力建设；三是优化新型消费发展环境；四是加大财政、金融、劳动保障等政策对新型消费的支持力度。以新型消费为引领，持续扩大国内需求，扩大最终消费，为居民消费升级创造条件。

2. 多措并举稳供给

为应对供给冲击，首先，要正确认识和把握农产品和能源矿产等初级产品供给保障，增强国内资源生产保障能力，加快油气资源先进开采技术开发应用，并提升重要产品和物资的储备水平。2020年11月，国务院发布《关于防止耕地"非粮化"稳定粮食生产的意见》，强调粮食生产是农业供给侧结构性改革的前提，要不断巩固和提升粮食综合生产能力，切实把握国家粮食主动权。2020年12月，国务院新闻办发布《新时代的中国能源发展》白皮书，提出通过建立多元清洁的能源供应体系、构建有效竞争的能源市场、科技创新赋能能源发展、全方位加强能源国际合作等，走新时代能源高质量发展道路，为中国经济社会持续健康发展提供有力支撑。其次，促进市场竞争，避免行业垄断。"垄断和不合理的产业竞争格局，在供给冲击出现时，增加了成本压力向下游传导的可能性，成为推动物价上涨、削弱经济增长的阻滞性因素"[①]。2020年4月，中共中央国务院发布《关于构建更加完善的要素市场化配置体制机制的意见》，对健全统一开放、竞争有序的市场体系提供指导。此外，要扩大高水平开放，多措并举稳定外贸，保障产业链和供应链稳定。2020年8月，国务院发布《关于进一步做好稳外贸稳外资工作的意见》，提出通过为外贸企业融资提供增信支持、扩大对中小微外贸企业出口信贷投放、支持贸易新业态发展、给

---

① 滕泰，等．中央经济工作会议提的供给冲击有哪些，如何应对［N］．经济观察报，2021-12-23.

予重点外资企业金融支持等措施稳住外贸外资基本盘。

3. 持续推进科技创新

科技创新是人类社会发展的重要引擎，是应对许多全球性挑战的有力武器。科技创新离不开政策扶持，2020年1月，全国科技工作会议召开，指出要着重做好统筹推进研发任务部署、编制发布中长期科技发展规划等10项工作。2月，国务院发布《关于推广第三批支持创新相关改革举措的通知》，决定在全国或8个改革试验区域内推广第三批20项改革举措，继续加强和深化改革创新探索实践。7月，国务院发布《关于促进国家高新技术产业开发区高质量发展的若干意见》，进一步促进国家高新区高质量发展，发挥好示范引领和辐射带动作用。随后，又颁发《关于建设第三批大众创业万众创新示范基地的通知》（2020年12月）、《关于推动科研组织知识产权高质量发展的指导意见》（2021年3月）、《关于完善科技成果评价机制的指导意见》（2021年7月）等一系列推动科技创新的文件。

从2020年《政府工作报告》中不难总结出这一时期科技创新系列政策的重点在于：（1）提高科技创新支撑能力，稳定支持基础研究和应用基础研究，引导企业增加研发投入，促进产学研融通创新；（2）加快建设国家实验室，重组国家重点实验室体系，发展社会研发机构，加强关键核心技术攻关；（3）加强知识产权保护，改革科技成果转化机制，畅通创新链，营造鼓励创新、宽容失败的科研环境；（4）实行重点项目攻关"揭榜挂帅"，谁能干就让谁干；（5）深化新一轮全面创新改革试验，新建一批双创示范基地，坚持包容审慎监管，发展平台经济、共享经济，更大激发社会创造力等。

4. 加大中小企业纾困帮扶力度

中小企业在我国经济中有着不可忽视的地位，我国一直高度重视中小企业发展，不断健全中小企业法律政策支持体系，促进中小企业持续健康发展。2020年、2021年我国持续出台各项政策法规，发布实施了《关于支持个体工商户复工复业增值税政策的公告》《关于实施专利转化专项计划助力中小企业创新发展的通知》等多项发展政策，加大中小企业纾困帮扶力度，提升中小企业创新能力、竞争力和综合实力，聚焦帮扶中小企业渡过难关。

在提升创新力方面，工信部会议提出重点夯实政策支持体系，完善梯度培育体系和创新服务体系，为"专精特新"中小企业提供"点对点"精细服务，同时引导地方财政加大对"专精特新"中小企业支持力度，为提升中小企业创新能力和专业化水平提供更加有力的服务支撑。在提升竞争力方面，2021年国务院印发《提升中小企业竞争力若干措施》等，鼓励地方落实落细财税扶持，根据形势变化，出台降本减负、援企稳岗等助企措施，把政策制定和落实情况作为中小企业发展环境评估的重要内容。在助力中小企业渡过难关方面，国务院办公厅发布《关于进一步加大对中小企业纾困帮扶力度的通知》，采取加大纾困资金支持力度，进一步推进减税降费，灵活精准运用多种金融政策工具，推动缓解成本上涨压力，保障中小企业款项支付等多项举措。2021年年底《"十四五"促进中小企业发展规划》发布，强调中国致力于促进中小企业整体发展质量稳步提高、创新能力和专业化水平显著提升、经营管理水平明显提高、服务供给能力全面提升、发展环境进一步优化。

5. 统筹施策缓解就业压力

就业是民生之本、财富之源。2020—2021年，受新冠肺炎疫情等多重因素影响，我国就业市场遭受重大冲击，但在我国强调要强化就业优先政策，稳定和扩大就业的指导下，疫情对于就业冲击总体可控。2020—2021年期间，我国多措并举稳就业，如发布《促进2020年高校毕业生就业创业十条措施》（2020年3月）、《国务院办公厅关于支持多渠道灵活就业的意见》（2020年7月）、《关于加快推进乡村人才振兴的意见》（2021年2月）等。

2020—2021年我国一系列援企稳岗帮扶政策，对于高校毕业生、农村外出务工人员等重点群体就业都产生了积极作用。对于高校毕业生，人社部印发通知部署实施高校毕业生就业服务行动，以"暖心助航，就创青春"为主题，对未就业高校毕业生开展集中服务。通过实施服务攻坚，确保有就业意愿的未就业毕业生就业服务不断线，使有求职意愿的失业青年及时得到针对性就业帮扶。对于农村外出务工人员等群体，农业农村部办公厅、人力资源和社会保障部办公厅等部门重点提升职业技能和就业创新能力，实施返乡留乡职业技能提升行动，通过加大以工代赈投入等方式，积极吸引农民工就业。而对于下岗失业人员，通过动态调整就业困难人员认定标准，及时将受疫情等因素影响的困难人员纳入援助对象范围、利用公益性岗位托底安置等方式进行援助。如2021年全国人社工作综述所指出，在中央"六稳""六保"决策部署下，全国各地扛起稳就业保就业重大政治责任，优化完善就业优先政策体系，夯实"稳"的措施，促进"保"的效果，确保了我国就业局势总体稳定。

6. 巩固拓展脱贫攻坚成果与乡村振兴有效衔接

做好巩固拓展脱贫攻坚成果同乡村振兴有效衔接，关系到新发展格局，关系到全面建设社会主义现代化国家全局和实现第二个百年奋斗目标，中央政府对此给予高度重视并提供一系列政策支持。2020年12月，中共中央国务院发布《关于实现巩固拓展脱贫攻坚成果同乡村振兴有效衔接的意见》，随后于2021年2月发布《关于加快推进乡村人才振兴的意见》，指导巩固脱贫攻坚与乡村振兴有效衔接，尤其强调乡村人才振兴的重要作用。2021年4月29日通过的《中华人民共和国乡村振兴促进法》更是为全面深入实施乡村振兴战略提供了有力法治保障，对于促进农业全面升级、农村全面进步、农民全面发展，全面建设社会主义现代化国家，具有重要意义。该法律明确了促进乡村振兴的扶持措施，指出一方面要增强脱贫地区内生发展能力，建立农村低收入人口、欠发达地区帮扶长效机制，持续推进脱贫地区发展，另一方面要建立健全易返贫致贫人口动态监测预警和帮扶机制，实现巩固拓展脱贫攻坚成果同乡村振兴有效衔接。为此，要做好财政投入、金融服务、土地支持和人才智力支持政策有效衔接，支持脱贫地区乡村特色产业发展壮大，促进脱贫人口稳定就业，提升脱贫地区整体发展水平，全面实现乡村振兴。

第一章　发展经济学基础理论研究

罗连发　刘沛瑶　叶青青

（武汉大学）

中国经济发展过程中不断出现的重大问题，驱动了学者们对于经济发展理论研究视域的拓展。这些重大变化主要表现在：第一，基于中国发展实践，对发展经济学理论进行新的构建。中国是世界上最大的发展中国家，成功地摆脱了贫困陷阱，目前正努力地从中等收入国家迈入高收入国家行列，中国的发展经验具有重要的理论价值。第二，数字化作为一种新的发展要素和发展动能被纳入经济发展诸多领域的研究，如技术进步、包容性增长、全球价值链参与等。第三，贸易摩擦导致中国对外贸易的不确定性不断加大，原有的国际贸易分工模式不断受到冲击，高技术领域的产业链断供风险加剧。为应对这些新挑战，中国提出"双循环"新发展格局，学者们围绕"双循环"进行了大量的理论研究，提出了中国更好利用国内市场应对外部冲击的政策方向。第四，2020年初暴发并在全球不断蔓延的新冠疫情，对中国经济增长带来重大挑战。应对疫情传播的一项主要措施是封闭管控，这对要素流动带来直接影响，进而导致对经济增长的负向冲击。在应对疫情的不确定性风险中，如何提升经济发展韧性成为一个重大问题，学者们围绕经济发展韧性的形成及提升韧性的政策进行了多维度研究。

本章将首先对中国发展经济学学科建设的研究进展进行概述，其次主要结合上述三个领域，对2020—2021年中国学者在发展经济学基础理论研究方面所取得的最新成果，进行综述和归纳。

第一节　研 究 综 述

一、中国发展经济学学科建设的研究进展

我国哲学社会科学应该以我们正在做的事情为中心，从我国改革发展的实践中挖掘新材料、发现新问题、提出新观点、构建新理论是构建中国经济学的指导思想。因此，利用中国实践来推动发展经济学理论创新，完善发展经济学学科体系，也成为国内诸多学者努力的方向。2020—2021年间，中国的发展经济学者围绕"517讲话"精神进行了新的理论建构。

中国发展经济学以中国的经济发展为对象，讲的是中国发展故事。要能够解释中国经济发展的伟大实践，以及众多发展中国家成败得失的原因；并在此基础上，能够指导中国

和其他发展中国家的实践，为发展中国家经济发展贡献中国智慧和中国方案（陈斌开，2022）。樊纲（2020）基于中国发展实践，对发展内涵和发展战略进行了新的建构。他指出发展的最终含义其实是缩小差距，否则就容易出现"有增长而无发展"的现象。因此，发展经济学要研究落后国家在增长要素结构上处处落后，市场已经被竞争力强大的发达国家和跨国公司占领的条件下，还要增长得比发达国家快，从而实现"趋同"这样一个"发展悖论"。而如何破解这一悖论，樊纲教授提出了"发展要素"的概念，即比较优势、后发优势和本土优势是发展中国家所特有的"发展要素"。根据"发展要素"起作用的过程，对落后国家要实现真正的发展所必经的几个发展阶段进行划分：第一阶段，纯粹依靠比较优势，积累资本；第二阶段，进入比较优势与后发优势同时起作用的时期，前提是第一阶段时对外开放，学习模仿，主动地受益于"知识外溢"；第三阶段，继续学习模仿，发挥后发优势，同时也到了加大自主创新的阶段；第四阶段，就是成为世界创新体系的一个重要部分，通过开放的世界体系，各国之间进行专业分工和相互进行贸易。据此划分，中国目前还处在第三阶段的开始，需要努力学习和吸收发达国家的知识和技术。

党的十九届五中全会指出，我国已进入了一个新发展阶段，需要新的发展理论。要准确把握新发展阶段，深入贯彻新发展理念，加快构建新发展格局，推动"十四五"时期高质量发展，确保全面建设社会主义现代化国家开好局、起好步。新发展阶段、新发展理念、新发展格局也成为中国特色发展经济学的重要理论基础。如郭熙保（2021）指出构建具有中国特色的发展经济学是历史的呼唤，时代的期盼，应以历史唯物主义为指导，以中国特色社会主义理论体系为指南，以新发展理念为理论框架。而洪银兴（2022）则指出，中国发展经济学理论体系建构需要从以下五个方面提供理论指导：一是发展模式的转换，由数量型转向质量型；二是经济结构的优化；三是新发展格局的构建；四是中国式现代化理论；五是经济安全。

二、数字经济与发展动能研究

在人工智能、5G 技术、物联网、区块链等新技术的推动下，产业数字化规模不断扩大，数字化已然成为一种全球化趋势，数字经济成为经济增长的新动能。数字经济是中国未来经济发展的重要机遇，推动数字经济发展是中央和地方政府的重要政策目标。数字经济正在深刻地改变着传统的生产效率和组织形式，同时也给产业结构、就业结构以及全球价值链参与等领域带来了新的变化，由此引发了学者们的广泛研究。本节将主要从以下几个方面对 2020—2021 年的相关文献进行梳理。

（一）数字经济的内涵与发展现状研究

Tapscott（1996）最早提出"数字经济"的概念，认为数字经济是一个广泛运用信息通信技术（ICT）的经济系统。此后数字经济的内涵不断丰富，由于当前数字经济正处于快速演变、与国民经济运行全面融合的阶段，人们对其内涵的认识尚未统一。在中国学者的研究中，较有代表性的几类观点主要包括：数字经济是现代数字化技术与国民经济运行各方面紧密结合的产物，数字经济代表着以数字化技术为基础、以数字化平台为主要媒介、以数字化赋权基础设施为重要支撑进行的一系列经济活动（许宪春和张美慧，

2020）。这是一种广义的理解。而狭义的数字经济则主要被理解为一种产业经济，是从传统国民经济部门中剥离出来的数字化服务或货物的生产、消费与分配活动，成为国民经济中独立的数字化产业。李海舰和李燕（2020）指出，数字经济的本质就是通过用字节取代实体，即"去物质化"，重塑要素资源结构，打造全新的数字化体系。一些对数字经济测度的研究表明，中国数字经济规模正在持续高速增长，推动经济增长的作用明显。中国信息通信研究院发布的《中国数字经济发展白皮书（2021年）》显示，2020年，中国数字经济增加值规模达到39.2万亿元，占GDP比重达到38.6%。许宪春和张美慧（2020）构建了数字经济规模核算框架，发现2008—2017年间中国数字经济增加值年均实际增长率达14.43%。他们基于国际数据的比较发现，中国的数字经济产业年增长率较发达国家显著更高（如同期美国为5.60%，澳大利亚为7.50%），中国的数字经济正在经历一个快速的发展期。

（二）数字经济与包容性增长

数字经济带来要素的重组，可能对劳动力结构产生影响，进而影响其收入差距，也可能由于技能差异带来的机会不平等而引致数字鸿沟问题。与此同时，数字经济的渗透效应强、物理接入限制小，有助于打破各地区经济地理上分布不均的障碍，因此也可能会缩小收入差距。

一些研究发现数字经济事实上加剧了不平等。由于数字经济对劳动者与之匹配的技能提出了更高要求，从而可能由于技能差异带来的机会不平等而引致数字鸿沟现象，如柏培文和张云（2021）发现数字经济发展通过要素重组升级、再配置引致的效率变革与产业智能化削弱了中低技能劳动者相对收入权。牟天琦等（2021）指出农村居民的信息素养先天处于弱势地位，因城乡居民数字应用能力差异引致的数字应用鸿沟问题也日益严峻。结合人口老龄化的时代背景，老年人与其他群体在信息技术拥有程度、应用程度上的差别，也可能导致出现"老年数字鸿沟"现象（陆杰华、韦晓丹，2021）。尹志超等（2021）从可及性和使用度两个维度构建了家庭数字鸿沟指数，发现数字鸿沟显著降低了家庭的总收入，且对农村地区、三四五线城市、老年群体、低收入家庭的收入负向影响更大，表明数字鸿沟进一步加剧了收入不平等，主要机制在于数字经济显著削弱社会网络、抑制自雇佣创业、降低信贷可得性。有研究表明，中国的数字经济水平也存在着明显的区域失衡，数字经济的集聚也在随着时间的推移而增加，从而有可能导致因数字经济发展差距而带来区域差距的进一步扩大。Wang等（2022）指出，人力资本、信息工作人员、电报收入和互联网接入是数字经济发展的重要因素，为了缩小数字经济之间的差距，政策制定者必须投资于人力资本和技术创新，政府必须加快电子信息服务的发展和实施。此外，因数字平台的动态竞争、跨界经营、网络效应、寡头竞争等特征，平台不公平价格竞争、平台二选一、大数据杀熟等平台垄断问题也越来越严重，导致消费者权益被损害、创新活力有所抑制，数字行业发展失衡，加强反垄断监管也是让数字经济各行业全面发展的重要举措（孙晋，2021；王晓晔，2021）。

一些研究也发现数字经济有助于促进中国的包容性增长。如张勋等（2019）结合中国数字普惠金融指数和中国家庭追踪调查（CFPS）数据，评估互联网革命所推动的数字金融的发展对包容性增长的影响，发现中国的数字金融显著提升了家庭收入，尤其是农村低收入群体的收入，从而有助于缩小收入差距。其主要机制在于改善了农村居民的创业行为，并带来了创业机会的均等化。肖威（2021）从区域差距的视角出发，发现数字普惠金融促进中西部地区经济增长的作用大于东部地区，因而有利于缩小中西部地区与东部地区的经济发展差距，同时也能缩小区域内部的经济发展差距。

（三）数字经济对经济发展的影响

发展中国家经济发展的一个重要问题在于市场发育不健全，从而导致效率损失。数字经济改变了国民经济的生产、消费和分配方式，提供了更加高效的经济运行模式，从而有助于改善发展中国家的资源配置效率。一些研究发现数字经济有助于推动产业结构的转型升级。如许恒等（2020）指出数字经济全新的生产技术和商业模式将产生技术溢出效应，推动传统经济的数字化转型升级，这将有助于推动我国整体产业结构的升级。田秀娟和李睿（2022）基于"创造性毁灭"机制，建立了引入数字技术发展因素的多部门熊彼特内生增长动态随机一般均衡模型，发现数字技术与生产部门的集成整合将长期助力产业结构优化调整，深化实体经济数字化转型，推动经济高质量发展；数字技术与金融部门的深度融合能够在短期内因融资约束缓解而显著带动高技术产业发展，促进产业结构转型升级，加快经济增长动能转换。田鸽和张勋（2022）从数字经济影响劳动力配置的视角出发，发现数字经济所带来的消费互联网（以数字金融为代表）的发展促进了农村低技能劳动力向低技能偏向的数字化非农行业流动，数字经济所带来的工业互联网（以自动化和智能化为代表）的发展促进了农村高技能劳动力向高技能偏向的数字化非农行业流动，这意味着数字经济能够依据劳动力技能实现有效的社会分工，促进非农就业，推动经济结构转型。一些研究也指出，数字经济因其打破地理限制的独特优势，有助于推动区域协调发展。如韩兆安等（2022）发现数字经济促进了知识流动，进而显著促进了地区创新发展。进一步地，数字经济也能够通过知识流动的中介作用助力城市创新发展的"强强合作"与均衡发展。另外有一些研究特别关注到数字经济与绿色发展之间的关系，如 Zhang 等（2021）研究发现数字经济有利于提高绿色全要素能源效率，且主要通过促进经济增长水平、城市化水平、研发投资和人力资本水平发挥作用，而值得注意的是，数字经济与绿色全要素能源效率之间的关系并非线性，随着数字经济水平的持续提高，数字经济对绿色全要素能源效率的作用首先是促进，然后被抑制。Li 等（2021）研究发现，数字经济对于煤基能源结构对碳排放的影响具有显著的调节作用，即随着数字经济的发展，以煤为主的能源结构对碳排放的影响逐渐减小。基于社会治理的视角，Niu（2022）研究发现数字经济对于社会治理机制具有有利影响，其对社会改革和可持续的数字经济均产生了积极影响，据此作者进一步指出政策制定者和政府主体应该完善数字经济，以建立强大的社会治理机制。

此外，企业作为宏观经济的微观构成，承载着宏观数字经济发展与转型的重要功能，越来越多的企业加入数字化转型的浪潮，通过信息技术对组织结构、业务模式等进行升级改造。特别是在全球经济贸易不确定性陡增、经济下行压力加大和经济结构转型加快的环境中，"数字技术+"也成为企业在逆境中的首要战略行为（杨德明、刘泳文，2018）。众多学者关注到了数字经济对企业发展所带来的机遇与挑战。如一些研究发现企业数字化转型能够增强企业获取信息和处理信息的能力，减少信息不对称性，降低交易成本，从而有助于减少资源错配，提升专业化分工水平，以提升企业的整体经济效益（黄群慧等，2019；沈国兵和袁征宇，2020；袁淳等，2021）。从组织管理的视角，数字经济也推动企业内部管理模式发生了一系列变革，如组织结构趋于网络化、扁平化，营销模式趋于精准化、精细化，生产模式趋于模块化、柔性化，产品设计趋于版本化、迭代化，研发模式趋于开放化、开源化，用工模式趋于多元化、弹性化（戚聿东和肖旭，2020）。

一些学者尝试定量地刻画数字经济规模及其对经济的拉动作用。如许宪春和张美慧（2020）充分借鉴美国经济分析局（BEA）的方法重新构建了一套数字经济规模核算框架，即首先对数字经济的范围进行界定，并在《统计用产品分类目录》中确定数字经济产品；其次根据《国民经济行业分类》确定生产这些产品的数字经济相关产业；最后采用行业增加值结构系数和估计门类数字经济调整系数的方法，对数字经济相关产业增加值和总产出等数据进行估算。对中国的测算发现，2007—2017 年中国数字经济名义增加值占历年名义 GDP 的平均比重约为 5.15%，且该比重呈现先降后升的走势，在 2012 年后快速上升，到 2017 年时数字经济增加值实际增长率高于 GDP 实际增长率 19.30 个百分点，占 GDP 的比重达到 6.46%，拉动经济增长的作用明显。徐翔和赵墨非（2020）将数据化的生产要素定义为数据资本，将其引入内生增长模型，以分析数据资本对经济增长的直接影响和溢出效应。研究发现数据资本的稳态增速高于其他类型资本及总产出的稳态增速，通过数值模拟得出中国数据资本存量水平在 2019 年超过 9 万亿元，占社会总资本的 5% 左右，且近年来增速显著高于总产出增速，充分反映了数据资本积累拉动宏观经济增长的潜在能力。

（四） 数字经济对全球价值链参与的影响

以数字经济为代表的新一轮科技革命正在引发全球范围内的社会生产力变革和全球价值链重构。一些研究表明数字经济能够显著地促进中国企业参与全球价值链分工以及分工地位的提升，帮助其走出"低端锁定"陷阱。张晴和于津平（2020）研究发现投入数字化显著提升了企业的全球价值链分工地位，主要通过提升企业生产率、出口产品质量与创新能力三个渠道发挥作用。企业的高技能劳动要素、地区的知识产权保护及技术吸收转化能力对投入数字化的全球价值链攀升效应都具有正向调节作用。费越等（2021）通过构建全球价值链异质性模型阐释了数字经济影响全球价值链升级的理论机理，表明数字经济要素的投入通过提升企业生产率和技术复杂水平两个渠道实现全球价值链攀升。实证研究表明，数字经济发展对技术密集型和资本密集型行业全球价值链地位攀升的促进作用最大，劳动密集型行业次之，对资源密集型行业影响最小。此外，数字经济还衍生出"智能制造"与"互联网+工业"的新型生产方式，能够帮助推动全球价值链向智能产业链延伸，这不仅有利于地区制造业参与全球价值链的利润创造，还会推动地区制造业逐渐从微笑曲线的"价值洼地"向两端的"价值高地"跃升，走出"低端锁定"陷阱（孙黎、许唯聪，2021）。

（五）研究述评

数字经济通过要素重组升级与再配置带来的效率变革，可能为进入中等收入阶段的发展中国家经济发展带来新的机遇，促进从要素驱动型发展到效率驱动型发展的经济转型。不过，数字经济在经济发展中的作用机制仍需要进一步研究。一方面，关于数字经济的内涵还缺乏有共识性的界定，这就使得数字经济的测算还存在一定差异。如果没有科学的测度方法，就难以有效地对数字经济的作用进行评估。如何在发展经济学理论框架内提出一个更具一般性的数字经济定义，是未来需要解决的一个重大问题。另一方面，数字经济在改善要素配置的同时，也可能有损于市场竞争，导致赢家通吃的后果，从而有损于包容性增长。数字经济很大程度上有平台垄断性，对于发展中国家而言，如何在利用数字经济红利的同时，有效地规避其对市场竞争的负向效应，仍是值得进一步探讨的另一议题。

三、阶段转变与新发展格局研究

"十四五"时期，我国经济从高速增长阶段进入高质量发展阶段。同时，国际环境变化莫测，充满不稳定性和不确定性。加之新冠肺炎疫情冲击，全球产业链、供应链受到影响，极大增加了我国发展的不稳定性和不确定性。在这种背景下，2020 年 7 月 30 日中央政治局会议正式提出，"要加快形成以国内大循环为主体、国内国际双循环相互促进的新发展格局"。这是党中央与时俱进提升我国经济发展水平和塑造国际经济合作竞争新优势而作出的战略抉择。"新发展格局"提出后，国内学术界展开了大量理论研究，促进了对新发展格局的认识。本节将主要从新发展格局的理论内涵、双循环的实证研究及构建新发展格局的具体着力点这三个方面对 2020—2021 年的相关文献进行梳理。

（一）新发展格局的理论内涵

发展经济学一直重视发展阶段转变的研究，在早期有以罗斯托为主要代表的经济成长阶段理论，近年以来有大量学者关注中等收入阶段发展问题。中国为应对国内外冲击，提出了"双循环"发展理论，实际上也是讨论在一个新的发展阶段所应关注的发展重点。王一鸣（2020）指出，我国进入高质量发展阶段，主要特征是从"数量追赶"转向"质量追赶"，从"规模扩张"转向"结构升级"，从"要素驱动"转向"创新驱动"，从"分配失衡"转向"共同富裕"，从"高碳增长"转向"绿色发展"，构建新发展格局的核心是"循环"，打通生产、分配、流通、消费的堵点和梗阻，关键在于通过改革促进生产要素自由流动和资源优化配置。从阶段转变的视角出发，叶初升和李承璋（2021）指出"双循环"新发展格局实际上是中国在进入中等收入阶段以后经济发展逻辑的必然。首先要素市场上的资源错配和创新乏力造成了结构失衡，使得国内循环出现了一定程度的松弛与滞涨。其次国际发展环境发生深刻变化，我国与主要发达经济体的关系从互补合作转变为竞争合作，过去"资源换资本""市场换技术"的方式已不再适用。因此中等收入阶段国内循环主要涉及深度改革，国际循环主要涉及高水平开放，作为新发展战略和新发展格局的国内国际双循环，其实质就是新时代改革和开放相互促进的双循环。从经济现代化或工业化的视角出发，黄群慧（2021）针对新发展格局提出了"阶段—模式—动力"

的三维理论解释，认为构建新发展格局是与现代化新阶段相适应的经济现代化路径，是中国基于自身资源禀赋和发展路径而探索的、以自立自强为本质特征的、突破"依附性"、具有"替代性"的一种经济现代化模式，是一种充分利用大国经济优势、围绕着自主创新驱动经济循环畅通无阻的经济现代化战略。他还指出构建新发展格局的战略内涵是推进高质量工业化战略，实现从成本驱动、出口导向、高速度工业化向创新驱动、内需导向、高质量工业化转变，协同推进新型工业化、信息化、城镇化、农业现代化的实现。结合中国人口老龄化不断加深的时代背景，蔡昉（2020）指出快速的人口老龄化将导致总需求的不足，成为制约经济发展的最重要因素或者基础因素。中央提出的国内循环为主、打造国内国际两个循环相互促进新格局的出发点，主要就是为了挖掘需求的潜力。学者们普遍强调新发展格局的关键内涵是畅通经济循环，实现高水平的自立自强与对外开放。从发展经济学理论构建的角度，韩喜平和王晓阳（2021）指出新发展格局是对西方发展经济学发展格局理论的突破与超越，也是中国特色社会主义经济理论中发展格局思想在新时代的最新理论创造。首先，早期发展经济学的研究重点主要是如何破解农业和工业之间的二元结构，以实现工业化和经济增长。新发展格局的研究领域不再局限于农业和工业、农村和城市，而是强调各区域、各领域、各产业部门之间的整体结构调整与升级；其次，新发展格局实现了对西方发展经济学关于资源配置方式认识的超越。新发展格局坚持以中国特色社会主义市场经济为主导，强调在发挥市场作用以调动内部各主体发展活力的同时，也应发挥政府宏观调控的职能，以规范市场秩序、营造良好环境，最终使政府和市场形成发展的合力，助推中国经济的高质量发展。

（二）双循环的实证研究

一些学者针对中国经济双循环的现状、变化趋势等问题开展了大量的实证研究。这些研究对双循环的测度方式有所不同，但基本都证明了内循环的快速增长及当前主体地位的确立。如黄群慧和倪红福（2021）构建了基于供给端和需求端的国际国内循环测度指标和基于全球价值链的国内国际循环 GDP 分解新方法，利用 WIOD 数据实证测算发现，无论是从最终品的国内最终需求率和最终品的本国供给率看，还是从全球价值链 GDP 分解来看，中国国内经济循环的依赖程度在 90% 上下，而从国际比较的视角看，依赖于国内循环的 GDP 占比中国排在第 5 位，表明中国国内经济循环的主体地位基本确立。陈全润等（2022）以我国增加值依赖国内最终需求、国外最终需求的比重作为衡量我国经济参与国内循环与国际循环相对程度的指标，考察 2000—2014 年我国经济的国外和国内依存度。他们发现加入 WTO 后，我国经济参与国际循环的程度明显提升，2006 年达到峰值，此后我国经济国际循环参与程度开始下降。国际循环参与度呈现出倒 U 形趋势，国内循环则呈现出先降后升的"U"形结构。基于国际比较发现，中国与美国、日本、德国之间的依存度整体上在全球金融危机后有所下降，而相反这些国家对于中国的依赖度却有明显上升，表明中国对世界经济增长的贡献越来越大。分不同最终需求看，我国经济对国内投资的依存度持续上升，对国内消费的依存度先下降后缓慢上升。不同产业参与国内国际两个循环的程度和变化趋势均不同。

进一步地，有学者针对这一问题展开了区域层面的研究。研究发现我国参与双循环的区域不均衡现象较为明显，但各省份产业结构的互补性有所增强，表明在国际关系由互补合作转向竞争合作、内循环程度不断加深的背景下，区域间开始有了进一步的深化合作。如丁晓强和张少军（2022）构建了度量经济双循环的多维测度指标，如双循环集中度指数、依存度指数、竞争优势指数和内卷程度指数。结果发现中国各省的经济内循环规模和经济外循环规模均呈现快速增长趋势。首先，集中度指数较高，主要集中于沿海和南部省份，区域发展失衡问题进一步加剧，且经济外循环规模的东西差距和南北差距都要显著大于经济内循环规模的差距。其次，经济内循环在中国的国民经济中始终占据主体地位，内循环的竞争优势虽有所提升，但主要呈现为低竞争劣势，而外循环的竞争优势呈明显的下降趋势。最后，中国在经济双循环中的内卷程度呈现出下降趋势，反映出各省份产业结构的互补性在增强，省际分工合作不断深化。

（三）构建新发展格局的政策研究

黄群慧和倪红福（2021）的研究表明国内经济循环的主体地位基本确立。但是，并不能由此认为新发展格局已经形成，新发展格局的关键内涵是畅通经济循环，本质特征是高水平自立自强。因此，中国仍需采取一系列的改革措施加快构建新发展格局。众多学者也对这一问题展开了研究，并给出了诸多建议，主要包括以下几个方面。

第一，加快构建更高标准的全国统一大市场。过去中国长期存在的市场分割，与实施增长速度赶超的战略和与此配套的体制机制有着深刻的联系，进入新发展阶段，速度型赶超战略应当及时让位于质量型和效率型赶超战略，这就要求中国深化经济体制改革，加快推进国内统一大市场的建设（刘志彪、孔令池，2021）。陈朴等（2021）构建了一个多部门多区域模型拟合中国经济，并基于1997—2012年的省级面板数据定量地探讨了全国统一大市场建设对于经济增长的重要作用，发现对劳动力市场和产品流通进行改革以构建更高层次的全国统一大市场，减少劳动力流动摩擦和产品流动摩擦，将进一步激发中国经济增长的潜力，这是为国内大循环搭好平台、形成"双循环"新发展格局的关键任务。

第二，推进更高水平的对外开放，以畅通内外循环。经济全球化虽然遭到逆流，但分工合作、互利共赢仍是时代主题，应当不断改善营商环境，吸引国际投资、人才等资源要素，促进资金、技术、人才、管理等生产要素与世界其他国家的交融合作，推动贸易高质量发展，建设全面开放新体制（黄群慧、倪红福，2021）。

第三，加快自主创新以提升产业链现代化水平、形成数字化智能化创新驱动下的双循环新发展格局（江小涓、孟丽君，2021；黄群慧、倪红福，2021）。

第四，着力扩大消费以调整内需结构，实现内需结构的合理化和高级化。当前中国所面临的突出问题是劳动报酬较低、储蓄率过高所带来的消费能力不足，以及消费结构失衡等问题，应当着力解决这些问题，以释放消费潜力和发挥消费的基础性作用。

第五，构建"双协同"政策体系——供给侧结构性改革与需求侧管理有效协同的宏观调控政策体系、竞争政策与产业政策有效协同的技术创新政策体系。黄群慧（2021）指出构建新发展格局要在坚持供给侧结构性改革为主线、国内经济大循环为主体、市场在资源配置中起决定性作用的原则下，加快形成一种供给与需求动态平衡、改革与管理有效协同、国内循环与国际循环相互促进、竞争政策与产业政策有效配合的政策体系和运行机制。

（四）研究述评

新发展格局的提出，是党中央在充分考虑国内发展阶段转变与外部环境发生深刻变化的背景下作出的重要判断。国内学者们对其理论逻辑、内涵及政策体系都展开了非常丰富的研究，加深了对这一概念的理解。综合来看，新发展格局的核心要义在于畅通国内、国际两个循环，而最终落脚点在于实现更高水平的自立自强。更高标准的全国统一大市场的建立、消费结构升级、自主创新水平提升等均是重要的实现路径。但其与构建新发展格局的内在逻辑路径仍缺少更进一步的详细探讨，基于实证层面的分析研究也比较少，这些或许是未来进一步研究的方向所在。

四、经济发展韧性研究

2020年在突如其来的新冠肺炎疫情冲击下，中国宏观经济经历了第一季度的深度收缩，增速为-6.8%，此后便开始反弹，随后三个季度的增速分别为3.2%、4.9%和6.5%，一年内实现"V"形恢复。从1997年的亚洲金融风暴到2008年的全球金融危机和由此导致的经济危机，中国总能够"独善其身"，较快恢复增长，经济发展的稳定性较强，体现出中国经济较强的应对危机能力。这也充分体现出中国经济的韧性，体现出我国经济政策、经济体制的有效性和灵活性以及中国经济的韧性空间（王永贵、高佳，2020）。由于国际环境发生变化，如何更好地统筹发展与安全问题，也成为学者们普遍关注的问题，这是保持发展韧性的基础。因而，本部分将首先对发展与安全的相关研究进行回顾，并在此基础上对韧性的内涵，韧性从何而来，在新发展阶段如何进一步保持或提高中国经济的韧性等领域的相关文献进行梳理。

（一）发展与安全

随着全球风险社会的到来，全球化系统性风险显著上升，发展共享性和风险传导性同步显现，人类社会的脆弱性和发展韧性并存（赵英臣，2022）。此外，国际环境发生深刻变革，逆全球化趋势愈演愈烈，全球产业链供应链大幅调整，国际关系从互补走向竞争，在这一背景下，对许多发展中国家尤其是中国来说，如何统筹发展与安全这两大问题，成为广受关注的重要议题。安全可以为发展提供稳定环境，发展则可以提升各系统对抗不确定性的能力（何艳玲和汪广龙，2022）。党的十八大以来，中央强调要"实现高质量发展和高水平安全的良性互动""努力实现发展和安全的动态平衡"。①《中共中央关于制定国民经济和社会发展第十四个五年规划和二〇三五年远景目标的建议》也特别提到"统筹发展和安全，建设更高水平的平安中国"。

高培勇（2021）指出新发展格局的核心要义就在于统筹发展和安全，随着安全对于发展的意义凸显，把安全放在更加突出的位置，在发展中更多考虑安全因素，努力实现发

---

① 坚持系统思维构建大安全格局 为建设社会主义现代化国家提供坚强保障［N］. 人民日报，2020-12-13（1）.

展和安全的动态平衡，系构建新发展格局的根本出发点和落脚点。而这涉及多方面的安全领域或事项，诸如产业链安全、供应链安全、能源安全、粮食安全、食品安全、药品安全、生态安全、金融安全、财政安全等，均与经济安全关联。据此，高培勇（2021）指出，这些安全领域或事项，事实上并非平行关系，不可"眉毛胡子一把抓"，也不可平均使力，应当分类排序，牵好统筹发展与安全的"牛鼻子"：市场主体安全和财政安全这两个最具基础意义和底线意义的安全。要正确认识和把握我国发展的重大理论和实践问题，其中就涉及从多个领域保障发展安全的问题，如要正确认识和把握资本的特性和行为规律，为资本设置"红绿灯"，防止有些资本野蛮生长，充分保障市场安全；正确认识和把握初级产品供给保障，尤其要保障粮食安全；正确认识和把握防范化解重大风险，保障社会安全；正确认识和把握碳达峰碳中和，传统能源的逐步退出要建立在新能源安全可靠的替代基础上，充分保障能源安全。统筹发展与安全，可以说是在国际国内环境发生深刻变化，不稳定性和不确定性显著增加的背景下，为及时防范和化解我国现代化过程中的各种风险，维护社会稳定，增强经济韧性的重要战略选择。

（二）经济韧性的内涵

有学者认为，已有的发展理论主要关注经济增长，对于经济收缩却很少关注，但事实上经济的长期稳定增长很大程度上取决于经济收缩度的下降（Broadberry 和 Wallies，2017；Andersson，2018），而减少经济收缩，就是发展韧性。Broadberry 和 Wallies（2017）发现，长期增长绩效的表现事实上源于收缩频率和平均收缩率的下降，发达国家实现长期经济增长的关键就在于抑制经济收缩而导致的增长逆转。基于这一认识，他们认为长期增长绩效应当是增长频率、增长率、收缩频率、收缩率的组合，并构建了长期增长绩效方程（见公式（1））。结合发展中国家的经验数据，Andersson（2018）进一步发现，收缩频率高和收缩率大，导致了发展中国家增长的不可持续，这也是其落后的主要原因，而对经济收缩的抵御能力以及从衰退中复原的能力，也就是韧性，则是发展中国家长期经济增长绩效的关键变量。

$$g = \{f(+)g(+)\} + \{f(-)g(-)\} \tag{1}$$

其中 g 为经济增长绩效，$f(+)$ 为经济增长频率，$g(+)$ 为经济增长率，$f(-)$ 为经济收缩频率，$g(-)$ 为经济收缩率。增长频率等于 1 减去收缩频率。

由于在历次外部冲击中，中国均表现出了较强的经济韧性，引起了中国学者在这一问题上的广泛关注。已有中文文献普遍强调经济韧性是决定经济体能否抵御外部冲击保持稳定发展的关键变量。如王永贵（2020）认为经济韧性，指的是一个经济体通过调整经济结构和增长方式，有效应对外部干扰、抵御外部冲击，实现经济可持续发展的能力，是决定一个经济体在遭受外部冲击之后是"成功复苏并重新实现经济稳步增长"，还是"从此步入经济下行轨道"的关键所在。经济韧性包括宏观经济韧性、制度韧性、区域发展韧性、城市发展韧性、产业发展韧性以及微观的企业韧性等多方面的内容。张平等（2019）提出了经济韧性的衡量标准，即要求市场配置性特征强，通过市场分散和转移风险，降低集中干预导致的经济体制脆弱；强调提高经济主体的自我治理水平，吸收和化解金融冲击；强调通过高质量的制度提供和宏观管理协调降低系统性风险的累积；平衡经济、社会、环境发展的包容性和可持续性。在此基础上，他们构建了包括市场效率、政府效率、公共服务 3 个二级指标和 15 项具体指标的指标体系来测度经济韧性。这些研究普遍强调经济韧性表现在对外部冲击的抵御能力上，张军（2014）曾从经济发展阶段转换的视角出发，指出一个经济体从低收入阶段向高收入阶段的经济发展过程中，会经历反反复复的经济起降以及外部冲击和震荡，一个经济体必须成功应对和处理这些挑战，化解这些风险，同时也要去不断解决经济发展过程中遇到的种种结构性问题，能做到的经济体才能够完成经济发展阶段的跨越，也才具有更强的经济韧性。从这一点上来看，他把中国和东亚经济体视为有"韧性"的经济。

（三）经济韧性从何而来

关于中国为何存在经济韧性这一问题，主要有以下几类观点。

第一，中国的体制优势是造就经济韧性的重要来源。刘伟和蔡志洲（2021）指出中国特色社会主义市场经济体系，既避免了像发达国家那样不断因为经济周期带来市场大幅波动，也避免了像大多数发展中国家那样因社会和经济秩序缺失带来的发展缓慢或停滞，同时不断克服原有计划经济下的僵化弊端，是中国经济长期和稳定增长的基本保证。

第二，改革开放以来中国采用渐进式改革模式，实现了转型期的平稳过渡，是中国经济表现出较强韧性的重要原因。经济发展是量变过程中的质变，即经济增长过程中的结构变迁与质的提升（叶初升，2019），因此总会伴随新旧产业、新旧动能的交替。在这样的结构转变过程中，涉及资源与利益的再分配，改革旧体制很容易受到阻力，激进式的改革有可能对社会产生冲击与震荡，东欧和苏联的改革经验已经充分说明了这一点。而中国的渐进式改革提供了一种边立边破的思路，即进行"增量改革"，在不伤害各方利益的情况下，增加另一部分人的利益，以大大减少改革的阻力，使得转型期实现平稳过渡，避免出现经济的大起大落。随着增量改革的积累，再逐步改革整个经济的体制结构，为"存量"的最终改革创造条件，以实现平稳过渡。此外，为保证改革风险可控，中国改革普遍使用"先试点后推广"的方式，试点的过程不仅是新政策逐渐具体化、成熟化的过程，也是不断纠错的过程，通过持续总结地方经验，有助于提升国家治理的韧性和适应性（杨宏山，2022）。可以说，这种渐进式改革模式表现出较强的制度弹性，提升了一个经济体在经济结构变迁过程中的适应性，既提升了经济韧性，使得已有的低效率产业和企业在退出过程中不至于产生剧烈的社会动荡风险，又给予了新产业和新技术充分生长的空间，因而避免了激烈的经济收缩。

第三，中央对各级地方政府施行目标导向的宏观经济管理战略，使得在遭遇外部冲击时，地方政府总会积极调整相应对策，以对冲不利冲击的负面影响，促进经济的快速恢复。李书娟等（2021）基于洪水的准自然实验，识别了目标对冲效应在经济平稳增长中的关键作用，尽管并非专门针对疫情冲击的研究，但也揭示了中国经济发展韧性的重要机制之一。

第四，"创造性毁灭"的力量，即政府能够灵活地实现政策和体制的调整，用更新、更有效率的新经济活动去冲销那些旧的和失去效率的生产和投资活动。张军（2014）指出，对于一个有韧性的经济体而言，其经济发展过程实际上是熊彼特所讲的"创造性毁灭"的动态升级过程，这需要灵活地实现政策和体制的调整，以在关键的时候做出适应性的改变，去鼓励和支持一轮又一轮更新、更有效率的经济活动出现，这是让经济发展不至于"断流"的重要策略。而中国迄今为止经济发展的成功在很大程度上正是因为我们总能在恰当的时候成功地推进制度改革。

第五，中国的大市场与成长潜力成为经济韧性的重要来源。如余淼杰（2019）指出，相对统一、消费能力巨大的国内市场是中国经济韧性的主要体现。只要中国企业专注于创新，降低地区贸易壁垒，推进贸易便利化，中国经济的韧性随着时间推移更能显示出来。王永贵（2020）也指出，中国幅员辽阔、14亿多人口的内需市场容量和成长潜力、相对完整的工业/产业体系和不断增强的科技创新能力，都为中国经济韧性水平的提升奠定了坚实的基础。而且在各条产业链的竞争力、供应链的完备性、营商环境的改善以及消费升级等方面，都取得了巨大进步，铸就并强化了中国经济的"韧性"。

（四）如何进一步保持或提高中国经济的韧性

"十四五"时期，我国经济从高速增长阶段进入高质量发展阶段，同时国际环境发生重大变化，再加上新冠肺炎疫情冲击，极大地增加了我国发展的不确定性风险。因此，需要进一步保持或提高"经济韧性"以应对这种不利冲击，主要的方向包括以下几个方面：第一，建设更加完善的市场机制，加强与政府的良性互动。传统计划经济体制灵活性较差，经济波动明显，而在实行改革开放引入市场机制后，经济运行的稳定性不断提高，重要原因就在于一方面市场配置资源能够明显降低政府集中干预而导致的经济脆弱性，另一方面政府的"帮助之手"又能够较好地主导社会资源的紧急配置，以应对市场波动（张平等，2019；王永贵和高佳，2020）。因此，新发展阶段继续深化市场配置资源的深度和广度，辅以政府的合理干预，仍是增强经济韧性的关键。第二，进一步推动创新水平的提升，不断优化产业结构。中国具有完备的工业化体系，但一个突出的问题在于大而不强，其中根本性的原因就在于创新力不足，使得一些核心技术上存在短板，这些"卡脖子技术"极大地影响了我国的供应链安全，影响到我国应对外部冲击的抵御能力。因此进一步加强科技创新水平，推动从出口导向、高速工业化向创新驱动、高质量工业化的转变是新阶段增强经济韧性的重要路径（刘伟、蔡志洲，2021）。第三，推动区域优势互补协调发展战略。张平等（2019）指出改革开放后地方竞争推动了增长，但是工业化体制的纵向分割会导致系统协调性变弱，这不利于防范系统性风险，增强经济韧性本质上也是增强系统协调性的过程。《中国经济报告（2020）》也指出后疫情时期的中国高质量发展，应当推动区域优势互补协调发展的新型城镇化战略。第四，加快推进数字经济的建设，培育经济增长新动能。数字经济是畅通经济循环、激活发展动能、增强经济韧性的重要支撑。疫情期间远程办公、云面试、无接触配送等新模式显著增强了产业链供应链韧性。一些微观层面的研究也表明数字技术有助于增强企业韧性（Abidi et al.，2022；Calza et al.，2022）。因此，推动数字技术与实体经济的深度融合，能够为经济整体韧性水平的提高和经济的高质量转型升级奠定基础。

（五）研究述评

改革开放以来，中国实现了经济高速增长和社会长期稳定两大奇迹。已有的发展理论对于高速增长奇迹进行了持续而深入的研究，但对于社会长期稳定却明显研究不足。从发展的视角来看，社会长期稳定实际上就是韧性的另一表现形式。近年来，虽然对于发展韧性的研究逐渐兴起，但仍有很多问题亟待深入探讨。第一，在发展经济学学科领域内构建发展韧性理论。经济发展事实表明，那些成功跨越低收入陷阱和中等收入陷阱的经济体，都具有更强的经济韧性。但已有文献大多以经济增长的稳定性、恢复力等指标来直接测度韧性，在探寻韧性的原因时，又主要归结于国家能力、社会能力等制度因素。这就使得韧性难以像已有的发展理论一样具有明确的政策导向性。因而，未来需要对韧性的发展意涵进行深入挖掘，并提出更具一般性的韧性形成机理。第二，促进韧性形成的理论逻辑应进一步研究。现有文献将经济发展成功的经济体归结为韧性强，经济发展失败的经济体归结为韧性差，这就使得已有的韧性研究结论难以用于指导仍处于中等收入或低收入阶段的经济体。此外，由于制度、文化等因素往往难以复制，如果韧性产生于制度或文化因素，就难以将这些经验进行政策凝练。因而，需要对那些被证实为韧性较强的经济体，在成功突破中等收入以前的韧性经验进行总结，从而提炼更为一般的发展理论和政策。

从韧性视角深入挖掘中国社会长期稳定奇迹的内在机制，将其提炼为具有学理性的发展理论，是发展经济学在未来一段时期内大有可为的研究方向。

第二节　重　要　论　文

1. 樊纲．"发展悖论"与发展经济学的"特征性问题"［J］．管理世界，2020，36（4）：34-39.

研究背景：有了"经济增长理论"，为什么还要有"发展经济学"？发展经济学和经济增长理论的关系是什么？曾经有一段时间，有人就认为存在一般经济理论，就不需要什么发展经济学了，否定发展经济学本身存在的必要。而早期发展经济学理论研究基础上提出来的政策建议，在现实中没有取得很好的预想成果，更是扩大了这种"无用论"的市场。在一定程度上，早期一些研究在方向问题上不是很清楚，也是导致其"无用"的一个原因。

基本结论：本文主要提出以下观点：第一，发展经济学与经济增长理论的核心区别是：经济增长理论是"一般理论"，适用于研究任何经济发展水平的国家。无论是发达还是不发达，一个国家要想实现经济增长，都需要通过要素禀赋的提升来提升收入水平，这些都是经济增长理论的研究对象；而发展经济学则是在一般的经济增长理论的基础上，专门研究落后国家的经济增长。第二，一般理论的特点是它的理论要点可以应用于任何一种情况，既适用于发达国家，也适用于落后国家。而特殊理论，就是指它专门研究一类特殊的问题，发展经济学是特殊理论，就是指它所研究的是落后国家在处处不如人的情况下还要实现较快增长的有关的一系列问题。第三，落后国家与发达国家的关系，实际就是发展经济学所要研究的核心问题，即研究在发达国家已抢占市场的前提下，落后国家如何比它们更快地增长。也就是说，只有在这种强弱关系前提下研究落后国家如何增长的问题，才是发展经济学的"特征性问题"。

主要贡献：本文重新界定了"发展经济学"的研究对象，说明一直没有被说清楚的发展经济学与经济增长理论的相互关系，并指出：经济增长理论是一般性理论，它说明所有经济体要增长需要有哪些要素、经历哪些阶段，而发展经济学是一种特殊理论，它所研究的是落后国家在增长要素结构上处处落后，市场也已经被竞争力强大的发达国家和跨国公司占领的条件下，还要增长得比发达国家快，从而实现"趋同"这样一个悖论式的"特征性问题"。

现实意义：发展经济学是在一般的增长理论的基础上，专门研究落后国家如何实现其经济增长。中国经济过去 40 年有了长足的进步，主要在于我们很好地利用了后发优势，但我们在许多知识和技术领域里仍然落后于发达国家。我国目前还处于继续学习模仿，发挥后发优势，加大自主创新的阶段，研究发展经济学的"特征性问题"对于促进我国向更高一个发展阶段迈进具有现实意义。

2. 黎文靖，汪顺，陈黄悦. 平衡的发展目标与不平衡的发展——增长目标偏离与企业创新 [J]. 管理世界，2020，36（12）：162-175.

研究背景：党的十九大报告指出："我国社会主要矛盾已经转化为人民日益增长的美好生活需要和不平衡不充分的发展之间的矛盾。"然而，与各地区高度不平衡的发展现状相比，我们发现在较长的一段时间内地区层面的经济增长目标是高度平衡的，绝大多数省份的增长目标设定与其同侪省份之间并不存在显著的数量差异，这也意味着，作为考核标尺的增长目标与所在地区的固有的经济禀赋之间存在着较大程度的偏离。那么，新发展阶段这一平衡的发展目标与不平衡的发展共存的格局将如何影响国家创新驱动战略的实施？

基本结论：基于地方政府增长目标设定的"类一刀切"特征与高度不平衡的区域发展现实相并存的研究场景，本文利用政府工作报告中所披露的增长目标数据以及由 NOAA 所公布的夜间灯光数据，计算了不同地区增长目标偏离程度，并进一步探讨目标偏离如何影响微观企业创新。研究发垷总结如下：第一，平衡式的增长目标设定会引发增长目标偏离，与辖区内地方性国有企业的创新水平负相关，偏离程度越高，创新驱动所受的抑制效应越强。第二，增长目标偏离之所以会抑制辖区内的地方性国有企业创新，主要是因为较高的增长压力使得地方政府更愿意将关键性资源配置于能够快速拉动增长的领域，即目标偏离越高，地方政府越热衷于固定资产投资以及土地财政；本文的机制检验也间接表明，目标偏离会扭曲关键资源与创新之间的交换函数，降低关键资源与企业创新之间的敏感性水平。第三，本文发现对于地方政府而言，目标偏离的影响会随着地方政府压力感知程度的上升而相对提升，随着地方政府对于压力转嫁审慎度的降低而相对提升，另外，由于增长目标压力将更多地被转嫁到政策迎合度更高的企业之中，因此，增长目标偏离对于企业创新的抑制效应将在政策迎合度更高的企业样本组中更为显著。

主要贡献：第一，本文聚焦于我国各地区长期以来相对平衡的增长目标设定与高度不平衡的发展现状相并存这一现象，使用增长目标数据和全球夜间灯光数据（DMSP/OLS），计算地区层面的增长目标偏离指数用以刻画这一现象，这一工作丰富了现有的经济增长目标管理类文献。第二，本文的研究表明，对于微观企业创新而言，宏观的增长目标偏离是抑制企业创新的重要因素。对于创新驱动这一长期目标而言，过高的增速压力会导致地方政府决策的短视性、资源配置策略的有偏性并最终抑制创新，这一结论补充了现有的政策与创新类文献脉络。第三，本文的研究具备一定的政策含义：在进行增长目标设定时必须充分考虑不同地区自身的经济禀赋，才能真正缓解平衡的发展目标与不平衡发展现状之间的矛盾，实现高质量经济增长。

现实意义：本文的研究具有如下的政策性建议：落实创新驱动战略，打破长期以来平衡的发展目标与不平衡的发展并存的矛盾性格局。新结构经济学理论表明，最优产业结构内生于地区禀赋与发展水平，在地区不平衡发展的前提下，最优产业结构和演进方向也应该是不同的，从这个角度来看，最优的增长目标（或者合理的目标区间）也应该内生于地区的禀赋结构，因此增长目标设定更应当遵循差异化的、与地区经济禀赋、经济基础充分挂钩的设计原则。

3. 刘伟，蔡志洲．中国经济发展的突出特征在于增长的稳定性［J］．管理世界，2021，37（5）：11-23，2.

研究背景：改革开放使中国经济增长有了新的生机和活力并实现和保持了长期高速增长。中国特色的社会主义市场经济体系的探索、建立、发展和完善，使中国在保持高速增长的同时，经济运行的稳定性不断提高，价格总水平的上涨和波动幅度都在显著降低。同时，政府对经济运行的管理更加科学、宏观调控更加有效，在尽可能避免或减缓国内经济循环带来的周期性波动的同时，在外部经济冲击或意外灾害来临时能够最大限度地保证经济活动的稳定。

基本结论：第一，改革开放后，我们以价格体系的改革为先导，探索市场化改革的道路，最终建立、发展和完善社会主义市场经济体制和宏观调控，实现并保持了长期、稳定的高速经济增长。价格总水平的上升和波动幅度不断减小，经济运行的稳定性不断提高。第二，从动态比较上看，中国在长期高速增长中稳定性不断提高。而在与世界主要国家平行比较中也表现出这一点，尤其是1998年亚洲金融危机之后，中国的增长率显著地高于世界平均水平及主要国家，但波动性却明显低于它们。这使得中国在世界经济中的份额稳定上升，成为近几十年来经济地位上升最快的国家，这种趋势现在仍然在延续。第三，现在中国无论在平抑经济周期还是抵御突发事件和外来冲击方面，都有更强的应对能力，表明中国特色社会主义市场经济制度具有实现由高速经济增长向高质量发展的转型能力，这为中国实现社会主义现代化的长期目标提供了坚实的基础。

主要贡献：本文通过动态比较和与世界主要国家平行比较总结指出，改革开放以来中国经济发展的突出特征在于增长的稳定性。中国经济增长不仅具有强劲的可持续性，而且具有突出的淡化周期和抗危机冲击的能力，因而具有较高的宏观效益，能够在不同发展阶段发挥特定的优势和发展潜力。本文还指出，我国有继续保持稳定的长期增长的条件，具体表现在我们的体制优势、大国优势、在世界经济中的竞争优势和发展阶段优势等。

现实意义：党的十九届五中全会提出2035年基本实现社会主义现代化，在经济增长方面则提出人均GDP要达到中等发达国家的平均水平，以达到基本实现社会主义现代化的目标。我国目前正处于由上中等收入发展中国家向高收入阶段国家发展的阶段，继续保持稳定的长期增长具有现实必要性。

4. 黄群慧. 新发展格局的理论逻辑、战略内涵与政策体系——基于经济现代化的视角 [J]. 经济研究，2021，56（4）：4-23.

研究背景：党的十九届五中全会指出，在全面建成小康社会、实现第一个百年奋斗目标之后，中国的社会主义现代化进程进入一个新发展阶段。在新发展阶段这个中国发展新历史方位，需要以新发展理念为指导构建新发展格局，从而实现第二百年奋斗目标——全面建成富强民主文明和谐美丽的社会主义现代化强国。新发展格局作为着眼于中国长远发展和长治久安的重大战略部署，其深刻内涵和对世界经济的重要和深远的影响，还需要学术理论界进一步深入研究。

基本结论：第一，从新发展格局的理论逻辑看：构建新发展格局是中国社会主义现代化进程进入新发展阶段的必然要求，是与现代化新阶段相适应的经济现代化路径。构建新发展格局是中国基于自身资源禀赋和发展路径而探索的、以自立自强为本质特征的、突破"依附性"、具有"替代性"的一种经济现代化模式。第二，从构建新发展格局的战略内涵看：作为一种经济现代化战略，其顺应了全球经济环境呈现出全球化强势逆流变局、科技和产业创新呈现出加速"革命"新局、国际经济力量正在呈现深刻调整格局等世界大变局的环境变化，充分利用了新发展阶段下中国经济现代化进程已经到了经过量的积累、开始进行质的突破的关键时期的各方面条件，深刻把握了中国经济现代化进程的不平衡不充分矛盾十分突出、发展质量亟待提高的这方面关键问题。第三，从构建新发展格局政策体系看：需要在坚持供给侧结构性改革为主线、国内经济大循环为主体、市场在资源配置中起决定性作用的原则下，加快形成一种供给与需求动态平衡、改革与管理有效协同、国内循环与国际循环相互促进、竞争政策与产业政策有效配合的政策体系和运行机制，尤其是形成需求侧管理与供给侧改革有效协同的宏观调控体系、竞争政策与产业政策有效协同的技术创新政策体系。

主要贡献：本文从三方面做出对新发展格局研究的边际贡献：第一，从经济现代化理论视角提出构建新发展格局的理论逻辑。与已有研究不同的是，本研究是从经济现代化，也可以认为是工业化理论角度梳理构建新发展格局的理论逻辑的，提出了"阶段—模式—动力"的三维理论解释。第二，给出构建新发展格局的战略内涵，将构建新发展格局战略与推进新型工业化、信息化、城镇化和农业现代化"新四化"战略有机结合起来，提出了构建新发展格局的关键在于推进高质量工业化战略。第三，系统梳理构建新发展格局的政策体系和重要的政策方向，提出构建新发展格局的"双协同"政策体系——供给侧结构性改革与需求侧管理的有效协同的宏观调控政策体系、竞争政策与产业政策有效协同的技术创新政策体系。

现实意义：与已有研究强调新发展格局"双循环"的属性不同，本文更加强调新发展格局的本质特征是中国现代化进程进入新发展阶段后的高水平的自强自立，尤其是本文对新发展格局给出了一个经济现代化，也可以说是工业化的全新视角。基于经济现代化视角，本文围绕构建新发展格局的理论逻辑、战略内涵和政策体系提出了一系列新的观点、认识和建议。

5. 刘伟，张立元. 经济发展潜能与人力资本质量［J］. 管理世界，2020，36（1）：8-24，230.

研究背景：一方面，我国经济经过改革开放 40 多年来持续高速增长（年均增长率9.5%以上），还能否继续保持持续增长的势头？克服了贫困（1998 年）进入新常态达到当代上中等收入阶段之后（2010 年），是否具有可持续发展能力？更是具有极为重要的现实意义的问题。另一方面，潜在经济增长率在相当大的程度上受要素效率（包括劳动和资本的产出效率）和全要素生产率的影响，而影响和制约要素效率及全要素生产率水平的因素又十分复杂，既包括制度、机制及政策方面的因素，也包括发展、创新及资源方面的因素等，其中人力资本的积累，特别是人力资本质量水平的提升具有极为重要的作用。

基本结论：本文以人力资本数量和质量的测算为切入点，研究人均产出水平差异的成因与中国经济的发展潜能问题。本文依据真实经济周期模型确定人力资本数量的"基准水平"，推导得出人力资本质量测算公式。由此测算全球经济、7 个经济区域、4 个经济组织、73 个经济体的人力资本质量及年均增长率，按照测算结果从总量和人均这两个层面对其经济增长进行核算分析。本文发现：第一，人力资本质量水平的跨国差异能够解释人均产出水平跨国差异的绝大部分，这两种差异将长期存在，即使高收入经济体之间也未显示出趋同的经验证据。第二，测算结果表明，中国经济的人力资本质量水平显著落后于发达国家且其提升速率已逐渐放缓。这一经济事实既决定了长期内中国仍将是发展中经济体，又成为制约中国经济可持续发展潜能的重要因素。因此，人力资本质量水平快速提升是中国经济实现潜在发展能力的关键，更是实现赶超目标的基础。

主要贡献：本文分析了人力资本、全要素生产率、技术变化三者之间的关系，进而探索经济体长期增长及人均产出国际差异的成因。在此基础上，本文还进一步讨论了中国经济潜在增长率及发展潜能，进而考察实现现代化目标所需要的人力资本条件。

现实意义：释放经济发展潜能和提升人力资本质量是我国在新发展阶段的现实需求，本文提出的如下三条政策建议或将缩短中国经济成为发达经济体和领先经济体的时间进程：第一，促进市场经济体制成熟度的不断提高，推进中国特色的社会主义经济市场化、法治化。第二，扩大消费产出比，推动最终需求对市场主体的约束和激励。第三，政府支出致力于持续优化整个教育体系，加大人力资本投资，强化基础研究，进而促进人力资本质量水平持续提升。

6. 柏培文，张云. 数字经济、人口红利下降与中低技能劳动者权益［J］. 经济研究，2021，56（5）：91-108.

研究背景：中国信通院（2020）数据显示，我国数字经济占 GDP 比重逐年上升，由2005 年的 14.2%增加至 2019 年的 36.2%，成为我国转变经济增长方式、优化经济结构的重要抓手。与此同时，我国面临着刘易斯陷阱、老龄化陷阱、少子化陷阱等导致人口红利下降的重大挑战。以人工智能、大数据、云计算、5G 技术、工业互联网、区块链为代表的数字经济，一方面加速推动现代信息网络、数字技术与实体经济的深度融合，使得新业态、新组织、新模式的应用潜能无限释放，政府数字化治理水平快速提升；另一方面使得机器结合人抑或机器替代人的要素模式重组，要素资源的重组本质上意味着收入分配的重组。那么，数字经济拉动经济增长的同时，是否会导致收入差距的扩大？数字经济发展与人口红利下降的双重宏观环境如何作用于收入分配效应？

基本结论：本文以 2002 年、2007 年、2008 年和 2013 年 CHIP 数据中城镇住户和流动人口住户为研究对象，探讨了数字经济发展、人口红利下降对中低技能劳动者权益的作用机理，通过构建多部门一般均衡模型并运用时间与城市维度的双向固定效应模型研究发现：第一，数字经济发展挤占了中低技能劳动者相对收入权，但改善了中低技能劳动者相对福利水平。第二，数字经济通过要素重组升级与再配置引致的效率变革与产业智能化削弱了中低技能劳动者的相对收入权，通过提高法制效率与政府监管质量改善了中低技能劳动者的相对福利水平。第三，人口红利下降的劳动力短缺效应来源于中低技能劳动者，尤其是低技能劳动者的供给陷阱。第四，在人口红利下降背景下，数字经济发展仅削弱了低技能劳动者的权益。这意味着，数字经济发展引致的低技能劳动者替代效应远甚于人口红利下降的低技能劳动力短缺效应，且微观个体禀赋、宏观经济环境与政府治理水平对低技能劳动者权益的影响具有明显差异性。

主要贡献：第一，本文从数字经济发展与人口红利下降的双重宏观经济背景出发，分别探讨其对不同技能劳动者收入分配与福利水平的演变特征，为全面认识当前技能收入分配的差异性提供了新的研究视角。第二，本文从要素重组升级与再配置所引致的效率变革与产业智能化导向、数字化治理水平等角度对数字经济收入分配效应的作用机理进行了深入分析，为正确处理好数字经济收入分配效应与包容性增长之间的关系提供了可能的政策建议。第三，本文从数字产业活跃度、数字创新活跃度、数字用户活跃度、数字平台活跃度的角度对数字经济进行衡量，并通过测算得出了综合的数字经济指标，有别于现有文献从单一维度度量数字经济的方法。

现实意义：本文研究发现，数字经济发展引致的低技能劳动力替代效应远甚于人口红利下降的低技能劳动力短缺效应。基于此，本文提出三点政策建议以改善数字经济发展带来的负面效应：第一，从个人与社会角度改善中低技能劳动者自身能力与素养。第二，积极发挥数字治理改善中低技能劳动者福利水平的积极效应，推进政府治理能力现代化。第三，加快户籍制度改革步伐，帮扶低人力资本群体。

7. 李实. 共同富裕的目标和实现路径选择 [J]. 经济研究，2021，56（11）: 4-13.

研究背景：2020 年党的十九届五中全会明确提出，到 2035 年"全体人民共同富裕取得更为明显的实质性进展"。2021 年 8 月 17 日中央财经委员会第十次会议的议题之一是研究"扎实促进共同富裕问题"，并提出要坚持循序渐进，对共同富裕的长期性、艰巨性、复杂性有充分估计，鼓励各地因地制宜探索有效路径，总结经验，逐步推开。党的十九届六中全会进一步强调"全面深化改革开放，促进共同富裕"。要实现共同富裕的远景目标，不仅要理解共同富裕的内涵与目标，还应该设计好实现共同富裕的路径和政策。

基本结论：第一，本文阐述了共同富裕的内涵和目标。共同富裕是全体人民的富裕，但不是经济上的平均主义，推进共同富裕不能采取激进的分配方式。共同富裕的长期目标是，到 21 世纪中叶把我国建成社会主义现代化强国，全体人民共同富裕基本实现。第二，本文考察了中国当前的发展基础，认为中国在实现共同富裕进程中面临发展水平不高、收入和财产差距过大、中等收入人群比重偏低、基本公共服务均等化程度不高等一系列挑战。为实现共同富裕，一方面需要进行深层次的改革，另一方面要加快发展速度。第三，本文提出了实现共同富裕的主要路径，即应从初次分配、再分配和三次分配方面着手，进一步缩小城乡发展差距、地区差距和收入差距。在初次分配方面，改革的重点是完善要素市场体系，让生产要素市场不仅在资源配置方面起到决定性的作用，而且在决定要素回报方面也起到更多的作用。在再分配领域，改革的重点是提高税收和转移支付的调节力度等。

主要贡献：本文提出，中国实现共同富裕的基础条件可以概括为：全体人民的富裕程度并不高，共享程度更不高，中国居民收入差距居高不下，不同人群享有不均等的基本公共服务等。而解决这些问题需要全面深化改革，通过改革促进经济发展，通过深层次改革促进共同富裕。一是要坚持发展是硬道理，不断提高富裕程度；二是要城乡融合发展，缩小城乡差距；三是要平衡地区发展，缩小地区差距；四是要缩小收入差距，实现收入分配公平；五是要实现基本公共服务均等化；六是要建立更加完善的"提低"制度和机制。

现实意义：中国进入一个新发展阶段，共同富裕不仅是新发展阶段的一个愿景，而且被确立为一个远景目标。党的十九届六中全会再次强调推进共同富裕的重大意义，提出"全面深化改革开放，促进共同富裕"。本文提出的实现共同富裕目标的路径，对于当前我国进一步缩小城乡发展差距、地区差距和收入差距具有现实意义。

8. 江小涓，孟丽君. 内循环为主、外循环赋能与更高水平双循环——国际经验与中国实践［J］. 管理世界，2021，37（1）：1-19.

研究背景：中国发展进入新时期，要素禀赋与 40 年前相比发生根本变化。近年以来，党中央多次强调要构建新发展格局。"构建新发展格局，是与时俱进提升我国经济发展水平的战略抉择，也是塑造我国国际经济合作和竞争新优势的战略抉择。"这是党中央根据国内国际形势变化，从建设社会主义现代化强国的目标出发提出的重大发展战略，对今后的高质量发展、高水平市场体系建设和高水平对外开放，都有根本的指导意义。

基本结论：第一，"外循环"随时代变化不断发展变化，从产业间分工、产业内分工向全球产业链、全球创新链演进，并在近十几年来进入数字产业链和创新链阶段。第二，由于改革开放初期要素禀赋的严重失衡状况，改革开放后较长时期内，高比例的外循环是中国持续较快发展的必然选项和突出特点。第三，改革开放以来，通过外循环均衡配置资源的压力减弱，我国的经济规模也今非昔比，外循环已经带不动如此体量的内循环，内循环为主成为必然选择。综合各方面条件，中国增长呈现出大国在这个阶段的共同特点：更多依靠国内市场，更具有内循环为主体的突出特点。第四，新发展阶段需要的内循环是高质量的内循环，以下几个方面的改革需要加快推进：一是更好地发挥竞争政策的作用，促进有效竞争和优胜劣汰；二是优化内需结构扩大消费比例；三是积极推进人口城镇化；四是加快国有企业改革；五是加快自主创新。第五，本文提出内循环为主、外循环赋能、双循环畅通，是我们今后阶段的发展模式和时代特征，促进两种循环迈向更高水平、更加协调、更可持续，是国内改革和对外开放的长期目标和战略任务。

主要贡献：本文论述了与"内循环""外循环"相关的发展表现和理论演变，描述了我国不同阶段两种循环的继起与并存，分析了今后我国发展的有利条件和约束条件以及全球产业链创新链的发展趋势，指出今后中国发展中两个循环的特点和相互关系，即内循环为主、外循环赋能、双循环畅通高效，并就如何实现更高水平的国民经济循环体系提出相关的政策建议。

现实意义：本文着重从学术理论角度分析双循环的决定因素、中国经验和国际趋势。研究表明，过去多年，国内循环和国际循环双轮驱动，特别是外循环发挥重要作用，是中国经过增长表现优异的重要解释因素。现在，各方面条件都发生显著变化，转向内循环为主既是现实表现，也是必然选择；同时，更好发挥外循环的作用和促进双循环畅通，也有不可或缺的重要意义。要加快建设高标准市场体系和实现更高水平开放，促进双循环更有效率和具有更高质量。本文的研究为如何实现更高水平的国民经济循环体系提供理论支持和决策参考。

9. 黄群慧，倪红福. 中国经济国内国际双循环的测度分析——兼论新发展格局的本质特征 [J]. 管理世界，2021，37（12）：40-58.

研究背景：党的十九届五中全会将构建新发展格局作为《中共中央关于制定国民经济和社会发展第十四个五年规划和二〇三五年远景目标的建议》（以下简称《建议》）的"纲"提出来，十四五规划以《建议》为基础对构建新发展格局进行了规划部署。作为经济现代化战略，新发展格局的提出可以认为是内生要求与外部变化同时作用的结果。对此，学术界、政策界进行了一系列的政策解读和理论探讨，而目前这些对双循环新发展格局的研究大多是基于经济理论的定性分析，对双循环的现状未有系统性的定量分析，在理论、实证数据和测算方面的深化研究不多。

基本结论：本文从经济循环的概念逻辑视角阐述"新发展格局"，进而构建了基于供给端和需求端的国际国内循环测度指标和基于全球价值链的国内国际循环 GDP 分解新方法，并利用 WIOD 数据进行了实证测算分析。在此基础上，对新发展格局的本质特征进行了深入分析。研究发现：第一，无论是从最终品的国内最终需求率和中间品的本国供给率看，还是从全球价值链 GDP 分解来看，各方面指标都表明中国国内经济循环的依赖程度在90%上下。第二，从国际比较角度看，依赖于国内循环的 GDP 占比中国排在第 5 位，这些都说明了如果单纯基于国内经济循环和国际经济循环的新增经济流量看，在数量上国内经济循环的主体地位基本确立。但是，并不能由此认为新发展格局已经基本形成。第三，新发展格局的关键内涵是畅通经济循环，本质特征是实现高水平自立自强。"国内大循环为主体"不是仅仅体现为中国经济国内循环量在整体经济循环量中占比高、中国的GDP 增长主要依赖于国内经济循环，而是主要体现为以国内高水平自主创新为主驱动经济循环畅通无阻、以持续扩大国内需求为主不断做大经济流量、以发挥国内大循环为主体促进国内国际双循环畅通。

主要贡献：本文首先从经济循环的概念和理论逻辑的视角阐述新发展格局，进而构建供给和需求端的国际国内循环测度指标和基于全球价值链的国内国际循环 GDP 分解新方法，并利用全球投入产出数据库（world input-output database，WIOD）进行了实证测算分析。在此基础上，诠释了新发展格局的本质特征，提出了相关的政策建议。

现实意义：针对当前如何疏通国内大循环、国民经济循环的堵点，如何解决高端供给或有效供给能力不足，如何通过利用好中国超大规模市场和内需攻克卡脖子技术，如何实现高质量发展等现实问题，本文提出了以下几点建议：第一，着力扩大消费以调整内需结构，实现内需结构的合理化、高级化；第二，充分发挥超大规模市场优势，加快建设统一开放有序的国内大市场；第三，加快自主创新以提升产业链现代化水平，形成数字化智能化创新驱动下的双循环新发展格局；第四，推进高水平对外开放，构建开放型经济新体制，以国内大循环为主体促进国内国际循环相互发展。

10. 刘志彪，孔令池. 从分割走向整合：推进国内统一大市场建设的阻力与对策[J]. 中国工业经济，2021（8）：20-36.

研究背景：进入中国特色社会主义建设的新时代，加快构建统一开放、竞争有序的全国统一大市场的重要性，随着国内外形势的迅速变化日益凸显。2020 年 9 月，中央财经委员会第八次会议明确指出，要"加快完善国内统一大市场，形成供需互促、产销并进的良性循环，塑造市场化、法治化、国际化营商环境，强化竞争政策作用"。加快建设国内统一大市场是完善社会主义市场经济体制的重要内容，对构建以国内大循环为主体、国内国际双循环相互促进的新发展格局具有基础性的战略意义。

基本结论：第一，当前中国的市场分割主要表现为转轨时期政府各种干预市场的选择性行为，如地方政府主导型产业政策、产权交易市场壁垒、商品和要素市场分割等。第二，"为增长而竞争"的激励机制、区域倾斜政策和不规范的优惠政策、财政分权体制下的地方互动策略、小国贸易条件下的对外贸易偏好、政府合作机制虚化等因素，是形成"行政区经济"现象的直接原因，而更深层次的原因，则与追赶型战略决定的增长体制有密切的联系。第三，中国现代化战略目标决定了速度型赶超要让位于效率和质量型赶超，地方政府的经济职能和发展的动力机制还需要充分利用。现阶段可先从改造地方政府的目标偏好函数、改革地方政府主导型产业政策的实施方式入手，未来要逐步实现赶超型政府向服务型政府、建设型财政向公共财政的转变。

主要贡献：本文重点研究了与国内统一大市场建设相关的问题，分析了国内统一大市场的实质性内涵、特征与作用，指出了当前市场分割现象的表现形式及其程度应如何评估，分析了影响和阻碍国内统一大市场形成的直接和深层次原因，进一步提出了现阶段和未来推进全国统一大市场建设的根本措施。

现实意义：在我国建设国内统一大市场有显著的特殊性，本文基于相关问题分析，提出加快推进国内统一大市场建设的策略建议：一是新发展阶段的政府转型，要以改变地方政府目标函数、动力结构和行为方式为主；二是过去"增长主义"导向的地方产业政策，应该让位于追求增长效率和创新发展的功能性产业政策；三是处理好央地关系并法治化；四是微观层面推进横向一体化和跨地区并购；四是推进区域合作与制度整合。本文的研究为推进国内统一大市场建设提供了决策参考。

第三节　重要著作

1. 林毅夫. 论中国经济：挑战、底气与后劲［M］. 北京：中信出版集团，2021.

研究背景：中国已进入十八大提出的"两个一百年"中的第二个一百年，第二个一百年的奋斗目标是到 2049 年中华人民共和国成立一百周年时，要把中国建设成社会主义现代化强国。面对百年未有之大变局和新的战略机遇期，中国应当在哪些方面发力？面对世界经济不确定因素增多等一系列新形势下的新变化，中国如何继续发挥后发优势？面对新工业革命，中国又应当如何参与并引领？如何理解双循环和新发展格局？如何通过经济结构的转型，促进"十四五"期间各地的高质量发展？

内容提要：作者认为，中国能在 1978 改革开放后短时间内创造出经济发展的奇迹得益于"后来者优势"。经历了 40 多年的高速增长，中国经济是否还有快速增长的潜力？这取决于中国与高收入国家之间技术差距有多大。作者指出，从"后来者优势"的角度来看，中国从 2008 年开始有 20 年年均增长 8% 的潜力。而要把这种潜力变成现实，一是要继续解放思想、实事求是，二是要致力于供给侧结构性改革。作者运用新结构经济学理论剖析中国经济保持中高速增长的动力，提出经济增长是有效市场和有为政府有机结合，发挥各自应有作用的结果。全书还总结了中国发展给世界带来的几点启示：一是贫穷不是命运，中国的改革开放使国家面貌焕然一新，这无疑给世界其他发展中国家摆脱贫困，带来了信心；二是摆脱贫困、实现发展需要从推进农业现代化做起；三是要在农村改革的基础上推进工业化、城镇化，大力发展现代服务业；四是要发挥好政府在市场经济中的作用，把自己能做好的产业做大做强，将比较优势变成竞争优势，从而推动经济长期稳定快速发展。

基本结构：第一章是中国成就来自何处，第二章是中国发展的启示，第三章是中国要有自己的经济理论，第四章是如何做新结构经济学的研究，第五章是从新结构经济学的视角看增长，第六章是金融如何推动经济发展，第七章是构建新发展格局是历史必然，第八章是"十四五"当迈向更高处，第九章是全球合作带来共赢。

主要贡献：本书从"中国成就来自何方""中国发展的启示""中国要有自己的经济理论""'十四五'当迈向更高处"等九个方面，纵论中国经济，深度解读十四五双循环等国内外热点焦点，能够帮助读者更为清晰地把握中国经济的未来趋势。

现实意义：面对世界经济不确定因素增多、疫情突发等一系列新形势下的新变化，林毅夫教授从中国经济自身的发展落脚，分析了中国的发展经验及其对世界其他国家的启发，对中国经济的发展格局、金融如何推动增长、十四五时期的发展方向、中国与世界其他国家的合作前景等都做了深度解读，让企业、政府、个人能够更清晰地看到未来趋势。

2. 黄奇帆. 结构性改革［M］. 北京：中信出版集团，2020.

研究背景：党的十八大以来，以习近平同志为核心的党中央提出了供给侧结构性改革的新思路。自供给侧结构性改革实施以来，"三去一降一补"成效明显，产业结构加快升级，创新驱动作用逐步增强，改革红利持续释放。但经济发展中深层次的结构性、体制性制约尚未得到根本解决，供给侧结构性改革任务仍然没有结束。恰逢 2018 年中美贸易摩擦、2020 年新冠肺炎疫情暴发，暴露了我国在许多领域仍然存在着短板和瓶颈，更凸显了改革的重要性和紧迫性。

内容提要：面对当前的基础性、结构性难题，从 2018 年开始，作者结合自己多年来解决问题的辩证思维方法，在各类论坛、校园授课发表了一系列演讲，在期刊上发表了多篇论文，阐述其关于供给侧结构性改革的一系列观点并从基础性、结构性、机制性、制度性等多个维度，深入剖析我国供给侧关键矛盾并对症下药。

基本结构：全书一共七章。第一章详解如何紧抓供给侧结构性改革主线；第二章聚焦去杠杆与金融风险防范；第三章解读新时代下我国资本市场高质量发展之路；第四章讲述"数字化"如何重塑经济社会生态；第五章对房地产长效调控机制开出药方，并预判今后十年房地产行业六大趋势；第六章着眼于国有企业资本运作与地方政府营商环境改善；第七章阐释新局面、新特征下，我国对国际形势与中美关系的应对之道，深入剖析"双循环"新格局。

主要贡献：当前国民经济面临一系列难题，这些难题有些是经济结构上的，有些是体制上的，它们经过长期积累，严重制约着经济的持续健康高质量发展，对于我国供给侧关键矛盾，作者提出了解决的思路和方案。

现实意义：恰逢百年未有之大变局，经济转型发展、中美贸易摩擦、新冠疫情暴发等问题交相叠加，供给侧结构性改革的重要性与紧迫性空前凸显。如何尽快缩小城乡发展差距？如何推进金融供给侧结构性改革？如何保持房地产行业平稳健康发展？如何深化国有企业改革？如何缩小服务贸易逆差等？本书对于上述问题提出了见解和思考。

3. 郑永年，黄彦杰. 制内市场：中国国家主导型政治经济学［M］. 杭州：浙江人民出版社，2021.

研究背景：随着中国经济的持续增长和全球化，中国国家、市场和社会之间的内部平衡不但关系中国自身未来的前景，也可能会对世界各地的经济产生重大影响。当前中国经济进入了另一个"新常态"阶段，即放缓的经济增长、日益增加的社会挑战以及艰难的结构性改革。如果不进行经济结构的调整和保卫社会，中国不仅将面临"中等收入陷阱"，而且将面临社会动荡，风险很高。

内容提要：本书从中西比较的视野，探索了中国政治经济制度的发展历史及当代演变，并以"制内市场"的总体框架来揭示中国的国家和市场的关系。第一部分的两章，试图回答中国的政治经济体制"不是什么"和"是什么"的问题。第二部分的两章，探讨了中国政治经济体制的历史演变。第三章分析了帝制时期中国的政治经济体制是如何运转的，展示了"制内市场"路径的运作方式。第四章审视了近代，也就是中国开始与西方列强互动时"制内市场"体制的转型。第三部分转向当代中国，这一部分也构成了全书的主体部分。这些章节详细探讨了中国政治经济的"制内市场"体制如何在当代发展和运作。在结论部分，作者总结了本研究的主要发现，还强调了中国政治经济中的"制内市场"体制的一些主要的社会和政治影响，指出了"制内市场"体制中的一些内在矛盾以及在当前所面临的挑战。

基本结构：本书分为三个部分。第一部分是理论，包括第一章和第二章。第一章是市场、国家和资本主义：政治经济学理论与中国；第二章是制内市场：一个中国的政治经济学理论。第二部分是历史，包括第三章和第四章。第三章是帝制中国的国家和市场；第四章是现代中国政治经济的起源：地缘政治、大众动员和国家构建。第三部分是当代机制，包括第五章至第八章的内容。第五章是基层资本和市场化：当代市场改革的动力；第六章是中间地带：国家和私营企业之间的纽带；第七章是货币体制：财政和货币改革及其限度；第八章是国有资本：央企和经济主导；最后是全书的总结。

主要贡献：本研究试图重新思考中国政治经济学的基本理论前提。作者认为，中国的政治经济学被西方严重误解，并且这种误解在中西方的学者和决策者当中造成了各种形式的困惑与冲突。因此，对一些概念进行彻底的重构，将有助于澄清对中国的看法和误解，从而促进我们对中国的认识和决策。

现实意义：当代中国的转型历程已经超过 30 年，中国是社会科学各领域的最大实验场。有鉴于此，这一努力将整体上为政治经济学的各个重要研究领域提供新视角，特别是为对中国国家和经济的研究提供新视角，进而提高和深化我们对中国的理解。

4. 兰小欢. 置身事内：中国政府与经济发展 [M]. 上海：上海人民出版社，2021.

研究背景：在我国，政府不但影响"蛋糕"的分配，也参与"蛋糕"的生产，所以我们不可能脱离政府谈经济。在市场机制不完善的情况下，政府如何实现可行的动员与资源调配，推动经济增长？在确保增长的过程中，政府如何获得更多资源和时间去建设和完善市场经济？我们如何理解地方政府经济治理的决策与行动逻辑？

内容提要：本书是作者多年教学、调研与研究内容的凝练，将经济学原理与中国经济发展的实践有机融合，以地方政府投融资为主线，深入浅出地论述了中国经济的发展，笔触简练客观，并广泛采纳了各领域学者的最新研究成果。本书以我国地方政府投融资为主线，分上下两编。上编解释微观机制，包括地方政府的基本事务、收入、支出、土地融资和开发、投资和债务等；下编解释这些微观行为对宏观现象的影响，包括城市化和工业化、房价、地区差异、债务风险、国内经济结构失衡、国际贸易冲突等。最后一章提炼和总结全书内容。

基本结构：全书分上下两编。上编包括第一章至第四章。其中，第一章是地方政府的权力和事务；第二章是财税与政府行为；第三章是政府投融资与债务；第四章是工业化中的政府角色。下编包括第五章至第八章。其中，第五章是城市化与不平衡；第六章是债务与风险；第七章是国内国际失衡；第八章是总结：政府与经济发展。

主要贡献：通过对中国政治经济体系的论述，作者简明地刻画了地方政府进行经济治理的基本方式，并指出，中国政府通过深度介入工业化和城市化的进程，在发展经济的同时逐步推动了市场机制的建立和完善，以一种有别于所谓发达国家经验的方式实现了经济奇迹。

现实意义：转变经济发展方式，不仅是当前的经济结构与国内外环境的要求，也与多年来资本市场和法律机制的建设水平相符。成功的经济体中经济政策一定是务实的、具体的，本书以"政府"和"政策"为主角，基于对改革历程与社会矛盾的回顾与分析，作者也在书中对当前推进的市场化改革与政府转型进行了解读，帮助读者增进对中国发展现实的把握。

5. 卢峰. 未来的增长：中国经济的前景与挑战［M］. 北京：中信出版集团，2020.

研究背景："十四五"启航在即，我们如何乘势而上？如何看待发达国家对华政策调试动向？通货紧缩究竟离我们有多远？如何理解本轮中国经济下行调整？如何看待大疫之年的粮食安全？美国应对疫情为何迟缓？中国经济在经历了长期高速的发展之后，原来的优势和增长点都发生了变化，面临着短期事件纷至沓来与历史格局加速转变的罕见形势。

内容提要：本书立足于世界与中国的高度，从内外两个角度进行观察分析：对外，观察近几年来世界各国和中国的关系，包括 WTO 改革对于对外关系发展和中国经济的影响；对内，从宏观调控、产业政策、部门经济等角度，分析近年来的经济走势，以及当下经济面临哪些问题和困局。以未来发展和经济增速这个众所瞩目的问题作为全书的落脚点，在以国内大循环为主体、国内国际双循环相互促进的新发展格局下，从学术层面和现实经济的角度对中国经济的增长做了各个层面的分析。

基本结构：全书共八章。第一章是世界与中国；第二章是 WTO 改革的影响；第三章是中美经贸竞合关系；第四章是直面产业政策；第五章是从部门经济看全局；第六章是通货紧缩究竟离我们有多远；第七章是拨开潜在增速的迷雾；第八章是疫情影响下的世界经济。

主要贡献：随着近年国内外环境的深刻快速演变，中国经济巨轮驶入波涛汹涌与暗礁密布的水域，前所未有的机遇与风险同时出现。本书对中美关系、国际治理改革、经济潜在增速、若干部门经济与政策等问题进行观察和评论。2020 年经济运行呈现的衰退式追赶经验事实及其前景，则为未来经济增长演变提供了一个新的现实观察视角。

现实意义：经济保持中高速较快增长是实现国家"十四五"规划以及 2035 年远期发展目标的必要条件，也将为逐步缓解和化解阶段性外部环境矛盾压力提供必要条件。另外，疫情时代背景也为创新提出更为广义的环境保护与可持续发展概念，为探索创造包含有效防范应对新人兽共患病与新型传染病在内的新发展模式提供了现实契机，本书对于我们更好地把握当前世界经济和中国经济的发展机遇和挑战具有现实意义。

第四节　学术会议

1. 第三届中国发展经济学学者论坛①

主办单位：中国社科院经济研究所经济研究杂志社、武汉大学经济发展研究中心、华中科技大学张培刚发展研究院、复旦大学世界经济研究所、北京大学经济研究所和重庆工商大学经济学院联合主办

承办单位：重庆工商大学

会议时间：2020 年 12 月 27 日

---

① 资料来源：https：//news. ctbu. edu. cn/info/1002/1032941. htm.

会议地点：重庆，重庆工商大学

会议概述：会议开幕式由重庆工商大学副校长李敬主持，采用了"线上+线下"同步直播的形式进行。重庆工商大学校长孙芳城、重庆市社科联副主席阳奎兴和经济研究杂志社主编金成武先后致辞。孙芳城对莅临本次会议的各位领导、专家和学者表示了热烈欢迎和衷心感谢，阳奎兴介绍了重庆市社会科学在近年来的发展，金成武通过视频连线向大家介绍了中国发展经济学学者论坛的发展情况，并对发展经济学的未来发展提出了展望。

在大会主题发言阶段，复旦大学经济研究所所长万广华作了题为《不要输在娘胎里：聚焦先天性收入决定因素——基于胎源假说的分析》的主题发言；华中科大经济学院院长张建华作了题为《全球价值链重构对中国产业发展的影响及其应对》的主题演讲；重庆大学社科学部副主任姚树洁作了题为《双循环背景下成渝地区双城经济圈发展战略》的主题发言；李敬作了题为《中国双循环的刻画方法、网络特征与影响因素》的主题发言；武汉大学经济发展研究中心联席主任叶初升作了题为《发展经济学视野中的双循环》的主题发言。

学者平行论坛阶段分 6 个小组进行。共有 40 余篇论文在平行论坛发表，相关的专家学者进行了深入的讨论与交流，会议取得了良好的效果。

2. 第十四届中华发展经济学年会①

会议主题：中国改革开放再出发——后小康社会中国经济高质量可持续发展

主办单位：中华外国经济学说研究会发展经济学研究分会

承办单位：哈工大（深圳）

会议时间：2020 年 11 月 22 日

会议地点：广东深圳，哈尔滨工业大学

会议概述：本次年会主题为"中国改革开放再出发——后小康社会中国经济高质量可持续发展"。与会专家围绕中国经济高质量发展、产业升级、结构转型、对外开放、新冠肺炎疫情影响经济发展等当前经济学界的前沿、热点问题展开深入研讨。哈工大党委常委、副校长、哈工大（深圳）常务副校长甄良，深圳市原副市长、哈工大（深圳）发展规划委员会主席唐杰，国家发展改革委员会对外经济研究所原所长、中国国际经济交流中心首席研究员张燕生，中国人民大学经济学院前院长、中国人民大学世界经济研究所所长黄卫平，中华发展经济学学会会长郭熙保，哈工大（深圳）深圳高质量发展与新结构研究院执行院长李昕出席了开幕式。

开幕式由中华发展经济学学会副会长、哈工大（深圳）马克思主义学院教授彭刚主持。开幕式上，甄良在致辞中表示，年会的召开必将进一步推动哈工大（深圳）经济学和人文社会各学科的发展，助力人才培养和学科建设，加强与其他高校和科研团体在相关领域的学术交流与合作，为中国改革开放的伟大事业做出新的贡献。郭熙保在致辞中介绍了中华发展经济学年会紧扣中国发展的时代脉搏进行研究的宗旨，并希望与会专家、学者围绕党的十九届五中全会精神，紧扣三个"新"——新发展规划、新发展理念、新发展

---

① 资料来源：http://cedr.whu.edu.cn/info/1028/2285.htm.

格局，提出真知灼见，共同促进发展经济学的繁荣发展。接着是大会主旨报告，由武汉大学经济发展研究中心联席主任、中华发展经济学学会副会长叶初升教授主持。张燕生教授、黄卫平教授和郭熙保教授分别以《经济发展的国际环境与中国发展前景》《"双循环战略机制"与后小康社会中国经济的可持续发展》和《构建中国特色发展经济学的理论思考》为题做主旨报告。

当天下午，以"中国经济高质量发展""根除绝对贫困后中国的消贫减贫""粤港澳大湾区的经济建设与发展"等为主题的7个分论坛同时开讲。分论坛结束后，由深圳市原副市长、哈工大发展规划委员会主席唐杰教授联合深圳市科技创新委员会主任梁永生先生联合发布题为《创新与高质量新结构转型——有关深圳持续转型的实证研究》的报告。北京大学新结构经济学研究院院长林毅夫教授发表题为《新结构视角下的高质量发展》的演讲。闭幕式由中华发展经济学学会副会长张建华主持。中华发展经济学学会副会长陈广汉在闭幕式致辞中充分肯定了大会的成果和创新点。

3. 第三届"中国发展理论"国际年会暨第十五届中华发展经济学年会①

主办单位：中国人民大学经济学院、中华外国经济学说研究会发展经济学研究分会共同主办

承办单位：中国人民大学中国经济改革与发展研究院、武汉大学经济发展研究中心

会议时间：2021年7月3—4日

会议地点：北京，中国人民大学

会议概述：开幕式由中国人民大学经济学院党委书记兼院长刘守英教授主持。刘守英教授首先介绍了会议情况及参会嘉宾，对与会嘉宾表示热烈欢迎。刘守英教授指出，2021年是中国共产党建党一百周年。习近平总书记在7月1日代表党和人民庄严宣告，经过全党全国各族人民持续奋斗，我们实现了第一个百年奋斗目标，在中华大地上全面建成了小康社会，历史性地解决了绝对贫困问题，正在意气风发向着全面建成社会主义现代化强国的第二个百年奋斗目标迈进。开启现代化国家新征程不仅对中国经济社会发展提出了新目标和新任务，也对中国发展经济学的未来提出了新要求和新挑战。本届年会的宗旨是以问题为导向展望中国迈向全面建设社会主义现代化国家新征程的任务、战略与路径，推动中国发展经济学研究主流化。

中华外国经济学说研究会发展经济学研究分会会长、武汉大学经济发展研究中心教授郭熙保指出，创建中国发展经济学是很有必要的。中国人民大学经济学院黄卫平教授在致辞中指出，习近平总书记庄严宣布，中国已经全面建成了小康社会。那么小康之后的路怎么走还需要我们进一步思考。著名发展经济学家、美国乔治城大学 Martin Ravallion 教授、著名人类学和历史学家、剑桥大学国王学院终生院士 Alan Macfarlane 教授也分别做了年度主旨演讲。Martin Ravallion 教授发表了题为《相对贫困理论和中国的应用》的年度主旨演讲。Alan Macfarlane 教授发表了题为 China and the West—Past, Present and Future 的主旨演讲，高度评价了新中国成立后在经济、社会、科技和政治上取得的伟大成就。

---

① 资料来源：http://econ.ruc.edu.cn/xwdt/1e479cb835ef4688bcc8ea559eaf6cd1.htm.

本次年会的中国发展政策论坛主旨演讲环节由中华外国经济学说研究会发展经济学研究分会副会长兼秘书长、武汉大学经济发展研究中心联席主任叶初升教授主持。他指出，中国的经济发展历程在一般意义上与发展经济学基本逻辑是一致的。在新发展阶段，中国的经济发展实践为发展经济学提供了一个非常好的发展机会，对于发展经济学揭开新的一页具有非常重要的理论意义和现实意义。全国人大常委会委员、清华大学公共管理学院院长江小涓教授的演讲题目为《新发展格局与更高水平循环》，她提出以更高水平助力外循环的新发展格局。北京大学国家发展研究院院长姚洋教授的演讲题目为 *Political Human Capital*，他介绍了影响中国经济发展的政治人力资本因素。中国人民大学经济学院党委书记兼院长刘守英教授随后进行了题为《体制秩序与经济收缩率》的主旨演讲，以新视角解析中国经济发展的过去和未来。

7月3号下午和4号上午进行的是平行论坛宣讲环节。本届年会收到投稿论文共计118篇，参会论文55篇，共设置12个平行论坛，其中包含两个新结构经济学论文专场，采取线上会议的方式供大家交流与讨论。年会还得到了《管理世界》、*China Economic Review*、*China & World Economy*、*China Agriculture Economic Review* 等重要学术期刊的大力支持。本届年会展示了中国发展理论领域的优秀论文成果，深入剖析了中国发展的经济学理论逻辑，对于增强世界对中国发展模式的理解，提高中国的软实力和国际学术话语权大有裨益。

4. 第三届"中国发展经济学前沿"学术研讨会①
主办单位：中国工业经济杂志社、中央财经大学经济学院
承办单位：中央财经大学
会议时间：2021年5月15日
会议地点：北京，中央财经大学
会议概述：此次研讨会旨在进一步推动中国发展经济学学科建设，为发展经济学的新发展贡献中国智慧。中央财经大学副校长孙国辉教授、中国社会科学院工业经济研究所副所长张其仔研究员、浙江大学副校长黄先海教授、中国科学院大学经济与管理学院院长洪永淼教授、山东大学经济研究院院长黄少安教授、北京大学经济学院博雅特聘教授杨汝岱、北京工商大学经济学院院长倪国华教授、中央财经大学经济学院院长陈斌开教授、中央财经大学经济学院党委书记郭冬梅教授、《中国工业经济》杂志副主编王燕梅研究员，以及来自兄弟院校、科研院所的专家学者、入选论文作者和在校师生200余人出席本次会议。

开幕式上，中央财经大学副校长孙国辉教授对各位专家学者的到来表示热烈欢迎，并介绍了中央财经大学和经济学院在中国特色的学科体系建设、人才培养等方面取得的佳绩。中国社会科学院工业经济研究所副所长张其仔研究员介绍了中国社会科学院工业经济研究所的"学科登峰计划"和《中国工业经济》的办刊理念和学科定位。开幕式由中央财经大学经济学院党委书记郭冬梅主持。大会主题演讲先后由《中国工业经济》杂志副

---

① 资料来源：http://econ.cufe.edu.cn/info/1002/5530.htm.

主编王燕梅和经济学院党委书记郭冬梅分别主持。在大会主题演讲环节，洪永淼教授、黄少安教授、杨汝岱教授、黄先海教授、倪国华教授以及陈斌开教授先后就数字经济、人口问题、国内国际双循环、全球产业链重构、经济发展的中国模式、宏观调控与地方政府行为等议题进行了精彩的演讲，引起了热烈的反响。

本次研讨会遴选出三十余篇优秀论文参会宣讲，同时邀请知名中青年专家共同研讨，下午的会议分为六个分会场在线上线下同时进行。本次学术研讨会为专家学者们提供了良好的分享交流平台，为中国发展经济学理论提供真知灼见，共同推动中国特色的发展经济学学科建设，为中国新发展格局的形成贡献学术真知。

5. 2021 年度"经济研究·高层论坛暨经济学动态·大型研讨会"①
会议主题：新阶段、新理念、新格局——迈向新征程的中国经济
主办单位：中国社会科学院经济研究所
承办单位：经济研究杂志社、经济学动态杂志社联合承办
会议时间：2021 年 10 月 22—23 日
会议地点：北京
会议概述：为积极推动中国经济问题研究和助力中国经济发展，加快构建中国特色经济学的学科体系、学术体系、话语体系，由中国社会科学院经济研究所主办的 2021 年度"经济研究·高层论坛暨经济学动态·大型研讨会"于 10 月 22—23 日在北京成功举行。会议主题为"新阶段、新理念、新格局——迈向新征程的中国经济"。

中国社会科学院经济研究所所长、《经济研究》和《经济学动态》主编、中国社会科学院大学经济学院院长黄群慧主持会议第一单元开幕式并致欢迎辞。中国社会科学院党组成员、副院长、学部委员、中国社会科学院大学党委书记高培勇致辞并演讲。高培勇副院长在演讲中指出，"新发展阶段"是从 2021 年开始的，应准确把握和理解"新阶段、新理念、新格局"的基本内涵。黄群慧所长在欢迎辞中指出，今年是中国共产党成立 100 周年，站在两个一百年奋斗目标的历史交汇点上，一系列的重大理论和实践问题亟待深入研究，新时代呼唤中国经济学的形成和发展，呼唤中国学者基于中国经济建设实践与中国问题研究作出自己的理论贡献。本届会议的宗旨正是搭建一个高水平的专家学者交流的平台。随后，举行了《中国经济报告（2021）——迈向现代化新征程》发布式。

第二单元主题演讲，由中国社会科学院经济研究所党委副书记、副所长朱恒鹏主持。十三届全国政协常委、经济委员会副主任林毅夫，十三届全国政协经济委员会副主任刘世锦，国务院发展研究中心党组成员、副主任隆国强，国务院国有资产监督管理委员会党委委员、秘书长彭华岗分别发表演讲。第三单元圆桌论坛（一），由中国社会科学院学部委员朱玲主持。国家发展和改革委员会宏观经济研究院教授常修泽、南开大学中国财富经济研究院院长陈宗胜、云南财经大学校长伏润民、中国社会科学院学部委员金碚、中国财政科学研究院院长刘尚希、中国社会科学院学部委员吕政、中国社会科学院学部委员潘家华、中国人民大学一级教授王国刚先后发言。

---

① 资料来源：http://ie. cass. cn/academics/academic_ activities/202110/t20211026_ 5369654. html.

　　第四单元圆桌论坛（二），由中国社会科学院经济研究所副所长胡乐明主持。中国社会科学院金融研究所党委书记胡滨、中国人民大学经济学院院长刘守英、南京大学经济增长研究院院长沈坤荣、中国社会科学院生态文明研究所党委书记杨开忠、中国社会科学院人口与劳动经济研究所所长张车伟、中国社会科学院金融研究所所长张晓晶先后发言。第五单元由十个主题分论坛组成，主题分别是："习近平新时代中国特色社会主义经济思想""完善宏观经济治理与健全现代化经济体系""构建新发展格局与全面深化改革""建立现代财税体制""共同富裕、乡村振兴与社会保障""金融服务实体经济与风险处置""新型城镇化与区域协调发展""高水平对外开放与合作共赢""创新驱动发展与数字中国建设""学术期刊与学术评价体系建设"。

◎ **参考文献**

[1] 柏培文，张云. 数字经济、人口红利下降与中低技能劳动者权益 [J]. 经济研究，2021，56（5）：91-108.

[2] 陈斌开. 如何推进中国特色发展经济理论创新 [J]. 管理世界，2022，38（6）.

[3] 陈朴，林垚，刘凯. 全国统一大市场建设、资源配置效率与中国经济增长 [J]. 经济研究，2021，56（6）：40-57.

[4] 陈茜. 余淼杰：何谓中国经济之韧性 [J]. 商学院，2019（10）：71-72.

[5] 陈全润，许健，夏炎，季康先. 国内国际双循环的测度方法及我国双循环格局演变趋势分析 [J]. 中国管理科学，2022，30（1）：12-19.

[6] 丁晓强，张少军. 中国经济双循环的测度与分析 [J]. 经济学家，2022（2）：74-85.

[7] 樊纲. "发展悖论"与发展经济学的"特征性问题" [J]. 管理世界，2020，36（4）：34-39.

[8] 费越，张勇，丁仙，吴波. 数字经济促进我国全球价值链地位升级——来自中国制造业的理论与证据 [J]. 中国软科学，2021（S1）：68-75.

[9] 高培勇. 构建新发展格局：在统筹发展和安全中前行 [J]. 经济研究，2021，56（3）：4-13.

[10] 郭熙保. 发展经济学的本质特征与中国特色发展经济学的构建 [J]. 经济理论与经济管理，2021，41（3）：4-9.

[11] 韩喜平，王晓阳. 构建新发展格局经济思想的理论价值 [J]. 党政研究，2021（5）：14-21.

[12] 韩兆安，吴海珍，赵景峰. 数字经济驱动创新发展——知识流动的中介作用 [J]. 科学学研究，2022，40（11）：2055-2064.

[13] 何艳玲，汪广龙. 统筹的逻辑：中国兼顾发展和安全的实践分析 [J]. 治理研究，2022，38（2）：4-14，123.

[14] 洪银兴. 立足中国大地建构中国发展经济学 [J]. 管理世界，2022，38（6）.

[15] 黄群慧，倪红福. 中国经济国内国际双循环的测度分析——兼论新发展格局的本质特征 [J]. 管理世界，2021，37（12）：40-58.

[16] 黄群慧，余泳泽，张松林. 互联网发展与制造业生产率提升：内在机制与中国经验

［J］．中国工业经济，2019（8）：5-23.

［17］黄群慧．新发展格局的理论逻辑、战略内涵与政策体系——基于经济现代化的视角［J］．经济研究，2021，56（4）：4-23.

［18］江小涓，孟丽君．内循环为主、外循环赋能与更高水平双循环——国际经验与中国实践［J］．管理世界，2021，37（1）：1-19.

［19］李海舰，李燕．对经济新形态的认识：微观经济的视角［J］．中国工业经济，2020（12）：159-177.

［20］李书娟，陈邱惠，徐现祥．不利冲击下经济增长恢复的经验——基于中国经济目标管理实践［J］．经济研究，2021，56（7）：59-77.

［21］刘伟，蔡志洲．中国经济发展的突出特征在于增长的稳定性［J］．管理世界，2021，37（5）：11-23，2.

［22］刘志彪，孔令池．从分割走向整合：推进国内统一大市场建设的阻力与对策［J］．中国工业经济，2021（8）：20-36.

［23］陆杰华，韦晓丹．老年数字鸿沟治理的分析框架、理念及其路径选择——基于数字鸿沟与知沟理论视角［J］．人口研究，2021，45（3）：17-30.

［24］牟天琦，刁璐，霍鹏．数字经济与城乡包容性增长：基于数字技能视角［J］．金融评论，2021，13（4）：36-57，124-125.

［25］戚聿东，肖旭．数字经济时代的企业管理变革［J］．管理世界，2020，36（6）：135-152，250.

［26］沈国兵，袁征宇．企业互联网化对中国企业创新及出口的影响［J］．经济研究，2020，55（1）：33-48.

［27］孙晋．数字平台的反垄断监管［J］．中国社会科学，2021（5）：101-127，206-207.

［28］孙黎，许唯聪．数字经济对地区全球价值链嵌入的影响——基于空间溢出效应视角的分析［J］．经济管理，2021，43（11）：16-34.

［29］田鸽，张勋．数字经济、非农就业与社会分工［J］．管理世界，2022，38（5）：72-84.

［30］田秀娟，李睿．数字技术赋能实体经济转型发展——基于熊彼特内生增长理论的分析框架［J］．管理世界，2022，38（5）：56-74.

［31］王晓晔．数字经济反垄断监管的几点思考［J］．社会科学文摘，2021（8）：71-73.

［32］王一鸣．百年大变局、高质量发展与构建新发展格局［J］．管理世界，2020，36（12）：1-13.

［33］王永贵，高佳．新冠疫情冲击、经济韧性与中国高质量发展［J］．经济管理，2020，42（5）：5-17.

［34］王永贵．增强经济发展韧性 提升高质量发展能力［N］．光明日报，2020-04-01（6）.

［35］习近平．把握新发展阶段，贯彻新发展理念，构建新发展格局［J］．求是，2021（9）.

［36］习近平．正确认识和把握我国发展重大理论和实践问题［J］．求是，2022（10）.

［37］肖威．数字普惠金融能否改善不平衡不充分的发展局面？［J］．经济评论，2021（5）：50-64.

［38］徐翔，赵墨非．数据资本与经济增长路径［J］．经济研究，2020，55（10）：38-54.

［39］许恒，张一林，曹雨佳．数字经济、技术溢出与动态竞合政策［J］．管理世界，2020，36（11）：63-84.

［40］许宪春，张美慧．中国数字经济规模测算研究——基于国际比较的视角［J］．中国工业经济，2020（5）：23-41.

［41］杨德明，刘泳文．"互联网+"为什么加出了业绩［J］．中国工业经济，2018（5）：80-98.

［42］杨宏山．试验民主与韧性治理：中国改革的行动逻辑［J］．人民论坛·学术前沿，2022（5）：33-42.

［43］叶初升，李承璋．内生于中国经济发展大逻辑的"双循环"［J］．兰州大学学报（社会科学版），2021，49（1）：16-28.

［44］叶初升，肖利平，余静文．发展经济学在中国：实践与展望——第二届中国发展经济学学者论坛综述［J］．经济研究，2020，55（4）：205-208.

［45］尹志超，蒋佳伶，严雨．数字鸿沟影响家庭收入吗［J］．财贸经济，2021，42（9）：66-82.

［46］袁淳，肖土盛，耿春晓，盛誉．数字化转型与企业分工：专业化还是纵向一体化［J］．中国工业经济，2021（9）：137-155.

［47］张军．如何保持中国经济的韧性？［J］．金融市场研究，2014（12）：4-9.

［48］张平，张自然，袁富华．高质量增长与增强经济韧性的国际比较和体制安排［J］．社会科学战线，2019（8）：77-85.

［49］张晴，于津平．投入数字化与全球价值链高端攀升——来自中国制造业企业的微观证据［J］．经济评论，2020（6）：72-89.

［50］张勋，万广华，张佳佳，何宗樾．数字经济、普惠金融与包容性增长［J］．经济研究，2019，54（8）：71-86.

［51］赵英臣．论统筹普遍安全与共同发展［J］．陕西师范大学学报（哲学社会科学版），2022，51（2）：30-41.

［52］Abidi N, Sakha S, Herradi M E. Digitalization and resilience：firm-level evidence during the COVID-19 pandemic［J］. IMF Working Papers, 2022.

［53］Andersson M. Resilience to economic shrinking：a social capability approach to processes of catching up in the developing world 1951-2016［J］. Lund Papers in Economic History, 2018.

［54］Broadberry S, Wallis J. Growing, shrinking and long run economic performance：historical perspectives on economic development［J］. Oxford Economic and Social History Working Papers, 2017.

［55］Calza E, Lavopa A, Zagato L. Advanced digital technologies and industrial resilience during the COVID-19 pandemic：a firm-level perspective［J］. MERIT Working Papers,

2022.

［56］Li Y，Yang X，Ran Q，et al. Energy structure，digital economy，and carbon emissions：evidence from China ［J］. Environmental Science and Pollution Research，2021（45）.

［57］Niu F J. The role of the digital economy in rebuilding and maintaining social governance mechanisms ［J］. Frontiers in Public Health，2022（9）.

［58］Tapscott D . The digital economy：promise and peril in the age of networked intelligence ［M］. New York：McGraw-Hill，1997.

［59］Wang，H T，Hu，X H，Ali，N. Spatial characteristics and driving factors toward the digital economy：evidence from prefecture-level cities in China ［J］. Journal of Asian Finance Economics and Business，2022，9（2）：419-426.

［60］Zhang S S，Ma X Y，Cui，Q. Assessing the impact of the digital economy on green total factor energy efficiency in the Post-COVID-19 Era ［J］. Frontiers in Energy Research，2021（9）.

第二章 贫困、不平等与经济发展

解 垩 高梦桃

（山东大学）

发展与减贫是人类社会面临的重要议题，是社会主义的本质要求，是发展经济学研究的焦点。随着发展经济学理论研究的不断深入和经济实践的持续拓展，贫困和不平等的内涵、测度与治理研究得以发展。立足"中国全面消除绝对贫困，全面建成小康社会"的现实背景，回顾并评估中国发展与减贫的实践和成就，在把握贫困、不平等和经济增长关系的基础上，系统认识新形势下减贫的新挑战，探索扶贫工作的新思路和新方法，对贫困治理战略的平稳推进具有重要的理论价值和现实意义。本章围绕近两年来中国学者在贫困、不平等和经济发展方面的研究焦点进行梳理总结。

第一节 研究综述

消除贫困和不平等，实现经济包容性增长和可持续发展，是世界各国的共同愿景与前进方向。新中国成立以来，党领导人民以马克思主义政治学为指导，马克思主义反贫困理论为思想、理论和制度基础，充分汲取与融合国际反贫困理论[①]的精华，在减贫实践中探索，不断丰富和创新了中国特色减贫理论[②]。反贫困理论的发展，为贫困实践的推进提供了理论基石与科学引导。尤其是改革开放以来，中国经济实现长期稳定增长的同时，积极推进减贫事业进程。2020年中国实现了"全面消除绝对贫困，全面建成小康社会"的宏伟目标，创造了举世瞩目的世界减贫奇迹，为人类减贫事业提供了中国注解。然而，新发展阶段转型性贫困、流动性贫困、发展性贫困等相对贫困问题将更加突出。为此，需要党的十九届四中全会提出"建立解决相对贫困的长效机制"，这意味着新时代扶贫事业的重心转向相对贫困。2020年中央"一号文件"[③] 明确指出，"要研究建立解决相对贫困的长效机制，推动减贫战略和工作体系平稳转型"，可见，中央对2020年后由于贫困性质转变

---

① 主要包括西方收入再分配理论以及阿玛蒂亚·森提出的"能力贫困论"、舒尔茨提出的"人力资本"反贫困理论、刘易斯提出的"贫困文化"理论、赫希曼的"涓滴效应"理论、纳克斯的"贫困恶性循环论"、纳尔逊的"低水平陷阱论"、缪尔达尔的"循环积累因果关系论"等。

② 2021年2月，新华社国家高端智库出版了《中国减贫学——政治经济学视野下的中国减贫理论与实践》，该书从中国减贫学的形成脉络、实践操作、政治经济学原理及其世界意义等角度对我国减贫实践及理论进行了分析。

③ 《中共中央 国务院关于抓好"三农"领域重点工作确保如期实现全面小康的意见》。

而引起的治理战略和模式调整的议题给予了高度重视。为此，需要结合新时代中国社会发展的主要矛盾①，回顾总结减贫经验和成效，系统把握后扶贫时代贫困性质的转变，对未来贫困治理进行前瞻性探索，为实现经济发展和反贫困、改善不平等的目标打下坚实的理论和实践基础，从而实现消除贫困、改善民生和共同富裕的宏伟目标。

一、减贫历程回顾与总结

中华人民共和国成立以来，中国共产党团结带领全国人民不断向贫困宣战，历经 70 余载，绝对贫困得以全面消除，如期实现全面小康。绝对贫困的消除实践涵盖了在社会主义建设中消解全国普遍性多维贫困的探索（1949—1978 年）、改革开放初期通过益贫性经济体制改革实现大规模减贫效应（1978—1985 年）、1986 年以来深化益贫性增长并建立区域瞄准为主的农村开发式扶贫制度（1986—2010 年）以及党的十八大以来的多维度精准扶贫、精准脱贫战略实施（2010—2020 年），直至 2020 年年底，中国取得脱贫攻坚战的全面胜利，区域性整体贫困基本解决，绝对贫困问题得以历史性终结（王小林，2019）。与此同时，循着"赋权—强能—包容"的经济发展与扶贫治贫的核心法宝（罗必良等，2021），减贫战略历经"保生存—保生存与促发展—解决温饱—巩固温饱—全面小康"五个阶段，每个阶段都呈现出不同的贫困特征、扶贫目标、政策措施和扶贫效果（汪三贵和刘明月，2020）。各历史阶段的减贫战略，在思想与理论上一脉相承，促使反贫困理论与实践深度融合、发展与创新（杨灿明，2021）。

在实现绝对贫困消除的伟大奇迹后，中国开始考虑将其战略从以绝对贫困为目标转向以相对贫困为目标，同时激励着国内外学者们总结和分享中国消除绝对贫困的经验。相关研究集中在探讨"贫困、不平等和经济增长"的关系方面。关于贫困、收入分配和经济增长问题的理论研究经历了"涓滴增长""亲贫式增长"和"包容性增长"三个时期的发展。经济的快速增长与结构转变，往往带来不平等问题。相关实证研究成果主要从两方面展开，其一是经济增长与收入不平等在减少绝对贫困中的作用。其中，Wan 等（2021）采用 31 个省、自治区、直辖市（未含中国港澳台地区）的 1978 年至 2018 年的分组收入数据，基于 VAR 模型将绝对贫困的奇迹式减少完全归因于快速增长，而收入不平等则起到了较小的加剧作用。樊增增和邹薇（2021）基于中国家庭追踪调查（CFPS）数据得出了同样的结论。王中华和岳希明（2021）基于中国家庭收入调查（CHIP）农村住户数据研究发现，改革开放以来中国农村贫困状况大幅减缓的动因主要是收入增长，同时收入差距的扩大效应抵消了经济增长的减贫效应。罗良清和平卫英（2020）系统考察了贫困动态变化分解中经济增长、不平等和总人口三方面因素的综合效应。研究发现经济增长为中国大规模减贫提供了物质基础，不平等因素导致贫困群体从经济增长中获得的收益逐渐减少（Luo 等，2020）。值得注意的是，随着时间的推移，增长和不平等在减贫中发挥的作用也会随之变化，学者们大多认为经济增长对减贫的贡献不断减弱，收入分配因素的影响更加突出（王中华和岳希明，2021）。

---

① 2017 年 10 月 18 日，习近平同志在十九大报告中强调，中国特色社会主义进入新时代，我国社会主要矛盾已经转化为人民日益增长的美好生活需要和不平衡不充分的发展之间的矛盾。

其二是不平等和贫困对经济增长的影响研究。黎蔺娴和边恕（2021）基于2012—2017年中国综合社会调查数据（CGSS），综合采用NIGIC曲线和FFL-OB分解技术研究发现经济增长效应是收入增长效应和收入分配效应共同作用的结果，其中收入分配效应的作用效果强于经济增长效应，非货币指标显著解释了社会经济增长中的不平等情况。刘李华和孙早（2021）基于统一增长理论的分析框架，构建了人口增长、收入不平等和经济增长同时内生化的理论模型，并采用CGSS和中国省际非平衡面板数据进行实证检验。研究发现收入不平等对经济增长的影响因经济发展水平不同而异，且呈现"倒U形"关系，最优的不平等程度随着经济发展水平的提高而逐渐降低。人口增速的减缓及贫困人口数量的显著下降有效提高了平均收入水平，进而对贫困程度的降低起到显著的正向作用。而且人口流动对城乡贫困变化的影响力度是不同的。刘李华和孙早（2020）进一步指出收入不平等主要通过社会环境、政府治理、市场需求和人力资本影响经济增长，并采用反事实法，依据客观代际收入传递机制对收入不平等进行分解，以识别不同来源收入不平等的经济增长效应中的消极成分。其中，人力资本和社会资本导致的收入不平等对经济增长有阻碍作用，而文化资本代际传递造成的收入不平等与经济增长的关系并不显著。

综上，我们发现国内学者从发展经济学视角分析我国减贫事业进程中贫困、不平等与经济发展关系的研究，发展了最初以经济增长促进减贫和缩小不平等的反贫困理论，理论分析框架和研究方法都有所创新和改变；随着对其内涵认识的不断深入，对于贫困和不平等的测度，也从货币性指标拓展到非货币性综合评价指标，实现了收入单一维度向多维评估的拓展；对贫困变化的原因分析扩展至增长、分配、人口和贫困标准四个成分；通过引入代际收入传递机制，综合考察收入分配的经济增长效应，并以此构建了相应的政策支撑体系。同时，这些成果对我们进一步明确贫困、不平等和经济发展的内在逻辑，以高质量发展巩固拓展脱贫攻坚成果提出了新的更高要求。未来中国在努力实现经济发展的同时，应兼顾收入分配的公平和效率，尽量避免不平等和贫困问题带来的负面影响。

二、贫困、不平等与经济发展：贫困战略转型

2020年，中国实现现行标准下绝对贫困历史性消除和全面建成小康社会，这意味着中国将进入新的发展阶段，工作重心将转向以解决长期存在的相对贫困和不平等为核心的经济发展问题，为此，学者们就新时期贫困和不平等性质的转变、相对贫困标准的制定以及由此带来的治理战略转型进行了探索，为后扶贫时代建立解决相对贫困和不平等问题的长效机制提供必要指导。

（一）后扶贫时代的贫困、不平等性质

正确认识2020年后中国贫困的性质变化，把握好后扶贫时代贫困、不平等的内涵与特征，有利于贫困治理战略的有效衔接和整体性推进。2020年后我国由解决绝对贫困向缓解相对贫困转变。关于相对贫困的概念和内涵，国内学者们在阿马蒂亚·森①的研究基

---

①　Sen（2001）认为相对贫困是社会贫困的一种特殊表现，不仅是经济福利维度的体现，也表现为脆弱性、无发言权、社会排斥等社会层面的"相对剥夺"，如：能力贫困、权利贫困。

础上进行了大量探索。2020 年后的贫困性质不仅体现在收入标准上，更是集经济、政治、文化和社会等为一体的复合状态。具有次生性、多维性、分散性特征，既体现为宏观层面的经济社会结构转型，又体现为微观层面针对特定贫困群体的综合性发展需求。同时，存在的长期性、测算的相对性、表现的多样性、发现的隐蔽性、发展的动态性等也不容忽视（张明皓和豆书龙，2020）。唐任伍等（2020）指出后精准扶贫时代贫困转型呈现出绝对贫困向相对贫困、一维贫困向多维贫困、生存性贫困向发展性贫困、收入型贫困向消费型贫困、原发性贫困向次生性贫困、农村贫困向城市贫困转移等六大特点。关于相对贫困的成因和发生机制分析，张琦等（2020）依据脆弱性特征，从主体因素、环境因素、制度因素和经济因素四个层面考察了脆弱群体相对贫困的内在发生理论。曾福生（2021）将其分为社会制度因素、自然因素和生理因素三个主要类型，认为治理的难点在于难识别、难平衡、易增长、易再生。可见，后扶贫时代相对贫困的成因具有复杂性和多源性。为此，易刚（2021）指出相对贫困面临政策衔接、持续增收、多维贫困、内生动力、特殊群体和新冠肺炎疫情影响的困境。这些困境对于相对贫困治理的路径选择具有重要影响。

相对贫困产生的根源在于资源财富分配不均、经济社会发展的不平衡不充分。随着经济社会发展，我国的人均收入水平持续增长，人民生活水平得到明显改善，但与此同时，区域间、城乡间、不同产业或行业间以及各自内部的发展差距却呈现日益拉大的趋势，其间包含着种种不平等。这些问题较为广泛地存在于经济、政治、文化、社会、生态等各个方面，成为新时代人民追求美好生活的重要制约因素。所以说，如果化解绝对贫困是解决生存保障问题，那么缓解相对贫困则是缩小收入和生活质量的差距问题。财政脱贫理论和涓滴经济学的实践表明，如果经济发展和社会进步不能平等惠及贫困群体，那么将带来贫困的积累以及贫富差距的增大，产生这一问题的根源在于社会不平等。阿马蒂亚·森（2002）和舒尔茨（1990）认为社会不平等是有别于收入不平等的，具体体现在社会权利、能力和机会的不平等。就对机会不平等的加剧而言，最典型的表现是阶层固化，即代际流动性受阻、代际传承性加强。相关实证研究中，郑晓冬等（2021）基于 2002—2014 年中国老年人健康长寿影响因素调查（CLHLS）数据从比较静态和动态视角研究发现，城乡老年人口的多维贫困与多维不平等程度均呈下降趋势，并长期趋于收敛。可见，相对贫困与不平等呈一定的正相关关系。需要注意的是，现有研究主要从收入不平等单一维度来考察相对贫困问题，而往往忽视了对其他维度的不平等与相对贫困的关系及其影响机理的探究，对不同维度不平等之间相互影响的研究更为缺乏。因此，基于贫困内涵和新的特征变化、致贫因素的多样性和不确定性，不平等问题的日益凸显，以及不平等与相对贫困、各维度不平等间存在的某种密切联系，后扶贫时代解决相对贫困问题将是长期性、复杂性和艰巨性并存，相对贫困的治理需要新的思路和新的诉求。

（二）相对贫困和不平等的治理转型

依据 2020 年后中国贫困和不平等基本性质的判定，新发展阶段的贫困治理方案和模式需要做出相应的调整和改善。近年来，学者们在总结中国消除绝对贫困中形成的贫困治理经验的基础上，就转型期的相对贫困治理思路及其面临的挑战进行了前瞻性的理论研究。王小林和张晓颖（2021）基于贫困问题、减贫战略、行动者、治理过程和治理结构五个基本要素提出贫困治理的分析框架，指出国内国际双循环相互促进的新发展格局下，相对贫困的水平治理需在产业、消费、要素市场等领域形成东西部大循环；相对贫困的垂直治理则需通过鼓励基层创新、群众自力更生，以解决内生动力不足问题。檀学文（2020）提出中国应该在共同富裕的现代化框架下建立解决相对贫困的总目标；制定多元相对贫困标准体系以满足贫困监测、社会进步以及减贫政策的需要；坚持国际上的经济增长、人力资本投资、社会保障"三支柱"战略，尤其是应继续坚持发展支持战略与政策导向，并结合中国国情进行适当调适；相对贫困治理需转向常规化，实行制度化、法制化的贫困治理。罗必良（2020）根据多维贫困的治理思维与"三支柱"的治理策略，提出具有动态性、可调整性及相机操作性的相对贫困治理机制，应该包含由底线思维所决定的遏制返贫的长效兜底机制、由管制放松所形成的机会开放的长效支持机制、由配置效率所导向的激发活力的长效动力机制、由能力提升所建立的代际阻断的长效培育机制以及由心理干预所支持的广义福利的长效诱导机制。

张明皓和豆书龙（2020）认为2020年后的贫困治理的重点是处理好与以往贫困治理战略经验的关系和根据新的"两步走"发展战略而同步调整贫困治理战略。同时指出2020年后的贫困治理应以普惠性贫困治理制度、综合性贫困治理体制结构和差异性贫困治理政策的设计为转型方向，将顶层设计和微观治理相结合，以实现贫困治理战略的整体性推进。曾福生（2021）提出应按照"监测识别—制度管理—贯彻落实—反馈完善"基本思路，从动态监测、制度保障、政策执行、评价反馈几方面加以探索和完善，构建相对贫困治理的长效机制。此外，学者们还从基本公共服务（胡志平，2021）、非认知能力（张莎莎和郑循刚，2021）等内生动力视角探讨了相对贫困治理。为此，新发展理念和新发展格局背景下，依据贫困性质的转变，中国应尽快转变贫困治理思路，研究构建央地协调、城乡统筹的相对贫困治理框架。同时应该意识到，2020年后的贫困治理转型是一项复杂性、系统性的工程，应立足新发展阶段，从属于新的"两阶段"发展战略，服务于相对贫困人口福祉水平的提高以及不平等的缩减，致力于共同富裕目标的实现。

三、相对贫困与不平等的治理研究

相对贫困的治理目标主要体现为缩小收入差距和减少不平等。相对贫困与不平等的治理是国家或地方政府对贫困的全过程管理，其微观方面涉及对相对贫困与不平等问题的识别、分析、监测和评估等。宏观方面涉及政府、市场、社会三者在解决问题中的关系结构，以及所采取的战略和政策工具。其中，微观方面的研究是宏观方面工作开展的重要前提。

（一）相对贫困和不平等的识别与测度

对相对贫困的识别标准与测度，不仅是相对贫困测量的重要基础，也是识别扶贫对象并制定相应扶贫政策的重要依据和基本前提。尤其是相对贫困标准体系的制定是当前研究的热点，学者们提出了不同的观点，但是还没有达成基本共识。更多的是有关OECD式相对贫困标准、美国式的以更高的绝对值呈现的贫困标准和多维贫困标准的讨论（檀学文，2020；沈扬扬和李实，2020；王小林和冯贺霞，2020；孙久文和张倩，2021）。其中，王小林和冯贺霞（2020）认为没有必要与 OECD 国家相对贫困标准统一，中国应该采取包括反映"贫"的经济维度、反映"困"的社会发展维度和生态环境维度在内的多维相对贫困标准，提出了包括收入维度在内的多维贫困测量方案。檀学文（2020）认为多维贫困标准在贫困瞄准和政策导向方面具有价值，但是不能很好地进行横向及纵向比较、反映社会发展进程，在成为测量相对贫困的整体性方案上难度很大。同时，作者提出制定包含兜底型贫困标准、数值型相对贫困标准、比例型相对贫困标准、多维贫困标准和共享繁荣标准在内的城乡统筹、多元标准组成有序的阶梯式相对贫困标准体系。相对贫困标准体系构建思路，为下一步开展相对贫困治理打下了一定的基础。胡联等（2021）提出了弱相对贫困标准，认为其相比于社会贫困线标准更为严格，计算涉及的维度少于多维贫困标准，同时又避免了单一收入维度的缺陷。当然，也有学者认为中国使用相对贫困标准为时过早（汪晨等，2020），以及对于多元标准体系下的多维贫困标准，是否有必要再将收入指标包含在内产生疑问。

贫困线是衡量福利的货币尺度。贫困标准通常取决于相对贫困线，但是现有研究尚处于探索阶段，未能得出统一结论。相关研究主要有基于收入标准的中位收入比例法、人均收入均值法（孙久文和张倩，2021；万广华和胡晓珊，2021），以及统筹城乡治理的城乡差异化相对贫困线、强相对贫困线和弱相对贫困线（汪三贵和孙俊娜，2021；李莹等，2021；樊增增和邹薇，2021）。张琦和沈扬扬（2020）提出可以根据中国国情按收入比例法确定相对贫困标准，同时辅以多维贫困识别，采用个体瞄准和区域瞄准相结合的相对贫困综合评估法。其中，樊增增和邹薇（2021）基于相对贫困线变化的"识别—增长—分配"三成分分解框架，考察相对贫困动态识别机制。汪三贵和孙俊娜（2021）采用包括收入维度与非收入维度在内的多维相对贫困标准，对中国的相对贫困进行现实考量，提出采用区域与个体瞄准相结合、城镇与农村瞄准相统筹、重点领域和重点人群并重的相对贫困瞄准机制。胡联等（2021）基于《中国统计年鉴》收入分组数据，从弱相对贫困视角[1]考察了中国相对贫困的长期变动，并对弱相对贫困从增长、分配、人口流动三方面进行分解以深入分析变动机制。由此可见，中国应该结合具体国情，因时因势地制定科学、公平合理的相对贫困识别方案，并兼顾识别精准度和操作精简度。当然，相对贫困标准并非固定不变，需要根据社会经济发展和贫困形势的变化做出动态调整，从而更好地识别相对贫困人口、指导贫困治理实践。

不平等问题近年来广受关注[2]，尤其是中国社会主要矛盾发生转变的背景下，不平等问题更是呈现多面化特征，集中体现为多维不平等问题，涉及个体层面、区域层面和省际层面的不平等。更多学者对多维不平等的测量进行了探索。如：多维基尼系数、Atkinson-Kolm-Sen 指数以及在此基础上发展而来的测度不平等的方法。当然，不平等问题不仅体

---

① 作者认为相比目前国内理论界相对贫困的三种衡量方式，Martin 和 Chen（2011；2019）提出的弱相对贫困衡量方法在相对贫困识别方面有其独特的优势。

② 联合国开发计划署从 2010 年开始关注不平等因素的影响：除例行公布的人类发展指数（Human Development Index，HDI）外，对经过不平等调整后的人类发展指数（Inequality Adjusted Human Development Index，IHDI）一并测算和公布。

现在多方面的广泛存在，也体现在各种不平等之间相互关联，这种关联有可能进一步加剧社会不公平。寇璇等（2021）基于 2016 年中国家庭追踪调查（CFPS）数据，构造了一种基于年龄调整的基尼系数来测度同龄收入不均等，发现基于年龄调整的基尼系数测算的收入不平等比基于传统基尼系数测算的收入不平等下降了 2%。万广华和张彤进（2021）基于中国综合社会调查（CGSS）数据度量了中国县区层面的机会不平等，并识别了机会不平等变化的受益者和受损者。易行健等（2021）从我国财富不平等的典型事实出发，对财富不平等测度、宏微观层面的驱动机制、经济效应与政策等方面进行了研究。杨沫和王岩（2020）基于 CHNS 数据，采用代际收入弹性和代际收入秩关联系数双重测度指标对我国居民代际收入流动性带来的收入不平等进行了测算。此外，学者开始采用"极化"① 来研究不平等，鉴于多维不平等和多维贫困的广泛运用，多维极化②测度方法得以发展（洪兴建和董君，2020）。此外，不乏学者对机会不公平、消费不平等和社会不平等进行测度研究。贫困和不平等的识别与测度，是我们需要重点分析的内容，会直接影响下一阶段贫困治理工作的重心和力度。因此，应该在借鉴国外相对贫困、不平等标准和识别的经验基础上，结合我国的政治、经济、社会和文化等客观背景，提出更适合中国的相对贫困和不平等的动态识别构想，进而对相对贫困与不平等进行测度。

（二）相对贫困、不平等与反贫困政策

回顾中国减贫历程，我们不难发现，经济实现长期中高速增长是中国减贫事业取得巨大成就的先决条件，但是，伴随经济增长所出现的经济结构转型、城镇化推进、收入分配状况和人口结构变化等一系列问题又会对扶贫工作带来影响。此时政府在相对贫困治理中发挥了重要作用。因此，中国扶贫减贫成就的取得应该归功于经济的高速增长与政府扶贫政策的共同作用。政府主导扶贫工作，根据经济、社会发展状况，以及不同时期贫困和不平等的性质、特征和主要矛盾，实施了具有针对性的减贫、改善不平等的公共政策和措施（王小林，2018；杨穗等，2021）。相对贫困已成为当前扶贫工作的重点，学者们对探寻解决相对贫困问题的财税政策工具给予了更多关注。接下来，我们就已有文献进行梳理，进而对政府主导的各项财税政策在减贫和减缓不平等中的贡献及其作用机理进行更好的认识和把握，为新发展阶段中国巩固拓展脱贫攻坚成果、相对贫困长效治理机制的建构提供经验。

财政收入政策作为一种财政手段，不仅具有筹集政府财政收入的功能，在收入分配、调节收入差距中也发挥着举足轻重的作用。尤其是税收政策在收入分配中的作用，根本上是对效率和公平的协调。有关财政收入政策、相对贫困与不平等减缓效应和作用机制的研究中，解垩和李敏（2020）在相对贫困视角下，基于 CFPS2012 微观数据研究发现个税加

---

① 极化与不平等的最大区别在于，极化是群内差距的减函数，重在刻画群体之间的对抗程度，即其他条件不变的情况下，子群内部的差距越大，其团结一致对外的程度就越小，而不平等是群内差距的增函数。

② 多维极化测度方法可以进行静态和动态分解，分析各维度间的相关效应和极化效应分别对多维极化的影响。

深了相对贫困，且在城镇地区更加明显；城镇样本个税的再分配效应边际贡献要大于农村。同时指出当前的个税改革方案降低相对贫困和改善收入分配的作用较弱（寇璇等，2021），这主要是由于新个税方案极大地降低了中等收入群体的税收负担，没能有效惠及低收入人口。张楠等（2021）基于中国家庭金融调查数据研究发现个人所得税对相对贫困基本无影响，而社保缴费的减贫负效应较大。这是因为对于在企业就业的农村人口来说，主要收入来源为工资，只有工资收入超过税法规定的费用扣除总额时才会缴纳个人所得税，但社保缴费是按照工资缴费基数的一定比例计算，所以社保缴费负担较重。与所得税不同，以增值税、消费税为主的间接税会直接作用于贫困人口，不论穷人还是富人都是间接税的负担者，间接税的减贫负效应较大。

财政支出既可以调节国民经济的发展，也可以通过调节收入再分配来解决贫困、不平等问题。有关财政支出政策、相对贫困与不平等减缓的绩效评估研究中，学者们对财政支出整体减贫效应和不同类型财政支出政策的减贫效应与传导机制进行了研究。其中，孙伯驰和段志民（2020）基于中国家庭追踪调查的匹配数据，采用 PSM-DID 实证研究发现，低保制度并没有降低农村家庭的贫困脆弱性，原因在于获得低保救助的家庭存在显著的福利依赖，其向上流动的信心被削弱，从而减少劳动时间，此外，从外部获得的私人转移支付也会减少，不利于未来贫困状况的改善。范子英（2020）采用宏观方面1994—2009年《全国地市县财政统计资料》数据和微观方面 2010 年的人口普查数据匹配，研究发现财政转移支付促进了人力资本的代际流动性，人均转移支付每增加 1%，代际黏性将下降0.05。但是由于地方政府支出偏向行为带来地区间和地区内部的影响差异，不利于社会公平的实现。缪言等（2021）采用中国劳动力动态调查 CLDS2016 和中国住户收入调查CHIP2007、CHIP2013 数据，通过构造"相对贫困指数"来评估财政支出工具治理相对贫困的动态效应，研究表明，积极的政府转移性支出政策具有迅速治理相对贫困的功效。细分财政支出政策的研究发现，政府转移性（扶贫）支出具有短期效应；投资性支出在短期和长期均具有切实的相对贫困治理效应；消费性支出的短期治理效应显著，长期而言，其政策效应的持续性和有效性不及政府投资性支出。就其作用机制而言，主要通过刺激需求、促进就业、拉动总产出增长来发挥作用。刘明慧和章润兰（2021）运用我国 23 个省（区、市）2007—2017 年省级面板数据，通过构建面板联立方程模型，实证分析发现，财政转移支付对相对贫困的影响存在规模效应，扩大财政转移支付规模能直接缓解相对贫困状况，异质性的一般性转移支付和专项转移支付均具有缓解相对贫困的直接作用。其中，财政转移支付会通过降低地方财政民生性支出占比和激励地方税收努力对相对贫困治理产生间接负向效应，一般性转移支付通过降低地方财政民生性支出的占比对相对贫困治理形成不利影响，而专项转移支付则通过增加地方财政民生性支出的占比有效缓解相对贫困。岳希明和种聪（2020）基于 CHIP2018 的微观数据，采用再分配指数，研究发现社会保障支出具有改善居民收入分配的作用。在分项社会保障支出中，离退休金扩大了居民收入差距，城乡低保更倾向于增加低收入群体收入。当各项社会保障支出一定，低保对收入差距的缩减效果最好，但是由于低保在总收入中所占份额较低，它对我国收入不平等的影响有限。同时，作者发现新农保补贴、教育补贴和医疗补贴等社会保障性支出显著降低了贫困发生率。

　　财税政策工具的目的在于削弱不平等及减少贫困，但在微观层面，财税政策的实施意味着居民需承担税收负担，也可能从财政支出和转移支付中获益，那么就很有必要考察在实施财税政策前后个体贫困状态变化情况①。有关财税政策工具、相对贫困与不平等减缓效应和作用机制的研究中，解垩和李敏（2020）根据 CFPS2012 微观数据，从税收和政府公共转移支付角度出发，在对我国居民的相对贫困状况、收入再分配进行测算分析的基础上，就财政工具致贫和获益效应进行了理论分析和实证检验。研究发现个税和社保缴费会加深相对贫困，而政府公共转移支付有利于降低相对贫困，转移支付再分配效应大于社保缴费和个税总体的再分配效应，且个税、社保缴费和转移支付对城乡减贫和再分配的贡献存在差异；财政工具给居民带来的财政致贫可能会被财政获益所掩盖。张楠等（2021）以中国家庭金融调查（CHFS2017）数据库为基础，基于 FGT 指标计算的配置效率，对财政工具的减贫绩效进行评估。研究发现不论是哪种相对贫困线标准，财政工具的综合作用都显著降低了农村相对贫困的广度、深度和强度。财政增益远大于财政致贫，表现为财政总体的增益发生率为 18%~23%，而财政致贫发生率为 2%~4%，其中养老保险和转移支付的财政增益较多，社保缴费的财政致贫人均额最大，间接税的财政致贫发生率最高。从减贫效率来看，转移支付和基本社会保险对农村相对贫困的瞄准较好，配置效率较高，而整个财政系统的减贫效率在 57% 左右，仍有一定的提升空间。寇璇等（2021）采用 2016 年中国家庭追踪调查（CFPS）数据，采用"匿名"与"非匿名"评价指标测度了个税、社保缴费和转移支付在再分配中的垂直效应、再排序效应和收入变动轨迹，并通过模拟最优分配方式测算支出效率及配置效率。研究发现个税-转移支付体系对收入分配整体起到正向调节作用，具有较强的累进性；转移支付对相对贫困人口的向上流动具有积极影响；个税的支出效率和配置效率均高于转移支付。宋颜群和胡浩然（2021）使用中国家庭金融调查数据库（CHFS2017），研究了中国财政体系（养老金、所得税、间接税、政府转移支付、医保报销和公共服务）的再分配效应及再分配相对贡献。研究表明，中国财政体系整体的再分配效应为正，即中国的财政体系整体上缓解了收入不平等。其中，养老金的再分配效应最大，其次是政府转移支付，最后是公共服务；公共服务对收入再分配正向效应的标准化相对贡献最大，其次是政府转移支付，再次是医保报销，最后是养老金。所得税与间接税的标准化相对贡献为负，其中间接税对收入再分配的影响巨大。综上，我们发现这些研究大致上是从宏观和微观两个层面进行的，只是宏观层面的研究较少，学者们认为微观层面的数据更能反映个人和家庭真实的贫困情况。财政支出整体减贫效应是各类财政支出项目组合的结果，财政支出结构偏向将影响减贫效果。

　　为此，我们不难发现，评估财政工具对相对贫困和不平等影响的研究相对较少，已有研究大多是采用微观家庭调查数据实证分析政府财政政策对家庭或个体的相对贫困和不平等的影响。从研究视角来看，针对"相对贫困"视角下的政策效应的研究尚处于初步探

---

　　① 其可能的变化情况有三种：一是税收负担与财政支出收益相抵消，贫困状态不变；二是税收负担超过财政支出收益，可能导致从非贫困变为贫困，或者贫困人口变得更加贫困，这一现象称为财政致贫；三是财政支出收益大于税收负担，财政政策实施后改善了原有的收入状况，称为财政获益（Higgins and Lustig，2016）。

索阶段。这难以契合我国现阶段贫困性质的转变和扶贫战略重点转移的现实，且对于相对贫困的测度指标不统一，不能准确反映其内涵和基本特征。在研究方法层面，现有关于财政政策影响相对贫困的实证研究只是基于探究财政政策或者税收政策整体的受益归宿，忽略了政策减贫的整体性及系统性，从而影响减贫效应科学评价的真实性，最终影响财政政策的制定与实施。在研究内容层面，已有研究侧重于财政政策对相对贫困和不平等减缓的统计意义上的政策评估，且评估指标比较单一。鲜有关注政策工具作用于相对贫困和不平等的间接传导机制，对各项财政工具治理相对贫困的效果与机制及其结构性差异的研究更为缺乏。此外，既有研究更多的是从单一视角分析政策工具的减贫作用，鲜有研究从政策协同的视角关注政策工具的协同效应；缺乏将绝对贫困和相对贫困置于同一分析框架进行的研究。

四、总结与展望

贫困和不平等是世界各国都十分关注的重要议题，其关乎整个社会的长治久安和稳定发展。"消除贫困，改善民生，实现共同富裕"是社会主义的本质要求，由此中国政府一直把消除贫困和不平等置于经济社会发展工作的重中之重。2020年脱贫攻坚战胜利和全面建成小康社会目标达成后，中国的扶贫工作重点转移到了相对贫困上，巩固脱贫攻坚成果，建立解决相对贫困的长效机制迫在眉睫。解决相对贫困问题，主要是缓解和缩小城乡差距、阶层差距，其根本在于基本制度的建立，尤其需要行之有效、具有长效机制的财税政策来实现。为此，本章节对国内学者有关贫困、不平等和经济发展的理论和实践进行研究，其内容不仅涵盖对过往减贫、改善不平等与经济发展成果的总结回顾，也对新发展阶段我国的贫困、不平等和经济发展性质的转变和新特征进行了重新审视，指出相对贫困治理方案和模式需要做出相应调整和改善。在此基础上，对相对贫困与不平等问题解决的初步探索进行了总结。

需要指出的是，其一，对新发展阶段贫困、不平等和经济发展关系的认识有待提高。系统性认识中国贫困和不平等性质的转变，深刻把握贫困、不平等与经济发展的关系，对贫困治理战略的理论和实践探索具有重大意义。其二，相对贫困、不平等的标准体系与测度有待完善。贫困标准的设定本身会影响减贫效果，未来的扶贫工作应当注意该问题。为充分满足相对贫困和社会发展监测以及减贫政策的需要，中国现阶段可以研究制定城乡统筹、多元标准组成的相对贫困标准体系。关于多维相对贫困和不平等标准，要结合新阶段的发展目标，既要反映经济维度（收入、就业等）的"贫"，也要反映社会发展维度（教育、健康、社会保障、信息获得等）的"困"，还要包括生态环境（资源、人居环境等）相关指标，在具体标准设定上应考虑到特殊群体（流动人口、老年人口、妇女等）的需求。测度相对贫困和不平等时，要注意所用数据的客观、全面和准确性，研究方法的合理性和科学性，提高研究的可信度和真实性，要考虑到相对贫困和不平等的动态变化。其三，"政府、市场与社会"多方联动的减贫机制有待构建。相对贫困和不平等问题的解决离不开政府的指导，相关政策工具作用于相对贫困和不平等的内在逻辑机理、运行机制、政策的长期效应有待检验。同时，要关注政策间的相互作用和政策对异质性群体的影响。此外，要充分发挥市场和社会组织的优势，从协同的视角关注政策协同效应，发挥中国特色减贫理论的真正意义和作用。其四，现有关于贫困、不平等与经济发展关系的研究大多是基于绝对贫困视角，缺乏对相对贫困的探讨，且将绝对贫困和相对贫困置于统一框架下讨论的文献更不多见，要将绝对贫困和相对贫困纳入同一框架下进行研究，对比分析作用效果，为实现从绝对贫困到相对贫困扶贫任务的良好衔接和过渡提供必要参考。其五，中国现阶段对扶志政策和扶智政策的减贫效果研究较少。考虑到中国农村地区存在一些生活志向低、脱贫能力弱的相对贫困人口，以扶志和扶智政策来解决长期相对贫困具有一定的必要性。扶志政策可以提升相对贫困人口的脱贫主动性，而扶智政策可以提高相对贫困人口的脱贫能力。因此扶志政策和扶智政策的联合作用将为解决相对贫困提供长效保障。此外，要特别关注新技术变革带来的相对贫困与不平等问题。如"数字贫困"和"数字不平等"问题，"数字技术"将成为一个新的有力的反贫困工具。

第二节　重要论文

1. 黎蔺娴，边恕. 经济增长、收入分配与贫困：包容性增长的识别与分解 [J]. 经济研究，2021，56（2）：54-70.

基本思想：消减相对贫困的核心，是要使低收入人群享受到更多的机会，促进社会分配格局的均等化，进而缩小各阶层间的差距，这也是包容性增长的要义。使人民平等地参与、公平地享受经济发展的成果，不仅要增加家庭货币收入，更需要改善家庭福利分配的不平等，因此准确度量群体间福利变化的不均程度十分重要。文章通过 NIGIC 曲线和 FEL-OB 分解技术，构建了包容性增长的识别和分解方法，将关注点由传统包容性增长对社会福利获得机会的测度，拓展为对群体间福利获取增长差异的测度，并将非收入福利增长与收入增长相关联，实现了包容性分析中经济增长和分配状况改善两个目标的统一。

主要结论：①虽然不同收入阶层间的货币收入增长差异扩大了社会的财富不平等，但是非货币福利在低收入群体中的快速增长却缩小了阶层间的福利差距，实现了中国经济的包容性增长；②城乡收入增长差距缩小，包容性增长水平和趋势一致，但城乡内部收入增长差距扩大，城市增长中分配不均状况更显著；③非货币福利对不同群体、不同年份收入增长的影响程度不同，这实际上体现了政府公共政策实施效果的差异，因此包容性增长分析能够成为一种新的政策评估工具。

学术创新或实践意义：文章在对不平等问题的传统分析基础上提出了包容性增长的分析框架和测度办法，具象化了包容性增长的内核，实现了非货币指标在不平等测度中的分解，使得社会政策的实施效果可度量和可判别。

学术或社会影响：文章指出在分析社会不平等问题时，要同时考虑货币收入和非货币指标的不平等问题，因此文章通过 NIGIC 曲线和 FEL-OB 分解技术，提出了包容性增长的识别和分解方法，实现了非货币指标的不平等测度和分解，将包容性增长的内核具象化，反映了各项社会政策的作用结果和效果，拓展了包容性增长的相关研究，为包容性增长分析提供了有力的政策分析工具。

2. 李芳华，张阳阳，郑新业. 精准扶贫政策效果评估——基于贫困人口微观追踪数

据 [J]. 经济研究，2020，55（8）：171-187.

基本思想：精准扶贫进入"十三五"，中国开启了迄今世界上规模最大、政策面最广的减贫实验，在传统"转移支付"和"支出减免"政策基础上新增以"增强内生动力"为主的新政策，如产业扶贫、光伏扶贫、易地搬迁等，以期实现高质量脱贫。随着脱贫攻坚进入收官之年，对精准扶贫政策进行及时评估以为决策者提供量化的结果反馈，对扶贫体制机制的优化、扶贫资源的高效配置以及脱贫人口和地区的可持续发展具有十分重要的意义。文章构建了贫困人口微观追踪数据库，采用模糊断点回归设计方法估计"十三五"精准扶贫新政策对贫困户劳动收入和劳动供给的短期影响，并讨论了具体的影响机制，为优化扶贫政策提供参考。

主要结论：①精准扶贫新政策显著提高了贫困户的劳动收入；②精准扶贫的前两年，贫困户劳动收入的增加主要来源于劳动时间的增加，经过前两年的劳动积累，精准扶贫第三年贫困户的人力资本效应开始释放出来，增加劳动收入的方式由增加劳动时间转变为提高劳动生产率；③精准扶贫新政策在前期对男性劳动供给的促进作用大于女性，但从长期发展趋势来看，带动女性参与劳动的潜力更大；④机制分析表明，易地搬迁和产业扶贫是贫困户劳动供给增加的主要渠道，而光伏扶贫对劳动供给的影响呈现负激励，削弱了其他政策的减贫效果。

学术创新或实践意义：①在研究数据上，本文基于一个贫困县的贫困人口登记注册系统，构建了高质量的贫困人口微观追踪数据库，相较于一般的抽样调查数据，该数据覆盖了全县所有贫困人口的信息，样本量大而全面，克服了调查数据信息不精准、测量误差和随机性问题，同时以一个县的数据进行估计，能够确保样本的各种不可观察因素（如环境、文化风俗、对女性的工作态度等）相似，避免了大面积抽样调查数据难以完全克服的异质性问题；②在研究方法上，文章首次使用 Fuzzy RDD 来评估"十三五"精准扶贫新政策是否起到了减贫作用；③在研究内容方面，文章就 2016 年大规模实施的精准扶贫新政策进行规范的实证评估，不仅丰富和拓展了现有减贫文献的研究，而且有助于学术界、政府和社会公众对精准扶贫新政策的实施效果有一个清晰系统的认识和把握，对扶贫体制机制的完善和扶贫资源配置的优化具有重要价值。

学术或社会影响：文章对"十三五"精准扶贫中产业扶贫、易地搬迁和光伏扶贫等新政策的短期影响进行了评估，并从贫困户劳动供给和劳动生产率的角度对精准扶贫政策的增收机制进行了分析，拓展了现有减贫的相关研究，丰富了精准扶贫政策实施效果的相关文献，为进一步优化扶贫体制机制、促进扶贫资源高效配置、实现脱贫人口和地区的可持续发展提供了重要的政策参考。

3. 罗良清，平卫英. 中国贫困动态变化分解：1991—2015 年 [J]. 管理世界，2020，36（2）：27-40，216.

基本思想：掌握贫困状况随时间的变动趋势，对于了解贫困动态、制定反贫困政策都是至关重要的。本文针对现有贫困变化分解研究中存在的问题，在贫困变化分解中考虑人口因素的影响，系统考察贫困变化所受的经济增长、不平等和人口 3 个方面因素的综合作用，分析中国城镇化进程对城乡贫困的影响，为因地制宜制定减贫战略提供依据。

主要结论：①从各阶段的贫困变化分解结果来看，中国大规模减贫离不开经济增长提供的物质基础。不平等始终是使贫困状况恶化的主要因素，导致贫困群体从经济增长中得到的份额逐渐减少。人口增速的减缓及贫困人口数量的显著下降有效地促进平均收入的提高，进而对贫困程度的降低起到显著的正向作用。②人口流动对城市和农村贫困变化的影响力度是不同的，其对农村贫困指数的降低作用更为显著，说明城市发展确实是减轻农村贫困的一个重要途径。但人口流动对农村贫困程度的影响随着时间的推移逐渐减缓，乡村振兴战略的提出和实施非常必要且及时。③2011 年以来，贫困缺口指数的整体下降速度趋缓，说明在绝对贫困得到有效解决之后，剩余贫困人口的贫困程度越来越深、减贫难度较大，贫困阶层有固化态势，需要采取更有针对性的帮扶措施。

学术创新或实践意义：①针对现有贫困变化分解研究中存在的问题，考虑到经济增长对减贫的效应可能因为总人口的变动而变动，将贫困变化的分解因素扩展至人口变动，在贫困变化分解中考虑总人口的变动在贫困变化中的作用，将贫困变化进一步分解为经济增长、不平等和总人口 3 类效应；②对现有的贫困分解方法进行修正，并依据 Son（2003）提出的组内和组间效应分解模式（组内效应主要考虑经济增长、不平等和人口效应，组间效应主要归结为人口在组间的流动效应），系统考察城市和农村贫困变动所受的经济增长、不平等和人口 3 个方面因素的综合作用，分析中国城镇化进程对城乡贫困的影响，为理解我国贫困发展趋势提供新的视角。

学术或社会影响：目前文献中对贫困变化的分解往往只考虑经济增长和不平等，大部分文献以平均收入或消费的增速反映经济增长效应，总人口变动的影响隐含在平均收入或消费中从而被忽略，本文从经济增长、不平等和人口 3 个方面解释贫困变化的总效应，同时考虑人口流动对城市和农村贫困变化的影响，修正了已有的贫困分解方法，从新的视角理解我国贫困发展趋势，弥补了现有研究的不足，也为未来贫困治理指明了方向。

4. 涂圣伟. 脱贫攻坚与乡村振兴有机衔接：目标导向、重点领域与关键举措 [J]. 中国农村经济，2020（8）：2-12.

基本思想：脱贫攻坚与乡村振兴战略是新时代中国"三农"工作的两大重要战略部署，具有理念相通性和阶段递进性，提高二者的政策匹配度和实践融合度，直接关系到脱贫攻坚的质量和乡村振兴的实效。文章立足脱贫攻坚战即将全面收官这一重要时代背景，围绕推进脱贫攻坚与乡村振兴有机衔接的目标导向、重点领域和任务举措展开深入研究，为相关政策制定提供参考。

主要结论：推进脱贫攻坚与乡村振兴有机衔接，应以促进包括脱贫人口在内的全体农村居民的生计改善和全面发展为根本导向，聚焦扶贫产业可持续发展、易地扶贫搬迁社区治理现代化、扶贫资产管理和高效利用、绿色减贫长效机制构建等重点领域，加快政策深化调整、工作体系转变、资源配置方式转型，提升脱贫效果可持续性，促进减贫治理长效化，实现乡村内生性发展，加快推进农业农村现代化。

学术创新或实践意义：文章立足脱贫攻坚即将收官、乡村振兴战略全面推进的时代背景，在已有研究的基础上，从脱贫攻坚与乡村振兴有机衔接的目标导向、重点领域和具体实现路径等方面进行了深入拓展研究，弥补了已有文献在脱贫攻坚与乡村振兴衔接研究中的不足，为未来巩固脱贫攻坚成果、加快乡村振兴提供了重要的政策参考。

学术或社会影响：在脱贫攻坚即将全面收官、乡村振兴战略全面推进这样一个重要的交汇期的现实背景下，文章深入研究了实现脱贫攻坚与乡村振兴有效衔接的目标导向、重点领域和任务举措，为加快推进脱贫攻坚与乡村振兴有机衔接，促进减贫治理与推进农业农村现代化深度融合提供了重要政策参考，对巩固脱贫攻坚成果、确保如期全面建成小康社会、顺利开启社会主义现代化国家新征程具有重要意义。

5. 王修华，赵亚雄. 数字金融发展是否存在马太效应？——贫困户与非贫困户的经验比较［J］. 金融研究，2020（7）：114-133.

基本思想：贫富收入差距不断扩大造成社会不公，制约了城乡融合发展和社会主义和谐社会的构建，这显然不利于我国脱贫攻坚的持续推进，不利于共同富裕目标的实现。数字普惠金融发展过程中是否存在马太效应，学界对此尚未形成一致结论。文章以贫困户和非贫困户为研究对象，重点研究数字金融发展是否存在"马太效应"，并刻画分析其效应存在与否的作用机制，为研究数字普惠金融提供一个新的视角，为克服金融发展不平衡、不充分以及"后扶贫时代"金融减贫过程中利用数字普惠金融缩小居民收入差距政策的制定提供参考。

主要结论：①贫困户可借助数字金融平滑生存型消费和积累发展型要素，但效果并不显著，而非贫困户在有效利用数字金融功能防范风险、平滑消费、积累要素的同时，还能进行休闲娱乐，数字金融发展的马太效应明显；②不同数字金融产品的马太效应具有显著差异，数字征信的效应最大，数字信贷、数字支付次之；③数字金融发展对不同收入差距类型的影响具有显著异质性，对经营性收入差距的影响最为明显。

学术创新或实践意义：①在打赢脱贫攻坚战的背景下，运用 CLDS 数据和北京大学数字普惠金融指数的匹配数据，首次系统研究数字金融发展在贫困户与非贫困户之间是否存在马太效应及其作用机制，这有助于丰富数字金融的研究内容，厘清当前数字金融服务"贫富群体"中存在的不平衡、不充分问题；②从微观层面探讨贫困户与非贫困户之间不同的数字金融产品是否具有差异化的"马太效应"，以及数字金融对于不同类型收入差距影响的异质性，有助于相关政策的制定及数字金融的差异化发展；③对现有数字金融和马太效应的文献做出有益补充，丰富学界有关数字金融发展的研究，为公平有效的收入分配制度的建立提供学理支撑和经验依据。

学术或社会影响：文章从普惠金融的重点服务对象出发，将居民划分为贫困户和非贫困户，研究数字金融发展是否会在两者之间产生马太效应，并分析其存在的作用机制，为研究数字普惠金融提供了新的视角，丰富了现有数字金融和马太效应的相关文献，拓展了有关数字金融发展的研究，这对克服金融发展不平衡不充分以及"后扶贫时代"利用数字金融减贫进而缩小居民收入差距具有重要的理论和现实意义。

6. 汪晨，张彤进，万广华. 中国收入差距中的机会不均等［J］. 财贸经济，2020，41（4）：66-81.

基本思想：机会不均等是有害的，而努力因素导致的不均等是有益的。文章使用中国综合社会调查（CGSS）数据和基于回归方程的分解方法，将全国、城镇和农村地区的收入差距分解为源于环境因素的机会不均等、源于努力因素的收入不均等，以及源于运气和未知因素的收入不均等三大成分，对导致我国居民收入差距的机会不均等因素进行深入研究，为缩小我国居民收入差距提供有益的政策参考。

主要结论：①2010—2015年，全国、城镇和农村机会不均等经历了先上升后下降的过程，但出生时户籍的贡献度有上升趋势；②2010年我国机会不均等为24.39%，2012年为28.04%，2013年达到峰值35.72%，2015年下降到30.56%，而如果不考虑党员身份、迁移两个努力变量以及环境变量与努力变量的交互影响，估算结果会被高估至少8个百分点，居住地、性别、出生时户籍是机会不均等的重要来源；③2010—2015年，农村机会不均等平均水平达到33.31%，高出城镇约8个百分点，其中，年龄与性别因素是农村机会不均等过高的原因，而居住地差异是城镇机会不均等的主要来源。

学术创新或实践意义：①在收入决定方程中加入了迁移、党员身份两个至关重要的努力变量，进一步减少估算偏误；②在收入决定方程中考虑了环境与努力的交互效应，个体努力是自由意志的体现，但家庭背景以及出生时户籍等环境变量显然影响努力的效果，反过来，个体努力在不同的环境下获得的回报也是不同的，所以在收入决定方程中仅仅考虑环境与努力变量的独立影响还不够，有必要添加这些变量的交互项；③运气是除努力和环境变量之外重要的收入决定变量，文章使用残差项代表原生运气、选择性运气以及其他未知因素。

学术或社会影响：目前大多数关于收入分配的国内外文献侧重于总体不均等的度量，而现实中有些不均等不仅是有益的而且是无法避免的，而有些不均等是必须消除和可以消除的，区分有益和有害的收入不均等在理论和现实中都具有重要意义。文章利用微观数据和基于回归方程的贫富差距分解方法，从环境因素导致的机会不均等、努力因素导致的收入不均等以及运气和未知因素导致的收入不均等角度对收入差距进行了分解，这为识别收入差距中的有益和有害不均等问题提供了有效的分析工具，明确了未来缩小我国地区和城乡收入差距的政策发力点，为实现共同富裕目标提供了有益的政策参考。

7. 何宗樾，张勋，万广华. 数字金融、数字鸿沟与多维贫困［J］. 统计研究，2020，37（10）：79-89.

基本思想：以互联网为基础的第三次技术革命，推动了数字金融的发展，对居民经济行为的影响巨大，因而也可能具有减贫作用。文章首次利用中国数字普惠金融发展指数和中国家庭追踪调查（CFPS）的匹配数据，通过克服内生性的工具变量估计，探讨了数字经济发展对家庭多维贫困的影响。

主要结论：①初步研究发现数字金融发展提升了贫困发生的概率，也加深了多维贫困的程度，且影响逐年增大；②进一步研究表明，数字金融发展可能存在结构性问题：数字金融发展给能够接触到互联网的居民所带来的便利以及所产生的机会，挤占了未能接触到互联网的居民原先所可能获得的资源，这种数字鸿沟使得位于贫困线附近的居民由于数字金融的发展而愈加贫困。③观察数字金融影响多维贫困的机制发现，数字金融发展主要导致了面临数字劣势的贫困居民失业概率的提升。

学术创新或实践意义：①在互联网革命和数字经济发展的背景下，文章首次利用中国数字普惠金融指数，研究数字金融的发展与家庭贫困的关系，综合评估数字金融发展的经济效应；②文章将宏、微观数据进行匹配，以微观视角探究数字金融对家庭贫困的影响，进而挖掘数字金融影响家庭贫困的微观机理和异质特征，拓展了关于贫困决定因素的研究。

学术或社会影响：数字普惠金融助力扶贫实践机遇与挑战并存，文章首次利用中国数字普惠金融发展指数和中国家庭追踪调查（CFPS）的匹配数据，利用工具变量法克服了内生性，探讨了数字经济发展对家庭多维贫困的影响，拓展了关于贫困决定因素的研究，为数字金融减贫提供了丰富的政策含义：①推进数字金融发展的同时，应着力提高数字金融服务的覆盖率和可得性，尤其是对于农村贫困人口而言；②应重点关注女性以及中老年人等群体的数字劣势问题，防止此类群体因数字金融发展而丧失就业机会，进而引发社会不稳定；③在提高数字金融服务的覆盖率的同时，也要注重教育的作用，使得居民能够更好地共享数字发展所带来的红利；④在具体推进数字扶贫战略时，也需要提高甄别机制，促进有限资源实现高效配置。

8. 杨国涛，张特，东梅. 中国农业生产效率与减贫效率研究［J］. 数量经济技术经济研究，2020，37（4）：46-65.

基本思想：党的十八大以来提出了一系列扶贫新思路和新要求，引起了世界各国学者的关注，评价中国农业的生产效率和减贫效率，以及总结中国扶贫的经验教训具有重大的理论和现实意义。文章以评价中国农业生产效率与减贫效率，探索效率的改善空间为目标，采用考虑非期望产出共同前沿下的二阶段 EBM 模型，对 2013—2017 年中国 28 个省（区、市）的中国农村统计数据进行研究，以检验中国的减贫效率，总结中国扶贫的经验教训，探索扶贫路径。

主要结论：①在共同前沿下，东部地区总效率值显著高于中西部；②第一阶段农业生产效率值明显低于第二阶段减贫效率值，农业生产效率仍然有较大的改善空间；③大部分省（区、市）政府财政资金利用效率较高；④农村贫困人口数量效率值有明显的地区分布差异，东北、西北和西南部分地区效率值较低。

学术创新或实践意义：①文章构建全新的二阶段贫困研究理论分析框架，综合评价农业生产效率和减贫效率，在相关领域进行尝试性的拓展；②结合共同前沿下 EBM 模型和网络 DEA 模型的优点，将改进的 EBM 模型应用于农业生产效率和农村减贫效率研究。

学术或社会影响：文章基于共同前沿下非期望的二阶段 EBM 模型，将改进的 EBM 模型用于评价农业生产效率、减贫效率和总效率，综合考虑农业生产和财政支出对于减贫的影响，直观地看出各地区、各阶段效率的差别，直接给出提高投入产出指标生产效率和减贫效率的改善空间，完善了有关减贫效率、减贫效应的研究，深入总结中国扶贫的经验教训，为提高减贫效率提供实现路径，具有丰富的政策含义。

9. 王小林，张晓颖. 中国消除绝对贫困的经验解释与 2020 年后相对贫困治理取向［J］. 中国农村经济，2021（2）：2-18.

基本思想：中国在 2020 年消除了绝对贫困，解释中国绝对贫困治理的经验对于 2020

年后相对贫困治理具有重要价值。文章构建了一个贫困治理分析框架，从贫困问题、减贫战略、扶贫行动者、治理过程和治理结构五个方面来分析和解释中国减贫实践。

主要结论：①在水平治理层面，1978—2020 年，中国形成了政府、市场和社会协同治理贫困的理念以及包括行业扶贫、专项扶贫和社会扶贫等在内的综合治理格局，还形成了东西部扶贫协作的政治制度安排。"一中心与多部门协同治理"的模式，既覆盖了"贫""困"的主要维度和问题，也保证了部门政策与国家战略的目标一致性和行动有效性。②在垂直治理层面，"自上而下"的扶贫责任制与财政支持保证了减贫战略的落实；"自下而上"的扶贫创新推广机制以及贫困群体需求和意愿的传导机制也起到了较好的纠偏作用；扶贫成效考核评估与问责机制则具有"上下互动"的特征。③2020 年后，相对贫困治理需在国内国际双循环相互促进的新发展格局下加强水平治理，在产业、消费、要素市场等领域形成东西部大循环，发挥东西部各自优势；相对贫困的垂直治理则需更加鼓励基层创新并激励群众自力更生，以解决内生动力不足问题。

学术创新或实践意义：文章通过构建贫困治理分析框架，分析了市场在贫困治理中的作用，总结了中国减贫中制度优势的普适性经验，分析了经济和社会发展政策的重要减贫作用，弥补了以往有关中国减贫成就和经验研究的不足，系统地分析了中国过去 40 多年消除绝对贫困，特别是脱贫攻坚以来形成的贫困治理结构，对中国消除绝对贫困的经验做出新的解释。

学术或社会影响：贫困治理是国家治理的重要组成部分，影响着国家治理体系和治理能力现代化水平，文章在构建贫困治理分析框架的基础上，从贫困问题、减贫战略、扶贫行动者、治理过程和治理结构五个方面系统地分析和解释中国减贫实践，为建立独具特色的相对贫困治理长效机制，实现巩固拓展脱贫攻坚成果同乡村振兴有效衔接提供了治理取向，为建立实现第二个百年奋斗目标的贫困治理制度提供了富有价值的参考。

10. 樊增增，邹薇. 从脱贫攻坚走向共同富裕：中国相对贫困的动态识别与贫困变化的量化分解 [J]. 中国工业经济，2021（10）：59-77.

基本思想：改革开放以来中国一直采用绝对贫困标准，消除绝对贫困之后，走向共同富裕要求先富带动、帮扶后富，构建消除相对贫困的长效机制。为此，需要对中国的相对贫困进行准确测度与动态识别，并对贫困变化进行量化分解。文章采用中国家庭追踪调查（CFPS）数据，使用贫困指数变化的"识别—增长—分配"三成分分解框架研究中国贫困动态变化过程，同时进一步界定强、弱相对贫困线，通过设定城乡差异化、地区差异化和省际差异化贫困线三种情形研究中国相对贫困状况，构建更适合中国国情的相对贫困动态识别机制，为解决相对贫困、巩固脱贫攻坚成果和实现共同富裕打好基础。

主要结论：①虽然绝对贫困发生率不断下降，但是相对贫困发生率持续上升；②近年来绝对贫困发生率下降主要来自增长成分，2012—2014 年、2014—2016 年和 2016—2018年三个时期中，增长成分使绝对贫困发生率分别下降 17.74%、20.81% 和 19.04%；相对贫困发生率上升主要源自识别成分，以上三个时期中识别成分使相对贫困发生率分别上升 8.42%、12.19% 和 12.55%，增长成分使相对贫困发生率分别下降 8.34%、11.24% 和 12.18%，略低于识别成分，分配成分使相对贫困发生率分别上升 2.88%、1.12% 和

6.60%；③使用全国统一的相对贫困线容易出现过度识别问题，城乡差异线下的相对贫困综合指数与省际差异线下的结果较为接近，且方便实施，是一个可以兼顾识别准确度和精简度的权衡选择。

学术创新或实践意义：①采用贫困变化的"识别—增长—分配"三成分分解框架，动态考察贫困变化的原因；②研究中国情境下的强、弱相对贫困线，更全面地考察相对贫困动态变化的机制；③比较不同的相对贫困线的测度结果，筛选出适合中国国情的相对贫困标准。

学术或社会影响：尽管绝对贫困已经消除，但仍然有大量人口刚刚越过绝对贫困线，随着贫困线标准变化，有可能再次产生一批新的贫困人口，在未来一段时间，相对贫困、相对落后、相对差距将长期存在，解决相对贫困需要形成长效机制，而首要的任务就是科学建立相对贫困的动态识别机制，并就相对贫困变化进行有效分解。文章采用贫困变化的"识别—增长—分配"三成分分解框架，使绝对和相对贫困变化得到完全分解，利用强、弱相对贫困线更全面地考察相对贫困的动态变化机制，得出更符合中国国情的相对贫困动态识别机制，为巩固脱贫攻坚成果，防止返贫打牢根基。

第三节　重要著作

1. 叶初升. 贫困与发展：以穷人为中心的发展经济学微观分析［M］. 北京：北京大学出版社，2021.

基本思想：本书从发展中国家区别于发达国家的经济系统特征出发，将发展经济学理论的触角深入微观主体层面，从贫困主体展开，以穷人（贫困人口）为中心建构发展经济学新的分析框架，从新的视角出发，采用新的研究方法对发展经济学微观基础建构中的一些典型问题进行实证分析，以微观视角的研究范式阐释经济发展问题、现象及发生机制。

分析框架：本书共分为六章，第一章着重刻画贫困人口的生存环境及其微观行为效应；第二章进一步刻画贫困人口特别是陷入贫困陷阱的穷人生存状态；第三章分析贫困人口的经济行为；第四章从穷人发展的视角分析经济增长量变过程中的质变；第五章探讨经济发展过程中的政府行为，即减贫干预问题；第六章强调贫困主体对于经济发展的幸福体验，并从微观主体视角讨论经济发展的目标及其评价。

主要观点：在社会科学的语境中，发展不是一般意义上的进步，而是特指社会系统由低级到高级的跃迁与转型，比如从贫穷落后走向富裕发达，从传统走向现代。因此，经济发展不仅仅是 GDP 数量扩张，也不仅仅是结构变迁，从根本上说，它是经济主体生存方式和生产方式的变化以及生活质量的提高。本书认为，研究低收入国家的经济发展问题，首要的任务应该是分析经济不发展的现实及其背后的机理、理解不发达经济系统中穷人的经济行为。因此，本书将发展经济学的触角深入微观层面，刻画了经济主体在不发达经济系统中的行为特征，并由此在微观层面对经济发展过程中的一些问题、现象及发生机制做出阐释，为制定切合实际且具备自我实施机能的发展政策提供理论依据。

学术创新：本书将发展经济学理论的触角深入微观主体层面，在发展经济学的非均衡分析空间建立以穷人为中心的微观分析框架，强化发展经济学研究的学科范式意识。本书自下而上地阐述经济发展问题，在发展经济学微观分析方面进行了有益探索，从而促进发展经济学理论研究的微观化。

学术和社会影响：消除贫困是人类社会的共同理想，发展经济、过上幸福美好的生活，是各国人民努力奋斗的重要目标，也是发展经济学追求的理论愿景。发展经济学已经见证了中国消除绝对贫困的伟大社会实践，本书能够为中国新发展阶段的相对贫困治理提供一定的理论支持；同时，也为其他发展中国家治理贫困、谋求发展，为建设一个没有贫穷的世界贡献中国智慧。

2. 汪三贵. 脱贫攻坚与精准扶贫：理论与实践 [M]. 北京：经济科学出版社，2020.

基本思想：脱贫攻坚与精准扶贫是全党和全国人民在 2020 年完成的重要战略任务，也是全面建成小康社会的关键。近几年来，从中央到地方，从各级政府部门到市场和社会组织，在中央统筹、省负总责、市县抓落实的组织体系下，脱贫攻坚和精准扶贫实践取得了显著的成效。本书系统总结这场人类历史上最大规模、波澜壮阔的扶贫实验，对成功的经验进行理论归纳和总结，对面临的挑战进行分析，有助于为未来 30 年中国乡村振兴战略的实施提供有益的借鉴。

分析框架：本书围绕我国脱贫攻坚和精准扶贫展开分析，首先详细介绍了脱贫攻坚的组织体系和政策体系，梳理了在精准扶贫方略下我国脱贫攻坚的实施模式和路径，其次总结了脱贫攻坚与精准扶贫取得的成效以及打赢脱贫攻坚战的经验和理论解释，最后指出了决胜脱贫攻坚的难点和对策以及脱贫攻坚如何与乡村振兴有效对接。

主要观点：党的十八大以来，在以习近平同志为核心的党中央坚强领导下，中国的脱贫攻坚工作始终坚持精准扶贫、精准脱贫基本方略，坚持"六个精准"工作要求，通过精准识别贫困群众、精准管理扶贫工作、深入贯彻"五个一批"扶贫手段精准帮扶贫困群众，最终实现贫困人口和贫困地区的精准退出。经过全党全国全社会共同努力，中国的减贫工作取得了新的历史性成就，走出了一条中国特色减贫道路。在中国共产党领导的制度优势下，坚持政府主导，脱贫攻坚，构建"三位一体"大扶贫格局，充分调动社会各方力量参与脱贫攻坚的积极性，不断调整与完善扶贫战略和政策，不断加大脱贫攻坚的各项资源投入，是中国脱贫攻坚实践积累的重要经验。

学术创新和实践价值：本书详细梳理了精准扶贫方略下脱贫攻坚的实施模式和路径，包括产业扶贫模式、就业扶贫模式、易地扶贫搬迁的实施模式、生态扶贫的实施模式、教育扶贫的实施模式、健康扶贫的实施模式和社会保障兜底模式，总结了脱贫攻坚战的成功经验；从脱贫攻坚与乡村振兴对接的角度探讨了乡村振兴背景下的扶贫目标、缓解相对贫困的策略、扶贫体制与机制以及扶贫政策与模式，为未来实施乡村振兴战略提供了政策参考。

学术和社会影响：一是通过对脱贫攻坚背景的阐述和分析，阐明了中国为什么要吹响打赢脱贫攻坚战的号角，明确了消除绝对贫困的意义。二是通过系统分析脱贫攻坚的组织体系、政策体系，解释了中国脱贫攻坚是如何实施的，有助于理解中国的制度优势在大规模减贫中发挥的重要作用，同时通过具体实践深入阐述精准扶贫基本方略在脱贫攻坚战中的实施模式和路径，阐释了精准扶贫的科学理念。三是通过分析中国脱贫攻坚与精准扶贫的多维成效，解释了中国脱贫攻坚的成效不仅是真实可信的减贫成就，对经济社会各方面也产生了深远影响，有利于社会各界更加维护脱贫攻坚与精准扶贫事业。四是通过阐述和分析脱贫攻坚与乡村振兴的对接，解释了贫困的相对性以及乡村振兴阶段为什么要转向相对贫困，相对贫困的本质是什么以及缓解相对贫困的主要策略。

3. 李实，罗楚亮. 国民收入分配与居民收入差距研究［M］. 北京：人民出版社，2020.

基本思想：收入差距及收入分配状况及其变动事关每个个体的利益，因此格外受人关注，牵动社会发展的神经。我国经济转型和发展过程中，经济运行机制的重塑与调整，最终关联着相关经济主体、经济行为的收益与成本，从而决定着利益分配格局的变动。尽管从经济增长的表现来看，经济转型在较长一段时期内推动了国民经济的持续快速增长，但在这一过程中也同时出现了较为突出的收入分配问题，越来越引起社会各界的担忧。收入分配是一系列经济活动的结果，收入分配格局的失衡通常是经济结构扭曲的重要表征。本书在介绍我国收入分配制度改革进程的基础上，深入分析了我国收入分配中所存在的问题，并对未来的走向提供了基本判断。

分析框架：本书在介绍我国收入分配制度改革进程的基础上，深入分析了我国收入分配中所存在的问题，尤其是基于宏观数据和微观数据，重点探讨了居民收入份额变动的影响因素、居民收入份额变动对投资和消费的效应、居民收入差距变动的影响因素等，并对未来的走向提供了基本判断和政策建议。

主要观点：收入分配结果是经济发展过程中发展方式改变、经济结构变化、经济和政治制度变迁等系列深层因素交互作用的结果。对于中国这样一个"双转型"的经济体来说，仅仅实施一些收入再分配政策对收入分配总体格局产生的影响并不明显，并不意味着收入分配体制的根本性改变，缩小收入差距、改善收入分配格局仍需长期努力。收入分配制度改革与政策制定要与生产要素市场化建设紧密结合起来。由于我国的生产要素市场存在着过度的政府干预，缺乏充分的竞争，受到信息不充分、法规不完善、市场垄断和分割、要素价格扭曲等问题的困扰，国民收入的初次分配过程既没有充分体现效率，也有失公平。因而，应充分认识到完善的生产要素市场是解决收入分配问题的最有效的制度因素，要在完善土地市场、资本市场、劳动力市场方面下更大的力气。出台收入分配政策与解决农村剩余劳动力和城镇失业问题要具有高度相容性。城镇就业压力仍然存在，农村仍有一定数量的剩余劳动力。在未来一段时期，实现经济高速增长，促进充分就业，仍将是我国发展战略和政策选择的基本点。工资政策和社会福利政策要与积极的劳动力市场政策紧密结合起来，才不至于带来效率损失和失业问题。

学术创新：收入分配研究包括两个层面的问题。一是国民收入分配，即一个时期社会总产出在不同生产要素之间的分配，即我们通常讲的国民收入在资本、劳动、土地之间的分配，这是一个"大分配"问题。而从国民收入核算的角度来看，"大分配"也可以看作是在三大部门（政府、企业、居民）之间的分配。二是个人收入分配，即居民收入在不同家庭和个人之间的分配，也可以称之为"小分配"问题。本书的一个主要创新点是从分析居民收入份额变化入手，既讨论"大分配"问题，也讨论"小分配"问题。从"大分配"格局的变化中去发现国民经济结构演变带来的影响，生产要素市场的发育、发展过程带来的影响，劳动力市场缺陷带来的影响，同时试图去探究其对个人收入差距变化产生的影响。也就是说，从"大分配"的变化看"小分配"中的问题，从"小分配"变化去发现"大分配"中的问题。

学术和社会影响：本书从居民收入份额和收入差距角度研究，有助于更好地理解我国经济转型、社会变迁带来的收入分配问题，并制定相关的政策措施应对转型过程中凸显的收入分配问题，具有突出的理论和现实意义。

4. 周云波，平萍，侯亚景，尚纹玉. 中国居民多维贫困研究［M］. 北京：经济科学出版社，2020.

基本思想：本书的研究主要围绕两个方面展开，一是长期多维贫困指标体系构建及其致贫因素分析；二是在识别并测度贫困的基础上，评估了财政扶贫资金和社会保障制度的反贫困发展绩效。基于以上逻辑链条，本书结合当前国际多维贫困发展动向，立足国内多维贫困研究现状及我国反贫困发展中的"中国模式"，提出了着手构建具有中国特色的反贫困体系。本书认为，在实现 2020 年农村贫困人口全部脱贫，贫困县全部摘帽，区域性整体贫困基本解决的目标后，我国的扶贫工作并未结束，而是需要及时转变扶贫工作的目标和方向。我国的贫困状况将从绝对贫困转变到相对贫困，从收入贫困转变到多维福利贫困，从静态贫困转变到动态甚至是代际传递贫困等，此时反贫困发展的任务和扶贫对象也要做出相应的调整，从以"生存"为标准的低收入转变到以"发展"为目标的能力培育，更加注重低收入、低学历人口在健康、教育、技能、住房安全等方面的发展需求。

分析框架：本书共分为六编，第一编为引言部分，在对本书的研究背景与内容进行阐述的基础上，系统梳理多维贫困领域的相关文献，并详细介绍本书的研究方法与数据来源；第二编主要关注中国农村居民多维贫困状况及其影响因素；第三编主要探讨了中国城镇居民多维贫困状况及其影响因素；第四编重点研究了儿童、老年人与农民工三个特殊群体多维贫困状况及其影响因素，从能力剥夺的视角出发，分别为三个特殊群体构建了各自适用的多维贫困测量体系；本书第五编主要关注我国目前减贫政策的减贫效果，主要是运用多维贫困指标构建相应的测量与评估体系，对我国当前的反贫困政策进行绩效评估，直观展示我国扶贫工作取得的成果与不足；第六编是主要结论与政策建议，分别从农村多维贫困、城镇多维贫困、儿童多维贫困、老年人多维贫困和农民工多维贫困五个方面对全书的内容进行总结，得出了许多有益的研究结论，并在此基础上提出有针对性的政策建议。

主要观点：我国农村长期多维贫困发生率较高，户籍制度、户主特征、社会关系、人口规模和结构等因素对长期多维贫困发生率及不平等程度具有显著影响。在对农村地区的扶贫中要注意通过城镇化完善相应的社会保障体系，丰富农村的社会资源，为农村经济整体发展提供支持，注入活力，这对于在长期中缓解多维贫困十分重要。在我国当前精准扶贫的背景下，官方贫困线的标准还是以收入为主，这个标准并不能体现贫困人口在能力维度的不足，不利于国家根据致贫原因对贫困人口进行精准帮扶。扶贫工作不仅要实现农村贫困人口收入的提高，更多的还要关注农村人口在生活质量和公共服务水平等方面的改善。而我国城镇居民多维贫困状况正在逐年好转，整体上城镇多维贫困主要还是教育资源分配不均与生活保障制度不健全导致的。我国城镇扶贫任务应做到有的放矢，对于经济发展水平相对落后的地区，应该以收入扶贫项目为主，如扩大最低生活保障覆盖范围，预防相对贫困人口跌入绝对贫困人口行列；对于经济较为发达地区，要更加重视多维贫困人口的扶贫工作，除提高此类人口的收入外，从多维角度提高此类贫困人口生产能力和生活水平是扶贫主要目标。

学术创新和实践价值：本书从多视角研究中国的贫困问题，与现有的从收入和消费的角度研究中国贫困问题不同，本书研究的主题是中国居民的多维度贫困，不仅仅是收入和消费贫困，还包括居住环境、健康状况、就业情况、教育情况、社会保障等多个维度；本书对中国居民多维贫困的测度也是多视角的，即分别从静态角度、动态角度、长期角度对中国居民多维贫困进行了测量和分析。此外，本书运用多维贫困测度指标构建了相应的测量与评估体系，对我国当前的一些反贫困政策绩效进行评估，从而反映我国扶贫工作取得的成绩与问题。

学术和社会影响：新时期我国扶贫工作仍然面临着扶贫政策效果弱化、致贫原因多元化、贫困人口分布特殊化、异质性贫困群体凸显等多方面挑战，本书基于多维贫困的视角对我国居民多维贫困状况进行多角度、全方位的系统研究，能够为经济新常态更新贫困理念、转变扶贫思路、改进扶贫战略。

第四节　学术会议

1. 第七届中国财政学论坛（2021）

会议主题："十四五"时期的现代财税体制改革

主办单位：山东大学经济学院

经济研究杂志社

山东省公共经济与公共政策研究基地

山东大学公共经济与公共政策研究中心

会议时间：2021 年 11 月 6—7 日

会议地点：山东济南，山东大学

会议概述：第七届中国财政学论坛以线上和线下相结合的方式在山东大学召开，此次论坛由山东大学经济学院、经济研究杂志社、山东省公共经济与公共政策研究基地和山东大学公共经济与公共政策研究中心共同主办，来自全国 49 所院校、150 余位专家学者参加了论坛。

11 月 6 日上午，由山东大学经济学院副院长石绍宾教授主持开幕式。开幕式上，山东大学校长助理邢占军教授代表山东大学致辞，他介绍了百廿山大及山东大学财政学学科的发展情况，指出学校将在习近平总书记给《文史哲》编辑部全体编辑人员重要回信精神指引下，深入推进社会科学学科汇聚融合交叉创新，重点打造中国特色经济学管理学学科群，期待在中国特色财政理论与现代财政制度研究方向上产出高质量研究成果。经济研究编辑部主任金成武在致辞中指出，财政学是一个包容面很广的学科，希望学者在研究时要实现财政学原理与改革实践的兼顾，中国财政学论坛将一如既往地为财政学领域专家学者提供一个学术交流与合作提升的高层次平台。

在主旨报告环节，分别由中国人民大学财政金融学院财政系主任吕冰洋教授、山东大学经济学院李华教授、浙江大学经济学院副院长方红生教授主持。论坛主席、山东大学校长樊丽明教授，中国人民大学郭庆旺教授，东北财经大学校长吕炜教授，中央财经大学副校长马海涛教授，国务院参事、北京大学刘怡教授，中国人民大学研究生院常务副院长陈彦斌教授，清华大学陆毅教授，对外经济贸易大学毛捷教授，复旦大学刘志阔副教授，山东大学解垩教授分别做主题报告。

在主旨报告的第一部分，樊丽明教授做了题为《新时代财政学教育之变：从专业教育到三圈层教育》的报告。报告分析了新时代财政学教育之变的逻辑，认为在两个百年交汇点上，财政学教育也应发生时代之变，并提出新时代应当构建财政学"专业教育、通识教育、社会教育"三圈层教育体系。郭庆旺教授做了题为《现代财政制度思考》的报告。报告从推理角度、经验角度和需求角度介绍了现代财政制度的界定，指出公平、效率、法治是现代财政制度应该贯穿的基本要素，并以现代收入制度为例分享了对现代财政制度建设的思考。吕炜教授做了题为《对央地财政关系与财政制度优化的思考与认识》的报告。报告提出应当持续关注央地财政关系的特征事实和变迁历程，构建解释央地关系变迁的理论框架，设计验证理论框架有效性的实证方案，探索央地财政关系的制度优化路径。

在主旨报告的第二部分，马海涛教授做了题为《推动实现碳达峰、碳中和目标的财税政策优化路径》的报告。报告认为实现碳达峰、碳中和这一经济社会系统性变革需要财税政策的有力支持和保障，提出应当加强顶层设计、完善税收制度、优化财政支出来助力节能减碳。刘怡教授做了题为《数字经济下的财政支持》的报告。报告通过对产业结构和税制结构、数字经济与经济数字化以及国际税收规则调整的深入分析，建议通过规范地方财政奖补方式、调整地区间税收分享规则、优化税制结构来支持数字经济的发展。陈彦斌教授做了题为《宏观政策'三策合一'》的报告。报告提出要破解主要经济体面临的新型衰退和衰退式资产泡沫风险等困境，需要重构宏观调控理论框架，探索稳定政策、增长政策、结构政策"三策合一"的新理论和新调控思路。

在主旨报告第三部分，陆毅教授做了题为 The Effects of Tax Abatement：Evidence from China's Small-Displacement Vehicle Stimulus Program 的报告。报告分析了 2015 年针对小排量汽车车辆购置税减免政策的效应，并进行了效应分解与福利分析。毛捷教授做了题为《良药须苦口——地方政府纾困与企业业绩分化》的报告。报告实证分析了地方政府纾困对上市公司业绩的影响，提出稳定市场是有为政府的一项职责，但不应以削弱市场活力为代价。刘志阔副教授做了题为《税收政策与企业行为》的报告。报告梳理了中国企业税收的研究现状，并从企业税收的描述性工作、数据相关的基础性工作、理论框架和实证评估相结合的方法、国际税收等方面提出了未来可能的进展空间。解垩教授做了题为《共同富裕视角下收入的邻里效应研究》的报告。报告基于共同富裕的视角，分析了居民收入的社区邻里效应及其异质性特征，为解决相对贫困问题提供了新思路。

在平行论坛环节，115 位专家学者围绕财政与国家治理、财政与经济发展、财政体制与地方财政、财税政策与创新发展、税收政策、劳动与社会保障、收入分配、地方政府债务、税收征管、公共政策与环境治理、财政与民生、税收与企业行为等主题开展了27场交流研讨。在闭幕式中由山东大学经济学院院长助理汤玉刚教授宣布了本届优秀论文获奖名单。本次论坛最后，由复旦大学封进教授代表第八届论坛主办单位发言。

第七届中国财政学论坛是山东大学纪念120周年校庆系列学术活动之一，此次论坛的成功举办是对中国财政学理论与实践，以及财政学科发展前沿的全面展示和检验，同时，与会学者们的深入交流切磋，必将助力专家学者们在各自的研究领域创新突破，更有助于财政学理论研究和学科发展日益走向繁荣。

2. 首届"香樟财政学论坛"（2021）

会议主题：新发展格局下的财税政策

主办单位：香樟经济学术平台

中国人民大学财税研究所

中国人民大学行为财政跨学科交叉平台

会议时间：2021年6月19日

会议地点：北京，中国人民大学

会议概述：香樟财政学论坛（CFC）由来自国内外高校和科研机构的青年学者发起，论坛秉承低调、朴实的学术风格，主要召集选题精致、故事新颖、论证精细、具有思想性的高水平学术论文，旨在为国内青年经济学者提供高水平、专业化的学术交流平台，提升我国财政学研究水平。

首届"香樟财政学论坛"（2021）由香樟经济学术平台、中国人民大学财税研究所、中国人民大学行为财政跨学科交叉平台联合主办，获得《世界经济》《经济理论与经济管理》《产业经济评论》《工信财经科技》编辑部支持。论坛组委会在短短时间内共征集到百多篇来自全国各高校师生及多所研究机构研究人员的征稿，最终由香樟财政学论坛论文评审委员会组织知名学者匿名评审，遴选出36篇优秀论文进行本次论坛的宣讲交流。近80位学者、硕博士研究生、期刊编辑参加了本次论坛。论坛开幕式由中国人民大学财税研究所副所长马光荣教授主持，中国人民大学财税研究所执行所长吕冰洋教授为开幕式致辞，《世界经济》编辑部副主任宋志刚作为本届论坛支持单位代表做了开幕式致辞。

吕冰洋执行所长指出，自古以来财政都是国之大计，是国家治理的基础和重要支柱。在经济社会发展中，财政发挥着巨大的作用。首届"香樟财政学论坛"（2021）本着求真务实的风格与学术自由的原则，为广大青年学者以及各高校博士生提供了一个很好的交流平台，学术的生命力恰恰在于交流。他强调，财政学研究的是财政加经济，本次论坛的投稿论文多具有学科交叉的特征以及深刻的政策参考价值，反映了现在青年学者财政学研究与时代同行的特征。他进一步指出，本届论坛是首次举办，受到的关注程度超出预期，感谢各位与会学者以及各大期刊的大力支持，希望"香樟财政学论坛"能为大家提供一个持久的互动交流平台。

宋志刚副主任向本次会议的召开表示热烈的祝贺。他指出，本届论坛以《新发展格局下的财税政策》为主题，在中国特色社会主义进入新时代的关键时期，建设新发展格局下的财税政策尤为重要；香樟这种植物产生的香气弥久且不分地域，"香樟财政学论坛"具有很强的包容性特征，这是一个面向年轻学者，具有高度简洁和开放特征的平台，在这里充满自由与务实的学术氛围。他进一步肯定了吕冰洋执行所长提出的"学术的生命力在于交流"的看法，并对"香樟财政学论坛"的举办表示诚恳支持。

首届"香樟财政学论坛"（2021）共开设两个平行会场，包含四个平行分论坛。分论坛1-1，由《世界经济》编辑部副主任宋志刚主持。中央财经大学经济学院尹振东的宣讲主题为《纵向产业结构与最优减税策略：结构性减税的理论基础》；北京大学经济学院王霄的宣讲主题为《最优房产税改革——基于异质性家户的OLG模型的量化研究》；中国社科院大学经济学院傅春杨的宣讲主题为 Pareto Efficient Central Redistribution With Decentralized Redistribution；中央财经大学财政税务学院吴越琪的宣讲主题为《基于帕累托插值修正的净财富测算及财富税征收设想》。

分论坛1-2，由中国社会科学院数量经济与技术经济研究所副研究员郑世林主持。中国人民大学国家发展与战略研究院秦聪的宣讲主题为 Fire or Retire：Making Career Incentives Matter for State Effectiveness；中国人民大学财政金融学院赵耀红的宣讲主题为《行政区划壁垒、边界地区公共品提供与经济发展》；厦门大学王亚南经济研究院白秀叶的宣讲主题为《财政压力、土地配置与经济集聚》；厦门大学经济学院史九领的宣讲主题为《地方产业政策的实施"因地制宜"吗？——基于地区比较优势的视角》。

分论坛2-1，由中央财经大学经济学院副教授尹振东主持。中央财经大学中国金融发展研究院高涵的宣讲主题为 Eurozone Disease in China—Currency Overvaluation and Local Government Debt；首都经济贸易大学财政税务学院杨姝的宣讲主题为《人口老龄化、人口流动与地方政府债务》；北京大学国家发展研究院聂卓的宣讲主题为《从"主动负债"到"被动负债"：中央监管导向转变下的地方债扩张模式变化》；武汉大学经济与管理学院杨春飞的宣讲主题为 Decentralization，Supervision and Local Government Debt：Evidence from China。

分论坛2-2，由中央财经大学财政税务学院讲师寇恩惠主持。青岛理工大学商学院刁伟涛的宣讲主题为《从"竞"到"争"：限额管理对于地方政府举债行为的影响及其意义》；对外经济贸易大学金融学院陈玉洁的宣讲主题为《政府性债务管理改革与城投债担保有效性》；中南财经政法大学财政税务学院李玉姣的宣讲主题为《税收优惠与产业空间布局优化——基于服务贸易创新发展试点的准自然实验》；中南财经政法大学财政税务学院王佳琳的宣讲主题为《增值税与行业价值链参与：促进还是阻碍》。

分论坛3-1，由中国人民大学国家发展与战略研究院讲师秦聪主持。上海财经大学公共经济与管理学院郤曼的宣讲主题为《财政依赖、县委书记贫困经历与地区减贫增收——基于国家贫困县面板数据的实证研究》；河南师范大学商学院郭明悦的宣讲主题为《基本公共服务能有效提升脱贫质量吗？——基于多维贫困和多维贫困脆弱性的视角》；厦门大学经济学院沈小源的宣讲主题为《养老制度并轨对城镇居民消费差距的影响》；中国人民大学财政金融学院张子尧的宣讲主题为《社会保险降费政策空间有多大？——企业社保负担不平等与要素配置效率视角》。

分论坛3-2，由中国人民大学财税研究所副所长代志新主持。中央财经大学财政税务学院张明昂的宣讲主题为《税收征管体制改革与企业避税——基于国税地税合作的证据》；中央财经大学金融学院王雅琦的宣讲主题为《跨国企业避税与在华外资企业利润率》；上海财经大学公共经济与管理学院周小昶的宣讲主题为《税收洼地、异地投资与企业避税》。

分论坛4-1，由中央财经大学财政税务学院副教授杨龙见主持。中央财经大学财政税务学院陈宇的宣讲主题为《税收情报自动交换能否抑制国际避税：来自跨境银行存款的证据》；中国人民大学财政金融学院程小萌的宣讲主题为《税收优惠与跨地区投资》；中南财经政法大学财政税务学院王一欢的宣讲主题为《共建共享征纳关系与企业纳税遵从度——来自全国文明城市创建的准自然实验》；中南财经政法大学财政税务学院张文涛的宣讲主题为《惠人及己：对外援助与企业海外市场行为》；清华大学经济管理学院施函青的宣讲主题为《经济周期和企业杠杆率》；中国人民大学财政金融学院魏海伦的宣讲主题为 The Tax Gain of Reforming State-owned Enterprises。

分论坛4-2，由中国人民大学财税研究所执行所长吕冰洋主持。东北财经大学财政税务学院李国英的宣讲主题为《环境保护省级政府垂直管理改革有效么？——基于准自然实验的有效性评价及分权意涵引申》；西南财经大学财政税务学院赵晓彧的宣讲主题为《税收转移与地方财政支出行为》；中国人民大学财政金融学院戴敏的宣讲主题为《分税制与非税收入：什么影响了财政收入质量？》；中央财经大学财政税务学院秦韶聪的宣讲主题为《财力冲击、税权集中与土地供应》；中国人民大学财政金融学院王雨坤的宣讲主题为《地方环境规制的治理效应与运动式治理成因——基于河长制的微观实证》；中央财经大学财政税务学院朱梦珂的宣讲主题为《财政分权、产权性质与企业投资》。

闭幕式上，香樟经济学术平台主要发起人、中国社会科学院数量经济与技术经济研究所郑世林副研究员对论坛的成功举办给予高度赞扬。他指出"香樟财政学论坛"是香樟经济学术平台的研究分支，这次学术论坛的圆满举办会进一步提升香樟经济学术平台的影响力，将来会有更多的优秀青年学者愿意前来交流探讨。他期望，"香樟财政学论坛"能够在新的历史发展格局下，为中国未来的改革发展提供理论指导。

3. 第四届中国居民收入与财富分配论坛（2021）

会议主题：居民收入与财富分配和现代财税金融体制

主办单位：教育部、科技部"收入分配与现代财政学科创新引智基地"

　　　　　中南财经政法大学财政税务学院

　　　　　经济研究杂志社

会议时间：2021年4月25日

会议地点：湖北武汉，中南财经政法大学

会议概述：党的十九届五中全会公报指出，要扎实推动共同富裕，不断增强人民群众获得感、幸福感、安全感，促进人的全面发展和社会全面进步。同时，五中全会通过的《中共中央关于制定国民经济和社会发展第十四个五年规划和二〇三五年远景目标的建议》首次把"全体人民共同富裕取得更为明显的实质性进展"作为远景目标提出，并指出要激发各类市场主体活力，完善宏观经济治理，建立现代财税金融体制。这为未来一段时间里，利用现代财税金融体制推进收入分配制度改革指引了方向。

与以往的财税、金融体制建设有所不同，"建立现代财税金融体制"是一种全新的提法，它将财税与金融体制两者有机融合，统筹管理，以便开展更为有效的宏观经济调控。为了尽快实现现代财税金融体制破题，并且加深对居民收入分配和现代财税金融体制的研究，第四届中国居民收入与财富分配论坛在中南财经政法大学隆重召开。来自北京大学、浙江大学、复旦大学、中国人民大学、武汉大学、华中科技大学、山东大学、吉林大学、中央财经大学、中南财经政法大学等高校、科研机构的 100 多名专家学者出席了此次会议。出席本次论坛的领导嘉宾包括：浙江大学文科资深教授、教育部"长江学者"特聘教授李实，《经济研究》编辑部主任金成武研究员，复旦大学世界经济研究所所长万广华教授，中国人民大学财政金融学院教授、教育部"长江学者"特聘教授岳希明，中国人民大学劳动人事学院教授、教育部"青年长江学者"罗楚亮，山东大学经济学院解垩教授，中南财经政法大学校长、收入分配与现代财政学科创新引智基地主任杨灿明教授，以及中南财经政法大学文澜学院、社科院、财务部等部门的领导。

中南财经政法大学校长、收入分配与现代财政学科创新引智基地主任杨灿明教授在致辞中首先对各位专家学者的到来表示热烈的欢迎和衷心的感谢。他指出，2021 年是中国共产党建党 100 周年，也是全面建成小康社会、开启全面建设社会主义现代化国家的开局之年，坚持以人民为中心和共同富裕的理念是这个时代最伟大的主旋律。在国际环境日趋复杂、国内发展不平衡不充分问题仍然突出的背景下，在贯彻新发展理念、构建新发展格局、实现高质量发展的同时，如何继续完善再分配机制、促进社会公平，推动全体人民共同富裕取得更为明显和实质性的进展，成为我国当下亟待解决的问题。

《经济研究》编辑部主任金成武研究员在致辞环节指出：收入分配问题是经济社会中的一个永恒主题，是经济学研究的重要出发点，同时也是亚当·斯密、大卫·李嘉图、马克思等经济学家的经典著作中所探讨的核心问题。他强调，要善用历史的角度看待收入不平等现象，并通过社会现象挖掘背后的本质原因以及理论逻辑来进行相关问题研究。最后，他表达了对本次论坛成功举办的期望以及对各位专家学者的欢迎。

收入分配与现代财政创新引智基地副主任孙群力教授向现场的嘉宾学者们介绍了"2020 年中国居民收入与财富分配调查报告"。他从调查样本及报告构成，家庭收入、财富与消费状况，家庭收入、财富与消费差距，以及经济不平等四个方面进行了汇报。孙群力教授指出，通过调查与实证分析发现，2019 年我国收入、财富与消费的差距依然较大。他认为，研究中国居民收入与财富分配问题，不仅要持续关注单一维度的收入、财富和消费不平等，也要重视由这三者所形成的多维经济不平等，并提出了缩小不平等的几点建议。

"中国居民收入与财富分配论坛"已成功举办三届，从本届开始，论坛将加入新成员。在开幕式环节，由中南财经政法大学、浙江大学、中国人民大学、山东大学、经济研究杂志社"四校一刊"共同启动了论坛联合发起仪式。经过商议决定，下一届论坛将在中国人民大学举行。

上午的主题演讲环节由《经济研究》编辑部主任金成武研究员主持。浙江大学公共管理学院李实教授发表了题为《加快收入分配制度改革，实现共同富裕》的主题演讲。

李实教授围绕"实现共同富裕面对的主要问题和挑战、寻求共同富裕的实现路径、如何以收入分配改革为突破口"三个方面进行了分享，重点对我国当前面临的居民收入差距长期处于高位水平、中等收入群体规模较小、进一步推进公共服务均等化问题展开了讲解，并就如何以"收入分配"为突破口实现共同富裕阐述了看法。

复旦大学世界经济研究所所长万广华教授结合当下国际局势变化情况与世界时事热点，就"双循环"发展战略与收入分配问题进行了分享。他指出，"双循环"战略是顺应当前"逆全球化"背景下所出台的战略，其基点为"创新+内需"。万广华教授认为，增加国内需求和有效投资是关键，而增加内需的关键在于体制机制改革，应尽快消除城乡分割，推进城市化和市民化，以保持投资率、提升消费率。

中国人民大学财政金融学院岳希明教授发表了题为《近30年我国社会保障支出再分配效率改善的原因分析》的主题演讲。岳希明教授指出，常见的收入再分配效应分析存在着局限性，如具有不可比性、误导性，缺少政策含义，应在所能达到的最大收入分配效应的基准上，进一步做效率分析。他以政府社会保障支出为研究对象，实证分析了补贴前后我国基尼系数的变化，认为在再分配政策介入前收入差距一定的条件下，对于给定规模的再分配手段，通过采取最优方案，可以使收入差距最大限度地降低，从而实现社会保障支出效率的改善。

中国人民大学劳动人事学院罗楚亮教授以《代际财产转移与财产分布不均等》为主题，讲解了以获得赠予继承或购房资助度量的代际财产转移对我国居民财产分布的影响。他指出，当下我国居民财产快速积累，财产差距迅速扩大。同时，由于居民的财产积累动机和留赠遗产动机强烈以及各种"二代"现象的存在，进行相关研究非常有必要。并且，代际传递不仅影响到财产分布不均等及其动态变化，也影响到机会公平、经济政策的效应。通过实证研究发现，家庭户主和配偶父母特征对于子女代际财产积累及其财产不均等具有重要影响，代际财产转移将会进一步扩大财产分布不均等。

下午的分组讨论单元，分别围绕税收政策与收入分配；社会保障与收入分配；宏观政策与收入分配；劳动力市场与收入分配；金融与收入分配等议题展开。各分会场气氛热烈，与会学者们围绕相关主题展开了深入的交流，积极发表各自的真知灼见。

2021年是我国全面建成小康社会、实现第一个百年奋斗目标之年，也是乘势而上开启全面建设社会主义现代化国家新征程、向第二个百年奋斗目标进军的开局之年。在全国各族人民砥砺前行、开拓创新，更加积极有为地促进共同富裕之际，居民收入与财富分配问题越发突出和重要。此次论坛上，各位专家学者齐聚一堂，共话中国居民收入与财富分配的重大理论与现实问题，为推进中国居民收入与财富分配相关研究开拓了新视野、提供了新方法、贡献了新观点，为推进中国收入分配制度改革，扎实推动共同富裕，不断增强人民群众的获得感、幸福感和安全感贡献了学界智慧。

◎ **参考文献**

[1] 阿玛蒂亚·森. 贫困与饥荒：论权利与剥夺 ［M］. 北京：商务印书馆，2001.

[2] 阿马蒂亚·森. 以自由看待发展 ［M］. 北京：中国人民大学出版社，2002.

[3] 樊增增，邹薇. 从脱贫攻坚走向共同富裕：中国相对贫困的动态识别与贫困变化的

量化分解［J］.中国工业经济，2021（10）：59-77.

［4］何宗樾，张勋，万广华.数字金融、数字鸿沟与多维贫困［J］.统计研究，2020，37（10）：79-89.

［5］洪兴建，董君.多维极化的测度：新的方法及其应用［J］.统计研究，2020，37（9）：24-33.

［6］胡联，姚绍群，宋啸天.中国弱相对贫困的评估及对2020年后减贫战略的启示［J］.中国农村经济，2021（1）：72-90.

［7］胡志平.基本公共服务、脱贫内生动力与农村相对贫困治理［J］.求索，2021（6）：146-155.

［8］寇璇，张楠，刘蓉.同龄收入不均等与财政再分配贡献——基于个税和转移支付的实证分析［J］.财贸经济，2021，42（8）：37-52.

［9］李芳华，张阳阳，郑新业.精准扶贫政策效果评估——基于贫困人口微观追踪数据［J］.经济研究，2020，55（8）：171-187.

［10］黎蔺娴，边恕.经济增长、收入分配与贫困：包容性增长的识别与分解［J］.经济研究，2021，56（2）：54-70.

［11］李实，罗楚亮.国民收入分配与居民收入差距研究［M］.北京：人民出版社，2020.

［12］李莹，于学霆，李帆.中国相对贫困标准界定与规模测算［J］.中国农村经济，2021（1）：31-48.

［13］刘李华，孙早.收入不平等与经济增长：移动的库兹涅茨曲线——新时期收入分配改革的思路与意义［J］.经济理论与经济管理，2021，41（9）：20-34.

［14］刘李华，孙早.收入不平等对经济增长的影响：机制、效应与应对——基于代际收入传递视角的经验研究［J］.财政研究，2020（7）：79-92.

［15］罗必良，洪炜杰，耿鹏鹏，郑沃林.赋权、强能、包容：在相对贫困治理中增进农民幸福感［J］.管理世界，2021，37（10）：166-181，240，182.

［16］罗良清，平卫英.中国贫困动态变化分解：1991—2015年［J］.管理世界，2020，36（2）：27-40，216.

［17］沈扬扬，李实.如何确定相对贫困标准？——兼论"城乡统筹"相对贫困的可行方案［J］.华南师范大学学报（社会科学版），2020（2）：91-101，191.

［18］舒尔茨.论人力资本投资［M］.北京：经济学院出版社，1990.

［19］宋颜群，胡浩然.中国财政体系的再分配效应、再分配相对贡献及减贫效应［J］.经济问题探索，2021（9）：166-178.

［20］孙久文，张倩.2020年后我国相对贫困标准：经验、实践与理论构建［J］.新疆师范大学学报（哲学社会科学版），2021，42（4）：79-91，2.

［21］檀学文.走向共同富裕的解决相对贫困思路研究［J］.中国农村经济，2020（6）：21-36.

［22］唐任伍，肖彦博，唐常.后精准扶贫时代的贫困治理：制度安排和路径选择［J］.社会科学文摘，2020（4）：8-10.

［23］涂圣伟.脱贫攻坚与乡村振兴有机衔接：目标导向、重点领域与关键举措［J］.中

国农村经济，2020（8）：2-12.

[24] 汪晨，张彤进，万广华.中国收入差距中的机会不均等 [J].财贸经济，2020，41
（4）：66-81.

[25] 王修华，赵亚雄.数字金融发展是否存在马太效应？——贫困户与非贫困户的经验
比较 [J].金融研究，2020（7）：114-133.

[26] 万广华，胡晓珊.中国相对贫困线的设计：转移性支出的视角 [J].财政研究，
2021（6）：3-16.

[27] 万广华，张彤进.机会不平等与中国居民主观幸福感 [J].世界经济，2021，44
（5）：203-228.

[28] 汪三贵，刘明月.从绝对贫困到相对贫困：理论关系、战略转变与政策重点 [J].
社会科学文摘，2020（12）：17-20.

[29] 汪三贵.脱贫攻坚与精准扶贫：理论与实践 [M].北京：经济科学出版社，2020.

[30] 王小林，冯贺霞.2020年后中国多维相对贫困标准：国际经验与政策取向 [J].中
国农村经济，2020（3）：2-21.

[31] 王小林.改革开放40年：全球贫困治理视角下的中国实践 [J].社会科学战线，
2018（5）：17-26.

[32] 王小林.新中国成立70年减贫经验及其对2020年后缓解相对贫困的价值 [J].劳
动经济研究，2019，7（6）：3-10.

[33] 王小林，张晓颖.中国消除绝对贫困的经验解释与2020年后相对贫困治理取向
[J].中国农村经济，2021（2）：2-18.

[34] 王中华，岳希明.收入增长、收入差距与农村减贫 [J].中国工业经济，2021
（9）：25-42.

[35] 解垩，李敏.相对贫困、再分配与财政获益：税收和转移支付的作用如何？[J].上
海财经大学学报，2020，22（6）：3-20.

[36] 杨灿明.中国战胜农村贫困的百年实践探索与理论创新 [J].管理世界，2021，37
（11）：1-15.

[37] 杨国涛，张特，东梅.中国农业生产效率与减贫效率研究 [J].数量经济技术经济
研究，2020，37（4）：46-65.

[38] 杨沫，王岩.中国居民代际收入流动性的变化趋势及影响机制研究 [J].管理世界，
2020，36（3）：60-76.

[39] 杨穗，高琴，赵小漫.新时代中国社会政策变化对收入分配和贫困的影响 [J].改
革，2021（10）：57-71.

[40] 叶初升.贫困与发展：以穷人为中心的发展经济学微观分析 [M].北京：北京大学
出版社，2021.

[41] 易刚.论相对贫困的意蕴、困境及其应对 [J].农村经济，2021（2）：59-67.

[42] 曾福生.后扶贫时代相对贫困治理的长效机制构建 [J].求索，2021（1）：116-
121.

[43] 张明皓，豆书龙.2020年后中国贫困性质的变化与贫困治理转型 [J].改革，2020

（7）：98-107.

[44] 张楠，寇璇，刘蓉. 财政工具的农村减贫效应与效率——基于三条相对贫困线的分析 [J]. 中国农村经济，2021（1）：49-71.

[45] 张琦，杨铭宇，孔梅. 2020后相对贫困群体发生机制的探索与思考 [J]. 新视野，2020（2）：26-32，73.

[46] 张琦，沈扬扬. 不同相对贫困标准的国际比较及对中国的启示 [J]. 南京农业大学学报（社会科学版），2020，20（4）：91-99.

[47] 张莎莎，郑循刚. 农户相对贫困缓解的内生动力 [J]. 华南农业大学学报（社会科学版），2021，20（4）：44-53.

[48] 郑晓冬，陈典，上官霜月，方向明. 多维框架下老年人口贫困与不平等的动态变化 [J]. 经济与管理，2021，35（6）：15-22.

[49] 周云波，平萍，侯亚景，尚纹玉. 中国居民多维贫困研究 [M]. 北京：经济科学出版社，2020.

[50] Li, Qinghai, Shi Li, Haiyuan Wan. Top incomes in China：data collection and the impact on income inequality [J]. China Economic Review, 2020（62）：101495.

[51] Luo, Chuliang, Shi Li, Terry Sicular. The long-term evolution of national income inequality and rural poverty in China [J]. China Economic Review, 2020（62）.

[52] Martin R，and Chen S. Global poverty measurement when relative income matters [J]. Journal of Public Economics, 2019（177）：1-13.

[53] Martin R.，and Chen S. Weakly relative poverty [J]. Review of Economics and Statistics, 2011, 93（4）：1251-1261.

[54] Wan, Guanghua, Xiaoshan Hu, Weiqun Liu. China's poverty reduction miracle and relative poverty：focusing on the roles of growth and inequality [J]. China Economic Review, 2021, 68（1/3）：101643.

第三章　资源、环境与经济发展

孙传旺　闵嘉琳

（厦门大学）

资源和环境是人类文明发展的基础，关系着人类共同的未来。改革开放以来，中国经济发展走上了快车道，但随着工业化、城市化的快速推进，资源环境问题也相继出现，经济社会发展与生态环境保护的矛盾日益突出。当前，生态环境问题已经成为经济社会可持续发展的短板制约，污染防治进入攻坚战，强化自然资源保护和生态环境治理，推动经济社会全面绿色低碳转型，实现 2060 年"碳中和"目标，是中国经济可持续发展的时代诉求。为此，本章将对国内学者在 2020 年至 2021 年的最新研究进展进行梳理和总结，并对一些具有代表性的重要论文和著作以及学术会议进行介绍，从而深化对资源环境问题的科学认识，系统认识资源、环境与经济发展之间的关系与机制，为后续研究提供借鉴和参考。

第一节　研究综述

在"资源、环境与经济"领域，学者们长期关注资源和环境如何影响经济发展，它们之间的互动关系是什么。围绕这些问题，过去的学术界进行了丰富的探讨。从环境与经济发展角度，以往研究主要从环境污染和环境治理的经济影响两大方面展开。从资源与经济发展角度，过去的研究主要围绕自然资源禀赋、资源型城市转型升级等问题进行。近两年来，众多学者从更多角度，针对环境、资源与经济发展的直接或间接互动机制进行了更为丰富的探讨，并提出了新的观点。此外，在气候变化与经济发展领域，以往的研究发现气候变化会给经济发展造成不良影响，并针对这一问题提出了多种政策方案。自 2020 年我国提出"双碳"目标后，学术界开始着手探讨如何在实现"碳中和"的同时，促进经济高质量发展。具体来看，2020—2021 年相关文献可分为资源与经济发展、环境与经济发展、气候变化与经济发展三大研究方向。

一、资源与经济发展

从经济学视角看，资源是可以为人类所用，改善人类福利的。经济增长会带来资源消耗增加，导致资源负荷增大。资源如何促进经济增长，如何在不增加资源环境代价的情况下促进经济增长，是资源与经济发展领域的重要研究内容。

（一）资源与人口发展

人类的活动离不开资源。从资源数量来看，充足的资源是人口发展的前提。刘自敏等（2020）利用微观调查数据发现，中国目前存在能源贫困的人口占比（即能源贫困发生率）高达43%，能源贫困显著降低了居民福利，并且能源贫困强度越大，对居民福利的影响越大。以家庭为单位来看，家庭规模的缩小对资源可持续产生了显著影响（Zhou，2020）。Wu等（2021）使用全国范围内2010年至2016年具有代表性的家庭进行调查，发现家庭规模缩小1会导致电力消费增加17%~23.6%。我国近年来平均家庭规模一直在下降，Wu（2020）提出在家庭电力供应中应更多地部署生物能源来向更清洁的电力部门转型。资源的使用方式和价格也会影响人们的消费选择。晋晶等（2020）运用断点回归方法比较了集中供暖和分户采暖模式下居民能源消费和用能行为的差异，发现集中供暖显著增加了每个供暖季的家庭能源消费和能源支出。俞秀梅等（2020）利用家庭月度电力消费数据以及断点回归方法，研究了2012年7月份的阶梯电价改革对居民用电量的影响。

（二）资源与产业发展

与增长减速相伴，中国的资源利用发生了一些结构性的变化，给产业带来了在这个发展阶段上特有的挑战，其中包括：低效企业不甘心退出经营而寻求政策保护，导致资源配置的僵化；劳动力从高生产率部门（制造业）向低生产率部门（低端服务业）逆向转移，造成资源配置的退化。目前中国经济仍然存在着巨大的资源重新配置空间，稳定制造业有利于挖掘资源配置效率潜力等（蔡昉，2021）。改善资源配置效率和提高全要素生产率是激发市场活力、推动产业高质量发展的重要途径。从全要素生产率角度，田友春等（2021）认为，中国经济的高速增长由资本积累和TFP增长共同驱动。高鹏等（2020）构建了非竞争型投入产出模型和超效率SBM模型，发现中国全要素隐含能源效率增幅较大，产业部门的全要素直接能源效率变动平缓，并且其均值较高，隐含能源投入条件下的节能潜力更大。关于隐含能源消耗，还有学者运用包含PDA等在内的指标分解分析和计量方法等从多维度研究了隐含能源消耗的影响因素（Jiang等，2020）。从资源配置角度，丁宁等（2020）认为，对于商业银行来说，资源配置的合理化能够推动产业结构优化。张天华等（2020）发现，中国开发区的设立通过优化配置企业资源改善了宏观经济效率。祝树金等（2021）发现，中国服务型制造与资源配置效率之间呈先正后负的非线性关系，且中国服务型制造水平的提升有效改善了非出口企业、低全球价值链嵌入位置企业的资源配置效率。

现有研究也发现，产能利用率会影响资源配置效率和全要素生产率的测算。杭静等（2021）提出，由于面临要素价格更高的企业更有激励提高产能利用率，与不考虑产能利用率的模型相比，考虑产能利用率的模型测算的实际生产率分布和收入生产率分布的分散程度更小。马红旗等（2021）利用2004—2013年中国工业企业数据库中钢铁企业的微观数据测算其产能和要素利用率，发现产能过剩会低估钢铁企业TFP增长率5.9个百分点。而企业产能的正常代谢主要受到企业特征、制度环境和市场结构等因素的制约（马红旗等，2020）。

（三）资源与区域发展

区域发展与资源的开发利用关系密切，资源的类型、数量、利用方式、时空组合特征等因素，是决定区域发展方向、选择区域发展模式的依据之一。

从类型来看，艾洪山等（2020）基于区域能源平衡表，发现农村生活煤炭消费并非我国雾霾污染产生的主要原因，我国政府应改变目前将治理散煤的政策着力点集中在农村生活散煤消费的现状，重新制定行之有效的措施和政策。

从数量来看，孙天阳等（2020）基于资源枯竭型城市扶助政策背景，根据2003—2013年县域层面数据和双重差分方法发现资源枯竭型城市扶助政策显著提高了中西部地区、森林工业和石油类型资源枯竭型城市的人均GDP和就业率，原因是扶助政策提高了市场化程度、扩大了开放水平、促进了产业升级和就业稳定。邵帅等（2021）采用中国工业企业数据和FN-CHK方法实证考察了资源产业依赖对地区僵尸化程度的影响，结果发现资源产业依赖显著提高了地区僵尸化程度，且该效应在中西部地区、资源型地区和远离港口地区中表现得更为明显。

从利用方式来看，提升能源利用效率是实现地区节能减排和绿色发展目标的重要抓手。史丹等（2020）将能源利用效率划分为单要素能源利用效率和绿色全要素能源利用效率，认为排污权交易制度能够显著提高绿色全要素能源效率，并且在非老工业基地城市样本中这种提升效应更大。赵文琦等（2020）对省域的要素配置效率进行了比较，他们发现中国西部省域的能源产业链普遍得到延伸，部分省域的"资源诅咒"效应也有所减弱，但相比于东部地区，西部地区多数省域的能源产业及其关联产业的要素错配现象比较严重。谢呈阳等（2020）讨论并验证了中国土地资源配置方式在经济发展不同阶段对城市创新的影响机制。

从时空性质来看，张国基等（2020）指出，2006—2015年中国水资源综合利用效率存在显著的空间交互效应，中部地区对全国水资源系统效率的协同提升具有重要影响。郭庆宾等（2020）发现，长江中游城市群涉及的湖北、湖南、江西省域内资源集聚能力的差异性趋向均衡、省域间资源集聚能力的差异性趋向分化。人口规模、经济发展水平、生态环境质量、市场化水平对长江中游城市群整体及三大省域资源集聚能力的协调发展皆有促进作用。李世祥等（2020）对于中国21个相对贫困省份能源与经济增长的研究表明，21个省份普遍存在能源对经济增长的约束效应，且呈现一定的分布特征。沈小波等（2021）指出，中国能源强度在地区间存在明显的依赖性，提升对外贸易水平、优化外商直接投资有助于推动能源强度下降。

（四）资源与贸易

从资源使用角度调整和优化我国的进出口贸易结构，对国家可持续发展具有重要意义。刘增明等（2021）采用2016年WIOD国际投入产出表对44个重要经济体进出口中间产品内涵能源情况进行了核算和比较，结果显示国际贸易中的中间产品包含大量的内涵能源，中国通过中间产品国际贸易进口内涵能源，但付出了巨大了价值逆差。合理发展中间产品内涵能源进口能够有效替代我国对能源的部分需求。夏权智等（2020）基于投入产出方法，从直接和间接消费视角出发，发现超过 1/3 的能源使用隐含在中国的出口贸易中，其中 2/3 与中间品贸易有关，而在中国的进口贸易中，超过 90% 的能源使用隐含在中间品进口中，尤其是制造业产品和矿业产品进口。中间产品贸易目前已经在国际贸易中占大多数，但其导致的能耗与排放国际转移难以被传统方法精准核算。

（五）资源保护与生态价值实现

党的十八大以来，以习近平同志为核心的党中央始终把生态文明建设摆在治国理政的重要战略位置。生态补偿机制是连接经济发展与资源保护的纽带，是生态文明建设的重要内容之一。李一花（2021）采用 "PSM-DID" 方法实证检验了 2002—2016 年间重点生态功能区县级的生态补偿减贫效应，发现生态补偿能显著改善贫困，其减贫的主要机制是改善区域环境和促进劳动力就业，但当前的生态补偿政策存在减贫效应不够精准、补助规模较小等缺陷。为促进生态补偿与社会经济协同发展，应积极拓展市场化、多元化的补偿途径（汪惠青，2020）。

研究发现，政府、市场以及非正式机构在资源保护和生态价值实现中均能够发挥作用。石敏俊（2021）认为生态产品价值的实现有两种路径，一种是市场化路径，推动自然资本、人造资本、人力资本三种要素的有机结合，使隐性的生态产品价值在市场上得到显现和认可；另一种是政府调节路径，政府需要采取自上而下的转移支付或跨区域的生态补偿等手段，由生态保护受益的区域向实施生态保护的区域提供一定的经济补偿，使得自然资本保护的外部价值转化为货币化的现实价值。高昊宇等（2021）基于我国中级人民法院环保法庭设立的准自然实验，运用渐进三重差分方法检验生态法治建设对我国信用债券融资成本的影响，提出强有力的生态环境法治保障是实现经济增长和 "双碳" 生态目标相协调的高质量发展的重要手段。施志源（2020）认为，自然资源用途管制制度建设，应当以绿色发展理念为指引，并明确政府和市场在其中的各自作用。市场机制的应用要注重推进资源价值化，并合理布局资源产业结构；政府立法要重点解决管制的主体、措施、监管与责任等问题。此外，非正式机构在自然资源保护中也能发挥积极作用。Li 等（2021）以村基层治理作为非正式制度的代表，实证检验了非正式制度对草原质量改善的影响。结果表明，非正式治理的存在导致草地治理的改善，且有效性受到村庄规模、村民收入、政府保护项目的家庭补偿和草原产权私有化的调节。

资源生态保护的效果与治理力度、治理成本和经济发展所处阶段等因素相关。曾维和等（2021）在对江苏省 13 市进行双重差分模型实证研究后提出，全国实施的水生态文明试点更新了水生态环境治理方式，促进了综合治理模式的形成，较好地实现了水生态环境质量改善，但持续动力不足。Dai 等（2021）通过离散随机选择实验（DCE）估计了恢复中国北京永定河不同河段的效益，为恢复与河流修复项目相关的投资成本提供了指导。Liu 等（2021）通过模拟政府激励措施对旅游城市化和旅游相关生态安全的影响发现生态保护与旅游城市化存在矛盾，快速发展的旅游业与后期实施的环保政策时间不匹配，导致生态容量严重超载。

二、环境与经济发展

环境是社会经济发展的空间，经济发展过程中会出现环境问题，环境质量也会影响经济发展。因此，如何认识环境及环境治理与经济增长的关系，就成了环境与经济领域重要的研究问题。在保持合理经济增长的同时，如何有效推进环境治理，改善环境质量，也是环境经济学的重要研究内容。

（一）环境与人口发展

当前严重的环境问题已经威胁到公众健康与社会经济的可持续发展（王芳等，2020）。环境污染增加了人们的健康成本和医疗支出。王玉泽等（2020）指出，空气污染加速了健康资本折旧，导致医疗成本提升，且个人性别、年龄、健康状况及区域经济发展、医疗资源状况等不同，空气污染的健康效应也会具有差异。关楠等（2021）将2004—2011年我国78个地级市空气质量监测的日度数据与中国老年健康影响因素跟踪调查（CLHLS）数据库进行匹配，采用Heckman两阶段模型、工具变量的方法研究空气质量对医疗费用支出的影响。研究发现，空气质量更差的地区的人有更高的患病概率，当空气污染指数API超过100、150、200和300的天数每增加1天，医疗费用支出分别上涨5.5%、7.6%和10.3%。为了减少海上运输造成的污染和健康损害，Zhu等（2021）对排放控制区实施的燃料含量法规带来的健康收益进行了事后准实验研究，发现排放控制可以通过降低污染浓度产生巨大的健康收益，但有效性取决于实施条款和监管力度。

环境污染会影响人们对优良环境的支付意愿（WTP）。Liu等（2020）在北京调查了城市污染与居民对绿色空间的偏好之间的关系，发现暴露于较高污染水平的受访者对新社区公园的WTP较高。然而，未能找到证据表明污染对新城市公园或新国家公园的WTP有显著影响。Jin等（2020）研究了降低死亡率和发病风险的支付意愿（WTP）是否取决于污染引起的疾病类型，发现WTP不会因疾病类型而异。因此，出于政策目的的WTP不应根据疾病类型进行区分。

环境污染也会改变人口出行和流动行为。为了应对交通拥挤和空气污染，许多城市限制了汽车保有量，Yang等（2020）利用北京车牌抽签产生的随机性估计了政策对出行行为的影响，发现该政策使北京的汽车总存量减少了14%，还导致车辆行驶距离、早高峰驾驶和晚高峰驾驶的大幅减少。李丁等（2020）采用2013—2015年中国家庭金融调查的面板数据讨论了大气污染带来的劳动力区域再配置效应和存量效应。曾永明等（2021）根据2016年流动人口动态监测数据，利用消费水平及相对收入水平来构造和测度流动人口的预期贫困脆弱性风险概率，进而通过将个体与县域雾霾水平相匹配来研究空气污染对流动人口贫困脆弱性的影响及其作用机制，结果显示雾霾污染会显著增加流动人口的贫困脆弱性，即"雾霾贫困"，在考虑内生性后这一结论仍然成立。

环境质量的改善一定程度上对房价有促进作用。Mei等（2021）通过构建三重差分模型发现，将发电厂燃料从煤炭转换成天然气显著提升了改建发电厂周围的社区房价，进一步研究发现可能是因为煤改气改善了空气质量进而造成了住房溢价。韩璇等（2021）基于北京市2014—2016年间空气质量和二手房交易的微观数据，研究空气质量对房价的影响及其异质性。实证结果显示，在控制了天气、房屋、时间、空间特质及其交叉项后，成交前 45 天，优质空气每减少 1 天房价下降 0.1%~0.3%。此外，优质空气具有"奢侈品"和"年轻化"属性，财富较多和较年轻的家庭为优质空气支付了较高的价格。

环境治理绩效影响地方官员的政治晋升。近年来，中央政府一直在调整地方官员的晋升评价标准，并尝试将环境绩效纳入绩效考核体系（Jiang 等，2020；Zheng 等，2020）。Wu 等（2021）收集了 2001—2012 年间中国各县的党委书记数据以衡量晋升模式，使用 NASA 卫星数据来衡量县级 SO_2 和 PM2.5 污染，采用通风系数即风速和混合层高度的乘积作为空气污染的工具变量来解决潜在的内生性问题。实证分析表明，对于县委书记来说，能够减少环境污染的人更有可能得到提拔，在县治安官身上也发现了类似的结果。Wang 等（2020）的研究发现，地方官员在环境保护方面的努力有助于他们的政治晋升。改革开放以来，中国经历了快速持续的增长，张军等（2020）将其部分归因于地方官员之间的经济发展锦标赛。然而，这种单一的晋升激励带来的经济快速发展也导致了严重的污染，逐渐发展成为最尖锐的社会问题之一（Zhu 等，2020）。

（二）环境与产业发展

1. 环境质量与产业发展

一方面，环境质量会影响产业发展。从整个地区产业来看，王遥等（2021）指出，环境灾害冲击会显著提升银行体系的违约率水平，同时伴随着企业融资溢价水平的提升以及整个经济活动的萎缩。罗知等（2021）利用"十一五"规划中的水污染治理政策作为外生的政策冲击，以长江流域的 85 个城市作为样本，发现环境规制加强不仅没有对银行业产生负面冲击，反而能够显著带动地区银行业的协同发展。从企业来看，有的研究认为空气污染会导致严重的健康问题，从而降低工作效率，影响公司绩效。例如，Xue 等（2021）指出空气污染会影响企业人力资本的形成，从而影响企业绩效。Fu 等（2021）的研究表明，空气污染显著降低了中国制造企业的短期生产力，原因是空气污染对人类健康和生产力产生了不利影响。王春超等（2021）探讨了恶劣天气对劳动生产率的短期影响，发现高温和降雨的恶劣天气对快递员的劳动生产率有显著负向影响。陈帅等（2020）利用监狱服刑人员的计件工资数据分析了空气污染对劳动生产率的影响，并借助逆温现象对空气污染的外生冲击识别了两者间的因果关系。还有一些研究探讨了空气污染对资本市场参与者的短期影响，例如有研究发现空气污染加剧了投资者和金融分析师的行为偏见（Dong 等，2021）。

另一方面，产业的发展也会影响环境质量。陈林等（2020）指出中国制造业企业整体还处于一定的"绿色规模经济"阶段，但其绿色规模经济效应和环境治理的减排成本弹性会因企业产权、行业污染排放强度等特征而存在异质性。欧阳艳艳等（2020）基于 2005—2016 年中国上市公司对外直接投资数据和面板空间滞后模型等方法进行研究，结果发现企业对外直接投资增加会显著改善本地城市的空气污染水平和减少本地城市向周边城市的污染溢出。苏丹妮等（2021）考察了产业集聚及不同集聚模式对企业减排的影响。研究表明，产业集聚显著降低了企业污染排放强度，且这主要是专业化集聚带来的，多样化集聚的影响并不显著。

2. 环境治理与产业发展

清洁生产、末端治理、环境信息披露等是目前常用的预防和减少企业环境污染的手段。清洁生产通过使用更清洁的原材料、改进产品设计、提高生产技术从源头上减少污染物排放量，而末端技术通过实施附加措施来抑制污染排放（Wang 等，2021）。万攀兵等（2021）从技术改造的视角考察了环境技术标准影响制造业兼顾减排和增效（即绿色转型）的微观机理，根据 2003 年中国首次实施清洁生产行业标准所构建的双重差分结果显示，环境技术标准可以实现污染排放强度降低和生产率提升的"双赢"，从而有助于推动制造业企业绿色转型。环境信息披露对企业的影响存在不一致的观点。陶克涛等（2020）使用 2012—2017 年 67 家重污染上市公司的平衡面板数据进行研究，结果发现企业环境信息披露与企业绩效显著负相关，无益于上市公司绩效的提升。而王馨等（2021）却指出，《环境空气质量标准》实施后，高环境风险行业的绿色创新积极性显著提高，尤其是国有企业和非专利密集型企业。进一步分析发现，更严格的环保执法、更有效的公众监督以及更及时的媒体监督能够进一步强化环境信息公开的绿色创新效应，并且显著改善了当地空气质量。姜广省等（2021）以 2006—2016 年沪深 A 股上市公司为样本进行实证检验发现，存在绿色投资者的企业更可能实施绿色行动、增加绿色支出和提高绿色治理绩效。李哲等（2021）认为，企业"多言寡行"的环境责任表现有助于企业获取更多的银行借款，而且相比于长期银行借款，"多言寡行"对于短期银行借款的正向影响更为明显。

3. 环境规制与企业技术创新

在不同层面上，环境规制与技术创新一直是研究的重点。一些研究认为环境规制对于技术创新有正面影响（Zhuge 等，2020；Wu 等，2020）。Ren 等（2020）通过考察中国的二氧化硫排放交易计划，验证了 MIER 对技术创新的积极影响。在企业层面，王分棉等（2021）以《环境空气质量标准（2012）》为外生政策冲击，发现企业通过 ISO 14001 认证可以促进绿色创新，尤其是对低污染企业、高创新能力企业和国有企业绿色创新的诱发作用显著提升。类似地，Bu 等（2020）分析了通过 ISO14000 认证测量的 VER 对技术创新的影响。研究人员还调查了特定环境规制对整个区域技术创新的影响（Lin 等，2020；Yang 等，2020）。而有的研究认为环境规制对技术创新有着负面影响。Ouyang 等（2020）认为环境规制促进了中国工业部门的技术创新，但是这受到市场竞争和人力资本投资的正向调节，而国有企业技术创新受到了环境规制的轻微负面影响。Tang 等（2020a）分析了 CCER 对技术创新的影响，发现它对中国西部和中部地区的企业、国有企业和小企业产生了不利影响。陶锋等（2021）借助于国际专利分类（IPC）提供的专利化创新活动技术信息，采用双重差分方法发现环保目标责任制的实施虽然促进了绿色专利申请数量的扩张，但也导致相关创新活动质量的下滑，且创新能力薄弱的企业是造成创新活动质量下滑的主要群体。

此外，异质性环境规制对技术创新的影响也不尽相同。经济学中一个普遍观点是，可交易排放许可证（TDP）比命令和控制型政策更有效，更容易实现污染减排（Wei 等，2021）。斯丽娟等（2021）证实了在排污权交易制度下，我国实现了主要污染物的总量减排和工业发展。陈诗一等（2021）指出，排污费提高后，污染排放水平显著下降，但产出也受到较大冲击；企业减排方式存在明显差异，大型企业主要通过降低污染强度的方式来降低污染排放，而中小型企业则主要采取降低生产规模的方式来降低污染排放。Tang 等（2021）利用中国二氧化硫排放交易政策作为准自然实验，调查了市场失灵和企业战略行为对污染减排的影响。基于中国工业企业污染排放数据库的微观数据进行研究，结果发现可交易排污政策显著降低了市场化程度较高地区的二氧化硫排放。牛欢等（2021）认为，适度提高环境税率能够实现"降污染、去错配、增福利"的三重红利，从而促进产业高质量发展。Zhu 等（2021）指出，命令控制环境规制和自愿环境规制对钢铁企业的技术创新具有直接正向影响，而市场激励环境规制没有。此外，还有研究对不同类型环境规制对技术创新的异质效应进行了探讨。Shen 等（2020）确定了 CCER 和 MIER 对不同类型技术创新的影响，并基于中国省际面板数据研究了不同类型 MIER 的异质效应。Luo 等（2020）发现 CCER 和 VER 对技术创新产生了显著的积极影响，而 MIER 对中国不同地区的技术创新产生了负面影响。Sun 等（2021）发现 MIER 和 VER 对中国高科技产业的技术创新影响更显著，而 CCER 没有。

（三）环境与区域发展

环境规制通过释放制度红利，促进区域经济与环境协调发展。牛欢等（2021）构建了一个包含环境税、污染存量和预期寿命的世代交替模型，通过模拟得出环境税能够实现环境红利和经济发展的双重红利。张可（2020）发现，区域一体化治理与社会福利间呈现倒"U"形关系，在临界水平内，区域一体化治理有利于增进社会福利，而且区域一体化对环境污染和社会福利的影响存在地区交互影响，即邻近地区的区域一体化促进了本地工业粉尘的排放，同时抑制了本地二氧化碳的排放，邻近地区的区域一体化有利于增进本地的社会福利。

排污收费政策作为经济激励型环保政策工具，对于促进环境治理和经济发展具有积极作用。在确定大气污染 PM 排放总量的前提下，在中国各省、自治区、直辖市分配 PM 排放权是治理雾霾的可行途径（Guo 等，2021）。李青原等（2020）以中国 A 股重污染行业上市企业 2011—2017 年的数据作为样本探讨如何实现环境保护与企业绿色竞争力提升的"双重红利"，研究发现排污收费"倒逼"了企业绿色创新能力，环保补助却"挤出"了企业绿色创新能力。

从政府治理结构改革的角度探讨如何推进环境污染治理是一种有益的尝试（王小龙等，2020）。基于将环境绩效纳入官员考核这一外生冲击，余泳泽等（2020）的研究结果显示，环境目标约束会使地方政府通过调整产业政策和财政支出结构等行为推动当地产业转型升级。邓辉等（2021）指出，中央环保督察（CSEP）"立竿见影"地改善了中国大气质量，高度集中式的环境执法抑制了本地和邻近地区的污染排放，且具有显著的长期效果。赵阳等（2021）也发现，设立跨区域环保督察中心后，边界企业污染排放显著减少，说明中央环保督察制度对边界污染有显著的治理效果。且在财政压力大的地区以及企业为"税收大户"时，环保督察中心的作用效果更明显，说明中央环保督察制度在地区层面缓解了地方政府机会主义行为，边界企业通过资源循环利用、增加污染物处理等长效机制实施主动减排。

在经济发展和环境治理的双重压力下，环境政策可能在不同地区产生差异化的政策效果（王班班等，2020）。沈坤荣等（2020）认为，在地方政府群雄逐鹿下，行政边界的分割必然暗含着跨界污染风险。韩超等（2021）研究了环境规制垂直管理改革对污染排放的影响及其内在机制，发现改革对中西部污染减排作用更为显著，还发现污染减排压力越大的地区影响越明显；改革对相对较低政治约束的城市的减排效应更为突出。刘玉凤等（2020）指出，正式环境规制在东部的作用更突出，非正式环境规制在中部溢出效应更强，地方保护在中西部更明显。

（四）环境与贸易

贸易在一定程度上有助于环境质量的改善。陈登科（2020）借助中国加入 WTO 准自然实验发现贸易壁垒下降显著降低了企业主要污染物 SO_2 的排放强度，机制分析表明企业 SO_2 排放强度下降主要是由于企业生产过程更加清洁，煤炭使用强度下降。同样以中国加入 WTO 为准自然实验，邵朝对等（2021）发现进口竞争通过提升企业生产效率和管理效率的逃离竞争机制显著降低了中国企业污染排放强度。从微观环境绩效的新角度，理解了中国主动扩大进口的必要性。王洪庆（2020）利用我国 2008—2017 年的省级面板数据，实证研究进出口贸易结构升级、环境规制对我国不同区域绿色技术创新的影响。结论显示，贸易结构升级对绿色技术创新的影响存在明显的区域差异，且在考虑贸易结构升级与环境规制的交互作用后，进口贸易结构升级促进全国层面的绿色技术创新，而出口贸易结构升级却具有抑制作用。地区层面，与环境规制结合后，只有出口贸易结构升级对东部地区绿色技术创新表现出促进作用。

三、气候变化与经济发展

气候变化是全球性环境问题，国内外学者长期致力于气候变化经济学的研究。2020年我国提出"双碳"目标，表明了我国参与全球气候治理的决心和雄心。在此背景下，探索"双碳"与经济、社会、生态环境等多目标协同发展的路径，也就成了近年来气候变化与经济发展领域的一大研究方向。

（一）气候变化的经济影响

温室气体的过量排放导致温室效应不断增强，给经济社会诸多方面带来了不利影响。气候变化威胁着经济的可持续增长。Xu 等（2021）认为，不可逆转的常规能源是全球变暖和气候变化的原因，这导致了一系列的社会问题，包括极端天气和自然灾害的增加。为了减少气候变化的影响，有必要减少温室气体排放并降低可枯竭的化石燃料的份额（Chen 等，2021）。金刚等（2020）通过识别日度气温变化对绿色经济效率的因果效应发现气温下降或上升（基准定为 6~12℃）均对绿色经济效率存在负面影响，并且这一效应仅存在于发达城市，在落后城市并不显著，体现出气候变化经济后果的"劫富"特征，与以往文献大多发现的"亲贫"特征迥然不同。气候变化还会影响劳动时间和工业产出。Huang 等（2020）基于享乐方法估计了气候变化对劳动力市场的长期影响，研究结果显示平均气温每升高 1℃ 将使农村居民平均分配到农业工作的时间减少 7.0%，非农工作时间增加 7.8%，休闲时间减少 0.8%。杨璐等（2020）提出，工业产出与温度变化之间存在非线性关系，夏季温度升高显著降低了工业产出，而冬季温度升高则会增加工业产出，同时，温度的季节性波动也会给工业产出带来不利影响。此外，气候变化还会导致经济金融风险。刘波等（2021）以 2010—2019 年 256 家农村金融机构的经营数据为样本，评估农村金融机构所在县域地理单元的气候变化程度对其信用风险的影响。他发现年均气温波动对农村金融机构的信用风险水平存在显著影响，且影响呈现阶段性特征；在 4 个季度中，冬季气温的波动对信用风险的影响最为突出。

（二）"双碳"目标与经济发展

二氧化碳作为温室气体中最主要的部分，减少其排放量被视为解决气候问题最主要的途径，如何减少碳排放也成为全球议题。为承担解决气候变化问题中的大国责任、推动我国生态文明建设与高质量发展，习近平主席在第七十五届联合国大会一般性辩论上的讲话中提出"二氧化碳排放力争于 2030 年前达到峰值，努力争取 2060 年前实现碳中和"，指明了我国面对气候问题要实现的"双碳"目标。碳达峰是指碳排放量达峰，即二氧化碳排放总量在某一时期达到历史最高值，之后逐步降低。碳达峰是碳中和实现的前提，碳达峰的时间和峰值高低会直接影响碳中和目标实现的难易程度。碳中和即为二氧化碳近零排放，指的是人类活动排放的二氧化碳与人类生产活动产生的二氧化碳吸收量在一定时期内达到平衡。其中人类活动排放的二氧化碳包括化石燃料燃烧、工业过程、农业即土地利用活动排放等，人类活动吸收的二氧化碳包括植树造林增加碳吸收、通过碳汇技术进行碳捕集等。

在"双碳"背景下，低碳经济和可持续发展的研究有了新的进展。邬彩霞等（2021）从能源流和资源流两个方面明确了低碳发展的实质，认为过去中国在采取节能减排、应对气候变化措施的同时，实现了经济的快速和高质量发展。政府在其中发挥了重要作用，中央产业规划着眼于经济发展的长期目标，更倾向于发展低碳排放行业，而地方政府更关注短期经济增长，偏向发展高产值的高碳排放行业（余壮雄等，2020）。高质量经济发展条件下，能够实现区域经济、能源消费与低碳的协同发展（Ning 等，2020）。但"碳中和"目标的实现是一场广泛而深刻的经济社会系统性变革，不仅推动中国经济增长方式和动能的巨大转变，而且对构建新发展格局具有重要的牵引甚至倒逼作用，这对中国建立健全低碳治理体系提出了更高的要求。从技术角度，赵志耘等（2021）认为，如此广泛而深刻的调整，仅依靠政府强制力推动显然远远不够，需要通过市场经济的利益激励机制，调动更广大的社会主体，特别是企业主体参与碳中和技术的研发与应用。从碳汇角度，杜之利等（2021）认为，实现碳中和目标应当从"碳源"和"碳汇"两方面着手。森林具有的生态净化能力使其能够有效吸收空气中的二氧化碳，故森林碳汇将在中国实现碳中和进程中发挥重要的作用。从能源转型角度，由于碳汇和负排放技术的局限性，"碳中和"的实现必然要求化石能源在一次能源结构中的占比降到极低水平（范英等，2020）。此外，解决不平衡不充分问题也是低碳转型过程中的关键。Chuai 等（2021）认为，为了可持续发展和区域平等，较发达地区应为欠发达地区的减排提供更多的经济和技术支持；国内各区域间也应加强低碳技术交流，促进先进技术的推广（Li 和 Li，2020）；政府可以通过适当的财政补贴、税收、价格调节等方式，加大宏观调控和市场调节力度，探索有偿的补偿政策来解决分配不均的问题（解学梅等，2021）。

消费模式、产业结构、能源效率、科技创新水平、政府规制以及对外开放程度等是影响碳排放的关键因素（李金铠等，2020），明晰其与碳排放之间的关系及作用机制是实现"双碳"目标的基础。据估计，在发达国家中，家庭消费的碳排放量约占总排放量的70%～75%，而在中国，这一比例为35%～40%（Mi 等，2020）。自愿碳抵消（VCO）是控制快速增长的家庭消费的重要手段，Tao 等（2021）发现中国消费者平均每年愿意为碳抵消支付 419.2 元人民币，高碳消费者对 VCO 有更好的认识且有更高的 WTP；黄国庆等（2021）指出，我国多数省域旅游业碳排放均保持增长趋势，旅游经济发展与旅游业碳排放尚未实现脱钩；林伯强等（2020）发现技术进步使能源强度下降，但发展中国家在全球经济中的比重提升，以及各国产业结构与投资率的变化，抵消了技术进步带来的效率提升；制度基础被证明是绿色科技创新的关键决定因素（Qi 等，2021）；Li 等（2021）发现，更好的法律制度和产权、更少的法规和国际贸易自由显著促进了可再生能源技术创新；崔静波等（2020）构建了开放经济下的多部门—多市场局部均衡模型，发现新燃料乙醇政策将扶持燃料乙醇产业发展，但未能满足减少碳排放的需求；李小平等（2020）指出，我国省级碳生产率在 2003—2017 年均呈现不断上升的趋势，且空间滞后系数显示各地区碳生产率、技术进步指数及效率进步指数均会显著受到邻近地区的正向影响。因此，应加强环境治理政策的联动性和协调性，积极发挥碳生产率正向的空间外溢效应，提升整体区域的碳生产率水平。

（三）低碳转型下的绿色金融

在经济低碳转型背景下，绿色金融也备受关注。绿色金融的成本分摊与风险分担功能使其具有独特的长期增长效应，是经济发展的必然选择；绿色金融政策与绿色财政政策的协调配合是实现高质量发展的有效手段（文书洋等，2021）。近年来，中国绿色金融政策陆续出台且支持力度不断强化，政策效果较为显著。潘冬阳等（2021）构建了一个包含清洁与非清洁生产部门、定向技术进步、金融约束与金融政策的内生增长模型，发现清洁部门相对非清洁部门更强的金融约束会推迟经济低碳转型过程、导致环境恶化，绿色金融政策能够缓解清洁部门的金融约束，并且在疫情冲击后加大绿色金融政策力度，将有可能以相对平时更低的成本，加快"碳达峰"与经济低碳转型的进程。陈国进等（2021）将绿色金融政策和绿色转型纳入可持续投资（ESG）资产定价模型，发现央行担保品类绿色金融政策通过降低绿色债券的信用利差为绿色企业提供融资激励，同时通过提高棕色债券的信用利差给棕色企业的绿色转型带来倒逼促进作用。

碳达峰、碳中和背后，有着规模庞大的碳金融市场。陈智颖等（2020）提出，碳排放权交易和碳减排投融资是碳金融发展的两个重要组成部分，能耗水平、碳金融发展政策和地理位置是影响碳金融发展水平的主要因素。虽然以市场激励为导向的排放权交易机制在西方国家得到了较为广泛的认可与应用，但是否同样适用于尚处在转轨期的新型中国市场还有待进一步检验（胡珺等，2020）。廖文龙等（2020）将碳排放交易试点作为准自然实验，基于 2004—2017 年中国省级数据，发现中国近年来实施的碳排放交易试点政策显著促进了绿色经济增长。主要原因在于碳排放权交易导致了创新投入的增加，引起了以绿色专利为代表的绿色创新产出增多。同样以正式启动碳交易市场试点的 7 个省市为研究对象，余萍等（2020）的研究还发现，扩大碳交易市场规模有利于进一步改善环境质量，促进经济增长。但与欧盟等相对成熟的市场相比，我国的碳市场刚刚起步，价格调整机制还需完善。理顺电价和碳价之间的关系，是协调推进全国统一碳市场建设的关键问题。碳价与电价具有联动效应，碳试点省市需要适度或大幅上调碳价格以提供合理的价格参考（刘自敏等，2020）。王博等（2021）指出，在面对碳排放技术冲击时，碳交易政策下，碳价大幅波动会进一步加剧经济波动，在碳交易市场中对碳价设定上下限可以有效地减轻碳排放技术冲击所导致的经济波动。

四、总结与未来展望

纵观 2020—2021 年国内学者有关资源、环境和经济发展的研究，文献十分丰富，从人口、产业、区域、贸易等不同层面分析了资源环境与经济社会发展的关系以及互动机制，探讨了环境规制与污染控制的经济效应，并对"碳达峰""碳中和"背景下我国经济低碳转型路径以及绿色金融的发展进行了探讨。这些研究为促进我国经济发展提供了重要的参考。例如，在人口层面，丰富的资源和优质的环境有利于劳动力质量的改善、劳动效率的提升，从而影响经济发展。在产业层面，改善资源配置效率、通过环境规制引致企业进行技术创新均有助于经济高质量发展。在区域层面，在制定区域发展政策时，既要综合考虑资源的类型、数量、利用方式、时空组合特征等因素，也要衡量资源开发和利用所带来的环境污染，因地制宜采取环境治理措施，同时政府治理结构也要相应地进行变革，充分发挥政府、市场和非正式机构在资源与环境保护中的作用。此外，现有研究表明，"碳中和"目标的实现是一场广泛而深刻的经济社会系统性变革，推动中国经济增长方式和动能的巨大转变。如何实现"双碳"背景下的经济高质量发展，仍有待进一步研究。

在此基础上，本章总结了以下几点未来研究方向：（1）在资源与经济方面，有必要对经济增长中的资源安全问题进行系统的研究。比如能源安全，2021 年我国原油对外依存度上升，能源安全形势非常严峻，能源安全保障难度越来越大。在"双碳"目标下，我国能源结构必将逐步改善，如何在经济高质量增长的情况下获得稳定的能源供应，仍是需要回答的问题。（2）在环境、气候变化与经济方面，强化对绿色低碳发展水平评估体系和评估方法的研究。现有研究在不断拓展环境治理与气候变化治理研究的基础上，突出了习近平新时代绿色发展理论和"双碳"目标的约束，但大多侧重于政策和实践，或者集中于对理论的宽泛梳理，有必要从内涵实质、评估工具等方面开展进一步研究。（3）加强对农村及落后地区的相关研究。虽然我国已实现全面脱贫，但农村环境治理仍是一个难题，垃圾围村、污水横流等现象在部分地区还比较突出，与广大农民群众对优美生态环境的需求仍存在差距。但目前的研究多集中于城市，针对农村环境保护的研究相对较少。开展农村生态环境治理研究，对于新时期打好农村污染防治攻坚战具有重要意义。

第二节　重要论文

1. 邵帅，尹俊雅，王海，杨莉莉．资源产业依赖对僵尸企业的诱发效应［J］．经济研究，2021，56（11）：138-154.

基本内容：产能过剩和短缺并存引发学界对僵尸企业的广泛关注，但现有研究对其诱因尚未形成共识。本文在采用 1998—2013 年中国工业企业数据和 FN-CHK 方法对僵尸企业进行准确识别的基础上，就资源产业依赖对地区僵尸化程度的影响进行了实证考察，并从宏观（城市）和微观（企业）双重维度对资源产业依赖的僵尸企业诱发效应的异质性和作用机制进行系统的经验识别。

主要结论：资源产业依赖程度的提高会加大地区僵尸化程度，即资源产业依赖对僵尸企业的诱发效应显著存在。这种效应在中西部地区、资源型地区及远离港口地区表现得更加明显，在劳动密集型企业、非资本密集型企业以及市场规模较小的企业中也更为明显。机制分析表明，在宏观层面，资源产业依赖会通过补贴呵护效应、创新挤出效应、竞争弱化效应和信贷滋润效应而提高地区僵尸化程度。在微观层面，资源产业依赖会通过拉低投资水平、增加负债压力、降低生产效率和盈利能力而产生企业经营绩效恶化效应，从而削弱企业的自主能力，增加正常企业沦为僵尸企业的风险。

学术创新：在新的视角考察资源产业依赖对地区僵尸化程度的影响。关于资源诅咒的现有研究基本上从经济增长、绿色发展等维度展开讨论，而关注僵尸企业的既有文献则集中探究了僵尸企业的负面经济影响，并从银行信贷、政府行为等视角剖析了僵尸企业的成因，但几乎未有文献对自然资源开发活动与僵尸企业之间的密切联系予以关注，而本文将僵尸企业问题引入资源诅咒学说的分析框架，提出、验证和解释了资源产业依赖对僵尸企业的诱发效应，同时拓展和补充了关于资源诅咒和僵尸企业问题的理论研究。

社会影响：既往经验表明，"资源诅咒"现象的存在使得资源型地区在经济转型发展过程中面临着较大的障碍，本研究为实现这类地区的经济高质量发展提供了三条建议：一是地方政府应积极转变传统的资源依赖型产业发展模式；二是在加速处置现有僵尸企业的同时，也要谨防新的僵尸企业形成；三是在治理僵尸企业和破解资源诅咒的过程中，需要遵循以点带面、有所侧重的政策实施策略。

2. 赵阳，沈洪涛，刘乾．中国的边界污染治理——基于环保督查中心试点和微观企业排放的经验证据［J］．经济研究，2021，56（7）：113-126.

基本内容：从"中国之制"看"中国之治"，边界污染问题一直是经济学研究的热点和难点。基于我国设立区域环保督察中心的独特情境，本文基于 1998—2006 年中国工业企业数据和中国工业企业污染排放数据库，验证了存在边界污染的微观数据，在此基础上，重点考察中央环保督察制度对边界污染的治理效果及其内在治理机制。

主要结论：省域边界地区的企业比非边界地区企业排放更多的污染物，表明边界地区企业的过度排污行为是边界环境污染的原因之一；设立环保督察中心有效抑制了边界地区企业的排污行为，说明中央环保督察制度能够很好地解决边界污染问题；在地方财政压力大的地区以及当企业为"税收大户"时，环保督察中心对边界污染的治理效果更为显著；同时，设立环保督察中心后，边界企业通过增加资源循环利用和污染物处理等长效机制实现减排，表明环保督察中心在地区层面缓解了地方政府为追求经济发展而放松边界地区环境治理的机会主义行为，打破了边界地区地方政府与企业之间原有的利益关系，通过推动企业主动进行环境治理、提高资源利用效率实现可持续发展。

学术创新：创新性地从微观企业的角度重点检验了中央环保督察制度对边界污染的微观治理效果及其内在机制。虽然已有学者对边界地区环境污染问题进行了考察，但这些研究停留在宏观层面，未能解释微观排放主体的行为模式，并且这些研究仅关注边界污染问题的存在以及成因，缺乏对边界污染治理的探讨。本文基于中国工业企业污染排放数据的研究有助于从更微观的层面认识中央环保督察制度的治理效果及其作用机制；此外，虽然部分学者探讨了环保督察中心的有关问题，但大多仍停留在体制机制设计的理论分析及其宏观作用效果的检验。本文首次从地区和企业两个层面验证了中央环保督察制度对微观经济主体污染减排的作用机制。

社会影响：本文的研究为我国的垂直管理体制机制建设提供了一定的借鉴。财政分权和政治集中的模式成为我国过去几十年经济腾飞的重要动力，然而这一体制也产生了地方保护主义、重复建设、边界环境污染等负外部性问题，导致社会福利的损失。在中央政府与地方政府多重任务委托代理关系中，在涉及国计民生、关系全局利益的重要领域实行一定程度的垂直管理，可以有效缓解分权体制和委托代理模式的弊端，调动中央和地方两个积极性，实现地方政府与中央政府目标利益一致，推动全社会福利协调增长。

3. 沈小波，陈语，林伯强. 技术进步和产业结构扭曲对中国能源强度的影响 [J]. 经济研究，2021，56（2）：157-173.

基本内容：当前中国正处于"两个一百年"的历史交汇点，实现"碳中和"目标，建设"美丽中国"给能源领域带来新的发展契机。应对气候变化背景下，为提升中国能源行业核心竞争力，急需厘清改革开放以来持续存在的产业结构扭曲现象对于能源强度变化的影响。本文基于三次产业的就业份额和产出份额数据，测度1978—2016年中国分地区的产业结构扭曲指数，并利用空间面板模型考察分地区产业结构扭曲对能源强度的影响。

主要结论：第一，1978—2016年，样本省区市作为一个整体，其产业结构扭曲指数总体上明显下降。第二，空间杜宾模型空间固定效应估计表明，产业结构扭曲虽然对能源强度并没有显著的直接影响，但其却通过间接效应对降低能源强度产生显著的不利影响。第三，能源价格是驱动能源强度下降的重要因素。第四，对外贸易是驱动中国能源强度下降的显著因素，FDI的引入使能源强度恶化，而R&D投资对能源强度没有显著影响。

学术创新：实证考察了外生技术进步对产出和就业份额在部门间转移的影响，并证明了产业结构扭曲外生于技术进步；基于产业结构扭曲的新视角重新审视能源强度的下降路径，发现产业结构扭曲是抑制能源强度下降的一个重要因素；基于区域和分部门两个维度有针对性地提出了消除产业结构扭曲，降低能源强度的政策建议。

社会影响：2020年党的中央经济工作会议指出要"做好碳达峰、碳中和工作"，加快调整优化产业结构，完善能源消费双控制度。本文的研究从有效减少产业结构扭曲程度和稳步降低能源强度两个视角提出了建议：为了降低能源强度，中国应该致力于消除产业结构扭曲的微观根源，促进农业劳动力转移，建立市场化的能源价格形成机制，提高 R&D 支出的利用效率。

4. 陈登科. 贸易壁垒下降与环境污染改善——来自中国企业污染数据的新证据［J］. 经济研究，2020，55（12）：98-114.

基本内容：贸易与环境是新时期关乎国际民生的重大议题。十九大报告将推进贸易强国建设列为建设现代化经济体系的重要组成部分，将污染防治列为决胜全面建设小康社会的三大攻坚战之一。本文将中国企业污染数据库这一独特数据库与中国工业企业数据库以及行业关税税率数据合并，借助中国加入 WTO 准自然实验考察了贸易壁垒下降对中国环境污染的影响及其机制。

主要结论：贸易壁垒下降显著降低了企业主要污染物 SO_2 排放强度。机制分析表明，企业 SO_2 排放强度下降主要是由于企业污染排放下降而非产出上升；企业污染排放下降主要是由于企业生产过程更加清洁而非污染排放末端处理；煤炭使用强度下降是贸易壁垒下降导致 SO_2 排放强度下降的重要机制；在贸易壁垒变化影响企业污染排放的技术效应中，有偏技术进步而非中性技术进步占据主导地位。

学术创新：第一，现有研究基本利用宏观数据来研究贸易对环境污染的影响，利用微观数据的研究非常匮乏。本文将中国企业污染数据库这一非常独特的微观数据库与中国工业企业数据库以及反映贸易自由化程度的行业关税税率数据合并，在此基础上提供了贸易影响中国环境污染的微观证据。第二，现有文献多采用进出口贸易总额、外商直接投资等内生性较强的指标来度量贸易壁垒，导致研究结论难以具有因果解释。本文借助中国加入 WTO 准自然实验有效缓解了贸易与环境污染关系中存在的内生性问题。第三，现有文献在考察贸易影响环境污染技术效应的过程中，未区分中性技术进步和有偏技术进步。本文对此做了区分。

社会影响：本文研究结论具有重要的政策含义。首先，面对当前世界贸易格局的不确定性不稳定性，中国始终坚定不移地对外扩大开放，坚定维护开放型世界经济和多边贸易体制。其次，随着生活水平的不断提高，人民群众对环境治理提出了更高层次的需求，这与经济发展过程中所产生的环境污染问题之间的矛盾日益凸显。环境问题的本质是经济发展模式问题，通过"一刀切"式的大规模关停高耗能、高排放企业，固然能够在短时期内改善环境，但是从长期来看也会拖累经济增长，从而最终损害人民福祉。因此，污染防治工作，除了直接采用环境规制方式外，政府还可以通过扩大开放这一有利于经济增长的方式，最终实现经济与环境双赢发展。

5. 万攀兵，杨冕，陈林. 环境技术标准何以影响中国制造业绿色转型——基于技术改造的视角［J］. 中国工业经济，2021（9）：118-136.

基本内容：加快推动绿色转型是实现中国制造业高质量发展的必由之路。本文从技术改造视角考察了环境技术标准影响制造业兼顾减排和增效（即绿色转型）的微观机理，并结合中国工业企业数据库和中国工业污染源重点调查企业数据库中的制造业企业样本，基于 2003 年中国首次实施清洁生产行业标准的政策冲击构建双重差分模型，从理论和实证层面考察了技术标准类环境规制手段对中国制造业企业绿色转型的政策效果及其作用机制。

主要结论：环境技术标准可以推动制造业企业进行技术改造，进而实现兼顾污染排放强度降低和生产率提升的绿色转型。在具体的改造技术过程中，制造业企业一方面会强化末端治理，另一方面也会加快购进更加先进环保的生产设备以替代传统落后的生产设备。并且，通过这种资本更新方式，制造业企业的能源资源利用效率和结构得到进一步提升和优化。进一步分析发现，在环境技术标准下，受规制企业通过技术改造间接推动了其上游装备制造企业的绿色技术创新，这表明技术改造与技术创新存在产业间的互补性。异质性检验表明，环境技术标准的绿色转型效果对于政策实施前污染排放强度更高、生产率更低、资本更新速度较慢和融资能力较强的企业更显著。

学术创新：第一，区别于"波特假说"所强调的技术创新机制，揭示了制造业企业在环境规制下所选择的另一条更为渐进的技术改造路径，即企业一方面强化末端治理，另一方面加快投资引进更加先进环保的生产设备来替代传统落后的生产设备，并通过资本更新来提高能源资源利用效率同时优化用能结构，从而实现绿色转型。第二，在环境规制背景下，从产业关联视角考察了下游行业技术改造对上游行业绿色技术创新的促进作用，拓展了"波特假说"的分析视角。第三，结合微观理论模型并使用中国工业污染源重点调查企业数据库，重点考察技术标准类环境规制手段的政策效果及其微观作用机制，增加了环境政策评估方面的研究。

社会影响：鉴于命令-控制型环境规制仍是当前中国环境执法部门最主要的环境规制形式，而且现实中不少制造业企业缺乏进行技术创新的相关技术积累和必要的融资能力，本文的研究具有重要的现实意义。一是中国环境规制形式在从传统的命令-控制型向市场激励型转变的过程中，要根据二者各自的使用空间灵活使用，不可偏废。二是环境监管部门应正视并理解制造业的决策逻辑，降低对环境规制直接诱发企业技术创新的过高期待。三是各级政府在生态文明建设过程中可以考虑实施绿色投资抵扣所得税政策，以降低制造业企业资本更新和末端治理过程中的短期折旧成本和治污成本。四是相关部门要加大对环保装备制造业的财税金融支持力度，积极发展绿色信贷、绿色债券、融资租赁等绿色金融产品和衍生品，鼓励社会资本投资环保装备制造业。

6. 金刚，沈坤荣，孙雨亭. 气候变化的经济后果真的"亲贫"吗 [J]. 中国工业经济，2020（9）：42-60.

基本内容：已有研究气候变化经济后果的文献多侧重于探讨应对气候变化的适应性行为的收益，却忽视了适应性行为背后的能源消耗与污染排放成本。为统筹考察气候变化对经济增长与节能减排的影响，本文首先基于非径向方向性距离函数核算了 2003—2016 年中国城市绿色经济效率。在此基础上，通过估计气候变化对绿色经济效率的短期效应，结合未来气候变化的路径，试图识别气候变化对绿色经济效率的影响。

主要结论：以气温区间 6~12℃ 为基准，气温下降或上升均对绿色经济效率存在负面影响。并且，这一效应仅存在于发达城市，在落后城市并不显著，体现出气候变化经济后果的"劫富"特征，与以往文献大多发现的"亲贫"特征迥然不同。经稳健性检验与排除可能的竞争性解释后，这一结论仍然成立。机制检验显示气温上升通过影响劳动生产率、节能减排效率以及地方政府环境规制执行力度等渠道产生"劫富"式经济后果。根据中期（2041—2060 年）与长期（2061—2080 年）中国各城市未来气候变化的 RCP8.5 路径，模拟结果显示，未来高温天数的增加将持续对发达城市绿色经济效率产生不利影响，且负向影响随时间推移呈加速之势。

学术创新：第一，从适应性行为成本的崭新视角拓展了气候变化与经济生产率之间关系的研究。尽管近期的一些文献开始认识到人们应对气候变化的适应性行为本身具有非生产性能源消耗与污染排放成本，但是仍未有文献实证检验这种非生产性成本对经济造成的影响以及该影响的地区异质性。本文通过识别气候变化对绿色经济效率的因果关系，有效弥补了这一不足。第二，首次验证了发达地区为应对气候变化可能存在"过度适应"的行为，这些"过度适应"行为背后的非生产性能源消费与污染排放反而会拖累绿色经济发展。第三，在气候变化经济后果的研究中补充了关于中国经验的研究。

社会影响：本研究通过考察气候变化对绿色经济效率的影响效应，为理解气候变化的经济后果提供了全新的视角，研究结论对于推动中国实现气候变化治理与绿色经济发展共赢具有重要的政策启示。从短期看，应更为合理地采用适应性行为气候变化，在不断适应气候变化的过程中提高节能减排效率。从长期看，要更为积极地参与全球气候变化治理，努力在全球气候治理中扮演引领角色。

7. 邬彩霞. 中国低碳经济发展的协同效应研究 [J]. 管理世界，2021，37（8）：105-117.

基本内容：近年来，低碳经济一直是社会各界关注的重点，已有研究从不同角度对低碳经济进行了定义。本文从能源流和资源流两个方面明确低碳发展的实质，从一个全新的视角完善了低碳经济理论。同时，本文基于理论研究，构建低碳发展与经济社会发展的协同度模型及评估指标体系，并利用 2005—2019 年低碳治理及经济社会发展的相关数据进行了实证分析。

主要结论：中国低碳经济的发展，不仅没有阻碍我国的经济发展，反而提高了经济增长质量，改善了社会民生，实现了低碳发展与经济社会发展的协同共赢。本文认为其中至少有两种可能的协同机制，一是较为完整的低碳经济体系，通过发挥机制设计的作用，形成全新的经济发展模式和资源、能源消费方式，推动低碳与经济社会协同发展；二是低碳技术的创新与实际应用，低碳技术创新是推动低碳发展，实现经济增长、惠民利民的有力措施，是提升资源利用效率，形成绿色、低碳、循环发展方式和消费方式的高效路径。

学术创新：一是理论创新。本文从能源流和资源流角度阐释低碳经济的内涵，全新界定低碳经济的核心要义，丰富和拓展了低碳经济理论；二是实证方法改进。本文将低碳经济与经济社会发展放在同一个维度进行理论和实证分析，通过采用协同度模型，构建包含能源流、资源流的低碳发展系统，与经济社会发展系统构成复合系统，并验证二者的协同度。较现有的研究成果，在指标选取及方法上都有所突破。

社会影响：本文验证了低碳与经济社会发展的协调关系，对于新形势下推动中国低碳经济发展的路径设计具有重要的政策启示。首先，强化制度建设，加大市场化力度，坚定走低碳与经济社会发展协同共赢的道路。其次，积极分享中国先进的低碳理念和最佳实践，发挥中国在全球环境保护和绿色转型发展中的示范作用。最后，积极参与应对气候变化的低碳技术合作。

8. Yingdan Mei, Li Gao, Wendong Zhang. Feng-An Yang. Do homeowners benefit when coal-fired power plants switch to natural gas? Evidence from Beijing, China [J]. Journal of Environmental Economics and Management, 2021 (110).

基本内容：燃煤电厂是中国和全球最大的空气污染源之一。2013 年，中国启动了一项试点项目，将发电厂从燃煤改用天然气，以遏制燃煤电厂对空气质量的不利影响。关于这项政策的争论主要在于成本问题，本文采用 2011—2015 年的住房交易数据和北京市所有电厂的行政数据，构建三重差分模型，评估了煤改气对房价的资本化效应及其潜在机制。

主要结论：改造发电厂附近的房价比未改造发电厂附近的房价高 11%。也就是说，与未改建发电厂附近的公寓楼相比，改建电厂附近的公寓楼价格平均每平方米高出 510 元。本文的结果通过了相关的稳健性检验和使用离工厂足够远且不受转换影响的公寓楼进行的伪测试。机制研究发现，正价格溢价效应可能归因于空气污染的减少，改造后的发电厂附近的空气质量状况得到改善，包括颗粒物减少 4.9% 和 SO_2 减少 5.2%，一定程度上推动了周围房价的上涨。

学术创新：首先，本文首次对燃煤电厂改用天然气为发展中国家房主带来的经济效益进行了实证量化。其次，本文发现房价溢价可能是由于主要污染物的减少，这为实施煤改气政策的必要性和有效性提供了重要的依据。此外，不同于以往对于美国等发达国家的研究，本文检测到的价格溢价和空气质量改善效应都相当温和，表明了直接研究发展中国家煤改气的影响，而不是从发达国家推断的重要性。

社会影响：本文丰富了现有关于电厂煤改气效果评估的实证文献，为其他国家制定合理的燃料替代政策提供了一些依据。本文的研究结果也为中国未来煤改气的成本收益分析提供了一些支持，以评估全国的发电厂是否应该从煤炭转向天然气。与包括美国在内的经合组织国家煤改气的市场渠道过程不同，中国的天然气价格相对昂贵，设施更复杂，实施能源替代的成本更高。

9. Maogang Tang, Zhen Li, Fengxia Hu, Baijun Wu, Ruihan Zhang. Market failure, tradable discharge permit, and pollution reduction: evidence from industrial firms in China [J]. Ecological Economics, 2021 (189).

基本内容：不完善市场的几个因素，例如交易成本和市场力量，以及企业战略行为，可能会对可交易排放许可制度的绩效和效率产生不利影响。本文利用中国二氧化硫

（SO₂）排放交易政策作为准自然实验，调查了市场失灵和企业战略行为对污染减排的影响。基于匹配后的中国工业企业和中国工业企业污染排放数据库的微观数据，采用双重差分法确定了政策的实施是否可以促进减排，并确定了其具体的影响机制。

主要结论：首先，基准回归结果表明，可交易排放许可证政策显著降低了市场化程度高的地区的 SO_2 排放。其次，机制分析表明，在不完善的市场环境下，企业会采取战略行为来应对环境政策的减排要求。最后，异质性分析表明，由于市场失灵和企业的战略行为，可交易的排放许可证政策表现出明显的减排效果。由于制度交易成本，政策的实施增加了企业的污染排放，市场力量增强了政策的污染减排效果，并促进了企业的技术进步。

学术创新：本研究主要有三个学术贡献。第一，本文首次系统评价了中国可排放交易许可证政策的实施情况，同时考虑了市场失灵和企业战略行为。第二，采用 DDD 方法来解释可排放交易许可证减少污染政策的未观测到的影响因素。第三，使用了企业层面的微观匹配样本，该样本结合了中国工业企业和中国工业企业污染排放数据库，不仅包含与企业相关的经济和财务指标，还包含企业层面的一系列各种污染物排放指标，提高了研究的可靠性。

社会影响：本文对于市场失灵和企业战略行为下可排放交易许可证政策效率的研究结论具有重要的政策启示。首先，中国政府应建立健全排污权交易法律法规和统一的交易制度。这可以降低机构交易成本，提高许可证交易系统的效率。其次，应建立系统的排污权交易数据库，加强信息公开，提高市场透明度。这样企业就有了了解交易信息的渠道，可以轻松、自由地进行交易，从而鼓励企业参与许可交易市场。再次，应积极发展许可证交易平台，制定明确的交易机制，使许可证交易价格由市场决定。最后，应建立排污权交易监测、评估和预警机制，同时鼓励公众参与有效监管。

第三节　重要著作

1. 石敏俊，等. 资源与环境经济学［M］. 北京：中国人民大学出版社，2020.

基本内容：本书围绕人与自然和谐发展这一主线，强调从经济学视角认识资源环境问题，把资源环境问题放在市场失灵的背景下进行考察，探讨纠正市场失灵的公共政策设计。基于可持续发展理论，强调资源与环境是全球共同面临的挑战，人类社会必须携手应对，走人与自然和谐共生的发展道路。在具体的可持续发展道路的选择上，本书兼顾弱可持续性理念和强可持续性理念，强调人类社会既要利用好资源与环境这一自然资本，将自然资本转化为服务于提高人类福利的经济价值，也要高度重视保护自然资本，特别是要保证关键自然资本的存量不减少、功能不减弱。

分析框架：本书共有五个板块。第一板块为生态文明建设的总体现，主要包括第二章和第三章。第二章为可持续发展理论，第三章为环境价值与环境经济核算。第二板块为资源环境与经济发展的关系，包括第四章到第六章。第四章探讨自然资源对于经济发展的作用，第五章探讨经济发展与生态环境的关系，第六章为环境治理与公共政策。第三板块为自然资源合理利用，包括第七章到第十章。第七章为可耗竭资源利用与管理，第八章为可更新资源利用与管理，第九章为海洋资源经济与海洋环境治理，第十章为自然资源治理与空间规划。第四板块为环境污染控制，包括第十一章到第十三章。第十一章为环境规制与污染控制，第十二章为面源污染控制与农村环境治理，第十三章为循环经济与资源综合利用。第五板块为环境伦理和全球环境治理，包括第十四章和第十五章。第十四章从环境伦理的视角探讨环境与贸易、就业、收入分配的关系，第十五章为应对气候变化与全球环境治理。

主要贡献：在内容上，本书兼顾弱可持续发展理论和强可持续发展理论，并基于两者的理念展开相关分析和阐述。在分析框架上，本书强调从经济学视角去认知资源环境问题，把资源环境问题放在市场失灵的背景下进行考察，探讨纠正市场失灵的公共政策设计。另外，随着时代的发展，资源与环境经济学的研究领域和研究内容也在不断拓展和深化，本书注意与时俱进，加强了新领域、新知识的介绍。譬如，第二章介绍了生态足迹、人类世界和行星边界、生态系统服务、生态服务价值等新知识点，第六章环境治理与公共政策吸纳了企业行为响应的最新研究进展，等等。

2. 史敦友．技术创新、环境规制与中国工业绿色化［M］.北京：中国社会科学出版社，2020.

研究背景：党的十九大报告提出，我们要建设的现代化是人与自然和谐共生的现代化，既要创造更多物质财富和精神财富以满足人民日益增长的美好生活需要，也要提供更多优质生态产品以满足人民日益增长的优美生态环境需要。在建设美丽中国背景下，中国坚持以科技创新、绿色发展为引领，建立健全环境规制政策体系，不断提升环境规制强度，旨在降低宏观工业发展对生态环境的负外部性和逐步实现工业经济可持续发展与高质量转型目标。以技术创新和环境规制政策驱动工业绿色发展，既是满足中国人民日益增长的美好生活需要的必然举措，也是体现中国主动应对全球资源与环境危机、维护全球生态安全、推动构建人类命运共同体的使命担当，更是为"美丽世界"建设积极贡献中国智慧和中国方案的生动诠释。

分析框架：本书首先提出了工业绿色化转型的理论本质；其次、构建了工业绿色化评价指标体系并对中国工业绿色化水平进行了测度；其次阐述了技术创新对工业绿色化的作用机理，并以中国省际面板数据进行实证检验；最后，论述了环境规制对工业绿色化的作用机理，同样以中国省际面板数据进行实证检验。具体而言，第二章为工业绿色化的理论分析，第三章为技术创新与环境规制对工业绿色化影响的作用机理，第四章为中国工业绿色化测度与评价，第五章为技术创新对中国工业绿色化影响的实证研究，第六章为环境规制对中国工业绿色化影响的实证研究。

学术创新：第一，对工业绿色化的本质内涵进行了界定，指出工业绿色化在本质上是由工业生态环境效率较高的企业持续不断地替代工业生态环境效率相对较低的企业，并在整体上同时实现工业生态环境质量改善与工业经济增长的产业结构调整过程，能够实现工业经济增长与生态环境保护"双赢"。第二，在构建工业绿色化指数以测度中国工业绿色化水平时，完全以绩效指标来构建工业绿色化指标体系；在构建环境规制指标体系以测度异质性环境规制强度时，完全以决策指标作为异质性环境规制强度的测度方式，保证了在实证检验过程中以决策指标测度的环境规制来影响绩效指标测度的工业绿色化的因果逻辑关系。第三，在研究方法上，将多种计量研究方法有效结合和相互论证，最大程度上保证了回归结果的稳健性。

3. 刘琪. 智慧能源与碳中和［M］. 西安：西安电子科技大学出版社，2021.

主要背景：碳中和目标的实现迫切需要科技支撑，低碳技术、零碳技术、负碳技术的创新研究，是实现碳中和的目标的关键。加强减碳技术应用基础研究，协同推进现代工程技术和颠覆性创新技术，以交叉、融合的节能技术和绿色能源技术推进能源结构调整，提高绿色能源利用效率和能效利用水平，着力研究具有针对性的减碳技术和减碳产品，对促进低碳产业发展具有重要的意义，也是实现碳中和目标愿景的重要保障。此外，碳中和正推动数字能源、智慧能源的快速发展，能源需求侧和供给侧反向思维促使能源技术不断升级。物联网智慧型磁悬浮冷水机组、物联网智慧型水源热泵机组、能源之眼等新一代能源创新技术，正在推动智慧能源产业的迭代升级。

基本内容：本书收集、整理了国家及地方政府现行能源政策、行业专家对"碳达峰、碳中和"提出的建议，并分析了"碳中和"背景下的智慧能源发展机遇、商业模式创新、碳经济模式、储能产业发展以及相关智慧能源案例。

基本结构：本书分为上下两编。上编为概述，包括第一章到第十三章。第一章对智慧能源的系统构成、技术特征、政策背景、市场规模以及"十四五"时期的发展机遇进行了概述；第二章探讨了在"碳中和"背景下智慧能源体系建设的必要性和重要意义；第三章为"碳中和"背景下的绿色金融发展；第四章为碳经济，包括碳排放权交易市场现状、碳配额制度；第五章为能源大数据、智慧云平台、区块链、碳汇区块链等创新技术的发展；第六章和第七章分别为智慧供热和智慧储热的发展；第八章为智慧能源对生态工业园区低碳化发展的推动；第九章为多能互补综合智慧能源对能源绿色低碳转型的推动；第十章为"碳中和"背景下区域能源的发展；第十一章为"碳中和"背景下储能产业的发展；第十二章为光储热泵在高寒高海拔地区的应用；第十三章为动态控制模型在智慧能源控制系统中的应用。下编为案例，包括某大型医院智慧能源系统、某城市综合体智慧能源系统等七个案例。

社会贡献：本书内容新颖、前沿，观点鲜明，论述了碳中和背景下智慧能源的发展机遇，智慧能源在低碳产业发展中的作用，重点研究了在碳中和目标愿景下政策支持、产业发展对碳中和目标的贡献，并通过翔实的案例剖析了智慧能源的技术构成和减排路径，使读者能够清晰地了解智慧能源与"碳中和"对社会和经济的贡献。

第四节　重要学术会议

1. 第二届中国能源环境与气候变化经济学者论坛（2020）

发起单位：《经济研究》编辑部、厦门大学中国能源政策研究院、中国社会科学院可持续发展研究中心、中国人民大学应用经济学院、复旦大学经济学院、武汉大学经济与管理学院、北京师范大学环境学院、华中师范大学经济与工商管理学院、上海财经大学城市与区域科学学院、浙江大学经济学院、南开大学经济学院

主办单位：北京师范大学环境学院

会议时间：2020 年 11 月 15 日（以腾讯会议线上形式召开）

会议规模：本届论坛收到了 120 余篇应征论文，经过经济研究杂志社与论坛论文评审委员会的匿名评审和筛选，最终有 60 篇论文进入线上汇报环节。各分会场同时在线围绕"环境管理与经济发展""环境规制""环境管理与节能减排""环境管理与社会发展""碳排放与产业经济""气候变化与经济发展""能源经济""产业升级与绿色发展""产业进步与绿色金融"和"碳市场与绿色金融"等 10 个主题进行研讨。来自全国各大高校与研究机构的 1000 余位专家学者就能源环境与气候变化经济的热点问题进行论文展示和主题研讨。

主要观点：丁一汇院士以全球气候变化研究中的关键科学问题、巴黎气候公约可再生能源转型和人类社会的可持续发展之路三点为主题，阐述了中国面对全球气候变化和污染该怎样采取科学且可持续的治理方式；王灿教授围绕"低碳能源转型经济影响"发表主旨演讲，指出若能释放坚定的政策信号且精细设计实现路径，"低碳带动经济高质量增长"的良性循环可以期待；吴力波教授就"大数据驱动下的气候治理"发表演讲，强调了大数据分析技术对中国气候治理的重要性，指出了我国在数据收集、公开以及建模方面的不足之处；鲁玺教授围绕"碳中和与大气环境治理协同路径与挑战"发表演讲，指出负碳技术对于我国碳排放以及其他污染物排放具有协同效应，强调可再生能源新技术对于我国低碳发展路径的重要性；陈彬教授就"韧性城市生态环境要素耦合研究"发表演讲，指出基础设施、交通枢纽、环境生态、公共卫生四大基本结构的支撑、流转、泵能、防御等功能共同支持城市的正常运行。韧性城市建设需要从基础设施韧性、交通枢纽韧性、环境生态韧性、公卫医疗韧性四个方面协同推进各系统之间的风险防控协作，依托智能防控大脑实现城市抵抗力、适应力和恢复力的提升

会议成效：本次论坛的举办为中国优秀经济学者提供了一个有关能源环境与气候变化经济学的学术研究交流平台和学术成果锻造平台，展示了能源经济、环境管理、气候变化等领域最前沿的基础理论和应用研究成果，可为国家应对气候变化、能源转型、可持续发展路径等大政方针提供科技支撑。

2. 第十一届中国能源经济与管理学术年会暨第十四届中国能源资源开发利用战略学术研讨会（2021）

会议背景：为促进我国能源环境政策与管理领域专家、学者的交流和合作，提升我国环境友好型可持续发展战略等相关学术问题的科研水平与理论创新，开展本次年会。

会议主题：能源低碳发展与可持续性转型

主办单位：国家自然科学基金委员会管理科学部、中国"双法"研究会能源经济与管理研究分会、江苏大学

承办单位：江苏大学能源发展与环境保护战略研究中心

协办单位：江苏省工业与应用数学会、江苏省运筹学会、中国能源研究会能源经济专业委员会、《中国环境管理》编辑部

会议时间：2020 年 10 月 30—11 月 2 日

会议地点：江苏镇江

会议规模：共有相关领域的学者和研究人员 400 余人出席了会议，其中国家杰青、优青等人才 20 多人。会议共设 2 个主会场和 14 个分会场，包括 9 个大会主旨邀请报告和 170 个分组学术交流报告。

主要内容：能源经济与管理研究分会名誉理事长陈晓红院士围绕"数字经济时代下的绿色智慧城市治理现代化战略研究"、国家自然科学基金委员会管理科学部副主任杨列勋教授围绕"基金委改革与管理科学十四五战略"作了精彩报告。何建坤教授、丁志敏教授、毕军教授、鲁玺教授、刘兰翠教授、王玉东教授、王玉涛教授等专家学者分别围绕"碳中和目标下的能源低碳转型""能源改革与数字化转型升级""空气污染的隐性成本：灰霾景观与健康风险""碳中和与大气环境治理协同路径与挑战""低碳发展下的碳捕集利用与封存研究""经济大数据背景下石油市场预测的若干问题研究"以及"气候变化背景下生态产品的价值实现"等主题作了大会主旨邀请报告。

会议成效：大会共评选出优秀论文一等奖 4 篇、二等奖 8 篇。优秀博士学位论文 6 篇。此次年会的召开，为我国相关领域的学者与研究人员提供了很好的学术交流平台，优秀学者们现场思想碰撞、观点交锋，令参会人员受益匪浅，提升了我国能源经济与管理研究领域的学术水平，也为能源的低碳发展与可持续性转型作出了贡献。

3. 中国能源研究会年会（2020）

会议背景："十四五"时期是我国全面建成小康社会、实现第一个百年奋斗目标之后，乘势而上开启全面建设社会主义现代化国家新征程、向第二个百年奋斗目标进军的第一个五年，是践行五大新发展理念、推动经济发展质量变革的关键时期。为进一步落实"四个革命、一个合作"能源安全新战略，推动清洁低碳、安全高效能源体系建设，召开了本次会议。

会议主题：低碳转型、智能发展、多元融合

会议时间：2020 年 11 月 10—11 日

会议地点：北京国际会议中心

主办单位：中国能源研究会

会议规模：本届年会采用"线上"+"线下"方式举行，能源领域的两院院士、权威专家和政府有关部门领导，以及中国能源研究会会员、能源企业和科研院所代表近 500 人出席了线下会议，线上参会人数累计达到 4 万人次。

会议架构：11 月 10 日为开幕式、大会主旨报告、院士专家论坛；11 月 11 日为专题论坛

主要观点：中国工程院院士、中国工程院原副院长杜祥琬表示，对于全球能源转型，首先，要从人类文明形态演进来看能源革命，非化石能源的极大进步正在推动人类由工业文明走向生态文明，能源革命是其基础和动力；其次，能源技术进步是能源转型的关键驱动力；最后，治理环境污染和应对气候变化，只有从能源来着手才是治本之策。长江亿院士在主旨发言中指出，节约能源、减少能源需求是实现低碳的基础。节能、减少需求是未来实现低碳能源转型的重要基础，先从需求侧做起。实现低碳能源需要消费模式的改变，

关键在于两点，一是全面电气化，二是柔性用电。王国法院士在发言中指出，新时期煤炭工业实现高质量发展成为煤炭行业面临的核心问题。中国工程院院士、国家电网有限公司副总工程师郭剑波在专题演讲中认为，为了构建清洁低碳、安全高效的能源体系，我国能源转型主要朝两个方向进行：终端消费侧，电能深度替代化石能源；能源生产侧，以电能形式开发利用新能源。中国科学院院士邹才能指出，世界能源结构形成了煤炭、石油、天然气、新能源"四分天下"新格局，煤炭进入转型发展时期，石油迈入稳定发展时期，天然气进入提速发展时期，新能源渐入黄金发展时期。国家发改委能源研究所所长王仲颖在专题演讲中表示建设现代能源体系的突破口在于电力系统，未来电力系统一定是能源系统的主力核心，电力绿色化就是建立现代能源体系，推动经济高质量发展的利器。此外，王仲颖还提出了建设现代能源体系，实现高比例可再生能源的三大挑战，一是能源消费领域的革命、机制创新，二是打破利益集团的壁垒，三是全社会的参与。

会议成效：旨在深入贯彻习近平总书记重要讲话精神和党的十九届五中全会精神，进一步落实"四个革命、一个合作"能源安全新战略，聚焦贯彻落实过程中的重点和关键，深入研讨，充分交流，凝心聚力，形成合力，为推动能源清洁低碳、安全高效发展和高质量发展汇聚众智、献计出力。

4. 第九届全国低碳发展管理、第六届能源资源系统工程学术年会暨第四届中国（太原）管理科学与工程国际学术年会（2021）

会议背景：当前，我国提出碳达峰和碳中和的目标，是以习近平同志为核心的党中央统筹中华民族伟大复兴战略全局和世界百年未有之大变局，着眼于促进我国经济社会发展全面绿色转型，实现可持续发展作出的重大战略决策。在"双碳"背景下，低碳发展与能源转型、能源资源管理与系统工程的深度融合越来越重要，此次会议契合了当下的需求，旨在促进绿色低碳发展，为国家应对气候变化、促进可持续发展等提供一系列解决方案。

会议主题：助绿色转型、促能源革命、推高质量发展

会议时间：2021 年 5 月 14—17 日

会议地点：山西太原

主办单位：中国"双法"研究会低碳发展管理专业委员会、中国系统工程学会能源资源系统工程分会、太原理工大学

承办单位：太原理工大学经济管理学院

会议规模：本次会议设置一个主会场、两个分论坛，11 个分会场，来自中科院、北京大学、清华大学、北京航空航天大学等 107 所高校的五百余名专家学者出席年会。

主要内容：中国石油勘探开发研究院刘合院士做了题为《新疆'碳中和'先行示范区的建设路径》报告，清华大学张希良教授深入探讨了全国碳市场建设的理论与实践，上海交通大学耿涌教授就循环经济对碳中和的贡献研究进行演讲，浙江大学石敏俊教授分享了减缓与适应全球变化与可持续转型研究进展，华东理工大学马铁驹分享了新能源技术系统的协同发展，山煤国际副总经理韩磊介绍了能源革命视域下山西焦煤绿色矿山建设实践与精益化管理经验。中国矿业大学陈红、长沙理工大学杨洪明、上海交通大学尹海涛、厦门大学孙传旺、广东工业大学梁赛和新疆大学孙慧在两场平行论坛中分别做了报告，江

苏大学孙梅、华东理工大学邵帅、中国科学院段宏波和华北电力大学张健分别主持平行论坛。15 日下午，中国能源模型论坛举办"碳达峰碳中和背景下的山西能源转型"专题论坛，来自政、产、学、研、用等各界专家、企业家围绕碳中和背景下中国的低碳转型与山西社会经济发展远景规划、山西能源技术开发应用现状及展望和煤炭行业的转型之路等话题展开研讨。与此同时，11 个分会场围绕"碳中和与低碳转型""能源市场与价格""能源消费与效率""能源管理与政策""低碳管理与企业绿色创新""能源与环境风险管理""环境规制与绿色创新""能源与环境可持续发展""碳减排与能源结构""企业管理与社会治理""新能源产业发展"等主题进行了热烈的交流。

会议成效：本次会议为低碳发展与能源转型、能源资源管理与系统工程等领域的专家学者提供了交流平台，评选出了青年学者优秀论文获奖名单。大会进行了全程直播，人民网、中新网、黄河电视台等多家媒体对大会盛况进行了宣传报道。

5. 第二届国际能源与环境会议（ICEE）（2021）

会议背景："十四五"作为"双碳"目标提出后的第一个五年规划期，也是实现"双碳"目标的关键期和窗口期，为了服务国家重大战略部署，特召开第二届国际能源与环境会议。

会议主题：科技赋能碳中和

会议时间：2021 年 7 月 23—25 日

会议地点：江苏省徐州市

主办单位：中国矿业大学、东南大学、肯塔基大学和江苏省能源研究会共同主办

协办单位：东南大学长三角碳中和战略发展研究院、能源热转换及其过程测控教育部重点实验室、国家煤加工与洁净化工程技术研究中心、煤炭加工与高效洁净利用教育部重点实验室、江苏省碳中和联合研究中心、江苏省煤基温室气体减排与资源化利用重点实验室等单位联合协办

会议规模：会议采用线上线下结合方式举行，线下参会 450 余人，线上参会 2200 余人，分别来自 15 个国家和 138 家国内外机构

会议架构：大会主席：肖睿、Aibing Yu、Xiaotao Bi、Kunlei Liu、Kunio Yoshikawa、Yulong Ding、Yong Sik Ok、周福宝。大会学术委员会：Agblevor Foster、Anthony Edward J.、Chen Biaohua、Chen Guanyi、Chen Haisheng、Dai Xiaohu 等。大会组织委员会成员：陈玉民、邓立生、丁路、冯冬冬、高宁博等。大会秘书长：刘方

主要内容：会场分别设有生物质、固体废弃物、二氧化碳的捕集利用和封存、化学链与富氧燃烧、能源转化过程中的废水处理、储能、"碳达峰"及"碳中和"技术与路径等7 个专题 10 个分会场，宣读了 56 个邀请专题报告和 176 篇口头交流论文，展示了近两百篇墙报交流论文。丁玉龙院士（英）（线上）、University of Kentucky（美）高欣研究员(线上)、Monash 大学余艾冰院士（澳）、浙江大学方梦祥教授分分别从 *Challenges and energy storage based solutions for net-zero carbon energy future*、*selenium removal from power plant blowdown*、*Computational particle technology and application in process engineering*、CO_2 *chemical absorption and utilization technology* 方向作特邀报告。

会议成效：会议展示了能源与环境领域的最新研究成果，激发创新、促进合作，推动能源与环境跨学科交流，共同探索燃烧、储能、碳捕集前沿热点，有利于加快能源与环境领域的科技进步，实现国际能源与环境领域的新发展，助推国家双碳目标的早日实现。

6. 中国工业经济学会 2021 年学术年会暨"第一个百年目标后中国产业发展新征程"研讨会（2021）

会议背景：为进一步深入学习和深刻领会习近平新时代中国特色社会主义思想，始终坚持"四个面向"，做好"四个服务"，充分促进海内外工业经济（产业经济）领域专家学者的学术交流，推动我国工业经济（产业经济）的理论发展与实践应用，召开中国工业经济学会 2021 年学术年会暨"第一个百年目标后中国产业发展新征程"研讨会。

会议时间：2021 年 11 月 14 日

会议主题：第一个百年目标后中国产业发展新征程

主办单位：中国工业经济学会

承办单位：兰州大学经济学院

会议规模：会议采取线上线下相结合的方式进行，共吸引了 3700 余名国内专家学者和高校师生参会

主要观点：中国工业经济学会会长、清华大大学公共管理学院院长江小涓教授在"数字全球化、高水平开放与产业竞争力"的主旨演讲中提出，当今社会工业经济的发展已经离不开互联网和数字经济，在数字经济时代全球产业链链接成本大大降低，收益显著提升，生产性服务业会取得较高的发展水平，已成为全球各经济体制造业提升的关键因素。江小涓教授认为，在数字经济时代，应通过高水平开放，通过跨境链接更多资源和市场来促进制造业发展，提升我国的产业基础能力和企业竞争力。中国国际经济交流中心副理事长、国务院发展研究中心原副主任王一鸣研究员紧紧围绕我国科技创新面临的新形势和新常态、我国科技创新的任务使命以及我国产业技术的路径选择、创新战略三个层面展开。他指出，建设现代化强国要求增强原始创新力，而构建新发展格局要求加快科技自立自强。因此，我国产业技术要从"技术追赶"转向构建"局部领先"优势，新路径要从终端产品创新转向中间品创新，创新政策要从集成创新转向原始创新。

会议成效：本次会议聚焦第一个百年目标实现后中国产业发展新征程，研究我国工业经济重大理论和现实问题，具有重要的理论和现实意义。与会专家立足国际国内"两个大局"，坚持"立足新发展阶段、贯彻新发展理念、构建新发展格局、推进高质量发展"的导向，深入交流和探讨，加强合作，为经济学科人才培养和中国产业健康发展贡献智慧和力量。

7. 第三届中国能源环境与气候变化经济学者论坛（2021）

会议背景：《中共中央关于制定国民经济和社会发展第十四个五年规划和二〇三五年远景目标的建议》指出：展望二〇三五年，要广泛形成绿色生产生活方式，碳排放达峰后稳中有降，生态环境根本好转，美丽中国建设目标基本实现。"十四五"时期，能源资源配置更加合理、利用效率大幅提高，主要污染物排放总量持续减少，生态环境持续改

善，生态安全屏障更加牢固，城乡人居环境明显改善；积极参与和引领应对气候变化等生态环保国际合作。

会议主题："十四五"时期的能源环境与气候变化对策

会议时间：2021 年 11 月 6 日（通过腾讯会议以线上形式举办）

主办单位：华中师范大学

承办单位：华中师范大学经济与工商管理学院、华中师范大学低碳经济与环境政策研究中心

协办单位：《经济研究》编辑部、厦门大学中国能源政策研究院

会议规模：来自厦门大学、华中科技大学、复旦大学、上海财经大学、西安交通大学、中央财经大学、暨南大学、武汉大学、中南财经政法大学、西南财经大学、华中师范大学等高校的近百名师生参与。论坛分为 3 场主题演讲和 11 个分论坛，共 33 个场次，近13000 人次在线观看。

主要观点：厦门大学中国能源政策研究院院长、"长江学者"特聘教授林伯强从我国与世界主要国家或地区的人均 GDP 比较引入，提出碳中和相关政策和实践需要兼顾经济增长和支付能力，否则难以实施。接着，他从多个方面阐述了中国碳中和进程中的主要矛盾和政策关注点，并且给出了碳中和背景下高质量经济增长需要的系统性和整体解决方案。武汉大学气候变化与能源经济研究中心主任齐绍洲教授以"碳中和目标下碳市场的作用机理及碳价格预测"为主题，指出碳中和的本质是基于能源转型的产业转型。他探讨了碳市场推动企业节能减排的五大渠道、全球碳市场发展趋势、碳价格的主要影响因素以及价格预测模型等问题。中国人民大学应用经济学学院院长郑新业教授从社会主义现代化目标对碳体系的要求出发，论述了碳科学的原理、碳经济典型事实、碳经济体系建设的路径和关键环节等内容。

会议成效：本次会议推动了中国能源环境与气候变化经济领域的学术研究与交流，为代表中国能源环境与气候变化经济领域前沿与高端研究水平的优秀学术成果搭建了展示平台，通过讨论与交流来推动能源环境与气候变化经济研究的发展，构建作者、评论人、编辑三方现场互动的交流平台。

◎ **参考文献**

［1］Boqiang Lin, Presley K. Wesseh. On the economics of carbon pricing：insights from econometric modeling with industry-level data ［J］. Energy Economics, 2020 (86).

［2］Chen Shen, Shenglan Li, Xiaopeng Wang, Zhongju Liao. The effect of environmental policy tools on regional green innovation：evidence from China ［J］. Journal of Cleaner Production, 2020 (254).

［3］Dan Dai, Roy Brouwer, Kun Lei. Measuring the economic value of urban river restoration ［J］. Ecological Economics, 2021 (190).

［4］Feng Zhou, Yan Bo, et al. Deceleration of China's human water use and its key drivers ［J］. Proceedings of the National Academy of Sciences of the United States of America, 2020, 117 (14)：7702-7711.

［5］　Guoyou Qi, Yanhong Jia, Hailiang Zou. Is institutional pressure the mother of green innovation? Examining the moderating effect of absorptive capacity ［J］. Journal of Cleaner Production, 2021 （278）.

［6］　Ji Guo, Mengke Zhao, Xianhua Wu, Beibei Shi, Ernesto D. R. Santibanez Gonzalez. Study on the distribution of PM emission rights in various provinces of China based on a new efficiency and equity two-objective DEA model ［J］. Ecological Economics, 2021 （183）.

［7］　Jinying Li, Sisi Li. Energy investment, economic growth and carbon emissions in China—Empirical analysis based on spatial Durbin model ［J］. Energy Policy, 2020 （140）.

［8］　Jun Yang, Antung A. Liu, Ping Qin, Joshua Linn. The effect of vehicle ownership restrictions on travel behavior: evidence from the Beijing license plate lottery ［J］. Journal of Environmental Economics and Management, 2020 （99）.

［9］　Junming Zhu, Jiali Wang. The effects of fuel content regulation at ports on regional pollution and shipping industry ［J］. Journal of Environmental Economics and Management, 2021 （106）.

［10］　Kai Tang, Yuan Qiu, Di Zhou. Does command-and-control regulation promote green innovation performance? Evidence from China's industrial enterprises ［J］. Science of the Total Environment, 2020 （712）.

［11］　Kaixing Huang, Hong Zhao, Jikun Huang, Jinxia Wang, Christopher Findlay. The impact of climate change on the labor allocation: empirical evidence from China ［J］. Journal of Environmental Economics and Management, 2020 （104）.

［12］　Le Xu, Meiting Fan, Lili Yang, Shuai Shao. Heterogeneous green innovations and carbon emission performance: evidence at China's city level ［J］. Energy Economics, 2021 （99）.

［13］　Lei Jiang, Shixiong He, Xi Tian, Bo Zhang, Haifeng Zhou. Energy use embodied in international trade of 39 countries: spatial transfer patterns and driving factors ［J］. Energy, 2020 （195）.

［14］　Liqun Zhuge, Richard B. Freeman, Matthew T. Higgins. Regulation and innovation: examining outcomes in Chinese pollution control policy areas ［J］. Economic Modelling, 2020 （88）: 19-31.

［15］　Maogang Tang, Zhen Li, Fengxia Hu, Baijun Wu, Ruihan Zhang. Market failure, tradable discharge permit, and pollution reduction: evidence from industrial firms in China ［J］. Ecological Economics, 2021 （189）.

［16］　Maoliang Bu, Zhenzi Qiao, Beibei Liu. Voluntary environmental regulation and firm innovation in China ［J］. Economic Modelling, 2020 （89）: 10-18.

［17］　Mingqin Wu, Xun Cao. Greening the career incentive structure for local officials in China: does less pollution increase the chances of promotion for Chinese local leaders? ［J］. Journal of Environmental Economics and Management, 2021 （107）.

［18］　Qingyuan Zhu, Xingchen Li, Feng Li, Jie Wu, Dequn Zhou. Energy and environmental efficiency of China's transportation sectors under the constraints of energy consumption and environmental pollutions [J]. Energy Economics, 2020 (89).

[19] Qisheng Jiang, Shuwang Yang, Pengcheng Tang, Lei Bao. Promoting the polluters? The competing objectives of energy efficiency, pollutant emissions, and economic performance in Chinese municipalities [J]. Energy Research & Social Science, 2020 (61).

[20] Rui Dong, Raymond Fisman, Yongxiang Wang, Nianhang Xu. Air pollution, affect, and forecasting bias: evidence from Chinese financial analysts [J]. Journal of Financial Economics, 2021 (193).

[21] Shenggang Ren, Yucai Hu, Jingjing Zheng, Yangjie Wang. Emissions trading and firm innovation: evidence from a natural experiment in China [J]. Technological Forecasting and Social Change, 2020 (155).

[22] Shidong Liu, Yuhuan Geng, Jianjun Zhang, Xiufen Kang, Xuelian Shi, Jie Zhang. Ecological trap in tourism-urbanization: simulating the stagnation and restoration of urbanization from the perspective of government incentives [J]. Ecological Economics, 2021 (185).

[23] Shihe Fu, V Brian Viard, Peng Zhang. Air pollution and manufacturing firm productivity: nationwide estimates for China [J]. The Economic Journal, 2021, 131 (640).

[24] Shuyu Xue, Bohui Zhang, Xiaofeng Zhao. Brain drain: the impact of air pollution on firm performance [J]. Journal of Environmental Economics and Management, 2021 (110).

[25] Songran Li, Qinglong Shao. Exploring the determinants of renewable energy innovation considering the institutional factors: a negative binomial analysis [J]. Technology in Society, 2021 (67).

[26] Wang Yizhong, Hang Ye, Wang Qunwei, Zhou Dequn, Su Bin. Cleaner production vs end-of-pipe treatment: evidence from industrial SO_2 emissions abatement in China [J]. Journal of Environmental Management, 2021 (277).

[27] Wei Chen, H. Allen Klaiber. Does road expansion induce traffic? An evaluation of vehicle-kilometers traveled in China [J]. Journal of Environmental Economics and Management, 2020 (104).

[28] Wei Zheng, Pei Chen. The political economy of air pollution: local development, sustainability, and political incentives in China [J]. Energy Research & Social Science, 2020 (69).

[29] Wenchao Wu, Tomoko Hasegawa, Shinichiro Fujimori, Kiyoshi Takahashi, Ken Oshiro. Assessment of bioenergy potential and associated costs in Japan for the 21st century [J]. Renewable Energy, 2020 (162): 308-321.

[30] Wenchao Wu, Yuko Kanamori, Runsen Zhang, Qian Zhou, Kiyoshi Takahashi, Toshihiko Masui. Implications of declining household economies of scale on electricity consumption and sustainability in China [J]. Ecological Economics, 2021 (184).

[31] Wenqing Wu, Yongqian Liu, Chia-Huei Wu, Sang-Bing Tsai. An empirical study on

government direct environmental regulation and heterogeneous innovation investment [J]. Journal of Cleaner Production, 2020 (254).

[32] Xia Chen, Qiang Fu, Chun-Ping Chang. What are the shocks of climate change on clean energy investment: a diversified exploration [J]. Energy Economics, 2021 (95).

[33] Xiao Wei, Young-Tae Chang, Oh-Kyoung Kwon, Ning Zhang. Potential gains of trading CO_2 emissions in the Chinese transportation sector [J]. Transportation Research Part D: Transport and Environment, 2021 (90).

[34] Xiaoling Ouyang, Qiong Li, Kerui Du. How does environmental regulation promote technological innovations in the industrial sector? Evidence from Chinese provincial panel data [J]. Energy Policy, 2020 (139).

[35] Xiaowei Chuai, Runyi Gao, Xianjin Huang, Qinli Lu, Rongqin Zhao. The embodied flow of built-up land in China's interregional trade and its implications for regional carbon balance [J]. Ecological Economics, 2021 (184).

[36] Xin Wang, Ping Lei. Does strict environmental regulation lead to incentive contradiction? — Evidence from China [J]. Journal of Environmental Management, 2020 (269).

[37] Xinyu Yang, Ping Jiang, Yao Pan. Does China's carbon emission trading policy have an employment double dividend and a Porter effect? [J]. Energy Policy, 2020 (142).

[38] Xuehong Zhu, Xuguang Zuo, Hailing Li. The dual effects of heterogeneous environmental regulation on the technological innovation of Chinese steel enterprises—based on a high-dimensional fixed effects model [J]. Ecological Economics, 2021 (188).

[39] Yadong Ning, Kunkun Chen, Boya Zhang, Tao Ding, Fei Guo, Ming Zhang. Energy conservation and emission reduction path selection in China: a simulation based on Bi-Level multi-objective optimization model [J]. Energy Policy, 2020 (137).

[40] Yana Jin, Henrik Andersson, Shiqiu Zhang. Do preferences to reduce health risks related to air pollution depend on illness type? Evidence from a choice experiment in Beijing, China [J]. Journal of Environmental Economics and Management, 2020 (103).

[41] Yingdan Mei, Li Gao, Wendong Zhang, Feng-An Yang. Do homeowners benefit when coal-fired power plants switch to natural gas? Evidence from Beijing, China [J]. Journal of Environmental Economics and Management, 2021 (110).

[42] Yujie Tao, Maosheng Duan, Zhe Deng. Using an extended theory of planned behaviour to explain willingness towards voluntary carbon offsetting among Chinese consumers [J]. Ecological Economics, 2021 (185).

[43] Yusen Luo, Muhammad Salman, Zhengnan Lu. Heterogeneous impacts of environmental regulations and foreign direct investment on green innovation across different regions in China [J]. Science of the Total Environment, 2021 (759).

[44] Zhaoyang Liu, Nick Hanley, Danny Campbell. Linking urban air pollution with residents'willingness to pay for greenspace: a choice experiment study in Beijing [J].

Journal of Environmental Economics and Management，2020（104）.

［45］ Zhifu Mi，Jiali Zheng，Jing Meng，et al. Economic development and converging household carbon footprints in China［J］. Nature sustainability，2020（3）：529-537.

［46］ Zhiqing Dong，Yongda He，Hui Wang，Linhui Wang. Is there a ripple effect in environmental regulation in China? -fevidence from the local-neighborhood green technology innovation perspective［J］. Ecological Indicators，2020（118）.

［47］ Ziyuan Sun，Xiaoping Wang，Chen Liang，Fei Cao，Ling Wang. The impact of heterogeneous environmental regulation on innovation of high-tech enterprises in China：mediating and interaction effect［J］. Environmental Science and Pollution Research，2021（28）.

［48］ 艾洪山，李科，文明，邓志革. 煤炭消费治理与大气污染加剧悖论——来自分类型煤炭消费的解释［J］. 中国软科学，2020（5）：41-55.

［49］ 蔡昉. 生产率、新动能与制造业——中国经济如何提高资源重新配置效率［J］. 中国工业经济，2021（5）：5-18.

［50］ 曾维和，陈曦，咸鸣霞. "水生态文明建设"能促进水生态环境持续改善吗？——基于江苏省13市双重差分模型的实证分析［J］. 中国软科学，2021（5）：90-98.

［51］ 曾永明，汪瑶瑶，张利国. 空气污染加剧了流动人口的贫困脆弱性吗？［J］. 环境经济研究，2021，6（4）：65-84.

［52］ 陈登科. 贸易壁垒下降与环境污染改善——来自中国企业污染数据的新证据［J］. 经济研究，2020，55（12）：98-114.

［53］ 陈国进，丁赛杰，赵向琴，蒋晓宇. 中国绿色金融政策、融资成本与企业绿色转型——基于央行担保品政策视角［J］. 金融研究，2021（12）：75-95.

［54］ 陈林，肖倩冰，牛之琳. 考虑环境治理成本的企业成本函数模型及其应用［J］. 数量经济技术经济研究，2020，37（11）：139-156.

［55］ 陈诗一，张建鹏，刘朝良. 环境规制、融资约束与企业污染减排——来自排污费标准调整的证据［J］. 金融研究，2021（9）：51-71.

［56］ 陈帅，张丹丹. 空气污染与劳动生产率——基于监狱工厂数据的实证分析［J］. 经济学（季刊），2020，19（4）：1315-1334.

［57］ 陈智颖，许林，钱崇秀. 中国碳金融发展水平测度及其动态演化［J］. 数量经济技术经济研究，2020，37（8）：62-82.

［58］ 崔静波，杨云兰，孙永平. 中国燃料乙醇政策的经济福利及其减排效应［J］. 经济学（季刊），2020，19（2）：757-776.

［59］ 邓辉，甘天琦，涂正革. 大气环境治理的中国道路——基于中央环保督察制度的探索［J］. 经济学（季刊），2021，21（5）：1591-1614.

［60］ 丁宁，任亦侬，左颖. 绿色信贷政策得不偿失还是得偿所愿？——基于资源配置视角的PSM-DID成本效率分析［J］. 金融研究，2020（4）：112-130.

［61］ 杜之利，苏彤，葛佳敏，王霞. 碳中和背景下的森林碳汇及其空间溢出效应［J］. 经济研究，2021，56（12）：187-202.

［62］范英，衣博文．能源转型的规律、驱动机制与中国路径［J］．管理世界，2021，37（8）：95-105．

［63］高昊宇，温慧愉．生态法治对债券融资成本的影响——基于我国环保法庭设立的准自然实验［J］．金融研究，2021（12）：133-151．

［64］高鹏，岳书敬．中国产业部门全要素隐含能源效率的测度研究［J］．数量经济技术经济研究，2020，37（11）：61-80．

［65］关楠，黄新飞，李腾．空气质量与医疗费用支出——基于中国中老年人的微观证据［J］．经济学（季刊），2021，21（3）：775-796．

［66］郭庆宾，骆康．中国城市群资源集聚能力的协调发展及其驱动机制——以长江中游城市群为例［J］．中国软科学，2020（5）：94-103．

［67］韩超，孙晓琳，李静．环境规制垂直管理改革的减排效应——来自地级市环保系统改革的证据［J］．经济学（季刊），2021，21（1）：335-360．

［68］韩璇，赵波．"奢侈"的蓝天——房价中的优质空气溢价估计及其异质性［J］．经济学（季刊），2021，21（3）：755-774．

［69］杭静，郭凯明，牛梦琦．资源错配、产能利用与生产率［J］．经济学（季刊），2021，21（1）：93-112．

［70］胡珺，黄楠，沈洪涛．市场激励型环境规制可以推动企业技术创新吗？——基于中国碳排放权交易机制的自然实验［J］．金融研究，2020（1）：171-189．

［71］黄国庆，汪子路，时朋飞，周贻．黄河流域旅游业碳排放脱钩效应测度与空间分异研究［J］．中国软科学，2021（4）：82-93．

［72］姜广省，卢建词，李维安．绿色投资者发挥作用吗？——来自企业参与绿色治理的经验研究［J］．金融研究，2021（5）：117-134．

［73］解学梅，朱琪玮．企业绿色创新实践如何破解"和谐共生"难题？［J］．管理世界，2021，37（1）：128-149，9．

［74］金刚，沈坤荣，孙雨亭　气候变化的经济后果真的"亲贫"吗［J］．中国工业经济，2020（9）：42-60．

［75］晋晶，王宇澄，郑新业．集中供暖要跨过淮河吗？——基于中国家庭能源消费数据的估计［J］．经济学（季刊），2020，19（2）：685-708．

［76］李丁，张艳，马双，邵帅．大气污染的劳动力区域再配置效应和存量效应［J］．经济研究，2021，56（5）：127-143．

［77］李金铠，马静静，魏伟．中国八大综合经济区能源碳排放效率的区域差异研究［J］．数量经济技术经济研究，2020，37（6）：109-129．

［78］李青原，肖泽华．异质性环境规制工具与企业绿色创新激励——来自上市企业绿色专利的证据［J］．经济研究，2020，55（9）：192-208．

［79］李世祥，王楠，吴巧生，成金华．贫困地区能源与环境约束下经济增长尾效及其特征——基于中国21个省份2000—2017年面板数据的实证研究［J］．数量经济技术经济研究，2020，37（11）：42-60．

［80］李小平，余东升，余娟娟．异质性环境规制对碳生产率的空间溢出效应——基于空间杜宾模型［J］．中国软科学，2020（4）：82-96.

［81］李一花，李佳．生态补偿有助于脱贫攻坚吗？——基于重点生态功能区转移支付的准自然实验研究［J］．财贸研究，2021，32（5）：23-36.

［82］李哲，王文翰．"多言寡行"的环境责任表现能否影响银行信贷获取——基于"言"和"行"双维度的文本分析［J］．金融研究，2021（12）：116-132.

［83］廖文龙，董新凯，翁鸣，陈晓毅．市场型环境规制的经济效应：碳排放交易、绿色创新与绿色经济增长［J］．中国软科学，2020（6）：159-173.

［84］林伯强，吴微．全球能源效率的演变与启示——基于全球投入产出数据的SDA分解与实证研究［J］．经济学（季刊），2020，19（2）：663-684.

［85］刘波，王修华，李明贤．气候变化冲击下的涉农信用风险——基于2010—2019年256家农村金融机构的实证研究［J］．金融研究，2021（12）：96-115.

［86］刘玉凤，高良谋．异质性环境规制、地方保护与产业结构升级：空间效应视角［J］．中国软科学，2020（9）：84-99.

［87］刘增明，黄晓勇，李梦洋．中间产品国际贸易内涵能源的核算与国际比较［J］．管理世界，2021，37（12）：109-128.

［88］刘自敏，邓明艳，崔志伟，曹晖．能源贫困对居民福利的影响及其机制：基于CGSS数据的分析［J］．中国软科学，2020（8）：143-163.

［89］刘自敏，朱朋虎，杨丹，冯永晟．交叉补贴、工业电力降费与碳价格机制设计［J］．经济学（季刊），2020，19（2）：709-730.

［90］罗知，齐博成．环境规制的产业转移升级效应与银行协同发展效应——来自长江流域水污染治理的证据［J］．经济研究，2021，56（2）：174-189.

［91］马红旗，申广军．产能过剩与全要素生产率的估算：基于中国钢铁企业的分析［J］．世界经济，2020，43（8）：170-192.

［92］马红旗，申广军．规模扩张、"创造性破坏"与产能过剩——基于钢铁企业微观数据的实证分析［J］．经济学（季刊），2021，21（1）：71-92.

［93］牛欢，严成樑．环境税率、双重红利与经济增长［J］．金融研究，2021（7）：40-57.

［94］牛欢，严成樑．环境税收、资源配置与经济高质量发展［J］．世界经济，2021，44（9）：28-50.

［95］欧阳艳艳，黄新飞，钟林明．企业对外直接投资对母国环境污染的影响：本地效应与空间溢出［J］．中国工业经济，2020（2）：98-121.

［96］潘冬阳，陈川祺，Michael Grubb．金融政策与经济低碳转型——基于增长视角的研究［J］．金融研究，2021（12）：1-19.

［97］邵朝对．进口竞争如何影响企业环境绩效——来自中国加入WTO的准自然实验［J］．经济学（季刊），2021，21（5）：1615-1638.

［98］邵帅，尹俊雅，王海，杨莉莉．资源产业依赖对僵尸企业的诱发效应［J］．经济研

究，2021，56（11）：138-154.

［99］沈坤荣，周力．地方政府竞争、垂直型环境规制与污染回流效应［J］．经济研究，2020，55（3）：35-49.

［100］沈小波，陈语，林伯强．技术进步和产业结构扭曲对中国能源强度的影响［J］．经济研究，2021，56（2）：157-173.

［101］施志源．绿色发展理念指引下的自然资源用途管制制度建设［J］．中国软科学，2020（3）：1-9.

［102］石敏俊．生态产品价值的实现路径与机制设计［J］．环境经济研究，2021，6（2）：1-6.

［103］史丹，李少林．排污权交易制度与能源利用效率——对地级及以上城市的测度与实证［J］．中国工业经济，2020（9）：5-23.

［104］斯丽娟，曹昊煜．排污权交易制度下污染减排与工业发展测度研究［J］．数量经济技术经济研究，2021，38（6）：107-128.

［105］苏丹妮，盛斌．产业集聚、集聚外部性与企业减排——来自中国的微观新证据［J］．经济学（季刊），2021，21（5）：1793-1816.

［106］孙天阳，陆毅，成丽红．资源枯竭型城市扶助政策实施效果、长效机制与产业升级［J］．中国工业经济，2020（7）：98-116.

［107］陶锋，赵锦瑜，周浩．环境规制实现了绿色技术创新的"增量提质"吗——来自环保目标责任制的证据［J］．中国工业经济，2021（2）：136-154.

［108］陶克涛，郭欣宇，孙娜．绿色治理视域下的企业环境信息披露与企业绩效关系研究——基于中国67家重污染上市公司的证据［J］．中国软科学，2020（2）：108-119.

［109］田友春，卢盛荣，李文溥．中国全要素生产率增长率的变化及提升途径——基于产业视角［J］．经济学（季刊），2021，21（2）：445-464.

［110］万攀兵，杨冕，陈林．环境技术标准何以影响中国制造业绿色转型——基于技术改造的视角［J］．中国工业经济，2021（9）：118-136.

［111］汪惠青，单钰理．生态补偿在我国大气污染治理中的应用及启示［J］．环境经济研究，2020，5（2）：111-128.

［112］王班班，莫琼辉，钱浩祺．地方环境政策创新的扩散模式与实施效果——基于河长制政策扩散的微观实证［J］．中国工业经济，2020（8）：99-117.

［113］王博，徐飘洋．碳定价、双重金融摩擦与"双支柱"调控［J］．金融研究，2021（12）：57-74.

［114］王春超，林芊芊．恶劣天气如何影响劳动生产率？——基于快递业劳动者的适应行为研究［J］．经济学（季刊），2021，21（3）：797-818.

［115］王分棉，贺佳，孙宛霖．命令型环境规制、ISO 14001认证与企业绿色创新——基于《环境空气质量标准（2012）》的准自然实验［J］．中国软科学，2021（9）：105-118.

[116] 王洪庆，张莹．贸易结构升级、环境规制与我国不同区域绿色技术创新 [J]．中国软科学，2020（2）：174-181.

[117] 王小龙，陈金皇．省直管县改革与区域空气污染——来自卫星反演数据的实证证据 [J]．金融研究，2020（11）：76-93.

[118] 王馨，王营．环境信息公开的绿色创新效应研究——基于《环境空气质量标准》的准自然实验 [J]．金融研究，2021（10）：134-152.

[119] 王遥，王文蔚．环境灾害冲击对银行违约率的影响效应研究：理论与实证分析 [J]．金融研究，2021（12）：38-56.

[120] 王玉泽，罗能生．空气污染、健康折旧与医疗成本——基于生理、心理及社会适应能力三重视角的研究 [J]．经济研究，2020，55（12）：80-97.

[121] 文书洋，张琳，刘锡良．我们为什么需要绿色金融？——从全球经验事实到基于经济增长框架的理论解释 [J]．金融研究，2021（12）：20-37.

[122] 邬彩霞．中国低碳经济发展的协同效应研究 [J]．管理世界，2021，37（8）：105-117.

[123] 夏权智，吴小芳，罗京．中国中间品和最终品贸易中的隐含能源 [J]．环境经济研究，2020，5（3）：133-151.

[124] 谢呈阳，胡汉辉．中国土地资源配置与城市创新：机制讨论与经验证据 [J]．中国工业经济，2020（12）：83-101.

[125] 杨璐，史京晔，陈晓光．温度变化对中国工业生产的影响及其机制分析 [J]．经济学（季刊），2020，20（5）：299-320.

[126] 余萍，刘纪显．碳交易市场规模的绿色和经济增长效应研究 [J]．中国软科学，2020（4）：46-55.

[127] 余泳泽，孙鹏博，宣烨．地方政府环境目标约束是否影响了产业转型升级？ [J]．经济研究，2020，55（8）：57-72.

[128] 余壮雄，陈婕，董洁妙．通往低碳经济之路：产业规划的视角 [J]．经济研究，2020，55（5）：116-132.

[129] 俞秀梅，王敏．阶梯电价改革对我国居民电力消费的影响——基于固定电表月度面板数据的研究 [J]．经济学（季刊），2020，19（2）：731-756.

[130] 张国基，吴华清，刘业政，周志翔．中国水资源综合利用效率测度及其空间交互分析 [J]．数量经济技术经济研究，2020，37（8）：123-139.

[131] 张军，樊海潮，许志伟，周龙飞．GDP 增速的结构性下调：官员考核机制的视角 [J]．经济研究，2020，55（5）：31-48.

[132] 张可．区域一体化、环境污染与社会福利 [J]．金融研究，2020（12）：114-131.

[133] 张天华，邓宇铭．开发区、资源配置与宏观经济效率——基于中国工业企业的实证研究 [J]．经济学（季刊），2020，19（4）：1237-1266.

[134] 赵文琦，胡健，赵守国．中国能源产业的要素配置效率与产业高级化 [J]．数量经济技术经济研究，2020，37（12）：146-162.

［135］赵阳，沈洪涛，刘乾．中国的边界污染治理——基于环保督查中心试点和微观企业排放的经验证据［J］．经济研究，2021，56（7）：113-126.

［136］赵志耘，李芳．碳中和技术经济学的理论与实践研究［J］．中国软科学，2021（9）：1-13.

［137］祝树金，罗彦，段文静．服务型制造、加成率分布与资源配置效率［J］．中国工业经济，2021（4）：62-80.

第四章　基础设施、制度与经济发展

卢盛峰　田　慧　林菁文　赵　妍

（武汉大学）

作为社会先行资本，基础设施通常被认为是推动经济发展的关键要素之一。在中国的社会主义市场经济框架下，交通基础设施、通信等各种基础设施是建立市场联系的枢纽。与此同时，政府组织及与其紧密相关的非正式制度对经济发展的作用也受到广泛的关注。因此，我国基础设施和制度的经济影响效益一直是学者研究的重点。本章总结梳理了2020—2021 年中国学者的相关文献，旨在厘清现有研究脉络，为后续的研究提供参考。

第一节　研究综述

近年来围绕"基础设施、制度与经济发展"这一话题，学术界主要从以下几个方面开展研究。其一，基础设施对经济发展的影响研究。这一部分主要从五个方面探讨了基础设施与经济发展之间的关系。包括总体性研究、交通基础设施影响专题性研究、新型基础设施影响、"一带一路"专题研究和乡村经济发展专题研究。研究主要关注基础设施对实际经济增长动力影响的渠道和机制。其二，由于制度研究的广泛性和复杂性，我们分别从政府管理制度改革视角和经济政策调整视角关注了制度对经济发展的影响及其路径。具体而言，从政府管理制度改革来看，既有研究主要从行政管理体制调整改革、政府间财政关系调整改革以及政府资源配置方式调整等视角切入考察政府管理制度改革的经济社会影响。而从经济政策调整来看，既有研究聚焦于稳经济的一揽子政策，其中多样性的政策为全面理解制度在经济运行中的作用提供了丰富的研究视域。我们主要围绕区域政策、人口和劳动政策、土地政策以及新冠肺炎疫情防控措施来探讨制度对经济发展的影响。进一步地，本章分别从"基础设施与经济发展""制度与经济发展：政府管理制度改革视角"和"制度与经济发展：经济政策调整视角"等三个方面系统梳理 2020—2021 年基础设施、制度与经济发展领域的相关研究文献，并在此基础上对现有研究的局限和不足进行评述，提出了"基础设施、制度与经济发展"领域的研究趋势和未来可能进一步发展的研究方向。

一、基础设施与经济发展

基础设施建设是推动国家经济发展和社会进步的基础和必备条件，在中国经济步入高质量发展之际，国内外学者围绕着基础设施与经济发展这一话题展开了大量研究。我们分别对基础设施对经济的总体影响、交通基础设施影响经济的专项研究、基础设施对"一带一路"发展影响研究、基础设施对乡村经济发展影响的专项研究以及其他基础设施的经济影响进行综述，旨在全面厘清基础设施与经济发展相关的最新研究进展。

（一）基础设施影响经济发展：总体性研究

首先，很多文献侧重于基础设施带来的经济效应，并肯定了基础设施的建设与投资长期内会对中国经济增长产生积极影响。Wu，Feng 和 Wang（2021）提出一种新的方法来估计基础设施投资的生产率效应，他们利用 1999 年至 2007 年间中国企业层面和省级层面的基础设施数据，并使用结构模型估计了基础设施投资对企业生产率的影响。研究结果表明，基础设施的回报率约为 6%，如果考虑到国家层面的溢出效应，回报率将增加 3 倍。此外，基础设施投资对于企业生产率的影响具有一定的异质性，随着基础设施投资的增加，生产率较高的企业会获得更多的市场份额，而生产率较低的企业则有可能退出市场。刘穷志，陈澄（2020）利用全国 30 个省区市 1990—2016 年的面板数据，在面板协整分析的基础上构建 ECM 模型，以 PMG 方法研究了省际基础设施对地方经济增长的长短期效应。研究发现在考虑地方异质性导致的短期效应差异化前提下，基础设施对地方经济增长的平均短期影响并非明显的正向效应，但从长期来看省域基础设施与经济增长在 1% 的显著性水平下有收敛的显著正向关系。

其次，也有很多学者关注了基础设施对实际经济增长动力影响的渠道和机制。从最新的文献中可以发现，基础设施建设与投资能够通过提高交易效率以及优化外部溢出效应来间接提升要素的生产效率，从而促进经济增长。

一方面，基础设施可以改善企业经营环境，降低信息传递成本，提高交易和生产效率（Liu，Li，Zeng 和 Chen，2020）。另一方面，基础设施的外部溢出效应可以促进区域要素流动，降低市场分割程度，并改善区域福利。Xu 和 Yang（2021）探讨了国内运输在基础设施改善和贸易自由化经济中的福利效应。较低的国内贸易成本降低了内陆地区到沿海港口的运输成本，从而提高了内陆地区进入全球市场的能力。颜银根、倪鹏飞和刘学良（2020）采用 2004—2016 年中国 259 个边缘地区的面板数据构建空间一般均衡模型进行倾向值双重差分法检验、三重差分法检验来研究高铁开通对边缘地区经济发展的影响这一争议问题。研究发现对于边缘地区崛起，高铁开通只是必要非充分条件。地区特定要素贫瘠的边缘地区，高铁开通会加剧其衰落，而地区特定要素丰裕的边缘地区，高铁开通会促进其崛起。边缘地区相对规模越大、非农产业规模越高以及距离核心城市越远，则边缘地区的发展轨迹就越有可能受到高铁开通的影响。

随着经济增长与环境发展问题的突出，也有部分学者关注了基础设施对绿色经济增长促进的协同作用，他们主要从绿色经济角度阐述了基础设施对于区域拥堵、环境等方面的影响。

落后地区的经济发展通常以牺牲环境为代价，而富裕地区则相反。面对全球发展低碳经济的压力，许多经济体正在经历绿色转型。He，Xie 和 Zhang（2020）利用双重差分方法，发现高速公路的连接有助于贫困周边县 GDP 的快速增长，却使富裕周边县的 GDP 增速放缓。进一步地，他们考察了高速公路的环境效应，发现对于贫困县而言，高速公路的引进以牺牲环境质量为代价，接纳了更多污染工业，促进了地区工业化发展，进而带动地区经济增长。相比之下，富裕周边县将污染性生产挤出市场，以去工业化来减少污染排放，势必会牺牲部分 GDP。由此可见，高速公路的引入给贫困周边县和富裕周边县政府带来了 GDP 增长和环境问题之间再平衡的机会。此外，随着城市化进程不断演进，人口增长和城市交通问题也日益凸显，交通量的增加不仅影响城市地区每天的通勤时间，也增加了通勤成本，进而产生经济效率低下的问题，扩建道路是解决交通外部性的常见政策应对措施。然而道路扩建也会带来交通量的增加，这可能会抵消新道路建设的一些预期经济效益。Chen 和 Klaiber（2020）利用 2011 年至 2014 年中国 103 个地级市的车辆行驶里程数据来研究道路扩建对于交通拥堵的影响，研究发现新建城市道路在一定程度上会诱发交通总量的增加。同时，Yu 和 Zhou（2021）利用 1990 年到 2016 年美国 48 个相邻州的数据研究了美国各州政府高速公路支出对汽车尾气排放的影响。发现高速公路支出的增加会增加客运和货运排放。异质性检验表明货运部门对政府高速公路支出的敏感性高于客运部门，当公共项目改善高速公路网络时，货运部门排放的尾气相对更多。

随着乡村振兴战略的兴起，有学者把眼光投向基础设施建设与乡村经济发展。发展壮大村级集体经济是新时代实施乡村振兴战略的重要支撑，而基础设施建设是促进城乡融合发展的重要保障，也是引领乡村地区实现共同富裕的重要途径。骆永民、骆熙和汪卢俊（2020）借助中国劳动力动态调查数据库（CLDS）对各种农村基础设施影响非农就业的微观机制进行计量分析，构建了一个涵盖"农村基础设施影响非农就业微观机制"的动态一般均衡模型。结果发现：从微观层面而言，主要改善农民生活条件的基础设施（如诊所等），能够阻碍农民从事非农就业；主要提升劳动力交易效率、促进农业生产的基础设施比如道路、灌溉等，能够促进非农就业；随着工农业劳动生产率差距的缩小，农村基础设施促进非农就业的作用增加。

（二）交通基础设施影响经济发展：专题性研究

改革开放以来，我国交通基础设施有了跨越式的发展。交通基础设施质量的改善能够优化资源配置，促使资源流向更具效率的地方。因此，学者们持续性关注交通基础设施这一方向。研究发现，交通基础设施对缩小城乡收入差距、要素跨区域流动、促进居民创业、提高企业生产率、降低企业费用黏性等均有着显著的影响，但基础设施建设投资水平的提升却难以有效提高城市人口承载能力。

基于安徽省"乡财县管"改革这一准自然实验，李永友和王超（2020）在分析其集权特征基础上，识别了"乡财县管"这一集权式财政支出改革的影响。研究发现，"乡财县管"改革通过赋予县级政府统筹全县乡镇财政资源权力，显著缩小了城乡收入差距。内在机制则是通过农村道路、电力两类基础设施的显著改善和教育、医疗卫生和农村科技服务三类公共服务的显著提高，增强了农村居民的增收能力，从而使农村居民收入和乡镇企业就业人数在"乡财县管"改革后显著增加。通过匹配中国专利引用数据库、城市高铁开通数据、《中国城市统计年鉴》及高等学校科技统计数据，易巍、龙小宁和林志帆（2021）构造出地级市配对面板数据，考察中国高校知识在城市间流动的特征。研究发现便捷的交通有利于劳动和资本、技术三种要素的跨区域流动。马光荣、程小萌和杨恩艳

（2020）基于 2006—2018 年高铁开通和上市公司异地投资数据，研究了交通基础设施对跨地区资本流动的影响。结果表明，高铁连通之后，上市公司赴异地投资的数量明显增加。高铁开通导致资本从中小城市净流入大城市。Wang 和 Cai（2020）基于 2003—2016 年的地级市数据，利用双重差分方法研究了交通基础设施项目如何促进跨城市的研究合作与创新。研究发现，高铁连接可以促进高创新城市和低创新城市之间的研究合作，但是对于"高—高"和"低—低"创新城市之间的合作创新并无显著影响，这意味着协同创新所带来的知识扩散效应可以促进低创新城市的创新水平，并缩小其与高创新城市之间的创新差距。谢呈阳和王明辉（2020）采用中国 275 个城市 2004—2016 年的面板数据，通过门槛效应模型检验并讨论了区内和区际交通基础设施对工业活动空间分布的影响。研究表明：无论经济发展程度如何，提高区内交通基础设施水平都能增加本地工业活动的集聚程度且提高区际交通基础设施水平能促进生产要素在全社会的优化配置。

　　基于 2002—2018 年中国 30 个省区市的面板数据，马蓉和周亚梦（2020）利用空间杜宾模型实证研究我国交通基础设施对区域创新的空间溢出效应以及人力资本的中介效应。结果显示：落后地区受到交通基础设施的负向溢出效应较大，而发达地区受到交通基础设施的正向溢出效应不显著；中介效应模型分析显示，人力资本在交通基础设施影响区域创新产出的机制中表现出中介作用，交通基础设施对人力资本的虹吸效应一定程度上可以解释交通基础设施对创新的负向溢出作用。本地的区间交通基础设施提升致使人才外流；邻近省区市区内交通基础设施水平的提升促进人才流入。基于微观住户调查数据，万海远（2021）研究了城市社区基础设施促进居民创业的作用机制，发现社区基础设施的正向外部性很大，显著提升了居民的创业比例，越靠近城市中心、越是环保类的基础设施其呈现的创业带动作用越明显。通过建立随机前沿模型，侯建朝、陈倩男和孙飞虎（2021）利用谢泼德能源距离函数定义了全要素能源效率的表达式，对 1997—2016 年中国的交通运输业全要素能源效率及其影响因素进行实证分析。结果表明：基础设施水平对交通运输能源效率提高则具有抑制作用，而交通运输结构、能源相对价格和经济发展水平的影响不显著。基础设施水平的估计系数在 5% 显著性水平下为正，表明交通运输基础设施越完善，能源效率越低。

　　Ma，Niu 和 Sun（2021）利用 2012—2018 年列车时刻表数据和 CFPS 的微观数据，通过双重差分方法研究了交通基础设施对于家庭创业的影响。研究发现，高铁连接会促进家庭创业提高 3.5 个百分点。机制检验表明，市场潜力和财务约束是高铁影响创业的两个渠道。由此，高铁的连接可以通过增加居民家庭资产来鼓励创业活动。一些学者发现交通基础设施对企业也产生了一定的影响。刘冲、吴群锋和刘青（2020）结合 1998—2007 年工业企业微观数据，利用高度细化的交通路网数据构建市场可达性指标实证检验了交通基础设施对中国企业生产率的影响，重点从市场竞争与资源配置的视角探讨了影响机制。研究发现交通基础设施通过提升市场可达性显著且稳健地提高了企业生产率。杨国超、邝玉珍和梁上坤（2021）基于 2003—2018 年 A 股非金融类上市公司样本数据，研究以高速铁路建设为代表的基础设施建设在解决市场分割方面的积极作用。研究发现高铁通车显著降低了企业费用黏性，其作用渠道是降低企业调整成本、减少代理问题，最终提高企业的成本管理效率。蔡宏波、钟超和韩金镕（2021）基于扩展的中心-外围理论模型的分析，以中国城市高铁开通作为准自然实验，选取 1999—2013 年 270 个地级市数据实证研究交通基础设施升级对污染型企业选址的影响。结果表明高铁开通对污染型企业选址有负向影响，但具备企业性质、地理位置、环保意识三个方面的异质性。李萌和张力（2020）以上海市为例，通过 VAR 模型的协整检验、格兰杰因果检验、脉冲响应和方差分解分析，探讨城市基础设施投资水平对城市人口规模增长的影响。发现人口倾向流往基础设施水平高的城市，但基础设施投资水平并没有实质性地回应城市人口的增长。这表明政府更关注基础设施对经济增长的贡献，公共投资偏重基础设施服务经济增长的功能。

（三）新型基础设施对经济发展的影响

县域是实现经济高质量发展的基础，新时代背景下推动县域经济高质量发展需寻求新的动能、新的突破口。完世伟和汤凯（2020）发现以数字技术为核心的新基建，适应了新一轮科技革命和产业变革的方向性要求，具有显著的动力先进化、投资领域多元化、产品构成复合化等特征，短期内有助于县域对冲疫情冲击，长期内能激发县域新需求、催生新业态、带动新投资，从效率变革、动能转换、结构优化等方面促进县域经济高质量发展。

而信息基础设施作为兴起的新型基础设施，对企业发展也产生了一定的影响。孙伟增和郭冬梅（2021）使用 2015—2018 年全国地级及以上城市 4G 基站数量与上市公司数据进行匹配，从效果、异质性和影响路径三个维度考察信息基础设施建设对企业劳动力需求的影响。研究发现城市每万人 4G 基站数量增加 1 个，企业的劳动力总需求将显著提高 5.67%，并且对于本科及以上学历的劳动力和技术人员的需求增加更多。信息基础设施建设对企业劳动力需求的影响存在显著的异质性。信息基础设施建设显著提高了企业的信息化水平，推动企业规模扩大、生产效率提高和经营范围扩大。

有研究关注到基础设施投资结构正在转型，从这一视角发展了结构转型和基础设施的理论研究。郭凯明、潘珊和颜色（2020）建立了一个包含传统基础设施和新型基础设施的多部门动态一般均衡模型，通过数值模拟定量展示新型基础设施投资对制造业升级和服务业业发展的影响。研究发现，新型基础设施和传统基础设施在供给侧所影响的具体生产技术和在需求侧所涉及的投资的产业来源构成上均存在差别。当制造业的资本产出弹性较高且制造业和服务业的产品替代弹性较低时，新型基础设施投资将在供给侧通过提高制造业资本密集程度和实际产出比重推动制造业升级，通过提高服务业就业比重和名义产出比重推动服务业发展；当生产来源上新型基础设施的服务业投入比重高于传统基础设施时，新型基础设施投资将在需求侧通过提高服务业就业比重和名义产出比重拉动服务业发展。为了适应新时代高质量发展要求，未来国家基础设施的内涵也会发生一定的改变。顾朝林等（2020）提出除了传统的物质基础设施外，数字、人力资本、自然资本和国防基础设施也成为其重要组成部分。中国高质量发展的基础设施布局，一方面是原有基础设施的延续和效率提升，另一方面也是新基础设施布局和落实，同时也包括社会服务基础设施的完善和质量提升。"十四五"期间，高质量发展基础设施的空间布局主要包括：完善大交通为主的基础设施建设，加快国家级物流和新能源基础设施发展，重视水基础设施重大项目布局，超前布局 5G 网等数字基础设施，补齐基本公共服务设施短板，推进城市社区基础设施和社会设施现代化等。

（四）基础设施和"一带一路"发展

基础设施互联互通是不同区域之间空间网络形成的支撑，对区际生产要素流动、市场融合和资源配置具有重要作用，也是"一带一路"建设的重点内容和前提条件。王成金等（2020）立足于综合基础设施网络，以"一带一路"沿线国家和地区为分析地域，设计数理模型，评价了中国与沿线国家和地区的基础设施网络连通性。研究发现从海陆属性来看，岛屿型国家与中国设施连通性最高，其次为综合型国家，内陆型国家最低。对国际区域而言，俄蒙和东南亚地区与中国的设施连通性最高，中东欧地区连通性最低。从国家尺度来看，俄罗斯和越南是与中国设施连通水平最高的国家，巴勒斯坦、东帝汶等 5 个国家与中国尚未形成设施连通性。从连通方式的构成来看，航运网络的连通性最高，其次为航空和光缆。"一带一路"沿线国家和地区与中国的设施连通形成了四种典型模式，包括海陆融合型外缘连通模式、陆路通道直接连通模式、陆心内生性低水平连通模式和远距离不均衡连通模式。

有学者同样基于中国与沿线国家和地区的视角测度交通基建连通水平。基于耦合协调度模型，余俊杰、支宇鹏和陈禹帆（2020）对 2007—2017 年中国与"一带一路"沿线国家和地区的交通基础设施互联互通水平进行测度。结果发现，中国与"一带一路"沿线国家和地区的交通基础设施互联互通整体水平显著提升，航空与港口基础设施互联互通水平的提升速度高于整体水平且航空基础设施较港口基础设施在互联互通方面优势更为明显。此研究认为应进一步密切我国与"一带一路"沿线国家和地区的交通基础设施互联互通。

（五）研究评述及展望

本部分主要从五个方面探讨了基础设施与经济发展之间的关系。包括总体性研究、交通基础设施影响专题性研究、新型基础设施影响、"一带一路"专题研究和乡村经济发展专题研究。研究发现总体上看基础设施建设通过提高交易效率、优化外部溢出效应间接提高要素生产效率长期内对经济发展产生积极影响，对绿色经济增长也产生一定的协同作用。接下来分别展开专题研究。交通基础设施对缩小城乡收入差距、要素跨区域流动、促进居民创业、提高企业生产率、降低企业费用黏性等均有着显著的影响，但基础设施建设投资水平的提升却难以有效提高城市人口承载能力。与此同时基础设施投资结构面临转型阶段，未来国家基础设施的内涵也会发生改变。在新时代背景下要想推动县域经济高质量发展需尽快寻找新的突破口。基础设施互联互通也是"一带一路"建设的重点内容和前提条件，是引领乡村地区实现共同富裕的重要途径。由此可见基础设施建设和经济发展密不可分、紧密相连。那么新时代背景下推动县域经济高质量发展所需的新动能、新突破口在哪里？基础设施投资结构正在朝着哪个大方向转型？基础设施建设投资水平如何提升能够有效提高城市人口承载能力？未来国家基础设施的内涵将会有什么新的改变？"十四五"期间及以后，高质量发展基础设施的空间布局会朝着哪个方向发展？这些都是未来值得关注的话题，也是值得探索的方向。

二、制度与经济发展：政府管理制度改革视角

随着 2020 年全面建成小康社会的目标基本完成以及"十四五"时期的到来，中国已进入全面建设社会主义现代化新阶段，政府不仅要承担起推动、组织、实现现代化的基本职责，还要不断完善自身职能与职责体系。针对这一部分最新研究，我们将分别根据各项职能展开综述和评论。

（一）行政管理体制调整改革

"十四五"时期政府职能转变的主要目标就是建设职能科学、结构优化、廉洁高效、人民满意的服务型政府。而行政管理体制调整改革的基本价值目标就是要建构保障政府高效行政、公平行政的行政管理体系。基于此，本部分先后从简政放权、政企制度和创新监管方式三个角度展开其对经济影响的综述和评论。

1. 简政放权与经济发展

为了适应当前经济和社会快速发展的需要，以机构调整、减少审批事项展开的机构和行政审批制度改革一直是学者们研究的热点话题。其中，"简政放权"作为行政管理模式的系统工程，既是增强政府治理、建设现代政府的内在要求，也是提升政府公信力、执行力和权威性以及更好服务人民群众的有效保障。在分权化管理模式改革的研究中，学者们也较多地关注了"简政放权"对经济增长的影响。由于"简政放权"改革的内容极具广泛性和复杂性，我们将聚焦于"简政"与"放权"两个维度展开综述。

具体而言，"简政放权"中的"简政"指的是精简政府管理事务，而行政审批制度改革恰恰体现了"简政放权"的简政力度。为深入理解"简政放权"的微观经济效果，众多学者研究了行政审批制度改革对中国制造业生产率、企业全要素生产率、企业研发和价格加成、僵尸企业出清的影响。繁杂的行政审批会扭曲资源配置效率，并抑制企业进入退出净效应对总量生产率增长的贡献，因此这种不必要的行政制度限制和干预会抑制中国制造业总量生产率的增长（王磊，2022）。进一步地，学者们研究发现：精简化的行政审批制度改革可以促进企业全要素生产率的增长、降低企业制度性交易成本、催生新的市场主体，并提升企业创新能力（朱光顺、张莉和徐现祥，2020；金晓雨，2020；杨攻研、范琳琳和胥鹏，2021）。但是，这种行政审批制度的积极影响可能会由于受到企业异质性因素的影响而减弱。比如，杨攻研、范琳琳和胥鹏（2021）基于 2004 年投资审批制度改革这一准自然实验，采用双重差分法实证检验了投资审批制度改革对僵尸企业出清的影响及其内在机理。研究表明，投资审批制度改革显著降低了省份—行业层面的僵尸企业资产、债务和数量比例，投资审批制度改革能够促使各行业僵尸企业比例平均下降 15.4%。值得注意的是，与民营企业和竞争性行业不同，国有企业和垄断性行业的特殊性弱化了这项改革的效果。

而"简政放权"中的"放权"可以理解为向下一级政府、市场和社会放权，包括财权和事权。一方面"简政放权"可以赋予地方政府更多权力，并减少跨层沟通所带来的信息损失，降低沟通成本，因此放权领域的数量越多，越有利于经济增长（Jia, Liang 和 Ma, 2021；李永友，2021）。另一方面，权力下放的"扁平化"等级制度所带来的管控范

围扩大却会增加政府监管难度，扭曲区域经济发展。Bo，Wu和Zhong（2020）利用双重差分方法研究发现财政管理机构的扁平化不仅会导致县级政府增加对资金的滥用，公共福利以及民众对政府的信任度也会因此大幅下降。此外，也有研究认为权力下放容易诱发地方保护主义和生产力的扭曲。比如，生产资源的趋同现象以及价格和生产力的差异可能会引致区域发展不公平的问题，而集权则可以通过更好的合作来缓解资源错配问题，减少要素跨区域流动的障碍，从而促进经济发展（Bo，2020）。Bo，Deng，Sun和Wang（2021）构建了一个政府间信息传递模型，来研究权力下放对经济绩效的影响。他们发现，如果地方政府是中央政府的严格执行者，则权力下放不利于经济产出增长。进一步地，也有研究检验了分权时序与经济增长的关系，所谓分权时序，即各省在推进分权改革时选择行政分权和财政分权的次序安排。李永友、周思娇和胡玲慧（2021）认为在放权领域数量既定情况下，先在行政领域实施放权要比先在财政领域实施放权更有利于经济增长，且在欠发达地区实施放权改革对经济增长的促进效应更大。

2. 政企制度与经济发展

政治体制被广泛认为是一个国家经济表现的重要决定因素，同时一个国家的经济社会发展离不开良好健康的政商关系。因此，部分文献基于公共部门和国有企业所构建的新型政商关系来研究其对企业经济的影响。He，Liu，Xue和Zhou（2020）研究了"中央—地方"官员行政关系对中国区域经济增长同步性的影响。他们基于1993年至2014年中国大陆31个省级行政单位（465对）的配对面板数据，发现官僚一体化（曾在中央政府任职的省级政府高层官员）对区域产出同步性有显著的积极影响。也有文献研究了中国城市间官僚机构调动后的区域间投资模式，并发现地区官员调动后，在其任期内投资流向新任职地区的概率增加了三个百分点（Shi，Xi，Zhang和Zhang，2021）。与此同时，有研究表明政府对企业干预的扭曲行为会带来严重的资源错配问题，从而造成经济效率损失。Tang，Li，Ni和Yuan（2020）使用中国工业企业年度调查（ASIF）数据库，并利用21世纪初的土地价格冲击来确定其对中国企业搬迁行为的影响。研究发现地方政府的干预可能会扭曲企业的搬迁决策，尤其是对于地方政府干预较强的地区（欠发达市场），即使土地价格飙升，但企业搬迁的可能性仍然较小。这是由于地方政府主要从企业税收和国有企业的利润中获益，而企业的搬迁不仅会使地方政府财力受损，地区的就业机会也会因此缩减。Fan（2021）收集了企业家辞职报告和政治家个人信息的原始数据集，将董事会成员、政府官员和被迫辞职联系起来，评估了"禁止公职人员在企业任职"这一规定对于企业业绩和股票回报的影响。研究发现职级较高的政治家离职会大大削弱企业的累积股票回报和未来利润，尤其是当企业处于低市场化地区时，这种影响更明显。这也意味着股票回报效应主要是由政府公共部门和国企领导的政治联系所驱动的。Hao，Liu，Zhang和Zhao（2020）通过中国上市企业捐赠、政府补贴以及中国的反腐运动之间的关系来识别企业慈善行为的寻租动机。研究发现，2013年中国的反腐运动明显减少了与政府政治关系密切的上市企业的慈善捐款，同时政府对这些企业的补贴也有所下降，这意味着在反腐运动之前，企业和政府之间存在互惠关系。而企业捐赠的这种寻租动机和中国相对薄弱的慈善捐赠监管环境，可能部分地解释了为什么与更发达的经济体相比，中国企业的捐赠占有更大的比例。另外，反腐运动后，虽然与政府关系较近的企业对社会的捐赠和补贴有所减少，但是企业的生产力显著提升。这可能是腐败滋生了互惠互利的交换，反腐运动将企业的资源更多地转移到提高生产力上，并降低了腐败所引致的生产过程中的经济成本。

3. 创新监管方式与经济发展

坚持创新监管格局是组织营造公平竞争市场环境的重要保障，为了营造国际一流营商环境，促进区域经济发展，这就进一步要求政府着力促进公正的司法体制和有效的契约执行，并不断创新行政监管体制。已有文献表明通过加强行政监管体制对政府权力滥用的限制以及晋升渠道的正确引导可能是稳定经济增长富有成效的途径。中国政府官员的晋升激励结构是为促进经济增长而建立的，反过来晋升机制也会引导政府官员的政治行为。Wu和Cao（2021）收集了2001年至2014年间中国县级市的党委书记数据，并研究了地方环境污染是否会影响政府官员的晋升机会。研究表明对于县委书记和县级地方官员而言，减少空气污染可以提高其晋升机会，而对于地级市和省级党委书记而言，减少污染与晋升的关系并不明显。一个可能的原因是政府的大部分日常职能，包括环境保护，往往是由县级政府实施的。在中国，通常是由中央政府制定环境政策目标并省级目标，省级政府设计本地区的执法计划，并将监管负担分配给市县，所以环境治理绩效与县级官员晋升有直接影响。但是，一些不当的行政晋升激励措施也会诱发信息扭曲问题，阻碍经济健康平稳发展。Chen，Qiao和Zhu（2021）从理论和实证两方面研究了晋升激励对中国县级官员操纵GDP的影响。研究发现：相比于第二任期的党委书记，第一任期的县级党委书记统计数据失真的GDP注水行为更明显。此外，在问责机制较为严苛的县，晋升激励对官员操纵GDP行为的影响较小。这些发现表明晋升机制可能会导致GDP注水行为，从而诱发信息扭曲问题，不利于区域经济发展。而地方官员操纵改变数据的动机可能是为了获得更好的绩效评估和晋升渠道，所以中央政府的财政分配规则应避免地方政府的数据操纵动机，特别是应切断与地方政府自行报告的数据联系（Zhang，Yu和You，2020）。

（二）政府间财政关系调整改革与经济发展

长期以来，人们认为财政激励措施对地方政府的行为和区域的经济表现具有重要影响，这一部分的最新研究主要涉及财政分权背景下政府税收和财政能力的改革，并重点检验了其对经济发展的影响以及财政分权推动经济增长的机理。

一方面，政府间财政关系对宏观经济的作用十分复杂。一些学者认为财政改革对经济发展有显著的积极影响。Lv，Liu和Li（2020）构建了一个简单的财政竞争模型，以建立地方财政激励措施和支出政策之间的联系，并证明了较高水平的财政激励（由省级以下企业所得税分成比例来衡量）会促使地方政府采取扩张性的支出政策，从而提高投资水平，激发经济活力。余红艳和沈坤荣（2020）进一步发现财政制度改革通过创新驱动和人力资本提升路径推动地区经济高质量发展。但是，如果将实际经济增长分解为政府直接调控的"经济增长目标"和主要受市场因素影响但同时也受到政府间接干预的"计划外增长"两项来考虑，财政分权在实际经济增长、经济增长目标和计划外增长方面的效应并不同步，而且还呈现地区差异性（詹新宇和刘文彬，2020）。此外，在财政分权背景下中国财政体制存在纵向财政不平衡问题也会削弱地方政府税收征管力度（Jia，Liu，

Martinez-Vazquez 和 Zhang，2021）。Jia，Ding 和 Liu（2020）认为，虽然权力下放后的财政转移支付可以为地方政府提供资金有助于实现均等化，但是增加财政转移支付对税收执行力度的抑制作用超过了地方税收自主权的促进作用。因此，为了促进地方经济增长缓解地方政府融资压力，在加强地方财政纪律的同时，提高地方税收自主权是比增加财政转移到地方政府融资更有效的途径。

另一方面，也有研究从经济增长管理角度出发，研究了政府公共服务支出与经济增长的相关性，探讨了中国经济增长目标与政府公共支出的扭曲联系。Liu、Xu、Yu、Rong 和 Zhang（2020）利用 2003 年至 2016 年中国 230 个城市经济增长数据进行的研究发现政府的经济增长目标遏制了教育、科技等方面的公共服务支出，这种扭曲导致了人力资本和技术进步的停滞，制约了长期的经济增长。当城市的增长目标规模超过了上级政府的增长目标，或者政府过度完成了增长目标任务时，公共服务支出就会减少。这意味着基于经济绩效的晋升评价扭曲了公共支出的构成，阻碍了经济的可持续发展，甚至加速了经济衰退的开始。

（三）政府资源配置方式调整与经济发展

随着市场化改革的不断深化，政府配置资源的范围和方式也在不断调整。政府通过财政收支以及相应的财政税收政策调整和引导现有自然资源、经济资源和社会事业资源等公共资源的流向和流量。针对诸多政府资源配置方式，最新研究主要涉及了税收激励和政府补贴对经济发展的影响。

一方面，税收政策是促进经济发展和激发市场活力的重要工具。作为供给侧结构性改革的重要组成部分，税收激励可以激活企业创新需求，促进技术进步，推动经济高质量发展。从微观企业层面来看，税收激励可以有效降低企业生产和创新成本，提高企业绩效和企业出口国内附加值率（唐红祥和李银昌，2020；刘玉海，廖赛男和张丽，2020）。此外，税收激励的作用效果具有一定的异质性。刘诗源、林志帆和冷志鹏（2020）研究发现税收激励的作用集中于成熟期的企业，而对成长期和衰退期企业的影响并不显著。从宏观视角出发，牛欢和严成樑（2021）通过构建一般均衡模型从生态环境、经济效率和消费福利三个维度来考察信贷约束和环境税收对经济高质量发展的影响，研究发现改善信贷约束和适度提高环境税率能够实现"降污染、去错配、增福利"的三重红利，从而促进经济高质量发展。

另一方面，区别于税收激励，政府补贴对经济的影响更为直接，然而学界关于政府补贴对于经济发展影响的结论并不一致。虽然有研究从研发投入或产出角度进行分析，认为政府补贴不仅可以引导和保障企业开展改善生产效率的创新活动，也可以激励企业积极履行纳税义务、严格遵循质量标准，更是助力实体经济可持续增长最直接的方式（邓峰，杨国歌和任转转，2021；郑景丽，王喜虹和李忆，2021）。但是，由于寻租会增大管理成本，进而引发的资源错配问题也会阻碍补贴政策发挥应有效果。比如，张中华和刘泽圻（2022）研究发现创新补助对企业全要素生产率具有负面影响，非创新补助则对企业全要素生产率具有倒 U 形影响。

（四）研究评述及展望

不可置否，既有研究为深入理解政府管理制度改革对经济的影响提供了较为丰富的研究视域，主要从行政管理体制调整改革、政府间财政关系调整改革以及政府资源配置方式调整等视角切入考察政府管理制度改革的经济社会影响。政府管理制度改革不仅会深刻影响政府与市场经济主体的关系，也会影响整个宏观经济的平稳运行。但是中国作为一个超大型经济体，政府管理体制改革对宏观经济增长的作用具有广泛性和复杂性。因此，如何建构保障政府高效行政、公平行政的管理体系，使地方政府发挥因地制宜的自主性，激发经济活力还有待深入研究。特别是新冠疫情背景下，基层管理体制的改革方向对稳定经济发展的作用值得进一步探索。除此之外，政府管理制度改革对经济的影响机制和路径也是有待补充和完善的领域之一。现有研究大多集中在政府管理制度改革可以通过降低沟通和要素流动成本，或者通过促进企业和地区创新等来作用于宏观经济发展（Bo，2020；唐红祥和李银昌，2020；刘玉海、廖赛男和张丽，2020）。而现有理论模型和实证经验尚未清晰地对路径进行分解以辨析各条路径在其中发挥的效力及重要程度，这急需学者们从新的视角和理论出发探索政府管理制度改革的影响，以此为政府宏观调控经济发展提供有效依据，并为解决一系列关系政府管理制度改革与经济发展的重点问题提供解决方案。

三、制度与经济发展：经济政策调整视角

2020年至今，面对全球疫情形势的不确定性风险以及经济下行的压力，宏观经济政策的调控对一个国家经济发展的重要性不言而喻。如何稳定国家经济增长，合理把握宏观调控节奏和力度，精准有效实施宏观政策，以此促进经济运行保持在合理区间是学者们研究的热点话题。在本部分，我们把经济政策看作一种暂时性的制度安排，根据所研究政策的类型进行综述，具体展开如下：

（一）区域政策与经济发展

在从计划经济向市场经济转型的发展过程中，全面的改革很容易受到既得利益集团的阻挠，作为一种渐进式的改革方法，试点治理已被中国的中央和地方政府广泛采用。为了改善整个国家的福祉，中央政府积极寻求地方政府的成功经验，旨在让这些成功的试点经验逐步推广到其他地区。大量研究发现，地区试点政策对城市技术创新有着显著的正向影响。比如，Zheng和Li（2020）利用1984年至2010年间中国城市的专利数据进行的研究发现高新技术产业开发区试点治理明显改善了城市的创新产出。同时，试点治理促进了"企业—大学—研究"的合作，并吸引了越来越多的企业聚集在高新技术产业开发区，从而提高了试点城市的创新能力。高新技术产业开发区试点治理还向周边城市传递了溢出效应。Liu和Li（2021）利用2003年至2016年间城市和企业层面数据，实证检验了信息化和工业化融合试验区（PZIIs）对城市创新的影响，他们认为政府的直接或间接支持在调解政策效应方面发挥了重要作用，政府的财政自给率越高或拥有的经济资源越丰富，政策效应就越强。此外，政府审批设立的开发区对提高地区经济效率、提高经济发展水平也起到了重要推动作用。张天华和邓宇铭（2020）认为由政府实施的开发区优惠政策可以适当倾向资源配置优化作用更强的私营和股份制企业，以更好地发挥开发区资源优化配置的引导作用。进一步地，孔令丞和柴泽阳（2021）发现开发区升格政策有效推动了城市经济效率的提升。其中，政策强度与城市经济效率均呈倒 U 形关系。他们还发现，开发区交通越便利越有利于升格政策发挥经济效应，但是低效率政府不利于升格政策效应的发挥。

（二）人口、劳动政策与经济发展

有研究直接关注人口统计特征对经济发展的影响。比如，丁宏（2020）将人口增长和资本存量内生于经济增长模型之中，分析了政府支出占产出的比例、所得税率及消费税率对人口增长率及经济增长率的影响。研究发现，政府支出占产出的比例增加将不利于人口增长率提高，同时经济增长率呈现不确定的反应。也有学者选取具体的切入点进行研究，如老龄化速度和生育政策等对经济的影响。都阳和封永刚（2021）研究发现，人口老龄化速度只有在达到一定阈值时，才会对经济增长产生显著的影响。此外，长期以来，中国家庭一直保持着较高的家庭储蓄率。较高的储蓄率会削弱对产品和服务的潜在需求，也会造成利率下行压力，因此如何从投资型经济转为消费型经济一直以来是中国学者关注的问题。Li 和 Xiao（2020）对财富增长和人力资本之间的因果关系提出了一种新解释，鉴于人力资本投资主要是为了就业竞争力，个人在财富增长引起的劳动供给下降之后，倾向于减少人力资本投资。他们以房屋拆迁为政策冲击，通过双重差分法评估了家庭财富增长对儿童人力资本的影响。研究发现，持续的大规模城市住房拆迁所造成的劳动力供给和人力资本积累的下降可能会使中国经济失去动力。基于此，现阶段也有研究关注了开放的"生育政策"是否能够刺激经济增长。贾俊雪、龙学文和孙伟（2021）深入考察了生育政策（包括最大生育数量限定和超生罚款政策）对经济增长、收入分配和社会养老保障负担的影响及其机理。他们认为，生育数量限定政策放松对经济增长具有"倒 U"形影响，对居民收入基尼系数则具有"U"形效应，有利于减轻社会养老保障负担，而超生罚款政策放松也能减轻社会养老保障负担，但会抑制经济增长、加大收入差距。

（三）土地政策与经济发展

土地作为重要的生产要素和一切生产活动的载体，其配置方式无疑决定了一个地区在相当长时间内的发展方向，同时土地资源配置效率的提高也是经济增长的重要源泉。已有研究普遍认为土地政策是经济增长中的重要因素，并将土地政策或者地方政府土地财政行为等因素纳入经济增长模型中，进一步推演出区域经济差异机制（王志锋、朱中华和黄志基，2020）及其对不同部门投资结构的影响（梅冬州和温兴春，2020）。此外，土地政策也可能会带来一些问题，比如，刘迟（2020）研究发现农村土地经营权流转带来了经济收益提高的同时，也带来了农民群体分化、交易风险以及经济富裕与文化贫困的制度落差。也有一些学者认为土地政策对经济的影响体现出较大的区域性差异。钟文等（2021）研究发现，土地政策匹配能够有效提升区域协调发展水平，且存在明显的区域差异特征。不过，由于全国整体土地利用政策匹配度不高，土地政策对区域协调发展水平的提升作用缺乏强劲动力。谢呈阳和胡汉辉（2020）则从城市主要创新要素切入认为，在当前发展阶段，中国大规模出让工业用地、不饱和供给商住用地的土地资源配置方式对城市创新的综合影响为负，并且其对经济发达的东部城市和对高技术行业的创新抑制作用更明显。

（四）新冠肺炎疫情防控措施与经济发展

2020 年爆发的新冠肺炎疫情，作为重大突发公共卫生事件给面临复杂内外部环境挑战的中国经济带来极大外部冲击。Duan 等（2021）通过运用经济预测和一般均衡模型的估算，认为新冠疫情可能会使中国 2020 年的经济增长降低 3.5%，尤其是对以住宿、零售等为代表的服务业部门的负面影响高达 14.6%。Fisman、Lin、Sun、Wang 和 Zhao（2021）研究认为政府实施有效的预防和控制疫情的措施以及经济复苏的政策对遏制潜在的经济损失起着关键作用。大量研究认为应以财政政策工具和货币政策工具为主，聚焦关键领域、关键环节和关键主体积极布局，帮助企业开展生产，以促进疫情带动的新产业和新发展模式助力经济恢复（唐任伍、李楚翘和叶天希，2020；解瑶姝，2020；李明、张璟璟和赵剑治，2020）。但是，吴振宇和唐朝（2021）也指出应对疫情的大规模财政和货币救助政策在短期内会推高经济增速，但未改变 2008 年国际金融危机以来全球经济增长的总趋势。新冠肺炎疫情暴发后，全球经济增长面临的结构性问题有所恶化。

（五）研究评述及展望

本部分基于经济政策调整视角，主要围绕区域政策、人口和劳动政策、土地政策以及新冠肺炎疫情防控措施来探讨制度对经济发展的影响。新冠肺炎疫情背景下，既有研究聚焦于稳经济的一揽子政策，多样性的政策为全面理解制度在经济运行中的作用提供了丰富的研究视域。但是，大部分研究仅关注政策作用的效果，并通过排他性政策的稳健性检验专注于评估某一具体政策的影响，并未重视不同类型政策对经济增长的综合影响。事实上，政府为实现某一既定经济目标，需要多种政策协同作用。然而，由于多种政策组合的作用效果不仅仅是累加的，组合政策的影响既可能被削弱也可能被扩大，那么这其中的作用效果该如何评估？多种政策的联合影响该如何识别？鲜有文献对此展开探讨。同时，政策评估方法的最新进展也值得关注，比如，多期政策评估中处理效应异质性所带来的估计偏误问题不容忽视，这就需要学界对相应的识别方法进行修正，规范化和标准化地使用相关方法，正确评估政策作用效果。此外，一些政策的实施并非严格外生的，学者们需要对政策制度背景有十分清晰的认识，包括且不限于政策实施的前提条件、审核条件以及后期评估等问题，才能更加清晰地理解制度政策的运行机制，为经济发展提出更为合理可行的政策建议。

第二节　重要论文

1. Guojun He, Yang Xie, Bing Zhang. Expressways, GDP, and the environment: The case of China [J]. Journal of Development Economics, 2020, 145: 102485.

研究背景：国务院分别在 1992 年和 2004 年批准了"五纵七横"国道主干线建设和"7918 网"高速公路建设。在建设过程中，许多位于主要节点城市之间的周边县城也被连接起来。那么，大型交通运输网络在其不断扩张的过程中对当地经济发展会产生何种影响？文章基于"五纵七横"和"7918 网"建设背景，将全国县区划分为剔除组、实验组和对照组，使用双重差分模型探究了高速公路的联通和经济增长之间的关系。

基本结论：高速公路的连接有助于贫困周边县 GDP 的快速增长，却使富裕周边县的 GDP 增速放缓。通过考察高速公路的环境效应，作者发现高速公路的连接促使贫困周边县吸引了更多的污染企业，由此排放出更多的污染物质。换而言之，对于贫困县而言，高速公路的引进以牺牲环境质量为代价，接纳了更多污染工业，促进了地区工业化发展，进而带动地区经济增长。而富裕周边县将污染性生产挤出了市场，以去工业化来减少污染排放，所以会牺牲部分 GDP 的增长。

主要贡献：相比于既有文献而言，该研究侧重于区域异质性视角揭示了交通基础设施对于地区经济发展的影响，并将其中的异质性影响与高速公路的环境效应相结合，更加全面地探究了中国高速公路扩张为贫困与富裕地区所带来的经济与环境发展问题。

现实意义：一方面，文章为实现区域经济的协调发展以及实现发达地市之间的规模经济目标提供了新的政策依据，同时环境机制检验也进一步为地方政府提供了 GDP 增长与环境矛盾之间再平衡的机会。另一方面，高速公路等交通基础设施建设对贫困周边县和富裕周边县的异质性影响不容忽视，该研究有益于进一步理解交通基础设施改善对扶贫效果的影响。

2. Guiying Laura Wu, Qu Feng, Zhifeng Wang. A structural estimation of the return to infrastructure investment in China [J]. Journal of Development Economics, 2021, 152: 102672.

研究背景：基础设施投资是经济增长的重要驱动力，从长远来看，基础设施投资总体上会带来较高的产出和收入。文章围绕三个问题展开研究，一是基础设施投资的平均回报率是多少？二是基础设施投资通过何种渠道提高了企业产出和收入，是基于财政扩张的需求效应还是供给侧的生产效应？三是如果公共基础设施投资确实促进了总生产率，那么它产生效果的潜在机制是什么？理解上述问题对于基础设施投资项目的规划与评估具有重要意义。

基本结论：基础设施投资是生产率效应的有力证据，可以转化为 6% 的回报率。尽管基础设施投资对产出的巨大贡献是通过短期需求效应实现的，但长期基于数量的全要素生产率提高也从此类投资中受益。如果将区域间溢出效应考虑在内，基础设施投资的回报率将增加 3 倍。另外，基础设施投资的这种影响在企业生产率层面存在异质性，随着基础设施投资的增加，生产率较高的企业获得了更多的市场份额，而生产率较低的企业更有可能退出市场。

主要贡献：由于企业产出和基础设施之间可能会存在反向因果关系，该研究提出了一种新的方法并结合企业层面与省级层面的数据来估计基础设施投资对生产率的影响。具体而言，文章首先通过一阶马尔可夫方程将生产率分解为企业自身生产率增长和受基础设施投资影响的预期生产率之和。由于这一生产方程允许滞后的企业生产率和地区基础设施之间存在关联，研究以此控制了企业通过空间自选择效应而产生的反向因果关系。其次为了进一步控制基础设施建设由非随机分配而产生的内生干扰，作者将这一部分的影响分解为地区和企业两个维度的冲击，并加以控制，从而提出一个假设：即决策者不会根据企业层面的生产调整而改变对一个地区的基础设施投资。由此，为学者们提供了一种解决基础设施与企业生产之间内生性问题的思路。

现实意义：文章证实了基础设施的短期刺激效应和长期生产率效应，有助于理解基础设施投资的需求效应和生产效应所带来的回报率，并为地方政府和企业制定相关的基础设施投资政策提供了相关研究依据。

3. Yang Xu, Xi Yang. Access to ports and the welfare gains from domestic transportation infrastructure［J］. Journal of Urban Economics, 2021, 126：103392.

研究背景：由于较高的沿海港口运输成本，一国的内陆地区几乎很少从国际贸易自由化中获益。随着国内运输基础设施的发展完善，内陆地区通往沿海港口的运输渠道得到了极大的改善。基于此，文章探讨了中国国内在基础设施改善和贸易自由化经济中的福利效应。

基本结论：较低的国内贸易成本降低了内陆地区到沿海港口的运输成本，从而提高了内陆地区进入全球市场的能力。这一改善港口准入的渠道增加了内陆地区从国内和国际市场一体化中获得的福利收益。

主要贡献：大多数关于交通运输基础设施的研究侧重于封闭的经济框架，忽略了因国内贸易成本下降而改善其国际市场准入的作用。该研究以定量的方法探讨了开放经济环境下交通基础设施的改善在多大程度上为内陆地区带来了额外利益，并以沿海港口准入的区域差异为特征，量化了国内或国际贸易成本降低的总体和分配效应。

现实意义：这一研究表明改善国内交通基础设施对内陆贸易发展和改善区域不平等具有重要作用。因此，政策的制定可以考虑完善内陆地区到港口的运输条件，以便从国内交通基础设施的改善或国际贸易自由化中获得更均衡的经济利益。

4. Junxue Jia, Xuan Liang, Guangrong Ma. Political hierarchy and regional economic development：evidence from a spatial discontinuity in China［J］. Journal of Public Economics, 2021, 194：104352.

研究背景：在中国，国家以下各级管辖区由四层政府组成，包括：省一级、地一级、县一级和乡一级，且下级政府完全从属于上级政府，这意味着上级政府拥有更大的权力，同时地方政府的决策权和财政收入分配权在很大程度上依赖于城市的等级制度。自元朝以来，重庆一直是四川省管辖的一个地级市。为了推动中国西部地区经济增长以及更好地协调三峡工程库区居民的安置工作，1997年3月14日，中央政府决定将重庆与邻近的涪陵、万县、黔江等地合并，由此产生的单一区划成为重庆直辖市。那么，重庆升级为直辖市后所赋予地方官员更多的政治权力是否会促进区域经济发展？该研究利用1996年至2013年的夜间灯光数据，通过空间断点回归设计研究了政治等级制度对区域经济发展的影响。

基本结论：重庆城镇在升级后的经济活动显著增加，并且逐年分析的结果显示，只有在 1997 年以后才会出现差异性。此外，文章提供的证据表明，重庆地方官员比四川官员表现出更高的责任感，提供了更多的公共产品和更好的商业环境，并吸引了更多的私营企业进入，以此实现了更高的经济增长。

主要贡献：一方面，该研究以重庆升级为直辖市为研究背景，进一步提供了关于推动区域经济增长的政策杠杆证据，为城市政治等级制度对经济发展的影响提供了经验性的启示。另一方面，由于重庆与四川接壤，生活在重庆和四川边境附近的人们有着相似的初始经济发展水平、地理环境和民族文化，在重庆升级时，边境两侧属于四川的城镇可以视为重庆城镇理想的反事实样本。文章以较为理想的准自然实验，通过空间断点回归设计来识别其中的因果效应，为相关研究提供了一个可行的识别思路。

现实意义：政治权力在政府层级中的分布对地方治理和区域经济发展至关重要，权力下放可以促使地方政府官员因地制宜地实施政策，改善社会福利，但也有可能诱发腐败问题。而该研究的结果为证明赋予地方政府官员权力可以促进地区发展提供了新的证据，同时也表明一个运转良好的地方官员奖惩晋升体系可能会改善由权力下放所滋生的地方腐败问题。

5. 孔令丞，柴泽阳. 省级开发区升格改善了城市经济效率吗？——来自异质性开发区的准实验证据 [J]. 管理世界，2021，37（1）：60-75，5.

研究背景：随着经济发展转向效率提升和质量改善的新阶段，开发区如何充分利用其与生俱来的政策优势和开放优势提高经济效率，带动地方经济转型，成为亟待研究的问题。开发区升格为突破固有体制、推动制度创新提供了试验平台。在此背景下，文章从 2009 年以来省级开发区升格为角度切入，采用倍差法探讨了开发区升格对城市经济效率的影响。

基本结论：（1）开发区升格政策有效推动了城市经济效率的提升，该结果通过了一系列稳健性检验。（2）开发区升格通过企业进入机制显著推动了城市经济效率提升，但优惠政策机制和企业成长机制并不显著。（3）异质性分析表明，无论从升格数量还是从升格规模来看，政策强度与城市经济效率均呈倒 U 形关系；从交通便利性差异来看，开发区交通越便利越有利于升格政策发挥经济效应；从政府效率差异来看，低效率政府不利于升格政策效应的发挥，从发展水平看，低水平开发区和高水平开发区的升格政策效应相差无几。

主要贡献：首先，文章基于省级开发区升格这一过程，研究开发区对城市经济效率的影响，为产业政策的有效性提供了实证解释。其次，研究从升格政策实施后的税收优惠、企业进入和成长 3 个角度提供了开发区升格促进城市经济效率的影响机制，补充了已有文献。此外，本文着重讨论开发区异质性对政策效果的影响，丰富了相关文献的研究内容。

现实意义：第一，政府要善用国家级开发区的政策优势，在"升格"数量、管理制度、发展规划等方面合理安排，推动城市经济效率的提升。第二，要推动招商引资从"增量"向"增质"转变，推动园区存量企业转型升级。第三，要完善交通基础设施，提升"升格"政策效力。第四，政府要改善营商环境，提升资源配置效率和促进企业绩效增长，充分发挥升格红利。

6. 詹新宇，刘文彬．中国式财政分权与地方经济增长目标管理——来自省、市政府工作报告的经验证据［J］．管理世界，2020，36（3）：23-39，77.

研究背景： 财政分权体制是中国纵向政府结构中的重要制度安排。财政分权体制使得地方政府拥有一定的收入自主权和支出责任，同时也肩负着发展辖区经济的任务，因此地方政府有动力在其可掌握的资源范围内，制定具有前瞻性的经济增长目标，并采取一揽子政策组合拳去努力保障经济增长目标的圆满乃至超额实现。在此背景下，考察中国式财政分权体制下的地方经济增长目标管理问题，具有重要的理论及现实意义。

基本结论：（1）该研究将实际经济增长分解为政府直接调控的"经济增长目标"和主要受市场因素影响但同时也受到政府间接干预的"计划外增长"两项，通过多层级政府框架的一般均衡模型模拟分析发现，财政分权在实际经济增长、经济增长目标和计划外增长方面的效应并不同步且呈现地区差异性。（2）实证结果表明：财政分权对省、市实际经济增长的影响皆显著为正，但对其两个分解指标存在非对称性影响；从全国范围来看，财政分权对实际经济增长的正向影响主要体现为对经济增长目标的拉动作用，而对计划外增长影响较弱且不甚显著；分地区回归发现，东部地区财政分权对实际经济增长的正向影响更多地体现为对计划外经济增长的驱动，而西部地区则主要是通过影响由政府直接调控的经济增长目标来实现的。（3）机制分析显示，财政分权通过不同程度地推动基建投资、房地产投资以及工业化进程，促进了经济增长目标的实现，进而推动实际经济增长。

主要贡献： 首先，该研究通过构建"经济增长目标"与"计划外增长"的分解框架，为财政分权的经济增长效应探寻可能存在的新机制，进一步丰富了经济增长、财政分权领域的研究。其次，文章构建了多层级政府一般均衡分析框架，实证检验了省、市两级财政分权的经济增长效应及影响机制，探讨了不同资源禀赋、分权程度下的异质性问题。

现实意义： 文章构建了"经济增长目标"与"计划外增长"这一对实际经济增长的分解框架，有助于全面认识财政分权在政府和市场两个层面的体制效应，为进一步推进财政分权改革提供了重要的政策性启示。

7. 马光荣，程小萌，杨恩艳．交通基础设施如何促进资本流动——基于高铁开通和上市公司异地投资的研究［J］．中国工业经济，2020（6）：5-23.

研究背景： 交通基础设施影响经济增长和地区经济差距的一个重要渠道是促进了跨地区的资本流动。关于基础设施如何影响资本流动的方向，存在"虹吸效应"与"扩散效应"两种作用机制。该研究以中国高铁开通为背景，实证检验了基础设施对资本的影响效应及其背后的影响机制。

基本结论： 高铁连通之后，上市公司赴异地投资的数量明显增加，且高铁对城市间资本流动的促进作用具有方向上的不对称性；高铁开通导致资本从中小城市净流入大城市，即具有"虹吸效应"，这一影响的机制在于高铁开通降低了资本流动障碍，大城市有更大的本地市场规模，生产的规模报酬递增效应、产业集聚和技术溢出使企业在大城市有更高的生产率。

主要贡献：首先，该研究通过检验高铁开通对上市公司异地投资的影响，证实了交通基础设施影响经济增长和经济活动地理分布的一个重要微观机制是影响资本流动。结论从企业投资流向的角度验证了高铁开通存在"虹吸效应"，也为"卢卡斯之谜"提供了新的证据。其次，研究从交通基础设施的角度分析了影响企业异地投资的因素，拓展了上市公司异地投资的文献。研究表明集团内信息沟通成本是影响企业异地投资的重要因素，因而从侧面也说明了企业管理成本是决定企业边界的一个重要因素。

现实意义：该研究的政策启示在于：（1）要继续加大交通基础设施的建设，促进全国统一市场的形成，更好地利用规模经济和专业化分工优势，促进资源配置效率的提升。（2）资本与土地、劳动力等生产要素具有互补性，为了配合资本的跨地区流动，还应该同步地促进劳动力和土地要素的跨地区流动。（3）要先促进高铁等基础设施的建设，提升资本在全国的配置效率，然后在"做大蛋糕"的基础上适当再分配。中小城市也可以找准产业定位，积极发挥比较优势、发展特色产业集群，以此吸引资本的流入。

8. 颜银根，倪鹏飞，刘学良. 高铁开通、地区特定要素与边缘地区的发展［J］. 中国工业经济，2020（8）：118-136.

研究背景：改革开放以来，中国交通基础设施取得了跨越式发展，成为中国经济增长奇迹背后的一个重要推力。高铁的开通加速了区域一体化进程，促进了中心地区对边缘地区的正向溢出效应，同时也增加了中心地区对边缘地区的负向集聚阴影效应，因此学术界对高铁开通如何影响边缘地区经济发展一直存在着争议。文章从边缘地区是否拥有地区特定要素着手，构建空间一般均衡模型并提出理论假说，采用2004—2016年中国259个边缘地区的面板数据进行倾向值双重差分和三重差分法经验检验。

基本结论：该研究发现，高铁开通加剧了地区特定要素贫瘠的边缘地区的衰落，同时也可能会促进地区特定要素丰裕的边缘地区的崛起；高铁开通只是边缘地区崛起的必要非充分条件，边缘地区相对规模越大、非农产业规模越高以及距离核心城市越远，则高铁的开通就越有可能改变边缘地区的发展轨迹。

主要贡献：首先，该研究从地区是否拥有特定要素、要素规模、地区规模以及非农产业规模等地区异质性视角分析了高铁开通对边缘地区的影响。其次，文章将劳动力流动成本的变化空间构建成一般均衡模型，同时还创新性地考虑了部分边缘地区拥有特定要素的情形，以分析不同边缘地区之间命运悬殊的原因。最后，在实证研究方面文章采用边缘地区数值与核心—边缘地区加总的数值比值作为被解释变量，充分考虑区域经济中"核心—边缘"层级特征。

现实意义：高铁开通给边缘地区增长带来的影响并不是完全负向或者完全正向，存在较强异质性。政府应当结合地区特定要素资源空间分布来确定高铁空间布局，同时警惕高铁开通引起的边缘地区间或者城市群内边缘城市间收入差距扩大的新困境。对于地区特定要素丰裕的边缘地区，政府应当市场化配套相关基础设施以吸引流动性要素的流入来促进其崛起；对于地区特定要素缺乏的边缘地区，政府应当政策性配套相关基础设施以吸引流动性要素的柔性流入来避免其进一步衰落。

9. 李永友. 省以下多样化放权策略与经济增长［J］. 经济研究，2021，56（2）：39-53.

研究背景：中国各省自 2002 年开始为发展县域经济陆续创造性地实施了放权改革，然而地区间放权策略差异很大，且伴随着放权改革，我们也看到县域经济发展的同时县域之间差距依然非常显著，如何在保持县域经济发展中实现县域经济的稳定收敛，最终实现平衡充分发展，是新阶段实现城乡融合发展和畅通国内大循环和国际国内双循环亟待研究的问题。

基本结论：第一，放权领域数量越多，越有利于促进县域经济增长，而且这种促进作用在经济欠发达、财政状况欠佳的县（市）更为显著。第二，放权领域的选择和不同领域放权推进的次序非常重要。如果只能选择一个领域放权，选择行政领域要比选择财政领域更有利于经济增长；如果在两个领域都放权，推进次序选择上，先行政领域后财政领域，要比先财政领域后行政领域，更有利于经济增长。

主要贡献：第一，着眼于研究放权领域数量差异的增长效应，丰富了经典分权理论的经验证据。第二，将放权领域数量与放权领域和次序选择差异结合在一起，拓展了分权理论的研究内容。第三，创新性地构造出省（区）放权领域数量和样本县与所属地级市中心的距离交互项作为工具变量有效解决了分权的内生性问题。

现实意义：第一，要在党的集中统一领导下，将放权改革推向更多领域。第二，在政策资源有限的情况下，可以根据不同地区发展水平选择差异化的放权策略，对经济欠发达县（市），可以加大放权改革的力度，与此同时，提高这些县（市）政府承接所放权力的能力，让放权效应得到更大发挥。第三，在向县（市）政府放权时，在扩大放权领域的同时应重视放权领域的选择和推进次序，重视放权改革中具体放权内容的选择。

10. 万海远. 城市社区基础设施投资的创业带动作用［J］. 经济研究，2021，56（9）：39-55.

研究背景：基础设施投资不仅能带来直接的就业岗位，而且能在很大程度上带来创新性就业，催生出国民经济系统的结构性变化。在经济增长动力转换的关键阶段，如何辩证看待基础设施投资在经济增长中的重要角色，如何进一步提升投资的创业拉动作用，如何进一步放大经济中的创造性力量非常关键。而要理解这些问题，就必须深刻了解基础设施投资的创新性影响，识别不同类型、不同区域、不同层级基础设施的投资效率和创业带动作用。

基本结论：无论是按工程类还是按服务性质划分，较好的城市社区基础设施不但会增加就业容量，还会改善就业结构，提高居民创业就业比例，使得其他就业群体转移到创业上，并且城市中心地区、交通环保类基础设施的创业带动作用更加明显。良好的城市社区基础设施便利了居民生产生活，促进了信息、资源和要素的流通效率，改善了居民主观预期，带来更多的创业机会和更低的创业门槛，因此社区基础设施显著提高了居民创业概率。

主要贡献：基于微观住户调查数据，文章研究了城市社区基础设施的创业带动作用。第一，不同于以往文献重点关注基础设施对总体就业的影响，且讨论对象集中于城乡或城市之间的基础设施，该研究聚焦基础设施的创业效应，着眼城市内部的投资布局，而这恰恰是经济增速下降背景下未来投资的重要方向。第二，不同于企业侧或生产端，该研究从住户角度证明了居民服务类的政策支持或基础设施建设在促进居民创业方面的显著效果，为政策制定提供了新的视角。第三，该研究从社区和家庭视角出发，刻画基础设施所带来的微观影响和作用机制，把基础设施投资和创新转型这两个主题链接到微观个体的创业决策，分析了宏观投资问题的微观基础。

现实意义：文章的研究结论为优化社区基础设施建设的类型、对象、区域分布和投资重点提供政策指引，对于优化基础设施投资结构具有重要的参考意义，也为制定居民侧的创业激励政策、带动高质量创业提供了思路。在传统驱动力量日益式微的背景下，该研究有利于辩证看待基础设施投资在经济增长中的重要角色，发挥投资在新旧动能转变过程中的纽带作用。

第三节　重　要　著　作

1. 王伟. "一带一路"沿线重点省份交通基础设施对经济增长的空间溢出效应分析 [M]. 北京：经济管理出版社，2021.

研究背景：我国交通基础设施建设取得了巨大成就，已经成为名副其实的世界交通大国，党的十九大提出了建设交通强国的宏伟目标，同时，交通基础设施的互联互通也是"一带一路"建设的优先领域和重要着眼点。但由于各个省份发展阶段的差异，交通基础设施在重点沿线省份发挥的作用并不相同。该书以"一带一路"沿线重点省份为研究对象，以空间溢出效应视角实证分析了交通基础设施分别对区域经济增长、绿色经济增长和外贸经济增长的影响规律。

内容提要：该书以"一带一路"沿线重点省份为研究对象，通过构建空间计量模型，从空间溢出效应视角对交通基础设施对区域经济增长、绿色经济增长和外贸经济增长的影响进行研究。研究结果表明空间因素长期存在于"一带一路"沿线重点省份交通基础设施和经济增长的相关性关系中。交通基础设施对区域经济增长、绿色经济增长和外贸经济增长存在显著的空间溢出效应。此外，该书还基于交通基础设施的空间溢出正、负效应提出促进"一带一路"沿线重点省份社会经济发展的对策和建议，以期为未来"一带一路"沿线重点省份区域经济发展和交通基础设施建设提供理论指导。

基本结构：该书共分为九章，具体内容为：（1）绪论；（2）基本概念与基础理论；（3）交通基础设施对区域经济的影响机理分析；（4）"一带一路"沿线重点省份交通基础设施现状研究；（5）"一带一路"沿线重点省份交通基础设施与区域经济的影响；（6）"一带一路"沿线重点省份交通基础设施对区域经济增长的空间溢出效应分析；（7）"一带一路"沿线重点省份交通基础设施对绿色经济的影响研究；（8）"一带一路"沿线重点省份交通基础设施对外贸经济的影响研究；（9）研究结论和对策建议。

主要贡献：目前，学者们在交通基础设施对社会经济的影响方面成果已经十分丰富，但"一带一路"沿线重点省份人口结构、交通基础设施建设情况、经济发展程度、政策等诸多特征和问题都与现有研究对象不同，从空间溢出视角分析交通基础设施对区域经济、绿色经济和外贸经济的影响的研究也相对较少。从现实来看，无论是交通基础设施还是区域经济，都具有非常明显的空间属性。该书将交通基础设施的网络效应和空间效应与区域经济增长中的一般效应、空间溢出效应、绿色发展效应和外贸发展效应进行结合，系统地分析交通基础设施建设与区域经济增长、绿色经济增长和外贸经济增长之间的关系，较全面地分析了交通基础设施建设与区域经济增长的相互影响机理，为"一带一路"重点省份交通基础设施建设与区域经济协调发展提供理论指引和支撑。

现实意义："一带一路"倡议是在我国构建全方位开发新格局、深入融入世界经济体系背景下提出的，交通基础设施的互联互通作为经济发展的重要前提和基础，能够有效促进经济要素流动，是"一带一路"建设的优先领域和重要着眼点。国内"一带一路"沿线省份为抓住战略机遇、谋取自身跨越式发展，都在不断加强交通基础设施建设，为经济发展创造更加便利的条件。但由于各省份省情及发展阶段的差异，交通基础设施在沿线重点省份发挥的作用不尽相同。针对这些问题，该书提出了因地施策，持续发力确保政策有效性、交通基础设施适度超前发展、补齐短板、强化正向空间溢出效应、实现绿色战略、提升劳动者素质等政策建议。这一研究结果有利于沿线省份准确把握两者之间的作用机理和经济规律，科学制定交通基础设施发展战略，从顶层设计的层面引导交通基础设施建设有序发展，从而促进区域经济绿色可持续发展。

2. 张同斌. 中国经济增长动力转换机制与政府调节作用研究［M］. 北京：科学出版社，2020.

研究背景：随着金融危机以来中国外部环境以及发展方式的变化，我国经济运行中出现了与以往不同的新特征和新趋势。党的十九大报告提出，我国经济已由高速增长阶段转向高质量发展阶段。高质量发展就是要通过效率变革、质量变革和动力变革，实现资源利用效率、产出品质和效益的大幅提升，而高质量发展的核心，就是要培育形成经济增长新动能，即经济增长的动力逐渐由传统的要素驱动转向创新驱动。经济增长动力机制是否能够实现平稳转换？在动力转换的过程中政府如何更好地发挥作用？这些新问题对国内的相关研究工作提出了新挑战。该书正是着眼于我国发展阶段跨越这一历史进程，深入探讨了中国经济增长动力转换机制与政府在其中的调节作用。

内容提要：该书在高质量发展这一框架下，按照"现象—原因—调节"的逻辑顺序，以经济周期理论、人力资本理论、内生增长理论等为基础，综合运用国内外前沿的计量经济学方法对中国经济增长中的动力转换机制与政府调节作用进行了研究。书的第一编深入挖掘了中国经济增长中各个阶段的特征并对其差异背后的影响因素进行了测度，第二编着重关注创新驱动要素及其有效性，对增长背后的驱动机制转变进行探析，第三编在此基础上关注政府调节功能及其增长效应，科学评价政府的财税政策和补贴方案的有效性，为政府制定、调整和优化经济政策提供决策参考。

基本结构：该书分为三编共十一章。其中第一编为现象分析编，包括四章：（1）中国经济增长的历程、现状与影响因素；（2）中国经济周期波动的阶段运行特征与内在驱动机制；（3）中国通货膨胀的形成机制与时变转换特征研究；（4）中国工业企业增长质量的分布特征与差异分解。第二编为动力转换编，包括四章：（5）从数量型人口红利到质量型人力资本红利；（6）人力资本的经济增长效应：交互效应与传导路径；（7）研发驱动中国技术进步的有效性和异质性研究；（8）内在吸收能力还是外部溢出效应有效缩小了技术差距。第三编为政府调节编，包括三章：（9）经济干预、市场化进程与经济增长动力；（10）财政负担、公共服务供给与经济增长效应；（11）财政补贴、要素价格与增加值形成。

主要贡献：该书对中国经济增长中各个阶段波动特征的思考，以及各个阶段之间波动特征差异背后的影响因素，尤其是创新驱动因素的深入挖掘，对于熨平经济周期波动、缓解经济下行压力有着重要的理论指导意义和实际参考价值。此外，该书也为政府制定、调整和优化经济政策提供决策参考。

现实意义：随着经济进入新常态，我国经济增长暂时告别了高速增长时期并逐渐迈向高质量发展，新旧动能的转换面临着诸多困难，在此背景下，对我国经济增长动力转换机制与政府调节作用的研究具有极其重要的现实意义。该书的研究结果有利于合理认识经济增长周期现象及其驱动因素变迁规律。该书的研究结论表明政府应"放管结合"，在市场化进程推进、公共服务提供、优化资源配置方面进行有针对性的政策设定，以转变政府职能、处理好政府与市场的关系为抓手，有效助力中国经济社会实现可持续增长和科学发展。

3. 黄忠华. 土地制度、结构转型与经济发展［M］. 上海：上海交通大学出版社，2021.

研究背景：土地制度是国家空间治理的基础制度，从全球看，消除土地制度障碍，提升土地配置效率是发展中国家面临的重大挑战。我国长期以来"以地谋发展"的模式在推动经济高速增长的同时，也导致了土地要素投入过多、土地供给结构失衡、土地利用粗放和发展不可持续等问题，制约着产业结构转型升级和经济发展方式转变。在当前新型城镇化和经济转型发展背景下，改革完善土地制度、改进土地资源配置方式、提高土地利用与配置效率，对提升生产率和促进土地供给侧结构性改革尤为重要。基于以上背景，该书通过深入的理论分析与实证检验，系统研究中国土地制度对结构转型与经济发展的影响，提出提升土地资源配置效率和促进结构转型与发展的土地制度改革建议。

内容提要：该书按制度背景、分析框架、实证研究、改革实践与政策建议的逻辑主线展开研究。在制度背景与分析框架部分，该书阐述我国土地制度基本背景、发展演变，建构土地制度—结构转型—经济发展的分析框架，梳理相关理论基础和进展。在实证研究部分，该书从城市和农村层面系统展开土地制度、结构转型和经济发展的关系和机理研究。其中，城市土地制度层面主要实证研究了地方政府土地出让的策略互动行为、政府土地出让干预与土地资源错配、刺激计划下的地方融资平台购地行为及其影响等内容；农村土地层面主要实证分析了农村土地确权赋能对要素流动与农村发展的影响，集体建设用地入市对市场结构与城乡融合发展的影响，城镇化发展结构特征对耕地保护的影响。在改革实践与政策建议部分，该书一方面主要调研分析当前产业用地制度改革的地方实践与改革探索；另一方面，探讨通过土地制度改革来推动中国结构转型与经济发展的政策建议，包括土地要素市场化配置改革、产业用地"标准化"出让制度改革，深化集体建设用地入市改革等。

基本结构：该书分为五编共十六章。第一编为土地制度背景，梳理土地制度、结构转型与经济发展的相关理论基础和进展，构建土地制度—结构转型—经济发展的整体性分析框架。包括1~2章：（1）绪论；（2）文献回顾与分析框架。第二编是城市土地制度、结构转型与发展影响，主要分析制度结构与地方政府土地出让策略互动、政府土地出让干预与土地资源错配、环境新政下高耗能产业用地与绿色发展、环境质量、土地配置及其结构影响、刺激计划下地方融资平台购地行为及其结构影响、新交通技术对土地市场结构的影响。包括第3~8章：（3）制度结构、地方政府行为与供地策略互动；（4）制度特征、政府干预与土地错配；（5）环境政策、高耗能产业供地与绿色经济转型发展；（6）环境质量、土地配置及其结构影响；（7）刺激计划、地方融资平台购地行为及其结构影响；（8）制度、技术与土地市场结构影响：高铁对土地市场影响研究。第三编是农村土地制度、结构转型与经济发展，主要基于全国层面的农户调研数据，实证分析农村土地确权对要素流动与农村发展的影响，集体建设用地入市对市场结构与城乡融合发展的影响，城镇化发展结构特征对耕地保护的影响。包括第9~11章：（9）确权赋能、土地流转与农村发展转型；（10）集体建设用地入市制度改革、结构影响与城乡融合发展；（11）城镇化发展、结构特征与耕地保护。第四编是土地制度改革，结构转型与发展的地方实践与改革探索，主要分析当前产业用地制度改革的地方实践与改革探索。包括第12~13章：（12）经济转型发展视角下产业用地制度改革：理论与经验；（13）产业用地制度改革与高质量发展：杭州"标准地"改革实践及成效。第五编是制度政策建议，主要探讨"以地谋转型发展"的制度改革与政策建议，包括产业用地"标准化"出让制度改革、深化集体建设用地入市并以其建设租赁住房改革、土地要素市场化配置改革等。包括第14~16章：（14）完善产业用地出让与供给侧结构性改革的建议；（15）推进集体建设用地建设租赁住房的改革建议；（16）深入推进土地要素市场化配置制度改革的建议。

主要贡献：该书研究土地制度、结构转型和经济发展的内在联系和作用机制，有助于建构中国特色的土地制度理论，也为更好地从理论上解释中国发展提供土地制度视角，还为发展中国家土地制度改革提供理论指导。同时，该书扎根于中国特色的土地制度和改革实践，为检验地方政府行为理论与"以地谋发展"等理论提供了极佳的检验场景，有利于拓展现有土地制度与经济发展相关理论的研究，也为中国特色社会主义理论体系提供土地制度理论元素。

现实意义：在当前新型城镇化和经济转型发展背景下，改革完善土地制度、改进土地资源配置方式、提高土地利用与配置效率，对提升生产率和促进土地供给侧结构性改革尤为重要。该书的研究成果为科学认识土地制度与政策的传导机理提供经验证据，为土地治理能力提升和治理体系现代化、经济结构调整和转型发展下土地制度改革提供了依据和参考。

4. 华锐．中国经济增长的动能研究：基于省域制度质量的视角［M］．武汉：武汉大学出版社，2021.

研究背景：改革开放以来，中国经历了近30年的经济高速增长，2008年全球金融危机之后，中国经济结构不断优化，增长质量逐渐提高。无数学者从要素驱动、效率提升、要素配置、结构转换等方面部分解释了中国经济增长的原因，但未能全面地解释中国经济增长的根本动能。该书提出制度才是中国经济增长的根本动力，并从省域制度质量的视角出发探索"中国经济增长之谜"。

内容提要：该书首先通过背景分析和文献梳理，提出制度才是经济增长的根本动力，通过实证研究发现省域制度质量的提高是中国经济高速增长的根本动力。其次，该书试图从宏观（区域经济）和微观（企业创新）两个不同的层面对省城制度质量与中国经济的关系进行研究。再次，该书试图通过全要素生产率、天赋配置和政治关联三个不同机制，研究省域制度质量是如何影响中国经济增长的。在全要素生产率机制上，完整讨论"省域制度质量提升才是中国经济奇迹发生的根本动力"的观点；在天赋配置机制上，探讨天赋配置与中国经济增长的关系，并讨论个体配置、私营配置和公务员配置与经济增长的关系；利用中介效应模型，讨论在中国特有的经济环境下，制度质量、天赋配置与经济增长的关系；在政治关联机制上，该书探讨政治关联对企业创新绩效的影响，并结合我国制度变迁的过程，讨论制度质量、政治关联和企业创新的关系。最后，根据该书得出的结论，试图在企业治理和政府治理两个方面提出政策建议。

基本结构：该书共分为六章，具体内容为：（1）绪论；（2）中国经济增长的动能；（3）省域制度质量、全要素生产率与中国经济增长；（4）省域制度质量、天赋配置与中国经济增长；（5）省域制度质量、政治关联与企业创新；（6）主要结论及政策建议。

主要贡献：首先，该书从省域制度质量的视角研究中国经济增长，同时较为严谨地论述了其影响机制，丰富了中国经济增长动能相关研究。其次，该书从天赋配置的视角出发，为相关研究提供了重要的经验证据。再次，该书在微观层面，从政治关联的角度研究其对企业创新的影响，拓展了企业创新相关研究。最后，该书构建了一个新的制度指标，拓宽了制度质量的测度研究。该书的研究成果为促进我国制度建设、区域协调发展、经济动能转换、建设高质量经济、企业创新与企业发展战略的转变提供了政策启示。

现实意义：新冠肺炎暴发以来，中外疫情防控方面的重大差异显现出了中国制度的优势。该书的研究结果表明，制度是推动中国经济增长的根本动力，而全要素生产率是经济发展最重要的直接动力，是制度推动经济增长的主要作用机制。因此要坚定制度建设信心，营造良好的营商环境，继而提升全要素生产率，从而促进经济长期高质量发展。此外，该书验证了天赋配置和政治关联两个机制的作用，因此有必要不断推进制度改革，简政放权，改进政企关系，让市场成为资源配置的主体。

5. 郑广琨. 中国基础设施与经济增长研究：兼论港口水路运输建设［M］. 镇江：江苏大学出版社，2020.

研究背景：改革开放以来，我国基础设施投资与建设不断跨上新台阶，已经积累了巨大存量，是推动经济增长的重要因素之一。基础设施存量增长可以让其他生产要素更加充分地发挥作用或者让更多的生产要素投入生产，使产出增加，推动经济增长。基础设施增长也存在边际递减效应，投资基础设施将会挤占实业投资的资源，导致产出降低，阻碍经济增长。基础设施投资不是促进经济增长的"万能药方"，其对经济的长期促进作用是不确定的。基于这一背景，该书分析了中国基础设施投资建设在经济增长过程中的作用，以探索经济发展之道。

内容提要：该书从经济学的角度研究基础设施与经济增长关系的中国经验，兼论海洋港口建设和使用效率情况，主要内容为以下 7 个方面。第一，分析中国上古至西汉、隋朝两个时期的基础设施建设案例，探索、总结其中的经验教训。第二，对总产出方程式与总需求结构方程式进行数理分析，得到符合最优经济增长的基础设施投资量。第三，从国家整体和省级地区两个角度分析中国改革开放以后，铁路、公路等交通基础设施的建设情况与交通基础设施的使用效率。第四，就港口水路运输情况而言，港口万吨级泊位建设不断推进。但是，货运市场的潜力可能有限，港口泊位建设需要结合货运市场来进行。第五，以基础设施投资率和基础设施投资积累率为主要变量，分析基础设施投资与经济增长率的关系。第六，分析基础设施投资成本问题。第七，分析基础设施投资在国民经济总需求结构中的比例关系。

基本结构：该书共分为十章，具体内容为：（1）绪论；（2）基础设施与经济增长的文献综述；（3）中国基础设施建设历史回顾与分析；（4）基础设施投资与经济增长数理模型分析；（5）中国基础设施建设与使用效率分析；（6）中国港口基础设施效率分析；（7）基础设施投资如何影响经济增长；（8）基础设施投资成本分析；（9）基于总需求结构的基础设施投资分析；（10）结论与讨论。

主要贡献：现有的理论研究主要认为基础设施投资有利于经济增长，促进社会进步，本书详细讨论这一命题所成立的条件，分析基础设施对经济增长作用的机理，具有重要的理论价值。诸多文献认为中国基础设施投资是长期经济增长的重要原因，而本书分析中国基础设施对经济增长的正反两方面效应。本书总结中国基础设施投资经验，归纳出发展经验，也为探索中国下一步的宏观经济政策提供参考依据。

现实意义：基础设施投资在中国扮演着经济增长与宏观调控的双重职能，但中国的基础设施需求前景并不乐观，出现了基础设施存量高，市场需求增速放缓，运行效率不佳的问题。本书的研究结论表明，适当的基础设施投资才可以让其他生产要素更好地发挥作用，推动经济增长。基础设施投资应该立足长远，根据经济长期发展的要求而进行。

第四节　学术会议

1. 第三届中国制度经济学论坛（2020）

会议主题：中国制度经济学论坛

主办单位：经济研究杂志社

山东大学经济研究院

北京大学国家发展研究院

浙江大学经济学院

承办单位：中山大学岭南（大学）学院

会议时间：2020 年 10 月 17—18 日

会议地点：北京，北京大学

会议概述：党的十九届五中全会通过的《中共中央关于制定国民经济和社会发展第十四个五年规划和二〇三五年远景目标的建议》，将"加快构建以国内大循环为主体、国内国际双循环相互促进的新发展格局"纳入其中。怎样在新发展格局下进一步讲好中国故事，加强四个自信，以更高质量的制度经济学研究助力构建新发展格局，是经济学界广泛关注的重要论题。在这一背景下，山东大学经济研究院、北京大学国家发展研究院、浙江大学经济学院和经济研究杂志社共同发起"中国制度学经济论坛"，旨在为制度经济学相关领域的学者提供学术交流的平台，推动制度经济学理论与应用研究在中国的发展。第三届中国制度经济学论坛于 2020 年 10 月 17 日至 18 日在北京大学国家发展研究院举办。

来自北京大学、清华大学、中国社会科学院、中国人民大学、浙江大学、厦门大学、中山大学和山东大学等全国著名高校和科研院所的 100 多位学者参加了论坛。山东大学经济研究院院长和中国制度经济学论坛理事长黄少安教授、北京大学国家发展研究院院长姚洋教授、《经济研究》编辑部副主任、中国社会科学院经济研究所研究员谢谦分别在开幕式上致辞。

开幕式之后举行了主题报告。中国社会科学院经济研究所研究员张曙光教授做了题为《使用权中心的企业制度和企业理论》的报告。他基于河北某企业改制的案例分析，引出了从所有权为中心的企业制度向以使用权为中心的企业制度转变理论，并分析了这种转变的可能性。厦门大学王亚南经济研究院龙晓宁教授做了题为《高质量发展中知识产权行业的挑战与机遇》的报告，从产权保护、制度实验和制度环境改善三个层面、八个方面量化评估了知识创新政策激励的效果，明确了政府在知识产权行业发展中的作用以及知识产权行业未来的研究议题。中国人民大学经济学院的聂辉华教授做了题为《朝向一个最优政企理论》的报告，从合法性以及政府对企业的微观干预两个维度将政企关系分为政企合作、政企合谋、政企分治和政企伤害四种类型；从静态和动态两个维度分析了不同政企关系的决定因素，并指出了政企关系的未来研究议题。中山大学岭南（大学）学院的徐现祥教授做了题为《人事调整与商事制度改革》的报告，他聚焦商事制度改革落实情况，采用 2012 年以后的地级市发文落实数据进行比较分析，并从工商部门领导人事调整的角度解释了落实情况的差异。浙江大学资深文科教授史晋川教授做了题为《诺思悖论与政府职能》的报告，以各地开发区用地流转和《宿迁医改》为案例，讲解了政府推动制度变革效果差异的根源。

此外，本次论坛还设置了 16 个平行会场，与会专家学者分别就"产权改革与高质量发展""制度与经济增长""宏观经济研究""政治经济学理论""中国特色社会主义政治经济制度与增长""有为政府对创新的作用""行政组织与公共管理""制度、文化和法经济学""环境保护与高质量发展""制度环境与实体经济""经济史""收入差距与扶贫""文化与疫情""金融学"（两个平行会场）"政策与企业微观行为"等议题进行了全面深入的讨论。

此次论坛的成功举办，不仅极大地推动了制度经济学相关理论在中国的应用和发展，也给制度经济学相关领域的学者提供了一个深入交流切磋的平台，助力其在各自的研究领域取得创新突破，为进一步讲好中国故事，全方位加强理论自信，构建以国内大循环为主体、国内国际双循环相互促进的新发展格局作出更大贡献。

2. 第四届中国制度经济学论坛（2021）

会议主题：中国制度经济学论坛

主办单位：经济研究杂志社

山东大学经济研究院

北京大学国家发展研究院

浙江大学经济学院

河南大学经济学院

承办单位：河南大学经济学院

会议时间：2021 年 12 月 4 日

会议地点：线上

会议概述：为推动制度经济学理论与应用研究在中国的发展，探索制度经济学未来的发展方向，进一步提升中国制度经济学研究的国际化水平，构建具有中国特色、中国风格、中国气派的经济学体系和学术话语体系，第四届中国制度经济学论坛于 2021 年 12 月 4 日在河南大学成功举行。山东大学经济研究院院长黄少安教授、河南大学党委常委、副校长孙君健教授和《经济研究》编辑部副主任谢谦博士等出席开幕式并致辞。

开幕式之后，论坛举行了大会主题报告。山东大学经济研究院黄少安教授、厦门大学知识产权研究院龙小宁教授、河南大学经济学院宋丙涛教授、清华大学社会科学学院谢丹夏教授、山东大学经济研究院韦倩教授分别做了题为《市场引导型创新与计划推动型创新：南北经济差距的解释》《标准的力量》《当代西方民主（政治）的雅典渊源与"经济"本质》《土地制度改革、房价与共同富裕》《英雄及其演化》的报告。

论坛分为四个平行论坛，围绕"制度演变：事实、起因与影响""制度与市场运行""制度与开放发展""制度与经济差距"等 14 个专题分别做了报告。来自北京大学、清华大学、浙江大学、厦门大学、武汉大学、中山大学、上海财经大学、中国社会科学院和山东大学等 60 余所高校及研究机构的 100 多位专家学者参加了本届论坛。

本届论坛为所有参会的学者和全国高校的相关专业师生打造了一个思想研讨、互相学习的开放式学术交流平台，为制度经济学界构建了一个严谨务实、开放包容的学术环境，对中国制度经济学的良好发展和人才培养做出了应有的贡献。

3. 第十四届中国经济增长与周期高峰论坛（2020）

会议主题：包容性增长与宏观稳定

主办单位：中国社会科学院经济研究所

首都经济贸易大学

云南财经大学

承办单位：经济研究杂志社

经济学动态杂志社

社会科学文献出版社

会议时间：2020 年 10 月 31 日

会议地点：北京，首都经贸大学

会议概述：2020 年是全面建成小康社会和"十三五"规划的收官之年。站在历史交汇点上，如何继续保持宏观经济的稳定运行？如何推动高质量发展？如何寻求社会和经济协调发展，实现包容性增长？对这些问题的回答对于实现"两个一百年"奋斗目标至关重要。为了推动相关问题深入持续地研究，促进学者之间更广泛的交流，2020 年 10 月 31 日，由中国社会科学院经济研究所、首都经济贸易大学、云南财经大学等单位主办，由中国社会科学院经济研究经济研究杂志社及经济学动态杂志社、首都经济贸易大学经济学院、云南财经大学经济学院等单位承办的第十四届中国经济增长与周期高峰论坛（2020）在北京举办。

本届论坛的主题是"包容性增长与宏观稳定"。来自中国社会科学院、国务院发展研究中心、中国人民大学、南京大学、北京师范大学等国内多所高校、研究机构和政府部门的百余名专家学者通过线上、线下的形式参加了本届论坛。上午的大会由首都经济贸易大学经济学院解小娟书记、王军院长主持，首都经贸大学校长付志峰、中国社会科学院经济研究所副所长朱恒鹏、社会科学文献出版社编审和首席编辑周丽先后致辞。

在随后的大会主题演讲环节，与会专家围绕中国经济如何实现包容性增长、新发展格局如何形成、内循环如何实现等现阶段我国经济社会发展的重要问题展开深入讨论。中国社会科学院经济研究所的张自然研究员以《中国经济增长报告 2020：面向 2035 年的高质量发展》为题发布了宏观经济蓝皮书《中国经济增长报告（2019—2020）》。首都经济贸易大学经济学院副院长赵家章教授以《健康医疗稳中有升，消费信心有待提振》为题，发布了 2020 年中国城市生活质量指数。南京大学商学院院长沈坤荣教授做题为《"十四五"时期以构建新发展格局为主轴，推动经济高质量发展》的主题演讲，提出要繁荣国内经济，打通国内循环，为高质量发展增添动力，并从流通、基建、资本方面提出相应的部署建议。国务院发展研究中心刘培林研究员做题为《新发展格局：疑问与体会》的主题演讲，从到底如何定义新发展格局，到底在哪个逻辑层次上停下来，形成新发展格局的主要着力点是什么三个问题出发，深入探讨了新发展格局的几个重大问题。云南财经大学首席教授、经济学院院长陈昆亭教授做题为《从"大分流"到"大合流"：长期经济增长问题思考》的主题演讲。他从主要工业化国家工业经济阶段的倒 V 形进程出发，研究发现了有限需求逻辑决定了产业周期的特征，并在此假设下建立了一个考虑劳动结构、技术结构异质性和技术内生选择机制的多部门模型，研究内生周期与增长现象。中国人民大学陈彦斌教授做题为《宏观政策三策合一应对中国经济增长困境》的主题演讲，他认为当前传统的宏观政策陷入两个困境：一是货币政策和财政政策的空间在不断收紧，二是常规宏观政策的效果在不断下降，因此采用了多种非常规宏观政策。他指出为实现我国经济在短期和长期的增长，要把稳定政策、增长政策、结构政策"三策合一"统筹考虑。中国人民大学经济学院杨瑞龙教授做题为《切实疏通内循环的"堵点"》的主题演讲，认为疏通内循环的关键堵点要从保市场主体、刺激消费扩大内需、补科技短板维护产业安全三个方面入手。

同时，本次论坛围绕"包容性增长与科技创新""包容性增长与货币政策""包容性增长与企业发展""包容性增长与劳动力市场""包容性增长与国家治理""包容性增长与金融发展""包容性增长与可持续发展"等主题举行了 7 个线上分论坛。来自中国人民大学、武汉大学、厦门大学、中央财经大学、上海财经大学等 15 所国内知名院校的 28 位作者汇报入选论文，分论坛在作者汇报、专家点评、小组互评的思想碰撞中圆满结束。

自 2007 年创办以来，中国经济增长与周期高峰论坛成功举办了十四届，为我国经济增长与周期研究领域的学者提供了有效的学术交流平台。本次论坛的召开，深刻剖析了我国经济迈向高质量发展阶段可能面临的理论与实践问题，为转变经济增长方式、构建新发展格局提供了多样化视角。

4. "深化要素市场配置改革，释放经济增长新潜能"学术研讨会（2020）

会议主题：深化要素市场配置改革，释放经济增长新潜能

主办单位：中共中央党校经济学教研部

经济研究杂志社

东北财经大学国民经济工程实验室

会议时间：2020 年 9 月 6 日

会议地点：北京

会议概述：2020 年 9 月 6 日，中共中央党校经济学教研部、经济研究杂志社和东北财经大学国民经济工程实验室在北京联合举办"深化要素市场配置改革，释放经济增长新潜能"学术研讨会。会议围绕后疫情时期中国潜在经济增长率的研究与预测、深化要素市场体制改革释放经济增长潜能的定量估计、经济转型中土地要素在理论中的地位及回归、经济双循环与新增土地要素可能性及其经济增长动能等议题进行了讨论。

开幕式上，中央党校（国家行政学院）经济学教研部主任韩保江致辞。多位专家学者发表了主题演讲。中央政策研究室原副主任郑新立指出稳增长是实现"六稳六保"的关键。他强调要抓好农业现代化、新农村建设、农民工的市民化、特色小镇建设这四件事，通过城乡融合实现乡村振兴，通过深化改革，把增长的潜能激发出来。国家统计局原副局长许宪春的报告围绕数字化转型的特征、数字化转型对推动经济社会发展的重要作用、企业、居民和政府的数字化转型面临的挑战、消除障碍积极推动数字化转型几个方面的内容展开，强调要抓住数字化转型的机遇。中国社会科学院经济研究所所长黄群慧做了题为《后疫情时代中国经济发展新格局》的演讲，并围绕国际环境变化和中国发展战略的变化展开讨论。东北财经大学国民经济工程实验室主任周天勇提出增长的潜能可能在土地，前 33 年来中国的增长潜力来自非市场化劳动向市场化劳动的转移，而近 7 年来二元体制僵化，后 15 年的增长潜力可能来自土地非市场配置向市场配置的转型。中国人民大学经济学院院长刘守英指出以地谋发展的模式已经衰竭，并探讨了制度改革可能的路径。复旦大学经济学院院长张军做了题为《关于估计增长潜力、改革对产出（率）增长的贡献》的演讲，他介绍了估计改革对产出，或者是生产率的贡献的四种方法，第一种是估计政策对总量生产函数的弹性，第二个方法是 shift share，主要看要素的再配置，结构转变对生产率有重要影响，比如要素从低效率部门转入高效率部门就能带来总生产率的提升，第三个是 OPLP 的方法，第四个是目前最热的倍差法。北京大学国家发展研究院教授卢锋指出要把制度转型可能的状态作为一个基本的条件拉进去思考中国这样一个转型中国

家的潜在增速，传统的潜在增速实际上暗含了制度的变化，但在中国，改革的发生及效果很难预测，这使得对长期的经济增速的预测变得困难。

下午的平行分论坛围绕"疫后中国潜在经济增长率的研究与预测""深化体制改革获得经济增长潜能的定量估计""转轨经济中土地要素在索罗模型中的地位及回归""经济双循环与新增土地要素可能性及其经济增长动能"等议题展开讨论。来自中国财政科学研究院、北京师范大学、上海理工大学、西南政法大学、复旦大学、中国农业大学、吉林大学、山东财经大学、山东师范大学、东北财经大学等单位的入选论文作者，以及相关部门、高校和研究机构的专家学者出席了本次研讨会。

5. 新时期中国土地制度改革论坛（2020）
会议主题：同步推进城乡土地产权同权化和资源配置市场化改革
主办单位：清华大学社会科学学院政治经济学研究中心
　　　　　清华大学社会科学学院经济学研究所
会议时间：2020 年 12 月 12—13 日
会议地点：北京，清华大学
会议概述：2020 年是全面建成小康社会的决胜之年，也是新修订的《土地管理法》正式实施之年。土地制度是一国经济制度的重要组成部分。当代中国土地制度经过多次改革，从完善土地产权和优化土地资源配置两方面为改革开放和经济发展提供了重要的制度保障，但现行土地制度仍存在一些有待完善的空间。为贯彻《中共中央　国务院关于构建更加完善的要素市场化配置体制机制的意见》的精神，为新《土地管理法》与《民法典·物权编》实施条例的制定以及下一程土地制度改革提供理论支撑和政策建议，清华大学社会科学学院政治经济学研究中心、经济学研究所在国务院发展研究中心、管理世界杂志社、中国人民大学经济学院支持下，于 2020 年 12 月 12—13 日在清华园召开"新时期中国土地制度改革论坛"。

本次论坛主题是"同步推进城乡土地产权同权化和资源配置市场化改革"。来自清华大学、北京大学、中国社会科学院、中国人民大学、哈尔滨工业大学、山东大学、中央党校等单位的十余位专家出席了此次论坛。开幕式由清华大学社会科学学院政治经济学研究中心主任蔡继明教授主持，并宣读了全国政协副主席、民进中央常务副主席刘新成教授发来的贺信，清华大学副校长彭刚到会并致辞。

12 日上午的主旨演讲分别由清华大学社会科学学院经济学研究所所长汤珂教授、中国社会科学院农村发展研究所所长魏后凯研究员主持。中国社会科学院学部委员张晓山、原上海财经大学高等研究院特聘教授文贯中、全国人大农业与农村委员会委员魏后凯、哈尔滨工业大学（深圳）经管学院教授唐杰、山东大学经济研究院院长黄少安，分别围绕深化农村土地制度改革、废除城乡制度性二元结构、城镇化进程中的村庄整治与三权退出、土地制度变革与深圳城市发展、耕地抛荒等问题做了主旨演讲。下午的两场主旨报告分别由清华大学社会科学学院经济学研究所龙登高教授、中国社会科学院农村发展研究所党国英研究员主持。中国人民大学经济学院党委书记兼院长刘守英、原国家土地管理局规划司副司长郑振源、中国社会科学院农村发展研究所党国英、北京大学经济学院经济史学系主任周建波、东北财经大学国民经济工程实验室主任周天勇、清华大学社会科学学院经济学研究所龙登高教授、清华大学社会科学学院政治经济学研究中心主任蔡继明，分别围绕土地制度改革的方向、土地制度要素市场化配置、中国历史上的土地流转及启示、土地制度改革迫切性的经济学解释、土地制度变迁与解释框架等问题阐述了自己的观点。

13 日上午举行的两场线上论坛围绕"土地产权制度改革""土地资源配置"两个主题展开，分别由清华大学社会科学学院经济学研究所龙登高教授和邝梅教授主持。来自清华大学、华南农业大学、暨南大学、中央财经大学、对外经贸大学的 12 位学者汇报了入选论文。四川大学经济系主任姚树荣教授、浙江农林大学许建明教授、中国社科院土地经济研究室主任郜亮亮研究员等六位专家分别针对每篇论文的研究选题、论文贡献、研究方法等进行了点评，并提出了进一步完善研究的意见和建议。论坛期间还发布了清华大学社会科学学院政治经济学研究中心蔡继明教授团队所著的《中国的土地制度改革》一书。

此次论坛为我国土地制度改革领域的学者提供了有效的学术交流平台。本次论坛，深刻剖析了我国在城乡土地产权同权化、土地资源配置市场化改革过程中可能面临的理论与实践问题，对于进一步推动我国土地制度改革具有非常重要的意义。

◎ **参考文献**

[1] 刘穷志，陈澄. 省域基础设施与地方经济增长的效应检验 [J]. 统计与决策，2020，36（4）：104-108.

[2] 颜银根，倪鹏飞，刘学良. 高铁开通、地区特定要素与边缘地区的发展 [J]. 中国工业经济，2020（8）：118-136.

[3] 骆永民，骆熙，汪卢俊. 农村基础设施、工农业劳动生产率差距与非农就业 [J]. 管理世界，2020，36（12）：91-121.

[4] 李永友，王超. 集权式财政改革能够缩小城乡差距吗？——基于"乡财县管"准自然实验的证据 [J]. 管理世界，2020，36（4）：113-130.

[5] 易巍，龙小宁，林志帆. 地理距离影响高校专利知识溢出吗——来自中国高铁开通的经验证据 [J]. 中国工业经济，2021（9）：99-117.

[6] 马光荣，程小萌，杨恩艳. 交通基础设施如何促进资本流动——基于高铁开通和上市公司异地投资的研究 [J]. 中国工业经济，2020（6）：5-23.

[7] 谢呈阳，胡汉辉. 中国土地资源配置与城市创新：机制讨论与经验证据 [J]. 中国工业经济，2020（12）：83-101.

[8] 马蓉，周亚梦. 交通基础设施、人力资本与区域创新产出研究 [J]. 统计与决策，2020，36（24）：52-56.

[9] 万海远. 城市社区基础设施投资的创业带动作用 [J]. 经济研究，2021，56（9）：39-55.

[10] 侯建朝，陈倩男，孙飞虎. 中国交通运输业全要素能源效率及其影响因素研究 [J]. 统计与决策，2020，36（3）：103-108.

[11] 刘冲，吴群锋，刘青. 交通基础设施、市场可达性与企业生产率——基于竞争和资源配置的视角 [J]. 经济研究，2020，55（7）：140-158.

[12] 杨国超，邝玉珍，梁上坤. 基础设施建设与企业成本管理决策：基于高铁通车的证据 [J]. 世界经济，2021，44（9）：207-232.

[13] 蔡宏波，钟超，韩金镕. 交通基础设施升级与污染型企业选址 [J]. 中国工业经济，2021（10）：136-155.

[14] 李萌，张力. 城市基础设施投资对城市人口规模增长的影响：基于上海市的实证 [J]. 统计与决策，2020，36（7）：108-112.

[15] 完世伟，汤凯. 新基建促进县域经济高质量发展的机制与路径研究 [J]. 区域经济评论，2020（5）：69-75.

[16] 孙伟增，郭冬梅. 信息基础设施建设对企业劳动力需求的影响：需求规模、结构变化及影响路径 [J]. 中国工业经济，2021（11）：78-96.

[17] 郭凯明，潘珊，颜色. 新型基础设施投资与产业结构转型升级 [J]. 中国工业经济，2020（3）：63-80.

[18] 顾朝林，曹根榕，顾江，高喆，曹祺文，汤晋，易好磊. 中国面向高质量发展的基础设施空间布局研究 [J]. 经济地理，2020，40（5）：1-9.

[19] 王成金，陈沛然，王姣娥，李娜. 中国-丝路国家基础设施连通性评估方法与格局 [J]. 地理研究，2020，39（12）：2685-2704.

[20] 余俊杰，支宇鹏，陈禹帆. 中国与"一带一路"沿线国家的交通基础设施互联互通水平测度及动态演进 [J]. 统计与决策，2020，36（19）：56-59.

[21] 王磊. 行政审批对中国制造业生产率的影响及其机制研究——基于进入管制视角 [J]. 产业经济研究，2020（2）：102-115.

[22] 朱光顺，张莉，徐现祥. 行政审批改革与经济发展质量 [J]. 经济学（季刊），2020，19（3）：1059-1080.

[23] 金晓雨. 行政审批制度改革、市场准入与异质性企业研发 [J]. 产业经济研究，2020（4）：102-114.

[24] 杨攻研，范琳琳，胥鹏. "简政放权"与僵尸企业出清：以投资审批制度改革为例 [J]. 经济评论，2021（1）：33-48.

[25] 李永友. 省以下多样化放权策略与经济增长 [J]. 经济研究，2021，56（2）：39-53.

[26] 李永友，周思娇，胡玲慧. 分权时序与经济增长 [J]. 管理世界，2021，37（5）：71-86，6.

[27] 余红艳，沈坤荣. 财政制度改革与经济高质量发展——基于全景视野的绩效评估 [J]. 财政研究，2021（12）：34-47.

[28] 詹新宇，刘文彬. 中国式财政分权与地方经济增长目标管理——来自省、市政府工作报告的经验证据 [J]. 管理世界，2020，36（3）：23-39，77.

[29] 唐红祥，李银昌. 税收优惠与企业绩效：营商环境和企业性质的调节效应 [J]. 税务研究，2020（12）：115-121.

[30] 刘玉海，廖赛男，张丽. 税收激励与企业出口国内附加值率 [J]. 中国工业经济，2020（9）：99-117.

［31］ 刘诗源，林志帆，冷志鹏．税收激励提高企业创新水平了吗？——基于企业生命周期理论的检验 ［J］．经济研究，2020，55（6）：105-121.

［32］ 牛欢，严成樑．环境税收、资源配置与经济高质量发展 ［J］．世界经济，2021，44（9）：28-50.

［33］ 邓峰，杨国歌，任转转．R&D 补贴与数字企业技术创新——基于数字经济产业的检验证据 ［J］．产业经济研究，2021（4）：27-41.

［34］ 郑景丽，王喜虹，李忆．企业社会责任、政府补助与创新意愿 ［J］．重庆大学学报（社会科学版），2021，27（6）：85-96.

［35］ 张中华，刘泽圻．政府创新补助提高了企业全要素生产率吗？——基于创新和非创新补助影响的比较研究 ［J］．产业经济研究，2022（3）：113-127.

［36］ 张天华，邓宇铭．开发区、资源配置与宏观经济效率——基于中国工业企业的实证研究 ［J］．经济学（季刊），2020，19（4）：1237-1266.

［37］ 孔令丞，柴泽阳．省级开发区升格改善了城市经济效率吗？——来自异质性开发区的准实验证据 ［J］．管理世界，2021，37（1）：60-75，5.

［38］ 丁宏．内生人口变化对长期经济增长的影响——基于财政政策的视角 ［J］．南开经济研究，2020（4）：46-65.

［39］ 都阳，封永刚．人口快速老龄化对经济增长的冲击 ［J］．经济研究，2021，56（2）：71-88.

［40］ 贾俊雪，龙学文，孙伟．人口红利还是人力资本红利：生育政策经济影响的理论分析 ［J］．经济研究，2021，56（12）：130-148.

［41］ 王志锋，朱中华，黄志基．土地政策的偏向性对我国区域间经济差距的影响研究 ［J］．经济纵横，2020（1）：74-83.

［42］ 梅冬州，温兴春．外部冲击、土地财政与宏观政策困境 ［J］．经济研究，2020，55（5）：66-82.

［43］ 刘迟．历史制度主义视角下农村土地流转的制度变迁及其社会影响研究 ［J］．东北师大学报（哲学社会科学版），2020（2）：54-61.

［44］ 钟文，严芝清，钟昌标，郑明贵．土地政策匹配及其区域协调发展效应研究 ［J］．华东经济管理，2021，35（7）：83-90.

［45］ 谢呈阳，王明辉．交通基础设施对工业活动空间分布的影响研究 ［J］．管理世界，2020，36（12）：52-64，161，65-66.

［46］ 唐任伍，李楚翘，叶天希．新冠病毒肺炎疫情对中国经济发展的损害及应对措施 ［J］．经济与管理研究，2020，41（5）：3-13.

［47］ 解瑶姝．新冠肺炎疫情冲击下杠杆率调控模式选择——财政政策、货币政策与供给侧结构性改革 ［J］．当代财经，2020（10）：51-61.

［48］ 李明，张璿璿，赵剑治．疫情后我国积极财政政策的走向和财税体制改革任务 ［J］．管理世界，2020，36（4）：26-34.

［49］ 吴振宇，唐朝．全球经济增长、通货膨胀和金融风险态势分析 ［J］．经济纵横，2021（10）：33-43.

［50］刘松瑞. 以更高质量的制度经济学研究助力构建新发展格局——第三届中国制度经济学论坛（2020）综述［J］. 经济研究，2021，56（5）：199-202，207.

［51］李增刚. 制度经济学在中国的应用、拓展和深化——"第三届（2020年度）中国制度经济学论坛"会议综述［J］. 制度经济学研究，2020（4）.

［52］徐雪，何竞. 经济增长与新发展格局构建——第十四届中国经济增长与周期高峰论坛观点综述［J］. 经济纵横，2020（12）：4.

［53］王伟. "一带一路"沿线重点省份交通基础设施对经济增长的空间溢出效应分析［M］. 北京：经济管理出版社，2021.

［54］张同斌. 中国经济增长动力转换机制与政府调节作用研究［M］. 北京：科学出版社，2020.

［55］黄忠华. 土地制度、结构转型与经济发展［M］. 上海：上海交通大学出版社，2021.

［56］华锐. 中国经济增长的动能研究：基于省域制度质量的视角［M］. 武汉：武汉大学出版社，2021.

［57］郑广瑞. 中国基础设施与经济增长研究：兼论港口水路运输建设［M］. 镇江：江苏大学出版社，2020.

［58］Guiying Laura Wu, Qu Feng, Zhifeng Wang. A structural estimation of the return to infrastructure investment in China［J］. Journal of Development Economics，2021，152：102672.

［59］Zheming Liu, Bin Li, Saixing Zeng, Hongquan Chen. Spillovers from transport infrastructures onto firm productivity：an analytical and empirical study［J］. Review of Development Economics，2020，24（4）：1583-1609.

［60］Yang Xu, Xi Yang. Access to ports and the welfare gains from domestic transportation infrastructure［J］. Journal of Urban Economics，2021，126：103392.

［61］Guojun He, Yang Xie, Bing Zhang. Expressways, GDP, and the environment：the case of China［J］. Journal of Development Economics，2020，145：102485.

［62］Wei Chen, H. Allen Klaiber. Does road expansion induce traffic？An evaluation of vehicle-kilometers traveled in China［J］. Journal of Environmental Economics and Management，2020，104：102387.

［63］Haowei Yu, You Zhou. Highway spending and induced vehicle emissions：evidence from the US states［J］. Resource and Energy Economics，2021，65：101245.

［64］Jiating Wang, Siyuan Cai. The construction of high-speed railway and urban innovation capacity：based on the perspective of knowledge spillover［J］. China Economic Review，2020，63：101539.

［65］Liya Ma, Dongxiao Niu, Weizeng Sun. Transportation infrastructure and entrepreneurship：evidence from high-speed railway in China［J］. China Economic Review，2021，65：101577.

［66］Junxue Jia, Xuan Liang, Guangrong Ma. Political hierarchy and regional economic development: evidence from a spatial discontinuity in China [J]. Journal of Public Economics, 2021, 194: 104352.

[67] Shiyu Bo, Yiping Wu, Lingna Zhong. Flattening of government hierarchies and misuse of public funds: evidence from audit programs in China [J]. Journal of Economic Behavior & Organization, 2020, 179: 141-151.

[68] Shiyu Bo. Centralization and regional development: evidence from a political hierarchy reform to create cities in China [J]. Journal of Urban Economics, 2020, 115: 103182.

[69] Shiyu Bo, Liuchun Deng, Yufeng Sun, Boqun Wang. Intergovernmental communication under decentralization [J]. Journal of Economic Behavior & Organization, 2021, 184: 606-652.

[70] Qing He, Junyi Liu, Chang Xue, Shaojie Zhou. Bureaucratic integration and synchronization of regional economic growth: evidence from China [J]. China Economic Review, 2020, 63: 101310.

[71] Xiangyu Shi, Tianyang Xi, Xiaobo Zhang, Yifan Zhang. "Moving Umbrella": bureaucratic transfers and the comovement of interregional investments in China [J]. Journal of Development Economics, 2021, 153: 102717.

[72] Tingfeng Tang, Zhigang Li, Jinlan Ni, Jia Yuan. Land costs, government intervention, and migration of firms: the case of China [J]. China Economic Review, 2020, 64: 101560.

[73] Jijian Fan. The effect of regulating political connections: evidence from China's board of directors ban [J]. Journal of Comparative Economics, 2021, 49 (2): 553-578.

[74] Zhuoqun Hao, Yu Liu, Jinfan Zhang, Xiaoxue Zhao. Political connection, corporate philanthropy and efficiency: evidence from China's anti-corruption campaign [J]. Journal of Comparative Economics, 2020, 48 (3): 688-708.

[75] Mingqin Wu, Xun Cao. Greening the career incentive structure for local officials in China: does less pollution increase the chances of promotion for Chinese local leaders? [J]. Journal of Environmental Economics and Management, 2021, 107: 102440.

[76] Shuo Chen, Xue Qiao, Zhitao Zhu. Chasing or cheating? Theory and evidence on China's GDP manipulation [J]. Journal of Economic Behavior & Organization, 2021, 189: 657-671.

[77] Xiaoheng Zhang, Xiaohua Yu, Liangzhi You. Does the Granary County Subsidy Program lead to manipulation of grain production data in China? [J]. China Economic Review, 2020, 62: 101347.

[78] Bingyang Lv, Yongzheng Liu, Yan Li. Fiscal incentives, competition, and investment in China [J]. China Economic Review, 2020, 59: 101371.

[79] Junxue Jia, Yongzheng Liu, Jorge Martinez-Vazquez, Kewei Zhang. Vertical fiscal imbalance and local fiscal indiscipline: empirical evidence from China [J]. European Journal of Political Economy, 2021, 68: 101992.

［80］ Junxue Jia, Siying Ding, Yongzheng Liu. Decentralization, incentives, and local tax enforcement ［J］. Journal of Urban Economics, 2020, 115: 103225.

［81］ Shilin Zheng, Zhaochen Li. Pilot governance and the rise of China's innovation ［J］. China Economic Review, 2020, 63: 101521.

［82］ Changqing Liu, Lei Li. Place-based techno-industrial policy and innovation: Government responses to the information revolution in China ［J］. China Economic Review, 2021, 66: 101600.

［83］ Feng Li, Jing Jian Xiao. Losing the future: household wealth from urban housing demolition and children's human capital in China ［J］. China Economic Review, 2020, 63: 101533.

［84］ Hongbo Duan, Qin Bao, Kailan Tian, Shouyang Wang, Cuihong Yang, Zongwu Cai. The hit of the novel coronavirus outbreak to China's economy ［J］. China Economic Review, 2021, 67: 101606.

［85］ Raymond Fisman, Hui Lin, Cong Sun, Yongxiang Wang, Daxuan Zhao. What motivates non-democratic leadership: evidence from COVID-19 reopenings in China ［J］. Journal of Public Economics, 2021, 196: 104389.

第五章 人口、人力资本、社会资本与经济发展

马金秋　刘一伟

（中央财经大学）

人口发展是事关国家兴衰和社会福祉的基础性、全局性和战略性问题。人口转变及其特征对经济发展具有深远的影响，这在世界各国发展史中都有迹可循。中国经济的高速增长既得益于人口数量增长带来的人口红利，也离不开人口质量提升带来的人力资本红利。当前，我国正处于经济高速增长向高质量发展阶段转变的关键时期，人口发展对经济发展的作用尤为重要。然而，我国面临着人口自然增长率持续降低、人口老龄化速度不断加快、人力资本积累速度放缓和社会资本积累不足等问题，可能会通过减少劳动力供给、减少资本积累和改变经济结构影响经济发展。与此相关的议题始终是发展经济学领域的研究重点，也引起政府部门和社会各界的高度重视。本章将从人口、人力资本和社会资本三个方面，对近两年（2020—2021年）中国学者在该领域取得的研究成果进行梳理和评述，介绍重要的文献、著作以及学术会议，以期为正确把握人口形势变化对中国经济社会发展的深刻影响提供参考。

第一节　研　究　综　述

一、人口与经济发展

从各国人口和经济发展历史来看，人口是影响经济长期增长的关键因素，不同时期人口发展水平对经济社会发展影响有着本质区别。经济发展初期，人口过度增长会导致经济陷入低生产率、低产出和低人均收入的"马尔萨斯陷阱"。经济发展跨越"马尔萨斯陷阱"阶段后，劳动年龄人口比例上升，人口抚养比不断下降，充足的劳动力供给转化为促进经济高速增长的人口红利。经济发展进入中高收入阶段后，人口增速放缓和老年人口预期寿命延长会造成人口老龄化，由此产生劳动供给不足、社会发展创新活力下降等问题，可能会使得经济发展陷入低增长的长期停滞状态。人口是中国经济长期发展的关键因素，中国经历了人口高速增长的阶段，从农业劳动力转移中获得了巨大的人口红利，并创造了经济高速增长的奇迹。随着经济发展水平的提高，我国进入人口自然增长率持续降低、老龄化速度不断加快的人口发展阶段，人口转变将对经济社会发展带来严峻挑战，并促进经济发展路径的转变。学者们研究人口与经济发展问题时，通常从人口老龄化、低生育率、人口转移等结构性特征入手，研究人口转变对经济增长的影响，探索人口演变与经

济增长的内在规律，评估人口政策的实施效果，并在此基础上进一步探讨与之相关的其他经济议题。

（一）人口老龄化

1. 经济发展中的人口老龄化

进入 21 世纪以来，我国人口结构正在发生深刻的变化，老龄人口比重快速提高，对经济社会产生了深远影响。近年来众多经济学者研究中国人口老龄化的演变趋势，并从多个角度总结中国人口老龄化的特征和原因。蔡昉（2021）认为老龄化是生育率下降和预期寿命延长共同作用的结果，中国人口不仅遵循老龄化的一般规律，还表现出以下三个特点点：首先，中国的人口老龄化速度显著快于世界平均水平，也快于同处在任何人口转变阶段的其他主要经济体；其次，中国拥有最大规模的老年人口；最后，中国人口老龄化的特殊性在于老龄化阶段转变快于发展阶段的转变，呈现"未富先老"的特点。还有一部分学者对中国人口老龄化的未来发展趋势与特征进行了预测。杜鹏和李龙（2021）基于 2015 年全国 1% 人口抽样调查数据，使用队列要素方法对 2015—2065 年中国老年人口的变化趋势进行了长期预测，研究发现：第一，中国老年人口规模长期位居世界首位，老年人口比例逐渐步入亚洲乃至世界前列，规模零增长时比例仍将保持上升态势，规模负增长后比例才会趋于稳定；第二，老年人口性别比从 21 世纪 20 年代起持续低于 90；第三，65 岁及以上老年人口规模和比例将在 2040 年之前超越所有发达国家总和；第四，80 岁及以上老年人口规模在 2050 年前夕突破 1 亿人后将长期维持这一高位。李建伟等（2022）构建人口迭代宏观仿真模型对中国人口老龄化的发展特征和基本趋势进行了预测，研究发现：第一，我国人口正在走向深度老龄化和超级老龄化，老年人口高龄化速度正在加快，预计 2030 年进入超级老龄化社会；第二，老年人口抚养比大幅上升，空巢化老年人口规模快速扩大；第三，城乡老龄化分化日益严重，农村老龄化人口程度和养老负担明显高于城镇。

2. 人口老龄化、结构转型与经济增长

人口老龄化对经济增长的影响，是人口老龄化研究的核心问题。蔡昉（2021）从供给侧和需求侧视角分析老龄化对中国经济增长带来的逆向冲击，他认为老龄化程度加深将从供给侧产生一个新的、叠加的冲击，并进而扩展为需求侧冲击。首先，潜在增长能力下降造成经济增长减速，投资需求减少会降低资本对经济增长的贡献水平；其次，劳动力短缺和工资上涨，将加速中国劳动力比较优势的消失，国际市场对劳动密集型产品需求的减少将降低出口需求对经济增长的贡献水平；最后，劳动者收入提升速度的减慢，将弱化居民消费需求。都阳和封永刚（2021）利用 122 个国家的跨国面板数据，基于柯布-道格拉斯生产函数，使用最小二乘法（OLS）和工具变量法（IV）实证分析老龄化速度对经济增长的影响，并从有效劳动投入、人力资本、资本产出比和全要素生产率四个角度分析老龄化速度对经济增长动能的影响，结果发现，抑制劳动力市场规模扩张和减缓全要素生产率增长是老龄化影响经济增长的两个最重要的机制。对于中国而言，虽然未来改变人口结构的政策空间非常有限，但是可以通过鼓励劳动供给和推动技术进步抵消人口老龄化对经济增长的负面影响。李竞博和高瑗（2020）应用 DEA-Malmquist 指数动态衡量劳动生产

率，并将其分解为技术进步、纯技术效率和规模效率，讨论了人口老龄化对劳动生产率的影响机制，发现人口老龄化与劳动生产率之间并非简单的线性关系：在不考虑经济因素影响的情况下，人口老龄化通过技术进步途径对劳动生产率产生正向影响，通过纯技术效率和规模效率对劳动生产率产生负向影响；在考虑其他控制因素的情况下，人口老龄化通过技术进步途径的正向影响程度有所减弱，纯技术效率的中介效应变得不显著，规模效率的中介效应为正。汪伟和咸金坤（2020）通过构建一个三期世代交叠一般均衡模型在一个统一框架下讨论了人口老龄化背景下人力资本积累对经济增长的影响，他们认为教育融资模式是影响人力资本积累的重要因素，当老龄化程度较低时，市场教育融资模式能够产生较高的经济增速，随着老龄化程度的加深，公共教育融资模式下的经济增速更快。人口老龄化程度的不断深化，加剧了我国养老保险的基金缺口问题。吕有吉等（2021）通过构建世代交叠一般均衡模型，讨论在发行公债或财政补贴与发行公债两者兼用的基金缺口弥补方式下，人口老龄化对经济增长的影响，并进一步讨论选择何种基金缺口弥补方式更有利于促进经济增长。研究表明，在财政补贴方式下，人口老龄化程度加深将提高长期经济增速，并反哺基金缺口；在发行公债或财政补贴与发行公债两者兼用的方式下，人口老龄化对长期经济增长的影响取决于人力资本产出弹性的大小。

3. 人口老龄化与经济社会发展

除人口老龄化与经济增长这一传统议题外，学者们也关注了人口老龄化产生的其他经济社会影响。由于人口老龄化可能会降低社会创新发展活力，一部分学者从创新和创业的视角研究人口老龄化的经济后果。钱龙等（2021）使用中国家庭追踪调查2012年、2014年和2016年的数据，从微观角度考察人口老龄化对中国居民家庭创业的影响，结果发现人口老龄化显著降低了居民家庭创业的可能性且对创业规模和创业绩效有显著负向影响，他们根据家庭中从事创业活动时雇佣他人的数量进行分类定义，将雇佣7人以下的创业定义为生存型创业，7人及以上为发展型创业，研究发现相对于发展型创业，人口老龄化对生存型创业的负面影响更大。王正位等（2022）等基于启信宝大数据获得我国各城市创业数据，同时利用人口推演模型获得各城市人口老龄化数据，使用计划生育政策作为工具变量检验了人口老龄化对区域创业水平的因果影响，结果发现老年人口抚养比每上升1%，城市创业企业数量将下降10%左右。Tan等（2022）基于2014—2017年在上海和深圳证券交易所上市的上市公司数据和国家知识产权局统计的专利数据，使用区域人口粗出生率、净出生率和计划生育政策作为人口老龄化的工具变量，通过二阶段最小二乘回归发现人口老龄化对企业创新具有正向影响。还有一部分学者关注人口老龄化对老龄事业发展和养老体系建设的影响。李建伟（2022）根据2010年"六普"城乡老年人失能比例和人口迭代宏观仿真模型预测了2020—2050年我国城乡失能半失能老人的规模，认为随着人口深度老龄化，我国城市、镇和乡村失能半失能老人的规模将快速扩大，对老年照护服务的需求将激增。

4. 人口老龄化的应对策略

人口老龄化已经成为中国的基本国情，是经济社会稳定发展迫切需要解决的现实问题。学术界和政策界针对老龄化问题开展了一系列的政策研究，并提出了相应的解决对策。董克用等（2020）从改革养老金体系和完善养老服务体系两方面对人口老龄化背景下的养老体系建设提出政策建议：第一，面对我国养老金体系"一支独大"的制度体系和第一支柱财务不可持续的挑战，养老金体系应该以结构性改革为主，重构三支柱养老金体系，以参量改革为辅，实现基本养老保险制度财务可持续发展。第二，面对养老服务体系发展不平衡、不充分问题以及未来养老服务高质量供给不足的挑战，提出完善以居家养老为基础、社区服务为依托、机构养老为补充的社会养老服务体系，大力发展养老产业以提升老年人生活质量。蔡昉和王美艳（2021）针对老龄化对消费的冲击提出以下政策建议：第一，从供给侧着眼，立足于通过改革获得发展新动能，提高全要素生产率进而提高供给侧潜在增长率，把政策重点落在挖掘居民消费潜力方面，提高需求侧潜在增长率，以保障实际经济增长率与供给侧潜在增长能力相符。第二，改善居民收入分配状况，扩大消费对经济增长的贡献。第三，提高基本养老保险制度的普惠性，在扩大覆盖率基础上逐步提高养老保障水平。针对农村人口老龄化日趋严重的困境，徐拓远和张云华（2021）提出，科学编制村庄人口老龄化发展规划，千方百计促进农民收入增加，加快农村养老产业的发展，打造高质量农村养老服务供给体系，提升农村养老基础设施的建设水平，建立农村养老服务工作队伍，营造农村养老、孝老、敬老的社会环境，完善农村人口老龄化监测考核机制。

（二）低生育率

1. 生育意愿与生育行为

在低生育率背景下，实际生育水平与生育意愿偏离逐渐成为一种常态化现象，具体表现为实际生育水平低于理想子女生育数量。学者们主要从生育政策、生育观念和性别偏好等维度解释我国生育行为低于生育意愿的现象。郑真真（2021）梳理了新中国成立后我国生育政策的改变，并分析了"晚、稀、少"政策和计划生育政策对生育行为的限制作用。於嘉等（2021）在分析我国居民理想子女数量的变动与其他国家差异的基础上，从宏观层面解释了影响理想子女数量的因素，发现地区经济发展水平、不平等程度和教育竞争压力与理想子女数量显著负相关，地区生育环境与理想子女数量显著正相关，为生育意愿与生育行为偏离提供了宏观证据。张冲和李想（2020）从数量偏离和性别偏离两个维度考察女性生育意愿和生育行为的偏离，基于2012年、2013年、2015年的中国综合社会调查（CGSS）数据，运用 logistic 回归方法发现，数量偏离主要受居住地、年龄和初婚年龄、受教育水平以及当前阶层认同、养老责任认同、重男轻女观念、生育自由认同等内在价值观念等因素影响，而性别偏离则主要受宗教信仰、工作经历和子女性别结构等因素影响。宋健和阿里米热·阿里木（2021）利用2019年全国人口与家庭动态监测调查数据分析中国育龄女性生育意愿与生育行为偏离的现状及家庭生育支持的作用，发现中国育龄女性的实际生育数量比意愿生育数量平均少了 0.14 个孩子，提出全面加强包括照料支持、经济支持与精神支持在内的家庭生育支持有利于促进女性生育意愿与行为的一致性。

2. 经济发展对生育率的影响

中国生育率快速下降大致可以分为两个阶段：一是政策性低生育阶段（1982—2000年）；二是内生性低生育阶段（2000年至今）。学者们认为国家强制性的行政干预是第一阶段我国生育率下降的主要原因（郑真真，2021；刘卓和王学义，2021），社会、经济和文化因素则是第二阶段我国生育率下降的主要影响因素（张孝栋等，2021）。张丽萍和王广州（2020）使用全国人口和1%人口抽样调查数据，分析了我国育龄女性年龄结构、受教育结构与生育水平的变动趋势，发现女性受教育程度越高，生育率越低。张樨樨和崔玉倩（2021）则发现受教育程度对女性生育意愿有正向影响，认为受教育程度和工作报酬等显性人力资本、身心健康、生活幸福感及认知能力等隐性人力资本对生育意愿具有显著的正向影响。李志龙等（2020）利用2005年全国1%人口抽样调查和2010年全国人口普查数据考察了房价上涨对已婚女性生育率的影响，发现房价上涨对已婚女性生育率产生了显著的负向影响。Liu（2020）等发现住房负担增加会降低育龄女性的生育意愿，减少生育行为，且这种负面影响在租房家庭中更为明显。陈卫和刘金菊（2021）的调查发现，养育费用和照料负担是阻碍家庭生育的现实性限制因素。陈佳鞠（2021）认为经济社会发展水平无法完全解释后生育转变阶段的生育水平差异，从性别平等领域和婚育文化观念中的“性别平等困境”和“婚育文化冲突困境”出发对低生育现象进行解释，认为性别不平等和婚育文化的改变是造成低生育水平的重要原因。

3. 生育政策的经济影响

为应对人口结构转变的挑战，中国政府先后出台“双独二孩”政策、“单独二孩”政策、“全面二孩”政策与“三孩”政策，准确评估生育政策及配套措施的实施效果对于适时转变政策、提供科学的制度支持具有重要意义。当前，学术界的研究主要围绕“二孩政策”实施效果的评价与测度展开，但是关于“二孩政策”的实施效果尚未达成统一意见。汪伟等（2020）基于2010—2018年CFPS数据，使用PSM—DID方法评估了“单独二孩”和“全面二孩”政策对家庭生育与消费的影响，研究发现，“单独二孩”政策对单独家庭的二孩生育行为没有显著影响，“全面二孩”政策使非独家庭的二孩生育略微提升；“单独二孩”政策对非独家庭的消费没有显著影响，却显著降低了生育二孩的非独家庭的消费。卿石松等（2021）使用2010—2018年CFPS数据和宏观统计数据，评估了“单独二孩”和“全面二孩”政策实施效果的城乡差异，结果发现，“二孩”生育政策的调整在短期内影响了城镇二孩生育行为，并缩小了城乡二孩总和生育率差距，但无法在长期扭转生育率下降的趋势。于也雯和龚六堂（2021）在内生化生育率的模型中讨论了生育补贴政策对生育率的影响，发现生育补贴政策可以有效提高生育率和人力资本水平，对生育率的促进作用要强于隔代抚养的作用。贾俊雪等（2021）通过构建一个异质性居民代际交叠模型考察了包括最大生育数量限定和超生罚款政策在内的生育政策对经济增长、收入分配和社会养老保障负担的影响及其机理，研究发现，生育政策对不同人力资本居民的生育和子女教育投资决策具有明显的异质性效应，且生育数量限定和超生罚款政策的影响不同。生育数量限定政策放松对经济增长具有“倒U”形影响，对居民收入基尼系数则具有“U”形效应，有利于减轻社会养老保障负担。超生罚款政策放松能够减轻社会养老保障负担，但会抑制经济增长、加大收入差距。

（三）人口流动

1. 流动人口、劳动力供给与经济发展

流动人口为推进我国城镇化和产业结构转型提供了劳动力保障，提高了劳动生产率并促进了经济发展。然而，流动人口在就业类型、劳动强度、就业稳定性等方面与本地居民存在巨大差距，流动人口就业始终是人口流动领域中的研究热点。于潇等（2022）基于2017年全国流动人口动态监测调查数据，采用双边随机前沿模型实证检验了提升和抑制流动人口工资收入的两种作用机制，发现东部和中部地区流动溢价效应高于户籍歧视抑制效应，东部地区的流动溢价效应显著高于中部和西部地区，西部地区的流动溢价效应低于户籍歧视效应。杨超和张征宇（2022）基于2014—2018年CFPS数据，从就业收益、环境、保障和感受四个维度考察了流动人口与本地人口的就业质量差异，研究发现流动人口的就业质量显著低于本地人口，乡城流动人口与本地劳动者的就业质量差距较大且逐年增大，城城流动人口与本地劳动的就业质量差距较小；就业质量的组间差距主要来源于就业环境、保障和感受，就业收益的差异并不显著；本地人口与流动人口的就业质量差异主要由中等就业质量人群的差异引起；人力资本、户籍分隔和城乡分隔会扩大劳动者就业质量的组间差异，其中人力资本是最主要的因素。

2. 流动人口、社会融入与城镇化

加快流动人口市民化是实现新型城镇化的重要途径，其中社会融入问题是流动人口市民化的关键。王春超和蔡文鑫（2021）从经济、社会保障、社会文化、心理和自我实现五个维度测度了流动人口的市民化水平，并构建了高、低两种标准，研究发现在两种标准下，全国流动人口市民化的总体水平不高，且社会保障和自我实现维度的市民化水平在两种基准下都相对较低，乡—城流动人口的市民化程度无论是在总体水平上还是各维度上均普遍低于城—城流动人口，在社会保障层面，这种差距主要体现在养老保险和医疗保险方面。张雅淋等（2022）认为租房是农村流动人口在城市解决居住问题的主要途径，房租水平会影响其在流入地的社会融合度，他们基于2017年全国流动人口动态监测数据，利用主成分分析法构建社会融合度变量，发现较高的城市房租水平会抑制农村流动人口社会融合。孙伟增和张思思（2022）基于2011—2014年全国流动人口动态监测调查数据，在研究租金上涨对流动人口社会融入行为影响的基础上，进一步考察了流动人口家庭消费的变化，发现城市租金上涨提高了流动人口家庭的住房消费和总消费支出，但是对非住房消费具有挤出效应，同时降低了流动人口的社会融合度。夏伦和沈寒蕾（2022）基于2017年全国流动人口动态监测数据，构建生理适应、经济融入、社会适应、身份认同、心理融入五维度指标，使用结构方程模型方法探讨流动人口社会融入结构及路径，发现流动人口仅在生理适应方面与户籍居民没有显著差异，在高层次的社会融入维度与户籍居民存在显著差异。

3. 流动人口、权益保障与社会福利

加快完善流动人口的权益保障，保护流动人口依法享有各项社会保护的权利，是促使流动人口共享发展成果、增进社会福利的关键。学者们从就医、子女教育和父母随迁等视角考察了流动人口福利。王春超和尹靖华（2022）研究了全国社区（村）公共卫生健康教育对流动人口常见传染病症就医行为的影响，并对其进行成本—效果分析，发现基层公共卫生健康教育显著促进了流动人口就业行为，健康教育方式的有效性排序依次为面对面、互联网、报刊等传统媒体，公共卫生教育最具效率的依次是中部、东部和西部地区。贾婧等（2021）基于2011—2013年全国流动人口动态监测调查数据，采用双重差分方法考察了异地中考改革对流动人口子女的教育参与度和教育质量的影响，发现在异地中考改革力度越大的地区，流动人口子女教育参与度和教育质量越高，异地中考改革力度大的地区会通过吸引更多流动人口的流入、增加子女随迁的可能、降低回迁意愿及扩大流入地教育资源供给等途径增加流动人口子女获得应有的教育机会并提高其受教育质量。陈英姿等（2022）则从社会融合视角研究了老年流动人口在城市中的居留意愿，根据社会融入倾向和态度将老年流动人口划分为"积极融合型"和"消极融合型"，发现"积极型"老年流动人口在城市中长期居留的意愿较高，年龄、性别、户籍等个人特征和收入、住房状况等家庭经济特征是影响老年流动人口长期居留意愿的重要因素。

（四）研究评述

我国已经进入人口结构转型新阶段，人口老龄化、低生育率和流动人口日趋加快是当前及今后较长一段时间内人口结构变化的突出特点。已有文献大多集中于探讨人口老龄化、低生育率和人口流动对经济发展的影响，使用准自然实验的方法评估诸如生育政策、流动人口异地就医、子女随迁等政策实施的经济效果。由于数据可及性，现有文献对政策效果的评估多集中于短期效应，缺乏长期效应的评估，研究结论的准确性存疑。此外，由于缺乏统一的指标评价体系，使用指标体系构建方法的文献在研究结论上也存在较大差异。未来的研究应重点关注评估政策实施的长期效果、构建科学统一的指标评价体系等问题。

二、人力资本与经济发展

古希腊思想家柏拉图在其著作《理想国》中论述了教育和训练的经济价值，这被认为是人力资本思想的萌芽，亚当·斯密认为获得教育和培训需要花费时间和经济成本。1906年，费雪在其著作《资本的性质与收入》中提出人力资本概念，并将其纳入经济分析的理论框架。20世纪60年代，舒尔茨首次系统全面地阐述了教育对经济发展的影响，标志着人力资本理论的正式形成，贝克尔和明赛尔等经济学家从不同角度推动了人力资本理论的发展。内生增长理论将人力资本引入增长模型，阐释了人力资本积累对经济增长的重要贡献。人力资本积累与人力资本结构的变迁会引致经济发展阶段的转变，人力资本被认为是经济增长和社会变迁的关键因素和决定性力量。

（一）人力资本、人口红利演进与经济增长

1. 人力资本存量与经济增长

人力资本是现代经济增长的源泉，学者们从不同角度解释人力资本积累对我国经济增长的贡献。赵晓军和余爽（2020）基于改革开放以来中国经济发展阶段的演变特征，将我国人力资本存量的发展划分为初步形成、结构升级、学习模仿和自主创新四个阶段，并考察不同阶段人力资本对经济增长的贡献。他们根据人力资本投资的差异性将人力资本划分为生存、健康、文化、知识和创新五种类型，使用主成分分析法计算每种类型的人力资本存量，在柯布-道格拉斯生产函数中引入人力资本变量，分阶段估计不同类型人力资本对经济增长的贡献，发现在经济发展初期阶段（1978—1985年），生存和健康人力资本对经济增长有积极促进作用；在经济发展从初期向中期过渡阶段（1986—1994 年），生存和健康人力资本的经济影响逐渐减弱，文化和知识人力资本的产出弹性系数大幅增加；在经济发展加速阶段（1995—2006 年），知识人力资本对经济增长的绩效最强，创新人力资本的影响迅速扩大；在经济稳定增长阶段（2007—2016 年），创新人力资本对经济的贡献率最大。提高人力资本对经济增长的贡献度，需要根据不同阶段的经济发展特征和需要，对人力资本存量进行调整并对其结构进行转型和升级。张勇（2020）使用支出法核算了中国 1978—2017 年的人力资本存量，进而研究人力资本对经济增长可持续性的影响，测算结果表明人力资本对中国经济持续增长的贡献率平均为 10.2%，高于技术进步的贡献率 1.8%，可见人力资本积累对经济增长存在显著贡献。

2. 人力资本质量与经济增长

还有一部分学者从人口红利角度解释人力资本质量对经济增长的影响。戴琼瑶等（2021）将人口数量红利与人口资本红利纳入统一分析框架，基于 2006—2015 年 256 个地级市面板数据探讨人口数量红利与人口资本红利对经济增长的影响及其与经济增长的空间相关性，发现人力资本对本地区经济增长作用高于人口数量，中国已经实现了从人口数量红利向人口资本红利的动力转换，健康资本和教育资本具有空间异质性，健康资本对周围地区经济增长具有显著的竞争效应，教育资本则呈现显著的溢出效应，两类人力资本的空间效应边际增长随距离增大而递减。王树（2021）认为"第二次人口红利"主要表现为预期寿命延长带来的"人口预期红利"和人力资本提升带来的"人口质量红利"，使用三期 OLG 模型分析"人口预期红利"和"人口质量红利"对经济增长的影响，发现老龄化和低生育率可以通过"生命周期财富效应"和"数量质量替代效应"促进资本深化，由此实现人口与经济的良性互动。刘伟和张立元（2020）根据真实经济周期模型确定人力资本数量的"基准水平"，推导出人力资本质量测算公式，并测算全球经济、7 个经济区域、4 个经济组织以及 73 个经济体的人力资本质量及年均增长率，发现人力资本质量水平的跨国差异能够解释人均产出水平跨国差异的绝大部分，人力资本质量水平是决定一个经济体经济增长潜能的重要因素。

3. 人力资本结构与经济增长

刘贯春等（2021）从人力资本结构的角度考察人力资本偏向金融部门对实体经济增长的影响，构建了一个包括银行和生产性企业的两部门增长模型，并使用 2008 年中国经济普查数据、2003—2015 年地级市数据以及 2011—2013 年中国工业企业数据开展实证分析，理论分析表明：一方面，人力资本配置到金融部门有助于改善借贷双方的信息不对称，减少信贷摩擦并促进贷款规模增加，表现为人力资本"挤入"效应；另一方面，人力资本偏向金融部门会对实体部门的研发创新活动产生抑制作用，表现为人力资本创新"挤出"效应。实证检验结果表明，在人力资本"挤入"效应和创新"挤出"效应的双重作用下，人力资本结构与经济增长率存在倒"U"形关系。封世篮等（2021）基于新中国"扫盲运动"这一历史事件，考察了公共人力资本投资对经济增长的长期影响。在理论分析部分，他们在 Solow 模型中引入私人人力资本和公共人力资本，均衡求解和数值模拟结果表明公共人力资本投资能显著提升均衡公共人力资本水平，从而提高均衡产出；在实证分析部分，他们选取 1982 年识字率作为"扫盲运动"的代理变量，发现公共人力资本投资通过促进产业结构转型和提高就业市场表现促进了城市的长期经济增长。

（二）人力资本与经济社会发展

人力资本积累及人力资本结构变迁会对经济社会发展产生深远的影响。戴魁早等（2020）研究了人力资本对产业结构升级的影响，他们使用中国2005—2016省级层面的人口受教育程度和地级市层面的高等教育在校生比重构建人力资本结构高级化指数，并使用高校数量作为工具变量估计人力资本结构高级化对服务业结构升级的影响，研究发现人力资本高级化通过提高劳动效率和促进技术创新促进了服务业结构升级，人力资本结构高级化对服务业结构升级影响存在地区差异，其更好地促进了省会城市服务业结构升级。张明昂等（2021）考察了人力资本扩张对劳动收入份额的影响，他们使用1998—2007年中国工业企业数据，以大学扩张为准自然实验，利用省份扩招规模差异、行业技能强度差异和时间差异构建三重差分模型进行因果推断。研究发现，大学扩张带来的高技能劳动者增加显著降低了企业内部的劳动收入份额，且负面影响在融资约束较小的企业、资本品进口增长较多的地区、非国有企业、劳动密集型企业和出口企业中表现更为强烈。机制分析发现，一方面，企业更多地采用技能互补性技术，使得低技能劳动者被机器取代；另一方面，高技能劳动者相对供给增加显著促进了企业固定资产投资，提高了资本-劳动比和资本品进口额，导致工资的技能溢价下降，最终使得劳动收入份额降低。方森辉和毛其淋（2021a；2021b）、毛其淋等（2022）以中国"高校扩招"政策为准自然实验，使用双重差分方法分别考察了人力资本扩张对企业产能利用、企业出口质量和企业创新的影响，研究发现人力资本扩张显著提升了企业产能利用率、促进了企业出口质量升级以及企业创新。李根丽和尤良（2022）利用中国家庭追踪调查（CFPS）2018年的城镇数据，使用大五人格模型构建非认知能力指标，实证研究了非认知能力对非正规就业者工资收入的影响效应及其作用机制，发现非认知能力通过提升健康状况、降低过度教育概率和增加社会资本提升了非正规就业者的工资收入，此外，非认知能力对非正规就业者工资收入的影响存在"马太效应"，工资收入相对较高的非正规就业者，越能获得相对较高的非认知能力边际收益，为人力资本积累提高个体福利提供了微观证据。

（三）影响人力资本积累的关键因素

1. 公共投入与人力资本积累

人力资本存量提高及其结构优化不仅影响经济社会的发展水平，也在微观层面影响个人福利。个人与家庭的人力资本投资选择决定个人的人力资本水平，也是决定一个经济体人力资本存量水平的基础。人力资本积累的路径及其影响因素是经济学家们关注的重要问题。张琼和张钟文（2021）使用我国第四、五、六次人口普查数据，从人口年龄结构和受教育程度两个维度估计了1950—2020年全国和各地区各年份的人力资本存量及人力资本水平，并从人口转型与教育提升的双重视角考察我国70年间人力资本变迁的内在机制，发现我国早期人力资本存量增加主要得益于人口转型实现的人口红利，而教育提升对人力资本存量增加的拉动作用则愈加明显。现有研究认为政府对教育公共品的投入对提高人力资本水平具有重要作用，一部分学者考察了公共教育投入对人力资本积累的影响。范子英

（2020）考察了财政转移支付对人力资本代际流动性的影响，在一个包括地区竞争的理论框架内讨论了财政转移支付对人力资本代际流动性的促进作用，并利用 2010 年人口普查数据建立了家庭内部的人力资本代际黏性模型，根据子代的出生年份推算其受教育年份，将其与该年份该地区的财政转移支付数据和其他数据进行匹配，发现人均转移支付每增加1%，代际黏性将下降 0.05。蔡秀云等（2022）基于 2011—2019 年中国省级面板数据，使用系统 GMM 方法估计了学前教育经费投入对我国人力资本水平的影响，发现学前教育财政投入对人力资本积累和人力资本收入贡献具有正向促进作用。

2. 制度改革与人力资本积累

梁超和王素素（2020）基于我国撤点并校的改革，利用地区间政策力度差异和样本出生队列信息构造双重差分模型，考察了公共教育品配置调整对农村儿童人力资本积累的长期影响，研究发现撤点并校显著提高了农村儿童获得高中教育的概率，有利于促进农村儿童的长期人力资本积累，其中"并校"促进农村儿童获得高中教育，"撤点"则对部分儿童的小学入学率有负面影响。魏东霞和陆铭（2021）考察了流动人口在进城过程中获得的人力资本积累，他们使用 2017 年原国家卫计委流动人口监测数据进行实证研究，发现早进城能够提高农民的非认知能力与其进入现代服务业的概率，进而改善其劳动力市场回报。高跃光（2021）等基于"农转非"落户这一政策背景，考察了户籍转换对我国长期人力资本积累的影响。他们使用模糊断点回归法研究了户籍转换对城乡人力资本差距的因果效应，识别了农业户口与非农业户口居民间的人力资本差距，研究发现，符合"农转非"条件且实现了"农转非"的个体，其受教育年限平均提升 2 年左右。

3. 代际效应与人力资本积累

还有一部分学者从代际角度考察了父辈人力资本对子女人力资本积累的影响。吴贾等（2020）从代际传递的角度考察了父母耐心程度及其教育方式对子女人力资本积累的影响，他们以父母在当期消费和储蓄之间的选择作为其耐心程度的测度，使用 1949—1999 年中国地市级灾害数据构建父母耐心程度的工具变量，两阶段最小二乘估计结果表明，耐心程度越高的父母越倾向于采取自主支持式的教养方式教育子女，这对子女的认知能力与非认知能力有显著的正向影响。殷戈等（2020）从代际外溢性的角度考察了"别人家父母"的受教育程度对子女人力资本积累的影响，他们使用"随机分班制度"这一准自然实验解决内生性问题，发现同学家长的受教育水平对班级同学的成绩和认知能力、非认知能力有着明显的提高作用，尤其是在自己父母未受过高等教育的学生中。李长安等（2021）考察了健康人力资本的代际传递效应，他们基于 2018 年中国健康与养老追踪调查数据（CHARLS），使用"父代实际睡眠时间"作为父代健康水平的工具变量，考察了中国居民健康代际传递的作用程度和传递机制，研究发现中国居民家庭存在代际健康传递现象，父代健康水平越好，越能提高子代健康水平向上提升的概率，父代健康认知、父代健康行为和父代健康投资是主要的代际传递机制。

4. 其他影响因素

此外，还有一部分学者考察了技术进步、劳动力市场变化等因素对人力资本积累的影响。胡晟明等（2021）基于中国家庭追踪调查数据（CFPS），实证检验了工业机器人应用的人力资本提升效应，发现工业机器人应用能够通过收入增长、岗位更替和产业结构转型等传导机制改善家庭健康状况、增加基础教育和积累工作经验，从整体上促进人力资本水平的提升。周敏丹（2021）认为劳动力市场上的工作技能需求影响个人的人力资本投资决策，相较于技能需求较低的工作岗位，技能需求较高的工作岗位过度教育发生概率更低，并基于第四轮中国城市劳动力调查（CULS4）数据，测算了中国城市劳动力市场的过度教育发生率，并从人力资本供给和工作岗位技能需求角度，考察了影响过度教育的因素，研究发现非常规认知型的分析型任务和非常规认知型的互动型任务与过度教育发生概率均显著负相关，常规认知型任务和操作型任务与过度教育发生概率显著正相关。

（四）研究评述

目前大多数文献主要从存量、质量和结构等各个维度研究了人力资本对经济增长的影响，并从公共投入、制度改革和个体选择等方面讨论了影响人力资本积累的因素，还有少部分文献关注人力资本对企业发展、产业结构以及收入分配格局的影响，为研究人力资本与社会经济发展问题提供了理论支持和实证证据。然而，现有研究还存在以下问题：（1）文献多以经验研究为主，理论研究较少。现有文献多集中于使用受教育程度衡量人力资本水平，使用准自然实验或工具变量方法识别人力资本扩张对经济社会发展的因果效应，缺乏理论分析。（2）现有文献多使用受教育程度衡量人力资本水平，维度较为单一，人力资本还包括健康人力资本、认知能力与非认知能力等新型人力资本，仅使用受教育程度衡量人力资本难以代表人力资本的整体水平与内部结构。

三、社会资本与经济发展

"社会资本"概念最早由 Hanifan（1916）提出，他所描述的社会资本主要用于社区中的家庭和个人。Glen Loury（1977）将这一概念引入经济分析框架，将社会资本定义为"促进或帮助获得市场中有价值的技能或特点的人之间自然产生的社会关系"。20 世纪 80 年代后，这一概念被 Bourdieu（1986）、Coleman（1988）和 Putnam（1993）等人广泛应用于社会学和政治学领域。由于研究问题和研究范式的差异性，不同学科对社会资本的界定方式和分类标准不尽相同。经济学家更多从经济发展的角度，将社会资本作为一种要素禀赋，研究社会资本积累以及社会资本对经济增长、企业发展和居民福利等方面的影响。

（一）社会资本与经济发展

张可云和赵文景（2020）从结构、关系和认知三个维度构建测度体系衡量社会资本，采用 2007—2016 年中国省级层面数据测算中国社会资本分阶段分区域的贡献水平和空间溢出效应，研究发现，第一，就贡献水平而言，相对于物质资本与人力资本，社会资本对经济增长的贡献水平较低，但是更加平稳；不同地区的社会资本贡献水平存在差异，从高到低依次是中部、东部和西部地区。第二，就空间溢出效应而言，社会资本对经济增长的溢出效应具有方向性，东部地区对其他地区的溢出效应为负，而中西部地区对其他地区的溢出效应为正，东部地区的社会资本带来了增长的省内聚集，而中西部的社会资本带来了增长的省际外流。第三，就社会资本维度而言，结构维度是推动经济增长的关键，关系维度是经济增长过程中的短板。叶堂林等（2021）基于 2001—2018 年中国东部三大城市群的相关数据，研究了社会资本对区域经济韧性的影响，他们将社会资本分为基于空间邻近性形成和基于行业商会协会形成两种，其中，前者使用城市吸收来自城市群的资本与来自全国的资本比值衡量，后者使用城市行业商会协会的数量衡量。研究结果表明，基于空间邻近性形成的社会资本并不是影响区域经济韧性的关键因素，就京津冀、长三角和珠三角城市群而言，此类社会资本仅对京津冀城市群经济韧性的影响显著为正，对长三角和珠三角城市群没有显著影响。基于行业协会商会形成的社会资本能在较大的空间范围内形成较为稳定的生产关系网络，进而增强整个区域的经济韧性。李达和林晓言（2021）基于中国2009—2017年省级面板数据，从空间知识溢出角度探讨了社会资本对区域创新的影响，将社会资本划分为认知型社会资本和结构型社会资本，其中结构型社会资本包括结合型社会资本和连接型社会资本。认知型社会资本表现为社会信任；结合型社会资本适用于同质性群体之间的社会关系网络，表现为村民委员会等自治组织；连接型社会资本适用于不同层次群体之间的社会关系网络，表现为社会团体、民办非企业单位等社会组织。他们使用时间距离权重代替地理距离权重，构建空间知识溢出模型，并在创新增长函数中引入空间知识溢出进行实证检验，研究发现认知型社会资本可以有效缓解空间知识溢出对区域创新的负效应，连接型社会资本通过空间知识溢出效应抑制了区域创新的发展，结合型社会资本没有显著影响。陈庆江等（2021）利用2008—2018年中国A股制造业上市公司数据，考察了不同类型高管团队社会资本在数字技术赋能企业创新中的影响和作用机制，研究发现数字技术应用对企业创新具有促进作用，且创新赋能效应在高管团队社会资本水平较低时更加显著。高管团队制度社会资本和商业社会资本在一定程度上限制了数字技术与企业创新的融合，这是由于与此相关的资源支持和信息优势"挤出"了数字技术应用的创新促进作用。由于高管团队通过社会联结积累的专业知识和职业能力可以为数字技术在企业创新中的应用提供智力支持，高管团队技术社会资本能够促进数字技术赋能企业创新。

（二）社会资本与居民福利

邓大松等（2020）基于2014—2018年中国家庭追踪调查（CFPS）微观农户数据，使用面板双向固定效应Tobit模型和工具变量方法实证检验了社会资本对农村居民收入不平等的影响。他们以"是否获得亲戚经济支持"衡量农户亲缘型社会资本状况，使用Kakwani收入相对剥夺指数测量农村居民收入不平等程度，研究发现社会资本具有收入分配效应，提高社会资本水平能够有效缓解收入流动不足引致的收入不平等。邓睿（2020）考察了社会资本对农民工就业质量的影响，从工资收入、劳动强度、岗位稳定性和福利待遇等方面衡量就业质量，基于中国劳动力动态调查项目2014年的数据（CLDS2014），使用probit回归、三阶段最小二乘法和匹配估计等方法进行实证检验，发现社会资本提高了农民动用人情资源和信息资源的可能性，其中动用人情资源有助于提升农民工的就业质量，而动员信息资源对农民工就业质量并未产生直接的影响。杨怡和王钊（2021）发现社会资本能够通过提高制度质量促进农民收入的增加，他们基于家庭金融调查2015年的数据，从社会网络、社会信任、社会参与和社会声望四个方面度量社会资本，并使用宗族力量作为社会资本的工具变量，发现社会资本对农民年总收入存在显著的正向影响，主要增加了农民的财产性收入、经营性收入和转移性收入，对工资性收入不存在显著性影响。

他们进一步从社区调解、社区治安、社区文化和社区选举四个角度衡量制度质量，并使用制度质量作为中介变量进行中介效应检验，发现社会资本主要是通过影响制度质量提高农民收入水平。方浩（2020）利用2013年、2015年中国综合社会调查（CGSS）数据考察了社会资本对老年人健康的影响，并基于网络关系学说和社会融合关系学说将社会资本分为个体社会资本和集体社会资本，实证结果发现两类社会资本对老年人的生理健康和心理健康均有正向影响。边燕杰等（2021）发现了社会资本在应对疫情风险中的积极作用，他们将社会资本分为以关系互动紧密性为特征的内聚社会资本和以资讯来源异质性为特征的外联社会资本，以问卷调查的方式搜集数据，实证结果发现内聚社会资本在降低疫情对居民的负面影响中起主要作用。

（三）影响社会资本积累的因素

还有少量文献研究了影响社会资本水平的因素。李涛等（2021）从市民资本的角度对社会资本进行定义，利用2010年、2012年、2013和2015年的中国综合社会调查（CGSS）数据，考察了个体的主观经济地位对其社会资本水平的影响，使用"个人对自身经济地位的主观评价"衡量个体的主观经济地位，使用"是否参与上次居委会/村委会选举投票"衡量个人的社会资本水平，研究发现，个人较低的主观经济地位对其社会资本水平具有负面影响，个人的主观经济地位越低，其参加选举投票的可能性就越低，这是因为主观经济地位通过影响其公共参与信心和对政府的信任进而影响他们的投票参与行为，这种影响会因当地的法律知识水平和互联网使用整体状况不同而存在明显差异：在法律知识水平更高、互联网使用频率更高的地区，个人较低的主观经济地位对其参加选举投票的阻碍作用较小。聂爱云和郭莹（2021）从认知性社会资本和结构性社会资本角度探讨了互联网使用对居民社会资本的影响及其机制，他们使用"人情礼支出"衡量认知性社会资本，使用"是否为组织成员"衡量结构性社会资本，利用2014年和2016年的中国家庭追踪调查数据（CFPS）进行实证检验，结果发现使用互联网和增加上网时间有效增加了个人社会资本。就其作用机制而言，第一，使用互联网可以扩宽社会关系网络、提高社会关系网络层次，从而加强社会网络关系；第二，使用互联网能够通过促进线下社交、改善人际关系满意度的方式提升人际信任水平；第三，互联网为虚拟空间的政治参与提供了组织资源，个体在政治参与过程中与他人互动合作产生的合作关系有助于增加社会资本。

（四）研究评述

现有文献从经济增长、企业创新和居民个体福利等方面讨论了社会资本对经济社会发展的重要性，从个人受教育程度、收入水平以及主观经济地位等方面研究了影响社会资本积累的影响因素，拓展了研究社会资本的经济学分析框架。然而，现有研究还存在以下几方面的问题：（1）关于社会资本的研究视角较为单一，文献数量也较少；（2）对社会资本的界定和分类标准缺乏统一的框架，不同学者将社会学、政治学理论的社会资本概念引入经济分析，采用不同的测度方法得出的研究结论具有较大差异；（3）研究方法多以定性分析为主，部分定量研究局限于相关性分析，缺乏更为严谨的因果推断分析，关于社会资本影响经济社会发展的机制分析也有待进一步厘清。

第二节 重 要 论 文

1. 都阳，封永刚．人口快速老龄化对经济增长的冲击［J］．经济研究，2021（2）：71-88.

研究背景：由于中国独特的人口转变过程，人口老龄化的进程也表现出与其他国家不同的特征，突出表现在两个方面："未富先老"和"富而快老"。其中，"未富先老"及其带来的诸多挑战已经得到诸多重视与研究。在"十四五"时期，中国人均收入水平大概率可以达到高收入国家下限，快速老龄化进程可能对社会经济发展带来冲击，但尚未引起足够重视。

基本结论：作者利用122个国家的跨国面板数据，基于柯布-道格拉斯生产函数，使用最小二乘法（OLS）和工具变量法（IV）实证分析不同的老龄化速度对经济增长的影响，发现快速老龄化对经济增长的冲击比慢速和中速老龄化更为突出。他们根据与每个经济体相近老龄化速度国家的平均生存率，计算出其虚拟老龄化速度，构建老龄化速度工具变量，工具变量回归与最小二乘回归结果一致。此外，他们通过检验不同的老龄化速度对有效劳动投入、人力资本、资本产出比和全要素生产率四项经济增长动能的影响，阐明老龄化对经济增长的影响路径，结果发现老龄化速度对有效劳动投入增长和全要素生产率增长产生了显著的负面影响，对资本产出比的影响显著为正，对人力资本增长没有显著影响。最后，他们以2010—2020年期间中国年均老龄化速度为对照基期，使用估计出的弹性系数计算人口老龄化对2020—2030年中国经济增速的影响，结果发现，2020—2025年、2025—2030年人口老龄化将使得中国经济的年均增速分别下降1.07个百分点和0.87个百分点。

主要贡献：从研究视角来看，文章考察了老龄化速度与经济增长的关系，发现快速的老龄化进程和渐进的老龄化进程对经济增长的影响不同，从理论和实证两方面分析了快速老龄化对经济增长产生的冲击及其影响路径，有效补充了对"富而快老"这一问题的研究。从研究方法来看，作者使用虚拟老龄化速度作为老龄化速度的工具变量，得到了有效一致的估计结果。

现实意义：文章发现，快速老龄化对经济增长产生负面冲击最主要是通过降低有效劳动投入增长和减缓全要素生产率增长两个途径，防范其负面影响也应该从这两个机制入手。

2. 汪伟，咸金坤．人口老龄化、教育融资模式与中国经济增长［J］．经济研究，2020（12）：46-63.

研究背景：中国人口老龄化的快速发展与"人口红利"的消失意味着依靠人口数量与结构优势推动经济增长的传统模式难以为继，需要寻找新的经济增长动力实现经济发展方式转变和推动高质量发展。推动人口数量与结构优势向人口质量优势转变，以加快人力资本积累，是人口老龄化背景下保持经济可持续增长的有效路径。中国20世纪90年代中期从公共教育融资转向市场教育融资，教育融资模式转轨与人口转变同时发生，为从人口转变视角解释不同教育融资模式对人力资本积累和经济增长的影响提供契机。

基本结论：作者构建了一个三期世代交叠模型，在模型中同时考虑人力资本积累的时间和物质投入、社会保障制度等现实因素，分别在市场教育和公共教育融资模式下考察了预期寿命延长引致的人口老龄化如何影响人力资本积累和经济增长，并对两者进行对比分析。研究发现：在市场教育融资模式下，预期寿命延长会提高个体的受教育时间，但是会降低家庭的教育投资率，与经济增长呈现"倒 U 形"关系。在公共教育融资模式下，家庭的教育支出由政府外生给定，预期寿命延长主要通过提高受教育时间促进人力资本积累与经济增长。当预期寿命较低时，市场教育融资模式能够产生高于公共教育融资模式下的经济增速，但当预期寿命上升到某一临界值后，合理税率下的公共教育融资模式则反过来能够获得高于市场教育模式下的经济增速。中国 20 世纪 90 年代的公共教育融资向市场教育融资模式的转轨有效地促进了经济增长，在人口老龄化快速发展的态势下，市场教育融资模式可能阻碍人力资本积累和经济增长，政府应当适时对市场教育融资模式进行改革，建立以公共教育为主的融资模式，有效促进人力资本积累。

主要贡献：文章在一个统一的框架下，讨论人口老龄化、人力资本积累与经济增长问题，从人口转变的视角研究不同的教育融资模式对人力资本积累和经济增长的影响，为转型经济中预期寿命延长通过人力资本积累影响经济增长这一机制提供佐证。

现实意义：文章的研究结果表明，在人口老龄化快速发展的态势下，市场教育融资模式可能越来越不利于人力资本积累和经济增长，政府应对当前的市场教育融资模式进行改革，选择适当的时机转向以公共教育为主的教育融资模式，以更加有效地促进人力资本积累。

3. 王正位，李梦云，廖理，石永彬．人口老龄化与区域创业水平［J］．金融研究，2022（2）：80-97.

研究背景：党的十九大报告指出要"激发和保护企业家精神，鼓励更多社会主体投身创新创业"。在人口老龄化背景下，加快创业驱动、释放经济活力是实现高质量发展的重要方式，研究人口老龄化对创业水平的影响具有学术价值和政策意义。

基本结论：首先，作者基于启信宝大数据获得我国各城市创业数据，同时利用人口推演模型获得各城市人口老龄化数据，利用计划生育政策作为人口老龄化的工具变量，在城市层面研究人口老龄化对区域创业水平的影响，并分析其影响机制。研究发现，人口老龄化会显著降低区域创业水平。其次，根据各城市每年注册资本规模进行异质性分析，发现人口老龄化主要影响处于中间范围的创业企业。此外，作者将人口老龄化影响区域创业水平的机制分为家庭内部的"养老压力"机制和家庭外部的"等级效应"机制，并分别在宏观和微观层面验证两种机制的存在。就"养老压力"机制而言，文章使用医疗水平和保险覆盖程度作为分组依据在宏观层面进行检验，发现人口老龄化对医疗水平和保险覆盖水平较低城市创业水平的负面影响更大；文章使用 CHIP 2013 微观调查数据发现，家庭内部人口结构的老年化制约家庭创业行为。就"等级效应"机制而言，文章使用国有单位占比和行业的物质资本密集度作为分组依据，发现人口老龄化对国有单位占比高的城市创业水平和物质资本密集型行业创业水平的负面影响更大；文章在微观层面的检验中，控制城市老年人口抚养比，进一步验证了家庭外部影响机制的存在。

主要贡献：第一，研究维度和研究数据的创新。文章使用中国所有城市的全样本创业数据，并建立人口推演模型补充获得城市人口老龄化数据，在城市层面研究人口老龄化对区域创业水平的影响。第二，研究视角和研究内容的创新。文章将人口老龄化对创业水平的影响分解为家庭内部人口老龄化的影响和家庭外部老龄化的影响，提出并检验了家庭内部的"养老压力"机制和家庭外部的"等级效应"机制。

现实意义：文章发现人口老龄化对区域创业水平具有显著的抑制作用，这为放宽人口政策提供了参考依据。文章发现在医疗水平和保险覆盖较低的地区，人口老龄化对区域创新的抑制作用更强，这表明为缓解人口老龄化的影响，需要着力保障老年人口的医疗供给和保险覆盖。

4. 汪伟，杨嘉豪，吴坤，徐乐．二孩政策对家庭二孩生育与消费的影响研究——基于 CFPS 数据的考察［J］．财经研究，2020，46（12）：79-93.

研究背景：二孩政策是中国政府为促进人口结构优化与经济社会发展制定的一项重要公共政策，它的实施给家庭带来了更多的生育选择空间，但是如何更好地激发目标家庭的生育意愿，促进家庭消费福利是政策制定者需要考虑的问题。

基本结论：文章利用中国家庭追踪调查数据（CFPS），评估了"单独二孩"和"全面二孩"政策对家庭生育和消费的影响。研究发现，第一，就生育行为而言，"单独二孩"政策对单独家庭的二孩生育行为没有产生显著影响，"全面二孩"政策对非独家庭的二孩生育产生了微弱的影响。第二，就家庭消费而言，"单独二孩"政策并没有对非独家庭的消费产生影响，但是"全面二孩"政策显著降低了生育二孩的非独家庭的消费。生育二孩的非独家庭的发展和享受型消费明显下降，但是生存型消费并没有显著降低。

主要贡献：第一，文章使用严谨的因果推断方法评价生育政策的实施效果，能够较为准确地评估"二孩政策"的实施效果。第二，文章关注生育政策对家庭消费行为和消费结构的影响，为政策制定者保障居民基本福利、制定有效的生育政策提供了可靠依据。

现实意义：文章的结论表明二孩政策对家庭生育的促进作用有限，未来的政策设计应该从生育控制政策转向全面放开并鼓励生育的政策，让生育选择权回归家庭。同时，政府还需要加快构建新生育模式下的政策支持体系，综合运用多种配套政策提高家庭的内在生育意愿。

5. 于也雯，龚六堂．生育政策、生育率与家庭养老［J］．中国工业经济，2021（5）：38-56.

研究背景：近年来中国正加速进入老龄化社会，生育率下降、社会劳动供给不足和家庭养老压力增加等问题受到政府部门和学术界的广泛关注。

基本结论：文章在内生化生育率的模型中引入隔代抚养和老年赡养，分析隔代抚养在老龄化社会中的作用，并讨论了生育补贴政策和社会养老政策对生育率和家庭养老的影响。研究发现，隔代抚养能够有限地提高生育率和人力资本水平，增加社会总劳动供给，但会提高家庭赡养比，增加家庭养老压力。生育补贴政策可以大幅提高生育率和人力资本水平，但对社会总劳动供给的作用不确定。社会养老政策难以促进生育率大幅提高，但可以有效降低家庭养老压力。

主要贡献：第一，文章在模型中引入隔代抚养和老年赡养，切合我国的现实家庭结构。第二，文章系统分析了生育补贴政策、社会养老政策对生育率、劳动供给和家庭养老的影响，从理论分析的角度评估政策。

现实意义：文章的结果表明，单一维度的政策具有局限性，解决中国的人口老龄化问题，需要政府部门制定完善的政策体系，通盘考虑各项政策利弊，加强政策之间的配合。

6. 魏东霞，陆铭. 早进城的回报：农村移民的城市经历和就业表现［J］. 经济研究，2021（12）：168-186.

研究背景：随着经济发展，中国人口增速放缓，大城市面临人口老龄化与生育率低的双重压力，需要外来人口维持人口年龄结构平衡。同时，中国城市化水平仍有很大提升空间，农村移民进城是城市化的主要渠道，推进城市化和外来人口市民化是一项紧迫的任务。

基本结论：文章利用2017年原国家卫计委流动人口监测数据，识别了农村移民早进城的就业回报。OLS估计和IV估计表明，农村移民早进城能够提高其小时工资。农村移民早进城增进人力资本回报，并不是因为早进城接受学校教育的结果，而是城市生活经历本身带来的学习效应，这种效应在大城市稳定就业的群体中更为显著，返乡经济将会减弱早进城的学习效应。机制分析发现，早进城能够通过长期的城市生活经历提高农村移民的非认知能力，进而提高其进入收入较高的现代服务业就业的概率，从而提高其劳动力市场表现。

主要贡献：第一，文章首次从进城年龄这个视角，研究农民早期就业经历对其在劳动力市场表现的影响。第二，研究结论具有很重要的现实意义与政策启示，我国有大量农村儿童因大城市的户籍限制无法跟随父母进城，可能错失在年少时进城获得的学习效应。

现实意义：文章为深化户籍制度改革、破除农村移民早进城的障碍，加快城市化和外来人口市民化进城提供了充分的证据。大城市政府要积极落实中央关于调整完善积分落户政策的精神，让长期在城市生活和工作的外来移民能获得同等的城市居民身份和待遇。

7. 王春超，尹靖华. 公共卫生健康教育与流动人口传染病就医行为研究［J］. 经济学（季刊），2022，22（2）：569-590.

研究背景：近年来，我国先后发生传染性非典型肺炎、甲型H1N1流感、新型冠状病毒肺炎等突发新发传染病疫情，严重威胁人民群众的健康与生命安全。中国流动人口数量庞大且部分人健康素养和卫生意识较为缺乏，其日益频繁的流动增加了传染疾病的传播机会，给传染病的防治工作带来重大挑战。

基本结论：文章研究了社区（村）公共卫生健康教育对流动人口传染性疾病就医行为的影响效应，探讨了个体异质性和不同教育方式的影响，并定量分析了公共卫生健康教育的成本—效果。研究发现，我国社区和村一级的基层公共卫生健康教育在引导流动人口重视健康、促进其就医行为中发挥了显著的积极作用，但针对不同人群的效果相异。进一步研究发现，尽管报刊和影视等传统媒体在所有教育方式中的使用占比最高，但其有效性低于面对面和互联网这两种教育方式。成本—效果分析表明，基层公共卫生健康教育在中部地区最具效率，其次是东部地区，最后是西部地区。

主要贡献：第一，文章首次基于微观调查数据系统研究中国基层公共卫生健康教育对于流动人口常见传染病症就医行为的影响效应。第二，文章综合使用广义精确匹配、回归修正下的概率倒数赋权法和工具变量法修正内生性，在研究方法上为未来的研究提供了参考。

现实意义：第一，从健康教育的投入成本来看，人均健康教育投入从大到小的排序是东部地区、中部地区和西部地区；文章的成本—效果分析结果表明，健康教育投入较多的东部并没有在常见传染病症中获得最好的效果。这表明，在开展公共卫生健康教育的过程中，应注重各个流程和范围的成本控制，提高效率。第二，文章发现，报刊、影视等传统媒体的影响效果不如面对面和互联网模式。由此，基层政策应注重改善健康教育培训方式，以更有效地开展健康教育培训。

8. 殷戈，黄海，黄炜. 人力资本的代际外溢性——来自"别人家的父母"的证据[J]. 经济学（季刊），2020，19（4）：1491-1514.

研究背景：人力资本积累对经济增长和国民福利具有重要意义，强化人力资本，需重视提高教育质量，建立现代化教育体系。教育部鼓励随机分班，以提高教育的公平性。随机分班可视为准自然实验，研究教育溢出效应的因果性。

基本结论：文章利用中国教育追踪调查数据识别出人力资本在班级内部的代际溢出效应。利用"随机分班"这一准自然实验，文章发现"别人家的父母"对自己成绩和认知水平的影响为：对于自己父母没有受过高等教育的学生，同班同学父母接受高等教育的比例每提高 1 个标准差，学生成绩、认知能力得分与非认知能力得分都会显著提高；在自己父母受过高等教育的学生中，同学父母受过高等教育的比例对学生成绩的影响较小，且对认知水平和非认知能力没有显著影响。进一步的机制分析表明，良好的朋辈效应、学生自己在学业上更为投入、老师在工作上更为努力、学生对未来生活和学习成就有更高的期待，以及更为融洽的师生关系，是学生表现提高的重要原因。

主要贡献：第一，文章发现受过高等教育者通过影响子女所在班级的未受过高等教育者的子女，产生正向溢出效应，为高等教育的溢出效应提供了一种微观机制。第二，与既有关于人力资本代际传递性的文献不同，文章从代际外溢性的角度研究人力资本的代际影响。

现实意义：文章的结果表明，在进行公共教育投入时，应当充分考虑人力资本的溢出效应，政策制定者不仅在代内之间，而且在代际应当做更为深入的政策评估。

9. 梁超，王素素. 教育公共品配置调整对人力资本的影响——基于撤点并校的研究[J]. 经济研究，2020（9）：138-154.

研究背景：改革开放以来中国城镇化建设取得了巨大成就，城乡基础教育格局也发生了巨大变化。2001 年全国范围内开展"撤点并校"，全国乡村小学数量从 44 万所下降到 15.5 万所，减幅达 65%。由于大规模的撤点并校源于自上而下的行政推动，自诞生之初就面临巨大的争议。研究撤点并校对农村儿童长期人力资本积累的影响，对城市化中的农村教育公共品布局调整具有重要的现实意义。

基本结论：文章利用地区之间撤点并校的政策力度差异和样本队列信息构造双重差分模型，并采用倾向得分匹配方法缓解样本选择性问题，研究发现撤点并校有利于改善农村儿童的长期人力资本。考虑入学年龄和学制差异、高考扩招和流动人口等因素的干扰后，结果依然稳健。文章进一步研究发现撤点并校改善了地方教育财政的支出绩效。基于 CHARLS 数据区分出"撤点"与"并校"村居，研究发现"并校"有助于农村儿童获得更多的高中教育机会，而"撤点"对农村儿童的小学入学率存在一定的负面冲击。

主要贡献：第一，文章关注撤点并校对农村儿童受教育的长期影响，为评价教育公共品供给对人力资本积累的影响提供了可靠证据。第二，文章基于地市间的撤点并校力度差异构造识别策略，可以识别出政策对农村儿童的整体影响。

现实意义：文章发现撤点并校对农村儿童的长期教育获取具有显著的正面作用，这表明农村教育公共品的布局调整中可适当发挥公共品供给的规模效应。其次，文章发现"撤点"造成部分农村儿童的入学率下降，这部分儿童的人力资本积累受到损害，这说明撤点并校在农村内部产生了再分配效应，农村教育资源的布局调整中要特别关注偏远地区和落后家庭的儿童教育问题，防止盲目"撤点"造成农村内部的教育差距扩大，进而影响代际流动和机会公平。

10. 李涛，周君雅，金星晔，史宇鹏. 社会资本的决定因素：基于主观经济地位视角的分析 [J]. 经济研究，2021 (1)：191-205.

研究背景：中国进入高质量发展阶段，研究影响社会资本积累的因素，对提高居民社会资本，满足人民对美好生活的需求，增加人民群众的幸福感与获得感具有重要意义。

基本结论：文章基于 2010 年、2012 年、2013 年、2015 年中国综合社会调查（CGSS）数据，使用居民参与居委会或村委会选举的投票行为度量社会资本，研究个人的主观经济地位对其社会资本的影响，并进一步探讨了作用机制与作用条件。文章发现，较低的主观经济地位对社会资本水平具有显著的负向影响：主观经济地位越低，其参加选举投票的可能性越低。主观经济地位对社会资本的影响具有非对称性，较低的主观社会地位会显著降低其社会资本水平，而较高的主观经济地位对社会资本的影响不显著。就作用机制而言，较低的主观经济地位会显著降低其公众参与信心和对政府的信任。就作用条件而言，较低的主观经济地位对参与投票的负面影响可以通过提升互联网使用频率以及法律知识水平得到改善。

主要贡献：（1）从市民资本的角度定义社会资本，丰富和补充了有关社会资本的相关研究；（2）创新性地从主观评价层面研究社会资本的影响因素，为研究社会资本积累提供了一种新的视角。

现实意义：文章的研究发现为增进人民群众的获得感和幸福感提供了政策含义。第一，提高居民生活满意度，可以从提高人们主观经济地位着手。第二，提高政策实施的效果，需要进一步提高各地区的法律知识、普及教育水平和互联网使用水平。

第三节　重要著作

1. 王晓军．中国积极健康老龄化测度与分析［M］．北京：中国人民大学出版社，2021．

研究背景：人口老龄化是人口发展的必然规律，为了应对人口老龄化对社会经济和老年保障体系可持续发展的系统性冲击，国际社会倡导积极老龄观，联合国和世界卫生组织等国际组织相继提出了积极老龄化和健康老龄化行动计划，世界各国在国际组织的倡导下逐步开展积极应对人口老龄化、促进老年人健康的健康老龄化行动。健康老龄化作为应对人口老龄化的战略框架，其概念的内涵丰富、外延较广，需要构建多维度综合指标体系，用于测度评价和积极引导健康老龄化。

内容提要：该书构建了分地区的健康老龄化综合指标体系和综合指数，用于评估和监测不同地区和城乡健康老龄化的水平。从主动健康、社会参与和适老环境支持三个维度综合评价我国健康老龄化的水平，分析城乡和不同省市的健康老龄化水平和差异，测度主动健康、社会参与、环境支持等对老年人的支持。

基本结构：该书包括三部分共八章的内容。第一部分是指数编，包括 1~4 章。第 1 章介绍中国积极健康老龄化指数的定义、综合指标体系及综合指数的测度方法。在此基础上计算中国大陆 31 个省区市积极健康老龄化总指数，分析总指数以及主动健康指数、社会参与指数和环境参与指数的城乡和地区差异。第 2 章是对主动健康与积极健康老龄化的分析，包括对健康现状总体情况的分析和城乡对比分析，以及主动健康对积极老龄化指数贡献度的分析，主动健康与医疗卫生发展水平的关系，健康自评、心理健康、人际信任等的国际比较。第 3 章是对社会参与与积极健康老龄化的分析，包括对老龄经济参与、老龄文化参与、老龄家庭参与的分析，老龄社会参与对积极健康老龄化的支持贡献的分析以及老龄社会参与的国际比较等。第 4 章是环境支持与积极健康老龄化的分析，包括对公共服务、社会支持的分析，环境支持指数对积极健康老龄化指数贡献度的分析以及环境支持指数的国际比较等。第二部分是发展编，包括第 5 章和第 6 章。第 5 章为老龄化、健康与保障能力的地区差异分析，包括比较分析我国人口老龄化的水平、速度、地区差异和城乡差异；比较分析健康状况的地区差异；描述和分析我国养老医疗保障和卫生健康投入的水平和地区差异。第 6 章为积极应对老龄化的国际比较，分析主要国家老龄化的程度及其面临的风险和采取措施的能力，分析中国应对老龄化的优势和劣势，给出中国提高老龄化能力建设的建议。第三部分是探索编，包括第 7 章和第 8 章。第 7 章为积极健康老龄化要素分析，使用社区数据，对积极健康老龄化中的主动健康和社会参与的社区分布进行分析。第 8 章为积极健康老龄化社会舆情分析，采用网络社会舆情分析法，研究公众对老龄化背景下某些特定公共事务或社会问题的态度与情感，并提出加快健康老龄化进程的对策性建议。

主要贡献：第一，该书在中国健康老龄化的框架体系下，构建了一套指标评价体系测算中国积极老龄健康化指数，并分析城乡和区域间的差异，为把握我国健康老龄化状况提高了可靠依据。第二，该书对比了我国健康老龄化在主动健康、社会参与和环境支持等方面与国际社会的差距，为划定我国健康老龄化的发展阶段，制定实现健康老龄化的支持性政策提供借鉴。

现实意义：党的十九大提出要"实施积极应对老龄化国家战略，把积极老龄观、健康老龄化理念融入经济社会发展全过程"。实现健康老龄化，需要构建一套完善的健康老龄化指标体系，该书基于我国人口老龄化的基本国情和国际健康老龄化发展趋势，构建了健康老龄化综合评价体系，测算总体和分地区的健康老龄化指数，为把握健康老龄化的现实状况，推动社会对健康老龄化的理解，提升社会政策对老年人的支持，促进老龄化社会的可持续发展具有重要意义。

2. 李英. 二孩生育行为研究［M］. 上海：华东师范大学出版社，2020.

研究背景：人口问题始终是影响中国社会全面协调可持续发展的基础性、全局性和战略性问题。为应对日益加剧的人口低生育问题，2013 年以来，国家陆续实施了单独二孩和全面二孩政策，但是政策调整并未完全达到预期效果。低生育水平可能会引发一系列社会问题，

育龄妇女的二胎生育行为不仅影响着国家总体生育水平，而且影响着中国的人口发展和社会发展。对中国低生育背景下育龄妇女的二胎生育行为进行研究，探索影响育龄妇女二胎生育行为的因素，提出应对低生育的政策，对促进中国人口长期均衡发展具有重要意义。

内容提要：首先，该书基于中国低生育背景下育龄妇女生育行为面临的现实问题，构建了适用于中国低生育水平背景下育龄妇女生育二孩行为的分析框架。其次，从个人生育意愿、家庭代际效应和社会人口特征三个方面，探索影响育龄妇女二孩生育行为的影响因素。就个人生育意愿而言，该书分析了育龄妇女生育数量和男孩偏好与其二孩生育行为之间的关系；就家庭代际效应而言，该书分析了父代生育数量、居住安排与育龄妇女二孩生育行为之间的关系；就社会人口特征而言，从人口流动方面分析不同流动类型、不同流动距离、不同流动时间和不同流动方式与育龄妇女二孩生育行为之间的关系。

基本结构：该书共包括七章。第一章为理论综述与研究回顾。对生育研究的相关理论以及育龄妇女生育行为研究进行综述和述评。第二章为中国育龄妇女二孩生育行为分析框架。在总结一般情境下解释生育行为概念框架的基础上，总结中国低生育水平背景下的现实问题和中国育龄妇女生育行为的现实情境，并提出中国育龄妇女二孩生育行为的分析框架。第三章为数据和方法。介绍主要的数据来源、分析策略和研究方法。第四章为生育意愿数量、男孩偏好与育龄妇女二孩生育行为研究。第五章为代际效应与育龄妇女二孩生育行为研究。从家庭代际效应方面分析父代生育子女数量和父代居住安排与育龄妇女二孩生育行为之间的关系。第六章为流动人口的二孩生育行为研究。以流动人口为主要研究对象，探讨城镇化发展带来的人口流动因素对育龄妇女生育二孩的影响。第七章为结论和展望。对该书的主要工作和研究结论进行总结，并提出促进人口长期均衡发展的政策建议。

主要贡献：首先，该书在相关经典生育理论的基础上，结合中国现实问题和社会情境，构建了适用于中国低生育水平背景下二孩生育行为的分析框架，丰富了已有的关于生

育行为的研究，也为考察三孩政策的实施效果提供了参考。其次，该书从个人生育意愿、代际效应和流动经历三个方面解释中国低生育水平的影响因素，从完善生育相关配套措施、推广性别平等观念、完善家庭政策和推进流动人口基本服务均等化等方面提出政策建议，为相关政策制定者提供了可靠依据。

现实意义：中国的生育和家庭结构已经发生了根本性的变化，当前中国的低生育率不再是生育政策的强制性结果，而是社会经济发展条件下人们生育意愿的反映。低生育意愿与个人生育偏好、家庭代际关系以及生育主体的流动经历有关，该书的研究为应对中国低生育水平背景下面临的现实困境提供了可靠的解决方案。

3. 连俊华. 人力资本对区域经济发展的影响［M］. 北京：社会科学文献出版社，2020.

研究背景：人力资源储备是该地区经济实现长远发展的基础，是促进区域经济增长、推动经济高质量发展的核心要素，更是增加区域竞争力的关键因素。2010 年我国出台《国家中长期人才发展规划纲要（2010—2020 年）》，指出要实现对人才的规模、结构、布局、素质等的扩大和优化，在人才政策上更加开放和不断创新。随着纲要的实施，各地区对人才的重视程度不断提高，在引进人才中展开激烈竞争，折射出城市和区域之间竞争的新变局。

内容提要：该书研究了人力资本对区域经济发展的影响以及二者之间的具体关系，通过对中关村的案例分析和人才政策的梳理，对人力资本、人才政策与区域经济发展之间的互动关系进行论述并提出相关建议。

基本结构：该书共包括七章。第一章是绪论。重点阐述选题背景和价值，梳理研究方法，并指出创新之处。第二章为人力资本与区域经济发展理论。介绍了教育因素、古典经济增长理论、索罗经济增长理论、内生经济增长理论等对人力资本与区域经济发展有重要影响的理论。从人力资本的集聚效应、人力资本与区域经济发展的相互作用等方面对人力资本与区域经济发展的关系进行了梳理。第三章为我国人力资本对区域经济发展的贡献研究。对我国人力资本发展历程、发展现状以及对人力资本投资状况进行了梳理。第四章是对人力资本与区域经济发展之间关系的案例分析。主要从两个方面展开：一是中关村人力资本与区域经济产业结构之间的关系论述；二是中关村人力资本与区域经济发展之间的空间计量分析。第五章对人力资本政策效应与转化机制进行了研究。主要分析了中央和代表性区域所出台的系列人才政策产生的效应。第六章提出了优化人力资本与区域经济发展关系的政策建议。从人力资源转化为人力资本，优化人才政策、人力资本结构与区域经济发展，加快人力资本集聚以及降低区域人力资本不均衡等方面提出政策建议。第七章是研究结论与展望。

主要贡献：第一，从人力资本与产业结构互动的角度研究人力资本对区域经济增长的影响，使用空间计量方法检验了人力资本差距与地区间发展不均衡的关系。第二，以中关村人力资本聚集为例，探讨了人才政策有效实施的条件。

现实意义：第一，该书论证了人力资本积累与集聚对区域的产业结构和经济发展的促进作用，这说明人才在经济发展和产业升级中具有重要位置，区域发展应重视人才发展战略。第二，各地制定人才政策应该从地区发展全局出发，在人才引进、培育、服务和管理的各个环节采取相应的对策，激发人才的创新活力，实现人才和区域发展的双赢。

4. 彭文慧. 社会资本与农村减贫［M］. 北京：社会科学文献出版社，2020.

研究背景：贫困问题在农村地区的不均衡分布，严重制约地区的经济发展。收入不是衡量贫困的唯一标准，贫困渗透于穷人的社会参与、经济生活、家庭关系和社会环境之中。如果贫困群体能够在其所在的社会网络、信任及社团等社会活动中获取社会资源，那么他们不但能够获得提高收入的机会，更可能提高长期发展的能力，从而真正实现脱贫。中国已经实现全面脱贫，但仍需防范返贫风险，除采取有效的行政手段和建立规范的市场制度外，发挥社会资本这一非正式制度的积极作用对于巩固脱贫成果也十分必要。

内容提要：该书使用世界银行的社会资本指标体系，基于河南大学黄河文明与可持续发展中心"百县千村"农村定点调查项目所形成的农村家庭数据库，从财政支农、劳动力转移、公共品供给、农村信贷、多维贫困、贫困代际传递和社会资本的差异分配七个维度研究社会资本对农村减贫的影响。

基本结构：第一章为导论。介绍中国贫困与减贫的发展概况，论述社会资本对农村减贫的作用机制。第二章为社会资本、财政支农与农村减贫。以各地区贫困发生率下降幅度为被解释变量，以各地区慈善发展指数衡量社会资本，并以财政支农为核心解释变量，基于2000—2017年我国30个省区市的数据，研究社会资本、财政支农的减贫效应。第三章为社会资本、劳动力转移与农村减贫。基于河南省1054户农村家庭的调查数据，实证检验了社会资本通过劳动力转移带来农民增收和减贫效应。第四章为社会资本、公共品供给与农村减贫。利用河南省农村调查微观数据对农村社会资本、公共品供给等有关变量进行实证分析。第五章为社会资本、农村借贷与农村减贫。利用河南省农村家庭微观数据，实证研究社会资本对农村借贷的影响及减贫效应。第六章为社会资本、多维贫困与农村减贫。以河南省农村定点调查数据为基础，从收入、教育、健康、生活水平4个维度，运用A-F方法，采用等权重计算的形式，对农户的多维贫困进行识别，并进行多维贫困指数计算，以判断多维贫困在我国农村的发生率。第七章为社会资本、贫困代际传递与农村减贫。基于河南省一个镇600个农村家庭的调查分析，研究农村家庭父辈与子辈之间在多项社会资本之间的代际关系对减贫的影响。第八章为社会资本的差异分配与农村减贫。运用世界银行的社会资本指标体系，基于山东、河南和陕西三省461个农村家庭的调查数据，分析农村家庭社会资本差异对家庭贫困的影响。

主要贡献：第一，该书选取河南省农村家庭为研究样本，具有较好的样本代表性，数据调查方式和研究结论对研究我国其他地区社会资本与农村减贫问题具有较强的适用性与借鉴意义。第二，该书较为全面地研究了社会资本与农村减贫关键路径的互动关系，并基于研究结论提出有针对性的政策建议。

现实意义：第一，该书论证了社会资本促进农村减贫的多种渠道，表明社会资本能够弥补正式制度的不足，农村减贫工作应重视社会资本这种非正式制度的作用，强调社会资本与市场机制的互补性，发挥社会网络和社会关系等资源促进农村减贫的积极作用。第二，不同维度的社会资本对于减少贫困的效果不同，制定减贫政策应考虑贫困群体的社会资本结构及其性质，最大化地调动贫困主体的积极性，提高其长期发展能力。

第四节　学术会议

1. "推动老龄事业和产业协同发展"学术大会（2021）

会议主题：积极应对人口老龄化：推动老龄事业和产业协调发展

主办单位：中国老年学和老年医学学会

会议时间：2021年12月18日

会议地点：北京市东城区

会议概述：2021年12月18日，中国老年学和老年医学学会2021年学术大会在北京亚洲大酒店隆重举行。本次大会以"积极应对人口老龄化：推动老龄事业和产业协同发展"为主题，邀请政府部门领导、知名专家学者做主旨报告，发布重磅研究成果。18日全天为开幕式和学术报告会，19—20日为"文旅康养产业发展论坛""社区+物业+养老服务发展论坛""养老人才分论坛暨养老人才发展专业委员会第二届年会""老年康复医学与精准医疗发展论坛"四个平行论坛。大会内容涉及系统回顾我国老龄化社会20年发展历程，解读全国老龄工作会议和《中共中央　国务院关于加强新时代老龄工作的意见》精神，探索医养结合、智慧养老等模式。

开幕式上，隆重发布学会年度重磅成果：《新时代积极应对人口老龄化发展报告——中国老龄化社会20年：成就、挑战与展望》和《新时代积极应对人口老龄化研究文集2021》两本专著。《新时代积极应对人口老龄化发展报告——中国老龄化社会20年：成就、挑战与展望》充分发挥学会学术优势，从多学科、跨学科、交叉学科角度综合系统深入研究老龄问题，首次全面系统总结我国老龄化社会20年的发展历程、取得的成就和面临的挑战。该书由总论和15个章节组成，涵盖老龄理论和思想研究、老龄政策法律发展及展望、老龄社会治理、老龄经济、养老保障制度安排与体系建设、养老服务体系建设、老龄健康、区域养老模式、养老服务人才队伍建设、老年宜居环境建设、孝亲敬老的政策体系与社会环境、智慧养老与智慧助老、老年文化教育、老年社会参与、国际交流合作。《新时代积极应对人口老龄化研究文集2021》由学会从来自全国27个省、自治区、直辖市和香港特别行政区的2000篇论文中评选出的971篇优秀论文中遴选44篇编撰成集。

2021年学术大会·学术报告会于18日上午后半段和下午举办。在学术报告环节，受邀参会的国家发展改革委发展司、国家卫生健康委老龄健康司、民政部养老服务司、复旦大学、中国人民大学、北京大学、国家老年医学中心、南开大学、国务院发展研究中心、中国社会保障学会、中国社会科学院等领导、专家出席并逐一发言，就学习《中共中央　国务院关于加强新时代老龄工作的意见》，落实积极应对人口老龄化国家战略，解决老龄事业产业中"急难愁盼"的重点、难点问题等进行政策的权威解读及解决路径研讨，就推进老龄事业和产业的思考和实践经验进行深入交流。与会专家学者解读了国家老龄事业发展政策，分享了研究成果，深入地探讨了在人口老龄化背景下，如何推动老龄事业与产业协调发展，为老龄产业发展及老龄化问题研究提供思路。

2. "中国人口老龄化和城乡养老支持"全国学术研讨会（2020）

会议主题：中国人口老龄化、城乡养老支持

主办单位：中国人民大学人口与发展研究中心、中国人口学会人口期刊专业委员会

会议时间：2020年10月16—17日

会议地点：山东省青州市

会议概述：会议中，来自中国人民大学、北京大学、南开大学、河北大学、西南财经大学、济南大学等科研院所的11位学者分别做大会主题报告，来自《人口与经济》《人口学刊》《中国人口科学》《人口与社会》《老龄科学研究》《人口研究》期刊的6位编辑和研究人员分别做期刊的选题与用稿报告。另有来自全国多所高校和科研机构的近80位专家、学者、学生参会。

研讨会共分三个论坛。论坛一"城乡人口老龄化与老龄政策"由翟振武教授主持。南开大学人口与发展研究所李建民教授基于目前老龄研究与政策制定存在的不足，强调要关注老年人的结构和分层及其政策含义；河北大学经济学院王金营教授揭示了人口老龄化对经济增长影响的七条路径及其政策含义；南开大学老龄发展战略研究中心原新教授基于当前人口老龄化和人口城镇化大势，提出了关于适老化建设的理念和框架；济南大学政法学院李伟峰教授结合数字信息化背景，分析老年人的媒介形象；北京大学社会学系陆杰华教授从性别平等视角出发，探讨中国性别红利的发展潜力、制约因素以及战略构想；中国人民大学人口与发展研究中心陶涛副教授深入聚焦养老领域，讨论了子女对父母赡养行为的性别和排行差异。国家卫生健康委老龄司王谦司长、中国人民大学人口与发展研究中心刘爽教授对论坛一中发言人的报告进行了点评。

论坛二"专业期刊的选题与用稿"由陈卫教授主持。《人口与经济》编辑部主任、编审方志、《人口学刊》编辑部主任、编审李新伟、《中国人口科学》编辑李玉柱、《人口与社会》编辑部主任刘云、《老龄科学研究》副研究员魏彦彦、《人口研究》编辑陈佳鞠先后对本期刊的基本情况以及选题与用稿特点进行了详细介绍。

论坛三"社会支持与养老服务"由中国人民大学人口与发展研究中心李婷教授主持。西南财经大学人口研究所杨成钢教授强调要将循证实践方法引入城乡养老支持政策当中；南开大学人口与发展研究所陈卫民教授梳理了中国医养结合的实践，并提出了医养结合的目标和实现路径；中国人民大学人口与发展研究中心唐丹副教授实证分析了影响流动老年人享受基本公共卫生服务的宏观因素；中国人民大学人口与发展研究中心杨凡副教授结合健康老龄化背景，探讨了朋友网络支持与老年人锻炼参与的关系，并观察到社会适应在其中的中介作用；中国人民大学老年学研究所张文娟教授对比了不同寿命、家庭结构下的老年人群的临终照料模式，并系统探析了寿命延长和死亡时间推移带来的照料模式改变。南京大学社会学系陈友华教授和潍坊医学院吴炳义教授对论坛三中发言人的报告进行了点评。

此次研讨会围绕我国人口老龄化进程中的问题与困境，兼具学术价值和现实意义，做到了理论与实践相结合，在研讨会中出现了很多新视角新思考，也延伸出很多新的研究问题，为开展老龄问题研究与老龄社会治理提供了有益的启示。

3. 中国人口学会 2021 年年会（2021）

会议主题：新阶段新理念新格局与人口发展

主办单位：中国人口学会

协办单位：贵州财经大学

会议时间：2021 年 7 月 16—17 日

会议地点：贵州省贵阳市

会议概述：中国人口学会 2021 年年会于 2021 年 7 月 16—17 日在贵阳举行，年会主题为"新阶段新理念新格局与人口发展"，旨在探讨新时代中国人口发展面临的诸多重要议题。在大会发言阶段，全国政协人资环委副主任、中国计生协党组书记、常务副会长王培安以《中国共产党人口发展的探索、成就和思考》为题，国家统计局人口司副司长崔红艳以《第七次全国人口普查工作及主要结果》为题，河北大学教授王金营以《中国人口长期发展战略目标和主要任务的再认识》为题，中国人口学会迁移流动与城镇化专委会主任王谦以《"意料之外"的启示——做好流动人口的调查和研究》为题，中国计生协专职副会长姚瑛以《生育力保护与实现适度生育水平》为题，人口与发展研究中心主任贺丹以《数字时代的人口学研究思考》为题，分别与在场专家学者进行了交流与分享。

此次年会共设置了 60 个分论坛，议题涉及"人口老龄化""迁移流动、人口集聚与市民化""人口资源与环境""中国共产党百年人口思想""新阶段新理念新格局与家庭发展""脱贫与乡村振兴""人口统计与数据评估""人工智能与人口发展""互助养老与社区治理""'一带一路'国家人口与发展""高质量发展视域下的中国人口均衡发展""户居安排与代际关系""社会性别视角下的人口研究""健康与福祉及其影响因素""中外人口普查以及数据分析""人口与教育的多维度研究""低生育率与生育支持""生殖健康的社会支持研究"等，对于研判我国现阶段人口发展现状与形势、解决人口发展过程中遇到的现实问题具有积极意义。

4. 第一届中国代际流动研究学术论坛（2021）

会议主题：代际流动

主办单位：浙江大学公共管理学院、东北财经大学经济与社会发展研究院和北京师范大学中国收入分配研究院

协办单位：浙江大学公共管理学院和北京师范大学中国收入分配研究院

会议时间：2021 年 5 月 15—16 日

会议地点：浙江省杭州市

会议概述：2021 年 5 月 15—16 日，由浙江大学公共管理学院、东北财经大学经济与社会发展研究院和北京师范大学中国收入分配研究院主办，浙江大学公共管理学院和北京师范大学中国收入分配研究院承办的第一届中国代际流动研究学术论坛（2021）在浙江大学紫金港校区公共管理学院大楼举行。

15 日上午，论坛开幕式召开，六位嘉宾发表了主旨演讲。中国发展研究基金会副理事长卢迈发表了题为《保障儿童发展，促进代际流动》的主旨演讲，深入探讨了儿童早

期发展对其未来成长的重要影响，提出保障儿童早期发展是促进代际流动的现实和可能的途径，呼吁应当采取符合中国实际且有效的干预措施。斯坦福大学 Scott Rozelle（罗斯高）教授发表了题为 Will the Next Generation of Workers in China Have a Similar Experience as This Generation of Workers？的主旨演讲。他从"中等收入陷阱"的概念入手，引用翔实的数据指出了普及中国农村高中及以上教育对中国未来发展的重要影响。东北财经大学校长吕炜教授发表了题为《中国代际流动问题的特征事实与思考》的主旨演讲。他从东北地区的经济放缓和人才流失、阶层固化等问题入手，指出关注中国代际流动问题具有重要意义，对"什么是代际流动、代际流动测度发展趋势、中国代际流动的总体趋势"等问题做了深入分析。东北财经大学经济与发展研究院院长王伟同教授主持了下半场主旨演讲。浙江大学经济学院院长张俊森教授分享了题为 Cadre Status，Mating，and Nepotism：Evidence from Urban China 的研究成果。论文探讨了领导干部地位对其自身和其配偶、子女的影响。中国社会科学院社会学研究所李春玲研究员分享了题为《住房财富分化及代际流动的影响》的研究成果。她阐述了住房分层在中国社会分层中的重要性，指出随着住房财富分配机制的转变，住房财富分化日益为市场所主导，并表示中国社会住房财富的分化导致原有社会财富的裂变。中国人民大学赵忠教授分享了题为《义务教育与教育的代际传递》的研究成果，探讨了公共政策对代际流动的影响，其研究发现义务教育能够一定程度上减少教育的代际传递。

15 日下午和 16 日上午进行了分论坛的论文汇报和讨论。此次论坛共收到 80 篇论文投稿，通过 8 位专家的匿名打分，选取了 24 篇论文在六个分论坛进行汇报交流，其主题包括"收入代际流动""代际流动与人力资本""代际流动与城乡差异""职业代际流动""代际流动与发展""代际流动与机会不平等"。

此次论坛是聚焦"代际流动研究"的第一届学术会议，会议的成功举办与论坛平台的成立有助于加强中国代际流动前沿学术问题的深入讨论，促进院校和学者之间的交流与合作。

5. 2021 年中国人力资本报告发布会暨第十三届人力资本国际研讨会

会议主题：发布《中国人力资本报告 2021》

主办单位：中央财经大学中国人力资本与劳动研究中心

协办单位：中央财经大学—电子科技大学联合数据研究中心

会议时间：2021 年 12 月 10—11 日

会议地点：北京市海淀区

会议概述：2021 年 12 月 11 日，中央财经大学人力资本与劳动经济研究中心发布了中英文版本的《中国人力资本报告 2021》，公布了我国最新人力资本估算结果。《中国人力资本报告》已经连续第 13 年发布。本次发布会通过线上及线下方式同步进行，并同时举行人力资本国际研讨会，与会嘉宾包括国内外知名院校及研究部门学者，共 200 余人参会。在发布会上，项目负责人李海峥教授和 Jorgenson-Fraumeni 人力资本计算法创始人 Barbara Fraumeni 教授共同发布了本年度人力资本报告。加拿大 Queen's University 经济学教授 Steven Lehrer 和中国人民大学经济学教授陆方文应邀对报告进行点评。2021 年度

"一丹"教育研究奖得主、斯坦福大学经济学教授 Eric Hanushek 在发布会上做主题演讲。

中国人力资本度量及研究项目一直受到国家自然科学基金及中央财经大学的专项经费支持，旨在建立一套科学、系统的人力资本指数，定量描述中国人力资本的分布及发展动态，以更深入地研究人力资本在中国经济发展中的作用并提供综合的度量指标，为政府的相关经济社会决策提供定量依据，同时也为中国的人力资本度量方法和指标成为国际人力资本指标体系的一部分、为人力资本作为国民账户的一部分纳入我国国民财富的衡量体系奠定基础。

中国人力资本度量项目由李海峥教授主持，中央财经大学人力资本中心师生参与。经过 13 年的持续研究，项目组已经建立起一套全面系统的国际化的中国人力资本度量指标体系。《中国人力资本报告》系列采用基于教育程度的人力资本度量指标、基于国际通用的 Jorgenson-Fraumeni（J-F）终身收入计算法的综合人力资本度量指标，以及基于国际人力资本研究最新发展而建立的指标如广义人力资本度量指标。其中，Jorgenson-Fraumeni 收入计算法创始人 Dale Jorgenson 教授和 Barbara Fraumeni 教授从项目开始以来就直接指导并参与项目团队工作。《中国人力资本报告》系列自发布以来，受到了国际国内学术界、国际组织及政府部门的重视，产生了广泛的影响，其部分内容发表在国际和国内著名期刊，并收录于世界银行官方研究报告及美国国家经济研究局（NBER）工作论文中。

《中国人力资本报告 2021》引入国家统计局、高校和社会调查部门等公布的最新数据对所有计算进行更新、调整及改进，形成了 1985—2019 年中国国家层面和省级层面分城乡人力资本的多种度量指标，提供了最新的、更准确的人力资本估算结果。报告的中英文版以及基于项目研究的计算结果和原始数据所形成的中国人力资本数据库，免费供社会各界使用，有利于为测度中国人力资本水平提供参考，推动相关研究。

◎ **参考文献**

［1］边燕杰，缪晓雷，鲁肖麟，马旭蕾，郭小弦. 社会资本与疫情风险应对［J］. 武汉大学学报（哲学社会科学版），2021，74（5）：156-168.

［2］蔡昉. 中国老龄化挑战的供给侧和需求侧视角［J］. 经济学动态，2021（1）：27-34.

［3］蔡昉，王美艳. 如何解除人口老龄化对消费需求的束缚［J］. 财贸经济，2021（5）：5-13.

［4］蔡秀云，其格乐，张停停. 学前教育经费投入对人力资本的多维影响研究［J］. 中国人口科学，2022（1）：85-98.

［5］陈佳鞠. 后生育转变阶段的生育水平差异及其原因分析［J］. 人口研究，2021（11）：62-80.

［6］陈庆江，王月苗，王彦萌. 高管团队社会资本在数字技术赋能企业创新中的作用——"助推器"还是"绊脚石"？［J］. 上海财经大学学报，2021（4）：3-17.

［7］陈卫，刘金菊. 近年来中国出生人数下降及其影响因素［J］. 人口研究，2021（5）：57-64.

［8］陈英姿，赵玉港，胡亚琪. 社会融合视角下中国老年流动人口居留意愿的影响因素［J］. 人口研究，2022，46（1）：97-112.

［9］ 戴魁早，李晓莉，骆莙函．人力资本结构高级化、要素市场发展与服务业结构升级［J］．财经研究，2020（10）：129-146.

［10］ 戴琼瑶，刘家强，唐代盛．中国人力资本红利及空间效应研究［J］．人口研究，2021（9）：33-48.

［11］ 邓大松，杨晶，孙飞．收入流动、社会资本与农村居民收入不平等——来自中国家庭追踪调查（CFPS）的证据［J］．武汉大学学报（哲学社会科学版），2020，73（3）：103-114.

［12］ 邓睿．社会资本动员中的关系资源如何影响农民工就业质量［J］．经济学动态，2020（1）：52-68.

［13］ 董克用，王振振，张栋．中国人口老龄化与养老体系建设［J］．经济社会体制比较，2020（1）：53-64.

［14］ 杜鹏，李龙．新时代中国人口老龄化长期趋势预测［J］．中国人民大学学报，2021（1）：96-109.

［15］ 都阳，封永刚．人口快速老龄化对经济增长的冲击［J］．经济研究，2021（2）：71-88.

［16］ 范子英．财政转移支付与人力资本的代际流动性［J］．中国社会科学，2020（9）：48-67.

［17］ 方浩．社会资本对城乡老年人健康影响的实证研究——基于 CGSS 混合截面数据［J］．华中农业大学学报（社会科学版），2020（2）：88-97.

［18］ 方森辉，毛其淋．人力资本扩张与企业产能利用率［J］．经济学（季刊），2021，21（6）：1993-2016.

［19］ 方森辉，毛其淋．高校扩招、人力资本与企业出口质量［J］．中国工业经济，2021（11）：97-115.

［20］ 封世篮，程宇丹，龚六堂．公共人力资本投资与长期经济增长［J］．北京大学学报（哲学社会科学版），2021（3）：129-139.

［21］ 高跃光，冯晨，唐雅．户籍的代际关联、“农转非”与长期人力资本［J］．世界经济，2021，44（11）：102-120.

［22］ 胡晟明，王林辉，朱利莹．工业机器人应用存在人力资本提升效应吗？［J］．财经研究，2021（6）：61-75.

［23］ 贾婧，柯睿，鲁万波．异地中考、人口流动与子女教育［J］．南开经济研究，2021（5）：198-218.

［24］ 贾俊雪，龙学文，孙伟．人口红利还是人力资本红利：生育政策经济影响的理论分析［J］．经济研究，2021（12）：130-148.

［25］ 李长安，杨智姣，薛畅．健康代际传递与机制分析［J］．中国人口科学，2021（6）：68-80.

［26］ 李达，林晓言．社会资本对区域创新的影响——基于空间知识溢出的视角［J］．统计与决策，2021（14）：62-65.

［27］ 李根丽，尤亮．非认知能力对非正规就业者工资收入的影响［J］．财经研究，2022

（3）：124-138.

[28] 李建伟，吉文桥，钱诚．我国人口深度老龄化与老年照护服务需求发展趋势［J］．改革，2022（2）：1-21.

[29] 李建伟．我国劳动力供求格局、技术进步与经济潜在增长率［J］．管理世界，2020（4）：96-113.

[30] 李竞博，高瑷．我国人口老龄化对劳动生产率的影响机制研究［J］．南开经济研究，2020（3）：61-80.

[31] 李涛，周君雅，金星晔，史宇鹏．社会资本的决定因素：基于主观经济地位视角的分析［J］．经济研究，2021（1）：191-205.

[32] 李志龙，陈技伟，冯帅章．房价上涨对已婚女性生育率的影响［J］．劳动经济研究，2020（8）：22-46.

[33] 梁超，王素素．教育公共品配置调整对人力资本的影响——基于撤点并校的研究［J］．经济研究，2020（9）：138-154.

[34] 刘贯春，司登奎，刘芳．人力资本偏向如何影响实体经济增长［J］．金融研究，2021（10）：78-97.

[35] 刘伟，张立元．经济发展潜能与人力资本质量［J］．管理世界，2020（1）：8-25.

[36] 刘卓，王学义．生育变迁：1949—2019年中国生育影响因素研究［J］．西北人口，2021，42（1）：107-116.

[37] 吕有吉，景鹏，郑伟．人口老龄化、养老保险基金缺口弥补与经济增长［J］．金融研究，2021（1）：51-70.

[38] 毛其淋，杨琦，方森辉．人力资本与创新驱动——高等教育改革推动高质量发展的微观证据［J］．财贸研究，2022（2）：1-19.

[39] 聂爱云，郭莹．互联网使用与居民社会资本——基于中国家庭追踪调查数据的研究［J］．宏观经济研究，2021（9）：133-148.

[40] 钱龙，冷智花，付畅俭．人口老龄化对居民家庭创业行为的影响［J］．改革，2021（6）：83-96.

[41] 卿石松，陈滔，程丽跃．两孩政策效果追踪评估与未来趋势分析［J］．人口与经济，2021（4）：83-95.

[42] 宋健，阿里米热·阿里木．育龄女性生育意愿与行为的偏离及家庭生育支持的作用［J］．人口研究，2021（7）：18-35.

[43] 孙伟增，张思思．房租上涨如何影响流动人口的消费与社会融入——基于全国流动人口动态监测调查数据的实证分析［J］．经济学（季刊），2022，22（1）：153-174.

[44] 王春超，蔡文鑫．流动人口市民化与推进路径测算研究——基于同质化水平测度的视角［J］．经济社会体制比较，2021（5）：161-173.

[45] 王春超，尹靖华．公共卫生健康教育与流动人口传染病就医行为研究［J］．经济学（季刊），2022，22（2）：569-590.

[46] 王树．"第二次人口红利"与经济增长：理论渊源、作用机制与数值模拟［J］．人口研究，2021（1）：82-97.

[47] 汪伟，咸金坤．人口老龄化、教育融资模式与中国经济增长［J］．经济研究，2020（12）：46-63.

[48] 汪伟，杨嘉豪，吴坤，徐乐．二孩政策对家庭二孩生育与消费的影响研究——基于CFPS 数据的考察［J］．财经研究，2020，46（12）：79-93.

[49] 王正位，李梦云，廖理，石永彬．人口老龄化与区域创业水平［J］．金融研究，2022（2）：80-97.

[50] 魏东霞，陆铭．早进城的回报：农村移民的城市经历和就业表现［J］．经济研究，2021（12）：168-186.

[51] 吴贾，林嘉达，韩潇．父母耐心程度、教育方式与子女人力资本积累［J］．经济学动态，2020（8）：37-53.

[52] 夏伦，沈寒蕾．流动人口真的融入社会了吗？——基于结构方程模型的流动人口社会融入研究［J］．人口与发展，2022（2）：138-151.

[53] 徐拓远，张云华．"十四五"时期积极应对农村人口老龄化的思路与举措［J］．改革，2021（10）：31-40.

[54] 杨超，张征宇．流动人口与本地人口就业质量差异研究：现状、来源与成因［J］．财经研究，2022，48（4）：19-33.

[55] 杨怡，王钊．社会资本、制度质量与农民收入［J］．宏观经济研究，2021（8）：115-127.

[56] 叶堂林，李国梁，梁新若．社会资本能有效提升区域经济韧性吗？——来自我国东部三大城市群的实证分析［J］．经济问题探索，2021（5）：84-94.

[57] 殷戈，黄海，黄炜．人力资本的代际外溢性——来自"别人家的父母"的证据［J］．经济学（季刊），2020，19（4）：1491-1514.

[58] 於嘉，周扬，谢宇．中国居民理想子女数量的宏观影响因素［J］．人口研究，2021（11）：45-61.

[59] 于也雯，龚六堂．生育政策、生育率与家庭养老［J］．中国工业经济，2021（5）：38-56.

[60] 于潇，陈筱乐，解瑯卓．流动效应与户籍歧视效应对流动人口工资收入的影响——基于双边随机前沿模型的分析［J］．人口研究，2022，46（2）：61-74.

[61] 张冲，李想．女性生育意愿与生育行为偏离的影响因素［J］．中国卫生统计，2020（12）：902-907.

[62] 张可云，赵文景．社会资本对区域经济增长的影响——基于贡献水平与空间溢出效应的分析［J］．学术研究，2020（10）：67-76.

[63] 张丽萍，王广州．女性受教育程度对生育水平变动影响研究［J］．人口学刊，2020（6）：19-34.

[64] 张明昂，施新政，纪珽．人力资本积累与劳动收入份额：来自中国大学扩招的证据［J］．世界，2021（2）：23-47.

[65] 张琼，张钟文．我国人力资本变迁70年：人口转型与教育提升的双重视角［J］．统计研究，2021（11）：47-59.

［66］张榉榉，崔玉倩. 高人力资本女性更愿意生育二孩吗——基于人力资本的生育意愿转化研究［J］. 清华大学学报（哲学社会科学版），2020，35（2）：182-193.

［67］张雅淋，吴义东，姚玲珍，董敏凯. 既来之，则安之？——城市房租水平对农村流动人口社会融合的影响研究［J］. 上海财经大学学报，2022，24（2）：30-44.

［68］张孝栋，张雅璐，贾国平，汤梦君，陈功，张蕾. 中国低生育率研究进展：一个文献综述［J］. 人口与发展，2021，27（6）：10-21.

［69］张勇. 人力资本贡献与中国经济增长的可持续性［J］. 世界经济，2020（4）：75-99.

［70］赵晓军，余爽. 改革开放以来中国经济发展阶段与人力资本结构研究［J］. 经济科学，2020（1）：5-20.

［71］郑真真. 生育转变的多重推动力——从亚洲看中国［J］. 中国社会科学，2021（3）：65-85.

［72］周敏丹. 人力资本公积、工作技能需求与过度教育［J］. 世界经济，2021（7）：79-103.

［73］Bourdieu P. The forms of capital，handbook of theory and research for the sociology of education［M］. New York：Greenwood，1986.

［74］Coleman J. S. Social capital in the creation of human capital［J］. American Journal of Sociology，1988（94）：95-120.

［75］Glen Loury G. A dynamic theory of racial income differences［J］. Discussion Papers，1976（6）.

［76］Hanifan L. J. The rural school community center［J］. The Annals of American Academic of Political and Social Science，1916（67）：130-138.

［77］Liu J.，Xing C. B. and Zhang Q. House Price，fertility rates and reproductive intentions［J］. China Economic Review，2020，62：101496.

［78］Putnam R. Making democracy work：civic traditions in modern Italy［M］. New Jersey：Princeton University Press，1993.

［79］Tan Y.，Liu X.，Sun H.，Zeng C.，et al. Population ageing，labor market rigidity and corporate innovation：evidence from China［J］. Research Policy，2022（51）：1-15.

第六章　创新、技术进步与经济发展

郑江淮　董一点　周　阳　孙冬卿　钱贵明

（南京大学）

　　创新、技术进步与经济发展之间的联系以及如何实现创新与技术进步一直是国家经济发展中的重要问题。围绕"创新、技术进步与经济发展"，本章总结了 2020—2021 年的重要论文、著作和学术会议，梳理两年来相关研究的脉络，以期为未来的研究提供参考。

第一节　研究综述

　　近年来围绕"创新、技术进步与经济发展"这一话题，学术界主要从以下几个方面展开研究。首先是政府政策对创新的影响研究。政府的宏观政策如何推动创新和技术进步，以及这些政策是否有效？其次是企业行为对创新的影响研究。企业如何通过财务管理、知识学习以及制度设计推动企业的创新与技术进步？最后是创新与技术进步对经济发展的影响机制。创新与技术进步会如何推动经济发展？

　　因此，本章分别从"政府如何推动创新""企业如何实现创新""创新、技术进步对经济发展的影响机制"三个方面梳理了 2020—2021 年创新、技术进步与经济发展领域的相关研究文献，在此基础上结合新型冠状病毒疫情对全球经济的持续冲击、贸易保护主义以及我国当前经济发展面临的困境，我们进一步探讨了"创新、技术进步与经济发展"领域的研究趋势，以期能为未来的相关研究提供一定参考。

一、宏观政策对创新的影响研究

　　现阶段，我国经济正处于增速放缓的转型期，而创新作为经济发展新阶段的主要推动力，逐渐成为我们发展的核心战略之一，为了更好地走出一条创新驱动发展的道路。为此，我国政府先后施行了多项政策措施以达成上述目的，包括改革开放后，我国通过实施各项政策积极引进外资、加强知识产权保护、各级政府设立地方性开发区与国家开发区以及一些其他类型的创新技术激励政策。这些政策措施通过不同的机制对创新带来了多样化影响。

（一）引进外资对创新的影响

　　自改革开放以来，我国积极引进各方外资，对外开放的程度和领域不断加深，层次不断提高。一方面，党的十一届三中全会上确定了把工作中心转移到经济建设上来，从而开始逐步承认私营经济的合法地位；另一方面，党中央国务院和各级政府先后制定了一系列招商引资的政策。如 1986 年颁布的《关于鼓励外商投资的规定》、1990 年《关于鼓励华侨和香港澳门同胞投资的规定》（刘建丽，2019）。在这两项政策措施的干预下，外商对我国的投资规模、投资领域等不断扩大，带动了一批先进的技术在我国落地、生根、发芽。为此，诸竹君等（2020）构建了纳入锁定效应的扩展理论框架，基于 1998—2013 年中国工业企业和专利匹配数据，实证检验了外资进入对我国本土内资企业创新行为和绩效的影响，研究发现，总体上外资进入提升了内资企业的创新数量，同行业正向影响显著超过了前向关联的负向影响，后向关联效应不显著，并且在内资企业的创新行为上呈现出"重数量、轻质量、高效率"的显著特征。外商投资不仅能直接带动创新行为和创新绩效的增加，也可以间接促进产品出口，从而带动创新。崔静波等（2021）采用 2010—2015 年北京中关村自主创新企业的面板数据，考察了出口对企业创新的影响。研究发现，总体而言，企业出口能显著促进创新投入与创新产出，但是由于行业具有异质性，并不是每个行业都能促进企业的创新，在有些行业出口对创新的提升是有限的。尽管我国政府早就深刻认识到积极实施并鼓励外资技术引进策略的重要价值，试图通过外资的引进而形成"引进技术→消化吸收→自主创新能力提升→提高国际竞争力"的良性发展模式。但张杰等（2020）利用中国独特的微观企业样本，通过稳健的实证检验发现：一方面，对外技术引进对中国本土企业的自主创新活动产生了滞后的促进作用；另一方面，促进效应只发生在创新能力相对滞后的企业以及部分的 LL 型产业内，而处于创新领先地位的企业以及 NN 型产业，或者创新落后较大的企业以及创新差距突出的 LL 型产业内，则并未呈现显著的促进效应。这与 Cohen 和 Levinthal（1989）开创的企业技术吸收能力理论，即不同层次企业的技术吸收能力存在异质性相一致。这说明，引进外资对我国的创新起到了一定的促进作用，然而，这种创新在不同的产业有着较强的抑制性，针对创新相对落后状态的本土企业，有必要适当延续和调整鼓励对外技术引进的政策，政策着力点应该落在通过对外技术引进促进企业自主创新能力方面。所以，接下来我们应积极打造创新战略高地，为不同的行业设置有针对性的创新投入、创新保护等配套政策措施，以驱动经济发展进入创新驱动的良性循环轨道。

（二）知识产权保护对创新的影响

近些年来，我国实施的知识产权保护政策也对创新带来了一系列正面的促进作用。自加入世界贸易组织以来，我国一直在加强和完善知识产权保护制度的建设，先后于 1984 年颁布了《中华人民共和国专利法》，1990 年颁布了《中华人民共和国著作权法》，并在这之后进行了数次完善与修订，以提高我国的国际影响力，改善创新环境。尽管 Helpman E 等（1992）提出，强化知识产权的保护会强化创新者的市场势力，减弱追随者的市场势力，最终造成一方赢一方输的"零和博弈"的局面，但现阶段的研究却有一些新的发现。寇宗来等（2021）构建了一个两期技术转移模型，假设创新者拥有两种技术，即传统技术和先进技术。证明若追随者的知识产权保护太弱，创新者可能会因为害怕被模仿而策略性延迟引入先进技术，导致追随者受损。最终在一定条件下追随者会自愿加强知识产权保护，从而实现了"南北双赢"。黎文靖等（2021）利用北上广 2014 年试点知识产权法院的准自然实验，以 2011—2018 年沪深 A 股公司为对象，运用双重差分模型评估了知识产权司法保护强化对公司创新的影响。研究发现，知识产权法院显著抑制了公司的研发投入和专利申请，且存在时间滞后和动态影响；通过对其中的机制分析发现，知识产权法院不会显著影响高质量专利申请但会促使整体专利结构向高质量专利偏移，表明知识产权法院体现出创新抑制效应的原因在于减少了低质量专利申请，整体来看，加强知识产权的保护，尽管减少了创新数量，但是提高了企业的创新质量，从而推动创新向着高质量发展的方向迈进。此外，杜传忠等（2021）将技术劳动和知识产权保护引入了价值链分工的分析框架，构建了一个开放经济模型，实证发现：知识产权保护水平在技能偏向型技术进步影响制造业价值链攀升中存在双重门槛效应，即当知识产权保护未达到一定水平时，技能偏向型技术进步的作用微弱；当知识产权保护过度时，会对技能偏向型技术进步的作用形成较大的门槛效应；只有当知识产权保护处于适宜水平时，技能偏向型技术进步才对制造业价值链攀升发挥最优促进作用。

（三）开发区设立对创新的影响

同样值得关注的是，近年来，我国各级政府设置的不同档次的地方性开发区、省级开发区、国家高新区也为创新带来了正面的影响。设立开发区的政策既是我国自改革开放以来的成功实践，也是加快建设创新型国家的战略手段，其在加速技术创新和产品创新方面发挥了重大作用。为此，吴敏等（2021）基于 1985—2011 年的县级数据，采用双重差分法考察了开发区政策对技术创新的影响，研究发现，设立开发区使得所在县的专利申请数提高了 15%~21%，专利授权数提高了 8%~22%，三年或五年内引用量提高了 15%~25%。孔令丞等（2021）基于 2009 年省级开发区升格政策的准自然实验，利用 2004—2016 年 126 个城市的数据，考察了开发区升格对城市经济效率的影响。研究发现，开发区升格政策通过企业进入机制，有效推动了城市经济效率的提升，无论从升格数量还是从升格规模来看，政策强度与城市经济效率均呈倒 U 形关系。除了考察地区层面和省级层面的开发区政策以外，很多学者也关注到了国家级开发区对创新、生产等方面的影响。陈胜蓝等（2021）利用中国资本市场 2008—2016 年上市公司的季度数据，并与其客户公司的配对样本，考察所在地未批准设立国家级高新区上市公司的经济绩效，研究发现，第一大客户所在地批准设立国家级高新区后，供应商公司的销售收入增长率提高约 61.35%。张杰等（2021）利用 2009 年"加快审批省级高新技术产业开发区升级为国家级高新技术产业开发区"政策出台的准自然实验条件，研究了国家高新区"以升促建"政策对企业创新水平的影响效应。结果表明，高新区升级政策对城市层面企业创新水平产生了显著的促进效应。并且，从高新区的溢出效应角度来看，该政策在一定程度上对高新区外的本土企业创新活动也产生了正向促进效应。这给我们带来的直接启示是，应该进一步在规划范围内设置不同级别的开发区，做好开发区内配套的创新创业政策；加强开发区与科研院所的产学研合作，从而全方位提升创新绩效。

（四）其他政策措施对创新的影响

除了上述的政策措施以外，我国现有的一些其他层次和类型的创新技术激励政策，也对企业创新带来了一定程度的影响，这些政策措施有的是以直接影响创新为目标的，而有的是间接影响了创新。在直接影响创新的政策措施方面可以分为截然对立的两个方面，一方面，如陈强远（2020）系统性地研究了主要激励政策在企业层面对创新质量和创新数量的影响，得到了下述研究结论：以"研发费用加计扣除"为代表的普适型政策对创新数量作用显著，对创新质量的影响不显著；以"高新技术企业认定"以及"高新技术企业所得税减免"为代表的选择支持型政策，对创新数量和质量均有显著的正面影响；以"政府科技活动资金投入"为代表的自由裁量型政策，则对企业技术创新数量和质量都无影响。寇宗来等（2020）以双重差分法研究了《国家中长期科学和技术发展规划纲要（2006—2020年）》对企业的创新影响，发现该政策显著促进了企业专利数量和质量的提升，但是在规模、地区、出口等维度上没有导致企业创新的异质性效应。另一方面，王桂军等（2020）基于2011—2018年中国上市公司数据，从政府补贴和税收优惠组合开发探究促进企业创新的产业政策选择问题，研究发现，政府补贴与税收优惠的组合实施显著地降低了企业的创新能力，这主要是源于二者的组合实施强化了政企之间的逆向选择问题，从而引致了寻租行为。接下来，应继续加大对创新激励政策的研究，巩固"高质量创新驱动高质量发展"的理念，对于不同领域、不同产业、不同企业设置具有针对性的激励政策，进一步完善创新激励措施，从而构建更为合理的创新评估框架。在间接影响创新的政策措施方面，表现最为突出的就是，各级地方政府设定的经济增长目标反作用于企业创新所带来的影响。王贤彬等（2021）发现经济增长压力对创新存在着先促进随后转为遏制的倒U形非线性影响效应。在经济增长目标处于适度区间的情况下，经济增长目标提高能够促进创新，但是当经济增长目标超过一定的临界值时，经济增长目标提高会开始不利于创新，甚至对创新产生抑制作用。此外，张杰（2020）运用2008—2014年全国企业创新调查数据库的微观企业数据，研究发现政府的一些产业补贴对企业创新投入可能具有不确定的激励效应，主要表现在二者之间呈现出U形关系。这说明政府对企业的补贴需要达到特定的临界值，否则有可能造成负面影响。

二、企业行为对创新的影响研究

改革开放40多年以来，我国经济取得了举世瞩目的奇迹，尤其是制造业深度参与了全球分工，改变了世界产业的分工格局，促进了GDP的增长和整个经济TFP的增长（郭克莎，2021）。行业的自主创新更是在其中发挥了至关重要的作用，安同良等（2020）基于江苏的实践，跨期对比了2002年与2014年微观创新调查数据，探究了我国制造业企业的创新行为与能力，研究发现：目前我国制造业的创新呈现出"传统产业领跑、中端产业跟跑并跑、高端产业跟跑为主领跑为辅"的"深V"格局。郑江淮等（2021）发现，在我国经济增长过程中，劳动力要素所占份额与人均GDP之间呈现U形关系。这与Kaldor（1961）关于劳动力要素和物质资本要素在国民收入中所占的份额一直较为稳定的假说相违背。对此，郑江淮等认为随着我国与发达国家间技术差距的缩小，中国工业行业技术进步的主要来源已经逐渐由引进吸收国外技术转变为国内自主研发创新。这意味着我国工业技术进步方式已走向了自立自强的道路。可以看出，我国的企业并不是一味地停留在低端模仿与粗制滥造，或者完全地依靠外资引进的先进技术而进行消化吸收与再创新，众多企业也正在从模仿创新转向自主创新。对于企业创新的动机来源，不同学者从多样化的角度对其进行了多种解释，总的来说，主要包括财务管理创新、知识学习、制度设计等三个方面。

（一） 企业财务管理创新对企业创新的影响

财务管理创新指的是为适应企业内外部的发展状况，从管理目标、资本结构、融资内容、风险规避等方面进行创新，以提高财务人员的创新能力，对企业的财务管理实现继承和创新。然而，不合时宜的财务管理创新对企业的创新投入和创新具有多样化的影响，既能促进创新投入，提高创新效率，也能抑制企业的创新。一方面，财务管理创新能对企业创新产生正面的促进作用，如肖忠益等（2020）利用 2007—2017 年我国 A 股上市非金融类公司微观数据，实证检验了企业财务柔性能力对企业创新的持续影响，研究发现企业财务柔性通过"协调创新效应"和"自适应效应"两种机制，对持续性创新存在正向促进作用。其中，协调创新效应主要表现在企业财务柔性能力能有效提升内外部资源，释放融资约束的负面影响，最终促进企业持续性创新；"自适应效应"能够在不同维度下助力企业实现持续创新的目标。如果从实体资产配置的角度来看，由于我国目前的经济正处在转型升级、结构调整的关键期，我们应响应国家号召，持续以创新引领实体企业完成优化升级，以提升企业的国际竞争力。基于此，张嘉望等（2020）依据 2008—2016 年中国制造业上市公司数据，从实体资产配置的角度研究了固定资产投资对企业研发投入的影响，他们发现，企业增加固定资产投资有助于维持研发投入稳定，实体资产配置的"蓄水池"动机显著，促进了企业研发投入，增加了创新绩效的产出。另一方面，不恰当的财务管理创新对企业的创新起到了抑制作用。如姜军等（2020）基于我国实施的创新驱动发展战略和股权频繁质押的背景，利用 2006—2015 年 A 股上市公司的数据，研究了控股股东的股权质押行为对企业创新的影响，研究发现，股东的股权质押行为会显著降低企业的创新效率。所以，为了提高企业创新能力，实现创新驱动发展战略，应重点规范控股股东股权质押行为。段军山等（2021）利用 2009—2018 年中国 A 股上市公司的数据为研究的初始样本，探索了企业金融投资对企业技术创新的影响。研究发现，企业金融投资行为对企业技术创新投入和企业技术创新均具有负面影响。主要源于资金蓄水池和短期财富效应两种机制在企业金融投资与技术创新投入之间表现出了遮掩效应，挤占了企业的技术创新投入。胡恒强等（2020）利用 2006—2016 年中国非金融 A 股上市公司的数据作为研究样本，探讨了融资结构、融资约束对企业创新的影响，研究发现，内源融资和股权融资对企业创新投入具有促进作用，而债务融资对企业创新投入具有抑制作用。所以，股权融资应成为驱动企业创新的主要外部资金来源。

（二） 企业知识学习对创新与技术进步的影响

中国从粗放型增长转向高质量发展阶段，对企业的发展方式也提出了更高的要求，要求企业能够持续提升在经营过程中参与学习的能力与效果，以应付越来越复杂的外部挑战。在上述背景下，企业的学习行为对创新与技术进步的推动作用开始引起学界的重视。盛明泉等（2020）的研究表明，企业的探索式创新与全要素生产率间存在"拐点效应"，呈正"U"形关系，一旦研发资源投入突破"拐点"，探索式创新会显著促进企业全要素生产率的增长，同时企业的异质性会对其创新动机及内部资源配置产生影响，研发企业间的探索式创新与企业全要素生产率的"U"形关系更加明显。因此，当前中国整体经济和企业迫切需要的不应该只是简单的技术引进和模仿，而是促进行业转型升级的核心技术的发展，即探索式创新成果。进一步地，陈逢文等（2020）提出了企业的"个体学习—组织学习"交互模型，揭示了其对企业创新的影响路径。研究发现，企业的个体学习与组织学习交互下的创新决定机制可以被划分为三种：在渐变初期，个体利用式学习经"自上而下"团队互动主导形成组织单环式行动；而在调整转变期，个体学习与组织学习发生交互影响，包含个体探索式学习经"横向协同式"团队互动主导形成组织双环式行动，以及组织双环式行动转换为单环式之后，经由持续反思与质询，刺激形成创业者个体利用式学习；最后，在发展突变期，个体利用式学习经"制度化统筹式"团队交互合作促成组织单环式行动，同时个体探索式学习经"跨越层次自主式"团队交互激活组织双环式学习。

在企业学习能力影响创新与技术进步的研究中，还有学者关注了企业对新兴技术的学习应用能力。在数字经济正成为全球经济增长新动力的背景下，企业的生产、运营和销售越来越依赖于互联网。对互联网的应用能力能够有效地降低信息交流成本，提高创新效率。沈国兵和袁征宇（2020）揭示了企业互联网化对企业创新的影响。研究结论表明，企业互联网化对中国企业创新有着显著促进作用，这一机制在低生产率企业中表现得尤为明显。此外，随着云计算和大数据等新兴信息技术在企业运作中的应用日益广泛，提高企业的大数据应用能力对于企业推动创新而言尤为重要，有学者探讨了大数据应用能力对企业创新绩效的影响。许芳等（2020）指出，企业的大数据应用能力包括 BDA（big data application）基础设施能力，BDA 项目管理能力以及 BDA 人力资源能力，上述大数据应用能力能够直接提高企业的洞察力、专业技术、沟通效率以及供应链协同能力，有效提升企业的创新绩效。

（三）企业制度设计对创新与技术进步的影响

企业的制度设计决定了企业以何种方式对内进行内部治理，对外参与到市场合作与竞争之中，有效的企业制度设计有助于提高企业的运行效率，推动企业的创新与技术进步，提高创新绩效。就内部治理而言，学者主要研究企业内部的激励制度对企业创新的推动作用。研究结论大多表明，有效的企业激励制度能够推动企业创新。李韵等（2020）发现员工持股计划所产生的集体激励会促进企业的技术创新。就创新产出而言，实施员工持股计划的企业较未实施的企业约高出了 25.7%，并且员工激励计划对创新产出的激励效果呈现出先减后增的"U"形累积效应。曹春方和张超（2020）研究了企业分红权激励改革对试点央企的创新能力的影响。研究发现，改善预期，强化监督以及提高员工风险承担意愿等机制实现了对央企创新能力的提升。王靖宇和刘红霞（2020）讨论了央企高管激励制度对企业创新的推动作用。研究发现薪酬管制政策抑制了央企的研发投入水平，而高管股权激励有助于缓解薪酬管制与央企研发投入之间的负相关关系。并且相较于商业类央企，股权激励在公益类央企中对薪酬管制与企业创新的调节作用更显著。

企业的制度设计也决定了企业以何种方式对外参与到市场合作与竞争之中。开放的制度设计往往有助于企业推动创新。王琳和陈志军（2020）认为面对不确定性环境和资源约束，创新型企业需要携手共进，深化利益联结机制进行价值共创，以提升即兴应变能力和组织韧性。权小锋等（2020）从企业博士后工作站的创新机制出发，探讨了企业的产学研结合如何影响实体企业技术创新。结论表明，博士后工作站影响企业创新能力的作用机制在于其能够为企业带来平台效应与资金效应。同时，企业博士后工作站的创新提升效应仅在非国有企业和高新技术行业中显著存在。但也有学者认为开放的制度安排可能与企业创新呈现出倒 U 形关系，杨震宁和赵红（2020）指出企业通过采用开放式创新，一方面可以与多种合作伙伴进行跨组织边界的合作来获得有价值的外部资源和知识，提高创新能力，但另一方面也可能导致核心资源被窃取或由于利益分歧等因素造成竞争效应。结论表明，开放式创新的广度与深度对创新绩效的影响均存在倒 U 形关系，适当的开放式创新有助于提高创新绩效，但过度的开放式创新会阻碍企业创新绩效。相比之下，保守的制度安排往往会抑制企业的创新。严若森和吴梦茜（2020）讨论了二代涉入对家族企业创新投入的影响。研究发现，二代涉入会抑制家族企业的创新投入，发生二代涉入的家族企业会更重视约束型社会情感财富，而该类社会情感财富会导致家族企业对创新投入持保守态度。

三、创新、技术进步对经济发展的影响机制

创新与技术进步是经济发展中永恒的关键话题，随着资本投入增长速度的显著下滑与人口红利的消失，依靠要素投入驱动经济增长的传统模式将难以为继，创新与技术进步将成为决定经济增长的关键。在 2020—2021 年，中国学者针对创新、技术进步对经济发展的影响机制这一问题也展开了大量的讨论。本节将相关文献划分为三个视角、经济结构视角和全球价值链视角，绿色经济视角。

（一）创新、技术进步对经济发展的影响机制：经济结构视角

改革开放 40 多年来，我国经济持续快速发展，但在经济总量迅速扩大的同时，也隐藏着许多经济结构不合理的深层次矛盾和问题，实现中国经济结构转型升级成为实现经济持续增长的关键。因此创新与技术进步如何影响经济结构成为当前的主要议题。学者们对此的研究可以归结为两类：创新、技术进步对产业结构的影响，创新、技术进步对收入结构的影响。

1. 创新、技术进步对产业结构的影响

技术进步带来的产业发展往往会深刻地影响产业结构变动，正如蒸汽时代、电气时代、信息时代这三轮科技革命后，都伴随着相应的产业革命。就当前而言，在新一轮的技术革命下，数字经济作为技术进步下的新兴产业，包括软件与信息技术服务业、互联网与服务业、电信业、电子信息制造业等核心细分产业。技术进步带来的数字经济发展势必会对自身产业及相关产业带来影响，改变产业结构，从而影响经济增长。杨光等（2020）分析了工业机器人的使用对经济增长的影响。研究发现，机器人的使用对经济增长具有促进作用，在人口红利晚期和后人口红利时期效果更加显著，并且全要素生产率是工业机器

人影响经济增长的重要传导机制。在数字经济自身的迅速发展之外，其在发展过程中还会对其他产业产生溢出效应。王俊豪等（2021）研究了中国数字产业的发展现状及其溢出效应。从中国数字产业的发展现状来看，中国的数字产业发展正处于稳中向好的提质阶段，具体表现为四点：作为数字产业主要细分产业的电信业的基础支撑作用不断增强；电子信息制造业稳中提质；软件和信息技术服务业快速发展；互联网和相关服务业创新活跃。从数字经济的溢出效应来看，数字产业对人民生活和工业、农业、服务业三大产业的溢出效应日益明显，其中，服务业数字化保持领先地位，工业数字化呈加速增长态势，农业数字化发展潜力巨大。

此外，林晨等（2020）构建了含有人工智能和异质性资本（包括实体经济资本、住房资本和基建资本）的动态一般均衡模型，探寻人工智能是否有助于优化中国的资本结构，从而在扩大居民消费的同时促进经济增长。研究发现，人工智能可以提高生产智能化程度和全要素生产率，从而增强实体经济的吸引力，提高实体经济资本占比，降低住房资本占比和基建资本占比，进而优化资本结构，实现扩大居民消费和促进经济增长的双重目标。

2. 创新、技术进步对收入结构的影响

收入结构衡量了收入分配的结果，收入结构的优劣决定了经济运行效率的高低，深刻地影响着经济增长。正如 Reberto Perotti（1993）所说，如果实行不平等的收入分配政策，经济则更容易在初始阶段实现高速增长，当一个国家的经济发展到一定（或较高）水平时，不平等的收入分配方式将不利于经济的进一步发展。创新与技术进步作为生产函数中生产要素之外的重要组成部分，其变动势必会对收入结构产生有偏影响。在 2020—2021 年期间国内经济学家对技术进步偏向这一问题的研究中主要讨论了两类问题，一是技术进步是否会影响劳动力之间的收入差距，即高技能劳动力与低技能劳动力之间存在的收入差距。二是技术进步偏向是否会影响劳动收入份额。

创新与技术进步对不同类型劳动力之间收入差距的影响机制较为复杂，一方面技术进步会对劳动力产生替代作用，导致市场对低技能劳动力需求的下降，另一方面技术进步会提高劳动力的生产率和收入。多数研究指出，技术进步主要会带来工资收入差距的扩大。孔高文等（2021）考察了机器人应用对中国劳动力市场结构的影响。研究发现，机器人应用会显著降低劳动就业水平，尤其是易被机器替代的行业的就业水平。然而，这一影响在不同劳动力市场结构下存在较大差异，在低学历员工占比较高、劳动力保护较弱及市场化程度较高的地区，机器人应用规模的增加对就业的冲击更严重。但同时，虽然机器人应用导致了就业挤出效应，但对于不同的地区和行业，机器人应用也通过劳动力的地区转移与对本地同行业中长期就业和工资水平的刺激，带来了显著的就业溢出效应。柏培文、张云（2021）对数字经济的收入分配效应展开了研究。结果发现，数字经济发展引致的低技能劳动力替代效应远高于人口红利下降的低技能劳动力短缺效应，且微观个体禀赋、宏观经济环境与政府治理水平对低技能劳动者权益的影响具有明显差异性。郭凯明、罗敏（2021）构建了宏观一般均衡层面的多部门结构转型模型，考察了有偏技术进步对产业结构转型和工资收入差距的影响。他们指出产业内部有偏技术进步导致不同技能的劳动相互替代和不同产业的产品相互替代，改变了产业内部的技能密集程度和产业之间的相对产出比重，进而影响整体经济的技能密集程度和工资收入差距；产业内部有偏技术进步还会通过产业结构转型渠道影响其他产业技能密集程度。定量分析结果表明，产业内部的有偏技术进步可以解释中国现实经济接近八成的技能密集程度提高和超过 3/4 的工资收入差距扩大。王林辉等（2020）结合中国 2001—2016 年全国及省级层面数据，定量分析了人工智能技术的收入分配效应。测算结果表明，人工智能技术对于收入分配存在岗位更迭效应和生产率效应，这两种效应共同引发高、低技术部门劳动收入差距在 2001—2016 年期间年均扩大 0.75%。此外，也有少量文献认为技术进步有助于提高低技能劳动力的收入，保障低技能劳动力的生活。如杨飞、范从来（2020）研究了产业智能化对中国低技能劳动收入的影响，考察产业智能化是否有利于益贫式发展。研究发现，当高-中技能劳动替代弹性大于高-低技能劳动替代弹性时，产业智能化通过新工作创造效应和生产率效应提高了中国低技能劳动力收入，促进了益贫式发展。

创新与技术进步对劳动收入份额的影响也是中国经济学者长期关注的问题。学者们主要认为当前中国的技术进步降低了劳动收入份额，扩大了收入差距。王晶晶等（2021）利用核密度估计对中国八大综合经济区技术进步方向的动态演进进行了测度。测度结果表明，中国技术进步总体上呈现资本偏向，即降低了劳动收入份额。并且这一偏向程度增速由快转慢，部分地区已出现劳动偏向。对中国八大综合经济区的测度结果表明，资本偏向程度区域差异不断扩大，加剧了资本和劳动所有者之间及区域之间的贫富差距。与此同时，也有研究指出，随着中国与发达国家技术差距的缩小，中国的技术进步会从降低劳动收入份额转向提高劳动收入份额。郑江淮、荆晶（2021）对中国工业行业 1998—2016 年技术进步的方向进行了测度，发现 2011 年以前中国工业行业技术进步相对提高了资本的技术效率以及边际产出，而在 2011 年以后技术进步由资本偏向转变为劳动偏向，这也是导致中国劳动收入份额 U 形演变的关键因素之一。因此，与发达国家间技术差距的缩小是导致中国工业行业技术进步方向发生改变的重要因素。当与发达国家间技术差距较大时，中国工业行业技术进步以引进吸收国外先进技术为主，更加偏向资本。随着技术差距的缩小，中国逐步走向自主创新道路，技术进步会更偏向相对发达国家而言更为丰裕的劳动要素。

（二）创新、技术进步对经济发展的影响机制：全球价值链视角

随着加入 WTO，中国越来越深入地参与生产全球化分工，在全球价值链中实现高端嵌入，避免高端技术的"卡脖子"成为经济发展中越来越重要的因素。针对这一问题，大量文献对创新与技术进步对全球价值链位置的影响展开研究。有研究指出中间产品创新是推动中国实现全球价值链攀升的关键。郑江淮（2020）提出了新兴经济大国中间产品创新驱动全球价值链攀升的机制与路径，即利用低成本的比较优势获取发达经济体中低端中间产品外包，通过国内生产体系的规模经济与范围经济，引致国内中间产品的创新，实现进口替代，进而引发技能偏向性技术进步以及来自发达经济体的知识溢出与研发合作。上述机制共同推动着中国向全球价值链高端持续攀升。也有研究认为技能偏向型技术进步能够有效推动制造业的全球价值链攀升。杜传忠、王梦晨（2021）探讨了技能偏向型技术进步与制造业价值链攀升之间的联系，结论表明技能偏向型技术进步有利于促进制造业

价值链攀升，并且这一关系受知识产权保护力度的影响。当知识产权保护未达到一定水平时，技能偏向型技术进步的作用微弱；当知识产权保护过度时，会对技能偏向型技术进步的作用形成较大的门槛效应；只有当知识产权保护处于适宜水平时，技能偏向型技术进步才对制造业价值链攀升发挥最优促进作用。

此外，还有研究论证了人工智能这一新兴技术的发展与运用对国家全球价值链位置的影响。刘斌、潘彤（2020）研究了人工智能对制造业全球价值链的影响，研究结果表明人工智能提升了一国行业全球价值链参与程度与分工地位，这一促进效用主要是通过降低贸易成本、促进技术创新、优化资源配置实现的。与资本配置效率相比，人工智能对劳动力配置效率的促进作用更明显。从国家异质性视角分析，人工智能促进了全球价值链竞争的先动优势，同时发现，一国数字贸易开放度越高，人工智能对全球分工的促进作用越明显。总之，人工智能的发展对优化一国产业结构、提升全球价值链竞争力至关重要。何宇等（2021）将人工智能技术应用纳入多国—多阶段全球价值链竞争模型中，使用全球16个主要经济体的数据对模型进行参数校准和数值分析。研究发现：受到人工智能技术冲击后，发展中国家不仅更加难以在全球价值链上游阶段实现升级，甚至在其原本具有全球价值链分工比较优势的下游阶段也受到发达国家产业回流的不利冲击；但发展中国家仍然可以通过创新激励政策鼓励创新资本投资，以及通过专业化技术培训促进劳动与智能化技术适配，抢抓人工智能技术发展的历史机遇，提高经济发展的韧性。

（三）创新、技术进步对经济发展的影响机制：绿色经济视角

由于中国在快速的经济增长中也隐含着极大的资源浪费和环境污染问题，"绿水青山就是金山银山"，绿色经济成为我国衡量经济发展的重要考量因素。对此众多学者将污染作为非期望产出纳入全要素生产率的测算中，对绿色全要素生产率进行测度，从而衡量环境约束下经济增长的效率。研究表明，技术进步是推动绿色全要素生产率提高的主要来源。滕泽伟（2020）运用SBM效率模型和全局Malmqusit-Luenberger指数对中国服务业绿色全要素生产率进行了测度，结果表明中国服务业绿色全要素生产率整体呈增长趋势，其主要驱动力在于技术进步，技术效率的作用微弱。孙亚男、杨名彦（2020）基于空间异质性的三阶段SP-DEA动态分析模型，测算中国省际绿色TFP增长，并探究其收敛俱乐部及地区差距来源。测算结果表明中国绿色TFP年均增长1.083%，特别是"十二五"规划期较之前提高5.2倍，中国29个省份的技术进步呈现正增长，其中北京、上海、广东、江苏的绿色TFP增长源自技术进步和效率提升双重作用。中国绿色TFP增长呈现出由长江经济带、泛珠江经济带、西北地区省份构成的具有"区块链"特征的收敛俱乐部趋势。杨万平（2020）运用MENBM-Luenberger理论模型测算了生态全要素生产率，并对其区域差异和空间收敛进行了分析。作者发现，中国生态全要素生产率呈现依赖技术进步的单轮驱动模式，且存在"U"形波动性下降的阶段特征和地区差异扩大的空间趋势。从区域差异来看，区域之间的总体差异持续增长，区域内部不平衡的现象也在凸显。从空间收敛来看，中国的生态全要素生产率存在空间收敛效应，收敛速度加快，收敛周期有所缩短，且俱乐部收敛显著。

四、结语与展望

当下，发展经济学的不断进步，既与社会的热点问题进行了结合，也在未来的前沿问题上进行了前瞻性拓展，使其在创新、技术进步等领域融合了更多其他学科内容，发展内涵也得到了进一步的丰富。在 2020—2021 年，全球范围内都受到了新冠疫情的强烈影响，这对世界经济和中国经济都造成了巨大冲击，导致全球范围内经济陷入衰退局面，产业布局甚至发生了根本性改变。同时，由于经济发展所存在的结构性问题以及疫情的双重影响，我国人口出生率的增速逐渐放缓。在这双重压力下，发展经济学在这个阶段表现出了诸多新的特点，如在政府层面，经济学家的关注要点则聚焦于不同的产业政策对企业创新的影响，如吸引外资政策、知识产权保护政策以及其他各种创新激励政策等。在企业层面，则重点关注企业创新模式的转变，并同时对企业创新模式改变的内在原因进行了剖析，包括科技水平的提升、实体资产的配置、创新要素的配置以及人口老龄化的到来对创新的影响等。这些热点问题和现象基本囊括了经济社会发展中所面临的种种境遇，发展经济学在能力范围内给予了应有的解释。

随着全球范围内的经济政治一体化的停滞甚至衰退，各地民族主义盛行，贸易保护、政治演变甚至军事打击等手段成为世界范围内常见的现象，这些手段无疑会导致经济发展速度进一步下滑。基于这样的外部现实条件，发展经济学应结合经济和社会所需，拓展契合经济发展所需要的新领域。首先，也是最为重要的，我国经济发展已经进入了深度转型期，如何继续制定良好的产业政策，促进企业层面、社会层面的持续性创新，为经济发展注入绵绵不绝的动力，推动经济发展向着高质量成功转型，是发展经济学需重点关注的内容，这不仅具有较大的经济学意义，也具有强烈的政治学影响。其次，应重点关注疫情后的经济复苏问题，着力修复因疫情而中断的产业链，对于非常时期的政策措施，尤其是以民生导向为目的财政政策、货币政策等进行重点关注，研究相关措施对经济复苏的影响程度，以及对各阶层的福利影响，从而为后续的政策研究提供导向性指南。最后，我国人口老龄化将会以势不可挡的趋势到来，这对劳动力供给、劳动力结构、创新人才发展等各个方面都提出了挑战。尽管老龄化也会带来一些产业的繁荣，但整体而言，依旧是弊大于利，基于此，接下来发展经济学的关注重点应继续放在老龄化对创新、技术进步、劳动力市场、经济发展等领域的影响上，以为这突如其来的负外部冲击做好各种应对准备。

第二节　重要论文

1. 郑江淮，荆晶．技术差距与中国工业技术进步方向的变迁［J］．经济研究，2021（7）．

研究背景：劳动力和物质资本在国民收入中所占份额几乎是恒定的，这是 Kaldor（1961）揭示的经济增长过程的一个典型特征。Karabarbounis 和 eiman（2014）却发现在 1980 年后全球大部分国家和行业的劳动收入份额均呈现显著的下降趋势。在中国经济增长过程中，伴随着经济发展阶段的变化，劳动收入所占份额与人均 GDP 之间呈 U 形规律。1998—2007 年中国经济保持高速增长，但是劳动收入份额却从 50% 以上下降到 2007 年

39.74%的低点。针对该时期的实证研究表明，资本偏向性技术进步是导致劳动收入占比下降的重要原因。而在 2010 年之后，中国劳动收入份额开始逐步提升，这是否意味着中国经济的技术进步已由资本偏向转变为劳动偏向？中国经济增长所依赖的技术进步来源是否也发生了变化？这些问题值得深入研究探讨。

基本结论：2011 年前后中国工业行业技术进步方向由资本偏向转变为劳动偏向，这与劳动收入份额 U 形变化趋势基本是一致的。对于这种转变的一个可能的解释是，随着与发达国家间技术差距的缩小，中国工业行业技术进步的主要来源由引进吸收国外技术转变为国内自主研发创新。

主要贡献：（1）丰富了现有的偏向性技术进步相关理论。现有文献大多认为，技术差距的存在使得后发国家能够以低成本方式引进吸收发达国家的技术，导致技术进步过度偏向资本，与自身劳动要素更为富裕的禀赋并不匹配。而本文在此基础上提出并论证了，当技术差距缩小后，技术引进成本将大于研发成本，技术进步将更多依赖自主研发，进而对原先偏离自身要素禀赋的技术进步方向进行修正，此时技术进步将由资本偏向性转变为劳动偏向性。（2）从技术差距角度对我国工业行业技术进步方向发生转变做出了解释，有助于对我国经济增长方式以及技术进步来源变化给出基本判断，即工业行业技术进步由资本偏向转变为劳动偏向意味着我国工业技术进步方式已逐步由直接引进模仿发达国家生产技术转为自主研发创新。

现实意义：本文的政策含义是，进一步提高工业行业中劳动者的技能水平，以促进劳动偏向性技术进步，持续地提高劳动收入份额，形成较高的技能溢价，激励更多的高技能劳动力供给。同时，需要继续坚持创新驱动战略，通过增加研发投入，提高研发效率等方式推动技术进步。此外，还需要转变技术引进模式，由进口生产性设备转变为进口高质量的创新中间品，并基于自身要素禀赋做进一步的研发创新，从而使得引进技术与自身要素禀赋更加匹配。

2. 张杰，陈志远，吴书凤，孙文浩. 对外技术引进与中国本土企业自主创新 [J]. 经济研究，2020（7）.

研究背景：中国政府充分认识到积极实施鼓励对外技术引进策略的重要价值。2006年，商务部等十部门就联合发布了《科技兴贸十一五规划》和《关于鼓励技术引进和创新，促进转变外贸增长方式的若干意见》，以全面鼓励和支持引进先进技术，从整体层面促进产业技术进步和本土企业自主创新能力提升。然而，2006 年诺贝尔经济学奖获得者 EdmundPhelps 在 2018 年接受《金融时报》电话采访时指出，对国外技术转移的过度依赖，已经成为制约中国经济可持续增长的重要原因之一。针对中国的现实背景，研究文献并未得到一致发现。所以切实了解中国国情下对外技术引进与本土企业自主创新之间的关系是中国当下必须面对和解决的现实问题。

基本结论：（1）对外技术引进对中国本土企业的自主创新活动产生了滞后的促进作用；（2）促进效应只发生在创新能力相对滞后的企业以及部分 LL 型产业内，而处于创新领先地位的企业以及 NN 型产业，或者创新差距落后较大的企业以及创新差距突出的 LL 型产业内，则并未呈现显著的促进效应。

主要贡献：（1）国内相关研究存在较突出的滞后性，主要原因是缺乏来自微观层面的细致且深入的经验证据，导致中国背景下对外技术引进和自主创新活动之间关系的研究结论不一致。本文基于中国国家统计局的创新调查数据库的独特性大样本微观企业信息，辨析对外技术引进对本土企业自主创新的影响及其实现机制。（2）将技术吸收能力理论和 ABBGH（2005）的行业市场竞争结构创新行为理论融合在一个框架内，揭示出在中国多数为 LL 型竞争结构特征的产业内，对外技术引进只对处于创新差距中等分布状态的企业自主创新具有显著的促进效应，而对处于其他创新差距分布状态企业未产生影响，说明了中国对外技术引进政策的局限性。（3）基于 Cohen 和 Levinthal（1989）开创的企业技术吸收能力理论，不同层次企业的技术吸收能力存在异质性，必然造成企业对外技术引进和自主创新能力之间的因果识别难度增加。本文基于中国政府出台的进口技术鼓励政策以及经过多轮调整后的相关具体目录，尝试设计微观层面对外技术引进活动的外生政策工具变量，进而通过因果识别逻辑判断中国背景下对外技术引进行为能否对本土企业自主创新形成促进效应，为后续研究提供了重要的借鉴。

现实意义：文章的研究结论为政策制定提供了一定的参考。（1）针对处于创新前沿或领先位置的本土企业，要弱化甚至放弃对外技术引进鼓励政策，转而强化知识产权保护等方面的制度环境建设和完善，充分发挥制度层面的激励作用；（2）针对创新相对落后状态的本土企业，有必要适当延续和调整鼓励对外技术引进政策，政策着力点应该落在通过对外技术引进促进企业自主创新能力方面。

3. 崔静波，张学立，庄子银，程郁. 企业出口与创新驱动——来自中关村企业自主创新数据的证据［J］. 管理世界，2021（1）.

研究背景：目前我国经济正处于贸易增速减缓和转型升级的压力下，创新成为经济新发展阶段的主要驱动力，也是我国发展的核心战略之一。走创新驱动发展之路，要着力强化企业技术创新主体地位，提高企业进行研发投入的积极性，将"中国创造"的产品通过贸易深化逐步推向全球市场，提高我国企业在国际市场竞争力，并进一步通过出口带动效应，促进企业在研发技术方面的自主创新能力，进而提升国家核心竞争力。因此，我国对外开放政策是否促进了国内企业的自主技术创新，贸易深化是否提高了企业自主创新的学习能力，成为一个亟待解决的重要研究问题。

基本结论：（1）总体上来看，企业出口显著促进了创新投入与创新产出；（2）从行业异质性角度出发，并不是每个行业出口都能促进企业的创新，在有些行业中出口对创新的提升是有限的；（3）出口对创新投入的提升会随着时间的推移先逐步减弱，再逐步增强，而对创新产出的影响随时间推移而减弱。

主要贡献：（1）在创新的衡量方面，本研究首次从创新研发投入、产品创新、专利创新 3 个方面多维度测度企业的创新能力，全面揭示我国企业出口与创新之间的关系。（2）在方法论上，本研究运用倾向得分匹配方法，通过匹配首次出口企业与从不出口企业，在控制住企业出口自选择效应的同时，检验企业的出口处置效应对创新投入和创新产出的促进作用，探索企业出口对创新活动的因果效应。（3）本文检验了出口处置效应的当期影响以及随时间变化的动态趋势。（4）本研究的数据样本涵盖了工业、服务业，探讨了不同行业分类下，出口对企业创新的处置效应，从而为各个行业制定相关政策提供有针对性的指导。

现实意义：文章的研究结论为政策制定提供了一定的参考。（1）通过建设自贸区平台，打造参与国际竞争新优势、对外开放新高地，鼓励企业出口，通过出口企业的学习效应提高企业创新能力和国际竞争力，促进自主创新驱动。（2）通过对高新技术企业实施税收减免和收入补贴政策，一方面鼓励企业出口，另一方面促进企业加大研发投入，加速创新驱动，形成一批具有国际竞争力、带领制造业向价值链高端攀升的创新型领军企业。（3）加强知识产权保护，营造公平竞争的市场环境，打破垄断链条，迫使企业通过创新驱动获得经济利润，从而进入长治长效的创新驱动发展渠道。

4. 李建伟．我国劳动力供求格局、技术进步与经济潜在增长率［J］．管理世界，2020（4）．

研究背景：劳动力、资本、自然资源和技术进步是决定经济潜在增长率的基本要素。但经过改革开放40多年来的持续高速增长，资本已不再是制约经济增长的瓶颈要素，自然资源对经济增长的约束也不断得到化解。未来我国经济的潜在增长率在很大程度上取决于劳动力供给规模、劳动力资源在不同部门的优化配置和技术进步，其中技术进步是关键要素。

基本结论：模拟预测分析表明，2018年以后我国劳动年龄人口、经济活动人口和自然失业率条件下可使用劳动力资源均将持续下降，劳动力供给不足将成为经济发展的常态，并成为制约经济增长的关键因素。在劳动力供给规模持续下降情况下，未来经济潜在增长能力取决于技术进步或劳动生产率的提升幅度。

主要贡献：构建相关模型成功预测我国人口规模在2022年达到峰值，人口老龄化和少子化程度不断提高，劳动年龄人口、经济活动人口和劳动力供给规模将持续下降。

现实意义：文章的研究结论为政策制定提供了一定的参考。（1）鼓励企事业单位加大自主创新力度。（2）应尽快调整生育政策，遏制生育率下降趋势。（3）就业政策应从保就业向鼓励就业转换。（4）及早实施渐进式延长退休年龄政策。（5）加快农业发展模式转换步伐。

5. 韩峰，阳立高．生产性服务业集聚如何影响制造业结构升级？——一个集聚经济与熊彼特内生增长理论的综合框架［J］．管理世界，2020（2）．

研究背景："京津冀""长三角"、长江中游城市群、长江经济带等横跨不同省份的大型城市群的规划建设，使禁锢省际要素和经济活动自由流动的藩篱不断被打破，而生产性服务业集聚产生的外部经济已经不再仅限于本城市或本地区，而是在更大空间范围内对制造业转型发展产生影响，所以探讨生产性服务业集聚的技术外溢效应和规模经济效应具有深刻的经济意义。

基本结论：生产性服务业专业化集聚和多样化集聚对制造业结构升级的长期效应明显大于短期效应，但二者的作用效果明显不同。其中，生产性服务业专业化集聚通过发挥规模经济效应和技术外溢效应对本省份及周边省份制造业结构升级均具有明显的促进作用；

而生产性服务业多样化集聚仅通过规模经济效应对本省份制造业结构升级产生促进作用，未对周边地区制造业结构升级产生明显的空间外溢效应。

主要贡献：（1）在集聚经济理论和熊彼特内生增长理论基础上，将生产性服务业集聚的空间外部性与制造业厂商创新过程相结合构建生产性服务业集聚影响制造业结构升级的多部门空间分析框架，探讨生产性服务业集聚推进制造业结构升级的内在作用机制及其空间效应；（2）构建了动态面板空间杜宾模型，在同时考虑制造业结构空间滞后效应、时间滞后效应和时空双重滞后效应条件下，对生产性服务业集聚推进制造业结构升级的机制及其短期和长期空间效应进行较为全面的经验识别；（3）进一步使用中介效应模型和在模型中加入交互项的方式，对生产性服务业专业化集聚和多样化集聚影响制造业结构升级的作用机制进行了检验和深入探讨；（4）综合考虑生产性服务业集聚的地区和行业异质性特征，从分时段、分地区和细分行业的角度，全面考察生产性服务业集聚对制造业结构升级的直接效应和间接效应，为各地区差别化地制定产业结构调整政策提供必要的经验支持和决策参考。

现实意义：文章的研究结论为政策制定提供了一定的参考。（1）各地区在根据自身工业结构选择发展适宜的生产性服务业时还应统筹考虑与周边地区产业结构变动间的相互作用和协同协作关系，地方政府在产业政策制定和实施中应注重生产性服务业内部结构的优化和高端生产性服务业的集聚和发展。同时，进一步强化生产性服务业专业化集聚与当地主导制造业及周边地区制造业间基于投入产出的垂直关联效应，使制造业结构升级过程中生产性服务业专业化集聚的技术外溢效应和规模经济效应能够在更大空间范围内发挥作用。（2）生产性服务业集聚模式的选择应考虑不同地区工业结构、要素禀赋和经济布局等特征。（3）由于制造业结构升级过程中，不同生产性服务业细分行业集聚产生了明显的异质性空间影响，因此对于"交通运输、仓储和邮政业"以及"租赁和商务服务业"，应选择多样化集聚模式进行发展，加强地区间交通运输、物流及商务服务等方面的统筹规划和协同推进，充分发挥该类行业集聚的空间外溢效应；零售业在各地区应选择专业化集聚模式进行发展，同时破除区域间商品流通壁垒、降低区域间商品流通成本，使各地区制造业商品生产与当地和周边地区零售商有效对接，构建批发零售业推进制造业发展和结构升级的长效机制；金融业应加强专业化集聚，降低地方政府在金融发展中的不当干预，使专业化的金融服务为当地和周边地区优势产业、战略性新兴产业和高端技术行业发展服务，使金融集聚的外溢效应惠及更多周边地区；对于"信息传输、计算机服务和软件业""环境治理和公共设施管理业"以及"科学研究和技术服务业"，各地区应创造条件促进专业化集聚，提高其在经济结构中的比重，进一步强化信息技术、科学研究和环境治理等专业化服务对当地和周边地区制造业结构升级的推进作用。

6. 卿陶，黄先海. 国内市场分割、双重市场激励与企业创新［J］. 中国工业经济，2021（12）.

研究背景：在众多影响企业创新的因素中，市场需求因素显得尤为重要。现有研究不论是从理论角度还是从实证角度都证实出口的确是促进企业创新的重要因素，然而，仅仅回答出口是否促进企业创新显然并不充分，还需要回答出口对企业创新的促进作用是否充分发挥，只有充分发挥出口对企业创新的激励作用才能在新时期助力中国实现创新驱动发展，推动中国由贸易大国向贸易强国转变。

基本结论：(1) 总体上，开放条件下，企业创新明显受到"双重市场激励"的影响，内销规模和出口规模都会显著促进企业创新。(2) 国内市场分割对"双重市场激励效应"存在明显的负向调节作用，会降低内销规模和出口规模对企业创新的促进作用。(3) 国内市场分割会加剧企业出口倾向，但是会降低企业内销规模，产生"市场替代效应"，因此，不能充分发挥"双重市场激励"对企业创新的促进效应；区分企业市场扩张类型的考察证实，双重市场扩张型企业的"双重市场激励效应"明显大于出口替代型企业受到的"双重市场激励效应"。(4) 分企业要素密集度的异质性检验发现，劳动密集型企业受到的"双重市场激励"明显小于技术密集型和资本密集型企业，技术密集型企业创新更多依靠国内市场整合。(5) 对企业不同创新类型的考察发现，"双重市场激励"会显著提升企业发明创新占比，而市场分割同样会降低"双重市场激励"对企业发明创新占比的提升作用，国内市场分割不但在量上抑制企业创新，还在质上降低企业创新。

主要贡献：(1) 在统一框架下，同时关注了国内市场和国际市场对企业创新的影响，并基于"市场扩张效应"提出了开放条件下促进企业创新的"双重市场激励效应"；(2) 将国内市场分割因素纳入出口对企业创新影响的分析框架，发现国内市场分割情形下，出口除了有"市场扩张效应"之外，还存在"市场替代效应"，过强的"市场替代效应"将使得"双重市场激励效应"无法充分发挥，削弱内销规模和出口规模对企业创新的促进作用；(3) 采用中国专利数据库，细致刻画"双重市场激励效应"对企业不同类型创新的影响差异，发现"双重市场激励效应"能提高企业发明创新占比，提升创新质量，但是市场分割同样会弱化这种促进效应。

现实意义：基于本文的研究结论，主要有以下政策启示：(1) 继续推进中国开放型经济向更高层次发展，发挥国际国内两个市场的"双重市场激励效应"，促进企业创新。(2) 继续积极推进国内市场整合，以"双循环"进一步释放"双重市场激励"对企业创新的促进作用。(3) 要充分发挥大国市场优势，以强大内循环引导内需驱动出口模式，提升企业国际竞争力。

7. 陈强远，林思彤，张醒. 中国技术创新激励政策：激励了数量还是质量 [J]. 中国工业经济，2020 (4).

研究背景：中国创新驱动发展战略的实施助推了整体科技创新水平的提升，但也带来了微观层面策略性创新和宏观层面"数量长足、质量跛脚"的创新困境。在迈向创新强国之路上，作为创新驱动发展战略的核心内涵和重要工具，以税收优惠、创新补贴为核心的一揽子技术创新激励政策是否导致了中国技术创新上述困境？

基本结论：(1) 以"研发费用加计扣除"为代表的普适型政策仅促使了企业增加技术创新数量，对企业技术创新质量的影响不显著；(2) 以"高新技术企业认定"以及"高新技术企业所得税减免"为代表的选择支持型政策，同时激励了企业提升技术创新质量和创新数量；(3) 以"政府科技活动资金投入"为代表的自由裁量型政策，则对企业技术创新数量和质量都无影响。

主要贡献：（1）本文从学理上提出了测度企业技术创新质量的机器学习方法，从专利这一维度进一步聚焦到专利内部的"创新基因"维度，为更准确识别和测度技术创新质量提供了新方法和新视角；（2）基于对技术创新质量的准确测度和中国技术创新激励政策的全面梳理，本文较系统和准确地评估了中国技术创新激励政策效应，是对现有文献的有益补充；（3）在新一轮科技革命中颠覆性、前沿性技术不断涌现的背景下，本文再次强调了技术创新质量的重要性，以及从创新质量观对中国技术创新激励政策进行科学评估的必要性，客观上提出了"以高质量创新推动高质量发展"的新理念。

现实意义：根据研究结论，本文提出以下政策建议：（1）全面巩固"只有高质量的创新才能驱动高质量的发展"这一理念，将"以质量为核心"全面落实到技术创新激励政策的制定和完善中。（2）以增质增效为目标，完善现有的技术创新激励政策。（3）构建一套兼具操作性、科学性和可行性的技术创新质量测度和评估体系。

8．郑江淮，郑玉．新兴经济大国中间产品创新驱动全球价值链攀升——基于中国经验的解释［J］．中国工业经济，2020（5）．

研究背景：中国加入 WTO 以来，生产全球化分工呈现出"任务空间"分布不断拓展、深化、收缩的趋势，形成以发达经济体的跨国企业为主导的全球价值链。中国作为新兴经济大国，不断扩大中间产品代工或研发设计"领地"，成为全球价值链的驱动者。近年来，中国中间产品供给结构发生重大变化，中间产品国内供给比例明显提升。

基本结论：文章在全球价值链分工框架下，基于中国的实践，提出新兴经济大国中间产品创新驱动全球价值链攀升的机制与路径，即利用低成本的比较优势获取发达经济体中低端中间产品外包，通过国内生产体系的规模经济与范围经济，引致国内中间产品的创新，实现进口替代，进而引发技能偏向性技术进步以及来自发达经济体的知识溢出与研发合作。上述机制共同推动着中国向全球价值链高端持续攀升。实证检验发现，中国制造业中间产品创新对全球价值链分工地位的影响存在显著的滞后效应和累积效应，对高技术制造业的促进作用更明显；进口技术溢出对中国制造业全球价值链攀升有一定的负向效应，但随着中间产品创新能力的不断提升，负向效应明显下降；在向全球价值链高端攀升的过程中，随着中国制造业高技能劳动力和本土市场规模的不断增长，中间产品创新对全球价值链攀升的正向影响增强。

主要贡献：（1）提出"依靠国内中间产品创新驱动型全球价值链是新兴经济大国攀升全球价值链高端的重要路径"这一命题，从理论层面丰富了 Gereffi（1999）等学者有关生产者驱动型全球价值链中产业升级的研究。（2）基于中国的现实背景，将中国作为新兴经济大国，提出了利用国内中间产品创新驱动全球价值链攀升及其机制和调节因素的假说，并利用世界投入产出表与中国制造业各行业数据验证了上述命题，对现有文献做出了重要补充。

现实意义：（1）不断地降低贸易成本，提高贸易自由化程度，尤其是促进创新、知识和科技服务贸易自由化。（2）增强国内创新体系有效性。在短期，侧重于促进科研成果在国内、国际传播与扩散；在长期，完善高技能劳动力国内市场与国际市场联动与一体化程度，根据产业创新发展方向，调整与优化高等教育的层次结构、专业结构，扩大高技能劳动力供给规模。（3）进一步破除国内区域间各种壁垒，推动各种要素、商品和服务自由流动，优化资源配置，形成统一开放的国内大市场，释放国内巨大市场规模的效应，将其转化为新的比较优势。

9. 王家庭，李艳旭，马洪福，曹清峰. 中国制造业劳动生产率增长动能转换：资本驱动还是技术驱动［J］. 中国工业经济，2020（5）.

研究背景：制造业是国民经济发展的重要引擎和支撑力，其结构转型升级关系到经济结构优化、增长动能转换。基于制造业的重要性，本文试图通过非参数函数和核密度估计方法对制造业劳动生产率进行分解，探究制造业劳动生产率增长的动因，进而为实现经济的高质量发展提供相关的政策建议。

基本结论：（1）从整体上看，支撑中国制造业保持稳定增长的动能正逐步由资本驱动转向技术驱动；中国制造业劳动生产率增长呈现"低水平双驱动—资本驱动—高水平双驱动—技术驱动"的动能转换过程。（2）从区域层面看，制造业劳动生产率增长存在明显的区域差异，呈现"东部稳定、中西部快速发展"的趋势，同时，东部地区的技术驱动优势一直领先于中西部地区，引领着中国制造业增长动能转换。（3）从行业层面看，不同类型的制造业行业劳动生产率、增长动能和动能转换路径也存在显著差异；现阶段，中国制造业行业增长的技术驱动特征逐渐显现，制造业行业整体呈现出技术驱动。

主要贡献：（1）在测算方法上，通过综合运用反事实方法与非参数方法中的核密度估计方法对中国制造业劳动生产率增长的动能转换进行了测算。针对传统方法中设定生产函数形式、无法准确估算出技术进步情况、未考虑到个体异质性的三个缺陷，本文采用了非参数的生产函数形式进行核密度估计，并通过反事实的方法构造出了技术进步项。（2）从分省、分行业的视角对中国制造业劳动生产率增长的动能转换过程进行了更为细化、全面的研究。本文搜集并估算了1990—2016年各省份中不同制造业行业的资本存量、就业人口和工业增加值数据，以求从省份和行业两个维度更为细致地探讨劳动生产率的增长动能转换过程，从而为新时代中国制造业的转型升级和高质量发展提供决策参考。

现实意义：（1）以创新为战略支撑，以制造业发展为核心，做大做强实体经济，积极推动中国现代化经济体系的建设。（2）重视新常态背景下技术与创新在制造业发展中的关键地位，通过对生产要素的再配置，促进中国制造业的高质量增长。（3）通过向全球价值链中高端迈进，重塑中国制造业在当前贸易格局中的新优势。

10. 戴小勇. 中国高创新投入与低生产率之谜：资源错配视角的解释［J］. 世界经济，2021（3）.

研究背景：随着中国经济发展进入新常态，未来必须依靠创新推动全要素生产率提高，才能形成经济增长的新动能。在中国大力倡导创新驱动发展的背景下，近年来却出现研发投入迅速增长与全要素生产率增速持续下降的矛盾现象，这被学界称为高创新投入与低生产率之谜，本文试图从资源错配的视角解释这种现象。

基本结论：（1）企业创新使得生产要素从非创新企业流向创新企业，从而提高加总全要素生产率；而要素市场扭曲导致企业间的要素错配，扭曲企业创新与退出市场的决策，导致加总全要素生产率损失，且要素错配效应大于企业创新的要素重置效应。（2）中国制造业生产率的增长主要由企业生产率提高推动，企业间要素重置的贡献较小，创新企业与非创新企业之间的要素重置并没有带来行业加总生产率的提高。

主要贡献：（1）在资源错配的视角下，通过引入要素市场扭曲，分析企业研发决策、生产、进入与退出市场行为，拓展了现有关于资源错配与全要素生产率的理论研究，为理解转型时期中国高创新投入与低生产率之谜提供了理论解释；（2）在对中国制造业企业数据进行全面清理的基础上，验证了企业创新与要素市场扭曲作用于行业加总全要素生产率的微观机制，通过行业全要素生产率的分解，分析企业创新未能带来加总生产率提高的原因。

现实意义：为了使中国经济走向创新驱动的高质量发展轨道，政府在使用"有形之手"激励企业创新的同时，也应该注重营造有利于公平竞争的市场环境，通过深化要素市场化改革，减少企业的决策行为扭曲与要素错配，使得研发创新投入有效转化为全要素生产率的提高。政府在激励企业创新的过程中，应当以创新活动的外部性为依据，从弥补市场失灵的角度优化政策设计。全要素生产率应成为企业间资源配置以及企业进入与退出市场的决定因素，这有利于缓解企业间的资源错配与僵尸企业问题，进而提高全要素生产率。

11. 何欢浪，蔡琦晟，章韬. 进口贸易自由化与中国企业创新——基于企业专利数量和质量的证据［J］. 经济学（季刊），2021（2）.

研究背景：随着中国加入 WTO，贸易自由化不仅强化了国家间的产品贸易，也加速了国家间的知识流动与一国的创新过程。一方面，贸易开放带来的大量国外优质低价的商品可能会挤占我国企业的市场，不利于技术创新；但另一方面，中国企业也会得益于技术溢出、进口成本削减和市场扩张等效应，从而使整体创新能力不断进步。中国在 2011 年取代美国成为世界上专利最多的国家，但中国企业的自主创新能力依然饱受诟病。基于此，本文提出的问题是：中国企业的创新质量是否也如创新数量一样进步显著？进口贸易自由化到底如何影响了中国企业创新能力的演化？

基本结论：总体上进口贸易自由化促进了我国企业创新的质与量。具体来看：（1）中间品关税下降主要通过成本效应和技术溢出，显著地促进了我国企业创新的质与量。（2）相较于中间品贸易自由化，最终品贸易自由化对企业创新的质与量并没有显著的影响。但在"逃离竞争效应"和"熊彼特效应"的共同作用下，最终品贸易自由化对企业创新存在选择效应：其抑制了处于竞争程度较高的行业中的企业的创新产出，同时也降低了生产率水平较低的企业的创新，而对处于生产前沿的企业的创新并未有显著影响。

主要贡献：（1）通过企业层面的专利数量、种类和被引用数量，从创新的质与量两个方面来反映企业创新能力，为衡量我国企业增长方式转型提供了更加全面的微观证据。（2）全面考察了进口贸易自由化进程中，中间品关税和最终品关税下降对企业创新能力的影响，对进口贸易自由化引致的中间品关税和最终品关税两种不同的影响渠道进行剖析，并继续探讨了进口贸易自由化对异质性企业创新产出的差异化影响，进一步为进口贸易自由化与企业创新之间的关系提供微观解释机制。

现实意义：（1）我国企业创新的质量并未同创新数量一样呈现快速增长的趋势，政府应当适当调整创新激励政策，从单纯考核数量的标准转变为更加重视质量的发展。（2）本文的研究发现进口贸易自由化整体上促进了我国企业创新的质与量，因此我国在当今逆全球化的浪潮之下，应当进一步推动贸易开放，使企业持续从进口贸易自由化带来的红利中获益。

12. 吴敏，刘冲，黄玖立．开发区政策的技术创新效应——来自专利数据的证据[J]．经济学（季刊），2021（5）．

研究背景：经过40多年的快速增长，中国经济走到了转型和升级的重要历史关口，亟待转变经济增长方式、提质增效、走可持续发展之路，其根本途径在于提高技术进步对经济增长的贡献。开发区政策是改革开放40多年来的成功实践，在促进对外开放、引领产业升级、推进城镇化等过程中发挥着不可替代的作用。随着"大众创业、万众创新"和加快建设创新型国家战略的提出，开发区又一次被寄予厚望。

基本结论：（1）设立开发区使所在县的专利申请数提高15%~21%，授权数提高8%~22%，三年或五年内引用数提高15%~25%。高新区和国家级开发区对技术创新的促进作用分别大于经济技术开发区和省级开发区。所在城市设有大学有助于开发区发挥技术创新效应。（2）机制分析表明，开发区不仅使已有技术领域内的创新不断深入，而且不断拓展了新的研究领域。此外，开发区还通过降低企业税负、增加科技投入、促进企业集聚的方式促进技术创新。

主要贡献：（1）回应了文献中关于中国的开发区是否促进了技术进步的争论。本文使用专利数量和专利质量来度量技术创新，发现成立开发区能够显著促进技术创新，并且使用近30年的面板数据，时间区间覆盖开发区从兴起到兴盛的整个过程，因此能够保证研究结论的可靠性和普遍性。（2）自1985年正式建立专利制度后，中国的专利申请数量增长迅速。对于中国专利数量激增的原因，本文从开发区的角度给出了新的解释。

现实意义：（1）开发区促进专利申请、知识产权保护的政策具有显著的成效，因此开发区鼓励创新创业的政策应该进一步完善和推广，争取为全国其他地区提供可复制的经验。（2）开发区政府应该与高等教育机构、科研院所加强产学研合作，还应该加快建设众创空间、大学科技园等创新服务平台，不断提升营商环境。（3）各类开发区要加大招商引资力度，努力吸引新企业特别是高新技术企业入驻园区，着力打造特色优势产业集群，加强培育高端产业，吸引集聚创新资源。

13. 陈胜蓝，刘晓玲．生产网络中的创新溢出效应——基于国家级高新区的准自然实验研究[J]．经济学（季刊），2021（5）．

研究背景：国家级高新区一直以来是中国发展高新技术产业的重要基地，是聚集创新资源、发展先进生产力的有效载体，承担着技术创新和产品创新的重任。高新区的设立可能通过空间溢出对其他地区产生深远影响。本文关注其中一种新颖且独特的溢出渠道：生产网络中的供应商客户关系。

基本结论：（1）当公司第一大客户所在地批准设立国家级高新区后，该公司的销售收入增长率提高约61.35%。（2）这种溢出效应主要通过知识溢出和需求扩张两种作用机制从客户传递给供应商。（3）对于转换成本更大的客户、创新吸收能力更强的供应商以及供应商客户地理相对临近时，国家级高新区的创新溢出效应更强。（4）生产网络中的上下游关系会放大政策效应。

主要贡献：（1）贡献于创新溢出效应的相关研究。识别了创新溢出效应的另一种新颖的渠道：生产网络。由于在供应商客户关系中存在转换成本，客户公司有动机将国家级高新区批准设立带来的创新效应传递给供应商公司。（2）贡献于国家级高新区经济效应的相关研究。考察国家级高新区对微观经济主体行为和决策的影响，在一定程度上可以打开国家级高新区影响宏观经济的黑箱。（3）补充了供应商客户关系的相关研究。发现政府政策的支持效应会在供应链上传递并被逐渐放大，从而加强政策的实施效果。（4）使用国家级高新区批准设立作为准自然实验情境来缓解内生性问题，为创新溢出效应因果推断的辨识策略提供了一种参考。

现实意义：（1）为技术创新正外部性的应用提供了经验支持。（2）为政策实施有效性的基本原理提供了经验证据。

第三节　重要著作

1. 陈劲，吴欣桐. 大国创新［M］. 北京：中国人民大学出版社，2021.

研究背景：创新是引领发展的第一动力，也是决定一个国家核心竞争能力的关键所在。自1978年起，中国的改革开放已走过40多年的历程，经济发展逐渐从体制改革、投资、出口驱动转变为创新驱动，创新成为国家发展战略的重中之重。从自主创新、建设创新型国家、创新驱动发展到科技强国建设，国家创新战略的跃升对科技创新管理提出了新的要求。

内容提要：随着改革的深化和时代的发展，中国逐步转变发展模式，在创新发展方面不懈探索，并努力建设具有世界影响力的科学中心和创新高地。中国的科技创新对实现经济高质量发展、乡村振兴和绿色发展等战略目标作出了重大贡献，而中国科技创新取得显著进展主要源于企业对创新的持续追求、新型国家创新体系的构建、数字化战略、教育发展和中华传统文化等五大关键要素。该书基于作者30多年从事创新理论与实践研究的经历，在回顾中国创新发展重要成就的基础上着力揭示了中国创新为什么行。当前，面对复杂多变的国际环境和频繁发生的"黑天鹅"事件，中国在不断探索科技前沿乃至无人区时，更需要前瞻性地思考未来科技创新之路，并不断探索中国特色的创新理论与发展道路。该书进一步论述了推进以企业为主导的创新、强化国家战略科技力量建设、激发全民创新活力、实施整合式创新以及开展更多的负责任和有意义的创新等内容，将进一步助力科技自立自强作为国家发展的战略支撑，并持续赋能中国创新发展行稳致远。

基本结构：全书共分为三编十五章。其中第一编为"全球竞争下的中国创新：不断增长的创新实力"，在审视世界科学中心更迭与时代发展的基础上，回溯中国科技创新的突出成就，并依次回顾创新驱动中国经济高质量发展、乡村振兴和绿色发展的过程中所取得的重要成果。第二编为"中国创新何以崛起：建设创新强国的探索"，从企业创新、新型国家创新体系、数字化战略、教育发展、中华传统文化的创新渊源等角度洞悉我国创新发展背后的中国基因和动力源泉。第三编为"未来之路：中国特色创新范式的建构"，依次阐述：（1）创新发展新格局：大力推动以企业为主导的创新；（2）创新发展新重点：强化国家战略科技力量建设；（3）创新发展新动力：全体人民的创新智慧；（4）创新发展新范式：战略引领的整合式创新；（5）创新发展新方向：负责任和有意义的创新。

主要贡献：该书深入探究了全球竞争下的中国创新、中国创新崛起的溯源以及中国创新未来之路。（1）回答了一系列问题：中国是如何大幅度提升自主创新能力，实现从模仿到创新的转变，从而成为一个创新型国家的？作为当今世界重要经济体之一，中国应该如何超越传统的后发模仿道路，进一步提升在全球价值链中的位置？面对当前变化不定的国际关系和频繁发生的黑天鹅事件，中国未来的创新之路将如何巩固和提升国家创新实力、引领中国经济和社会可持续发展？（2）按照中国科技创新的历程回顾、现实观照和未来展望的思路探究，能够明确历史与现实之间的联系，并且从可信的历史和现状中引申出未来创新发展的启示。

现实意义：创新在我国现代化建设全局中居于核心地位，是决定我国产业提升国际竞争力的关键。该书对这一重要主题进行了全面梳理，呈现和展望了中国创新驱动发展从过去到未来的脉络，在"两个一百年"奋斗目标交汇的关键时点，及时进行了重要的阶段性总结和探索，为中国在创新发展道路上行稳致远提供了理论与实践依据，为我国科技创新政策制定者、创新型企业管理者和科技创新研究者提供了有益的参考。

2. 洪银兴，郑江淮. 创新驱动产业迈向全球价值链中高端［M］. 北京：高等教育出版社，2020.

研究背景：本书针对以下国家发展的四方面重大需求进行了研究。一是依据 G20 杭州峰会上习近平总书记提出的参与全球经济治理的思想，明确将攀升全球价值链中高端地位同参与全球经济治理联系起来。二是依据国务院 2016 年印发的《国家创新驱动发展战略纲要》明确创新驱动发展的战略目标要求：到 2030 年跻身创新型国家前列，其标志是主要产业进入全球价值链中高端。三是根据"一带一路"倡议，中国企业应该以价值链走出去的方式参与"一带一路"。四是中美贸易争端使得在全球价值链上拥有自主知识产权的核心技术和关键技术环节的问题更为突出。

内容提要：该书研究了在经济全球化新背景下全球价值链发展变化的趋势，在此基础上，注重研究我国产业迈向全球价值链中高端的方向和路径，突出研究创新（包括科技创新、产业创新、商业模式创新）对产业迈向全球价值链中高端的驱动作用。该书的研究综合采取了理论叙述和数理分析的研究方法，以及规范分析和实证分析的方法，既有理论推理，也有实践证明。

基本结构：全书分为总论和分论两部分。总论部分研究了科技与产业创新驱动同产业链的相互作用关系，揭示了以中间产品创新驱动全球价值链攀升的机制和政策含义；分论部分详细探讨了我国在全球价值链攀升中的大国优势、可选择的攀升路径、互联网嵌入、融资约束、国内生产网络、服务业创新对全球价值链攀升的影响，以及跨境电子商务和商业模式创新所带来的全球价值链攀升效应。

主要贡献：该书研究取得的重大理论成果主要涉及以下方面。（1）新动能的核心是战略性新兴产业，其包括两个方面，一是反映新工业革命标志的高端产业，二是体现在传统产业和服务业的互联网经济和数字经济。（2）在全球价值链上实现新、旧动能的转换，这就要求依靠科技和商业模式创新攀升全球价值链的中高端，进入掌握核心技术和关键技术的研发环节以及掌握市场渠道的营销环节。（3）在新的经济条件下，全球价值链本身的驱动者正在发生变化，一是处于中间环节但掌握关键技术的生产者可以有更高的附加值，甚至成为全球价值链的驱动者，二是在"互联网+"背景下，普通采购商也可以依托庞大的跨境电子商务成为全球价值链的驱动者。（4）针对我国企业大都处于价值链低端的现状，攀升全球价值链中高端的方向包括两方面，一是以竞争优势为导向建立以我为主导的全球价值链，二是依靠科技和商业模式创新进入全球价值链中高端环节。（5）即使处于价值链低端的加工装配环节也能进入价值链中高端。（6）攀升全球价值链中高端需要科技创新驱动，不仅要求基础研究以创新产业核心技术为导向，还要求在此基础上衔接科技创新和产业创新。

现实意义：该书研究了围绕产业链部署创新链的路径，为我国拥有核心高端技术的产业建立以我为主导的全球价值链提供了丰富的理论与实证依据，适合政府经济管理部门、科研院所的研究人员及大专院校的师生阅读参考。政策含义包括：（1）发展被称为新经济的战略性新兴产业，并培育以我为主导的全球价值链。（2）在全球价值链上培育新动能，其方向主要有三个方面，一是依靠自身的科技和产业优势建立以我为主导的全球价值链；二是进入全球价值链的中高端环节；三是仍然处于全球价值链低端的加工装配环节，但通过机器换人和低端转移延长价值链的方式，由低端变为中高端。（3）转变贸易发展方式，一方面增强国内中间产品的生产和供给能力，另一方面利用跨境电子商务有效突破垄断采购商在全球价值链中的垄断地位。（4）从价值链底部向两端顶部攀升，不仅需要更高的技术和劳动技能，还需要其他方面的创新尤其是商业模式创新开道。（5）低端环节可以寻求突围，首先，可以吸引需要较高人力资本的、新的、更为高端的加工装配环节进入；其次，处于全球价值链低端的加工装配企业，可以利用自身在全球价值链上掌握的技术，创造自己的品牌，形成新的价值链；最后，延长价值链，从而成为延长的价值链中的中高端，进而成为"链主"。（6）创新驱动产业迈向全球价值链中高端，主要包括以下三种方式，一是技术转移方式，二是产学研协同创新方式，三是科技创业。

3. 谢呈阳，胡汉辉. 产业转移与区域创新发展［M］. 南京：东南大学出版社，2020.

研究背景："创新"与"转型"是中国经济实现40多年"增长奇迹"后，追求"高质量"与"可持续"发展的必经之路。而"产业转移"是已被实践验证的促进区域资源优化配置的有效手段，能够在推动产业承接地经济增长的同时释放产业转出地的空间与要素资源，推动转出地产业向高端攀升。同时，伴随着产业转移所带动的区域分工深化与区域产业集群的形成，整个社会的生产水平也能得到有效提高。与全国相比，拥有领先的发展速度、一致的发展步伐和近似的发展梯度的江苏经济先行实践经验无疑值得借鉴。

内容提要：该书以产业集群为抓手，以江苏省为切入点，讨论产业转移与区域创新发展问题。该书主要讨论五个专题：第一，江苏省产业转移的历史、现状及存在问题；第二，产业转移中的效率损失，创新难以复制的原因；第三，苏州工业园区在承接产业靠前转移中的成功经验；第四，"产城融合"创新资源的固化；第五，园区共建——区域间的园区联动。该书试图对中国当前存在的"可持续"和"区域均衡"发展问题提供参考建议。

基本结构：全书分为9章。第1章，介绍产业转移的历史、产业转移与中国经济的成长，以及产业转移与中国未来创新转型发展的关联。第2章，阐述产业转移与产业集群的关联，以及产业转移与产业集群和区域发展之间的关系。第3章，介绍与产业转移和区域创新相关的已有研究。第4章，通过江苏经济发展中的重要事件，讲述江苏的产业转移与产业演进。第5章，构建模型以测度江苏省为均衡区域发展而推行的产业转移过程中的效率损失，分析造成效率损失的内在原因。第6章，分析江苏省在承接产业转移过程中的重要措施——园区共建是如何减少集群转移中效率损失的，阐述在经济发展不同阶段园区共建的不同影响力。第7章，从产业与城市融合的视角更宽泛地看待产业集群，阐述了产业与城市功能的融合机理以及融合路径。第8章，在提出"区域创新集群"概念的基础上阐述产业承接地如何构建自己的区域创新体系。第9章，从"一带一路"的视角切入，展望中国产业转移的未来以及产业转移与区域经济发展的未来研究。

主要贡献：从理论角度看，该书在分析过程中构建的理论和实证模型具有一定的创新性，对很多概念给出了全新的解读，对后续研究具有启发价值；从实践角度看，该书详述了江苏承接产业转移、推进产业南北转移，以及在这一过程中各类产业集群的成长历程，翔实的资料能够为中国其他地区的经济成长提供参考与借鉴。主要的创新点有：（1）从三十多年的较长时间跨度内对江苏产业发展和演变脉络进行了翔实梳理，丰富的一手资料为进一步研究提供了可用的素材；（2）将研究要素资源错配领域的测算方法引入产业转移研究领域，比已有研究更深层次地分析江苏产业的转移现状和需要加强的措施；（3）通过拓展产业集群研究领域经典的"核心-边缘"模型（Krugman，1999），首次揭示了"产城融合"这一国家战略在促进区域产业发展和升级过程中的内在机理与作用路径；（4）从区域知识关联入手，构建模型，不仅阐述了产业从中心向周边逐渐扩散过程中企业、资源等关键要素的转移临界点和转移流向，而且比已有研究更为深入地解释了江苏推进产业转移中推行的"南北共建产业园"这一措施的内在经济学原理；（5）结合苏州中新工业园的成功实践，将对集群创新的理解从简单的技术创新上升到融产业创新与社会创新为一体的创新创业的生活方式，对承接产业转移的载体如何实现创新和产业升级进行了不同于以往视角的解读。

现实意义：产业集群在促进创新产生、推进产业升级和平衡区域发展方面，都给予了从园区到城镇再到省域的渐次扩展而又多面互补的启示。这些启示拓展到全国时最重要的有以下三点：（1）从企业创新走向社会创新；（2）产业与城市功能的融合发展；（3）打通区域知识关联的渠道。

4. 杨耀武，等．中国区域创新发展前沿热点研究［M］．上海：上海交通大学出版社，2021.

研究背景：区域创新体系建设是国家创新体系建设的重要基石。中国区域创新发展进程目前已基本探索出了一条具有中国特色、时代特征、区域特点的发展道路。区域创新理论方法及学科建设也得到蓬勃发展。高质量的研究成果竞相涌现，研究方法日趋丰富成熟，区域创新理论体系和研究框架初步建立。但面对区域创新发展实践的迫切需求和更高要求，总体而言，区域创新理论武装仍相对滞后。如何深化区域创新内涵特征及发展规律研究，如何创造性推进国家创新驱动战略落实落地，如何在双循环新发展格局中做好区域创新定位定向，如何提高地方科技智库核心能力，如何更好识别塑造区域创新优势特色，如何科学评价区域创新质量效果，如何改革建构跨区域协同创新体系，如何深入推进区域创新治理能力现代化等，仍是区域创新发展研究的重要课题。

内容提要：该书主要聚焦中国区域创新发展的前沿热点研究，涵盖宏观、中观和微观三个维度，重点关注中国区域创新理论前沿进展，梳理分析有特色、有亮点的典型案例和样本数据，集中展现全国区域创新实践发展动态，系统建构中国区域创新发展进程。该书包括战略部署与学科动态、区域协同与地方实践、上海科技与国内合作等三个板块，由17篇专题研究报告组成，凸显集成性、实践性和参考性。

基本结构：全书由三大板块共计17篇专题研究报告组成。其中第一板块为战略部署与学科动态，5篇报告系统建构了中国区域创新的方向、方位、方法；第二板块为区域协同与地方实践，6篇报告集中展示了中国区域创新的典型经验，分别以京津冀、长三角、广州市、南京市、浙江省和安徽省为区域创新的主体；第三板块为上海科技与国内合作，6篇报告重点分析了上海科技创新的探索实践。

主要贡献：（1）从宏观、中观、微观三个维度，整体描绘了中国区域创新的发展进程。（2）汇集了全国区域创新联合研究的集体智慧成果，集中展现了全国区域创新发展实践动态，从不同的研究角度为中国区域创新提供了参考借鉴。

现实意义：该书可以为区域创新相关的政府管理部门、智库科研机构、区域创新主体以及学科建设等提供参考借鉴，也可以作为科技管理人员在区域创新领域的培训教材。

第四节　学术会议

1. 第十二届科技进步论坛暨第九届中国产学研合作创新论坛（2021）

会议主题：面向2035：科技自立自强与创新开放合作

主办单位：吉林大学管理学院

科技进步与对策杂志社

中国管理科学学会

武汉大学中国产学研合作问题研究中心

会议时间：2021年9月16—17日

会议地点：吉林长春

会议概述：9月16—17日，由中国管理科学学会、科技进步与对策杂志社与吉林大学管理学院联合主办，武汉大学中国产学研合作问题研究中心协办的"第十二届科技进步论坛暨第九届中国产学研合作创新论坛（2021）"在吉林长春成功举办。来自清华大学、上海交通大学、武汉大学、吉林大学等近百所高校及科研机构、企业界的230余人出席了论坛。

本次论坛立足时代前沿，紧扣时代脉搏，以"面向 2035：科技自立自强与创新开放合作"为主题，旨在深刻把握我国在新发展阶段、新发展形势、新发展征程时代背景下科技创新的机遇与挑战，共同探讨科技创新引领高质量发展、推动实现科技自立自强以及如何加强创新能力开放合作的理论、政策与路径。

吉林大学管理学院院长李北伟教授主持了本届论坛的开幕式，湖北省科技信息研究院党委书记、科技进步与对策杂志社社长肖松教授，中国管理科学学会秘书长张晓东教授，吉林大学管理学院党委书记赵军教授出席了论坛开幕式并先后发表致辞。

开幕式结束后，来自国内诸多领域的知名专家学者作了论坛主旨报告。中国科学院大学公共管理学院院长，中国科学院创新发展研究中心主任穆荣平教授从我国创新型国家战略切入，对强化城市创新枢纽功能，塑造高质量发展新优势进行了深入阐述；吉林大学创业研究院院长蔡莉教授结合数字经济时代新模式、新业态、新产业颠覆了传统创新创业逻辑，催生创新驱动创业新实践的时代背景对数字技术在创新驱动创业中的作用机制进行了深入剖析；中国科学院科技政策与管理科学研究所研究员余江结合我国当前经济社会发展所设定的新目标和面临的新场景对我国核心技术如何取得重大突破进行了再思考；中国管理科学学会副会长兼秘书长、江苏敏捷创新经济管理研究院院长张晓东教授结合数字经济的时代背景，从"数业""转型"和"创新"三个层次对数字经济驱动下的转型创新展开了详细阐述；上海交通大学文科建设处处长吴建南教授以海尔"人单合一"到上海"一网通办"为例，分享了对科层制度的反思研究；大连理工大学工商管理学院张米尔教授结合中美发明专利、5G 技术专利等实例对策略性专利行为的兴起与应对进行了详细阐述；武汉大学中国产学研合作问题研究中心主任李燕萍教授结合全球人力资源发展态势以及我国人力资源服务发展特征对我国人力资源服务创新及其途径进行了深入剖析；一汽解放股份有限公司欧爱民副总经理以"新发展格局"为背景，结合一汽集团经营发展实例，对创新与发展之间的关系进行了深入分析；清华大学经济管理学院雷家骕教授提出中国技术创新已经过四阶段爬坡，开始进入第五阶段基于科学的探索性技术创新，并结合英国产业技术创新与科学研究发展的案例对我国基于科学的产业创新对策与路径等进行了深入阐述。

围绕论坛主题，本届论坛还开设了科技创新与管理、产业技术创新与转型升级、区域科学发展、企业创新管理和科技政策与人才培育 5 个分论坛和 1 个博士论坛。与会专家学者通过深入交流，开展前瞻性和系统性的研讨，为实现"十四五"规划和 2035 年远景目标凝聚智慧，建言献策。此外科技进步与对策杂志社还特别组织了投稿学术沙龙活动，《科技进步与对策》高建平副主编，南昌大学管理学院喻登科教授和西安建筑科技大学管理学院孙笑明副教授分别以"论文写作与投稿""审稿人视角谈论文写作"为主题，与各位与会人员展开了热烈的互动交流。会场外，一汽集团企业参观活动也如火如荼地同步进行，部分与会人员深入一汽集团内部，切身感受了企业科技创新成果运用及企业创新文化培育。

2. 第四届创新与知识管理国际会议（iKM2021）

会议主题：面向动态能力的创新与知识管理

主办单位：清华大学技术创新研究中心

　　　　　浙江工业大学

承办单位：浙江工业大学管理学院

　　　　　同方知网（北京）技术有限公司

会议时间：2021年10月23—24日

会议地点：浙江杭州

会议概述：第四届创新与知识管理国际会议（iKM2021）于2021年10月23—24日在杭州召开。会议由清华大学技术创新研究中心发起，清华大学技术创新研究中心、浙江工业大学联合主办，浙江工业大学管理学院、同方知网（北京）技术有限公司承办，以"面向动态能力的创新与知识管理"为主题，邀请了全球知识管理大师、日本一桥大学野中郁次郎教授，SSCI期刊 *Journal of Knowledge Management* 主编、那不勒斯大学 LCU 校区副校长 Manlio Del Giudice 教授，香港理工大学知识管理与创新研究中心总监 Eric Cui，北京大学知识管理研究中心主任董小英教授，清华大学技术创新研究中心主任陈劲教授，浙江工业大学管理学院院长陈衍泰教授等十余位海内外专家学者，以及来自中国人寿、国家电网等的实践者共聚一堂，共话创新与知识管理的未来。由于疫情防控需要，境外学者均通过录制视频播放方式参会交流。来自清华大学、北京大学、浙江大学、南开大学、同济大学、北京理工大学、上海大学、哈尔滨工程大学、浙江工业大学、浙江工商大学、杭州电子科技大学等高校以及企业的200余人参加了线下会议，同时，大会采用的线上同步直播方式，吸引了学术界和企业界的10000余人在线参会学习交流。

　　23日，大会开幕式由院长陈衍泰主持。国家杰出青年基金、国务院政府特殊津贴获得者、长江学者特聘教授陈劲代表主办方发表开幕致辞。大会主旨报告环节由陈衍泰主持，日本组织理论学家、一桥大学国际企业战略学院荣退教授陈劲、陈衍泰教授、Manlio Del Giudice 教授等一系列的学者均做了主旨报告。23日下午，大会设立了企业交流论坛及三个学术平行论坛，供学者以及企业实践者相互交流。企业论坛围绕在知识管理系统搭建过程中实践活动的经验，由中航咨询、华为技术、长安汽车、中广核、国网山东、华汇工程等本次 iKM 成果征集获奖企业代表分享交流。学术平行论坛中，有近30位学者分别汇报了各自的研究进展与成果。浙江大学管理学院金珺教授、浙江工商大学工商管理学院副院长孙元教授、杭州电子科技大学管理学院院长助理杨伟教授、浙江工业大学管理学院余浩教授、浙江工业大学中小企业研究院副院长王黎莹教授、浙江工业大学管理学院副院长吴宝受邀担任分论坛点评人。大会首日还举行了 iKM 成果征集活动颁奖仪式，学者嘉宾以及中国知网大数据知识管理事业本部副总经理周永为8家获奖企业颁奖。24日上午的大会报告上半场由中国中小企业研究院程聪教授主持。大会报告下半场由中国中小企业研究院副院长汤临佳副教授主持。其中董小英教授做题为《数字经济时代领导力与新实践智慧》的主旨报告。报告总结了信息经济与数字经济的环境差异，系统地梳理了数字经济与科技创新之间的路径关系，解析了数字经济时代以人机交互为中心的新知识体系。

　　闭幕式由学院负责人主持，他再次感谢学术界、企业界以及政府公共部门对本次大会的支持，感谢专家学者、企业家参会交流，期待与参会代表们在第五届创新与知识管理国际会议再次相聚。

3. 首届全国区域创新与高质量发展学术研讨会暨第八届全国生态文明建设与区域创新发展战略学术研讨会（2021）

会议主题：坚持创新驱动引领 全面塑造高质量发展新优势

主办单位：中国区域经济学会区域创新专业委员会

湖北师范大学

中国地质大学（武汉）

承办单位：湖北师范大学资源枯竭城市转型发展研究中心

湖北师范大学经济管理与法学院

中国地质大学（武汉）经济管理学院

中国地质大学（武汉）区域经济与投资环境研究中心

湖北省区域创新能力监测与分析软科学研究基地

华中师范大学学报（自然科学版）

会议时间：2021 年 10 月 29—11 月 1 日

会议地点：湖北武汉

会议概述：2021 年 10 月 29—31 日，"首届全国区域创新与高质量发展学术研讨会暨第八届全国生态文明建设与区域创新发展战略学术研讨会（2021）"在湖北省黄石市召开。会议由中国区域经济学会区域创新专业委员会、湖北师范大学、中国地质大学（武汉）主办，湖北省教育厅重点人文社科基地湖北师范大学资源枯竭城市转型发展研究中心、湖北师范大学经济管理与法学院、中国地质大学（武汉）经济管理学院、中国地质大学（武汉）区域经济与投资环境研究中心、湖北省区域创新能力监测与分析软科学研究基地、华中师范大学学报（自然科学版）承办，中国区域科学协会生态文明研究专业委员会、全国经济地理研究会长江经济带专业委员会、湖北省区域经济学会及《长江流域资源与环境》《重庆大学学报（社科版）》《湖北师范大学学报（人文社科版）》《河北经贸大学学报》《经济地理》《经济纵横》《区域经济评论》《西部论坛》《治理现代化研究》《中国地质大学学报（社科版）》协办，来自全国各地的 120 名代表参加了学术研讨会。

开幕式由湖北师范大学副校长雷儒金教授主持，中国区域经济学会副会长兼秘书长陈耀研究员、湖北师范大学校长李宏教授、中国地质大学（武汉）党委副书记成金华教授先后致辞。中国社会科学院陈耀研究员、安徽工业大学方大春教授、中国地质大学白永高教授、湖北省社科院秦尊文研究员、武汉大学吴传清教授、黄石市政府研究室秦金波主任分别围绕我国区域创新要重视的几个问题、长三角城市群高新区创新效率比较分析、基于空间组织创新理论的区域性中心城市研究、塑造更多依靠创新驱动更多发挥先发优势的引领型发展、新昌县创新发展的案例分析、"5+5"黄石融入武汉城市圈同城化发展的认识与建议等问题进行了大会发言，湖北师范大学常婕教授、聂亚珍教授分别主持了大会学术报告。研讨会还组织了四个分论坛报告及"编辑作者面对面"等环节。中国区域经济学会区域创新专业委员会主任邓宏兵教授主持了闭幕式。他指出要学习贯彻中央和习近平总书记讲话精神，坚持创新在我国经济社会发展中的核心地位；中国区域经济学会区域创新专业委员会的宗旨是致力于区域创新和区域高质量发展理论研究和人才培养、致力于推动我国的区域创新和高质量发展的实践。

4. 第三届中国创新经济论坛（2021）

主办单位：《经济研究》编辑部

承办单位：中南财经政法大学工商管理学院

会议时间：2021年6月5—6日

会议地点：湖北武汉

会议概述：2021年6月5日上午，由《经济研究》编辑部主办，中南财经政法大学工商管理学院承办的第三届中国创新经济论坛（2021）在中原楼7楼学术报告厅隆重召开。湖北省政协副主席、民建中央常委、湖北省主委郭跃进，中南财经政法大学党委常委、副校长刘仁山，中国社会科学院经济研究所副研究员、《经济研究》编辑部副主任倪红福、谢谦、武汉华中数控股份有限公司战略委员会副主任杨建中、中国人民大学首都发展与战略研究院副院长张杰、中南财经政法大学工商管理学院院长钱学锋等出席了本次开幕式。来自全国各地六十多所高校、科研院所、企事业单位的150多名代表参加会议。

开幕式由中南财经政法大学工商管理学院院长钱学锋教授主持。中南财经政法大学党委常委、副校长、博导刘仁山教授致欢迎致辞。刘仁山指出中国经济的高速增长奇迹离不开创新的驱动，归纳创新发展经验和开辟中国特色创新发展道路应该成为未来的重要议题。随后，中国社会科学院经济研究所副研究员、《经济研究》编辑部副主任倪红福作为主办方代表致辞，表达了对未来我国创新领域发展的厚望。开幕式之后便是主会场主题报告。主题报告共两场，第一场主题报告由中国社会科学院经济研究所副研究员、《经济研究》编辑部副主任谢谦主持。第二场主题报告由中南财经政法大学工商管理学院工商管理系主任石军伟教授主持。下午，中国创新经济论坛各分会场顺利举行。分会场主持人、点评人、论文报告人与参会代表一起围绕"知识产权与创新""数字经济与创新""中国特色创新经济学理论与实践""对外开放与创新""人才流动与创新""创新与新兴产业发展""制度与创新""人才培养与产学研合作""微观企业创新行为""产业政策与创新政策""区域创新与创新共同体""绿色创新""公司治理与创新""城市发展与创新"等主题进行了广泛而热烈的研讨。

6月6日上午，第三届中国创新经济论坛在文泉楼506报告厅举办了隆重的闭幕式。闭幕式由中南财经政法大学工商管理学院工商管理系主任石军伟教授主持。闭幕式的最后一个环节是承办方致谢。石军伟教授代表本届论坛承办方用三个关键词"感谢""致歉"以及"期待"来概括闭幕式致谢。第一是"感谢"，感谢《经济研究》编辑部对本次学术会议的支持，感谢论文汇报会场主持人和点评人促使本次论坛顺利进行；第二是"致歉"，对由于疫情不能亲自到场而改为在线参加分会场的代表们表示歉意，也希望到场的代表们对会务组织工作多多谅解；第三是"期待"，期待进行论文汇报的学者们成功在好期刊发表论文，期待大家再次光临中南财经政法大学。

最后，在大家热烈的掌声中第三届中国创新经济论坛圆满闭幕。

◎ **参考文献**

［1］刘建丽. 新中国利用外资 70 年：历程、效应与主要经验［J］. 管理世界，2019，35（11）：19-37.

［2］诸竹君，黄先海，王毅. 外资进入与中国式创新双低困境破解［J］. 经济研究，2020，55（5）：99-115.

［3］崔静波，张学立，庄子银，程郁. 企业出口与创新驱动——来自中关村企业自主创新数据的证据［J］. 管理世界，2021，37（1）：6，76-87.

［4］张杰，陈志远，吴书凤，孙文浩. 对外技术引进与中国本土企业自主创新［J］. 经济研究，2020，55（7）：92-105.

［5］Cohen W M，Levinthal D A. Innovation and learning：the two faces of R & D［J］. The economic journal，1989，99（397）：569-596.

［6］Helpman E. Innovation，Imitation，and Intellectual Property Rights［J］. NBER Working Papers，1992.

［7］寇宗来，李三希，邵昱琛. 强化知识产权保护与南北双赢［J］. 经济研究，2021，56（9）：56-72.

［8］黎文靖，彭远怀，谭有超. 知识产权司法保护与企业创新——兼论中国企业创新结构的变迁［J］. 经济研究，2021，56（5）：144-161.

［9］杜传忠，王梦晨. 技能偏向型技术进步对中国制造业价值链攀升的影响研究——基于知识产权保护的视角［J］. 经济科学，2021（1）：31-43.

［10］吴敏，刘冲，黄玖立. 开发区政策的技术创新效应——来自专利数据的证据［J］. 经济学（季刊），2021，21（5）：1817-1838.

［11］孔令丞，柴泽阳. 省级开发区升格改善了城市经济效率吗？——来自异质性开发区的准实验证据［J］. 管理世界，2021，37（1）：5，60-75.

［12］陈胜蓝，刘晓玲. 生产网络中的创新溢出效应——基于国家级高新区的准自然实验研究［J］. 经济学（季刊），2021，21（5）：1839-1858.

［13］张杰，毕钰，金岳. 中国高新区"以升促建"政策对企业创新的激励效应［J］. 管理世界，2021，37（7）：6，76-91.

［14］陈强远，林思彤，张醒. 中国技术创新激励政策：激励了数量还是质量［J］. 中国工业经济，2020（4）：79-96.

［15］寇宗来，刘学悦. 中国企业的专利行为：特征事实以及来自创新政策的影响［J］. 经济研究，2020，55（3）：83-99.

［16］王桂军，张辉. 促进企业创新的产业政策选择：政策工具组合视角［J］. 经济学动态，2020（10）：12-27.

［17］王贤彬，刘淑琳，黄亮雄. 经济增长压力与地区创新——来自经济增长目标设定的经验证据［J］. 经济学（季刊），2021，21（4）：1147-1166.

[18] 张杰. 政府创新补贴对中国企业创新的激励效应——基于 U 形关系的一个解释 [J]. 经济学动态, 2020 (6): 91-108.

[19] 郭克莎, 彭继宗. 制造业在中国新发展阶段的战略地位和作用 [J]. 中国社会科学, 2021 (5): 128-149, 207.

[20] 安同良, 魏婕, 舒欣. 中国制造业企业创新测度——基于微观创新调查的跨期比较 [J]. 中国社会科学, 2020 (3): 99-122, 206.

[21] 郑江淮, 荆晶. 技术差距与中国工业技术进步方向的变迁 [J]. 经济研究, 2021, 56 (7): 24-40.

[22] Kaldor N. Capital accumulation and economic growth: the theory of capital [M]. London: Palgrave Macmillan, 1961: 177-222.

[23] 肖忠意, 林琳, 陈志英, 许定宝. 财务柔性能力与中国上市公司持续性创新——兼论协调创新效应与自适应效应 [J]. 统计研究, 2020, 37 (5): 82-93.

[24] 张嘉望, 李博阳, 蔡俊宇. 中国制造业企业的研发活动——实体资产配置的作用 [J]. 中国经济问题, 2020 (4): 47-61.

[25] 姜军, 江轩宇, 伊志宏. 企业创新效率研究——来自股权质押的影响 [J]. 金融研究, 2020 (2): 128-146.

[26] 段军山, 庄旭东. 金融投资行为与企业技术创新——动机分析与经验证据 [J]. 中国工业经济, 2021 (1): 155-173.

[27] 胡恒强, 范从来, 杜晴. 融资结构、融资约束与企业创新投入 [J]. 中国经济问题, 2020 (1): 27-41.

[28] 盛明泉, 吴少敏, 张娅楠. 探索式创新与企业全要素生产率 [J]. 产业经济研究, 2020 (1): 28-41.

[29] 陈逢文, 付龙望, 张露, 于晓宇. 创业者个体学习、组织学习如何交互影响企业创新行为?——基于整合视角的纵向单案例研究 [J]. 管理世界, 2020, 36 (3): 142-164.

[30] 沈国兵, 袁征宇. 企业互联网化对中国企业创新及出口的影响 [J]. 经济研究, 2020, 55 (1): 33-48.

[31] 许芳, 田萌, 徐国虎. 大数据应用能力对企业创新绩效的影响研究——供应链协同的中介效应与战略匹配的调节效应 [J]. 宏观经济研究, 2020 (3): 101-119.

[32] 李韵, 丁林峰. 员工持股计划、集体激励与企业创新 [J]. 财经研究, 2020, 46 (7): 35-48.

[33] 曹春方, 张超. 产权权利束分割与国企创新——基于中央企业分红权激励改革的证据 [J]. 管理世界, 2020, 36 (9): 155-168.

[34] 王靖宇, 刘红霞. 央企高管薪酬激励、激励兼容与企业创新——基于薪酬管制的准自然实验 [J]. 改革, 2020 (2): 138-148.

[35] 王琳, 陈志军. 价值共创如何影响创新型企业的即兴能力?——基于资源依赖理论的案例研究 [J]. 管理世界, 2020, 36 (11): 96-111, 131.

［36］权小锋，刘佳伟，孙雅倩．设立企业博士后工作站促进技术创新吗——基于中国上市公司的经验证据［J］．中国工业经济，2020（9）：175-192.

［37］杨震宁，赵红．中国企业的开放式创新：制度环境、"竞合"关系与创新绩效［J］．管理世界，2020，36（2）：139-160，224.

［38］严若森，吴梦茜．二代涉入、制度情境与中国家族企业创新投入——基于社会情感财富理论的研究［J］．经济管理，2020，42（3）：23-39.

［39］杨光，侯钰．工业机器人的使用、技术升级与经济增长［J］．中国工业经济，2020（10）：138-156.

［40］王俊豪，周晟佳．中国数字产业发展的现状、特征及其溢出效应［J］．数量经济技术经济研究，2021，38（3）：103-119.

［41］林晨，陈小亮，陈伟泽，陈彦斌．人工智能、经济增长与居民消费改善：资本结构优化的视角［J］．中国工业经济，2020（2）：61-83.

［42］孔高文，刘莎莎，孔东民．机器人与就业——基于行业与地区异质性的探索性分析［J］．中国工业经济，2020（8）：80-98.

［43］柏培文，张云．数字经济、人口红利下降与中低技能劳动者权益［J］．经济研究，2021，56（5）：91-108.

［44］郭凯明，罗敏．有偏技术进步、产业结构转型与工资收入差距［J］．中国工业经济，2021（3）：24-41.

［45］王林辉，胡晟明，董直庆．人工智能技术会诱致劳动收入不平等吗——模型推演与分类评估［J］．中国工业经济，2020（4）：97-115.

［46］杨飞，范从来．产业智能化是否有利于中国益贫式发展？［J］．经济研究，2020，55（5）：150-165.

［47］王晶晶，焦勇，江三良．中国八大综合经济区技术进步方向的区域差异与动态演进：1978—2017［J］．数量经济技术经济研究，2021，38（4）：3-21.

［48］郑江淮，郑玉．新兴经济大国中间产品创新驱动全球价值链攀升——基于中国经验的解释［J］．中国工业经济，2020（5）：61-79.

［49］刘斌，潘彤．人工智能对制造业价值链分工的影响效应研究［J］．数量经济技术经济研究，2020，37（10）：24-44.

［50］何宇，陈珍珍，张建华．人工智能技术应用与全球价值链竞争［J］．中国工业经济，2021（10）：117-135.

［51］滕泽伟．中国服务业绿色全要素生产率的空间分异及驱动因素研究［J］．数量经济技术经济研究，2020，37（11）：23-41.

［52］孙亚男，杨名彦．中国绿色全要素生产率的俱乐部收敛及地区差距来源研究［J］．数量经济技术经济研究，2020，37（6）：47-69.

［53］杨万平，李冬．中国生态全要素生产率的区域差异与空间收敛［J］．数量经济技术经济研究，2020，37（9）：80-99.

［54］陈劲，吴欣桐．大国创新［M］．北京：中国人民大学出版社，2021.

［55］洪银兴，郑江淮，等．创新驱动产业迈向全球价值链中高端［M］．北京：高等教育
出版社，2020．

［56］谢呈阳，胡汉辉．产业转移与区域创新发展［M］．南京：东南大学出版社，2020．

［57］杨耀武．中国区域创新发展前沿热点研究［M］．上海：上海交通大学出版社，
2021．

第七章　农民、农村与农业经济发展[*]

李　卓　王峰伟　赵智慧

（武汉大学）

　　经济发展的过程是由传统经济向现代经济转型的结构变迁过程。农村与农业是这种结构转型和变迁的重要内容。中国是农村、农业、农民比例较高的发展中大国，也是农业生产、消费与贸易大国。改革开放 40 多年来，中国农业与农村发展取得了举世瞩目的成就，但在现代化转型方面还存在许多问题。近年来，在当代中国推进农业供给侧结构性改革、乡村振兴战略的实践背景下，学者们较多地关注农业土地、农业扶持政策、农村治理、农村家庭和农业现代化等问题。本章围绕上述焦点对研究文献进行梳理和评论。

第一节　研究述评

　　基于 2020—2021 年中国学者在农村与农业发展研究方向的论文著作，以下将从新型经营主体的发展、农民工问题、农业土地、农业生产效率、农业现代化发展、农业扶持政策、农村治理和农村互联网信贷等议题出发，展现研究成果，指出存在的问题并进一步展望研究趋势。

一、农民与经济发展

（一）农民工问题

　　关于农民工城镇化研究，以往学者关注于制度安排、农民工的资本与意愿等因素对农民工城市化的影响，但是比起外部物质性因素对于农民工的吸引力机制分析，更应该关注农民工在社会和心理层面是如何在某种内在机制的作用下实现城市化的，这些因素存在何种内在关系亟待探讨和研究。

　　田北海和徐杨（2020）从孝道转型视角出发，基于 CHARLS 2015 年的数据，运用倾向得分匹配法，比较分析了成年子女外出的不同类型对农村老年人家庭养老支持不同子系统的影响。研究发现：成年子女外出弱化了受空间限制的农村老年人生活照料和精神慰藉，但强化了不受空间限制的经济支持。较之对生活完全可以自理的农村老年人的影响，

---

　　[*] 本文是教育部重点研究基地重大招标课题"城乡协调发展背景下现代农业发展道路的国际比较研究"（16JJD790045）的阶段性成果。

成年子女外出对自理能力受损的农村老年人家庭养老支持的影响更为显著且强度更大；较之成年女儿外出的影响，成年儿子外出对农村老年人家庭养老支持的影响更显著且强度更大。可见，成年子女外出并未全面弱化农村老年人的家庭养老支持，而是推动家庭养老由"侍奉在侧"型向"成就安心"型转变；成年女儿在农村家庭养老中并未扮演替代性角色，而是仍旧扮演着辅助性角色。为此，应加快推进就地城镇化，大力发展农村居家养老、社区养老和互助养老服务，倡导孝亲敬老的美好家风。

祝仲坤（2020）以过度劳动为切入点，审视农民工社会参与低水平发展状态，并结合国家卫生健康委员会发布的 2017 年中国流动人口动态监测调查数据，系统考察过度劳动对农民工社会参与的影响。研究表明：①中国农民工的过度劳动现象非常严重，68.10% 的农民工周平均劳动时间超过 50 小时，45.88% 的农民工周平均劳动时间超过 60 小时。②过度劳动会显著降低农民工的社会参与水平，即过度劳动对农民工社会参与存在"挤出效应"，在运用泊松内生处理效应模型控制潜在的内生性偏误，并运用 2014 年社会融合专项调查数据重新检验后，结论依然稳健。③过度劳动之所以会降低农民工的社会参与水平，可能是因为过度劳动会造成农民工心理压力过大、主观社会地位下降。

祝仲坤（2021）基于 2014 年和 2017 年中国流动人口动态监测调查数据，系统考察了公共卫生服务对农民工留城意愿的影响。研究表明，公共健康教育、健康档案管理等公共卫生服务均能显著提升农民工的留城意愿，在利用工具变量缓解内生性问题，并进行遗漏变量检验后，结论依然成立。进一步分析表明，公共卫生服务对老一代及跨省流动农民工留城意愿的提升作用更大。机制分析表明，公共卫生服务可以通过提升健康水平、增强城市归属感间接提高农民工留城意愿，其中城市归属感发挥的间接效应更大。本文的研究有助于审视并理清公共卫生服务在推动农民工市民化进程中的政策效应，为以公共卫生服务为抓手，铺就农民工市民化道路提供证据支撑。

郝晶辉等（2021）利用 2015 年和 2018 年贵州、云南、陕西和甘肃四省欠发达地区农村 2089 份农户追踪调查数据，运用固定效应模型实证分析男性外出务工、女性赋权对家庭成员的蛋白质营养物质摄入的影响，并进一步探究女性赋权在男性外出务工对家庭成员蛋白质摄入的影响中的作用。结果表明：男性外出务工不仅能提高家庭成员蛋白质摄入，还可促进女性赋权；同时，女性赋权的改善也可提高家庭成员蛋白质摄入。另外，总体而言，女性赋权在男性外出务工对家庭成员蛋白质摄入的影响中发挥部分中介效应，尤其是在收入较高的农户组，女性赋权发挥完全中介效应。本文认为，在推动男性外出务工增加农户收入的基础上，可通过进一步提高女性赋权来促进家庭成员蛋白质摄入。

熊景维（2021）在界定了市民化中政府投入责任边界和成本构成的前提下，采用维持既有市民福利水平不变的"福利剩余"帕累托改进准则，构建了一个核算特定城市农民工市民化最优目标和优先瞄准对象锚定标准的评估技术体系，据此估计出武汉市 2019—2023 年公共财政投入承载范围内的市民化人口容量规模依次为 4.28 万、9.19 万、9.49 万、9.46 万和 9.02 万。结合实地调查数据对该市农民工市民化权能分布进行估计，上述市民化目标相当于测算周期内该市市民化优先瞄准对象为市民化总权能得分值不低于0.74、0.69、0.65、0.63 和 0.61 的农民工群体。研究表明，通过科学细致的成本核算和投入规划，农民工市民化的社会成本并不是难以想象的财政包袱，推动农民工市民化战略目标的实现也不是难以遂行的任务。

于爱华等（2020）利用中国教育追踪调查数据，构建倾向得分匹配模型和多重中介模型，分析随迁对农民工子女非认知能力的影响，并探究家校教育过程的中介效应。研究发现，随迁对农民工子女的综合非认知能力具有显著的正向影响，影响主要表现为随迁增加了农民工子女的严谨性、开放性和情绪稳定性。中介效应分析结果显示，家校教育过程起到了显著的累计中介效应，表明随迁引起的农民工子女家校教育过程的改变有助于农民工子女非认知能力的提升。在"随迁—非认知能力"这一影响路径中，家庭教育过程的累计中介效应显著，其中，家庭教育期望和家庭成员互动在该影响路径中扮演重要角色；学校教育过程的累计中介效应并不显著，但学校关系氛围的中介效应较为显著，学校教学资源则具有一定的遮掩效应，在一定程度上阻碍了农民工子女非认知能力的提升。

史源渊（2020）基于田野调查的定性研究发现，在发达地区产业升级的背景下，一些面临劳动力短缺问题和生存困境的小规模企业转移至乡村地区，其弱组织方式和弹性化的企业管理制度适应陪读劳动力流动周期性强、工作时间碎片化的特点；而农民工的家庭性是形成陪读劳动力的内在因素。乡村陪读工劳动力市场，是农民工劳动力结构性变迁和发达地区小规模企业区域性转移的"显结构"，以及农民家庭发展目标变迁和农民"家本位"价值观念的"潜结构"双重影响的结果。

杨正雄和张世伟（2020）依据 2012— 2015 年全国流动人口动态监测调查数据，通过建立就业选择方程分析了最低工资对农民工就业选择的影响，通过建立就业选择偏差修正的工资方程分析了最低工资对正规就业和非正规就业农民工工资的影响。研究结果显示，最低工资对低技能农民工的非正规就业产生了显著的消极影响，但对高技能农民工的非正规就业产生了显著的积极影响，劳动力市场中存在高技能农民工对低技能农民工就业的替代效应；与非正规就业相比，最低工资导致农民工更加倾向于选择正规就业；最低工资对非正规就业的低技能农民工的工资增长存在显著的促进作用，劳动力市场中存在最低工资的灯塔效应。因此，政府部门适度提高最低工资水平将有助于农民工就业状况的改善和工资水平的提升。

总体而言，学界关于农民工城镇化的研究，融合社会学理论和经济学工具进行跨学科研究。就研究内容而言，近两年对于农民工城镇化的研究从关注农民工同城市的互动（吸引力与反作用）拓展到农民工城镇化同农村的互动，涉及对农村养老、家庭女性地位和孩子教育等的研究。同时，城市因素对农民工城市化的影响也集中于公共卫生服务、最低劳动保障等社会公共保障领域。

在研究方法上，从近两年的研究来看，主要通过定量研究解决研究问题，较少涉及田野调查等定性研究。同时，不少学者通过固定效应模型、倾向值匹配等方法解决农民工城镇化回归中的内生性问题，大多数学者在分析农民工城镇化的影响因素时，都难以将技术进步等因素纳入考虑，从而导致内生性未能彻底解决。

在研究的结论上，大多数论文是基于二手数据展开，其中采用的数据统计口径过宽，大多数研究得出的结论虽然具有一定的指导意义，但是过于宏观，缺乏对于部分省份、区域间的异质性探讨，使得研究缺乏针对性。

（二）农村居民的贫困问题

"后脱贫时代"我国贫困治理进入新阶段，将出现由消除绝对贫困向缓解相对贫困转变、由注重收入贫困向注重多维贫困转变、由强调脱贫摘帽向巩固脱贫成果转变、由政府扶贫向社会扶贫转变的新特征，面对建立解决相对贫困的长效机制、巩固脱贫成果防止返贫、乡村振兴战略与脱贫攻坚有效衔接与发展、老年人口贫困治理等新问题。针对"后脱贫时代"出现的新特征与新问题，我国贫困治理需要不断创新思路，构建贫困治理的可持续发展新机制。

杨晓婷等（2021）通过 IAD 框架剖析了第一书记参与贫困村扶贫开发治理的行动情景与理论机制，并在此基础上通过对豫、冀、晋三省 13 位扶贫第一书记的多案例分析，总结了第一书记参与扶贫治理的行动逻辑与高效机制。研究结果表明，第一书记在参与贫困村的扶贫开发治理中，通过人力资本和社会资本的纵向嵌合、自有资源与扶贫资源的横向整合、正式制度和非正式制度的相互弥合、集体诉求和个人诉求的激励调和，形成了"资本—资源—制度—激励"四维治理的行动逻辑；第一书记的人力资本、社会资本禀赋与贫困村的自有资源、项目资金在非正式制度与正式制度弥合的工作情景下形成"资本—资源"的联动效应，释放了资本援助活力，促进了扶贫资源的高效开发利用，并体现出"对症下药"的高效办事能力，最终形成"资本下沉"赋能"资源释放"的高效机制。

郭韦杉等（2021）利用深度贫困地区陕西省 J 县的农户调研数据对建档立卡贫困户瞄准与偏离问题进行研究，并进一步探讨了已脱贫人口的相对贫困现状。研究结果表明，建档立卡的政策安排在贫困识别标准和瞄准策略上遵循了绝对贫困理论标准和多维瞄准方法，但具体实践对政策安排出现偏离；单维收入贫困标准对贫困人口的瞄准精度要高于多维贫困标准；扶贫资源的溢出水平较高，整体呈现偏向高收入群体和低收入群体的沙漏型分配特征。本文分别采用贫困线和基尼系数的相对贫困测算结果表明农村内部收入差距偏大、存在较为严重的相对贫困问题。本文的研究结果表明要注意重视扶贫过程中出现的反向贫困问题，也要通过完善农户收入调查体系、提升基层治理能力和犯错成本等方式提高贫困人口的瞄准精度。

周强（2021）基于中国家庭追踪调查 2016—2018 年数据，采用模糊断点回归方法评估了精准扶贫政策的减贫绩效与收入分配效应。研究发现：①精准扶贫政策有效降低了农村的贫困发生率和贫困深度，实现了贫困人口减少与脱贫质量提升的多重绩效；②精准扶贫政策不仅显著提高了低收入贫困家庭的收入水平，降低了贫困家庭的相对剥夺感，而且通过"造血式"扶贫对非贫困家庭产生了明显的正外溢效应；③精准扶贫政策对低收入贫困家庭的影响主要通过政府转移支付实现，但转移支付不具有赋能作用，长期对最低收入群体的兜底式补贴使其产生了明显的福利依赖和贫困适应性。本文进一步分析发现，在市场机制有效配置资源的作用下，"造血式"扶贫的减贫利益更多流向了在教育、医疗健康、非农就业和基础设施利用等方面均占优势的家庭，且明显促进了具有要素禀赋优势家庭收入的向上流动，从而在一定程度上扩大了地区内的收入差距。

程玲莎和章合杰（2021）利用省级面板数据和中国健康与养老追踪调查数据，从宏观和微观两个层面进行实证。研究发现，脱贫是通过提高农业劳动生产率、缓解融资约束等途径提高城市化水平，这表明脱贫是推进城市化、促进经济增长的重要路径，因此，更加有必要推进脱贫工作。异质性分析发现，脱贫对城市化的促进作用只存在于中西部地区，而不存在于东部地区。本文的研究发现为中国消除贫困的事业找到了新的理由和依据，并表明中西部地区是脱贫攻坚的重点地区。

周力和沈坤荣（2021）基于 CFPS 数据进行实证研究，结果发现：当"等效家庭规模"加权的家庭人均纯收入低于全国（或分城乡）中位数 40% 时，国民的主观幸福感显著下降，以此标准识别相对贫困具有政策有效性。相对贫困是一种主观感受，其参照系一般是同类户籍的群体，这种相对剥夺感会给国民的生活信心与心理健康带来负面影响。相对剥夺感来源于公共产品匮乏和社会不公经历，相对贫困群体融入社会的努力不能提升其主观幸福感。治理相对贫困，不仅需要强调公共服务及社会保障体系在供给层面的均等化，更要强调可获性及可获质量的均等化。摆脱相对贫困，应以人民的幸福线为指南，以人民的获得感为评判。

王小林和张晓颖（2021）构建了一个贫困治理分析框架，试图从贫困问题、减贫战略、扶贫行动者、治理过程和治理结构五个方面来分析和解释中国减贫实践。本文重点从"水平治理"与"垂直治理"两个方面来分析中国在绝对贫困治理过程中所形成的治理结构。在治理水平层面，1978—2020 年，中国形成了政府、市场和社会协同治理贫困的理念以及包括行业扶贫、专项扶贫和社会扶贫等在内的综合治理格局，还形成了东西部扶贫协作的政治制度安排。"一中心与多部门协同治理"的模式，既覆盖了"贫""困"的主要维度和问题，也保证了部门政策与国家战略的目标一致性和行动有效性。在垂直治理层面，"自上而下"的扶贫责任制与财政支持保证了减贫战略的落实；"自下而上"的扶贫创新推广机制以及贫困群体需求和意愿的传导机制也起到了较好的纠偏作用；扶贫成效考核评估与问责机制则具有"上下互动"的特征。2020 年后，相对贫困治理需在国内国际双循环相互促进的新发展格局下加强水平治理，在产业、消费、要素市场等领域形成东西部大循环，发挥东西部各自优势；相对贫困的垂直治理则需更加鼓励基层创新并激励群众自力更生，以解决内生动力不足问题。

李周（2021）对中国走向共同富裕进行了战略研究。首先，从人依附于自然、人自立于自然以及人与自然和谐共生三个逻辑递进的层次论述人类与自然间关系的演化规律，并总结了教育、经济和社会领域所出现的人们协同共享的端倪。其次，提出了实现共同富裕的战略框架，包括基于全国统一的市场体系、纳入生态价值的国民经济核算体系、全国统一的政策制度体系的全域发展，各个产业、城市乡村和中国世界的融合发展，共有产权和私有产权、经济效益和生态效益、公平和效率的耦合发展。最后，讨论了实现共同富裕需要处理好的关系，包括理论上维护均衡和打破均衡的关系、快变量与慢变量的关系、需求和欲望的关系，制度上科学研究和意识形态的关系、一般性和特殊性的关系、全球化和本土化的关系，政策上产权界定与产权流动的关系、优化发展环境和改善分配状况的关系、法律和政策的关系。

檀学文（2020）基于对国内外相对贫困研究文献和国外相对贫困治理实践的梳理，以及对中共十九大和十九届四中全会精神的研读，论述了中国中长期进程中解决相对贫困的四个方面的问题：中国可以与其他发达国家不同，在共同富裕的现代化框架下建立解决相对贫困的目标；为了充分满足贫困和社会进步监测以及减贫政策需要，中国现阶段可以制定多元的相对贫困标准体系；中国解决相对贫困应坚持国际上普遍采纳的经济增长、人力资本投资、社会保障"三支柱"战略，但需要结合中国国情进行必要的调适，尤其是应继续坚持发展支持战略与政策导向；相对贫困治理需转向常规化，对大扶贫格局进行优化，实行制度化、法制化的贫困治理。

Leng 等（2021）基于中国 8 个省 16 个县的搬迁户的面板数据集，分析了扶贫搬迁计划对农村家庭收入的影响，评估了各种搬迁模式的异质性收入效应。结果显示，参与扶贫搬迁计划会增加农村和城市安置者的收入。更具体地说，它对农村和城市安置者的农业和工资收入分别有显著的积极影响。进一步的分析表明，农村重新安置者的收入增加主要是由于农业技术培训，而城镇重新安置者的收入增加是由于医疗保障。对于乡村安置人员，政策应侧重于加强当地产业的发展和农业技术的培训。对于城市安置人员，应促进城市安置区的非农业就业和公共服务。

Jin 等（2021）基于中国云南南部湄公河上游地区约 600 名小户橡胶农户的两期面板数据，研究揭示了当橡胶价格下跌时，小农户的生计策略的调整以及对农民收入和农村不平等的影响。研究结果表明，在橡胶价格下跌的情况下，小户橡胶农户倾向于将家庭劳动力从农场转移到农场以外的地方就业，并使他们的生计多样化。值得注意的是，对橡胶的依赖性相对较低的农民更有可能使他们的生计多样化。价格下跌诱导的多样化策略使小农户对未来的风险有更强的抵抗力，并缩小了农村收入差距。该研究的结果通过提供证据说明农民的生计战略和农村的不平等如何变化，从而推动了此类文献的发展。

就研究内容而言，研究重点从绝对贫困到相对贫困进行转变，强调人民对于公共服务及社会保障体系的获得感作为衡量标准，而非绝对收入数据。利用微观群体数据进行研究，分析特定群体的特定行为，对其在特定理论内进行准确定位，以期积极探索贫困治理的分析框架。

近两年学术界的研究主要通过理论分析、案例研究、回归分析等展开，探索构建贫困治理的新机制。同时对于贫困治理尝试进行异质性分析，对于经验指导进行区域细化。

二、农业与经济发展

（一）粮食安全

粮食安全是关系我国国民经济发展、社会稳定和国家自立的全局性重大战略问题。国情粮情的改变对粮食安全提出了更高要求，推动传统粮食安全观转变。中国对内仍面临着"吃得好""吃得放心"的食物消费新需求，为加快实现从粮食生产大国向粮食产业强国的转变，2020 年中央经济工作会议首次提出要立足新发展阶段，建设国家粮食安全产业带。因此，学者紧密结合新时代中国粮食安全的重大问题，对特定重要粮食作物、农业经营主体、农产品进出口诉讼等展开了研究。

李建平等（2021）研究了"十四五"期间我国水稻增产潜力与实现路径。水稻是我国主要的口粮作物，随着稻谷总需求量增长，保持其稳产增产能力对确保我国口粮绝对安全意义重大。"十三五"期间我国水稻播种面积明显先下滑后回升、单产增速减缓，产量呈稳中略降趋势，增产形势严峻。稻田基础地力、灌排条件是水稻高产的重要基石，高产育种和栽培技术配套是实现水稻单产飞跃的主要推力，经济效益是种植结构调整的核心动力，政策导向是水稻产业发展的重要保障。根据"十四五"期间水稻生产面临的形势，采用 CAMES 模型预测，2025 年我国稻谷产量为 21797 万吨，与 2020 年相比增加 611 万吨。保障增产必须采取强有力的措施，具体实现路径为划定水稻面积红线不低于 3000 万公顷，力争全国 2/3 的稻谷产自高标准农田，突破水稻生产种子和机械两大技术瓶颈，通过政策调整稳定水稻种植主体受益预期。

韩一军和韩亭辉（2021）研究了"十四五"时期我国小麦增产潜力与实现路径。小麦是我国居民两大口粮之一，在保障国家粮食安全中具有重要地位。改革开放以来，我国小麦产业发展取得了巨大成就；但不可否认的是，小麦持续增产仍面临着诸多严峻挑战。本文阐述了"十四五"时期我国小麦生产面临的新形势、新挑战，对改革开放以来小麦的增产经验进行了探讨，查找小麦生产面临的主要问题，在此基础上分析了"十四五"时期小麦增产潜力并提出了实现小麦增产潜力的政策路径。本研究旨在为"十四五"时期我国小麦产业的持续健康发展提供参考。

司伟和韩天富（2021）研究了"十四五"时期中国大豆增产潜力与实现路径。尽管中国大豆生产成本高、单产低，自给率堪忧，但是大豆在中国农业与食物系统中一直具有重要且无法替代的作用，大豆生产发展和产业兴旺对中国粮食安全、油脂油料安全都有着特殊的意义。本文从中国大豆生产发展的演进与现实困境出发，分析了"十四五"期间中国大豆增产前景，并提出了大豆增产的实现路径与政策建议。本文认为，考虑到玉米等竞争性农作物种植对大豆生产的挤压，大豆种植面积在 1.4 亿亩的基础上再扩大的空间有限，但单产水平提升的潜力很大，因此，"十四五"时期，大豆增产的关键在于稳定面积、提升单产、提高大豆产业质量效益和竞争力。为此，应该完善大豆生产支持政策，提高大豆品种培育的科技投入，加快品种更新，推广粮豆轮作绿色种植制度，增强大豆供给保障能力。

钟真等（2021）利用第三次全国农业普查的权威数据，以农业经营主体从事社会化服务对其粮食生产参与、生产规模、生产方式的影响为例，深入分析了在"大国小农"背景下社会化服务与农业高质量发展"三大维度"之间的内在关系。分析结果显示，尽管全国各类农业经营主体从事农业社会化服务的比例还不高，但从事农业社会化服务总体上是"有利可图"的。发展农业社会化服务对改变农业经营主体的粮食生产参与、优化粮食生产规模、改进粮食生产方式均具有积极意义。这说明，发展农业社会化服务可以成为新时代农业经济增长的重要潜力点，不仅有助于促进农民增收、推动农业结构调整，还有助于保持和提高农业综合生产能力，并为实现农业生产绿色化转型提供更大可能。

苏贵芳等（2021）采用 2009 年 2 月至 2020 年 2 月猪肉价格相关月度数据，以生猪疫情宽度指数作为阈值变量构建阈值回归模型，研究生猪疫情与猪肉价格波动之间存在的阈值效应。本文研究结果表明，滞后 5 期的生猪疫情宽度指数对猪肉价格增长率的影响存在 1 个阈值点，即猪肉价格波动存在两种运行机制：当生猪疫情宽度指数低于阈值

0.35 时，生猪疫情冲击对猪肉价格波动无显著影响；当生猪疫情宽度指数高于 0.35 时，生猪疫情对猪肉价格波动具有显著的正向作用。据此结论，本文认为，一方面要将阈值作为重大生猪疫情防控的参考值，强化生猪疫情应急调控机制，提高价格预期管理水平；另一方面要加强生猪出栏监管力度，建立疫情期生猪标准化出栏制度，缓解突发性重大生猪疫情对猪肉供应链的剧烈影响，以促进猪肉价格的长期平稳运行。

李雪和吕新业（2021）分析了现阶段中国粮食安全形势。粮食事关国运民生，粮食安全是国家安全的重要基础。改革开放以来，中国粮食生产取得了举世瞩目的伟大成就，粮食产量持续稳步迈上新台阶，实现了从"吃不饱"到"吃得饱"再到"吃得好"的历史性转变，粮食安全保障处于历史最好时期，并逐步从数量增长进入数量与质量并重的新阶段。新时期，数量安全仍是人口大国保障粮食安全的必然条件，质量安全是收入增长到较高水平的必然要求，数量与质量并重是粮食安全进入新阶段的必然选择。面对新阶段新形势，保障粮食的数量和质量安全仍是治国理政、应对新风险新挑战的头等大事，保障能力也需相应地向更高层次跃升，稳步提升粮食综合生产能力，持续促进粮食产业高质量发展，全面增强资源和市场的战略掌控和调配能力，在数量安全的前提下兼顾质量安全，不断提高粮食安全保障水平。

李天祥等（2021）分析了印度糖料国内支持被诉案的因由、争议点及对中国的启示。考虑到 2019 年 2 月以来，巴西、澳大利亚、危地马拉三国分别就印度对甘蔗和食糖的国内支持超出入世承诺向 WTO 争端解决机构发起了诉讼。目前这三起案件正在等待 WTO 争端解决机构的裁决。三起案件争议的焦点在于对《农业协定》国内支持规则，尤其是市场价格支持（MPS）计算方法中关键变量的选取口径与取值范围存在不同的主张。文章在回顾这些案件的背景与进展的基础上，对相关争议点进行系统梳理，并结合有关数据就相关争议点对于案件裁决结果的影响进行量化比较与辨析。基于研究结论，文章进一步探讨了这些案件对于中国农业国内支持政策改革完善及参与国际规则谈判的相关启示和建议。

仇焕广等（2021）分析了过去 20 年中国玉米供需及贸易发展趋势、相关调控政策转变及其对玉米产业的影响，在此基础上重点探讨了未来中国玉米产业发展面临的制约因素和发展潜力，并对"十四五"期间中国玉米产业的发展趋势进行了预测分析，预测结果显示，到 2025 年中国年度玉米供需缺口约为 2000 万吨，若通过政策激励玉米恢复生产面积、通过技术提升单产，供需缺口可下降到 800 万吨左右。最后本文提出：（1）保持政策连续性，稳定市场预期；（2）加大科技投入，有效提高玉米单产和降低成本；（3）增加农田和水利基础设施投资，保持耕地和水资源可持续发展；（4）强化社会化服务体系建设，促进规模经营和机械化发展；（5）适度增加玉米和替代品的进口，提前向国际市场释放信号等促进中国玉米产业健康发展的政策建议。

就研究内容看，近两年研究重点紧密结合当下中国粮食安全重大问题，关注水稻、玉米、小麦等重要粮食作物的增长潜力，同时对于"逆全球化"背景下农产品进出口涉诉事件进行关注，以期对中国农业进出口提供相应的经验指引。就研究方法而言，虽然涉及不少较长时间维度的数据分析，但是停留在简单的数理统计，较少涉及数理模型和微观计量的研究方法，因此研究的结论欠缺一定的效度。

(二) 绿色农业

我国农业正处在转变发展方式、优化经济结构、转换增长动力的攻关期，可见发展绿色农业是农业未来的发展方向，更是农业农村部门的使命。因此，现代农业的发展要牢固树立新发展理念，以农业供给侧结构性改革为主线，以绿色发展为导向，以体制改革和机制创新为动力。研究需要探索如何走出一条产出高效、产品安全、资源节约、环境友好的农业现代化道路。

易加斌等 (2021) 以创新生态系统理论为基础，自上而下分析了农业数字化转型的驱动因素，进而解析并构建了农业数字化转型的战略框架和实施路径。研究发现，农业数字化转型的驱动因素包含国家政策层面的制度支持、农业产业层面的价值驱动、新型农业经营主体与科技企业层面的发展推动以及消费者对美好生活的向往的需求拉动四个方面，形成了从宏观制度→中观产业→微观企业和消费者需求有机统一的农业数字化转型的动力机制。基于农业产业创新生态系统的价值链构成要素和数字化农业经济循环系统与价值链主体的协同发展，农业数字化转型的战略框架由农业生产数字化和消费数字化构成的生产经营全过程数字化转型、围绕农业产业链上下游形成农业配套服务数字化转型和数字经济与农业深度融合的农业价值链延伸产业数字化发展三大战略模块构成。农业数字化转型要构建"环境—网络—主体—要素"协同创新四位一体的实施路径，包括营造农业数字化转型的协同创新环境，优化农业数字化转型的产业价值创新网络，增强农业数字化转型的价值主体间协同创新能力，强化农业数字化转型的协同创新要素支撑。

何可等 (2021) 以农村沼气 CCER 碳交易项目为例，探讨了地方性共识对规模养猪户农业碳交易项目参与意愿和期望碳价的影响。研究结果表明，地方性共识中的口碑奖励和非正式权威惩罚既能够显著提升规模养猪户的农业碳交易项目参与意愿，又有助于降低他们的期望碳价。在进行一系列稳健性检验后，该结论依然成立。进一步地，本文从历史事件"改革开放"的角度考察了地方性共识作用的组间差异，发现"改革开放后出生组"因非正式权威惩罚而对农业碳交易表现出更低的期望碳价，因口碑惩罚而对农业碳交易表现出更高的期望碳价。

朱润等 (2021) 以规模养猪户为研究对象，尝试从规模养猪户感知视角测度引导型环境规制、约束型环境规制和激励型环境规制，并通过理论分析与实证研究相结合的方法探讨 3 类环境规制对规模养猪户生猪粪便资源化利用决策的影响。研究结果表明：随着时间的推移，更多的规模养猪户开始选择对生猪粪便进行资源化利用，但仍存在较大的提升空间；引导型环境规制、约束型环境规制和激励型环境规制对规模养猪户的生猪粪便资源化利用决策均有显著的促进作用，其中，引导型环境规制发挥的作用最大。进一步研究发现，引导型环境规制除了能直接影响规模养猪户的生猪粪便资源化利用决策外，还可以通过环境认知、价值感知、技术认知和社会信任产生间接影响；引导型环境规制在约束型环境规制、激励型环境规制影响规模养猪户的生猪粪便资源化利用决策过程中发挥调节效应。

李昊 (2020) 采用归纳法在主流话语与政策导向下梳理了新中国成立以来中国农业环境污染的历史成因，分析了中国农业环境污染治理的主流观点，并在多学科视角下探讨农业环境污染微观治理方案的学科交叉融合与理论观点冲突。在此基础上，从中国农户行为的历史维度、当前农村土地制度安排下农业环境污染治理的"权责"对等和农户农业生产行为的路径依赖三个方面，分析了不同学科理论观点冲突的可能原因与化解路径。据此提出：宏观层面，以强制性政策规制工业点源污染排放在经济学意义上缺乏效率，却是目前在实践层面可行的制度安排；微观层面，农业环境污染治理中应充分发挥生产队的基础性作用。中国农业环境污染有其历史逻辑，农户农业环境保护行为的多学科研究需融入历史的逻辑重新审视，农业环境治理也要有足够的历史耐心。

喻永红等（2021）基于重庆 10 区县 345 户农户的调查数据，采用选择实验法和随机参数 Logit 模型分析了农民对不同农业生态保护政策目标的偏好及其生态保护参与行为差异。研究结果表明，农业生态保护的各项主要政策目标纳入保护方案后均能显著提高农民的生态保护参与效用，进而促进农民选择参与保护方案，农民具有社会理性和生态理性；农民的生态保护参与行为还显著受到其对传统农业生产方式的环境风险感知、风险偏好程度、耕种规模、人均年收入、非农劳动力比例、是否参加合作社和离最近乡镇距离等个人和家庭特征因素的影响；农民对不同政策目标的偏好程度差异较大，偏好程度最高的是改善水体质量，其次是提高农产品质量安全性和改善土壤肥力，偏好程度较低的是改善空气质量、减少水土流失和增加生物多样性；农民对改善水体质量和提高农产品质量安全性具有异质性偏好。

Tang 和 Luo（2020）基于湖北、江西、浙江三省农民的调查数据，构建了农业保险对农民生物农药施用行为影响的理论模型。此外，还采用了内生转换 probit 模型，实证分析了农业保险对农民生物农药使用行为的影响。结果显示，购买农业保险可以增加生物农药与化学农药的比例，农业保险可以提高生物杀虫剂的相对重要性。

Xie 等（2021）利用从中国中部（主要的农作物产区）收集的数据，使用倾向得分匹配倍差法（PSM-DID），对不同农村土地整合模式的影响进行了比较。结果显示：（1）RLC 对农民的 EPBs（生态生产行为）有很大的影响，可以有效地促进农民减少使用化肥和农药。（2）不同的 RLC 模式对农民的 EPBs 的影响是不同的。市场主导模式能更好地促进农民使用化肥和农药，而地方政府主导的模式则能更好地促进农民减少使用化肥和农药。（3）在不同地貌特征的地区，RLC 对农民 EPBs 的影响差异很大。与 RLC 对平原地区农民 EPBs 的促进作用相比，山区的农民会使用更少的化肥和农药。该研究揭示了 RLC 对农民 EPBs 影响的内部机制，并扩展了现有关于不同 RLC 模式的生态效应的研究。地方政府不仅要继续增加对 RLC 的投资，而且要了解采用何种 RLC 模式。政策制定者可以积极地将农民的理想 EPBs 与适当的 RLC 模式结合起来。

Xue 等（2021）利用 2018 年中国 5 个省的 2025 名农户数据，以计划行为理论为基础，采用有序对数模型来分析农民对农用地膜污染的认知。研究发现：（1）只有 53.78% 的农民认为农用地膜会污染农田；（2）愿意加强农用地膜知识的农民态度与认知正相关；（3）从主观规范上看，受政府环保法规和村规约束的农民的认知水平较高；（4）从感知行为控制来看，当农民对周围的环境不满意时，他们更有可能有更高的认知；（5）从家庭特征来看，非农业收入比例和户主年龄与认知负相关，教育程度高的农民有更高的认知。

Xu 等（2021）选取了 5 个具有代表性的省份的 800 户从事农业生产的家庭，从政府环境监管、市场工具和个人特征三个方面探讨了现行制度体系对促使农民就地处置废弃塑料瓶的影响，并运用两阶段赫克曼模型和调节效应模型揭示了其中的关系。实证结果表明，监管规定、回收价格、经济补偿和环境认知是影响回收效率的主要因素，其中回收价格的相对影响最大。然而，一般的村规民约、关于固体废物管理的具体的村规民约、法规执行和法规宣传并没有在促进农民采用环保处理方法方面发挥作用。此外，只有经济补偿对监管规定产生协同效应，环境认知未被揭示。该文为中国农村废弃塑料瓶的回收和无害化处理作出了贡献。此外，研究结果还为研究人员了解中国的制度体系和内部机制提供了第一手信息和新视角。

近两年对于绿色农业的研究内容较广，学者进行的研究从治理制度设计的宏观层面到农村具体的绿色项目、经营农户的微观层面均有涉及。就研究方法而言，大量的数理模型和微观计量的研究方法被运用到该领域，提供了更为科学的实证证据。预测在该领域的研究热度会继续上升，但目前尚未形成系统的研究体系。

（三）农业扶持政策

对农业的适当扶持是农业发展战略的客观要求。近两年的研究保持研究的一致性，主要关注于农业扶持政策的实施效应，并且通过对投入机制、补贴机制、管理体制等方面的深入剖析，发现现行财政扶持政策存在的问题，从而有针对性地提出完善农业绿色发展的财政扶持政策体系的对策建议。

郭世娟等（2020）基于"粮改饲"试点区肉牛养殖户的调研数据和育肥牛生产性能，构建了试点区"典型养殖户"，并以育肥牛为例构建了肉牛养殖户生产决策行为模型。在"粮改饲"试点补贴政策的实施背景下，模拟了补贴标准、补贴形式、补贴对象及青贮饲草定价方式变动等不同情景下"典型养殖户"育肥牛养殖的最优日粮结构变动及养殖收益变化。研究结果表明，仅依靠提升补贴标准产生的养殖效益增收效果不大；同等补贴标准下，青贮设施建设补贴产生的"增收"效果远低于收贮量补贴；以限定种植户交售质量的全株青贮玉米生产补贴能同时提升种养农户的收益；以干物质含量为基础的全株青贮玉米定价方式能较好地提升补贴效果。

王术坤等（2021）基于实验设计收集的企业和农户调查数据，采用双重差分模型评估了"中国好粮油"行动计划对企业收购优质粮油和农户种植优质粮油的影响，并进一步分析了该政策的影响机制和异质性。研究发现："好粮油"行动计划显著提高了企业优质粮油订单数、订单收购量和订单收购面积，间接优化了农户种植结构；"好粮油"行动计划的实施使种植优质粮油的农户数量平均提高了 7.62%，优质粮油的播种比例平均扩大了 8.71%。机制分析表明，优质粮油作物和普通粮油作物的生产投入和单产差异很小，但优质粮油的销售价格更高，种植优质粮油作物农户净收益的增加主要得益于优质粮油价格较高。异质性分析发现，劳动力越丰富、耕地面积越大的农户种植优质粮油的意愿越高。

潘建伟等（2020）基于内蒙古呼伦贝尔新巴尔虎右旗的调查对草原生态补助奖励政策进行了效益评估。研究发现草原生态保护补助奖励政策的实施，使草原生态保护建设从

"工程项目"为中心逐步转变为"投资与补偿"相结合，对草原生态、畜牧业生产和牧民生活产生了重要影响。首先，坚定了地方政府和牧民对草原生态保护建设的信心，强化了当地草原生态保护意识；其次，与已有草原生态建设工程有机衔接，并取得了强基固本生态效果；再次，增加了牧民的收入；最后，推动畜牧业生产经营方式转变等。然而，该政策实施过程中，存在着草原经营权和联户承包权责不分明、季节性和局部区域超载过牧、草原监管体系不完善和监管力量力度不足以及粗放数量型畜牧业未得到根本扭转、草产业发展严重滞后等诸多问题。因此，应在完善草原承包经营权的前提下，加强草原管护队伍建设并形成严密的草原监管体系，逐步实现草原监测全覆盖，建立补奖资金发放与政策效果挂钩的联动机制，依法进行草原保护建设，与此同时，培育牧区新型经营主体，推进草牧业转型升级，确保草原生态保护补助奖励政策收到实效。

王新刚和司伟（2021）基于中国大豆主产区地级市层面的面板数据，利用双重差分模型详细考察了2017年推出的大豆生产者补贴政策对大豆生产的影响。研究结果显示，生产者补贴政策的实施实现了扩大大豆播种面积的政策目标，但同时也造成了生产要素投入的下降。从改革的时间过程来看，改革的第一年，大豆生产变动更多反映的是取消大豆目标价格补贴带来的影响而非大豆生产者补贴的实际效果，因此出现了大豆播种面积、面积占比和单位面积投入均减少的现象；但是第二年和第三年生产者补贴的扩种效应逐渐凸显，大豆播种面积呈逐年递增态势。区域异质性分析显示，生产者补贴对不同省区和积温带大豆生产的影响各异，黑龙江省和内蒙古自治区东部四盟市对生产者补贴更为敏感，而且补贴对这两个省区的第二、第三和第五积温带种植大豆的激励效果最为显著。

苏柳方等（2021）基于农户和典型案例调查数据，以东北地区玉米秸秆还田技术为研究对象，分析了覆盖还田、深翻还田和碎混还田三种技术模式在该地区不同区域的适宜性，并从农户和农机作业者两个角度对不同技术模式的成本收益进行分析。通过梳理东北三省已有秸秆还田补贴政策，发现该地区的补贴政策主要存在补贴标准不合理、补贴对象与技术采纳主体脱离和不明确、缺乏对基层主管部门相关工作的补贴等问题。基于此，文章提出了分阶段合理分配补贴资金、对农户和农机作业者采取差异化补贴、加强基层工作补贴等政策建议方案。

董小菁等（2020）研究了农业水价政策对农户种植结构的影响。为了缓解用水危机，提高用水效率，中国正在推进农业水价综合改革，试图建立以水权交易为核心的水价制度。本文根据作物的亩均灌溉用水量将作物划分为高耗水作物和低耗水作物，利用新疆天山北麓5县（含2个团场和3个县）的农户调查数据，对比分析实施统一水价、阶梯水价、水权交易水价3种水价政策区域内农户的种植结构，探索农民在不同水价政策下的种植决策，并进一步验证价格信号对农户种植选择的影响。研究发现，由于水费收取方式和水价不同，实施不同的水价政策对农户的种植结构产生了不同的影响。与其他水价政策相比，水权交易水价更能促使农户选择更为节水的作物。不同水价政策下水的定价是影响农户选择种植结构的关键要素，当农户灌溉用水的机会成本增加时，他们会增加低耗水作物的种植比例。每亩低价水定额对农户选择种植低耗水作物有非线性的影响，当每亩低价水定额超过一定数量时，定额进一步增加会导致农户减少种植低耗水作物。

张明等（2021）研究了新时期中国粮食补贴政策的战略协同与差异设计。在梳理新时期中国粮食补贴政策体系的基础上，分析政策体系存在的政策主体多元且程序烦琐、补贴标准偏低且范围偏窄以及补贴依据不合理且对象错位等问题。针对新形势，本文提出了粮食补贴政策与乡村振兴、粮食安全、农业市场化、农业规模化、农业现代化、农业信息化、开放型农业等战略协同布局的对策以及新时期粮食补贴政策的差异设计方案，包括试行粮食金融化分层补贴、构建粮食加工分类补贴、推行粮食主产区和主销区补贴政策的差异设计。

蔡颖萍和杜志雄（2020）分析了玉米临时收储政策调整对家庭农场土地流转租金的影响。近些年农村土地流转过程中出现的"毁约弃耕"等现象引发广泛关注，不少新闻报道指出土地流转租金居高不下甚至持续上涨是其中的重要原因之一。对此，本文利用全国家庭农场监测数据，以玉米种植农场为分析对象进行相关验证。研究结果表明：随着2015年玉米临时收储价格的下调到2016年玉米临时收储政策的取消，全国玉米种植农场的土地流转租金总体上呈现出下降趋势；在实施玉米生产者补贴的地区，2017年玉米种植农场的平均流转租金止跌回升。进一步的计量分析结果显示，玉米临时收储政策的调整显著降低了玉米种植农场的土地流转租金；在没有实施玉米生产者补贴的地区，租金的显著下降持续到2017年；在实施玉米生产者补贴的地区，补贴对玉米种植农场2017年的租金产生了正向影响。同时，政策调整对租金的影响具有滞后性。此外，家庭农场的相关特征等因素也影响着土地流转租金。

阮荣平等（2020）研究了玉米收储制度改革对家庭农场经营决策的影响。2016年中国开始了新一轮玉米收储制度改革。本文利用一套独特的且具有全国代表性的1942家家庭农场两期跟踪调查数据，基于DID方法分析了此次收储制度改革对家庭农场经营决策的影响。主要结论如下：（1）收储制度改革导致家庭农场玉米种植面积显著减少，该结果具有很强的稳健性；（2）家庭农场玉米种植面积下降的主要原因是总体经营面积的下降而非种植结构的调整，因此收储制度改革对规模经营以及新型农业经营主体培育可能产生不利影响；（3）收储制度改革更多体现了临时收储政策取消的影响，生产者补贴制度由于"补贴错位"而作用甚微；（4）收储制度改革通过风险机制和收益机制影响家庭农场的经营决策，其中起主导作用的是风险机制。

近两年的研究内容保持前些年研究的一致性，关注收储制度的同时，将研究重点转向生态保护型补贴政策的研究，比如草原生态保护补助、玉米秸秆还田技术、农业水价政策等，体现了绿色农业观的影响。在研究方法上，近两年的研究涉及双重差分等方法，开展了更全面更加细化的研究。

（四）公共卫生与"三农"：新冠肺炎疫情专题

新冠肺炎疫情的暴发对粮食种植业、休闲农业、农产品加工业、蔬菜业、水果业等产业发展都会带来一定的负面影响。因此，有必要研究如何减少新冠肺炎疫情的负面影响，推动农业健康发展，保障粮食和重要农产品供给，建立政府、企业和市场互动的农业风险预防体系。

程国强和朱满德（2020）从2020年农民增收视角出发分析了新冠肺炎疫情的影响与应对建议。新冠肺炎疫情将从多个渠道、多种方式对2020年农民增收带来严重冲击，其中对工资性收入影响尤为突出。疫情在全球加速扩散，对全球经济贸易增长冲击严重，通过全球供应链影响我国产业经营和农民就业，2020 年后期农民持续增收挑战巨大。本文认为必须统筹疫情防控和经济社会发展两线作战；加快中小企业复工复产，实施文化旅游产业振兴，加大创新创业支持，恢复和稳定农民就业增收；创新农产品产销对接，实施产业提升工程，提升风险治理能力，稳住和促进农业经营增收；加强国际疫情研判，抓紧做好防范应对，稳住农民增收基础。要对标问题、攻坚克难、系统发力，通过一揽子政策助力农民持续增收，力争如期实现全面建成小康社会和全面打赢脱贫攻坚战目标。

胡迪和杨向阳（2021）认为新冠肺炎疫情暴发不仅暴露出国内现行粮食稳供保障机制和调控体系的短板与不足，也让政府在防范市场风险、化解生产隐患和保证市场供给方面遇到重大挑战。在全球疫情大流行和全球粮食危机大概率暴发的背景下，保障粮食安全问题更是值得关注。本文首先从供求、价格、种植、进出口等四个层次全面分析疫情对粮食市场的影响，由此具体探讨后疫情时代国内粮食市场特征，其主要表现为粮食总产量变化平稳、粮价持续上涨压力凸显、进出口贸易环境复杂；在此基础上，从供应、流通、服务和监管环节提出后疫情时代保障粮食安全的政策取向，并进一步反思保障国家粮食安全的中长期策略选择。

程国强和朱满德（2020）认为疫情对后期全球粮食生产与贸易的影响将进一步加大，全球粮食市场波动有可能进一步升级。随着全球金融市场充分释放流动性，国际投机资本若炒作农产品市场，爆发类似 2008 年粮食危机的风险将越来越高。分析表明，中国粮食安全保障体系总体上可从容应对全球粮食市场波动升级的挑战，但大豆等农产品进口需防控国际市场波动风险。本文认为，要高度重视全球粮食市场波动的可能风险和挑战，必须加强监测、及早谋划，系统应对、综合施策。包括：有效管控输入性不稳定预期对国内粮食市场的干扰和冲击；进一步强化粮食生产能力建设；构建国家粮食安全保障风险治理体系；完善重要农产品储备体系；强化农产品全球供应链管理；加强国际粮食安全、贸易和投资政策协调。

谭砚文等（2020）分析了新冠肺炎疫情对中国与东盟区域农产品供应链的影响并提出了对策。研究指出，东盟地区的新冠肺炎疫情（COVID-19）形势严峻，东盟成员国在加强集体应对的同时，各个国家也相继出台更严格的防控措施。为保障农产品的有效供给和市场稳定，东盟各国普遍采取了稳定农产品价格，限制大米、鸡蛋出口，加大农业的财政支持等政策。然而，越南、柬埔寨等东盟成员国的大米出口限制措施，会造成区域粮食供求不平衡，影响区域粮食安全，也会间接导致中国的粮食价格上涨。因此，在中国-东盟协同防控疫情的背景下，应进一步加强双边贸易磋商，稳定区域农产品供应链，建立和完善区域农产品供给的协调机制和农业风险预警机制。

张喜才（2021）针对新冠肺炎疫情下贫困地区农产品供应链的关键环节及优化升级展开研究。研究认为大量种植高附加值的生鲜农产品之后，持续稳定的农产品供应链是贫困地区在后脱贫时代发展的关键。贫困地区农产品供应链持续改善，但也出现了诸如产地供应分散不及时、物流成本高、供应链不协调等问题。新冠肺炎疫情对贫困地区农产品供应链冲击再次暴露了其脆弱性。本文结合新冠肺炎疫情对供应链的影响，找出了生产、产地物流、干线物流、城市配送四个薄弱环节，指出应在供应链主体、环节、要素、网络和管理五个方面进行优化升级。最后，提出实施农产品供应链扶贫战略、强化供应链关键环节、加快冷链物流设施、打造扶贫公益物流干线等政策建议。

李俊杰等（2021）分析了新冠肺炎疫情冲击下中国稻谷价格上涨情势、影响因素及调控措施。新冠肺炎疫情对全球经济、贸易产生的巨大冲击以及在粮食安全、国际关系等方面产生的连锁反应，使中国稻谷价格波动的情势和调控局面更加复杂和敏感。对稻谷、大米等关联产品价格变化的比较分析结果表明，2020 年中国稻谷价格涨幅处于合理区间，呈现"籼强粳弱"和"稻强米弱"、副产品价格上升明显、与国际价格联动偏弱等特征。新冠肺炎疫情与自然灾害、国际粮食局势变化及国内猪周期引起的饲料粮需求增加等因素相叠加，造成了稻谷供求形势的预期变化，推动中国稻谷价格上涨。政府在实施合理调控防范投机炒作等应急措施的基础上，要发挥粮价上涨的积极意义，从长远层面布局粮食安全，提高种粮大户抗风险能力，稳定稻谷产能。

陈志钢等（2021）针对疫情下的全球食物安全及国际合作分析了中国的角色和应对策略。疫情背景下国际食物市场失灵问题更加凸显，使得低收入国家、地区和脆弱群体面临更为严峻的食物和营养安全形势，加强食物安全领域国际合作的需求日益迫切。但同时国际合作也面临着疫情冲击导致的治理目标和手段变革、预算削减等挑战。疫情压力下，中国积极参与食物安全国际合作不仅有利于实现全球食物安全目标，也有助于保障中国食物安全。总结以往国际合作中遇到的瓶颈，中国需加强食物安全国际合作的统筹规划和区域层面合作，深入推进多边合作尤其是南南和三方合作，并鼓励非政府主体的参与；在经贸协调、农业技术和基础设施等方面，加强与发展中国家的合作，利用中国产业优势和发展经验帮助东道国提高食物产能并加强供应保障能力的建设。

新冠肺炎疫情的暴发，使得研究者关注疫情这一突发公共卫生事件对粮食供应链的影响，研究对象涉及国内贫穷地区农产品供应链和国内粮食供应链，同时在国际视野下研究国际粮食市场安全、中国粮食进出口供应链问题，以确保粮食和重要农产品供给，降低突发事件对粮食安全的冲击。此外，研究者高度重视全球粮食市场波动的可能风险，提出建立国内国外农业风险预防体系。研究方法上，以定性研究为主，许多结论亟待从微观角度提供个体行为的实证证据。因此，之后的研究可以从利用微观数据进行实证分析的角度切入，以期对前人的研究做进一步补充。

三、农村与经济发展

（一）农村金融

全面实施乡村振兴战略产生了资金的大量投入以及各种金融服务需求，这也为农村金融服务的发展提供了历史机遇，但需要跳出传统"融资"的思维架构，关注农村金融服务需求侧，适应农村经济特点，推动农村金融改革各方面相结合。之前的研究集中于从经济学角度，论证健全完备的农村金融体系对农村经济发展具有显著支持作用，但农村金融并非只是单纯的金融问题，需要跨学科综合研究。

刘光星（2020）分析了"区块链+金融精准扶贫"模式的现实挑战及其法治解决进路。金融精准扶贫是基于传统"漫灌"式金融扶贫之不足而创设的精确减贫方略，具有明显的问题导向。金融精准扶贫制度应从"精准"维度加以考量，扶贫对象精准识别、扶贫项目精准安排、扶贫资金精准管理、脱贫考核精准实现等共同构成了制度的主要内容。金融精准扶贫在当下脱贫攻坚实践中发挥了积极作用，但仍然面临"精准"性不足的问题。对于当前难题，区块链带来了一剂良方，其凭借共识机制、智能合约、去中心化等技术特性，实现了信息多元、数据可靠、交易溯源，能有效解决金融精准扶贫中的"精准偏离"痛点。但区块链的应用会挑战管理权威理念、面临人力资源缺乏与跨部门数据共享阻碍、冲击传统监管模式以及挑战现行法律秩序。应通过树立法权中心理念克服区块链应用所面临的自由至上主义和权力压制思想；同时应建立知识教育与普及机制以增强智力支撑，完善数据共享激励与协调机制以提升数据可靠性，运用监管科技和监管沙盒以提高监管效能等；还应构建数字货币制度和智能合约制度，明晰网络民事责任，进而为区块链金融精准扶贫注入更多法治品质。

蒋玉等（2021）探究了电子商务独特的产品展示机制和声誉激励机制能否促进绿色农产品的消费并提高消费者的溢价支付。本文基于京东商城红富士苹果的 12631 个实际交易数据，采用特征价格法实证分析消费者对农产品属性的溢价支付，以及产品展示机制和声誉激励机制对绿色农产品消费的影响。研究发现：绿色认证、满分好评、地理标志、大果、礼盒包装、京东自营等属性信息对消费者的溢价支付具有显著的正向影响；但消费者对绿色农产品的溢价支付有赖于电子商务独特的产品展示机制和声誉激励机制，如果没有视频展示和良好的声誉，即使农产品获得了绿色认证，消费者也不愿意为其支付更高的溢价；电子商务翔实的产品展示机制和良好的声誉激励机制能够显著增加消费者对绿色农产品的溢价支付，视频展示和满分好评分别提高 14.00% 和 11.85%，且该影响在不同的价格分位数上是一致的。本文认为，电子商务中良好的产品展示机制和声誉激励机制对绿色农产品消费具有显著的正向引导和促进作用。

尹振涛等（2021）使用 2017 年中国家庭金融调查数据（CHFS），实证分析了金融科技发展对农村家庭幸福感的影响及其作用机制。研究发现，金融科技发展能显著提高农村家庭幸福感，其中金融科技的覆盖广度和数字化程度对幸福感的提升最为重要。机制分析发现，提高农民收入、为农民创业提供支持以及缩小城乡收入差距是金融科技发展提高农村家庭幸福感的重要原因。异质性分析发现，金融科技发展对农村家庭幸福感的积极影响在家庭人员结构较为年轻、负债水平较高以及中国中西部地区的样本中更为显著。本文的研究为新时代下全面推进乡村振兴，把握人民日益增长的美好生活需要提供了新思路。

马九杰等（2020）基于农业部门与工商业部门相对发展差距的视角，从理论上分析了不同阶段农村金融机构市场化改革对金融支农的异质性影响，并基于 2010—2016 年982 家农信社和农商行的数据，利用农信社转制农商行后金融机构市场化程度提高这一"准自然实验"对上述理论进行了检验。结果发现：第一，现阶段农信社转制显著提升了其金融支农水平，但金融支农水平提升的主要受益对象是新型农业经营主体，普通农户融资困境仍然没有缓解。第二，农信社改制后贷款结构的调整是符合其比较优势的，改制后贷款利润率没有下降。第三，农信社改制对金融支农的影响与所在地区的发展阶段息息相关，农信社所在地区的农业与工商业部门发展差距越小，农信社改制对金融支农的促进作用越大。因此，在城乡融合发展时期，应继续坚定地推进农村金融机构市场化改革，同时关注普通农户的融资困境问题。

徐小阳等（2020）探究了普惠金融对农村教育贫困的纾解效应。自 2007 年 8 月财政部、教育部、国家开发银行联合开展"生源地信用助学贷款"以来，普惠金融便成为纾解农村教育贫困的重要举措。本文首先分析了普惠金融纾解农村教育贫困的理论机制，然后基于农村教育贫困广度、深度、强度三个维度，运用动态空间杜宾模型，实证研究了普惠金融对农村教育贫困的纾解效应。研究结果表明：普惠金融能够显著纾解农村教育贫困的广度、深度及强度，且长期纾解效应呈现出倒"U"形的非线性变化趋势，同时普惠金融对农村教育贫困广度、深度、强度的纾解均存在空间溢出效应；随着农村家庭教育投资和农村经济发展水平的提高，普惠金融对农村教育贫困的边际纾解效应会被削弱；通过测度普惠金融对农村教育贫困时域和空域短期、长期直接效应和间接效应，进一步证实了农村家庭教育投资和农村经济发展水平会削弱普惠金融对农村教育贫困的边际纾解效应。

生吉萍等（2021）在介绍区块链发展进程和功能特点的基础上，通过构建生产组织、加工商和经销商三部门模型，剖析区块链提升供应链创新福利水平和供应链绩效的增效机理，进一步阐释区块链赋能农业协同创新发展的管理机制，最后基于种植、养殖、加工等产业的 4 个典型案例进行了具体分析。研究结果表明：区块链的使用可以实现农业产业化发展过程中各组织的可信、协作和互联，促进多主体供应链的协调和管理，并完善相应的金融支持体系；引入区块链技术后，供应链可以提高数据质量，并通过降低企业预测误差以及能耗、物耗与维护费用，减少人力资本需求等，提升供应链绩效和供应链创新福利水平；基于区块链多技术的融合创新，通过产业横向整合、纵向整合和空间整合，提升农业生产效率、改善产品市场表现、提升农业市场效率、优化农业空间布局，从而促进农业协同创新发展；4 个案例引入区块链技术后，结构分工更加清晰明确，农产品流通方式更加顺畅完备，追溯、监管更加智能化和现代化，各主体绩效和福利水平均得到了提高。总之，区块链应用优化了农业产业化路径和产业链交易方式，通过加快"供应链+区块链""区块链+区域化"生产交易方式建设，推进产业链同类主体间的横向整合和上下游主体间的纵向整合，促进生产者降本增收和农产品提质增效。

陈一明（2021）分析了数字经济与乡村产业融合发展的机制创新。数字经济与乡村产业的融合发展，能通过有效发挥二者的多样化功能，循序渐进地推动乡村产业发展，助力农业农村供给侧结构性改革，进而不断提升产业投入产出效率和发展效益，创造良性的竞争环境，增强"三农"发展的内生动力。已有实践和本文研究证明，二者融合发展能通过科技创新的技术协同作用，发挥信息技术创新中的乘数效应和溢出效应，获得更高质量的产出，并推动新旧动能转换，实现可持续发展。但现阶段中国数字经济与乡村产业的融合发展存在融合发展程度不深、范围不广、方式不全、支撑不足等问题，故亟待构建和完善引导激励机制、多方协同投入机制、科学评价机制、人才培育机制以及法律法规的机制创新，进而全面有效推进乡村振兴，加快农业农村现代化发展。

张晖（2020）基于 2014—2018 年北京大学数字普惠金融数据库和江苏省县域普惠金融发展数据库，以江苏省 43 个县域为代表，构建县域数字金融发展评价体系，分析江苏省县域数字金融整体发展、地区差异与动态变化，并结合江苏省县域普惠金融发展指数，探究县域层面数字金融发展与传统金融的空间联系。结果表明，整体而言，江苏省县域数字金融发展水平逐年上升，但近年来发展速度逐步放缓。从空间维度上看，江苏省县域数字金融发展水平存在着明显的区域差异，体现为苏南、苏中和苏北各地区之间的相对差异，但在时间维度上区域差异不断缩小，县域数字金融发展整体趋同，数字金融普惠特征不断凸显。进一步地，数字金融虽然是一种革命性的金融创新，但其发展水平仍然与传统普惠金融发展密切相关。未来推进普惠金融发展的政策选择是在提高县域农村居民的金融素养和缩小数字鸿沟的同时，继续加强传统金融基础建设，辅之以有效的金融监管和政策引导，"线上"与"线下"相结合推进普惠金融发展不断深化。

王韧等（2021）针对相对贫困治理中的金融扶贫创新进行了研究。2020年之后，我国扶贫开发工作将进入巩固拓展脱贫攻坚成果，建立解决相对贫困长效机制的新阶段。金融扶贫在绝对贫困治理阶段发挥了重要作用，但仍存在门槛效应制约、基础设施不完善、供给主体内生动力不足、制度保障有缺口等挑战。我国贫困基本态势的转变对金融扶贫创新提出新的需求，相对贫困治理阶段金融扶贫应进一步聚焦于改善农村脱贫生计环境、拓展金融服务广度和深度、推动行政主导扶贫向市场化脱贫转变、发展农村合作金融。为此，本文提出应以转变治理方略，重构扶贫格局为逻辑架构，以探索动态识别标准、有序瞄准目标、再造金融体系为主要路径，通过完善相对贫困治理阶段金融扶贫制度的顶层设计、推进保险保障与金融赋能减贫的双轮驱动、强化金融扶贫可持续发展的政策激励等举措实现以金融扶贫促进相对贫困治理的主要目标。

冯兴元等（2021）利用网商银行在全国1884个县（县级市、旗）的业务数据和这些县域的社会经济统计数据，从数字普惠金融服务广度、深度与质量三大维度出发，建构了中国县域数字普惠金融发展指数评价体系，提出了该指数评价体系各级指标得分的测度方法，并测度了2017—2019年这些县域的各级指标得分，进而较为系统地反映了这些县域的数字普惠金融发展水平。研究表明，2017—2019年中国各大地区和各省的县域数字普惠金融发展水平总体提升较大，但各地之间存在明显差异；服务广度和服务深度提升较大，服务质量提升相对不足；数字贷款和数字授信发展最为迅速，数字支付次之，数字理财和数字保险发展相对迟缓。总体而言，中国县域数字普惠金融服务发展空间巨大，应进一步加强县域数字普惠金融基础设施建设，完善数字普惠金融顶层设计和法规政策，提升县级政府对数字普惠金融发展的政策支持力度，建立健全县域数字普惠金融体系，提高县域人口数字普惠金融素养。

Amanullah等（2020）采用最小二乘法和Logit回归研究信贷约束对麦农福利的影响。文章通过简单的随机抽样技术收集了575名麦农的数据。结果显示，受到限制的农民比没有受到限制的农民多耕种2.8%~4.1%的土地，但信贷约束对农民的福利和收入有负面影响。只有在向受信贷约束的农民提供信贷的情况下，才能实现更好的福利。这项研究具有潜在的政策意义。首先，利率的负面影响表明，中央银行应该修改农业信贷政策，特别是要为农民设计一个灵活的利率。其次，中央银行应该根据当前农业市场的金融需求来修改农业信贷限额。当通货膨胀率较高，农业危机的影响较大时，中央银行应根据农业市场当前的金融需求修改农业信贷限额。

农村金融并非只是单纯的金融问题，应当视为我国经济体制和增长方式过渡时期的一种客观现象，需要跨学科综合研究和研判。近两年关于农村金融的研究中，学者们综合运用经济学、计算机科学、社会学、法学等理论知识进行分析，希望通过区块链等技术加快数字经济与乡村产业融合发展。同时，数字金融对农村的贫困、教育、农产品销售、农村家庭幸福感的促进作用也是研究热点。在研究方法上，近两年的研究涉及中介效应、双重差分等多种方法，并且有的学者开始通过数理模型进行更加细化的研究，为农村金融的制度创新和政策优化提供了理论与实证支持，对于重新认识中国农村数字金融市场的现状和发展趋势具有重要意义。

（二）乡村振兴与农村治理

农村社会治理毫无疑问是社会治理工作的关键所在，党的十九大报告提出的健全自治、法治、德治相结合的农村治理体系为当下治理指明了方向。当前我国农村社会治理在环境、医疗等方面还存在诸多问题，研究有必要关注现实障碍，为进一步有效解决农村基层治理固有顽疾和新生问题提供更为明确、有效、持久的解决方略，推动完善新时代农村社会治理体系。

杨晓婷等（2021）从政策目标、政策工具与社会进程之间形成的"目标偏差—工具偏差"两个维度提出分析框架，剖析乡村医生发展困境的成因，进而提出建立乡村医生长效发展机制。本文发现，"防治同步"的政策目标与"以防为主"的社会进程之间的"目标偏差"，是乡村医生发展困境产生的根本原因；而乡村医生执业门槛和其他政策工具（薪酬制度和晋升制度）与社会进程之间的"工具偏差"，是乡村医生发展困境产生的表层原因。因此，建立乡村医生长效发展机制应从以下四方面入手：第一，使政策目标适应乡村医生职能转换的社会进程，完善"分级诊疗"制度框架，明确农村基层医疗卫生服务供给主体的职能分工。第二，实施弹性化执业门槛，将乡村医生"招进来"。第三，完善激励机制，适当提高薪酬补助，同时明晰隶属关系，打通乡村医生晋升渠道，让乡村医生"留得住"。第四，构建紧密型县域医疗卫生共同体。

朱乾宇等（2021）认为发展"三位一体"的综合合作是繁荣新时代中国特色合作经济的重大理论探索和实践尝试。从某一类型的单一合作发展为集生产、供销与信用"三位一体"的综合合作，有利于全局性地发挥合作经济组织的制度优势，在全过程合作和全要素合作两个维度上深化合作社与社员之间的利益关系。合作社通过开展"三位一体"的综合合作，可以增加其与社员之间互助、互信、互惠的利益联结点，提高合作社与社员之间的合作紧密程度，进而优化组织内部收益共享与风险共担机制，促进农业产业链的重塑和价值链的重构。本文在实地调研的基础上选取了三个不同类型的合作社作为案例，比较分析了合作社单一合作和综合合作的内在差异和关键机制，验证了上述逻辑，所得结论对我国合作经济组织发展提供了有益参考。

洪灏琪等（2021）基于 CHARLS 全国调查数据，运用渐进性双重差分方法，考察了城乡居民医保整合对农村中老年人健康损耗的影响。研究发现，相对于未整合地区而言，城乡居民医保整合有效缓解了农村中老年人的行动能力损耗，但并未对其认知能力损耗产生显著影响。基于年龄分组的异质性分析结果表明，"一制多档"模式抑制了农村中年群体与低龄老人群体的行动能力损耗，而"城乡一档"模式则对农村高龄老人的行动能力损耗产生了抑制作用。无论是"一制多档"模式还是"城乡一档"模式，都对不同年龄群体认知能力损耗的抑制效果甚微。基于贫困分组的异质性分析结果表明，"一制多档"模式和"城乡一档"模式均对非贫困组行动能力损耗具有更强的抑制作用，但"城乡一档"模式在降低认知能力损耗风险方面呈现出更明显的"益贫"效果，这意味着不同整合模式在抑制不同群体健康损耗方面各具优势。此外，城乡居民医保整合对农村中老年人行动能力与认知能力损耗的抑制效应随实施时间的推移不断增强。总而言之，若要通过社会医疗保险制度的深化改革来破解农村居民因病致贫、因病返贫的困境，则需要因地制宜地实施有差别的城乡医保整合模式，重点关注农村弱势群体的健康资本损耗问题，巩固脱贫攻坚成果。

张洪振等（2020）利用中国第三次农业普查中55126个行政村的调查数据，实证检验了大学生村官对村级集体经济的影响、作用路径与制约因素。研究发现，大学生村官对村级集体经济增长具有显著的促进作用，尤其是在村落资源禀赋较为优越、人口较少和村支书受教育程度较高的村庄中，大学生村官的经济溢出作用能够得到最大程度的发挥。大学生村官促进村级集体经济增长的边际效应随其数量的增多"先上升后下降"，当村庄大学生村官数量为2时，大学生村官数量的边际效应达到最高。此外，影响机制检验表明，农村特色产业发展、销售渠道扩展和公共资金的获取是大学生村官影响村级集体经济发展的重要机制。

刘传明和刘越（2020）基于2010—2017年中国省级面板数据，研究农村厕所改革对农民医疗卫生支出的影响。为了解决农村厕所改革与农民医疗卫生支出存在的互为因果的内生性问题，本文采用农村自来水厂的个数作为农村厕所改革的工具变量。研究结果显示：（1）农村厕所改革对农民医疗卫生支出的影响系数显著为负，说明农村厕所改革显著降低了农民医疗卫生支出；（2）痢疾发病率在农村厕所改革与农民医疗卫生支出之间发挥中介效应，农村厕所改革通过减少痢疾发病率降低农村医疗卫生支出，农民人均可支配收入在农村厕所改革与农民医疗卫生支出的关系中起调节作用；（3）农村厕所改革对农村医疗卫生支出的影响具有区域异质性，东部地区农村厕所改革对农民医疗卫生支出的负向影响较强，中西部地区农村厕所改革对农民医疗卫生支出的负向影响较弱。

杜焱强等（2021）分析了农村环境治理中的农民集体不作为现象及其转向逻辑。在中国农村环境治理等公共事务中，经常可以观察到一种矛盾现象：一方面，"公众参与"在政策文本及学术文献中频现，另一方面，"政府干、百姓看"在实践中屡见不鲜。本文借鉴已有文献中的"集体不作为"概念，通过构建政府层面、村庄层面、农民个体层面之间关系的理论分析框架，结合案例分析农村环境治理过程中农民集体不作为现象何以产生，以及如何转向。研究发现，集体不作为是当前农民参与农村环境治理的一种特殊方式，这类现象的产生是政府角色错位及其消极回应、农村转型期村庄治理能力不足、农民权责不匹配等多重因素相互交织的结果。农村环境治理中农民集体不作为现象转向的关键逻辑在于明晰政府与农民之间的行为边界、创新环境治理方式、构建利益联结机制等。

曾维和咸鸣霞（2021）对"金陵首富村"武家嘴村进行案例分析，梳理村庄共同体治理的演变逻辑，总结经验、提炼乡村全面振兴的"武家嘴样本"。文章以"风险—结构—关系"为核心要素构建村庄共同体治理的复杂适应系统理论模型，深度分析村庄共同体治理内部动力系统的复合主体治理结构和互惠合作运行机制，以及外部适应系统的运行逻辑。研究发现，武家嘴村庄共同体治理不仅实现了中国特色基层组织再造，还塑造了国家与社会的良性互动关系。

Weng 等（2021）基于 1993—2013 年中国 30 个省份的面板数据，采用固定效应模型来检验农村公路对农民收入差距的影响，实证结果表明：（1）中国农村公路对各省农民收入差距的影响呈"U 形"。（2）中国国道和省道主干线有助于缩小省际农民收入差距。（3）受教育水平、家庭生产性固定资产投资、城市化水平、区域经济发展水平对省际农民收入差距有多重影响。

总体来看，近两年对于农村治理研究面较广，学者较为关注的点有农村环境治理、农村医疗、集体治理等农村基层治理中存在的主要问题，这些研究对于实现农村基层治理现代化，进而推进国家治理现代化具有重要理论价值。在研究方法上，在前人大量定性研究的基础上，研究视角和数据日益微观化，使用渐进性双重差分等方法提供了更为科学的实证证据。但在具体的变量选取上，还有待进一步改进。

（三）土地问题

在代际革命、农业转型、乡村分化、城乡互动的作用下，土地功能因发展阶段转换而变化，解决好城乡的土地问题是关键。近些年，国内外学者对于土地问题的关注集中于土地流转、耕地压力、农地确权等主题，不仅对健全土地管理制度体系、稳定土地产权、完善土地流转机制提出解决思路，同时，也关注土地问题对于提升农户福利水平、增强农村自我发展能力的效应。

赵晶晶等（2020）基于实地调研数据，利用 Probit 模型、倾向得分匹配法和有序 Probit 模型分别从横向比较和纵向变化两个维度检验了征地对农民经济获得感的影响。以"本户在村中经济条件的自评"来测度农民的横向经济获得感，发现征地整体上能够显著提升农民的横向经济获得感，进一步的研究表明货币补偿和社保安置等多元补偿方式能够显著提升被征地农民的横向经济获得感；以"征地后生活水平变化的自评"来测度被征地农民的纵向经济获得感，发现多元配套的补偿方式同样能够显著提升被征地农民的纵向经济获得感。

高延雷和王志刚（2020）基于 Gerbens-Leenes 提出的"虚拟土地"思想，从粮食安全的角度测算耕地压力指数，然后利用 2000—2017 年中国 31 个省（区、市）的面板数据，通过固定效应模型估计城镇化对耕地压力的影响效应，同时进行粮食功能区细分的分析。研究结果表明：（1）在考虑耕地质量的情况下，总体上中国的耕地面临着一定的压力，稳定在低水平的中度压力区。（2）耕地压力存在明显的区域差异，粮食主产区保持在安全压力区，主销区处在高度压力区且耕地压力不断上升，产销平衡区则稳定在较高水平的中度压力区。（3）从全国层面来看，人口城镇化的发展并没有带来耕地压力的增加，反而具有显著的缓解作用；从粮食功能区细分来看，在主销区和产销平衡区，人口城镇化对耕地压力均具有显著的负向影响，而在主产区则表现为显著的正向影响。（4）进一步地，通过对不同城镇化发展方式的考察发现，土地城镇化与就地城镇化均带来了耕地压力的显著增加。本文认为，应关注城镇化对耕地压力的影响，尤其是土地城镇化与就地城镇化带来的耕地压力增加以及随之而来的粮食安全问题。

张景娜和张雪凯（2020）利用中国家庭追踪调查数据（CFPS），从家庭层面分析了互联网的使用行为是否会对其农地转出产生影响。研究结果表明，使用互联网会使家庭农地转出的概率显著提高。使用工具变量解决内生性问题，并从农地有偿转出、农地新转出和不同上网方式对农地转出影响三个方面进行稳健性检验后，仍然得到了一致的结论。农户异质性分析表明，户主中高受教育水平和收入处于中高水平的家庭使用互联网对其农地转出的正向影响更为显著。影响机制分析表明，互联网使用主要通过促进非农就业及其稳定性、拓宽信息渠道、增强社会互动三条路径影响农地转出。

张兰和冯淑怡（2021）以建党百年为时间轴，遵循"阶段目标—土地政策（制度）—改革成效及问题"的逻辑思路，围绕土地产权制度和市场化政策两方面，系统梳理建党百年农村土地制度改革的基本历程，归纳总结有益于新时代深化农村土地制度改革的经验启示。研究表明，依据不同时期的阶段目标，党中央制定了不同的农村土地政策，有效解决了各时期的土地问题，满足了农民的土地要求，进而推动社会变革，实现了中华民族从站起来、富起来到强起来的伟大飞跃。建党百年农村土地制度改革具有以下经验启示，一是始终坚持党的领导，确保改革沿着正确的方向发展；二是始终坚持以人民为中心，最大程度维护人民的根本利益；三是始终坚持实事求是，因地制宜、分类施策，并依据新形势、新需要不断调整和创新土地政策；四是始终坚持市场化改革方向，在推进和完善产权制度改革基础上，逐步增强市场在土地资源配置中的作用，同时强化政府管理和服务作用；五是始终坚持公平与效率相统一，在维护农民公平享有农村土地承载的福利保障的同时，通过更高效的制度安排提升土地利用效益和创造更多物质财富。

彭澎和张龙耀（2021）在市场关联的视角下，从微观层面评估了来自正规信贷市场的农村金融创新对其他信贷市场的供给和风险的影响。具体而言，本文以一种典型的农村金融创新——农产品仓单融资为例，使用国内最大小额贷款公司中和农信 2251 个农户 2014—2016 年的面板数据，利用双重差分和三重差分模型实证分析了该金融创新对小额贷款市场的影响。结果表明：正规信贷市场中农产品仓单融资的出现，不仅增加了正规信贷供给，也显著降低了农户对高利率小额贷款的依赖。同时，农产品仓单融资的出现能够通过风险分担和稳定农产品价格的机制来降低小额贷款客户的违约率，使得小额贷款市场的违约风险下降。进一步地，上述影响是具有异质性的，农产品仓单融资的出现更有可能影响小额贷款市场对经营规模较大农户的贷款供给。

高叙文等（2021）利用浙江大学中国家庭大数据库（CFD）2015 年和 2017 年的数据，通过面板固定效应模型研究了农地确权政策是否、多大程度上以及如何影响农地生产率。研究结论显示，农地确权会显著提高农地生产率（3.7%），且其效应存在时间异质性。对确权 1 年以内的农户没有影响，但能显著提高确权 1 年以上农户的农地生产率（5%）。进一步的机制探究发现，稳定的产权能增加农户对农地的长期投资，同时加速农户的农地流转行为，进而提升农地生产率。

陈雨生等（2021）利用 2009—2018 年省级面板数据，结合空间计量模型实证分析科技进步、土地改良对耕地质量的影响效应。结果表明，通过莫兰指数检验得出我国耕地质量存在较强的正向空间相关性；利用空间杜宾模型实证得出，科技进步贡献率与土地改良对耕地质量均存在正向空间溢出效应，财政支农、农业从业人员以及人均 GDP 也会对耕地质量有显著的促进作用，受灾面积会阻碍耕地质量的提升。本文认为要加快促进区域间协同发展，积极提高农业科技进步贡献率，优化土地改良方案，加大财政支农力度，保障我国耕地质量稳步提升。

李长生和刘西川（2020）基于中国家庭追踪调查的 6581 个农村样本数据，采用内生转换 Probit 模型，在考虑和修正样本选择性偏误的基础上，实证检验了土地转出和转入的影响因素以及土地转出和转入对农民创业影响的异质性作用机理。研究结果表明：第一，房产市价、金融产品、商业保费和藏书量等因素对农民土地转出有显著正向影响，家庭人口数、距离和藏书量等变量对农民土地转入有显著正向影响。第二，土地转出和转入对农民创业都有显著正向影响，但土地转入的创业效应更大。第三，土地转出对新生代农民的创业效应比对老一代农民大，土地转入对老一代农民的创业效应比对新生代农民大；土地转出对东北地区农民的创业效应最大，土地转入对东部地区农民的创业效应最大。因此，要以土地转入驱动转出，鼓励农民积极参与土地流转，促进农民创业。

钟真等（2020）聚焦农户的农业产量和收益，初步建立了一个比较两种规模经营方式的逻辑框架，并基于山东临沂 12 个村、201 个小麦种植户的实地调查，对土地流转与社会化服务在农业现代化中的作用及其关系进行了案例对比分析。结果表明，土地流转并非提升农业产出的必要条件，社会化服务才是农业实现规模经济的充要条件；尽管社会化服务在提升农业产出上更具有优势，但土地流转在扩大种植收益、提高家庭收入和降低社会化服务的交易成本等方面仍然具有十分重要的作用。因此，提高土地流转和社会化服务水平在推进中国特色农业现代化进程中不是"路线竞争"的取舍关系，而是"相得益彰"的共赢关系。

郑淋议等（2021）利用中国农村家庭追踪调查（CRHPS）数据库 3 期农户面板追踪数据，以化肥和农药为例，运用符合新一轮农地确权改革渐进性特点的多期 DID 模型和 OLS 模型实证检验了农地确权对耕地生态保护的影响。研究发现，农地确权通过提升地权稳定性、地权安全性和地权完整性，强化了农户层面的耕地生态保护，它不仅使得农户每亩化肥投入额减少了 17%，化肥施用量减少了 9.41 千克，也使得农户每亩农药投入额减少了 12%，农药施用量减少了 143.14 毫升。不过，农地确权对耕地生态保护的影响也存在一定的异质性，农地确权主要对一兼农户有显著的影响，而对二兼农户的影响较小。因此，未来有必要通过产权保护推动耕地保护，针对不同群体采取差别化的耕地保护策略，进一步深化以化肥、农药减量为目标的耕地生态保护。

郭君平等（2020）基于全国 30 个省（市、区）200 个县（市、区）31288 个行政村的问卷调查数据，综合运用倾向得分匹配（PSM）和中介分析（MA）法，重点剖析了宅基地制度改革对农房闲置的减缓效应及其影响机制，并比较了不同经济区域、地理区位及村庄规模下的组群差异。研究表明：宅基地制度改革能有效降低农房闲置程度，而且对季节性闲置农房的盘活效应大于常年闲置农房，不仅使行政村农房总闲置率、季节性闲置率、常年闲置率分别净下降 2.321、2.051 和 0.270 个百分点，也使每百户农房总闲置数、季节性闲置数、常年闲置数依序净减少 2.408 栋、2.114 栋和 0.294 栋。相比其他不同类型村庄，宅基地制度改革对特大型村、中郊村以及西部地区村庄农房闲置的减缓效应更大且显著。此外，宅基地取得或宅基地流转在宅基地制度改革与农房闲置之间均发挥了部分中介作用，有助于减缓农房总体闲置和季节性闲置，但无助于减缓农房常年闲置。

Liu 等（2020）以成都 1909 户农民的实地调查数据为基础，综合运用二元 probit 模型和 ivprobit 模型，分析了农民分化和代际差异对农民退出农村宅基地行为的影响。结果表明，调查区域内有 18.07% 的农民退出了农村宅基地。农民的分化程度较高抑制了农民退出农村宅基地的行为。与第一代农民相比，新生代农民更倾向于坚守农村宅基地，这表明最合格的农民更有可能选择不从农村宅基地上撤出。此外，代际差异缓和了农民分化和农民退出行为之间的联系。从政策制定的角度来看，土地管理者和政策制定者应该认识到农民的差异性和代际差异是影响农民退出行为的重要因素，因此需要在制定农村宅基地政策时充分考虑。

Qiu 等（2021）使用 2017 年和 2019 年收集的中国家庭小组调查数据研究农业机械化服务与小农退出农业生产之间的关系。研究结果表明，农业机械化服务的发展降低了小农通过放弃土地退出农业生产的可能性，但通过出租土地增加了这种可能性。此外，还发现农业机械化服务可以增加土地使用权有偿转让的市场需求和促进土地租金的市场化，随着土地市场的发展，农业机械化服务通过放弃分散和遥远的地块来诱导小农退出。

Xu 和 Zhang（2021）采用知识-态度-实践（KAP）分析框架，分析农民如何理解农村工业用地变更（RILC），农民有多少意愿参与 RILC，以及农民是否参与了 RILC 活动。研究结果强调提高农民对 RILC 的认识是提高当地农民参与 RILC 活动和项目的有效方法，对农民实践的影响程度从大到小依次是家庭效应、农村效应和社会效应。此外，该文还建立了一个结构方程模型来分析影响农民 KAP 的因素。尽管不同的 KAP 成分存在差异，但政治职位、住宅土地所有权、农田所有权、年龄和就业满意度是主要的外部因素。因此，这就需要加强有关农村工业用地的宣传和教育，促进农民对农村工业用地政策的了解，让他们真正掌握农村工业用地的积极作用，形成对农村工业用地的良好预期，并参与到可持续的农村工业用地利用活动中。

Wang 等（2021）认为农村场地条件（公共资源）应与家庭生计资本（私人资本）区分开来，因为它们在不同的决策和管理动态下运作。因此，该文建立了一个结构方程模型来探讨因果途径，并量化农村场地条件（基于场地评估系统）和家庭生计资本的影响程度。结果表明，家庭生计资本对农业土地流转有显著影响，而农村场地条件不仅影响农地流转的决策，也影响家庭生计资本。具体来说，拥有大量劳动力、基础设施发达、靠近经济投入和产出较高的城镇的社区，以及拥有高平均受教育水平、多金融产品和存款的家庭，都不依赖农业。相反，自然条件好、社会关系密切的社区，以及家庭规模大、自然和物质资本好、农产品价值高的家庭，倾向于扩大农业用地。因此，为了促进农业用地转移到有种植意愿和能力的农民手中，政府应加强基础设施建设，发展现代农业，引导工商资本投资，规范农业补贴，同时要考虑到农业资源的地区差异。

近两年学者对于土地问题的关注集中于土地流转、耕地压力、农地确权等主题，这些研究提出了可持续发展的思路，为现代农业的进一步发展奠定了坚实的理论基础，同时对于提升农户福利水平、增强农村自我发展能力具有重要意义。研究方法上，大量的数理模型和微观计量的研究方法被运用到该领域，包括倾向得分匹配法、Probit 模型、三重差分法等研究方法，且对相关模型更加细化，使得研究得到实证支撑。

第二节　重　要　论　文

本部分筛选该领域两年来中国学者的重要论文 6 篇，并简要介绍每篇论文的研究背景、基本结论、主要贡献和现实意义。

1. 蒋玉，于海龙，丁玉莲，等. 电子商务对绿色农产品消费溢价的影响分析——基于产品展示机制和声誉激励机制［J］. 中国农村经济，2021（10）：44-63.

研究背景："十四五"规划和 2035 年远景目标纲要要求全面促进消费，增强消费对经济发展的基础性作用，顺应消费升级趋势，促进消费向绿色、健康、安全发展。2021年中央"一号文件"强调加强农产品质量和食品安全监管，发展绿色农产品、有机农产品和地理标志农产品。释放绿色农产品市场潜力，优化供给结构，进而形成绿色生产、流通和消费的良性循环，这对于促进中国经济社会发展全面绿色转型具有深远的意义。

基本结论：本文基于京东商城红富士苹果的 1263 个实际交易数据，采用特征价格法实证分析消费者对农产品属性的溢价支付，以及产品展示机制和声誉激励机制对绿色农产品消费的影响。研究发现：绿色认证、满分好评、地理标志、大果、礼盒包装、京东自营等属性信息对消费者的溢价支付具有显著的正向影响；但消费者对绿色农产品的溢价支付有赖于电子商务独特的产品展示机制和声誉激励机制，如果没有视频展示和良好的声誉，即使农产品获得了绿色认证，消费者也不愿意为其支付更高的溢价；电子商务翔实的产品展示机制和良好的声誉激励机制能够显著增加消费者对绿色农产品的溢价支付，视频展示和满分好评分别提高 14.00% 和 11.85%，且该影响在不同的价格分位数上是一致的。本文认为，电子商务中良好的产品展示机制和声誉激励机制对绿色农产品消费具有显著的正向引导和促进作用。

主要贡献：已有研究对线上消费者偏好的测度大多基于消费者自身的陈述，容易产生因假设场景与现实约束不一致而造成的假设偏差问题，而且在问卷调查过程中消费者可能会因不同程度的"表现"和"向好倾向"做出与现实生活中不一致的选择。目前，基于真实交易数据的相关研究依旧较为缺乏。本文的边际贡献主要有：一是首次系统地分析电子商务对绿色农产品消费溢价的影响；二是尝试探究电子商务独特的产品展示机制和声誉激励机制对消费者溢价支付的影响；三是采用揭示性偏好法对线上农产品消费进行分析，避免了自述性问题可能带来的假设偏差。

现实意义：本文旨在探究电子商务独特的产品展示机制和声誉激励机制能否促进绿色农产品的消费并提高消费者的溢价支付。本文基于京东商城红富士苹果的 12631 个实际交易数据，采用特征价格法实证分析消费者对农产品属性的溢价支付，以及产品展示机制和声誉激励机制对绿色农产品消费的影响。与传统市场相比，电商市场独特的产品展示机制和声誉激励机制能否促进绿色农产品消费并提高消费者的溢价支付？本文的研究对于促进绿色农产品市场持续健康发展、引导绿色消费和绿色转型具有重要的现实意义。

2. 徐小阳，李洁，金丽馥．普惠金融对农村教育贫困的纾解效应［J］．中国农村经济，2020（9）：41-64.

研究背景：长久以来，解决教育贫困问题一直是改善民生和实现全面小康的重点工作。为解决教育贫困问题，提高教育普及程度，中央制定了一系列政策法规，包括1986年颁布的《中华人民共和国义务教育法》，2016年教育部联合各部委先后印发的《教育脱贫攻坚"十三五"规划》和《深度贫困地区教育脱贫攻坚实施方案（2018—2020年）》等，教育贫困问题在一定程度上得以纾解。教育部数据显示，2010年全国义务教育覆盖率在98%以上，基本实现全面覆盖，同时九年义务教育巩固率也从2012年的91.8%上升到2019年的94.8%。为解决农村人口子女义务教育辍学问题，2020年中央一号文件明确指出要"持续推进农村义务教育控辍保学专项行动，巩固义务教育普及成果"。可见，深入探讨农村教育贫困问题具有现实意义。

基本结论：第一，普惠金融对农村教育贫困存在显著的纾解效应，且纾解效应呈现出倒"U"形的非线性特征；第二，农村家庭教育投资和农村经济发展水平对农村教育贫困均存在显著的纾解效应，同时二者与普惠金融的交互项均显著为正，即农村家庭教育投资和农村经济发展水平能够削弱普惠金融对农村教育贫困的边际纾解效应；第三，普惠金融纾解农村教育贫困的时域短期、长期直接和间接效应表明，当农村家庭教育投资和农村经济发展水平的增长率较高时，普惠金融对农村教育贫困的边际纾解效应会被削弱；第四，普惠金融纾解农村教育贫困的空域短期、长期直接和间接效应说明，对于那些农村家庭教育投资和农村经济发展水平已经很高（或一直很低），但仍然存在农村教育贫困的省份，提高普惠金融水平能够进一步纾解农村教育贫困；第五，普惠金融对农村教育贫困存在负向的空间溢出效应，但在农村家庭教育投资和农村经济发展水平的影响下，该空间溢出效应会被大幅削弱，出现时域和空域短期、长期间接效应均不显著但仍为负值的结果。

主要贡献：第一，基于发展经济学视角，本文分析了普惠金融纾解农村教育贫困的作用机理，同时讨论了该边际纾解效应的影响因素和影响机制，拓宽了农村教育贫困的研究边界；第二，文章采用教育贫困FGT指数，从农村教育贫困广度、深度、强度三个方面研究普惠金融对农村教育贫困的纾解效应，能够更全面地反映普惠金融对农村教育贫困的作用效果；第三，本文使用动态空间杜宾模型尝试解决遗漏变量空间滞后项所导致的内生性问题，提高了实证结论的严谨性。

现实意义：本文分析了普惠金融纾解农村教育贫困的理论机制，然后基于农村教育贫困广度、深度、强度三个维度，运用动态空间杜宾模型实证研究了普惠金融对农村教育贫困的纾解效应。本文着重研究了以下几个问题：普惠金融对农村教育贫困存在纾解效应吗？该纾解效应是线性的还是非线性的？普惠金融对农村教育贫困的纾解效应是否受到农村家庭教育投资和农村经济发展水平的影响？为解决农村教育贫困问题，本文提出了相关政策建议。

3. 程玲莎，章合杰. 脱贫有助于提高城市化水平吗 [J]. 农业经济问题，2021 (4)：99-109.

研究背景：消除贫困是发展经济学关注的重要问题。党的十八大以来，脱贫攻坚成为党和政府的三大攻坚战之一，中国脱贫力度之强，覆盖范围之广，脱贫成效之大，古今中外前所未有，取得了举世瞩目的成就。根据国家统计局监测数据，2012 年中国农村贫困人口有 9899 万人，贫困发生率为 10.2%。到 2018 年，贫困人口减少到 1660 万人，贫困发生率下降至 1.7%。2020 年要消除绝对贫困。想尽一切办法扶贫成了全社会共同关心的焦点。然而，对于脱贫所产生的经济效果，却少有研究做出评估和检验。中国的脱贫事业具有典型性和代表性，有必要考察中国脱贫与城市化的关系，以为更好地推进当前中国的脱贫攻坚战提供依据。

基本结论：研究发现脱贫将通过提高农业劳动生产率、缓解融资约束和异地搬迁等途径提高城市化水平。研究结果表明，尽管脱贫需要付出成本，但也具有重大收益。脱贫不仅是政府的一项转移支付和全社会的人道主义援助，还是推进城市化，促进经济增长的重要路径。异质性分析发现，脱贫对城市化的促进作用只存在于中西部地区，而不存在于东部地区。

主要贡献：研究脱贫对城市化的影响，有利于弥补已有的研究空白，更加全面地认识城市化与贫困二者之间的关系，深化对脱贫工作重要意义的认识。如果脱贫有利于提高城市化水平，那么，脱贫还是推进城市化，促进经济增长的重要途径，因此，更加有必要加大脱贫力度。本文利用 31 个省区市 2005—2015 年的面板数据和 2011—2015 年中国健康与养老追踪调查（CHARLS）数据，从宏观和微观两个层面对脱贫与城市化的关系进行了实证分析。

现实意义：城市化因其对脱贫的重要意义，使得与之相关的研究广泛而深刻，但已有研究忽视了脱贫也有可能促进城市化。研究结论进一步深化了对脱贫工作重要意义的认识，为中国当前推进脱贫工作，消除贫困找到了新的理由和依据，并表明中西部地区是脱贫攻坚的重点地区，为夺取脱贫攻坚战的全面胜利，巩固已有脱贫攻坚成果，促进中国城市化水平的进一步提高提供了参考建议。

4. 程国强，朱满德. 新冠肺炎疫情冲击粮食安全：趋势、影响与应对 [J]. 中国农村经济，2020 (5)：13-20.

研究背景：随着新冠肺炎疫情在全球加速扩散蔓延，世界对粮食安全的担忧日益增加。新冠肺炎疫情在全球加速扩散蔓延，引发全球粮食市场异常波动以及对中国粮食安全的担忧。疫情对后期全球粮食生产与贸易的影响将进一步加大，全球粮食市场波动有可能进一步升级。随着全球金融市场充分释放流动性，国际投机资本若炒作农产品市场，爆发类似 2008 年粮食危机的风险将越来越高。

基本结论：分析表明，中国粮食安全保障体系总体上可从容应对全球粮食市场波动升级的挑战，但大豆等农产品进口需防控国际市场波动风险。本文认为，要高度重视全球粮食市场波动的可能风险和挑战，必须加强监测、及早谋划，系统应对、综合施策。包括：有效管控输入性不稳定预期对国内粮食市场的干扰和冲击；进一步强化粮食生产能力建设；构建国家粮食安全保障风险治理体系；完善重要农产品储备体系；强化农产品全球供应链管理；加强国际粮食安全、贸易和投资政策协调。

主要贡献：国内外学术界及时就新冠肺炎疫情（以下简称疫情）对粮食安全的影响给予关注并跟踪调研。但是，现有研究对于此次全球粮食市场异常波动的根源及其后期可能的走势尚缺乏系统剖析，对中国粮食安全的影响研判也需进一步深化。本文将尝试探讨：这次全球粮食市场异动的成因以及后期的趋势是什么？对中国粮食安全有怎样的影响？并在此基础上，提出相关应对建议，以期为中国确保粮食有效供给、统筹推进疫情防控和经济社会发展奠定坚实基础。

现实意义：到目前为止，许多发展中国家依然没有实施有效的农业发展战略，粮食安全基础仍然十分脆弱。若后期投机资本炒作导致国际粮食价格高涨、引发全球粮食危机，将不可避免地危及发展中国家的粮食安全，直接威胁发展中国家数亿贫困人口的吃饭和生存。因此，要高度重视全球粮食市场波动的可能风险和挑战，必须加强监测、及早谋划，系统应对、综合施策至关重要。

5. 祝仲坤. 过度劳动对农民工社会参与的"挤出效应"研究——来自中国流动人口动态监测调查的经验证据［J］. 中国农村观察, 2020（5）: 108-130.

研究背景：自改革开放以来，数以亿计的农民从农村走向城市，成为城镇地区劳动力市场的中坚力量，为缔造中国经济增长奇迹做出了巨大贡献。国家统计局发布的《2018年农民工监测调查报告》显示，2018年中国农民工总量达到2.88亿人，其中进城农民工1.72亿人，占农民工总量的比例接近60%。然而，大多数进城农民工仅仅实现了地域转移与非农化，尚未实现从农民到市民的社会身份转变。已有研究和实践进程表明，加快市民化进程，努力使农民工"沉淀"下来、融入城市社会，以主人翁的姿态参与城市社会活动、以新市民的角色与属性推进城市建设，将是一项重要的历史任务。

基本结论：本文以过度劳动为切入点，审视农民工社会参与低水平发展状态，并结合国家卫生健康委员会发布的2017年中国流动人口动态监测调查数据，系统考察过度劳动对农民工社会参与的影响。研究表明：（1）中国农民工的过度劳动现象非常严重，68.10%的农民工周平均劳动时间超过50小时，45.88%的农民工周平均劳动时间超过60小时。（2）过度劳动会显著降低农民工的社会参与水平，即过度劳动对农民工社会参与存在"挤出效应"，在运用泊松内生处理效应模型控制潜在的内生性偏误，并运用2014年社会融合专项调查数据重新检验后，结论依然稳健。（3）过度劳动之所以会降低农民工的社会参与水平，可能是因为过度劳动会造成农民工心理压力增大、主观社会地位下降。

主要贡献：第一，在研究视角上，本文首次尝试从过度劳动视角理解农民工城市社会参与、社会融入的发展困境，这也是对过度劳动产生的负面影响或社会危害在农民工群体中的一次检视。第二，在研究数据与方法应用上，本文结合最新的CMDS数据，通过寻找合理的工具变量，运用泊松内生处理效应模型、遗漏变量检验方法，比较精确地识别过度劳动对农民工社会参与行为的影响，并利用更适合非线性估计的KHB方法识别中介效应。

现实意义：已有文献一直在强调与论证农民工社会参与水平偏低的事实，但对于农民工社会参与水平过低原因的解释仍然比较乏力。为此，本文试图从过度劳动这一视角揭开农民工社会参与水平过低的"黑箱"，探究过度劳动对农民工社会参与的影响，并理清其中的作用机制，为提升农民工社会参与水平与社会融入程度提供决策依据。

6. 高叙文，方师乐，史新杰，等．农地产权稳定性与农地生产率——基于新一轮农地确权的研究［J］.中国农村经济，2021（10）：24-43.

研究背景：在中国，农地的所有权属于村集体，农民只拥有农地的承包经营权。地方政府不可预期的征地和农地调整行为是产权不稳定的主要原因，为此中央政府出台了多项政策致力于缓解该问题，进一步稳定农民的农地承包经营权，比如1998年的《中华人民共和国土地管理法》首次在法律层面要求向农户颁发农地经营权证书。随着2008年《中共中央关于推进农村改革发展若干重大问题的决定》的出台，中央开启了新一轮的农地确权工作，该轮确权进一步强调了农地的所有权、承包权和经营权的分离，且解决了之前确权政策执行过程中存在的地块"四至不清，面积不准"等问题，是稳定农地产权的又一大措举。该政策的出台也为学界研究产权的经济效应提供了一个很好的自然实验。

基本结论：本文利用浙江大学中国家庭大数据库（CFD）2015年和2017年的数据，通过面板固定效应模型研究了农地确权政策是否、多大程度上以及如何影响农地生产率。研究结论显示，农地确权会显著提高农地生产率（3.7%），且其效应存在时间异质性。对确权1年以内的农户没有影响，但能显著提高确权1年以上农户的农地生产率（5%）。进一步的机制探究发现，稳定的产权能增加农户对农地的长期投资，同时加速农户的农地流转行为，进而提升农地生产率。

主要贡献：（1）研究视角方面，在资源约束日益加大、粮食供求长期处于紧平衡的背景下，本文侧重于探究农地确权是否能通过改善资源配置及促进农户投资来增加农地单产。（2）研究内容方面，本文不仅考察农地确权对农地生产率的总体效应，也考察农地确权的时间、事前产权状态和农地规模的异质效应。（3）研究方法方面，目前国内对农地确权的研究大多使用截面数据，或是小范围的面板数据，这就导致无法控制某些不可观测的固定效应或是结果不具有代表性，而本文的研究使用全国范围的面板数据，利用固定效应模型可以更精确地识别确权的影响。（4）作用机制分析方面，本文选取是否施用有机肥作为农业长期投资的代理变量，能更好地识别农业长期投资这一作用机制。

现实意义：本文的研究内容和研究结论是对已有的产权和生产率研究的有效补充。2009年启动并于2013年全面推进的农村土地承包经营权确权登记颁证工作，以"四至"确权的方式，将农户承包土地的具体位置、面积、权属等信息在证书上进行绘制登记，由此强化农户地权的明晰，解决了过去确权中存在的"四至不清、面积不准"等问题，是对过去产权关系的进一步稳固，而不是传统文献意义上的农地确权。本文的研究结果表明，该举措仍对生产率的提升有显著影响，这说明任何形式的稳定产权行为，都对农地生产率的提高有一定帮助。该结论具有重要的政策含义，政府应通过建立完善的市场机制促进要素资源的合理配置，从而提高效率，增加农业产出。

第三节 重 要 著 作

本部分筛选 2020—2021 年该领域几部重要著作，并简要介绍每部著作的研究背景、内容提要、基本结构、主要贡献和现实意义。就农村和农业发展问题，进行概括、评述、总结。这几部著作分别从农村普惠金融、农民工就业、土地流转和乡村振兴四个方面进行研究和论述。

1. 蔡洋萍．我国农村普惠金融发展问题研究［M］．北京：经济管理出版社，2020．

研究背景：目前我国农村普惠金融发展路径仍然是一种政府强制主导下的外生性金融发展模式，我国农村普惠金融发展具有较强的外生依赖性。在这种路径依赖性下，政府对农村普惠金融的历次改革也仅仅是对原有外生性金融发展路径的修补，从而导致外生性农村普惠金融机构占绝大多数，外生性农村普惠金融目标偏移，内生性农村普惠金融发展受阻等现象。解决这些问题，需要从根本上打破我国传统农村普惠金融固有的外生性金融发展路径依赖模式。另外，大力发展农村数字普惠金融也将是破解我国传统农村金融排斥问题的一个重要渠道。

内容提要：本书在对普惠金融相关理论梳理的基础上，对我国农村外生性普惠金融发展情况进行介绍，与此同时，对我国现行农村外生主导下的普惠金融发展水平进行测度，在此基础上对我国现行内、外生性农村普惠金融发展存在的困境进行分析，从而引发对我国农村普惠金融发展路径的探讨，并提出相应路径实现的保障措施。本书以中部六省为例，对我国外生性主导发展路径下农村普惠金融发展水平进行分析发现：当前我国外生性农村普惠金融的发展水平距离真正意义上的普惠金融还有很大差距，甚至在一些偏远的农村地区还存在着金融服务空白的现象，这从根本上制约了农户享受高效、便捷的金融服务。本书对外生主导型农村金融体系下我国农户信贷供需进行了分析，发现我国农户存在大量潜在信贷需求，而且信贷需求量呈逐年递增之势，但总体上仍以小额信贷需求为主。但是我国农户信贷供需存在信贷供给的外生性与信贷的内生性需求的不适应性、农村信贷产品结构供需不适应性、农村信贷额度不适应性、农村信贷期限结构不适应性、农村信贷担保方式不适应性等多方面的不适应性，本书提出了我国应尝试发展内生型农村金融体系等多方面的政策建议。

基本结构：全书共分为十一章。第一章为绪论；第二章介绍了普惠金融相关理论及概念；第三章介绍了我国农村金融发展起点：外生性金融；第四章是关于外生性主导发展路径下我国农村普惠金融发展水平分析；第五章为我国农户信贷供求状况及适应性分析；第六章为基于农户视角的农村金融排斥影响因素实证分析；第七章是关于我国农村内生性普惠金融发展分析；第八章研究了我国农村内外兼容性普惠金融发展路径；第九章提出了实现我国农村内外兼容性普惠金融发展路径的保障措施；第十章论述了我国农村数字普惠金融发展；第十一章为结论及展望。

主要贡献和现实意义：本研究在阐述相关普惠金融理论的基础上探讨我国农村普惠金融的发展路径，有重要的理论和现实意义。理论上，在对普惠金融发展理论的梳理上，对我国农村普惠金融的发展路径进行探讨。外生发展路径下农村普惠金融机构的经营反映的是国家利益、地方政府利益偏好，而与农村金融需求之间存在巨大差距。这种巨大差距使得现行的农村金融改革无法从根本上改善农村金融的总体运行环境，无法给农村普惠金融成长提供一个崭新的制度条件。而与之相对应的内生性金融发展路径则是立足于农村本地，在降低涉农贷款交易成本、增加农村普惠金融供给总量、把普惠金融服务延伸到外生性农村金融机构触及不到的地带等方面具有比较优势。

2. 胡艳华. 土地流转后农业经营主体的风险与保障［M］. 北京：中国社会科学出版社，2021.

研究背景：自家庭联产承包责任制实施以来，我国农村土地实行"包产到户、包干到户"，在短期内提高了农民的生产积极性，促进了农村经济的发展。随着农村经济的进一步发展，农村土地小规模、分散经营的特点逐渐影响到农业的规模化经营和农村经济的现代化建设，于是农村土地流转制度逐渐成为农村改革历史上的重要角色。近年来，农村土地改革持续出现在国家的重要议程里，并不断注入新的力量。2017年中央一号文件提出发展经营权流转、股份合作、代耕代种、土地托管等多种形式的规模经营；党的十九大报告提出乡村振兴战略，强调将"三农"问题作为全党工作之重，要深化农村土地制度改革。

内容提要：土地流转是当前农村土地制度改革的有效形式之一。土地流转后会衍生出两类重要的农业经营主体，一是土地的流入方，即新型农业规模经营主体；二是土地的转出方，即普通的农户。与土地流转之前相比双方与土地的关系都发生了变化，流入方会由普通的小农转变成合作社的经营者、股份合作社的老板、家庭农场主、种植大户等；转出方则可能成为更次一级的小农或者成为无田可种的农户。土地对农民来说意味着一种保障，土地流入会增加土地种植规模，而土地转出会失去一部分或者全部的土地，从这个意义上看，土地流转可能给农业经营主体带来不同的风险。本书既有对社会风险理论的分类讨论，又有对不同农业经营主体风险异同的实践总结与提炼，分别回答了不同农业经营主体的风险在哪里、为什么会存在风险、如何应对风险以及各主体对社会保障的实际需要等问题，并对构建社会保障机制提出了合理的建议。

基本结构：全书共分为六章。第一章为绪论，介绍了该书的背景与模式、结构与方法；第二章为农业合作社与"新打工者"，主要涉及李村农业合作社的历史与发展；第三章为股份合作与"农民老板"，主要介绍了土地流转的动因与"农民老板"的形成、风险分化和保障；第四章为家庭农场与"农场主"，论述了家庭农场与"农场主"的历史与发展；第五章为小打小闹与"黑"在城市，研究了陈村自发性土地流转的历史与现状；第六章为土地流转后农业经营主体的风险与保障，从构建社会保障新机制等角度提出了风险应对方法。

主要贡献和现实意义：本书的研究在于切实了解农村家庭土地流转后不同经营主体面临的风险，以及各主体对社会保障的实际需要，从而完善社会保障理论。通过政策分析探寻土地流转后农村家庭社会保障问题解决的可行路径，并提出相应政策建议，以提高农村家庭土地流转后面对社会风险的适应能力。

3. 鄢奋，潘娜. 新时代乡村振兴战略探析［M］. 北京：经济管理出版社，2021.

研究背景：党的十九大报告提出实施乡村振兴战略，明确"要坚持农业农村优先发展，按照产业兴旺、生态宜居、乡风文明、治理有效、生活富裕的总要求，建立健全城乡融合发展体制机制和政策体系，加快推进农业农村现代化"。党的十九大提出实施乡村振兴战略，是以习近平同志为核心的党中央对新时代"三农"工作作出的重大决策部署，是实现"两个一百年"奋斗目标的重要内容。新时代乡村振兴战略是一项全面系统的建设工程，只有精准把握关键问题，方能稳步推进。

内容提要：本书梳理了新中国成立以来乡村建设的理论发展和实践历程，阐明了新时代乡村振兴战略的历史方位和主要内容，重点探析了习近平"三农"工作理论的时代特色。围绕农村基层党组织、农业科技进步、农村经济合作组织、农村公共产品供给以及新型职业农民培训等影响乡村振兴战略实施的关键性问题进行分析，旨在为乡村振兴战略实践提供基础性理论研究参考。

基本结构：全书共分为九章。第一章分别从乡村建设的探索时期（1949—1978 年）、乡村建设的逐步发展时期（1978—2005 年）和乡村建设的逐步成熟时期（2005—2017年）介绍了我国乡村建设历程；第二章是关于乡村振兴战略理论特色和创新，分别介绍了乡村振兴战略的目标、步骤与内容，乡村振兴战略理论特征和创新思维与乡村振兴战略需明晰的关系；第三章是关于领会习近平"三农"工作的重要论述，包括稳步推进农村制度改革、努力实现农业现代化、加快农村人才培育、加强农村基层党组织建设和美丽乡村环境建设等；第四章介绍了农村基层党组织组织力；第五章、第六章、第七章强调了推动农业科技进步、进行新型职业农民培育和发展农民专业合作社；第八章介绍如何传承发展乡村文化；第九章则是强调从提高农村公共产品供给水平方面实现乡村振兴。

主要贡献和现实意义：习近平总书记自 2013 年以来就多次在中央农村工作会议和各地考察调研中提出要传承发展提升农耕文明，走乡村文化兴盛之路。乡村文化是乡村长期发展中形成的独特精神创造，曾为乡村治理和社会发展发挥过重要作用，在新时代亦可转化为助力乡村精神文明建设和经济发展的文化资源。探析习近平总书记的重要论述，有利于明晰乡村文化振兴的战略意义与发展方向，以社会主义核心价值观引导乡村文化发展，实现乡村文化向社会教育资源和经济资源的转化，促进乡村文化发展和产业化发展，走出一条中国特色的乡村文化发展之路。

第四节　学术会议

本部分简要介绍两年来该领域几个重要的学术会议，包括会议主题、主办单位、会议时间、会议地点和会议概述等。

1. "中国城乡融合发展：挑战与对策"国际研讨会暨第十二届 CAER-IFPRI 国际学术年会（2020）

会议主题："中国城乡融合发展：挑战与对策"

主办单位：中国农业大学

国际食物政策研究所

西南大学经济管理学院

会议时间：2020 年 10 月 29—31 日

会议地点：重庆，西南大学

会议概述："中国城乡融合发展：挑战与对策"国际研讨会暨第十二届 CAER-IFPRI 国际学术年会（2020）于 10 月 29—31 日在重庆顺利举行，来自海内外的 160 多名专家学者参加了此次会议，共有 10200 多位业内人士通过同步视频直播关注了会议的主旨报告环节。此次研讨会的主题是"中国城乡融合发展：挑战与对策"。本届国际研讨会由中国农业大学、国际食物政策研究所和西南大学经济管理学院联合主办。会议组委会主席由中国农业大学副校长、国家农业农村发展研究院秘书长、CAER 总主编辛贤教授担任。

30 日上午，大会开幕式在西南大学经济管理学院大楼召开。CAER 联合主编、国际食物政策研究所中国项目主管、浙江大学中国农村发展研究院国际院长 Kevin Chen 教授主持了开幕式。

中国农业大学经济管理学院院长司伟教授在致辞中代表大会组委会向与会的学者专家表示欢迎，并对承办方西南大学经济管理学院表示感谢。他强调，在特殊年份大家齐聚重庆共同探讨城乡融合发展等重要议题具有特殊的意义。他希望会议取得丰硕成果，为促进国内外农经学者之间的交流做出更多贡献，并预祝会议圆满成功。

西南大学经济管理学院院长祝志勇教授在致辞中对与会学者的到来表示热烈欢迎，并介绍了西南大学的历史、成就，以及西南大学农林经济管理学科和专业的发展积淀和特色。他高度评价了本次年会召开的意义，并预祝本次年会成功举办。

国际食物政策研究所市场、贸易和制度部门主任 Rob Vos 博士在在线致辞中表示，他对因疫情影响无法现场参会表示非常遗憾。他对 CAER 和 IFPRI 长期合作，多次成功举办 CAER-IFPRI 学术年会表示祝贺。他指出，国际合作研究不仅有益于中国应对经济发展的挑战，对全球实现消除贫困和零饥饿的目标也具有重要作用。

CAER 编辑协调人、编辑部主任苏保忠教授以《在变革世界中继续前行》为题，对期刊的成长与发展历程进行了回顾，对期刊编辑部最近一年的工作和取得的成绩进行了总结，对期刊未来发展的重点和方向进行了展望。

随后，会议还举行了"2017—2019 年度 CAER 最佳引用论文"颁奖仪式。

会议主旨报告环节分上、下两个半场，分别由西南大学经济管理学院农业经济管理系主任杨丹教授和司伟教授主持。

国际食物政策研究所市场、贸易和制度部门主任 Rob Vos 博士在其报告中指出，新冠肺炎疫情对全球贫困和食物安全的影响是全面的、纵深的。他的预测模型结果显示，新冠肺炎疫情将导致约 1.5 亿人陷入贫困，食物安全难以保障。人们的饮食习惯也会受收入减少的影响，偏好低价格、高热量、缺乏营养的食物。为此，在短期内，包括财政刺激和扩大社会安全网在内的社会和经济救济措施对防止发展中国家贫困和饥饿状况加剧至关重要。从长期看，应加大投入建设具有抗逆能力和可持续性的食物系统，同时通过政策促进健康饮食，加大研发力度以提升高营养食物的生产效率。

美国普渡大学杰出教授、农业经济系主任 Jayson Lusk 重点讨论了当前食品供需体系导致肥胖和营养缺乏并存、饮食相关疾病以及环境问题背景下食物政策的评价问题。他提出评价政策好坏的标准是看它能否在保留人们自由选择权利的前提下高效、公平地解决市场失灵，能否实现预期结果且无意外后果发生。他的研究结论表明，低收入家庭对价格激励措施反应更小；而使用简单的民意测验无法判断食品标签政策的好坏。至于政策失灵问题，他认为分析人员缺乏足够的知识背景、研究方法以及民众的错误认知与价值观是主要原因。

中国农业大学讲席教授、全球食物经济与政策研究院院长樊胜根教授就如何在新冠肺炎疫情下加强城乡统筹建立有韧性的食物系统问题做了精彩发言。他指出，气候变化、地区冲突、快速城镇化以及新冠肺炎疫情冲击等给全球食物系统带来了诸多挑战，因此，强化城乡融合统筹发展，对建立有韧性的食物系统十分重要。为此应从加强城乡区域政策协同、建立高效包容的城乡价值链以及重视中小城镇的作用等六个方面加强城乡连接统筹。

中国人民大学经济学院院长刘守英教授在题为《农业工业化与农村现代化》的报告中指出，在城市化进程加快的背景下，中国农业转型面临困境，农业就业份额和增值份额的下降速度不一致，农业回报率较低，农业劳动生产率低于其他国家；并且中国农业产业结构过于单一，农业生产缺乏不同行业融合，农产品成本继续上升；其根本原因在于生产要素的重组与升级受限。随后，他以湄潭为例，说明农业工业化的核心路径是生产要素的动态组合和不断升级。他强调，对所有后发地区来说，湄潭的最大贡献就是证明了农业工业化道路是行得通的。

杨丹教授的报告围绕农业产业组织与农民福利问题展开。她指出，农业产业组织发展对农户福利提升有重要促进作用。就此，她从三个层面给予验证：产业层面，分析了农业社会化服务市场中合作社和企业的价格竞争结构变化带来了农户福利的差异；组织层面，分析了农户与合作社之间的关系紧密程度带来的增收和减贫效应；农户层面，分析了农户加入合作社和采用成本降低型技术行为的增收和减贫效应。

此次会议共设有 8 个分论坛。来自国际食物政策研究所、美国普渡大学、美国斯坦福大学、美国马里兰大学、美国加州大学戴维斯分校、荷兰瓦赫宁根大学、西澳大利亚大学以及中国农业大学、北京大学、中南财经政法大学、华中农业大学、华南农业大学、中国人民大学、中国农科院、浙江大学、南京农业大学、福建农林大学、浙江农林大学等国内外知名高校和研究机构的 37 篇会议录用论文分"城乡融合""食品安全营养与健康""农业产品贸易与农村发展""农村贫困与就业""技术创新与农业生产""农村金融与发展""农产品市场与食物消费"以及"农业资源与环境" 8 个专题进行了深入讨论和交流。23 位来自国内外的专家学者以三人一组的形式参与了分论坛的点评。分论坛报告精彩，点评独到，讨论热烈，取得了良好的交流效果。

在 31 日的圆桌论坛上，刘守英教授、美国普渡大学 Holly Wang 教授、Kevin Chen 教授、瑞典皇家理工学院 Hans Westlund 教授以及中国农业大学经济管理学院白军飞教授，围绕"后疫情时代城乡融合发展"问题进行了深入探讨。针对设定的问题，各位专家都结合自己的专业研究和翔实的证据发表自己的看法。专家们鲜明的观点和独到的见解给与会者留下了深刻印象。圆桌论坛由白军飞教授兼任主持。

此外，会议还在 29 日下午安排了会前论坛。苏保忠教授、冯晓明研究员和 Kevin Chen 教授分别代表 CAER、*China & World Economy* 以及 *International Food and Agribusiness Management Review* 三家国际期刊，先后与参会代表和西南大学经济管理学院师生进行交流，并就各自期刊的投稿注意事项进行了讲解和说明。中国农业大学经济管理学院教授、CAER 执行主编郑志浩就"国际期刊论文写作"向与会人员分享了自己的经验和体会。

闭幕式上，苏保忠教授主持了会议最佳论文颁奖仪式，Kevin Chen 教授向获得者颁发了证书。会议还宣布 2021 年 CAER-IFPRI 国际学术会议将在北京召开。司伟教授代表中国农业大学经济管理学院做了热情洋溢的发言。他表示真诚邀请并期待与大家明年金秋北京再相聚。

本次国际会议通过国内学者线下会议和国外学者线上参与相结合的方式进行，其中，会议主旨报告环节嵌入了同步网络直播。此次国际学术会议在全球疫情尚未彻底远离的情况下举办，它有效地促进了中外农经学者之间的学术交流，受到业界的广泛关注。

大会在精彩的会议瞬间回顾视频中圆满落下帷幕。CAER 编辑团队成员武拉平教授、郭沛教授、方向明教授、肖亦天编辑，中国农业大学经济管理学院副教授、国家农业农村发展研究院副秘书长马铃、付文革教授、蔡海龙教授、吕之望副教授，中国农业大学经济管理学院农业经济系主任赵启然副教授，以及经管学院办公室揣君健、学院研究生科刘艺涵和魏微三位老师，也分别按设定的议程，参与了此次会议。

2. "乡村-城市：对话与融合发展"国际研讨会（2020）

会议主题："乡村-城市：对话与融合发展"

主办单位：华中农业大学

会议时间：2020 年 11 月 19 日

会议地点：武汉，华中农业大学

会议概述：本次研讨会由华中农业大学文法学院主办，现代传播与乡村发展研究中心承办。来自 4 个国家的 13 位专家学者齐聚云端，为 100 余名在线观众带来一场学术盛宴。

会议上午八点正式开始。文法学院院长田北海教授首先致欢迎辞，他回顾了文法学院和传播学系的发展历程，指出学院紧密结合国家与社会发展需要，将学科建设与社会服务相结合，专注服务农村发展。他认为本次会议的主题"乡村-城市：对话与融合发展"既是一个世界性的问题，也是具有中国特色的问题，更是一个需要多学科交叉研究共同关注和探讨的问题，并指出，新冠肺炎疫情背景下，该议题的讨论更加必要和重要。随后，华中农业大学校党委副书记、纪委书记廖济忠同志代表学校致辞。他强调，在乡村振兴战略背景下，农村现代化内涵丰富，为新闻传播学研究设置了宏大的命题，学校的新闻传播学科在多个领域初步形成特色，是一片需持之以恒、深耕细作的希望的田野。他提出应加强国内外学术交流与争鸣，欢迎各位专家常来交流指导。开幕式由文法学院党委书记瞿明勇同志主持。

第一场主题报告由田北海教授主持。西门菲莎大学传播学院教授、加拿大皇家学会院士赵月枝带来第一个主题报告。她从跨越东西方的视角，讲述了对传播与城乡融合发展的观察与思考，提出研究前沿已经从"乡村传播"与"农民工"问题意识转向"传播与城乡融合发展"的问题意识，给传播学创新发展带来了前所未有的机遇。武汉大学副校长、信息管理学院吴平教授的报告立足乡村振兴战略，探讨"三农"出版工作的重要性，指出新时代出版工作要加快走进农村，"三农"出版大有可为，应抓住信息化、网络普及化增强生机与活力。云南大学媒体人类学研究所所长、民族学与社会学学院郭建斌教授的报告则基于他"独乡"二十余年的田野研究，提出将"家"作为传播研究的视角，并从空间维度和时间维度分析了"家"的传播意义。中国农业大学人文与发展学院李红艳教授对本场报告进行了精辟点评，认为三位专家分别从全球与地方、城乡关系以及家庭三个维度展开分析，蕴含着强烈的人文情怀。

第二场主题报告由文法学院广告与传播系乔同舟副教授主持。安徽大学社会与政治学院院长吴理财教授聚焦全面建成小康社会的城乡基层社会治理共同体建设，从治理理念、格局、原则以及主体等方面做出具体分析。中国农业大学李红艳教授基于贫困村 L 村两任第一书记的调研，讲述了面对外来者，乡土传统共同体的变化，分析变迁过程中当代中国乡村社会的乡土性问题。中国社会科学院新闻与传播研究所沙垚副研究员探讨数字技术对乡村基层重建的影响，强调从公共性的角度理解技术与基层重建之间的关系。郭建斌教授对本场报告进行深刻点评，指出研究者们需处理好政策话语与学术话语、宏观和微观、中国与世界，以及汉族与少数民族四层关系。

第三场主题报告由华中农业大学现代传播与乡村发展研究中心副主任韩淑芳博士主持。中国传媒大学电视学院叶明睿教授关注城市信息弱势人群，依据信息鸿沟视角，从四个阶段、影响因素以及提升增收的系统保障等方面探讨这些低收入群体信息增收的行动阶梯。南京师范大学新闻与传播学院庄曦教授报告了其团队结合新型城镇化背景开展的城市新移民尤其是流动儿童的社会融合与传播支持之间的关联研究。华中农业大学现代传播与乡村发展研究中心主任余霞副教授报告了她与王澍晗同学的一项关于城乡儿童新媒体使用的研究，认为城乡儿童在新媒体使用方面一定程度上存在"数字沟"的特征，并为提升乡村儿童媒介素养水平提出具体建议。华中科技大学新闻与信息传播学院副院长郭小平教授对本场报告进行精彩点评，赞叹三位研究者的学术关怀、学术想象力以及研究的可持续性，认为这对与会者特别是学生具有重要的启发性。

第四场主题报告由乔同舟副教授、现代传播与乡村发展研究中心副主任杨丹博士联合主持。郭小平教授和万品晶同学依据"凝视"理论，深入阐释和反思快手短视频平台上的乡村"可见性"生产，提出乡村主体应从"反向凝视"转换到"反思性凝视"，以达成乡村文化自觉。华中农业大学文法学院毕耕教授以"国民大革命"时期的农民报刊为例，从农民报刊的历史发展、主要特征和话语体系等方面探讨中国共产党农村宣传的理论与实践。华南师范大学城市文化学院网络与新媒体系 Nadeem Akhtar 副教授报告了关于"一带一路"倡议背景下巴基斯坦的城乡传播与可持续发展的研究。研究从个体心理感知入手，用实证的方式展示研究结果。英国拉夫堡大学传播研究中心荣退教授 Graham Murdock 先生为本次会议带来最后一个报告。报告关注环境危机与可持续性发展问题，他认为关键在于人类与自然环境关系的调整，人类的角色应当从过去的拥有者、管理者、控制者向监护者、合作者和协商者转变。余霞副教授对本场报告进行点评，认为最后一场报告议题多元、视角多元体现了会议的主旨"对话与融合"。几位学者的报告表现出共同的对人类面临的三个根本关系（人与内心的关系、人与人的关系、人与环境的关系）的关怀。她认为只要我们深度思考，正确处理好"生态""世态""心态"，改变认知，约束行为，将爱人推及人类生存的整个环境，坚信美好的未来是可期待的。

主题报告结束后，文法学院副院长李祖佩副教授对整个会议进行总结。他对来自4个国家、12所大学和科研机构的学者的精彩报告予以肯定和感谢，认为本次会议议题广泛，几乎涵盖了乡村振兴的主要领域，既有学术、理论启发，也有深刻的经验认识。他希望以此为契机，文法学院的老师们能与各位专家建立实质性合作，欢迎国内外学者来学院交流访问。

3. 第一届"三农"发展前沿学术论坛（2021）

会议主题：中国"三农"发展前沿学术论坛

主办单位：西北农林科技大学

会议时间：2021年4月25—26日

会议地点：陕西，西北农林科技大学

会议概述：大会开幕式由西北农林科技大学副校长赵敏娟教授主持，西北农林科技大学校长吴普特、管理世界杂志社总编辑尚增健、农业农村部农村经济研究中心党组书记贾广东分别致辞，并对会议的召开表示祝贺。

会议旨在贯彻落实新发展理念，构建"三农"发展新格局，倡导立足中国"三农"发展实践，凝练科学问题，借鉴国外经验和规范研究，提出新观点、构建新理论，准确研判"十四五"期间"三农"发展可能面临的不确定性风险，带领更多学者为"十四五"乡村振兴战略献计献策。4月25日下午，中国农业大学讲席教授樊胜根主持了"面向'十四五'的三农发展"圆桌会议。管理世界杂志社总编辑尚增健研究员、农业农村部农村经济研究中心党组书记贾广东研究员、中国社会科学院学部委员张晓山研究员、浙江大学求是特聘教授黄祖辉、上海财经大学田国强教授、上海交通大学顾海英教授、中国人民大学副校长朱信凯教授、西安财经大学副校长任保平教授、西北农林科技人学副校长赵敏娟教授、中国人民大学经济学院院长刘守英教授、华南农业大学国家农业制度与发展研究院院长罗必良教授、中国农业科学院毛世平研究员、中国人民大学农业与农村发展学院孔祥智教授、华中农业大学张俊飚教授、西北农林科技大学教授霍学喜等专家参加研讨，并围绕"十四五"期间"三农"发展的重点、难点、要点及解决出路展开热烈讨论。

主旨报告环节，中国社会科学院张晓山研究员围绕"深化改革全面促进乡村振兴"、浙江大学钱文荣教授围绕"中国农地制度改革：目标、困境与出路"、中国人民大学仇焕广教授围绕"打好种业翻身仗：困境与选择"，北京大学杨汝岱教授围绕"机械化、社会化服务与农业生产效率"、同济大学程名望教授围绕"乡村振兴：事实、逻辑与未来"、西北农林科技大学夏显力教授围绕"黄河流域农业农村高质量发展中的几个重点问题"进行了汇报，中国人民大学朱信凯教授、农业农村部农村经济研究中心贾广东研究员主持主旨报告并进行了点评。

本次论坛共收到来自中国人民大学、浙江大学、同济大学、南京大学、山东大学、四川大学、华南理工大学、西北农林科技大学、上海财经大学、南京农业大学、华南农业大学、华中农业大学、威斯康星大学、康奈尔大学、上海市乡村振兴研究中心改革发展部、联合国环境署国际生态系统管理伙伴计划（UNEP-IEMP）、农业农村部农村经济研究中心等国内外知名高校、研究机构投稿160余篇，经匿名评审筛选48篇论文，围绕"收入差距与反贫困""农业农村高质量发展""乡村治理与制度创新""要素配置与农民增收""要素配置与农民增收""农村社会转型""数字农业与转型发展""产业融合与绿色发展"等"三农"领域热点问题，分为八个分论坛展开讨论与交流。经过初评、复评等环节，共评选出10篇优秀论文。本届论坛专家学者云集，点评专家从文章选题、研究设计、实证模型、政策建议等方面对论文进行深入、细致的点评，受到与会嘉宾和同学们的一致好评。

4月26日下午，西北农林科技大学经济管理学院院长夏显力教授主持了论坛闭幕式，8个分论坛主持人分别汇报了本环节的交流成果，组委会对10篇优秀论文进行表彰并颁发了获奖证书，第一届"三农"发展前沿学术论坛（2021）成功落下帷幕。

2021年"三农"工作重心将全面转向乡村振兴。在这重要历史节点，如何在产业、人才、文化、生态、组织方面全面振兴乡村，实现城乡融合发展，是新时代"三农"领域面临的重大考验。本届论坛结合"十四五"规划，聚焦农业农村高质量发展、数字农业与转型发展、产业融合与绿色发展等议题，探讨中国"三农"发展的对策思路，交流农村改革发展的实践经验。论坛迸发出的火花将对增进国内外研究机构密切合作、促进"三农"学者研究中国问题、讲好中国故事，构建有中国特色、中国气派的学科体系、学术体系、话语体系，推动中国农业农村高质量发展发挥积极作用。

◎ 参考文献

[1] 郭世娟，胡铁华，胡向东，等. "粮改饲"补贴政策该何去何从——基于试点区肉牛养殖户的微观模拟 [J]. 农业经济问题，2020（9）：101-110.

[2] 杨晓婷，廖睿力，毕怡琳. "目标偏差"与"工具偏差"：乡村医生长效发展机制探究 [J]. 中国农村观察，2021（4）：90-106.

[3] 朱乾宇，龙艳，钟真. "三位一体"：从单一合作到综合合作的制度创新——基于三个案例的比较分析 [J]. 农业经济问题，2021（6）：19-33.

[4] 李建平，李俊杰，李文娟，等. "十四五"期间我国水稻增产潜力与实现路径 [J]. 农业经济问题，2021（7）：25-37.

[5] 韩一军，韩亭辉. "十四五"时期我国小麦增产潜力分析与实现路径 [J]. 农业经济问题，2021（7）：38-46.

[6] 司伟，韩天富. "十四五"时期中国大豆增产潜力与实现路径 [J]. 农业经济问题，2021（7）：17-24.

[7] 杨晓婷，陆镜名，刘奕辰，等. "资本下沉"赋能"资源释放"：第一书记带动贫困村脱贫的行动逻辑与高效机制 [J]. 中国农村观察，2020（6）：49-67.

[8] 程国强，朱满德. 2020年农民增收：新冠肺炎疫情的影响与应对建议 [J]. 农业经济问题，2020（4）：4-12.

[9] 赵晶晶,李放,李力.被征地农民的经济获得感提升了吗？[J].中国农村观察,2020（5）：93-107.

[10] 潘建伟,张立中,辛国昌.草原生态补助奖励政策效益评估——基于内蒙古呼伦贝尔新巴尔虎右旗的调查[J].农业经济问题,2020（9）：111-121.

[11] 田北海,徐杨.成年子女外出弱化了农村老年人的家庭养老支持吗？——基于倾向得分匹配法的分析[J].中国农村观察,2020（4）：50-69.

[12] 洪灏琪,宁满秀,罗叶.城乡居民医保整合是否抑制了农村中老年人健康损耗？[J].中国农村经济,2021（6）：128-144.

[13] 易加斌,李霄,杨小平,等.创新生态系统理论视角下的农业数字化转型：驱动因素、战略框架与实施路径[J].农业经济问题,2021（7）：101-116.

[14] 蒋玉,于海龙,丁玉莲,等.电子商务对绿色农产品消费溢价的影响分析——基于产品展示机制和声誉激励机制[J].中国农村经济,2021（10）：44-63.

[15] 祝仲坤.公共卫生服务如何影响农民工留城意愿——基于中国流动人口动态监测调查的分析[J].中国农村经济,2021（10）：125-144.

[16] 何可,李凡略,畅华仪.构建低碳共同体：地方性共识与规模养猪户农业碳交易参与——以农村沼气CCER碳交易项目为例[J].中国农村观察,2021（5）：71-91.

[17] 祝仲坤.过度劳动对农民工社会参与的"挤出效应"研究——来自中国流动人口动态监测调查的经验证据[J].中国农村观察,2020（5）：108-130.

[18] 胡迪,杨向阳.后疫情时代保障粮食安全的政策取向与策略选择[J].农业经济问题,2021（1）：41-53.

[19] 张景娜,张雪凯.互联网使用对农地转出决策的影响及机制研究——来自CFPS的微观证据[J].中国农村经济,2020（3）：57-77.

[20] 朱润,何可,张俊飚.环境规制如何影响规模养猪户的生猪粪便资源化利用决策——基于规模养猪户感知视角[J].中国农村观察,2021（6）：85-107.

[21] 张兰,冯淑怡.建党百年农村土地制度改革的基本历程与历史经验[J].农业经济问题,2021（12）：4-15.

[22] 郭韦杉,李国平,李治.建档立卡贫困人口瞄准与偏离研究[J].农业经济问题,2021（4）：71-82.

[23] 苏柳方,冯晓龙,张祎彤,等.秸秆还田：技术模式、成本收益与补贴政策优化[J].农业经济问题,2021（6）：100-110.

[24] 周强.精准扶贫政策的减贫绩效与收入分配效应研究[J].中国农村经济,2021（5）：38-59.

[25] 王辉,宋敏.老年人参与和乡村治理有效：理论建构与实践机制[J].农业经济问题,2021（5）：45-53.

[26] 于新亮,黄俊铭,康琢,等.老年照护保障与女性劳动参与——基于中国农村长期护理保险试点的政策效果评估[J].中国农村经济,2021（11）：125-144.

[27] 张占耕.马克思主义农民问题的中国化——兼论上海市郊农民百年奋斗历程与新征程[J].中国农村经济,2021（11）：2-15.

[28] 林锦鸿．免费义务教育政策与城乡教育差距［J］．中国农村观察，2021（3）：128-144.

[29] 刘小峰，李红．男内女外：农村"留守丈夫"的生成原因、类型与后果——基于晋南符册村的调查［J］．中国农村观察，2020（2）：117-133.

[30] 郝晶辉，王菲，黄佳琦．男性外出务工、女性赋权与家庭成员蛋白质摄入——来自欠发达地区农村的证据［J］．中国农村经济，2021（8）：125-144.

[31] 刘传明，刘越．农村厕所改革对农民医疗卫生支出的影响研究［J］．农业经济问题，2020（10）：89-102.

[32] 杜焱强，刘诺佳，陈利根．农村环境治理的农民集体不作为现象分析及其转向逻辑［J］．中国农村观察，2021（2）：81-96.

[33] 何欣，黄心波，周宇红．农村老龄人口居住模式、收入结构与贫困脆弱性［J］．中国农村经济，2020（6）：126-144.

[34] 周磊，王静曦，姜博．农村义务教育学生营养改善计划对学生健康的影响研究［J］．中国农村观察，2021（2）：97-114.

[35] 彭澎，张龙耀．农村正规金融创新对关联信贷市场供给和风险的影响——以农产品仓单融资为例［J］．中国农村经济，2021（11）：72-88.

[36] 高叙文，方师乐，史新杰，等．农地产权稳定性与农地生产率——基于新一轮农地确权的研究［J］．中国农村经济，2021（10）：24-43.

[37] 苗海民，张顺莉，朱俊峰．农民工家属选择性迁移对土地流转的影响——基于中国流动人口动态监测调查数据的经验分析［J］．中国农村经济，2021（8）：24-42.

[38] 熊景维．农民工市民化的优先瞄准对象：基于市民化权能特征和公共投入约束的政策锚定［J］．农业经济问题，2021（6）：60-75.

[39] 缪书超，钱龙，宋亮．农业补贴与农村家庭非农创业——基于中国家庭金融调查（CHFS）数据的实证分析［J］．农业经济问题，2021（3）：62-74.

[40] 李昊．农业环境污染跨学科治理：冲突与化解［J］．农业经济问题，2020（11）：108-119.

[41] 陈雨生，陈志敏，江一帆．农业科技进步和土地改良对我国耕地质量的影响［J］．农业经济问题，2021（9）：132-144.

[42] 喻永红，张志坚，刘耀森．农业生态保护政策目标的农民偏好及其生态保护参与行为——基于重庆十区县的农户选择实验分析［J］．中国农村观察，2021（1）：85-105.

[43] 董小菁，纪月清，钟甫宁．农业水价政策对农户种植结构的影响——以新疆地区为例［J］．中国农村观察，2020（3）：130-144.

[44] 徐小阳，李洁，金丽馥．普惠金融对农村教育贫困的纾解效应［J］．中国农村经济，2020（9）：41-64.

[45] 生吉萍，莫际仙，于滨铜，等．区块链技术何以赋能农业协同创新发展：功能特征、增效机理与管理机制［J］．中国农村经济，2021（12）：22-43.

[46] 苏贵芳，花俊国，孙文珊，等．生猪疫情对猪肉价格非线性冲击的形成机理与检验

［J］.中国农村经济，2021（11）：107-124.

［47］白雪菲.数字经济与乡村产业融合发展的机制创新［J］.品牌研究，2021（28）：33-35，39.

［48］曾维和，咸鸣霞.衰落风险与村庄共同体治理——基于"金陵首富村"全面振兴的案例分析［J］.中国农村观察，2021（1）：22-39.

［49］于爱华，王琳，刘华.随迁对农民工子女非认知能力的影响——基于家校教育过程的中介效应分析［J］.中国农村观察，2020（6）：122-141.

［50］李长生，刘西川.土地流转的创业效应——基于内生转换Probit模型的实证分析［J］.中国农村经济，2020（5）：96-112.

［51］程玲莎，章合杰.脱贫有助于提高城市化水平吗［J］.农业经济问题，2021（4）：99-109.

［52］张晖.县域数字金融发展评价体系和普惠特征研究——兼论与传统普惠金融发展的关系［J］.农业经济问题，2020（11）：120-130.

［53］李雪，吕新业.现阶段中国粮食安全形势的判断：数量和质量并重［J］.农业经济问题，2021（11）：31-44.

［54］史源渊.乡村陪读工劳动力市场及其生成逻辑——基于安徽省毛坦厂镇的调查［J］.中国农村观察，2020（1）：114-125.

［55］周力，沈坤荣.相对贫困与主观幸福感［J］.农业经济问题，2021（11）：102-114.

［56］王韧，何正达，郭晓鸣，等.相对贫困治理中的金融扶贫创新研究［J］.农业经济问题，2021（4）：59-70.

［57］程国强，朱满德.新冠肺炎疫情冲击粮食安全：趋势、影响与应对［J］.中国农村经济，2020（5）：13-20.

［58］谭砚文，李丛希，陈志钢.新冠肺炎疫情对中国与东盟区域农产品供应链的影响及对策［J］.农业经济问题，2020（10）：113-121.

［59］张喜才.新冠肺炎疫情下贫困地区农产品供应链的关键环节及优化升级研究［J］.农业经济问题，2021（5）：99-106.

［60］李俊杰，李建平，袁月，等.新冠疫情冲击下中国稻谷价格上涨情势、影响因素及调控措施［J］.农业经济问题，2021（5）：90-98.

［61］张明，杨颖，邹小容.新时期中国粮食补贴政策的战略协同与差异设计［J］.农业经济问题，2021（3）：53-61.

［62］郑淋议，钱文荣，刘琦，等.新一轮农地确权对耕地生态保护的影响——以化肥、农药施用为例［J］.中国农村经济，2021（6）：76-93.

［63］陈志钢，阮茂琦，张力文.疫情下的全球食物安全及国际合作：中国的角色和应对策略［J］.农业经济问题，2021（9）：106-116.

［64］李天祥，臧星月，朱晶.印度糖料国内支持被诉案：因由、争议点及对中国的启示［J］.农业经济问题，2021（9）：117-131.

［65］蔡颖萍，杜志雄.玉米临时收储政策调整对家庭农场土地流转租金的影响分析［J］.中国农村观察，2020（3）：114-129.

［66］阮荣平，刘爽，刘力，等．玉米收储制度改革对家庭农场经营决策的影响——基于全国 1942 家家庭农场两期跟踪调查数据［J］．中国农村观察，2020（4）：109-128.

［67］冯兴元，孙同全，董翀，等．中国县域数字普惠金融发展：内涵、指数构建与测度结果分析［J］．中国农村经济，2021（10）：84-105.

［68］王小林，张晓颖．中国消除绝对贫困的经验解释与 2020 年后相对贫困治理取向［J］．中国农村经济，2021（2）：2-18.

［69］仇焕广，李新海，余嘉玲．中国玉米产业：发展趋势与政策建议［J］．农业经济问题，2021（7）：4-16.

［70］李周．中国走向共同富裕的战略研究［J］．中国农村经济，2021（10）：2-23.

［71］檀学文．走向共同富裕的解决相对贫困思路研究［J］．中国农村经济，2020（6）：21-36.

［72］杨正雄，张世伟．最低工资对农民工非正规就业和工资的影响［J］．农业经济问题，2020（9）：40-54.

［73］郭君平，仲鹭勍，曲颂，谭清香．宅基地制度改革减缓了农房闲置吗？——基于 PSM 和 MA 方法的实证分析［J］．中国农村经济，2020（11）：47-61.

［74］钟真，胡珺祎，曹世祥．土地流转与社会化服务："路线竞争"还是"相得益彰"？——基于山东临沂 12 个村的案例分析［J］．中国农村经济，2020（10）：52-70.

［75］钟真，蒋维扬，李丁．社会化服务能推动农业高质量发展吗？——来自第三次全国农业普查中粮食生产的证据［J］．中国农村经济，2021（12）：109-130.

［76］马九杰，亓浩，吴本健．农村金融机构市场化对金融支农的影响：抑制还是促进？——来自农信社改制农商行的证据［J］．中国农村经济，2020（11）：79-96.

［77］尹振涛，李俊成，杨璐．金融科技发展能提高农村家庭幸福感吗？——基于幸福经济学的研究视角［J］．中国农村经济，2021（8）：63-79.

［78］张洪振，任天驰，杨汭华．大学生村官推动了村级集体经济发展吗？——基于中国第三次农业普查数据［J］．中国农村观察，2020（6）：102-121.

［79］王新刚，司伟．大豆补贴政策改革实现大豆扩种了吗？——基于大豆主产区 124 个地级市的实证［J］．中国农村经济，2021（12）：44-65.

［80］高延雷，王志刚．城镇化是否带来了耕地压力的增加？——来自中国的经验证据［J］．中国农村经济，2020（9）：65-85.

［81］王术坤，杨国蕾，郑沫利．"以企带户"补贴模式能否增加优质粮油供给？——基于"中国好粮油"行动计划的准实验设计［J］．中国农村经济，2021（12）：87-108.

［82］刘光星．"区块链+金融精准扶贫"：现实挑战及其法治解决进路［J］．农业经济问题，2020（9）：16-30.

［83］胡艳华．土地流转后农业经营主体的风险与保障［M］．北京：中国社会科学出版社，2021.

［84］鄢奋，潘娜作．新时代乡村振兴战略探析［M］．北京：经济管理出版社，2021.

［85］琚向红. 教育培训对农民工就业的影响研究 ［M］. 北京：中国农业出版社，2020.

［86］蔡洋萍. 我国农村普惠金融发展问题研究 ［M］. 北京：经济管理出版社，2020.

［87］Tang L，Luo X. Can agricultural insurance encourage farmers to apply biological pesticides？Evidence from rural China ［J］. Food Policy，2021（105）：102174.

［88］Chengjun S，Renhua S，Zuliang S，et al. Construction process and development trend of ecological agriculture in China ［J］. Acta Ecologica Sinica，2021（7）.

［89］Lakhan G R，Channa S A，Magsi H，et al. Credit constraints and rural farmers' welfare in an agrarian economy ［J］. Heliyon，2020，6（10）：e05252.

［90］Weng Y，Zeng Y，Lin W. Do rural highways narrow Chinese farmers' income gap among provinces？［J］. Journal of Integrative Agriculture，2021，20（4）：905-914.

［91］Wang W，Gong J，Wang Y，et al. Exploring the effects of rural site conditions and household livelihood capitals on agricultural land transfers in China ［J］. Land Use Policy，2021（108）：105523.

［92］Jin S，Min S，Huang J，et al. Falling price induced diversification strategies and rural inequality：evidence of smallholder rubber farmers ［J］. World Development，2021（146）：105604.

［93］Liu R，Yu C，Jiang J，et al. Farmer differentiation，generational differences and farmers' behaviors to withdraw from rural homesteads：evidence from chengdu，China ［J］. Habitat International，2020（103）：102231.

［94］Xu M，Zhang Z. Farmers' knowledge，attitude，and practice of rural industrial land changes and their influencing factors：evidences from the Beijing-Tianjin-Hebei region，China ［J］. Journal of Rural Studies，2021（86）：440-451.

［95］Miao S，Chi J，Liao J，et al. How does religious belief promote farmer entrepreneurship in rural China？［J］. Economic Modelling，2021（97）：95-104.

［96］Leng G，Feng X，Qiu H. Income effects of poverty alleviation relocation program on rural farmers in China ［J］. Journal of Integrative Agriculture，2021，20（4）：891-904.

［97］Xue Y，Guo J，Li C，et al. Influencing factors of farmers' cognition on agricultural mulch film pollution in rural China ［J］. Science of The Total Environment，2021（787）：147702.

［98］Qiu T，Shi X，He Q，et al. The paradox of developing agricultural mechanization services in China：supporting or kicking out smallholder farmers？［J］. China Economic Review，2021（69）：101680.

［99］Xu X，Zhang Z，Kuang Y，et al. Waste pesticide bottles disposal in rural China：policy constraints and smallholder farmers' behavior ［J］. Journal of Cleaner Production，2021（316）：128385.

第八章　新型工业化、信息化与产业结构变迁

吴紫薇[1]　朱　兰[2]

（1. 北京大学国家发展研究院　2. 中国社会科学院数量经济与技术经济研究所）

　　人工智能、物联网、云计算等新一代信息技术引起新一轮产业变革，工业智能化、数字经济、产业融合发展成为新的产业结构变迁方向。党的十九大报告提出，"推动互联网、大数据、人工智能和实体经济深度融合"以及"推动新型工业化、信息化、城镇化、农业现代化同步发展"。其中新型工业化是信息技术革命对于工业部门的生产方式的变革，信息化以现代通信、网络、数据库技术为基础，为生产部门提供技术支持，降低成本，提高效率。产业结构优化的核心是新型工业化、信息化，而实施新型工业化、信息化必须建立在产业结构优化的基础上。本章将重点从新型工业化、信息化的经济效应、结构变迁的影响机制、经济效应和新动向四个方面，对近两年（2020—2021 年）中国学者在该领域取得的研究成果进行梳理和评述，介绍重要的文献、著作以及学术会议，以期为把握中国当下经济发展的典型特征和产业结构变迁的关键动向提供参考。

第一节　研　究　综　述

一、新型工业化、信息化的经济效应

　　改革开放，尤其是加入世界贸易组织以来，中国依靠相对廉价的劳动力、土地等成本优势，以及借助基础设施建设的"蛙跳效应"和后来者优势，持续推进城镇化、工业化，实现了产业结构的不断升级和经济的高速增长。新发展阶段中国经济增长和趋同，既是一个在新型工业化、信息化过程中实现企业优胜劣汰、产生"创造性破坏"的熊彼特过程，也是一个通过生产要素从低生产率部门向高生产率部门转移实现产业结构转型的库兹涅茨过程（蔡昉，2020）。新一轮信息革命本质上是由信息生产、交换、分配和消费方式变化引起的社会生产力和生产关系的巨大变革，极大提高了人类认识世界、改造世界的能力，带来生产力又一次质的飞跃。新型工业化和信息化发展对经济增长模式、劳动力市场发展、区域经济结构等逐渐产生新的影响，成为近两年学者们的研究重点。

（一）新型工业化的经济效应

　　新一轮信息革命和产业变革与我国加快转变经济发展方式形成历史性交汇。一方面，新一代信息技术、生物技术、新材料、新能源等不断突破，并与先进制造技术加快融合，

为制造业高端化、智能化、绿色化发展提供了重要的历史机遇；另一方面，我国制造业发展面临供给与市场需求适配性不高、产业链供应链安全受到挑战、资源环境约束趋紧等突出问题。与传统工业化相比，新型工业化有三个突出的特点：第一，以信息化带动工业化；第二，能够增强可持续发展能力；第三，能够充分发挥人力资源比较优势。

1. 新型工业化与经济增长

在新古典经济学的视角下，一个国家的长期经济增长可以归结为两个方面：一是要素投入的增加，二是要素生产率，即劳动生产率或全要素生产率的提高。新型工业化只有不断沿着提高制造业全要素生产率的方向发展，才能保证经济增长的可持续性。

杨光和侯钰（2020）在 Acemoglu 和 Restrepo（2018a）的基础上，通过理论建模和实证分析研究了工业机器人使用对经济增长的影响。文章将工业机器人的定价内生化，假设工业机器人生产存在规模效应以及使用工业机器人的部门具有较高生产效率，证明工业机器人的应用规模扩大能够改变产业结构，提高全要素生产率，影响经济增长。在实证方面，文章匹配了国际机器人联合会发布的工业机器人使用数据和佩恩表，得到 1993—2017 年 72 个国家或地区的机器人使用数据以及相应的宏观经济数据，实证结果发现机器人的使用确实对经济增长具有促进作用，其效应在人口红利晚期和后人口红利时期效果更加显著。文章对技术水平和资本进行中介效应分析，结果显示全要素增长率和资本都是工业机器人影响总产出的中介机制，其中全要素生产率是工业机器人影响经济增长的重要传导机制，其解释力达到总效应的 60%。

2. 新型工业化与劳动力市场

新型工业化要求充分发挥人力资本的优势，对劳动力市场产生了重要影响，包括不同技能、岗位、行业间就业机会与工资水平分化，资本与劳动两种要素的收入分化以及代际收入结构分化等问题。

新型工业化的发展一方面将会减少劳动力的需求，适应劳动力成本提高、制造业适龄人口减少的趋势，另一方面将改变人力资本需求结构，提升对技术人才的需求。孔高文等（2021）联合地区层面与行业层面的机器人使用与交易数据进行实证分析，检验机器人应用对于就业水平的影响。研究发现机器人应用规模扩大会显著降低本地未来一年的劳动力就业水平，尤其是易被机器替代的行业的就业水平。新型工业化对劳动力就业的影响与地区制度建设、劳动者保护政策、人力资本水平等有关。文章通过横截面检验发现，在低学历员工占比较高、劳动力保护较弱及市场化程度较高的地区，机器人应用所导致的"技术性失业"现象更为明显。虽然机器人应用导致了就业挤出效应，但对于不同的地区和行业，机器人应用也具有显著的就业溢出效应。宁光杰和张雪凯（2021）提出了新型工业化与就业之间互相作用的另一种机制，文章在当前劳动力成本上升、部分企业倾向使用机器替换人的背景下，考察了劳动力流转与企业机器设备投资、研发投入的关系。文章利用世界银行 2012 年中国企业调查数据进行实证研究，认为企业层面较频繁的劳动力流转（较高的员工变动率、离职率以及临时工比例）带来劳动雇佣成本上升，导致企业进行机器设备投资和研发投入以替代劳动力，为当前中国企业出现的机器替代劳动等资本深化现象提供了一个新的解释。

从技能结构来看，新型工业化可能扩大收入差距，加剧收入不平等。柏培文和张云

（2021）从受教育年限与职业类别两个维度划分高、中、低技能劳动者，将数字产业活跃度、数字创新活跃度、数字用户活跃度与数字平台活跃度合成数字经济指标，利用 2002 年、2007 年、2008 年和 2013 年中国居民收入分配课题组 CHIP 的截面数据建立城市人口红利指标，运用双重固定效应模型检验数字经济效应和人口红利下降对中低技能劳动者的权益影响。研究发现：（1）数字经济通过要素重组升级、再配置引致的效率变革与产业智能化削弱了中低技能劳动者的相对收入权，但通过数字化治理模式改善了中低技能劳动者的相对福利效应。（2）人口红利下降的劳动力短缺效应来源于中低技能劳动者的供给陷阱，人口红利下降改善了中低技能劳动者收入与福利水平；数字经济发展引致的低技能劳动力替代效应远高于人口红利下降的低技能劳动力短缺效应，导致低技能劳动者权益不断恶化，社会技能差距进一步凸显。

王林辉等（2021）简化了 Acemoglu 和 Restrepo（2018a）的人工智能技术模型，引入高技术与低技术两部门，将劳动收入分配分解为要素投入效应、岗位更迭效应和生产率效应，阐述人工智能发展对收入不平等的作用机制。其中要素投入效应表示高、低技术部门要素投入相对变化引发的收入差距的变动。生产率效应表示人工智能技术引发的高、低技术部门全要素生产率相对变化对劳动收入差距的影响效应。岗位更迭效应是指人工智能技术通过引发高、低技术部门自动化扩张与新岗位创造导致劳动岗位更迭，引起两部门劳动岗位比例相对变化，进而影响劳动收入差距。结合中国 2001—2016 年全国及省级层面数据，实证分析发现：（1）人工智能技术的生产率效应并非一定会加剧劳动收入不平等，通过自动化扩张和新岗位创造方式改变生产率引致劳动收入分配的效果不同。（2）人工智能技术的岗位更迭效应加剧劳动收入不平等，一是因为低技术部门自动化扩张，使劳动岗位被机器取代、劳动需求被削减，却难以在该部门通过岗位创造方式弥补就业下降，进而减少劳动收入并扩大与高技术部门收入差距；二是尽管人工智能技术在高技术部门通过自动化扩张替代劳动缩小收入差距，但也会创造大量新岗位，增加高技术部门劳动收入而加剧不平等。

3. 新型工业化与区域经济结构

工业智能化是制造强国建设的主攻方向，对于实现新型工业化、巩固实体经济根基具有重要作用。我国具有工业智能化的独特优势：第一，作为人口大国，我国具有丰富的人力资本，适合研发周期短、投入以人力资本为主的高新产业发展；第二，我国是世界第一制造大国，具有完整齐全的工业产业部门和产业链，为硬件的生产创新提供了条件，也为人工智能模型的学习、训练、优化提供了充足的数据资料；第三，我国有世界上最大的应用场景和消费市场，有利于软件的发展（林毅夫，2021）。

王书斌（2020）引入新经济地理学分析框架，围绕工业智能化对城市层级结构的影响展开研究。基于 Martin 和 Rogers（1995）提出的自由资本（free capital）模型，内生化企业智能资本投资，刻画资本的区际流动，发现智能化会使优势区域的企业生产获得更大程度提升，并且推进企业生产活动向优势区域集聚，即影响优势区域的集约边际和扩展边际。文章进一步构建包括基础建设、生产应用、竞争力和效益三方面的工业智能化水平测度指标体系作为核心解释变量，以智能科技成果作为工具变量，实证发现工业智能化升级有助于推动城市层级结构分化，增强了城市经济的"头部效应"，其原因在于工业智能化升级对大城市与县城经济产生了正、负相反的影响。文章在企业层面进行微观机理分析发现，工业智能化升级提升了大城市高用工成本企业的利润水平、实收资本和创业活跃度，缓解了大城市对高用工成本企业的"筛选效应"，增强了大城市企业集聚。

（二）信息化的经济效应

信息技术的发展对宏观经济增长的影响是经济学研究的重点议题。早期，Solow 曾提出关于信息技术的"生产率悖论"现象，即"我们到处都看得见计算机，除了在生产率统计里"。随着 ICT 技术的进一步普及，其对生产率的促进作用逐渐显现，并在 20 世纪 90 年代中后期，对提高美国总生产率、促进经济复苏做出了重要贡献（Stiroh，2002）。"生产率悖论"的破解，源于新一代信息技术具有网络效应和规模效应，随着新技术的普及范围与应用时间的延长，其生产率提升效应逐渐显现。而近两年的中文文献更加关注信息化对产业发展的带动，从而对社会经济结构产生的重要影响。

在企业层面上，施炳展和李建桐（2020）关注互联网普及率对制造业企业分工水平的影响，提出了互联网的普及可以促进企业分工水平的提升，并且这种促进作用的大小与互联网的网络规模密切相关的假说。文章提出的互联网普及率影响制造业企业分工的可能渠道包括：（1）互联网有利于大幅降低搜寻成本，从而促进企业参与专业化分工；（2）互联网会减少企业参与分工时所需承担的合约成本，从而增加专业化分工对企业的吸引力。基于 2001—2003 年和 2005—2007 年中国工业企业数据库中的企业电子邮箱数据，文章构建了一系列不同层次的互联网指标检验互联网对于企业分工的作用，并利用逐步回归法对互联网可否通过降低搜寻成本促进企业分工进行中介效应检验，通过构建交互项模型对互联网是否可以通过降低合约成本促进企业分工进行机制检验。研究发现，互联网普及率的提高可以显著促进中国制造业企业分工水平的提升，互联网普及率越高，促进作用越大，这主要是通过降低企业的搜寻成本而非合约成本实现的。进一步分析表明，互联网对企业分工水平的促进作用不会被其他通信及运输手段所取代；外省互联网普及率提高只能促进本区域的联网企业分工水平提升；国有企业分工水平对互联网作用不敏感；互联网仅能增加直接材料类中间投入外购比例，无法增加生产性服务类中间投入外购比例。

从区域经济结构的角度，李杰伟和吴思栩（2020）将人口规模纳入互联网与经济增长的分析框架，从城市角度重新估计了互联网对中国经济增长的影响。其研究匹配了中国 2001—2016 年城市级别宏观经济和互联网发展水平数据，基于索洛宏观模型，分别采用截面数据模型和面板数据模型进行实证分析。研究发现：第一，平均而言，互联网能提高中国城市的经济增长率，但结果并不稳健，原因在于互联网对人口规模较小的城市影响不显著或者影响为负；第二，城市人口规模越大，互联网对经济增长的促进作用越强，即具有虹吸效应；第三，互联网的网络效应可以解释这种强化作用。门槛回归的结果显示，只有当渗透率超过 7.72% 时，互联网才能显著地促进城市经济增长。门槛回归结果表明，即使在平均渗透率较低的中西部，互联网对其大城市经济的促进作用仍大于平均渗透率较高的东部小城市。因此，互联网基础设施的投资应在城市或者城市群层面上进行，以兼顾效率和地区的平衡发展。

二、产业结构变迁的影响机制

产业结构变迁通常指经济活动在产业部门间的重新分配过程（Chenery，1960；Kuznets，1957，1966，1973）。经济学理论中，产业结构变迁的基本作用机制包括三种：一是需求引致，比如非位似偏好导致的对于不同部门产品需求的广义恩格尔效应（Kongsamut et al.，2001）和国际贸易理论强调的国际需求变化对于经济体产业结构变迁的异质性作用（Mastuyama，2009）；二是供给推动，Ngai 和 Pissarides（2007）强调部门间技术进步差异引发相对价格效应，即所谓的"鲍莫尔病效应"；三是要素禀赋及其结构内生，如 Acemoglu 和 Guerrieri（2008）以及 Ju 等（2015）则强调部门间要素密集度差异（或者要素禀赋结构差异）驱动产业结构变迁。此外，市场扭曲、政府规模和宏观政策等非市场因素也会对产业结构变迁过程产生重要影响。

（一）需求侧的广义恩格尔效应

在需求侧，收入变化能否驱动产业结构变迁取决于产品需求的收入弹性的异质性。严成樑（2020）将货币政策引入产业结构变迁框架，发现假设消费受现金约束时，非位似偏好是通货膨胀影响产业结构变迁的重要原因；假设消费和投资同时受现金约束时，非位似偏好和资本深化都是通货膨胀影响产业结构变迁的原因。

（二）供给侧的相对价格效应

近年的产业结构变迁研究大多围绕供给侧视角，研究生产部门技术进步对产业结构转型的影响。劳动生产率增长率差异将导致停滞部门对于先进部门的相对价格或相对成本上升，驱动产业结构从先进部门转向停滞部门，即"鲍莫尔成本病"现象。21 世纪以来，程大中（2004），宋建和郑江淮（2017）等对中国经济是否存在"成本病"进行了检验，发现中国第二产业生产率增长速度快于第三产业。

郭凯明等（2020）建立了一个基于广义可加型偏好的多部门多地区一般均衡模型，将服务业比重的变化分解为工农业劳动生产率提高导致服务业比重扩大的工农业鲍莫尔病效应和服务业劳动生产率提高导致服务业比重缩小的服务业鲍莫尔病效应。文章使用省级数据进行的定量估计和数值模拟发现工农业鲍莫尔病和服务业鲍莫尔病的影响均非常显著，且影响程度存在区域性差异，从东部地区到中部和东北地区，再到西部地区，工农业鲍莫尔病的影响逐渐减弱，服务业鲍莫尔病的影响逐渐增强。徐朝阳和王韡（2021）将复合 CES 函数引入一个经典的鲍莫尔效应模型中，允许农业与非农业之间、工业与服务业增加值之间的替代弹性存在异质性，基于 1978 年以来的数据，发现仅仅依靠鲍莫尔效应，就可以较好地模拟中国农业增加值 GDP 占比不断上升、服务业增加值 GDP 占比不断下降和工业增加值 GDP 占比高位徘徊的基本经验事实，得出现在还不能判断我国已经进入工业部门劳动力比重和增加值比重下降的后工业化阶段的结论。

在有偏技术进步的影响下，相对价格变化驱动产业结构变迁的作用渠道和结论将被拓宽或改变（Bustos et al.，2016）。郭凯明和罗敏（2021）提出，产业内部有偏技术进步导致不同技能的劳动相互替代和不同产业的产品相互替代，改变了产业内部的技能密集程度和产业之间的相对产出比重，进而影响整体经济的技能密集程度和工资收入差距；产业内部有偏技术进步还会通过产业结构转型渠道影响其他产业技能密集程度。

（三）要素禀赋结构

郭凯明等（2020）从生产要素禀赋变化影响产业结构转型这一视角出发，基于Dennis 和 Iscan（2009）的研究建立了产业结构转型模型核算框架，提出了生产要素禀赋的相对数量、使用效率和配置效率影响产业结构的经济机制。文章使用 WIOD 的 SEA 数据库提供的 1995—2009 年中国和印度分行业的名义增加值、价格、物质资本和劳动的投入和回报等数据，定量评估和比较了生产要素禀赋的相对数量、使用效率和配置效率对中国和印度产业结构转型的影响。研究发现从生产要素禀赋的相对数量上看，两国物质资本深化降低了第二产业名义增加值比重，提高了第三产业名义增加值比重，对高技能劳动的产业分布的影响基本相同；中国物质资本深化显著提高了低技能劳动在第一产业的比重，印度物质资本深化对低技能劳动的产业分布影响较小。两国人力资本深化降低了第三产业名义增加值比重和高技能劳动力在第三产业的分布，影响程度非常接近，人力资本深化对低技能劳动的产业分布的影响都相对有限。从生产要素禀赋的使用效率上看，中国和印度全要素生产率增长的影响都较为显著，但方向相反。中国第三产业全要素生产率增速显著低于第一和第二产业，全要素生产率增长提高了第三产业名义增加值比重；印度第一产业全要素生产率增速最低，全要素生产率增长提高了第一产业名义增加值比重。这与对高技能劳动和低技能劳动的产业分布的影响基本相同。从生产要素禀赋的配置效率上看，中国和印度生产要素市场改革的影响大致相同。中国高技能劳动力在第二产业与在其他产业的相对回报率下降，降低了高技能劳动在第三产业的比重；而印度高技能劳动力在第三产业与在其他产业的相对回报率提高，也降低了高技能劳动在第三产业的比重。但两国生产要素市场改革对名义增加值和低技能劳动的产业分布的影响都很有限。

Hao 等（2020）发现，从 2000 年到 2015 年中国总收入翻了两番，省际收入差距下降了 1/3，农业就业占比下降了一半，并认为国内劳动力流动是这一转变的核心来源。文章基于人口流动数据，建立空间一般均衡模型，量化了 2000—2015 年国内人口流动成本降低的规模和影响。人口流动成本的降低不仅推动了经济的增长，在很大程度上也推动了农业劳动力的重新分配和降低地区不平等。文章比较了人口流动政策变化与其他重要经济变化（包括贸易成本、资本市场扭曲、平均资本成本和生产率的变化）对经济增长和结构转型的影响，发现流动人口政策的变化对中国的结构变化和地区收入趋同起关键作用，2010—2015 年经济总量增速放缓则与人口流动成本降低幅度变小和资本深化都相关。

（四）有为政府

政府的经济政策直接决定了用于生产目的的经济资源的多寡和配置。郭凯明等（2020）研究政府基础设施投资对于产业结构转型的作用机制，建立多部门动态一般均衡模型，划分传统基础设施和新型基础设施，认为传统基础设施影响部门全要素生产率，而新型基础设施增强资本扩展型技术。当制造业的资本产出弹性较高且制造业和服务业的产品替代弹性较低，或者制造业的资本和劳动的替代弹性较高时，新型基础设施投资将在供给侧通过提高制造业资本密集程度和实际产出比重推动制造业升级，通过提高服务业就业比重和名义产出比重推动服务业发展；当新型基础设施的服务业投入比重高于传统基础设施时，新型基础设施投资将在需求侧通过提高服务业就业比重和名义产出比重拉动服务业发展。

闫昊生等（2020）研究土地财政对于城市产业结构转型和"去工业化"的影响。借助"低丘缓坡"试点这一增加用地指标的外生冲击，通过双重差分法，文章研究发现降低土地供给会提高第三产业的产值占比，出现经济结构"去工业化"的倾向。文章建立土地财政依赖程度和土地利用集约化的指标，研究这一发现的内在原因。实证分析发现地方政府面临的财政压力越大，对于土地财政的依赖程度越高，缩紧土地供给越会推进产业结构向服务业转变。地方政府面临土地利用集约化的压力越大，越会追求土地的集约化利用，而服务业利用土地的集约化程度更高，土地集约化的压力也会推动城市产业结构转向服务业。

三、产业结构变迁的经济效应

经济发展的过程是一个产业结构不断调整和升级的过程。中国的市场化改革带来的产业结构变迁对于经济高速增长具有显著的推动作用。但众多学者认为大部分东亚国家和地区的经济增长主要依靠要素投入的增加，因此东亚经济的增长是不可持续的（Krugman，1994）。随着成本优势逐渐丧失，自然资源和环境约束凸显，粗放型经济增长难以为继，优化产业结构和转变经济发展方式势在必行。改革开放以来产业结构变迁对中国经济的推动作用有多大，产业结构的进一步调整是否能带来经济增长的效率提升，是学界关注的重大问题。

（一）产业结构变迁对经济增长的影响

产业结构变迁对于经济增长影响的相关研究，大多通过实证方法对全要素增长率进行测算估计，并分析其与产业结构变迁的动态关系。朱民等（2020）基于 UNSD 和 ILO 数据库的分行业增加值和就业数据构建全球样本，基于 World KLEMS 数据库构建发达经济体样本，利用两组样本基于新古典模型估计行业收敛系数。根据估计的行业收敛系数，计算 2019—2030 年中国各部门劳动生产率增长率，并结合各行业的就业占比以及劳动力增长率，预测经济增长率。文章认为随着中国进入后工业化时期，劳动力从工业持续流入服务业，将削弱部门间结构转型对经济增长的贡献，但较高的高技能服务业和高技术制造业收敛速度将成为新增长动能，有助于提高经济增长率。刘志彪和凌永辉（2020）基于跨国面板数据，实证分析发现结构转换对全要素生产率的影响效应呈现"倒 U"形：当结构转换度位于拐点值左侧时，结构转换有利于加速产业结构软化，进而对全要素生产率表现出促进效应；当结构转换度位于拐点值右侧时，结构转换则会引发产业空心化，从而对全要素生产率表现出抑制效应。研究认为，中国改革开放以来的结构转换已从适应性调整阶段转向战略性调整阶段，产业结构的服务化趋势愈加明显，但结构转换度总体上尚处在"倒 U"形曲线拐点值的左侧，结构转换对全要素生产率的影响表现为促进效应，中国应适当降低增长速度预期，通过加速结构转换来促进全要素生产率提升。田友春等（2021）

重构投入产出数据，采用数据包络分析（DEA）方法测算细分行业的 TFP 指数，考察中国 TFP 增速变化及提升途径。研究发现中国经济的高速增长由资本积累和 TFP 增长"双引擎"共同驱动，TFP 增长动力在技术效率和技术进步之间进行转换，中国经济结构服务化并不必然导致总量 TFPG 下降。中国需要通过第一产业劳动力的进一步转出，并且推进生产性服务业的市场化改革，构建开放性的知识密集型服务业和生产性部门之间的协同创新体系，提升生产性部门的技术进步增速水平。

（二）产业结构变迁对劳动力的影响

Yao 和 Zhu（2020）研究了产业结构变迁对于就业水平的影响，阐释了中国和发达国家经济周期表现不同的根源。发达国家总就业水平具有很强的顺周期性，就业水平的波动性与产出的波动性几乎一致，而中国总就业和产出的相关性接近于零，并且就业的波动性很小。文章通过整理 GGDC 的跨国面板数据，发现：（1）在部门层面上中国和 OECD 国家就业的周期性表现是相似的；（2）中国和 OECD 国家总就业表现上的主要差异源自处于不同发展阶段，中国存在从农业向非农业部门的劳动力转移趋势，导致经济结构变迁对总就业波动有明显影响；（3）GGDC 的跨国面板数据表明，农业和非农业部门的就业份额之比与人均 GDP 负相关，即在商业周期中收入效应对劳动力的跨部门重新配置具有重要作用。文章建立了包含生产率冲击和非位似偏好的两部门增长模型，同时解释了短期的就业波动和长期的结构转型，从实证和理论两方面证明了收入效应对劳动力的重新配置在短期和长期都具有重要作用。

郭凯明等（2020）基于 Acemoglu（1998）的研究对产业结构变迁如何通过资本深化过程影响收入不平等进行理论研究。文章在多部门动态一般均衡模型中引入了不同技能劳动力，发现在产业部门间产品替代弹性较低时，随着资本深化或资本密集型产业技术水平更快提高，生产要素将流向劳动密集型产业；如果劳动密集型产业同时也是技能密集型，那么技能溢价将上升，反之则下降；劳动力数量增长后，如果资本密集型产业同时也是技能密集型，那么即使高技能和低技能劳动力之比提高，技能溢价也可能会上升。郭凯明等（2021）研究了结构转型和人口转变的形成机理与互动关系。文章建立了一个内生产业结构转型和人口增长的代际交叠模型，结果表明一方面劳动生产率提高抬升了实际工资，通过总量效应促使家庭提高生育率；另一方面工农业劳动生产率相对服务业更快提高抬升了服务相对价格和养育相对成本，结构效应促使家庭降低生育率。

（三）产业结构变迁对贸易的影响

项松林（2020）通过建立多国两部门贸易模型，解释发展中经济体内在经济结构转型对其出口结构演变的作用机制，并基于全球 150 个经济体 1995-2017 年的 HS6 位码贸易数据，使用老产品新市场（OPND）、新产品老市场及新产品新市场（NPND）作为衡量扩展边际的基础，将老产品老市场界定为集约边际，研究农业劳动力相对数量如何影响贸易增长的二元边际。研究结果表明，农业剩余劳动力的非农转移降低了老产品出口企业的零利润条件，提高了潜在生产者进入市场研发并出口新产品的零利润条件，从而有利于老产品企业出口规模扩大，不利于新产品企业出口增加，即更有利于出口集约边际增长，不利于扩展边际扩张。发达经济体出口增长主要以扩展边际为主，而发展中经济体的出口增长中集约边际贡献更大。中国要重视全球贸易增长二元边际的差异性，发挥"贸易的全球减贫"作用，重视集约边际的出口增长作用。

四、产业结构变迁的新动向

每一次产业技术革命都给人类生产生活带来巨大而深刻的影响，经济结构的复杂化、对于经济高质量发展的追求使发展经济学的内涵日益丰富。库兹涅茨产业结构理论根源于英国工业革命之后出现的现代产业结构变迁和经济增长。目前新一轮信息技术革命对产业范式变迁、企业组织形态重构以及就业和消费方式变化的影响已经初露头角。新一代信息技术和产业变革背景下，我国产业结构变迁出现新的特征：新技术、新产业、新模式不断出现，工业高端化智能化绿色化转型，生产性服务业的重要性不断提升，三次产业深度融合。围绕产业结构变迁的新动向，我国发展经济学学者对于产业结构变迁的研究不再局限于对于三大产业增加值和就业份额的动态变化的推演，而是展开了更加具体而深入的研究。

（一）生产性服务业

随着经济服务化趋势的加快，结构经济学开始关注产业结构转型过程中服务业的发展与作用，尤其是生产性服务业。发达国家服务产业结构普遍存在"两个70%"现象，即服务业占GDP的70%、生产性服务业占服务业的70%。但是，我国服务业占GDP比重尚不足50%，同时存在服务要素投入缺乏竞争力、生产性服务业发展相对滞后、服务业产业结构不合理等问题。Fang和Herrendorf（2020）通过构建理论模型研究中国生产性服务业发展不足问题，发现在相似的发展阶段，中国的高技能服务业就业占比低于其他经济体的平均水平。文章构建了一个划分制造部门、高技能密集型服务部门和低技能密集型服务部门的结构转型模型，通过参数校准方法发现中国高技能密集型服务业存在的高准入门槛限制了其发展规模，如果现有的准入门槛取消，中国高技能密集型服务业和人均国内生产总值都将大幅提高。文章认为可能是国有企业在高技能密集型服务业中的地位导致准入门槛提高。

生产性服务业对于制造业升级和产业结构合理化具有重要作用，近两年的文章大多从实证方面研究制造业与服务业的匹配情况以及生产性服务业的作用机制。从服务业和制造业的发展匹配水平看，中国高端服务业与先进制造业匹配发展水平存在区域差异，绝对差异呈现扩大态势和两极分化现象，区域间差异是总体差异的主要来源（孙畅和吴芬，2020）。从全球价值链角度看，生产性服务业数量在增加，层次在扩展，新兴产业占比在加大，分工程度在深化，我国生产性服务业的后向参与程度日渐提高，但前向参与程度依然较低，在价值链中的获利能力也较低（黄蕙萍等，2020）。郭淑芬等（2020）基于2008—2017年中国地级市面板数据，建立生产性服务业空间集聚度、高低端生产性服务业之比和与制造业协同集聚水平指标，分别从发展规模、发展结构和发展质量三个维度测度生产性服务业发展，分析其对产业结构调整升级的作用机制。计量分析发现，生产性服务业发展对产业结构合理化的作用大于对产业结构高级化的作用，且生产性服务业发展质量提升能促进产业结构调整升级，但发展规模过大、发展结构初级化抑制了产业结构调整升级；生产性服务业结构高端化是促进产业结构调整升级的关键。韩峰和阳立高（2020）基于内生增长理论构建理论分析框架，采用动态空间杜宾模型探讨了生产性服务业集聚对制造业结构升级的影响机制，研究发现生产性服务业专业化集聚通过发挥规模经济效应和技术外溢效应，对本地和周边地区制造业结构升级均产生了显著促进作用，而多样化集聚仅通过规模经济效应促进了本地制造业结构升级，且长期效应大于短期。

生产性服务业是其他商品和服务用作中间投入的服务业，在工业化的过程中生产性服务业不仅有助于工业生产更高效运营和提升产出价值，并且逐渐成为技术创新的主要提供者和传播者，对经济发展具有战略功能和推进作用。徐朝阳和张斌（2020）基于中国服务业供给抑制的现象，建立两部门宏观经济框架，从广义恩格尔效应角度，讨论我国从制造业到服务业的消费升级和结构转型。广义恩格尔效应指的是超过一定真实收入门槛值以后，居民的一般制造业产品消费逐渐饱和，制造业支出增长慢于收入增长，服务支出增长快于收入增长的现象。文章论述了中国从制造业向服务业的经济结构转型过程中，服务业存在的供给抑制现象将造成供求错配、产能过剩和内需不足等问题，使得经济增速低于潜在水平，强调了服务业和非服务业存在内生的动态结构关系，对中国近年来的经济增速下滑提出了一种互补性的解释。

（二）制造业与服务业融合

随着信息通信技术的发展和广泛应用，面对日益激烈的市场竞争和多样化的顾客需求，越来越多的制造企业开始提供"产品+服务"的解决方案（Jacob and Ulaga，2008），生产性服务业与制造业之间的边界越来越模糊，两者出现了融合趋势（周振华，2003）。党的十九大报告明确提出构建现代化经济体系，推动先进制造业和现代服务业深度融合的战略目标。如何持续有效提升中国企业的制造业服务化水平，实现中国制造业产业链水平和国际分工地位的提升，成为摆在学术界、政府和产业界面前的重大现实问题和研究热点。

高翔和袁凯华（2020）基于国家区域间投入产出表、中国工业企业数据库和海关贸易数据库，利用投入产出分析方法和企业贸易增加值核算方法，从服务要素投入视角对中国制造业企业服务化水平进行测度和动态分析。文章发现2000—2011年加工贸易企业和一般贸易企业的制造业服务化水平上升幅度不大，但国内服务要素对于中国企业制造业服务化转型的贡献程度在不断提高。比较来看，加工贸易企业的国内服务化程度低于一般贸易企业，但其国内服务化进程要快于一般贸易企业，呈现明显的"国内服务替代国外服务"的趋势特征。进一步考察不同行业类型、所有制属性和空间区域的异质性因素后发现，劳动密集型企业、外资企业和东部地区企业的制造业服务化水平相对较高。孙晓华等（2020）将服务业务分为嵌入式与混入式两大类，基于"营改增"政策，将首批试点的上海市制造业上市公司作为处理组，其他非试点地区制造企业作为对照组，利用PSM-DID方法实证检验了"营改增"试点对制造业与服务业融合的作用。研究发现"营改增"政策的实施，显著提高了试点地区制造业的嵌入式服务水平，产生了"服务创造"效应，同时降低了混入式服务水平，带来了"服务挤出"效应。

（三）绿色转型

习近平总书记提出了"绿水青山就是金山银山"的论断，并在十九大报告中将建设富强、美丽中国作为全面建设社会主义现代化国家的重大目标，提出着力解决突出的环境问题，促进经济高质量发展。面向碳达峰碳中和目标，产业结构绿色低碳转型成为未来经济社会可持续发展的重要路径。

余泳泽等（2020）整理了城市政府工作报告中公开的环境目标约束数据，将公开环境目标的城市作为实验组，划分清洁生产行业和非清洁生产行业，从城市整体产业结构变动、制造业结构水平和制造业技术水平三个方面构建产业转型升级指数，采用 DID 模型从城市和企业两个维度实证检验了地方政府环境目标约束对产业转型升级的影响，并分别选取同省地级市个数和区域内河流密度作为工具变量解决内生性问题。分析发现将环境绩效纳入官员考核后，面临环境目标约束的地方政府，其产业转型升级效果较为明显。沈小波等（2021）基于三次产业的就业份额和产出份额数据，测度 1978—2016 年中国分地区的产业结构扭曲指数，并利用空间面板模型考察分地区产业结构扭曲对能源强度的影响。结果表明，改革开放以来，中国分地区产业结构扭曲指数总体上显著下降，东部地区产业结构扭曲指数最低，中部地区次低，西部地区最高。空间杜宾模型空间固定效应估计表明，产业结构扭曲是抑制能源强度下降的一个重要因素，提高能源价格、提升对外贸易水平、优化外商直接投资有助于驱动能源强度下降。

五、研究总结与展望

当前中国新型工业化、信息化进入加速发展期，产业结构变迁出现新特征、新方向、新模式。学者们基于不同视角，从宏观、中观、微观等不同层面研究新型工业化、信息化对经济增长、就业结构、技能结构、区域经济布局等经济社会层面的影响，探讨新的信息技术革命的经济效应和作用机制。近两年围绕产业结构变迁的研究话题日益丰富和多元，主要表现在：第一，更加强调服务业的重要性。随着我国进入中高收入阶段，服务业尤其是生产性服务业对产业结构转型和跨越中等收入陷阱的影响增加；第二，更多关注两化融合、数字经济等新模式。在新一代信息技术支撑下，制造业服务化、制造业与服务业融合发展、平台经济、数字经济等成为新的研究热点与重点；第三，更加强调产业结构绿色转型。碳达峰、碳中和目标的提出使得产业结构绿色转型的重要程度提升，更多学者开始围绕产业结构变迁的减污降碳作用、产业结构绿色低碳发展、循环经济体系建设等开展研究，如何通过产业结构变迁助力碳达峰碳中和成为新发展阶段的重要研究问题。

尽管近两年围绕新型工业化、信息化和产业结构变迁的研究取得了较大的进展，但总体来说，依旧存在两方面不足：一是受限于新型工业化、信息化的相关数据，目前研究大多以宏观层面或者定性研究为主，对新型工业化和信息化严谨的微观研究相对不足，难以深入探讨新型工业化和信息化的影响机理；二是对相关新技术的界定模糊，研究对象混淆，比如工业机器人和人工智能，数字经济中的产业数字化与数字产业化等。Bukhtt 和 Heeks（2018）将数字经济进行了三层划分：首先是核心层或基础层，即数字（IT/ICT）部门，主要包括硬件或软件智能制造、IT 咨询、信息与电信服务业；其次为数字经济狭义层，涵盖了数字服务与平台经济；最后是数字经济广义层，主要涉及电子商业、工业4.0、精准农业与算法经济。不同的信息技术可以表现为对劳动或资本要素的替代或互补，对劳动增强型技术或资本增强型技术的扩展，或者是全要素增长率的提升。比如，互联网发展属于信息基础设施范畴，具有普适性和普惠性；工业机器人属于资本偏向性技术进步，更强调"自动化"在大规模工业生产中对劳动力的技能替代，进而影响劳动力市场结构；人工智能则属于通用型技术进步，有助于降低学习门槛和技能门槛，进而影响劳动力技能结构。厘清新一代信息技术的技术特性和应用场景，了解不同技术在不同要素禀赋结构的地区、产业、企业的融合程度和应用模式，是准确识别新一代信息化技术对产业结构变迁以及经济发展影响及其机理的前提。只有明晰信息技术在生产函数中的性质，才能推导其对经济增长和经济结构的作用机制。这是未来深入研究需要注意和加强的方向。

第二节　重要论文

1. 杨光，侯钰．工业机器人的使用、技术升级与经济增长［J］．中国工业经济，2020，391（10）：138-156.

研究背景：党的十九大报告提出，"推动新型工业化、信息化、城镇化、农业现代化同步发展"。工业机器人的使用必将是推动"四化"融合中的重要一环。根据国际机器人联合会发布的《全球机器人2019》，全球现存的工业机器人超过200万台。2017年中国共有各类工业机器人50.12万台，几乎是1999年的100倍。2018年日本、德国的工业机器人销量分别同比增加21%、26%，均创历史新高，韩国的工业机器人安装量自2013年以来年均增长12%，美国也连续8年保持增长。工业机器人作为智能化和自动化时代的重要发明将会影响经济系统的各个方面，而相比于其产生的重要影响，目前的任务模型在技术内生化方面的研究并不完善，无法清晰地描述机器人如何影响全要素生产率，进而影响经济增长。

基本结论：在理论分析方面，文章拓展了Acemoglu等（2016，2018a）改进的任务模型，将工业机器人的定价内生化，并且假设工业机器人的生产存在规模效应，工业机器人的使用对经济增长的影响不仅体现在工业机器人对劳动的替代上，还体现在其促进TFP的提高上。在实证方面发现：（1）机器人的使用确实对经济增长具有促进作用，其效应在人口红利晚期和后人口红利时期效果更加显著。（2）全要素增长率和资本都是工业机器人影响总产出的中介机制，其中全要素生产率是工业机器人影响经济增长的重要传导机制，其解释力达到总效应的60%。

主要贡献：（1）在理论层面上将工业机器人制造商的定价行为引入传统的任务模型，将各部门是否采用工业机器人进行生产的选择内生化，进而发现TFP的内生性。这在理论上描述了TFP是工业机器人影响经济增长的重要传导机制。（2）在实证层面上有一定的数据创新，将工业机器人数据与最新的PWT数据库进行了匹配，共得到72个国家或地区的面板数据，涵盖了几乎所有使用工业机器人的重要国家或地区。（3）在研究结论上，证实了工业机器人的使用会促进各国的经济增长，还发现TFP作为重要的传导机制解释力较大，并且在剔除样本自选择效应后，这一传导机制仍然存在。

现实意义：本文的政策启示为：（1）低成本生产工业机器人对于提高生产的自动化水平，逐步形成以国内大循环为主体、国内国际双循环相互促进的新发展格局意义重大。（2）要高度重视机器人行业中的新技术、新发明和新趋势，并且形成预判。也应重视服务业机器人发展的新趋势，并高度重视对相关劳动者的教育以及人力资本的投入。（3）完善工业机器人从研发到应用的整体产业链，从数量和质量两方面提高中国工业机器人的发展水平。提高对于工业机器人的研发投入，实现工业机器人全产业链的自主可控是中国下一阶段的重要任务。

2. 施炳展，李建桐. 互联网是否促进了分工：来自中国制造业企业的证据 [J]. 管理世界，2020，36（4）：130-149.

研究背景：在过去的20余年里，互联网的引入和快速普及深刻改变了中国经济的各个方面。而伴随着我国经济结构的持续转型升级以及网络强国战略、"互联网+"行动计划、"十三五"国家信息化规划等一系列重大决策的出台，互联网在未来很长一段时间内仍将对中国经济产生全方位的重大影响。在此背景下，准确、全面地理解和评估互联网的经济效应成为摆在中国学者面前的一个重要课题。

基本结论：基于2001—2003年和2005—2007年中国工业企业数据库中的企业电子邮箱数据，文章构建了一系列不同层次的互联网指标检验互联网对于企业分工的作用，并利用逐步回归法对互联网可否通过降低搜寻成本促进企业分工进行中介效应检验，通过构建交互项模型对互联网是否可以通过降低合约成本促进企业分工进行机制检验。研究发现：（1）互联网能够有效提升中国制造业企业的分工水平。（2）互联网对企业分工水平的影响明显受到互联网网络规模的调节，互联网普及率越高，互联网对企业分工水平的促进作用也越大。（3）互联网对企业分工的促进作用主要是通过降低搜寻成本实现的，其在降低企业参与分工时的合约成本方面的作用并不明显。（4）互联网对企业分工的影响具有独立性，不会被其他通信手段和运输手段所代替；外省互联网普及率提高只能促进联网企业分工水平提升，联网可以帮助企业更好地利用互联网普及率提高所带来的分工上的好处。（5）互联网对企业分工水平的影响具有一定的异质性：私营企业和外资企业对互联网的作用更敏感，而国有企业的分工则较少受到互联网的影响；互联网仅能提升企业对直接材料类中间投入的外购比重，无法提升企业对生产性服务类中间投入的外购比例。

主要贡献：（1）从研究问题看，首次考察了互联网对中国企业分工水平的影响，丰富了国内互联网与经济交叉领域的实证文献，深化了对互联网经济效应的认识。（2）从研究对象看，已有关于信息技术如何影响企业分工的文献多以发达国家为研究对象，文章以典型的发展中国家——中国作为研究对象，为信息技术影响企业分工的理论提供了来自发展中国家的经验证据，并从企业分工这个特定角度揭示了提高互联网普及率（网络规模）对于发展中国家所具有的独特意义。（3）从研究结论看，文章首次实证检验了互联网对企业分工水平的影响机制。

现实意义：地方政府应积极推广互联网，提高本地区互联网的普及率，鼓励互联网与实体经济特别是制造业融合发展，通过互联网的普及促进企业参与专业化分工，推动地区内部市场整合；中央政府则应致力于缩小地区之间互联网普及程度的差异，以避免由互联网普及程度差异引起地区之间分工水平更大的差距。

3. 高翔，袁凯华. 中国企业制造业服务化水平的测度及演变分析［J］. 数量经济技术经济研究，2020，37（11）：3-22.

研究背景：制造业服务化已经成为全球产业发展的重要趋势。党的十九大报告明确提出构建现代化经济体系，推动先进制造业和现代服务业深度融合的战略目标。如何持续有效提升中国企业的制造业服务化水平，实现中国制造业产业链水平和国际分工地位的提升，成为摆在学术界、政府和产业界面前的重大现实问题和研究热点。

基本结论：基于国家区域间投入产出表、中国工业企业数据库和海关贸易数据库，利用投入产出分析方法和企业贸易增加值核算方法，从服务要素投入视角对中国制造业企业服务化水平进行测度和动态分析。研究发现：（1）2000—2011 年加工贸易企业和一般贸易企业的制造业服务化水平上升幅度不大，制造业服务化转型进程较为迟滞。（2）国内服务要素对于中国企业制造业服务化转型的贡献程度在不断提高，加工贸易企业的国内服务化程度低于一般贸易企业，但其国内服务化进程要快于一般贸易企业，呈现明显的"国内服务替代国外服务"的趋势特征。（3）劳动密集型行业实现了较为快速的国内服务化转型进程。资本密集型行业国内服务化转型相对落后。（4）知识密集型行业的国内服务化转型程度最高，国内服务已无法满足知识密集型行业制造业服务化转型要求，对于高端服务的需求只能更多依赖国外进口。相同贸易方式下外资企业的制造业服务化水平要大于本土企业的制造业服务化水平。（5）东部企业的制造业服务化水平要高于中西部企业的制造业服务化水平。

主要贡献：（1）文章在构建企业制造业服务化指数的测算框架基础上，首先利用OECD-ICIOT 数据测算了 2000—2011 年间中国制造业出口中蕴含的增加值和服务增加值，进而利用同时期中国出口企业的增加值率指标作为权重因子进行加权处理，测算了高度细化的企业制造业服务化指数。（2）文章在借助 OECD-ICIOT 数据和中国制造业企业数据测算企业制造业服务化指数时，不仅采用贸易增加值核算方法有效规避了传统贸易统计中存在的"虚假统计""重复统计"等问题，还综合考虑了服务要素投入的国别来源、贸易方式的二元特征、行业特点、所有制属性、空间区域异质性等重要影响因素，对近年来中国企业的制造业服务化水平及其变化趋势进行了准确的识别和详细的讨论。

现实意义：为后续对中国企业制造业服务化水平的影响因素和效应评估研究提供范式借鉴，同时为促进中国制造业转型升级及全球价值链地位攀升提供决策参考。

4. 余泳泽，孙鹏博，宣烨. 地方政府环境目标约束是否影响了产业转型升级？［J］. 经济研究，2020，55（8）：57-72.

研究背景：改革开放以来，中国依靠重工业先行的发展战略推动了经济的高速增长。由于中国重工业发展方式具有明显的高污染和粗放式的特点，环境问题随着重工业发展被迅速放大。严重的环境污染不仅导致社会福利降低，更给中国造成了约占 GDP 的 8%～15%的经济损失。环境治理能否与产业转型升级实现"双赢"，是急需研究的一个重大现实问题。

基本结论：文章整理城市政府工作报告中公开的环境目标约束数据，将公开环境目标的城市作为实验组，划分清洁生产行业和非清洁生产行业，从城市整体产业结构变动、制造业结构水平和制造业技术水平三个方面构建产业转型升级指数，采用 DID 模型从城市和企业两个维度实证检验了地方政府环境目标约束对产业转型升级的影响，并分别选取同省地级市个数和区域内河流密度作为工具变量解决内生性问题。分析发现：（1）在将环境绩效纳入官员考核体系后，地方官员主动公开环境目标的约束行为显著推动了城市的产业转型升级。（2）环境目标约束会使地方政府通过加强环境规制，调整产业政策和财政支出结构以及直接和间接引导企业进行创新等行为，推动当地产业转型升级。（3）主动推行和晋升激励较强的城市环境目标约束引导产业升级的效应更强。

主要贡献：（1）在研究视角上，将环境政策与政府目标约束行为相结合，探讨了地方政府执行环境规制政策的内在动因即地方政府环境目标约束性考核对产业转型升级的影响，从而拓展了中国情形下环境政策影响产业转型升级的相关研究。（2）在研究样本上，从城市和企业两个维度考察城市产业转型升级情况。

现实意义：文章为中国实现环境治理与产业转型升级的"双赢"提供了现实依据。文章的政策启示包括：（1）完善官员考核评价体系，切实强化环境绩效考核。（2）树立绿色高效的发展导向，正确引导地方政府竞争。（3）持续推进"放管服"改革，推进政府治理转型。（4）进一步提升官员的环境保护意识，加强环境信息披露制度建设，扩大环境信息披露范围，强化政务公开机制，配合"放管服"改革，加强民主监督。（5）大力调整投资结构，制定政策激励和引导资金更多地流向高新技术行业，将有限的资金更多地转向新兴产业的培育上，推动城市产业结构转型升级。

5. 田友春，卢盛荣，李文溥．中国全要素生产率增长率的变化及提升途径——基于产业视角［J］．经济学（季刊），2021，21（2）：445-464.

研究背景：改革开放以来，中国经济实现了堪称"世界奇迹"的近 40 年高速增长。但是，经济增长质量却也不断受到一些学者的质疑（Krugman，1994；Young，2003；Wu，2014），理由是中国全要素生产率增长率（TFPG）水平太低，难以支撑经济长期高速增长。另外，2012 年以来，中国经济增速大幅下降，目前仍面临着继续下降的较大压力，如何在新常态下夯实经济增长的内生动力基础，是当前中国急需解决的问题。

基本结论：文章重构投入产出数据，采用单一产出、两种投入（资本和劳动）基于产出的 DEA 模型方法测算细分行业的 TFP 指数，从经济增长来源和 TFP 增长动力两个方面揭示了中国 TFPG 水平及其动态变化，分析了总量 TFPG 的细分行业来源及其变化。深入探讨了 2009 年以来中国 TFPG 大幅下降的原因和提升途径。研究发现：（1）中国经济的高速增长由资本积累和 TFP 增长"双引擎"共同驱动。（2）TFP 增长动力在技术效率和技术进步之间进行着转换。1991—2000 年，TFP 增长的主导力量是技术效率改善，在2001—2010 年，TFP 增长动力在于技术进步的提高，而 2011—2014 年，技术效率增速又超过技术进步增速。（3）总量 TFP 增长的行业来源更趋多元化和合理化，突出表现为，消费性服务业 TFPG 由负转正、名义增加值份额向 TFPG 为正的行业进行转移和细分行业 TFPG 贡献标准差变小三个方面。（4）中国经济结构服务化并不必然导致总量

TFPG 下降。

主要贡献：（1）构建和使用更为合理的投入产出指标数据，从而对 TFPG 变化动态的研究结果更加符合中国实际；（2）拓展研究视角，从行业内部视角深入探讨 2009 年以来中国 TFPG 大幅下降的原因和提升途径，为当前的"供给侧"改革提供政策思路；（3）尝试使用 TFPG 反推时变要素产出弹性，资本产出弹性的测算结果能够较好地反映出经济波动的影响，这可能对更精确地测算产能利用率具有借鉴意义。

现实意义：中国需要通过第一产业劳动力的进一步转出，从根本上扭转其长期以来阻碍总量 TFP 增长的不利局面；需要借助对外开放的倒逼机制，推进第三产业垄断性行业的市场化改革，提高技术效率增长速度；需要通过加快生产性服务业的市场化改革，构建开放性的知识密集型服务业和生产性部门之间的协同创新体系，提升生产性部门的技术进步增速水平。

6. 郭凯明，杭静，颜色. 资本深化、结构转型与技能溢价［J］. 经济研究，2020，55（9）：90-105.

研究背景：改革开放以来中国经济快速发展，人均收入增幅超过了 20 倍，但是当前发展不平衡不充分问题仍然突出，收入分配差距较大。如何有效实现效率和平等的动态平衡已经成为中国经济高质量发展的一个重要目标，党的十九届四中全会也把按劳分配为主体、多种分配方式并存上升为社会主义基本经济制度。中国收入不平等程度变化的一个重要原因是劳动力市场技能溢价，即高技能和低技能劳动力的工资差距在持续扩大。而在技能溢价上升的同时，中国产业结构也发生了快速转型。

基本结论：文章建立了一个包含不同技能劳动力的多部门动态一般均衡模型，通过理论分析和定量模拟，发现在产业部门间产品替代弹性较低时，随着资本深化或资本密集型产业技术水平更快提高，生产要素将流向劳动密集型产业；如果劳动密集型产业同时也是技能密集型，那么技能溢价将上升，反之亦然。文章提出即使不假设资本和技能的互补性或技术进步的方向性，资本深化和技术进步带来的结构转型过程本身也会改变技能溢价。

主要贡献：（1）强调了即使不引入资本和技能的互补性或技术进步的方向性等假设，资本深化和技术进步带来的结构转型本身也会推动技能溢价变动，因而为技能溢价和工资收入不平等提供了新的理论解释。（2）文章发展了结构转型与收入分配的关系研究。

现实意义：（1）在中国经济高质量发展阶段产业结构优化升级的过程中，应当认识到效率和平等之间可能存在一定的客观矛盾。收入差距趋于扩大的分配矛盾将长期成为中国经济发展中的重要特征，仅依靠市场力量难以同时实现效率和平等的双重目标。（2）政府在推动产业结构优化升级的同时，改善劳动力市场供给结构的针对性政策需要同时到位、与之配合。

7. 徐朝阳，张斌. 经济结构转型期的内需扩展：基于服务业供给抑制的视角［J］. 中国社会科学，2020，289（1）：64-83，205.

研究背景：党的十六大报告提出扩大内需是我国经济发展长期的、基本的立足点，党的十七大重申了坚持扩大内需特别是消费需求的方针。在党的十八大报告中，中央进一步提出要牢牢把握扩大内需这一战略基点，加快建立扩大消费需求长效机制，释放居民消费潜力，保持投资合理增长，扩大国内市场规模。2018 年年底，面对中美贸易摩擦日趋严峻的形势和深刻变化的国际经济环境，中央进一步提出"促进形成强大国内市场，提升国民经济整体性水平"的目标要求。

基本结论：文章基于中国服务业供给抑制的现象，建立两部门宏观经济框架，刻画了收入水平的持续提高推动了需求端从制造业到服务业的结构升级，而服务业处于供给抑制政策环境下，经济运行会面临持续放大的供求错配、产能过剩和国内总需求不足问题，仅当外需充足时，经济才能维持潜在增长。若外部环境恶化，外需无法充分吸收本国过剩产能，则经济增速下滑，产出会低于潜在水平。文章从广义恩格尔效应角度强调了服务业和非服务业存在内生的动态结构关系，对中国近年来的经济增速下滑提出了一种互补性的解释。

主要贡献：（1）文章将中国经济结构转型过程中的两个关键特征嵌入宏观经济模型。第一个特征是广义恩格尔效应，即收入水平超过一定门槛值以后，居民对一般制造业产品消费逐渐饱和，经济开始从制造业到服务业的结构升级；第二个特征是中国的服务业部门存在的供给抑制现象。（2）文章解释了在过去的 20 年里，为什么我国经济增长经常受制于内需不足问题从而比较容易受外部因素的干扰。

现实意义：（1）为了积极稳妥地推进改革，必须保持稳定的宏观经济环境。面对国内总需求不足，需要加快推进供给侧结构改革，一段时期里把稳定总需求作为宏观经济政策的基本目标取向。（2）政府需要考虑实施有利于扩大消费的总需求管理政策，推动积极财政政策从支持生产为主向支持消费为主转变。（3）政府应当加大民生福利支出力度，加快公共服务业"补短板"，不断满足人民日益增长的美好生活需要。

8. Hao T, Sun R, Tombe T, et al. The effect of migration policy on growth, structural change, and regional inequality in China [J]. Journal of Monetary Economics, 2020 (113)：112-134.

研究背景：2000—2015 年，中国人均 GDP 翻了两番，农业的就业占比下降 50%，省际收入不平等下降 1%，劳动力的区域流动是这一转变的重要来源。跨区域的劳动力流动从 2000 年的 1.1 亿人增加到 2015 年的近 3 亿人，这主要是因为人口政策降低了流动成本。

基本结论：整合了中国产出、资本、就业、贸易和人口流动的数据，揭示了中国关于结构转型和区域趋同的四个关键事实：（1）2000—2015 年，人均实际 GDP 呈现区域趋同。（2）同段时间内，农业和非农业部门的人均 GDP 没有出现行业趋同。（3）结构转型是经济增长和区域趋同的重要来源。（4）中国的结构转型和省际人口流动密切相关。基于 Tombe 和 Zhu（2019）的研究，引入物质资本和非位似偏好，建立包含劳动力迁移和贸易的多部门空间均衡模型，比较人口流动成本降低和其他重要经济变化对经济结构的影响，研究发现：（1）人口流动成本的变化是农业劳动力重新分配和区域收入不平等下降的主要原因，人口流动政策降低了流动成本，对 2000—2015 年中国的结构转型和区域趋同具有重要意义。（2）2010 年之后，行业间和省份间的劳动力流动速度明显放缓，经济增长减缓并且对信贷扩张和资本积累的依赖日益增强。

主要贡献：（1）整合了中国产出、资本、就业、贸易和人口迁徙的详细数据，研究覆盖 2000—2015 年这一较长时期。（2）结合劳动力区位和职业选择的调查数据与包含空间劳动力迁移和部门间劳动力转移的多部门空间均衡模型，量化了政策驱动的人口流动成本降低的程度和影响。

现实意义：政府应当实施进一步降低省际城乡人口迁移成本的政策措施，促进经济增长和产业结构变革，减少中国的区域收入不平等。

9. Fang L, Herrendorf B. High-skilled services and development in China ［J］. Journal of Development Economics, 2021 (151)：102671.

研究背景：1978 年经济改革后，中国人均 GDP 平均年增长率约为 7%，伴随经济增长的是大量劳动力从农业部门转移到生产率更高的非农业部门，特别是制造业。按照历史经验，结构转型的第二个阶段应当是劳动力从制造业转移到服务业。

基本结论：文章比较官方统计数据发现，中国高技能密集型服务业的就业份额远低于相同人均 GDP 水平的国家，而低技能密集型服务业的就业份额相差不大。文章构建了一个划分制造部门、高技能密集型服务部门和低技能密集型服务部门的结构转型模型，研究发现：（1）中国高技能密集型服务业存在的高准入门槛限制了其发展规模。（2）如果现有的准入门槛取消，中国高技能密集型服务业和人均国内生产总值都将大幅提高。（3）准入门槛的来源可能是国有企业在高技能密集型服务业中的主导地位。

主要贡献：文章研究结构转型的第二阶段，劳动力从制造业向服务业尤其是高技能密集型服务业的转变。通过理论建模，识别了劳动生产率、技能结构和行业扭曲对中国经济增长的作用，尤其是识别了高技能服务业高准入门槛对于行业发展的限制。

现实意义：高技能密集型服务业中国有企业存在的垄断问题很少被探讨，本文进行跨国的横向比较，强调经济发展和结构转型应当着重发展建设专业化、高端化的高技能密集型服务业，为深化国有企业改单提供了方向性的建议。

10. Yao W, Zhu X. Structural change and aggregate employment fluctuations in China ［J］. International Economic Review, 2021, 62 (1)：65-100.

研究背景：发达国家商业周期的一个显著特征是总就业和总产出有较强的正相关性，即总就业顺周期，但是在中国，总就业与总产出的相关性接近于零，其波动性也非常低。中国劳动力在农业部门和非农业部门之间的重新配置效应和收入效应是理解中国总就业波动的关键。

基本结论：（1）在部门层面上中国和 OECD 国家就业的周期性表现是相似的，行业就业的波动性高于行业 GDP 的波动性，中国农业就业的波动性高于 OECD 国家；（2）在任何时间点上，总就业与产出的变动与农业就业份额负相关。中国劳动力长期从农业转移出去，导致经济结构对总就业波动的动态效应尤为明显，中国与 OECD 国家就业波动性的差距主要是因为处于不同发展阶段；（3）GGDC 的跨国面板数据表明，农业和非农业部门的就业之比与人均 GDP 负相关，在商业周期中收入效应对于劳动力的跨部门重新配置具有重要作用。

主要贡献：（1）发达国家普遍存在总就业和总产出正相关，而中国总就业和总产出之间不存在这样的相关性，本文对这个重要的差异做出了解释。（2）建立包含生产率冲击和非位似偏好的两部门增长模型，同时解释了短期的就业波动和长期的结构转型。从实证和理论两方面证明了收入效应对于劳动力的重新配置具有重要作用。

现实意义：阐释了中国和发达国家经济周期表现不同的根源，中国的经济发展路径有其独特之处，为中国结构转型中的劳动力重新配置和实现经济收敛提供了参考。

第三节　重要著作

1. 赵刚. 数据要素：全球经济社会发展的新动力［M］. 北京：人民邮电出版社，2021.

研究背景：近年来，随着数字经济的发展，数据逐渐成为全球经济社会关注的焦点。2019 年 6 月，全球数据治理成为二十国集团（G20）峰会的中心议题。2019 年 11 月，我国首次提出将数据列为生产要素。世界各国正在积极制定数据战略，挖掘数据价值，发展数据经济，培育数据要素市场，实施数据治理，加强数据安全保障。发展数据经济和数据治理是大势所趋，但无论是政府的大数据管理者，还是数据经济的从业者，以及经济社会各个领域的数据应用者，都还缺少对数据的系统化认识和研究。

内容提要：本书首先分别对数据、信息和知识行了定义和特征分析，并阐述了数据、信息和知识的基本关系；然后介绍了数据处理及其相关技术，从数据经济学视角分析了数据作为生产要素的理论体系，研究分析了数据生产要素的特征、数据的价值、数据产品的生产供给、数据的应用、数据产权和数据资产，以及数据要素市场供需、估值定价、交易模式、跨境贸易及数据要素收入分配等新理论，并对数据驱动的数字经济进行了多方面的分析；其次从哲学层面简要对数据世界、数据与实体、数据中蕴含的关系进行了剖析；最后介绍了数据伦理、数据立法、组织数据治理、公共数据治理等的主要原则和实践。

基本结构：全书共分为 5 章，具体为：第 1 章　数据、信息和知识；第 2 章　数据处理：从数据中获得信息和知识；第 3 章　数据与经济：用数据创造价值；第 4 章　数据与世界：用数据认识世界；第 5 章　数据治理：让数据更公平、安全、有效率。

主要贡献：从经济学视角分析数据作为生产要素的理论体系。数据作为生产要素投入生产，具有诸多特点：（1）数据要素对生产的投入具有相对独立性；（2）数据要素对生产的投入具有协同性；（3）数据要素蕴藏着其他生产要素的意义；（4）数据要素具有技术依赖性；（5）数据要素具有时效性；（6）数据要素投入具有高固定成本、低边际成本的特点；（7）数据要素可被重复利用；（8）数据要素有很强的外部性。

现实意义：对数据的价值和数据与经济的关系等进行概要性、系统性思考，阐述数据的定义、数据的经济学意义、数据要素市场的运行机制、数据的哲学本质、数据治理的内涵，为数据研究提供了一个逻辑架构和思考角度。

2. 中国社会科学院工业经济研究所智能经济研究组．智能+：制造业的智能化转型［M］．北京：人民邮电出版社，2021.

研究背景：中国制造业是具有竞争力的产业，同时也面临转型升级的巨大压力。推动智能技术与制造业融合，既助力新一代信息技术应用，也促进我国制造业转型升级，是我国由制造大国向制造强国、信息强国迈进的重要一步。

内容提要：本书在人工智能进入产业化实用阶段和国家实施"智能+"战略的背景下，以制造业智能化为核心，在对人工智能发展历程、制造业智能化范式进行梳理、界定的基础上，分析了制造业智能化的发展现状，总结了制造业智能化的典型案例，剖析了制造业智能化的产业影响、互联网产业发展对制造业智能化的促进作用、中国制造业智能化实施中存在的问题，在对主要国家制造业智能化相关政策总结的基础上，提出加快推进我国制造业智能化的对策建议。

基本结构：全书共分为 9 章，具体为：第 1 章　人工智能与制造业智能化范式；第 2 章　制造业智能化演进阶段与国外发展现状；第 3 章　智能制造的主要参考架构与平台；第 4 章　制造业智能化的实践案例；第 5 章　制造业智能化的产业影响；第 6 章　互联网赋能制造业的智能化；第 7 章　制造业智能化的意义与实施中存在的问题；第 8 章　主要国家推动制造业智能化的相关政策启示；第 9 章　加快推进我国制造业智能化发展的对策、建议。

主要贡献：本书深入剖析智能制造现状与趋势；综合科技和社会两个视角说明为什么智能化是中国制造业的必经之路；以鲜活的案例阐释人工智能、物联网等革新技术到底给制造业带来了什么；揭示了云计算、工业互联网对于智能制造的平台支撑作用。

现实意义：为中国实施"智能+"战略，打造工业互联网平台，促进信息技术与制造业进一步深度融合，拓展"智能+"，为制造业转型升级赋能提供了参考。

3. 郑婷婷．资源诅咒、产业结构与绿色经济增长［M］．北京：中国财富出版社有限公司，2021.

研究背景：随着中国社会经济发展进入新的历史阶段，绿色经济增长成为中国经济更高质量、更有效率、更可持续发展的必然选择。同时，考虑到资源型地区面临的资源浪费和环境污染问题更加严重，如何推动产业结构转型升级和促进经济可持续发展是政府、社会和学界应当重点关注的问题。

内容提要：本书将绿色经济增长引入资源诅咒的研究中，从经济高质量发展的视角对地级市层面总体、资源型城市和非资源型城市的资源诅咒问题进行了再次验证。同时本书提出了数字经济与绿色经济的战略协作：（1）绿色 ICT 产品与服务；（2）智能能源网格、交通基础设施，所有经济领域的建筑与生产过程；（3）监测环境与管理自然资源的智能系统；（4）在消费者、企业、政府和公共服务方面产品和服务的虚拟化；（5）经济与社会全方面的产业结构改革。

基本结构：全书共分为 9 章，具体为：第 1 章　导论；第 2 章　相关理论及文献综述；第 3 章　中国绿色经济增长、产业结构与资源禀赋现状及测算；第 4 章　资源依赖度与绿色经济增长关系研究——资源诅咒的再度量；第 5 章　资源依赖度、产业结构与绿色经济增长的中介关系分析；第6章　资源依赖度、产业结构与绿色经济增长的动态关系；第7章　资源诅咒传导机制的验证；第8章　国外不同类型资源地区产业发展的经验与启示；第9章　破解资源诅咒困境，促进产业转型升级的措施。

主要贡献：聚焦于从技术创新和产业升级的视角研究"中等收入陷阱"的形成机理与跨越路径，吸纳并融合了经济学、管理学与计算机科学的新理论，综合采用了大数据可视化分析、数理建模、计算机仿真模拟、计量与统计分析等研究方法，分别从陷阱成因和定量识别、收入差距和自主创新、产业转型和消费升级、制造业和服务业的创新升级等领域对跨越"中等收入陷阱"进行了多层次与全方位探索。

现实意义：从绿色经济增长视角对资源诅咒问题进行研究，及将产业结构纳入资源诅咒传导机制进行研究，不仅能够对资源诅咒以及传导机制的相关理论进行补充，同时能为资源依赖地区实现产业结构转型升级、促进经济可持续发展提供现实指导，具有鲜明的理论意义和现实意义。

第四节　学术会议

1. 第32届中国信息经济学会学术年会

会议主题：数字经济时代的信息经济与信息管理变革与创新

主办单位：中国信息经济学会

承办单位：中山大学管理学院

会议时间：2020年11月28—29日

会议地点：广东广州

会议概述：

2020年11月28—29日，由中国信息经济学会（以下简称学会）主办、中山大学管理学院承办的第32届中国信息经济学年会（以下简称年会）在中山大学顺利举办。

中国信息经济学会常务副理事长、北京邮电大学经济管理学院前院长吕廷杰教授首先发表了题为《5G时代的机遇与挑战——从万物智联到算力网络》的主题报告。他认为，连接+计算将是新基建的核心，数据正在成为新的要素；工业互联网会推动未来的算力从云端、雾端进一步下沉到边缘计算，未来经济交易的主题也会从流量变成算力。南京审计大学经济学院孙宁教授作了题为《补贴和税收中的工作匹配》的高水平报告，该研究主要关注什么样的公共政策不会扰乱收益函数的替代性条件。浙江大学社会科学学部主任吴晓波教授作了题为《大数据驱动的企业创新范式转变》的报告。他认为，随着互联网与经济社会不断融合，我国正处于第三次和第四次工业革命之间的重大战略机会窗口期，如何把握机遇是当下业界与学界共同的重要话题。中山大学管理学院院长王帆教授作了题为《区块链下的金融服务创新与监管》的报告。他结合自己主持的国家自然科学基金重大项目成果，先后介绍了供应链结构、供应链金融服务和区块链驱动的供应链金融服务创新。他强调，任何信息技术或技术创新都是双刃剑，如何应对数字化创新带来的金融监管挑战，是今后研究的重点和焦点。

7个分会场分别举行了主题为信息经济与机制设计、数字技术与金融科技、数字医疗与智慧养老、数字经济与数据治理、数字技术与管理创新、电子商务与社交网络，及大数据驱动的企业与用户互动创新的分论坛报告。

2020 中国信息经济学乌家培资助计划获得者——南京审计大学社会与经济研究院俞宁教授、复旦大学管理学院卢向华教授分别在会上作报告。俞宁教授分享的主题是《替代性、互补性作为经济学基础概念的朴素理解》，他使用替代性和互补性概念作为线索，系统地回顾了自己以往的研究成果。卢向华教授做题为 Encourage Consumer Voice in Technology-based Self-service Retailing 的研究报告，关注在互联网环境下如何通过社会助推鼓励消费者在自助零售环境中发声。

2020 中国信息经济学优秀成果获得者中的四位代表分别进行成果报告。华南理工大学牛保庄教授从跨境电商等平台分销商面对的信任难题切入，介绍区块链对现有供应链带来的改良。上海财经大学孟大文副教授补充了现有动态机制设计研究缺乏的对代理人之间策略互动、社会网络特征的刻画。北京大学吴泽南助理教授将消费者行为偏差经典模型用于测量政策分析中的福利损失。南京大学姜杨助理教授主要介绍了投资者行为是如何受到平台和平台外信息影响的，进一步解释了众筹市场、房地产市场和股票市场之间的关系。

在跨界论坛报告部分，三位学界和两位产业界主讲者分享其最新研究成果，这体现了数字经济创新跨界论坛的特色。论文首先由中国社会科学院数量经济与技术经济研究所数字经济研究室主任蔡跃洲研究员以《数字经济内涵边界与规模测算》为题做论坛报告，他主要介绍了自己对数字经济的内涵边界与规模测算的最新研究成果。接着，深圳市金溢科技股份有限公司董事长罗瑞发做题为《新基建背景下的数字交通新动能》的企业视角报告，从新基建、新交通、新愿景和新动能四个方面介绍了交通领域的发展前景。复旦大学窦一凡副教授为参会嘉宾带来题为《数据交易影响因素：上海数据交易中心证据》的线上报告，关注在数据时代如何让数据双方进行合法合规的交易。美的集团美云智数总监王兴旺带来题为《数字化转型：构建企业竞争新优势》的分享，他主要介绍了企业为什么需要转型以及美的如何进行数字化转型。中国人民大学数字经济研究中心主任李三希教授为听众带来题为《数字经济竞争、消费者信息与隐私保护》的主题报告。他从"市场之手"观点出发，讨论在有为政府和有效市场存在的背景下，能否通过竞争实现个人信息保护的目标。

本次学术年会为信息经济和信息管理领域的学者、学术界和实业界搭建了跨界交流与合作的平台，推动了中国信息经济和信息管理的理论创新和实践发展。

2. 2021 年中国技术经济论坛

会议主题：新发展格局中的创新与高质量发展

主办单位：中国社会科学院数量经济与技术经济研究所、中国技术经济学会、清华大学经济管理学院、重庆大学经济与工商管理学院、管理世界杂志社、内蒙古财经大学、中国社会科学院项目评估与战略规划研究咨询中心和中国技术经济学会科技创新政策与评价专业委员会

承办单位：内蒙古财经大学工商管理学院

会议时间：2021 年 7 月 16—18 日

会议地点：内蒙古呼和浩特

会议概述：

李海舰代表中国社会科学院数量经济与技术经济研究所对论坛的顺利召开表示热烈祝贺。他指出，创新在我国现代化建设全局中处于核心地位，是构建新发展格局的关键，科技自立自强、关键技术的突破、新供给的形成、新需求的创造、产业链和供应链的安全、高水平对外开放均对创新提出了更高要求，也是新时代技术经济研究的重要课题。

会议内容分主题报告、平行分论坛和学术出版交流论坛三大部分。17日上午为主题报告，由内蒙古财经大学工商管理学院院长王瑞永教授主持，科技部调研室原主任、全国科技振兴城市经济研究会胥和平理事长、中国科学院创新发展研究中心主任、中国科学院大学公共政策与管理学院院长、中国科学院科技战略咨询研究院原党委书记穆荣平教授、管理世界杂志社社长、中国技术经济学会常务副理事长李志军研究员、清华大学中国企业成长与经济安全研究中心主任、清华大学经济管理学院雷家骕教授、中国人民大学首都发展与战略研究院常务副院长张杰教授依次做了主题报告；18日上午为主题报告，由中国社会科学院数量经济与技术经济研究所纪委书记、副所长薄延忠主持，同济大学经济与管理学院院长李恒教授、中国科学院大学经济与管理学院柳卸林教授、中国社会科学院工业经济研究所企业创新研究室主任贺俊研究员、南京财经大学国际贸易学院余泳泽教授四位学者依次做了主题报告。

分论坛分别围绕科技创新发展、产业与区域创新、企业创新发展、创新管理、政策评估、数字经济、财政金融、能源环境、高质量发展与农村经济9个主题就相关问题进行深入研讨，并为研究生设立专门展示的论坛，各分论坛点评人点评细致严谨，参会代表踊跃发言，学术讨论气氛浓厚。

"与主编面对面"——学术出版交流论坛由内蒙古财经大学工商管理学院额尔敦陶克涛教授主持。管理世界杂志社社长、研究员李志军以《积极响应总书记号召把论文写在祖国大地上》为题做了研讨；《数量经济技术经济研究》编辑部主任、副编审彭战以《改进我们的学术——"十四五"时期如何选题投稿》为题做了介绍；《现代财经》主编、期刊社社长蔡双立教授以《问题导向的研究范式与〈现代财经〉的办刊逻辑》为题做了介绍；中华区采编助理 Candice Feng 就 *Journal of Financial Services Research* 做了简单介绍；中国技术经济学会期刊编辑部主任张利梅博士以《做"好文章"为实际工作服务》为题对中国技术经济学会主办的期刊做了介绍；中国科学技术出版社有限公司技术经济分社副社长、副编审杜凡如以《如何出版技术经济图书》为题做了介绍。各位编辑还就论文发表过程中作者普遍关心的内容展开了阐释，并对参会代表提出的问题进行了回应。

3. 中国工业经济学会2021年学术年会暨"第一个百年目标后中国产业发展新征程"研讨会

    主办单位：中国工业经济学会

    承办单位：兰州大学经济学院

    会议时间：2021年11月14日

    会议地点：甘肃兰州

会议概述：

2021 年 11 月 14 日，由中国工业经济学会主办，兰州大学经济学院承办的中国工业经济学会 2021 年学术年会暨"第一个百年目标后中国产业发展新征程"研讨会顺利召开。

开幕式由兰州大学经济学院院长郭爱君主持，兰州大学党委常务副书记吴国生代表兰州大学致辞，中国工业经济学会理事长兼常务副会长、中国社会科学院工业经济研究所所长史丹研究员代表中国工业经济学会致辞。吴国生在致辞中表示，本次会议聚焦第一个百年目标实现后中国产业发展新征程，研究我国工业经济重大理论和现实问题，具有重要的理论和现实意义。希望各位与会专家立足国际国内"两个大局"，坚持"立足新发展阶段、贯彻新发展理念、构建新发展格局、推进高质量发展"的导向，深入交流和探讨，加强合作，为经济学科人才培养和中国产业健康发展贡献智慧和力量。史丹研究员在致辞中提出，中国仅用几十年的时间就走完发达国家几百年才走完的工业化历程，创造了经济快速发展和社会长期稳定两大奇迹，实现了全面建成小康社会的第一个百年奋斗目标。2021 年是"十四五"开局之年，也是实现第一个百年目标后迈向第二个百年目标的起步之年。当今世界正处于百年未有之大变局，我国产业面临许多新问题、新机遇、新挑战。中国工业经济学会作为国家级学术团体，将进一步充分发挥学会专家学者的特殊作用，紧紧围绕国之大者，谈经论道，为我国产业经济发展持续提供理论支持。

上午的学术交流分论坛共分 5 组。平行论坛 1 聚焦"创新驱动与产业发展"，平行论坛 2 聚焦"产业链和产业绿色发展"，平行论坛 3 聚焦"数字经济和平台经济"，平行论坛 4 聚焦"金融与实体经济发展"，平行论坛 5 聚焦"新型城镇化与共同富裕"。

主旨演讲和闭幕式环节，由中国工业经济学会理事长兼常务副会长、中国社会科学院工业经济研究所所长史丹研究员主持。中国工业经济学会会长、清华大大学公共管理学院院长江小涓教授致辞，并作了题为《数字全球化、高水平开放与产业竞争力》的主旨演讲。中国国际经济交流中心副理事长、国务院发展研究中心原副主任王一鸣研究员、中国社会科学院世界经济与政治研究所所长张宇燕研究员、中国工业经济学会副会长、暨南大学原校长胡军教授分别做了题为《新发展阶段我国产业技术创新战略和路径选择》《当前世界经济形势与展望》《粤港澳大湾区建设几个问题的思考》的主旨演讲。

江小涓教授在主题演讲中提出，当今社会工业经济的发展已经离不开互联网和数字经济，在数字经济时代全球产业链链接成本大大降低，收益显著提升，生产性服务业会取得较高的发展水平，已成为全球各经济体制造业提升的关键因素。江小涓教授认为，在数字经济时代，应通过高水平开放和跨境链接更多资源和市场来促进制造业发展，提升我国的产业基础能力和企业竞争力。

王一鸣研究员紧紧围绕我国科技创新面临的新形势和新常态、我国科技创新的任务使命以及我国产业技术的路径选择、创新战略三个层面展开。他指出，建设现代化强国要求增强原始创新力，而构建新发展格局要求加快科技自立自强。因此，我国产业技术要从"技术追赶"转向构建"局部领先"优势，新路径要从终端产品创新转向中间品创新，创新政策要从集成创新转向原始创新。

张宇燕研究员从经济增长、就业、通胀等十项指标出发分析了全球经济的现状，并提出了研究世界经济值得关注的六个问题，分别是：全球经济处于通货膨胀还是通货紧缩的问题、发达经济体宏观经济政策何去何从的问题、货币政策转向新兴市场与发展中国家的问题、供应链与所谓"脱钩"的问题、世贸组织改革与区域经贸合作的问题、美元霸权时代是否进入衰微期的问题。

胡军教授首先介绍了粤港澳大湾区建设的发展定位和重要意义、粤港澳大湾区的现状和比较、粤港澳大湾区建设的问题和挑战，总结出"四个有利于""四个重要使命"。然后，胡军教授从区域一体化的制度创新与顶层设计、区域一体化的中远期构想、进一步深化改革的空间、文化和驱动力问题等方面提出了推动粤港澳大湾区建设的相关建议。

4. 数字经济、人工智能与经济高质量发展学术研讨会

主办单位：南开大学经济与社会发展研究院

会议时间：2021 年 11 月 20 日

会议地点：天津

会议概述：

本次会议采取线上与线下相结合的方式，旨在进一步贯彻习近平总书记相关指示精神，凝聚优秀专家学者力量，推动我国数字经济和人工智能的研究，加快我国经济高质量发展的步伐。

南开大学党委副书记梁琪教授在开幕式致辞中指出，当今世界，互联网、大数据、云计算、人工智能、区块链等技术加速创新，日益融入经济社会发展各领域全过程。数字经济发展速度之快、辐射范围之广、影响程度之深前所未有。推进和深化对数字经济、人工智能发展动向、影响及应对战略的研究，已经成为学术界面临的重大课题。

开幕式后，专家学者进行了精彩的主旨演讲。

中国科学院预测科学研究中心汪寿阳研究员做了题为《谈谈数字化、人工智能对产业发展和经济管理学院发展的挑战与应对》的主旨发言，总结了在数字化、智能化背景下，经济学与管理学理论发展、人才培养与教材设置面临的挑战，指出商学院、经济学院和经济与管理学院要及时行动起来，在理论研究、方法研究和人才培养方面主动面向社会的新需求做出变革。

南开大学原校长、世界工程组织联合会主席龚克教授总结了过去一年来人工智能的进展，归纳了人工智能发展面临的瓶颈问题以及前沿领域的研究进展，并对人工智能的未来应用领域以及治理体系等问题进行了展望，指出人工智能理论、应用和规制的快速发展，将为我国数字经济发展提供强劲的动力。

中山大学管理学院谢康教授作了题为《数字经济驱动经济高质量发展理论》的主旨发言，认为数字经济为中国学者提供了理论原创的机会窗口，并围绕数字经济与经济高质量发展、驱动高质量发展机制、数据要素配置效率三个重要议题阐述了相关的前沿学术观点。

四川大学经济学院陈学彬教授系统梳理了深度学习在金融领域的应用研究现状和发展趋势，重点介绍了深度学习在算法交易、风险管理等八大领域中的应用，总结了深度学习在金融领域的研究热点，并对未来发展趋势进行了展望。

北京师范大学经济与工商管理学院院长戚聿东教授剖析了后摩尔时代技术经济范式演进与数字经济创新方向，指出后摩尔时代在新材料、新架构、新原理上将产生越来越多的颠覆性创新，进而产生技术轨道跃迁，数字产业的创新方向将呈现技术基础由半导体技术转变到量子技术等七大趋势。

南开大学经济研究所所长刘刚教授的主旨报告《中国人工智能产业发展与全球创新网络重塑》指出中国人工智能产业发展正在革新世界创新版图，中国人工智能产业内生于经济转型升级过程中创造的智能化需求，已步入与经济社会全面融合发展阶段，中国以应用为导向的创新范式正在引发全球创新网络重塑和新一轮经济全球化浪潮。

南开大学产业经济研究所所长杜传忠教授解析了新一代人工智能提升全要素生产率的机制与路径，剖析了"索洛悖论"现象及其成因，论述了人工智能提升要素生产率的三方面基本机制，最后从技术开发、产业生态等五个方面提出推进人工智能落地应用的路径。

会议设置了三个分论坛，与会专家学者围绕数字平台与创新经济、高质量发展与产业优化升级、要素流动与城市发展等三大主题进行了深入探讨交流。

◎ **参考文献**

[1] 柏培文，张云．数字经济、人口红利下降与中低技能劳动者权益［J］．经济研究，2021，56（5）：91-108．

[2] 蔡昉．生产率、新动能与制造业——中国经济如何提高资源重新配置效率［J］．中国工业经济，2021，398（5）：5-18．

[3] 陈彦斌，林晨，陈小亮．人工智能、老龄化与经济增长［J］．经济研究，2019，54（7）：47-63．

[4] 程大中．中国服务业增长的特点、原因及影响——鲍莫尔—富克斯假说及其经验研究［J］．中国社会科学，2004（2）：18-32，204．

[5] 高翔，袁凯华．中国企业制造业服务化水平的测度及演变分析［J］．数量经济技术经济研究，2020，37（11）：3-22．

[6] 郭凯明，杭静，徐亚男．劳动生产率、鲍莫尔病效应与区域结构转型［J］．经济学动态，2020，710（4）：79-95．

[7] 郭凯明，杭静，颜色．资本深化、结构转型与技能溢价［J］．经济研究，2020，55（9）：90-105．

[8] 郭凯明，潘珊，颜色．新型基础设施投资与产业结构转型升级［J］．中国工业经济，2020，384（3）：63-80．

[9] 郭凯明，罗敏．有偏技术进步、产业结构转型与工资收入差距［J］．中国工业经济，2021，396（3）：24-41．

[10] 郭凯明，颜色，杭静．生产要素禀赋变化对产业结构转型的影响［J］．经济学（季刊），2020，19（4）：1213-1236．

[11] 郭淑芬，裴耀琳，吴延瑞．生产性服务业发展的产业结构调整升级效应研究——来自中国267个城市的经验数据［J］．数量经济技术经济研究，2020，37（10）：45-62．

［12］韩峰，阳立高．生产性服务业集聚如何影响制造业结构升级？——一个集聚经济与熊彼特内生增长理论的综合框架［J］．管理世界，2020，36（2）：72-94，219.

［13］孔高文，刘莎莎，孔东民．机器人与就业——基于行业与地区异质性的探索性分析［J］．中国工业经济，2020，389（8）：80-98.

［14］李杰伟，吴思栩．互联网、人口规模与中国经济增长：来自城市的视角［J］．当代财经，2020，422（1）：3-16.

［15］李小平，陈勇．劳动力流动、资本转移和生产率增长——对中国工业"结构红利假说"的实证检验［J］．统计研究，2007，189（7）：22-28.

［16］林毅夫．百年未有之大变局下的中国新发展格局与未来经济发展的展望［J］．北京大学学报（哲学社会科学版），2021，58（5）：32-40.

［17］刘志彪，凌永辉．结构转换、全要素生产率与高质量发展［J］．管理世界，2020，36（7）：15-29.

［18］宁光杰，张雪凯．劳动力流转与资本深化——当前中国企业机器替代劳动的新解释［J］．中国工业经济，2021，399（6）：42-60.

［19］沈小波，陈语，林伯强．技术进步和产业结构扭曲对中国能源强度的影响［J］．经济研究，2021，56（2）：157-173.

［20］施炳展，李建桐．互联网是否促进了分工：来自中国制造业企业的证据［J］．管理世界，2020，36（4）：130-149.

［21］宋建，郑江淮．产业结构、经济增长与服务业成本病——来自中国的经验证据［J］．产业经济研究，2017，87（2）：1-13.

［22］孙畅，吴芬．中国高端服务业与先进制造业匹配发展的空间分异及收敛性［J］．数量经济技术经济研究，2020，37（12）：3-24.

［23］孙晓华，张竣喃，郑辉．"营改增"促进了制造业与服务业融合发展吗［J］．中国工业经济，2020，389（8）：5-23.

［24］孙早，侯玉琳．工业智能化如何重塑劳动力就业结构［J］．中国工业经济，2019，374（5）：61-79.

［25］田友春，卢盛荣，李文溥．中国全要素生产率增长率的变化及提升途径——基于产业视角［J］．经济学（季刊），2021，21（2）：445-464.

［26］王林辉，胡晟明，董直庆．人工智能技术会诱致劳动收入不平等吗——模型推演与分类评估［J］．中国工业经济，2020，385（4）：97-115.

［27］王书斌．工业智能化升级与城市层级结构分化［J］．世界经济，2020，43（12）：102-125.

［28］西蒙·库兹涅茨．各国的经济增长：总产值和生产结构［M］．常勋，等，译．北京：商务印书馆，1985.

［29］项松林．结构转型与全球贸易增长的二元边际［J］．世界经济，2020，43（9）：97-121.

［30］徐朝阳，王韡．部门异质性替代弹性与产业结构变迁［J］．经济研究，2021，56（4）：77-92.

［31］ 徐朝阳，张斌. 经济结构转型期的内需扩展：基于服务业供给抑制的视角［J］. 中国社会科学，2020，289（1）：64-83，205.

［32］ 闫昊生，孙久文，张泽邦. 土地供给与产业结构转变——基于地方政府经营城市的视角［J］. 经济学动态，2020，717（11）：100-114.

［33］ 严成樑. 通货膨胀的产业结构变迁效应与社会福利损失［J］. 世界经济，2020，43（2）：49-73.

［34］ 颜色，郭凯明，杭静. 中国人口红利与产业结构转型［J］. 管理世界，2022，38（4）：15-33.

［35］ 杨光，侯钰. 工业机器人的使用、技术升级与经济增长［J］. 中国工业经济，2020，391（10）：138-156.

［36］ 余泳泽，孙鹏博，宣烨. 地方政府环境目标约束是否影响了产业转型升级？［J］. 经济研究，2020，55（8）：57-72.

［37］ 周振华. 产业融合：产业发展及经济增长的新动力［J］. 中国工业经济，2003（4）：46-52.

［38］ 朱民，张龙梅，彭道菊. 中国产业结构转型与潜在经济增长率［J］. 中国社会科学，2020，299（11）：149-171，208.

［39］ Acemoglu D, Autor D. Skills, tasks and technologies：implications for employment and earnings［J］. Handbook of Labor Economics, 2011（4）：1043-1171.

［40］ Acemoglu D, Guerrieri V. Capital deepening and nonbalanced economic growth［J］. Journal of Political Economy, 2008, 116（3）：467-498.

［41］ Acemoglu D, Restrepo P. The race between man and machine：implications of technology for growth, factor shares, and employment［J］. American Economic Review, 2018, 108（6）：1488-1542.

［42］ Acemoglu D. Why do new technologies complement skills? Directed technical change and wage inequality［J］. Quarterly Journal of Economics, 1998, 113（4）：1055-1089.

［43］ Autor D H, Dorn D. The growth of low-skill service jobs and the polarization of the US labor market［J］. American Economic Review, 2013, 103（5）：1553-1597.

［44］ Bukht R, Heeks R. Digital economy policy in developing countries［J］. Social Science Electronic Publishing, 2018（6）.

［45］ Bustos P, Caprettini B, Ponticelli J. Agricultural productivity and structural transformation：evidence from Brazil［J］. American Economic Review, 2016, 106（6）：1320-1365.

［46］ Chenery H B. Patterns of industrial growth［J］. American Economic Review, 1960, 50（4）：624-654.

［47］ Cortes G M. Where have the middle-wage workers gone? A study of polarization using panel data［J］. Journal of Labor Economics, 2016, 34（1）：63-105.

［48］ Dennis B N, Iscan T B. Engel versus Baumol：accounting for structural change using two centuries of US data［J］. Explorations in Economic History, 2009, 46（2）：186-202.

［49］ Fang L, Herrendorf B. High-skilled services and development in China ［J］. Journal of Development Economics, 2021 （151）.

［50］ Graetz G, Michaels G. Robots at work: the impact on productivity and jobs ［R］. Centre for Economic Performance, LSE, 2015.

［51］ Jacob F, Ulaga W. The transition from product to service in business markets: an agenda for academic inquiry ［J］. Industrial Marketing Management, 2008, 37 （3）: 247-253.

［52］ Ju J, Lin J Y, Wang Y. Endowment structures, industrial dynamics, and economic growth ［J］. Journal of Monetary Economics, 2015 （76）: 244-263.

［53］ Krugman P. The myth of Asia's miracle ［J］. Foreign Affairs, 1994, 73 （6）: 62-78.

［54］ Kongsamut P, Rebelo S, Xie D. Beyond balanced growth ［J］. Review of Economic Studies, 2001, 68 （4）: 869-882.

［55］ Kuznets S. Modern economic growth ［M］. New Haven: Yale University Press, 1966.

［56］ Kuznets S. Quantitative aspects of the economic growth of nations: II. industrial distribution of national product and labor force ［J］. Economic Development and Cultural Change, 1957, 5 （S4）: 1-111.

［57］ Kuznets S. Modern economic growth: findings and reflections ［J］. American Economic Review, 1973, 63 （3）: 247-258.

［58］ Matsuyama K. Structural change in an interdependent world: a global view of manufacturing decline ［J］. Journal of the European Economic Association, 2009, 7 （2-3）: 478-486.

［59］ Ngai L R, Pissarides C A. Structural change in a multisector model of growth ［J］. American Economic Review, 2007, 97 （1）: 429-443.

［60］ Sachs J D, Kotlikoff L J. Smart machines and long-term misery ［R］. National Bureau of Economic Research, 2012.

［61］ Stiroh K J. Information technology and the US productivity revival: what do the industry data say? ［J］. American Economic Review, 2002, 92 （5）: 1559-1576.

［62］ Hao T, Sun R, Tombe T, et al. The effect of migration policy on growth, structural change, and regional inequality in China ［J］. Journal of Monetary Economics, 2020, 113: 112-134.

［63］ Yao W, Zhu X. Structural change and aggregate employment fluctuations in China ［J］. International Economic Review, 2021, 62 （1）: 65-100.

第九章　城市化、区域经济与空间经济结构变迁

董亚宁[1]　顾芸[2]

（1. 中国社会科学院　2. 首都经济贸易大学）

我国幅员辽阔、人口众多，各地区自然资源禀赋差别之大在世界上是少有的，统筹区域发展从来都是一个重大问题。城市化、区域经济与空间经济结构是其中的重要研究议题，也是近年来发展经济学领域的研究热点之一。本章系统梳理了2020—2021年的相关研究成果，对该领域这一时期发表的重要论文、著作和学术会议进行介绍，并提出可能的研究方向。

第一节　研　究　综　述

党的十九大报告指出，我国社会矛盾已经转化为人民日益增长的美好生活需要和不平衡不充分的发展之间的矛盾。一方面，我国经历了连续多年的经济高速增长后，自2012年以来减速并进入新常态，正处于人口数量红利逐渐消失、产业新旧动能转换迫在眉睫和新型城镇化任重道远的关键时期，促进经济充分发展尤为关键。另一方面，我国人口众多，幅员辽阔，城乡和区域发展异质性明显，经济活动中微观主体和产业的空间动态变化显著，实现城乡和区域平衡发展至关重要。因而，挖掘人口空间结构优化、产业空间组织优化、城镇空间体系优化多重红利，构筑支撑我国经济发展迈向更高水平的"人口-产业-城镇"黄金三角，发展具有中国特色的城乡与区域发展理论是摆在我们面前的重要任务。基于此，本章围绕"中国城市化的发展趋势、影响机制与高质量发展""中国区域经济发展战略、形势与绿色转型""中国产业-城市空间系统结构变迁研究"这三大议题总结和梳理文献。

一、中国城市化的发展趋势、影响机制与高质量发展

世界各国的经验表明，城市化是经济社会发展的结果，也是现代经济发展的根源和原动力。改革开放以来，伴随着工业化进程加速，我国城镇化经历了快速发展过程①，城市化建设取得了历史性成就，创造了中国特色的城市化道路，极大地丰富了城市化理论研究体系。

---

① 本章暂不区分城市化和城镇化。

（一）中国城市化发展趋势研究

根据第七次全国人口普查结果，中国 2020 年居住在城镇的人口为 9.0199 亿人，城镇人口占比已经达到 63.89%。2020 年《中共中央关于制定国民经济和社会发展第十四个五年规划和二〇三五年远景目标的建议》提出坚持实施区域重大战略、区域协调发展战略、主体功能区战略，健全区域协调发展体制机制，完善新型城镇化战略，构建高质量发展的国土空间布局和支撑体系。2021 年出台的《2021 年新型城镇化和城乡融合发展重点任务》，进一步明确了 2021 年新型城镇化和城乡融合发展的六大重点任务：促进农业转移人口有序有效融入城市、提升城市群和都市圈承载能力、促进大中小城市和小城镇协调发展、加快建设现代化城市、提升城市治理水平和加快推进城乡融合发展。这为我国新时代城镇化发展战略指明了方向，也赋予了该领域新的研究任务与挑战，国内学者纷纷开展了相关研究。李兰冰等（2020）以城镇化与国家经济发展关系为切入点，系统梳理国家发展战略导向与中国城镇化发展之间的演进逻辑，并且针对"十四五"时期我国新型城镇化发展中的产业结构调整与城镇化新动能培育、空间格局优化与城镇化分类推进、城乡融合发展与城镇化提质增效、有效政府治理与要素市场化配置、双循环新格局与城镇化红利释放、面向经济全球化的开放型城镇化等六大问题进行深入探究。根据李国平和孙瑀（2020）的研究推测，预计到 2030 年中国的城镇化水平可达到 70%。有学者也认为推动新型城镇化与乡村振兴协同发展，需要在推进城乡、区域协调发展战略、拓展城乡发展空间上做文章（王金华和谢琼，2021）。

2021 年恰逢中国共产党成立 100 周年，为此也有学者回顾了中国共产党领导下的中国城市化发展历程，梳理了中国城市化发展的理论基础和思想来源，探究了中国共产党推动城市化发展的经验启示。杨开忠（2021）把建党以来的中国城市化发展历程总结为四个阶段，即"农村包围城市"的政治城市化阶段、"城市领导农村"的生产城市化阶段、以市场经济建设为核心的城市化阶段、以人为核心的城镇化阶段。黄茂兴和张建威（2021）以大量翔实的数据为分析基础，运用统计分析法、比较分析法来展现我国城镇化发展取得的辉煌成就，研究发现中国共产党推动中国城镇化发展的思想源于马克思主义城乡融合思想，历经几代党中央领导集体的艰辛探索，逐步形成了中国特色社会主义新型城镇化思想，并且总结出中国共产党推动城镇化发展取得的经验启示，为推动新时代中国新型城镇化高质量发展提供了参考借鉴。

（二）城市化发展的影响因素与作用机制研究

1. 城市化发展的影响因素研究

城镇化进程与城镇化的速度、质量以及可持续性都有着直接或间接的关系，受到诸多因素影响，不同国家或地区，甚至是同一国家或地区不同的经济发展阶段都有可能存在不同的城镇化动力机制。城市化进程首先是直接受到农民工流动的影响。何伟（2021）认为农民工是提升城市化水平的主力，但农民工现象不会一直存在，基于全国农村固定观察点数据和国家统计局农民工监测调查数据，结合实地调研资料，研究发现农民工总量的增速开始显著放缓甚至将出现停滞，新冠肺炎疫情对农民工数量有影响但属于可控范围，农民工群体年龄结构老化，新生代农民工占比明显提高，农民工省内就业成为主体，近年来我国外出农民工工资和城镇非私营单位职工工资增长率的波动趋势开始大体一致。杨子砚和文峰（2020）基于2012—2014年中国家庭追踪调查数据，探讨了农户在农地经营决策与劳动力转移决策之间的逻辑次序，实证发现农地流转在农村劳动力转移的形式升级中起重要促进作用，且该作用在低收入组农户中更具显著性；还发现了农户外出务工后，若选择流转农地，则其创业可能性在边际上比仅务工但不流转农地的农户高出76%；外出务工的工资性收入与农地租金的资产性收入都促进了农户创业。

伴随着我国人口形势的转变，中国人口流动更趋活跃、绝对规模陡增（周皓，2021）。肖金成和洪晗（2020）基于人口普查和抽样调查数据，分析发现省际人口流动对城镇化起到了促进作用，2000年和2010年其对全国城镇化率的贡献度分别为2%和4.4%。一些研究发现人口流动更趋向于以自然环境、实体环境、公共服务和基础建设为代表的地方品质更好的城市，改变了过去单纯追求收入水平的流动模式（张伟丽等，2021；王兆华等，2021；顾芸和董亚宁，2021）。郭庆宾和汪涌（2021）选取2013—2018年中国281个地级及以上城市数据，实证发现空气污染对城市化水平存在显著的负向反馈效应，且城市人口规模与经济发展是空气污染影响城市化进程的两个重要作用机制，这为推进城市化进程提供了有益政策启示。

产业升级等经济因素和制度环境因素也是影响城镇化进程的重要方面。余永定和杨博涵（2021）认为中国提高城市化率的潜力巨大，但是自2014年以来，相对于城市化率的提高速度，中国的产业升级出现趋缓势头，因此提出充分利用各种制度和政策手段加速产业升级、提高城市化效益，以此使城市化具有可持续性进而释放中国经济增长潜力。田文佳等（2021）构建了一个城乡多部门模型，发现房地产建筑业部门的扩大会加速城镇化过程，但在长期不利于资本深化，过度扩张会损害经济增长。张松林等（2021）分析了中国土地城市化与人口城市化失衡的形成机制，研究发现在中国城市化过程中，地方政府有动力推进土地城市化，且土地城市化对城市便利性程度的提高具有正效应，但由于户籍制度和快速上升的房价限制了农村迁移人口对城市便利性的获得，土地城市化进程中不断提高的城市便利性程度对人口城市化的总效应却为负，从而导致土地城市化与人口城市化之间的失衡。

2. 城市化发展的作用机制研究

城市化带来的影响及其作用机制也是国内学者研究的主要问题之一。在城乡生活福祉方面，我国积极推进新型城镇化战略，工业化和城镇化促进了农村繁荣，农业剩余劳动力转移同时富裕了农民（王灵桂等，2021），城乡居民福祉得到了大幅度提升。段巍等（2020）基于空间均衡模型分析了2000—2017年中国式城镇化的福利效应，证实了该时期城镇居民的福利有大幅度的增长，且发现农户集中居住后，农户家庭福利得到提升。邢春冰等（2021）通过中国家庭收入调查（CHIP）数据分析发现2002—2018年农民工的小时工资由显著低于城镇职工转变为显著高于后者；通过中国企业-员工匹配调查（CEES）数据分析发现2018年农民工的小时工资比具有相同个人特征的本地职工高16%，进而实证发现农民工相对工资上升既与其人力资本水平提升有关，也是他们在高工资地区和企业就业的结果。赵学军和赵素芳（2021）基于无锡市惠山区新惠社区跟踪调查数据，分析了新型城镇化进程中苏南农户福利的变化，发现21世纪初开展的"合村并居"集中居住使得农户整体福利水平有明显上升，既增加了就业机会、家庭收入、社会保障水平，又改善了居住环境。

在产业结构调整和创新驱动方面，钟粤俊等（2020）研究发现人口密度显著促进了服务业发展，特别是影响了居民服务业消费，并且人口流动障碍抑制了人口密度对服务业发展的促进作用，通过反事实测算还得出城市人口密度下降和劳动力流动障碍导致中国城市服务业在GDP和就业中的占比偏低3~5个百分点，由此认为将人口导向人口密度较低的农村和小城市，以及城市面积快速扩张不利于经济结构调整和经济高质量发展。王峤等（2021）基于LandScan全球人口空间分布栅格数据，实证发现城市规模的扩张会通过促进创新要素集聚而提升创新绩效，并且随着城市规模的扩张，多中心化对创新绩效的不利影响逐渐得到缓解。

在规模经济和工资溢价方面，陈飞和苏章杰（2021）基于2013年中国家庭收入调查项目（CHIP）数据和2017年全国流动人口动态监测（CMDS）数据，实证发现存在城市规模的工资溢价效应，静态效应和动态效应是解释工资溢价的主要原因，但选择效应并不明显；进一步分析发现大城市的劳动力市场更为完善、劳动者寻找工作的时间成本更低以及劳动者更有可能积极转换工作，是大城市静态工资溢价存在的重要原因。潘丽群等（2020）基于2016年全国流动人口动态监测（CMDS）数据，实证发现流动人口获得了城市规模工资溢价，但是相比农业户籍流动人口，非农户籍流动人口获得的工资溢价更高；进一步分析发现技能差异不能完全解释溢价的户籍差异，农业户籍流动人口依靠社会网络搜寻工作、不签订劳动合同的就业方式阻碍了他们获取充分的规模溢价。

在生态环境方面，城镇化对自然生态环境系统是一把双刃剑，一方面可能冲击和破坏原有生态环境系统，加剧自然生态环境系统恶化，另一方面又可能为改进和完善生态环境系统创造条件和机遇。因此，解决城镇化发展中日益严峻的资源不足和环境破坏问题，探寻城镇化发展的可持续模式也是当前新型城镇化发展研究的重点和热点问题之一。梁昌一等（2021）基于LandScan全球人口空间分布栅格数据并结合2000—2016年PM2.5空间分布栅格数据等，实证发现更紧凑的城市空间发展模式可以显著降低PM2.5浓度，基于此认为大城市可以适当向城市外延发展，缓解交通拥堵、增加公共交通出行以及节约能源消耗是紧凑型城市空间发展模式降低雾霾污染的重要机制。包智明和石腾飞（2020）探讨了我国北方草原牧区广泛推行的牧区城镇化政策与草原生态治理政策，认识到以牧业合作社、草原生态旅游业等新的组织方式和生计方式推动的牧区重建可以让牧民在享受城镇多元生计与现代生活方式的同时，继续在牧区从事牧业生计和保护草原生态环境。曹翔等（2021）以2011年以来中国部分省份实行户籍制度改革为准自然事件，采用多期双重差分模型实证发现户籍制度改革同时促进了城镇居民和农村居民的人均生活碳排放，人口城镇化主要通过提高人均消费水平和能源消费强度促进城镇居民的人均生活碳排放，通过提高居民能源消费强度、能源消费结构清洁化程度对农村居民的人均生活碳排放分别带来了显著的促进作用和抑制作用。高延雷和王志刚（2020）基于2000—2017年中国31个省级面板数据，实证发现土地城镇化与就地城镇化均带来了耕地压力的显著增加，进而认为应关注粮食安全问题。

（三）城市化高质量发展研究

促进有能力在城镇稳定就业生活的常住人口有序实现市民化，是新型城镇化的首要任务，也是提升城镇化质量的关键所在。《国家新型城镇化规划（2014—2020年）》要求促进城镇化健康有序发展，到2020年实现常住人口城镇化率达到60%左右，户籍人口城镇化率达到45%左右，户籍人口城镇化率与常住人口城镇化率差距缩小2个百分点左右。2021年，全国户籍人口城镇化率由2013年的35.93%提高到2021年的46.7%，户口迁移政策普遍放开放宽，中西部地区除省会（首府）市外，基本实现了城镇落户零门槛。进入新发展阶段后，需要把握农业转移人口市民化的新趋势新情况新问题。

在城市化水平方面，罗楚亮和董永良（2020）从城乡融合角度出发，基于城镇社区非农户口和农村社区农业户口人群社会经济特征构建实证模型，分析发现我国城市化水平总体上可能存在高估倾向，并进一步研究发展居民户口制度推行并没有实质性地推进城市化水平，被征地人群的城市化水平也没有得到明显提高，低收入人群的城市化水平高估倾向更为严重。易行健等（2020）基于我国省级面板数据和中国家庭追踪调查（CFPS）数据，实证发现半城镇化率对居民消费率和城镇居民消费率具有显著的负向影响，认为各地区应快速推进新型城镇化战略，加快推进农业转移人口市民化进程，进一步激发居民消费潜力。张可云和王洋志（2021）基于中国综合社会调查数据，实证发现被动市民化群体的收入显著低于主动市民化群体，进而认为在推进农业转移人口市民化的进程中宜鼓励主动市民化。魏东霞和陆铭（2021）基于流动人口监测数据，实证发现进城年龄越小的农村移民小时工资越高，其机制在于早进城能提高非认知能力、提升进入收入较高的现代服务业的概率，并且基于此提出破除体制障碍让更多农村人口尽早进城。

在公共服务均等化方面，户籍制度限制了农村迁移人口对城市便利性或公共服务的可得性（张吉鹏等，2020；张松林等，2021）。邹一南（2021）通过深入分析与"农民工须市民化、市民化须落户、农民工未能落户"这一悖论相关的三个认识误区，认为应通过一系列政策转型来推进农民工市民化，将推进农民工市民化的重点由异地市民化向就地市民化转变，将落户政策由有能力者优先向有意愿者优先转变，将市民化目标由户籍市民化向常住市民化转变。祝仲坤（2021）基于2014年和2017年中国流动人口动态监测调查数据，实证发现公共健康教育、健康档案管理等公共卫生服务可以通过提升健康水平、增强城市归属感间接提高农民工留城意愿。

二、中国区域经济发展战略、形势与绿色转型

区域经济是国民经济的重要组成部分，区域经济的发展在国民经济中占有十分重要的地位。区域协调发展是社会主义目的和本质的区域表现，也是区域经济发展的目标导向。

（一）新时代区域协调发展战略研究

区域经济发展战略的制定，一方面需要充分考虑各地区自然地理条件、交通条件、人文环境、历史原因等客观因素，另一方面还取决于国家政策、发展战略等因素的变化。新中国成立以来我国区域经济发展战略经历了一个不断发展和完善的过程。自区域协调发展

战略提出以来，国内学者纷纷开展了相关研究。

面向"十四五"时期，从百年未有之大变局和日益复杂的国际环境出发，中国区域协调发展也随之迈向了区域高质量协调发展。魏后凯等（2020）回顾了"十三五"时期国家区域发展战略和政策推动下的中国区域协调发展成效及面临的问题，阐述了"十四五"时期中国区域发展战略与政策，提出为促进区域高质量协调发展，中国应继续以四大板块战略为基础，以重点带区战略为骨架，统筹各大板块和带区发展，深化完善"4+X"区域发展总体战略，推动形成点线面结合的国家区域发展战略体系。李兰冰（2020）系统阐述了中国区域协调发展的逻辑框架与理论解释，识别了我国区域协调发展阶段、特征事实与异质性条件，剖析地方政府间的复杂博弈关系，提出了涵盖政策主体、政策机理、时点前置、分析模式、政策工具、数据需求等六大要点的精准化政策设计范式，为政策导向转化为实践方案提供有效支撑。赵霄伟（2021）总结了新时期区域协调发展的科学内涵为以构建新发展格局为根本方向、以推进高质量发展为根本要求、以增进民生福祉为根本宗旨、以坚持系统观念为根本方法。

加快构建以国内大循环为主体、国内国际双循环相互促进的新发展格局是根据我国发展阶段、环境、条件变化作出的重大战略决策，为统筹中华民族伟大复兴战略全局和世界百年未有之大变局，谋划和开展"十四五"和未来一个时期经济工作提供了根本遵循和行动指南（马建堂和赵昌文，2021）。由此，构建新发展格局成为新的研究主题，国内学者们纷纷探讨了新发展格局的本质特征、核心要义、理论逻辑、理论内涵、战略内涵、政策体系与国内外实践等，为新时代统筹区域发展提供了夯实的理论支撑和丰富的政策启示。如面向新发展格局构建，安虎森和汤小银（2021）探讨了新发展格局下实现区域协调发展的路径，提出了立足区域多元层次结构，精准制定发展目标和战略，加强区域多元开放联动，优化国土空间布局，健全区域多元协调机制，切实增进民生福祉的实现区域协调发展的有效路径。黄群慧（2021）强调新发展格局的本质特征是中国现代化进程发展到新发展阶段后的高水平的自强自立，提出构建新发展格局的战略内涵是推进高质量工业化战略，协同推进新型工业化、信息化、城镇化、农业现代化的实现。江小涓和孟丽君（2021）肯定了构建新发展格局的历史必然性，提出要加快建设高标准市场体系和实现更高水平开放，促进双循环更有效率和更高质量。

（二）中国区域协调发展形势研究

1. 区域经济发展不平衡程度测度与收敛研究

科学客观地衡量区域发展不平衡程度是促进区域协调发展的前提基础，对于缩小区域差异、推动高质量发展、实现区域协调发展具有重要意义。在衡量方法方面，不同区域发展阶段、发展要求和发展方式具有不同的平衡分析方法，针对区域非均衡的不同方面表现也有相应的刻画方法。孙久文和张皓（2021）发现进入新时代，虽然我国区域发展差距处于相对较低的稳态平缓期，但省份间人均 GDP 差距在不断增大，当前正处于决定未来区域发展差距水平的调整临界期。兰秀娟等（2021）基于 2005—2017 年中国 266 个地级市的面板数据，研究发现中心-外围城市经济发展差异总体呈逐渐缩小趋势且存在 σ 收敛、绝对 β 收敛和条件 β 收敛，并且中部 β 收敛速度最快、西部地区 β 收敛速度最慢。也有学者在地区生产总值的基础之上，纳入了其他生产投入和消费等反映经济水平的指标进行刻画。例如，魏艳华等（2020）选取了地区生产总值、地方财政一般预算收入、社会消费品零售总额、全社会固定资产投资、经营单位所在地进出口总额、居民消费水平、居民人均可支配收入7个指标用于反映经济发展水平，利用主成分分析技术构造两种新的聚类与评价方法，研究发现31个省区市的经济发展水平排名比较稳定，省际差异显著存在，且呈现轻微的上升趋势，八大综合经济区之间差异也显著存在，但呈现下降趋势；东部沿海始终处于领先地位，南部沿海和长江中游稳中有进，北部沿海协同发展初见成效但内部差距仍然很大，东北退步相对明显，黄河中游发展参差不齐，大西南和大西北发展依然滞后。

伴随着区域经济的发展，区域经济系统不断由低层次平衡向高层次平衡演化，由此区域不平衡发展的衡量与经济社会发展阶段和均衡的层次相适应至关重要，不同的经济发展阶段需要采取不同的刻画指标来衡量区域非均衡问题。新近文献在衡量指标方面上注重区域经济高质量发展阶段，侧重考虑经济效率与质量，不断尝试基于新发展理念、高质量发展或区域平衡发展等内涵构建起全新的区域经济发展水平指标体系，进而以此分析经济发展区域不平衡问题，且得出了更多丰富的新结论，为中国高质量发展、区域协调发展战略的实施提供了坚实依据。例如，吕承超和崔悦（2020）基于1997—2017年30个省级面板数据，根据高质量发展内涵，从经济活力、创新驱动、协调发展、绿色发展、开放发展和成果共享六个层面选取57个基础指标构建了中国高质量发展水平指标评价体系，分析得出各省份高质量发展水平存在明显差异，四大地区高质量发展总体呈"东部高、东北居中、中西部低"的发展格局。陈景华等（2020）基于新发展理念，构建了包含创新性、协调性、可持续性、开放性及共享性共5个子系统41个具体指标的评价体系，测算了2004—2017年中国经济高质量发展指数，分析发现中国经济高质量发展综合指数整体不高但呈上升趋势，可持续发展和共享发展表现良好，协调发展问题突出；中国区域经济高质量发展不平衡，呈现东部-东北部-中部-西部阶梯分布的特征；中国经济高质量发展的区域差异主要来自区域间差异，呈逐步缩小态势，同时全国及四大区域高质量发展的绝对差异也在逐步缩小。许宪春等（2021）在充分理解区域平衡发展内涵的基础上，从经济、社会、生态、民生四个维度出发，构建了包括36个基础指标的平衡发展指数指标体系，运用2011—2018年31个省区市的数据，研究发现党的十八大以来南北平衡发展水平显著提升，但南北总体差距逐步凸显。

2. 不同区域空间尺度的发展不平衡研究

空间尺度的选择是区域不平衡发展实证研究的前提。若脱离了空间尺度的界定，那么区域协调发展度量将无从谈起，并且不同空间区划往往会得到不同的结论。总体而言，不同的阶段、不同的方法往往得到不同的观点，对产生区域经济发展不平衡现象的原因解释也形成了不尽一致的研究结论。

宏观区域方面，邓仲良和张可云（2020）构建了一个经济增长的空间经济学理论模型，并且利用2004—2014年中国277个地级市及以上城市面板数据，研究发现经济增长的空间分异来源于要素结构与产业关联、城市规模与产业结构、市场规模与产业选择的三个匹配机制，研究结果为区域协调发展、经济空间优化和城市产业分工提供了理论依据与经验证据。冯志轩等（2020）研究发现中国地区间的发展差距主要来源于价值生产能力的差距，并且认为由于市场逻辑和政府行为的共同塑造，中国存在偏向落后地区的积累过程，使得减小地区差异的效应在 2007 年前后超过了地区间的"极化效应"，缩小了地区间发展水平的差异。娄帆等（2021）基于 1978—2018 年中国省级与市级层面数据，分析发现 2008 年之后内陆地区经济增速超过沿海地区，生产要素、交通条件、政府因素等是变化的主要原因。刘瑞翔等（2020）基于投入产出理论对嵌入式投入产出数据进行经济增长和贸易核算，分析发现内陆省份主要通过向东部地区提供生产原材料方式间接参与到国际分工之中，沿海地区出口对内陆省份拉动效应主要体现在农业等行业。

城乡区域方面，李永友和王超（2020）基于安徽省"乡财县管"改革这一准自然实验，研究发现"乡财县管"改革通过赋予县级政府统筹全县乡镇财政资源权力显著缩小了城乡收入差距。王军和肖华堂（2021）基于 2013—2019 年中国省级数据，实证研究发现数字经济发展与城乡居民收入差距呈"U"形关系，且中部和西部地区为缩小效应，东部地区有略微扩大效应，东北地区效应则不明显。陈文和吴赢（2021）基于 2012—2018年中国省级数据，进一步实证研究发现农村基础设施建设的推进和农村金融发展水平的提升均可显著地调节数字经济发展与城乡居民收入差距之间的 U 形关系。

近年来南北经济差距也成为研究热点。邓忠奇等（2020）实证研究发现在"三期叠加"阶段，南北差距扩大具有一定的必然性，2008 年世界金融危机仅仅是导火索，其后的经济刺激计划则形成了短暂的隔离带，将南北差距问题推迟到 2013 年；2016 年起南北全要素生产率差距的缩小得益于供给侧结构性改革，并基于此认为要继续推进供给侧结构性改革。杨明洪和黄平（2020）测度了 1992—2018 年南北地区结构红利，分析发现新旧动能转换中产业结构变迁差异是造成南北经济差距的重要因素之一。许宪春等（2021）研究发现党的十八大以来南北平衡发展水平显著提升，但南北总体差距逐步凸显，并且北方地区新旧动能转换艰难、创新驱动不足、人力资本下行趋势明显是南北经济领域差距逐年扩大的主要原因。吕承超等（2021）基于 1978—2017 年的省际数据，研究发现中国"东西"方向地区之间经济差距大于"南北"方向，人均资本、城镇化水平和对外开放程度等数量型因素是影响地区经济差距的主导力量，而全要素生产率和人力资本等质量型因素对地区经济差距的影响并不显著。张可云等（2021）实证剖析了西部地区南北经济分化形成的一般原因，发现西部地区南北经济分化起始点为 2010 年，西北地区增长极的发育相对不充分、产业结构过于趋同以及增长动力相对不足导致了西部的南北经济分化格局。关于南北经济差距原因，众说纷纭，莫衷一是，但从多方位的视角为缩小南北经济差距提供了政策启示。

随着城市在区域经济发展中的地位提升，以中心城市及其吸引范围经济联系为划分原则的城市经济区应运发展。曹清峰（2020）采用计量模型分析发现国家级新区持续带动了区域经济增长，使得所在城市年均 GDP 增长率显著提高了约 1.51 个百分点，且其带动效应可持续 7 年；国家级新区通过改变区域经济增长的不利初始条件、制度创新与要素数量扩张带动了区域经济增长，有利于缩小区域经济发展差距，但未能带动区域高质量增长。基于城市经济区划分，越来越多的国内学者研究都市圈、城市群之间的平衡发展问题。马佳羽等（2021）以粤港澳大湾区的协调发展目标为背景，通过计量分析发现除了城市处在大湾区内的区位因素外，下辖地区处在城市中的相对区位也是影响湾区经济发展格局的重要因素之一，与非大湾区城市紧邻地区的经济密度虽显著低于其他地区，但其增长速度和产出效率并未低于其他地区，且围绕海湾的地区正在快速发展中。

（三）中国区域经济绿色转型发展研究

党的十八大以来，生态文明建设摆在全局工作的突出位置，党的十九届五中全会指出促进经济社会发展全面绿色转型。因而，区域经济绿色转型发展成为新的研究热点。杨万平和李冬（2020）运用 ML 理论模型测算了中国生态全要素生产率，分析发现中国生态全要素生产率呈现依赖技术进步的单轮驱动模式，且存在"U"形波动性下降的阶段特征和地区差异扩大的空间趋势；总体差异持续增长，不仅区域间差距在扩大，区域内部不平衡的现象也在凸显；存在空间收敛效应，收敛速度加快，收敛周期有所缩短，且俱乐部收敛显著。李华和董艳玲（2020）实证研究发现基本公共服务均等化与绿色全要素生产率增长地区差距之间存在显著的正向相关关系，基本公共服务均等化总体上对协调技术进步地区差距的影响不显著，但分时期结果表明该影响有逐步增强态势。

也有国内学者针对流域、城市群等区域开展经济绿色发展研究，着重分析特定区域的空间差异、动态演进及驱动因素等。一方面，依托长江、黄河等重点流域，围绕推动长江经济带高质量发展、黄河流域生态保护和高质量发展等重大国家战略开展了流域经济绿色发展研究。例如，陈明华等（2021）构建 MinDS 模型测算 2004—2017 年黄河流域生态效率水平，发现黄河流域生态效率呈现"东高西低"空间分布格局，并进一步研究发现经济发展差异是生态效率空间差异的主导因素，为推动黄河流域生态效率协同提升和经济协同发展提供有益借鉴。刘华军等（2021）采用考虑非期望产出的全局超效率 SBM 模型测算了 2000—2017 年长江经济带与黄河流域的生态效率，对比分析发现长江经济带与黄河流域生态效率均呈现"U"形变动趋势，长江经济带生态效率在加速赶超黄河流域；长江经济带"东高西低、北高南低"，而黄河流域"西高东低、南北均衡"；两者的生态无效率主要来自资源消耗和污染排放。杨万平和张振亚（2020）在测算 2001　2018 年长江经济带与黄河流域生态全要素生产率基础上，进一步实证发现人均 GDP、能源结构、外资利用对黄河流域生态全要素生产率的提升具有促进作用，人口密度、城镇化、环境分权对其有抑制作用；科技创新、流域治理、城镇化、财政分权促进了长江经济带生态全要素生产率的提升，人均 GDP、人口密度则对其有明显的抑制作用。

另一方面，中国城市群快速增长伴随着巨大的生态代价，同时生态承载压力也制约着城市群的可持续发展，因此为实现中国城市群可持续发展，中国城市群经济绿色发展研究逐步成为国内学者研究的重点。例如，于伟等（2021）基于序列 DEA 的 SE-U-SBM 方法测度城市群生态效率，分析发现中国城市群生态效率存在较大空间差异，城市群之间差异是总体差距最主要来源，各城市群生态效率存在不同极化特征和分布延展性，八大城市群总体、不同层级城市群内部、各城市群内部均存在绝对 β 收敛和条件 β 收敛。蔺鹏和孟娜娜（2021）运用三阶段超效率 SBM-DEA 动态模型和 ML 生产率指数评估了六大城市群的绿色全要素生产率（GTFP），分析发现六大城市群整体及各城市群真实 GTFP 增长均主要源自技术效率变化，技术进步的核心驱动作用未能有效发挥；六大城市群 GTFP 增长的总体区域差异主要源自超变密度和组间差异，各城市群 GTFP 增长的组内差异和组间差异具有明显的空间异质性；六大城市群 GTFP 增长表现出较强的空间 β 条件收敛性和俱乐部趋同特征，且 β 条件收敛呈现出显著的时空非对称性和空间异质性。

三、中国产业-城市空间系统结构变迁研究

空间结构是在一定区域内空间相互作用与功能联系，以及反映其区位关系和聚集程度的基础性结构，空间结构变迁是城市与区域发展研究的基本理论问题。产业和城市在一定地域范围内共同组成的空间耦合系统是城乡和区域空间演变的主体。总体上看，产业-城市系统通过空间各类要素的发展变化及其空间相互作用，引致空间系统结构变迁。

（一）产业空间组织变迁研究

1. 产业空间组织规律研究

厘清中国产业空间转移的特征及其影响机制是研究产业空间组织规律的重要组成部分，也是研究产业集聚对区域发展影响的基础性问题。一方面，地理距离、要素和全球化因素等是影响产业空间组织的重要因素。例如，刘明和王霞（2020）测度和分析了2007—2017 年中国制造业空间转移的趋势及其影响因素，在考虑行业异质性、空间依赖性的条件下，实证研究发现东部和东北地区的制造业向中西部地区转移，劳动密集型产业主要从东部向东北、中部地区转移，资本密集型产业的转移主要集中在区域内，技术密集型产业从东部和东北地区向中西部地区转移；交通条件是产业空间转移的重要推动力，而其他因素对不同类型制造业空间转移的影响效应存在差异，劳动力要素和市场规模是促进劳动密集型产业空间转移的重要因素，资本要素、技术创新和全球化因素均能带动资本密集型产业和技术密集型产业的空间转移。范剑勇等（2021）以新企业选址为研究对象探讨制造业空间集聚机制，研究发现新企业选址倾向于靠近上下游头部企业所在城市，与上游行业（下游行业）头部企业的距离每增加 1%，新企业数量将减少 0.302%（.331%）；头部企业所属的产业链生态圈增强了距离负向效应；16 个制造业二位数行业（占比53.3%）表现出同时靠近上下游头部企业所在地的倾向。

另一方面，也有研究发现城市规模或城市密度是影响产业空间组织的又一重要驱动因素。例如，刘汉初等（2020）研究了珠三角城市群制造业集疏与产业空间格局变动，发现空间集聚程度最高的是技术密集型产业，其次是资本密集型产业，最低的是劳动密集型产业；不同类型制造业空间集疏差异促使城市群"核心-边缘"结构进一步强化，核心城市更加专业化发展技术密集型产业，而边缘城市则承接劳动密集型产业。陈强远（2021）通过构建服务业企业空间选择的理论模型，分析发现企业家禀赋优势越明显，集聚带来的生产率溢价越大；大城市服务业集聚的生产率溢价是知识溢出效应、选择效应、分类效应共同作用的结果，小城市可以吸引生产率较低但规模巨大的服务业企业。

2. 产业空间组织与区域经济增长

产业空间组织会对区域或城市的经济发展和创新增长产生影响，一些研究检验了产学研合作、知识溢出、生产要素共享和匹配效率等传导机制。庄毓敏和储青青（2021）基于中国 30 个省区市 2002—2016 年的数据，实证发现金融集聚显著促进了区域产学研合

作，并且能相对独立地施加影响；金融集聚显著推动了区域研发创新，且有 10%~20% 的影响经由产学研合作渠道实现。贺灿飞等（2021）利用中国海关数据库，实证发现产业地理集聚通过知识溢出和生产要素共享产生的积极影响超过了竞争拥挤带来的负面影响，促进了城市出口经济复杂度提升，且通过促进高复杂度产业进入与低复杂度产业退出有效推动了城市产业升级。王俊（2021）在从理论上论证经济集聚及匹配效率对工资水平的正面推动作用的基础上，利用中国综合社会调查（CGSS）数据与地级市数据，进一步实证检验发现经济集聚促进了匹配效率的提升以及城市工资水平增长，并且经济集聚通过提升匹配效率而导致工资水平增长的传导机制也是存在的。

微观企业层面，产业空间组织会对企业生产率、企业进出口、企业就业和产出规模等产生影响。国内学者立足企业微观主体，基于企业层面数据开展了相关检验和机制探讨，这为理解产业空间组织与企业发展的作用机制提供了依据，也为产业空间组织对区域经济增长的作用机制夯实了微观基础。高虹和袁志刚（2021）基于我国第一次经济普查和1998—2012 年全部国有及规模以上工业企业数据，研究发现城市产业集群发展尽管显著促进了制造业企业就业和产出规模的扩张，但没有带来企业生产效率的普遍提升，集群发展对企业的促进作用主要被行业中处于关键地位的大企业所获得，同时集群发展可通过弱化企业融资约束降低企业的投资和生产门槛，促使更多中小企业得以进入生产，带来城市-产业规模的扩张。苏丹妮等（2020）基于 2000—2007 年中国制造业企业等数据，研究发现全球价值链（GVC）分工地位越高的企业生产率亦越高，但通过阻滞资源互通与能力互仿"双壁垒"而实施的战略隔绝弱化了本地化聚集经济对企业生产率的正向溢出；GVC 上游环节参与度越高的企业与本地产业集群的空间关联度越弱，而 GVC 下游环节参与度越高的企业与本地产业集群的空间关联度越强。张丽和廖赛男（2021）分析发现集群式产业发展显著提高了企业出口国内附加值，有利于促进企业全球价值链分工地位升级，集群式产业发展对民营企业、一般贸易企业以及高融资约束企业出口国内附加值的促进效应更为明显。

3. 产业空间组织与区域绿色转型发展

党的十九届五中全会提出要"支持城市化地区高效集聚经济和人口、保护基本农田和生态空间"。处理好产业空间组织与环境保护二者之间的关系是统筹推进区域经济发展与生态文明建设的关键所在。朱东波和李红（2021）实证发现产业集聚同环境污染二者之间表现为倒 U 形曲线关系，且当前中国产业集聚有助于减少污染排放，产业集聚通过引致技术进步而减少污染排放，但通过推动规模扩张、抑制结构转型等途径增加污染排放。胡求光和周宇飞（2020）基于 2003—2017 年中国 285 个地级市的面板数据，考察了开发区产业集聚的环境效应，实证发现总体上国家级经济技术开发区的设立有利于改善地区环境绩效，开发区产业集聚在初始所形成的污染集中排放加剧了环境污染，但后期所产生的技术溢出和示范效应则能有效提升环境治理水平；国家级开发区产业集聚对中西部地区环境绩效的提升要优于东部地区，设立时间较晚的开发区对当地环境绩效的提升要显著优于早期设立的开发区，资源型城市的国家级开发区产业集聚能更有效降低排污规模。还有学者研究了产业集聚对企业减排的影响，如苏丹妮和盛斌（2021）考察了产业集聚及其不同集聚模式对企业减排的影响，研究发现产业集聚显著降低了企业污染排放强度，且主要受专业化集聚驱动，多样化集聚的影响并不显著。

（二）城市空间结构变迁研究

合理的城市空间结构体系是城市化健康发展的必要前提，其中单中心城市结构和多中心城市结构问题始终是学者们讨论的焦点。王峤等（2021）基于 LandScan 全球人口空间分布栅格数据，实证发现城市多中心化发展会增加其内部知识流之间的地理距离，进而消解各个中心可能的集聚优势，最终对城市创新绩效带来显著的抑制作用；城市多中心化对技术密集型行业的创新抑制效应更强，而多中心的影响也会随着产业成熟度的提升呈现先增后减的趋势，基于此认为中国城市发展应坚持紧凑式空间布局。汪彬和郭贝贝（2021）基于 2003—2018 年国内 285 个地级市数据，实证发现集聚经济对城市效率具有显著促进作用，环境拥挤对城市效率具有显著负向影响，基于研究结果认为应继续推进以大城市为依托，以城市群为主体，大中小城市和小城镇协调发展的城镇格局，优化城市空间结构实现由单中心城市结构向多中心转变，建立以城市效率为核心指标的城市高质量发展评价体系，进一步增强城市集聚功能，推动城市高质量发展。于斌斌和郭东（2021）构建了一个关于城市群空间结构与经济效率的理论分析框架，实证检验得出与单中心城市结构相比，多中心城市结构更能有效地提高城市群经济效率，并且提出推动构建多中心城市空间结构是促进城市群高质量发展的有效途径。

随着全球经济和科技的快速发展，现代城市的功能逐步向更大的区域范围拓展，城市与城市之间的相互联系和影响日益密切，一定地域范围内的诸多大、中、小城市相互交织成的城市群，在全球城镇体系中日益占据重要的枢纽地位，成为国家参与全球竞争与国际分工的全新地域单元。中国城市群和都市圈建设在构建新发展格局、新型城镇化建设、高质量发展中发挥着非常重要的战略作用（方创琳，2021），依托城市群的空间优化有助于推动新发展格局的构建（李培鑫和张学良，2021）。李泽众和沈开艳（2020）基于 2003—2016 年中国十大城市群面板数据，发现城市群单中心空间结构对经济发展质量产生"先抑制、后促进、再抑制"的影响，并提出要因地制宜地优化城市群的空间结构。Wang 等（2021）以中国 13 个城市群为研究样本，发现只有当城市群拥有更多的人口和更好的城市基础设施连通性时，多中心性才能促进城市群生产性服务业的积极溢出，从而提高城市劳动生产率。张茂榆和冯豪（2021）基于 2006—2015 年京津冀、长三角、珠三角以及成渝四大国家级城市群的地级市数据，发现城市群政策显著提升了区域经济水平及转型，提出应适应城市群为主的空间形式。此外，张同斌等（2021）对中国城市圈层空间经济结构变迁的内在机理开展了研究，研究发现城市向圈层地区知识溢出效应的增强能够缩小城市与圈层之间的经济差距；更高强度的劳动力自由流动并没有加快地区间经济增长的收敛，而是扩大了城市与圈层之间经济产出的差异。

（三）数字经济与区域经济空间格局研究

发展数字经济，建设数字中国，是把握新一轮科技革命和产业变革新机遇的战略选择，对实现高质量发展具有重要意义。随着数字经济的发展，越来越多的学者关注到数字经济的区域差异、数字经济对经济地理格局的影响等问题，并为实施区域协调发展战略等提供相关政策建议。韩兆安等（2021）在测算中国省际数字经济规模的基础上，分析发现中国省际数字经济规模整体呈上升趋势，省际数字经济主要集中在数字经济生产阶段，数字经济生产增加值占数字经济总增加值的比重超过50%，省际数字经济非均衡性波动上升，东部和中部地区两极分化趋势尤为明显。安同良和杨晨（2020）构建了融入房地产部门的新经济地理模型，基于互联网对企业的"引力机制"与放大房价分散力的"放大机制"，推演了互联网对中国经济地理格局的重塑机制，并且进一步实证检验了互联网重塑经济地理格局的宏观效应，发现互联网放大了以房价为表征的拥挤成本的分散力，正在重塑中国的经济地理格局。Wang等（2021）基于近100个国家和地区的城市识别，研究了互联网对城市规模分布的影响，研究发现互联网先是促进全国城市规模分布的分散，然后随着互联网普及率的提高而促进集中。Wu等（2021）基于2003—2015年289个中国地级市数据，研究发现互联网拉大了互联网普及率低的城市与互联网普及率高的城市之间的经济差距，并且城市的人口规模可以进一步强化互联网普及率的增长促进作用。左鹏飞等（2020）基于2003—2018年我国省级面板数据，实证研究发现互联网与城镇化的融合发展对推动产业结构转型升级具有更强效果，且互联网发展推动产业结构转型升级存在显著的城镇化门限效应。

四、研究展望

近年来，城市化、区域经济与空间经济结构研究领域取得了丰富的研究成果，为推进新型城镇化、构建新发展格局、促进区域协调发展、实现区域经济高质量发展等提供了大量的经验依据、理论支撑和政策建议。纵观已有研究，有如下几点值得探讨：第一，已有研究对新型城镇化的内涵、特征、模式、路径、动力、评价做了大量研究，但如何在新型城镇化进程中增强发展动力、创新发展模式、开拓发展路径、科学评价发展阶段可能有待深入探索。第二，已有研究就区域协调发展理论的内涵、衡量标准、影响因素以及路径选择等做了大量研究，但对于区域协调发展评价指标缺乏统一标准，对其影响因素的研究由于学科差别、研究深度和实践的经历不同，至今尚未形成比较统一的认识。第二，目前城市空间结构研究主要从城市经济学、内生增长方式、新经济地理学以及系统论等多学科交叉视角开展，包括城市群空间格局演化模式、城市群的识别标准、城市群空间一体化和都市圈化机制、城市群空间结构和规划治理、城市群空间集聚、城市群等级规模的发展模式和一体化的演变趋势等，后续研究可以多学科的综合研究为主，城市群、都市圈等跨区域的空间格局形成机理，城市群内大中小城市协调发展都有待深入研究。

总体上，就理论层面而言，中国新型城镇化、区域经济发展与空间经济结构变迁都离不开科学有效的发展经济学理论支撑。面向知识经济、数字经济和生态文明背景，为适应区域经济高质量发展、新发展格局构建、新型城镇化战略实施等现实要求，中国区域发展经济理论研究未来应在学科融合、假设前提、研究范畴、研究机制与区域政策等方面取得突破性进展（刘秉镰等，2020）。就实践层面而言，"十四五"时期是全面开启社会主义现代化强国建设新征程的重要机遇期（李兰冰和刘秉镰，2020），新型城镇化与城乡融合发展、区域协调发展与新发展格局、增长极培育与城市群发展、区域经济空间结构优化、创新驱动与区域发展新动能培育等问题将成为未来一段时间内的重要议题。这里抛砖引玉提出几个可能的理论方向：一是发展具有中国特色、符合中国实际的多学科综合性新型城镇化理论体系；二是新形势下新型城镇化发展规律、发展质量研究以及县域城镇化问题研究；三是城市与区域空间格局优化理论研究；四是生态文明背景下城市群内大中小城市体系演变规律的微观机理研究；五是区域不平衡不充分发展问题研究；六是区域政策理论与制度创新研究；七是数字经济重塑区域经济空间格局研究；八是完善和发展空间模拟分析与信息技术方法研究。

第二节　重要论文①

1. 邓仲良，张可云. 中国经济增长的空间分异为何存在？——一个空间经济学的解释 [J]. 经济研究，2020，55（4）：20-36.

研究背景：改革开放后伴随着中国城镇化进程加快，"城市作为经济增长引擎"作用日益凸显，劳动力、资本等要素逐步向城市中制造业和服务业转移，在这个转移过程中，要素集聚的不均衡和不充分引发了要素在城市空间和产业部门的错配，形成并加剧了经济空间分异，并影响了区域协调发展向更深层次推进。

基本结论：（1）经济增长的空间分异来源于要素结构与产业关联、城市规模与产业结构、市场规模与产业选择的三个匹配机制；（2）要素结构与产业关联的正效应在劳均资本相对占优时才会发生，城市规模则通过相对最优城市规模"门槛效应"影响了与产业关联的正效应，市场规模与产业结构"服务业化"正相关；（3）发展生产性服务业是大城市提高经济比重的关键，中小城市则应重点构建符合本地优势的工业体系。

主要贡献：（1）在空间经济学框架下构建了一个经济增长的理论模型，拓展了要素错配理论内涵，将要素的空间错配效应纳入分析框架；（2）利用2004—2014年中国277个地级市及以上城市面板数据，整合了产业结构、集聚效应与要素结构三个层面的影响因素，分别从全国层面、四大区域、不同发展阶段、不同城市规模以及考虑空间关联性等角度对经济增长空间分异的理论机制进行验证；（3）为更好界定城市产业与要素结构，将城市产业划分为主导产业、关联产业以及基础产业。

现实意义：研究得出可以通过化解不同地区的空间错配效应来提高经济增长的空间效率，进而促进全国经济均衡发展。从要素空间匹配的视角为区域协调发展、经济空间优化和城市产业分工提供了理论依据与经验证据，也为地区经济转型提供了政策启示。

2. 范剑勇，刘念，刘莹莹. 地理距离、投入产出关系与产业集聚 [J]. 经济研究，2021，56（10）：138-154.

研究背景：加快构建以国内大循环为主体、国内国际双循环相互促进的新发展格局是中国"十四五"和未来更长时期的重大经济发展战略之一。同时，鉴于运输成本的存在，具有投入产出关系的行业倾向于集聚在同一区域；产业集聚在空间上表现出连续性特征，不会因区域间的行政分割而出现中断；以头部企业或中小企业集群为代表的空间不平衡分

布，随着距离增加，其集聚影响与空间受益范围将逐渐衰减。因此，以新企业选址为研究对象，以国内贸易大循环中的产业间投入产出关系与城市间运输成本为切入点，探讨产业集聚的形成机制。

基本结论：（1）新企业选址倾向于靠近上下游头部企业所在城市，与上游行业（下游行业）头部企业的距离每增加 1%，新企业数量将减少 0.302%（.331%）；（2）头部企业所属的产业链生态圈增强了距离负向效应；（3）16 个制造业二位数行业（占比 53.3%）表现出同时靠近上下游头部企业所在地的倾向。

主要贡献：（1）结合投入产出关系与运输成本构建行业间距离指标，弥补现有文献未将行业特征与运输成本有机结合的不足；（2）使用行业间距离直接考察产业集聚的产生机制，而非以往文献在不同区域层面或不同距离圈层内进行间接讨论；（3）创新性地选择头部企业所在城市作为上下游联系的节点。

现实意义：从地理距离与投入产出关系出发，以新企业选址为研究对象探讨制造业空间集聚机制，证实了制造业聚集于沿海地区是高效率的，但是单凭市场力量的引导，企业与劳动力的自发流动必将造成经济活动趋向于"中心-外围"结构的空间失衡状态，该研究对推动国内贸易大循环与城市间产业协同发展等方面具有重要启示意义。

3. 方创琳. 新发展格局下的中国城市群与都市圈建设［J］. 经济地理，2021，41（4）：1-7.

研究背景：党的十九届五中全会提出加快构建以国内大循环为主体、国内国际双循环相互促进的新发展格局，这是在百年未有之大变局下推动大国经济发展到一定阶段后形成高质量发展新格局的战略选择。中国城市群和都市圈建设在构建新发展格局中发挥着非常重要的战略作用，城市群作为国家新型城镇化主体的战略引领地位进一步提升，都市圈作为城市群高质量发展的战略支撑地位进一步明确，生态功能作为城市群与都市圈发展的重要功能进一步凸显。

基本结论：新发展格局下中国城市群与都市圈建设的综合效应为：（1）巩固提升城市群的核心战略地位，适度调控强大的吸管效应；（2）优化重组城市群"5+5+9"的空间组织新格局，全面提升高度一体化效应；（3）充分发挥沿海、沿江和沿黄城市群高质量发展的联动引领效应；（4）高度关注边境地区城市群和都市圈建设的稳疆固边效应；（5）依托金融中心，强化城市群与都市圈高质量发展的聚财效应；（6）充分放大城市群与都市圈高质量发展的品牌带动效应；（7）突出关注城市群空间扩展引发的生态环境效应。

主要贡献：阐述了新发展格局下中国城市群和都市圈建设的战略地位，探讨了新发展格局下中国城市群与都市圈建设的基本方向，提出了新发展格局下中国城市群与都市圈建设的综合效应。

现实意义：以新发展格局为背景，重塑中国城市群和都市圈建设的战略地位，提出建设方向，进一步发挥城市群和都市圈建设的综合效应，对推进国家实施新型城镇化与乡村振兴战略，实现城乡深度融合发展，确保到 2035 年基本实现现代化和基本建成美丽中国都具有十分重要的战略意义。

4. 贺灿飞，任卓然，叶雅玲．中国产业地理集聚与区域出口经济复杂度［J］．地理研究，2021，40（8）：2119-2140.

研究背景：随着中国出口规模日益提升，产业地理集聚程度也逐渐增强，产业布局以及出口贸易等经济活动不断向东部沿海地区集聚。同时，近年来中国出口产品技术含量有较大提升，但仍与发达国家存在较大差距。中国正处于产业结构升级转型的节点上，探究中国出口经济复杂度的影响因素对制定下一阶段的产业政策有深刻影响。

基本结论：（1）全国城市产业地理集聚程度基本呈现东部高、中西部点状起伏的空间格局，且城市间产业集聚水平差异逐渐缩小；（2）城市出口经济复杂度空间分布格局与产业地理集聚分布具有一致性，高复杂度地区主要为环渤海、长三角、珠三角地区以及中西部中心城市，城市间发展差距随时间缩小；（3）主流经济复杂度测算方法中的经济复杂度指数并不适用于中国城市尺度，而适应性复杂度和新经济复杂度的测算效果更好；（4）产业地理集聚通过知识溢出和生产要素共享产生的积极影响超过了竞争拥挤带来的负面影响，促进了出口经济复杂度提升，并且通过促进高复杂度产业进入与低复杂度产业退出有效推动了城市产业升级。

主要贡献：利用中国海关数据库，在三种主流复杂度指标计算基础上，深入分析中国城市产业地理集聚与出口经济复杂度发展演化，并运用计量模型对两者之间的关系进行实证检验。

现实意义：研究成果为中国出口竞争力提升提供新思路，政府可以通过制定公共政策，利用"集群效应"提升区域出口竞争力。首先，应继续发展现有产业集群，扩展其供应链；增强企业间联系，推动企业间的学习与交流，形成良好的创新氛围；促进生产要素流动，发挥产业集群效应提高企业生产率。其次，建立具有高增长潜力的产业集群，推动产业前后向联系，增强区域创新能力，推动出口产品升级，从而提升产品出口复杂度。同时，为了发挥产业间的知识溢出效应并提升企业间生产要素共享效率，应注意集群内产业联系，发展产业关联度较高的集群。最后，由于各效应在东、中、西部的作用不尽相同，制定政策时应重视区域差异性，因地制宜地制定集群政策。

5. 李兰冰，高雪莲，黄玖立．"十四五"时期中国新型城镇化发展重大问题展望［J］．管理世界，2020，36（11）：7-22.

研究背景："十四五"时期是我国由全面建设小康社会向基本实现社会主义现代化迈进的关键阶段，中央为积极应对国内外复杂变局提出"形成以国内大循环为主体、国内国际双循环相互促进的新发展格局"，并重点支持"两新一重"建设。新型城镇化作为内需最大潜力所在，承载着更加艰巨的历史重任。在此背景下，对"十四五"时期中国新型城镇化发展重大问题进行展望具有重要意义，既有利于寻求理论创新方向，也有利于进行实践层面的系统性谋划。

基本结论：（1）新型城镇化将承载更艰巨的重任，一是以"城镇化红利"接续"人口红利"，增强内需驱动高质量发展的能力；二是加速城乡深度融合，促进人民共同富裕；三是优化国土空间格局和改善大尺度空间治理能力，提高城镇化地区综合承载及资源优化配置能力。(2) 中国式城镇化的主要特征包括超高速度与超大规模的人口空间迁移、政府主导与制度引领的特征显著、快速工业化是城镇化进程的主要驱动力、城乡差距与行政分割相互交织。(3) 中国城镇化发展困境包括城镇化发展的产业支撑力不足、城镇化空间格局仍有待优化、城乡融合与一体化程度不高、政府治理能力亟待提升。

主要贡献：以城镇化与国家经济发展关系为切入点，系统梳理国家发展战略导向与中国城镇化发展之间的演进逻辑，准确识别中国城镇化的典型特征与现实困境，并从要素转换、演化机理和维度解构三个层面构建了中国新型城镇化的理论逻辑体系。在此基础上，针对"十四五"时期我国新型城镇化发展中的产业结构调整与城镇化新动能培育、空间格局优化与城镇化分类推进、城乡融合发展与城镇化提质增效、有效政府治理与要素市场化配置、双循环新格局与城镇化红利释放、面向经济全球化的开放型城镇化等六大问题进行深入探究。

现实意义：(1) 明确城镇化与国家经济发展的逻辑关系，厘清中国城镇化发展的基本特征，准确识别当前城镇化面临的问题与困境，有利于为构建符合中国特征事实的新型城镇化理论逻辑体系提供坚实基础，进而为探索中国新型城镇化发展路径指明方向；(2) 在剖析中国城镇化典型特征与现实困局的基础上，以系统性的理论逻辑体系为支撑，结合新时期国家发展战略要求，重点针对"十四五"时期中国新型城镇化发展的六大问题进行探究，对于建设现代化经济体系和实现"两个一百年"奋斗目标具有重大意义。

6. 李培鑫，张学良. 城市群集聚空间外部性与劳动力工资溢价 [J]. 管理世界，2021，37 (11): 121-136，183，9.

研究背景：当前城市之间的交流和联系更加密切，要素跨城市配置日益明显。在城市群日益崛起的背景下，城市群的发展体现了生产从企业聚集到产业聚集再到城市聚集的延伸，能够实现要素在超越单一城市的城市体系内流动和整合，从而形成一种空间外部经济效应，经济主体不仅会受到本地集聚的影响，也会享受到由群内其他城市的共同集聚所带来的好处。

基本结论：(1) 除了所在城市自身的规模，城市群内其他城市形成的集聚规模也能够产生显著的收入溢价，规模扩大1倍，劳动力收入会提高6.7% ~ 8.0%，将城市群集聚规模在中心与非中心城市、不同地理空间分解并进行相关稳健性检验，这种影响仍都显著存在，另外分样本的估计结果显示不同技能、不同地区、不同类型城市的样本都能够从中受益；(2) 产业功能的跨城市分工及其相互关联、知识和技术的溢出、市场的一体发展以及由多中心带来的对拥挤效应的缓解是城市群集聚空间外部性的重要来源。

主要贡献：(1) 通过构建一个考虑劳动力流动与产业上下游关联的新经济地理学模型框架，解释了集聚经济空间从城市向城市群扩展的机制；(2) 将城市群空间数据与劳动力微观调查数据相结合，从城市群工资溢价的视角进行了实证检验；(3) 提出我国区域发展要进一步发挥城市群的集聚优势，依托城市群的空间主体作用加强国内大循环，不断推动新发展格局的有效实现。

现实意义：研究成果具有一定的政策启示。城市群作为城市化和工业化发展到高级阶段的产物，理论上具有发展方面的优势，能够形成更大的分工收益和规模经济，消除过度拥挤带来的负外部性，从而实现更强的集聚经济效应，带来经济绩效的提升。在现有城市群发展的基础上，应该继续坚持城市群在区域发展中的主体地位，特别是在当前我国建设以国内大循环为主、国内国际双循环相互促进的新发展格局下，更是要依托城市群的空间主体作用来推动国内区域合作，从而不断发挥国内大循环的主体作用。

7. 梁昌一，刘修岩，李松林．城市空间发展模式与雾霾污染——基于人口密度分布的视角［J］．经济学动态，2021（2）：80-94.

研究背景：改革开放以来，伴随着城市化和工业化的不断推进，中国实现了经济的持续高速增长。与此同时，中国的城市普遍面临以雾霾污染为代表的空气污染问题，这受到政府部门和国内外学者的广泛关注。2017年政府工作报告将"要坚决打好蓝天保卫战"作为一项重要的任务，并提出了一系列加强雾霾治理的政策措施。伴随着人口增长的城市化进程是公认的城市发展规律，城市发展过程中出现的以空气污染为代表的"城市病"不能简单地通过城市化的减缓甚至倒退来解决，体现城市人口密度分布差异的城市空间发展模式同样需要重视。因此需要从城市空间发展模式的视域进一步深入对雾霾污染的研究。

基本结论：（1）用变异系数项表征的城市空间发展模式越紧凑，雾霾污染水平越低；（2）更紧凑的城市空间发展模式可以显著降低 PM2.5 浓度；（3）缓解交通拥堵、增加公共交通出行以及节约能源消耗是紧凑型城市空间发展模式降低雾霾污染的重要机制。

主要贡献：采用 LandScan 全球人口空间分布栅格数据，计算出表征城市空间发展模式的变异系数项指标，结合 2000—2016 年 PM2.5 空间分布栅格数据和中国城市层面的经济统计面板数据，识别了城市空间发展模式对雾霾污染的影响，并就紧凑型城市空间发展模式对雾霾污染影响的异质性及作用机制进行了分析和检验，从城市空间发展模式的视域为治理雾霾提供了依据。

现实意义：基于结论，本文给出了以下政策建议。（1）城市人口的无序蔓延发展会推动雾霾污染的加剧，需要防止城市发展过程中人口的过度分散，进一步加强城市人口围绕中心区域集聚分布；（2）小城市应不遗余力地采取紧凑型空间发展模式，大城市依据自身密集的公共交通网络优势可采取适度紧凑的发展模式；（3）伴随着紧凑型城市空间发展模式的实施，城市人口集聚所需的配套设施应随之建立，如更加高效的城市路网以及能源运输管道的建设等，以实现更加环保高效的减排目标。

8. 孙久文，张皓．我国区域发展差距的多尺度考察及其"十四五"趋向［J］．改革，2021（11）：71-81.

研究背景：区域发展差距是客观存在的现象，当区域发展差距较大时，便会阻碍国民经济发展、激化社会矛盾。区域发展差距是 20 世纪 90 年代以来就备受关注的热点问题。在"十四五"区域发展呈现新趋势和新变化的背景下，重议区域发展差距问题。

基本结论：（1）我国区域发展差距存在着在周期波动中下降的基本特征，这种下降反映出我国地区发展不均衡的特点；（2）现阶段区域发展差距处在内部不断调整的平缓期，是决定未来区域发展差距走势的关键期；（3）区域发展差距除受区位环境、市场化水平等因素的影响外，还与地方长期历史环境等因素有关；（4）缩小区域发展差距，应从区域政策入手，根据不同区域特色形成不同的优势发展路径，而这也是当前以及未来区域协调发展战略所要解决的主要问题。

主要贡献：以区域发展差距为切入点，基于多个尺度对新中国成立以来全国整体、三大地带、四大板块和南北地区的差距演变过程进行分析，剖析了1949年以来多尺度下区域发展差距的变迁状况，形成了有助于缩小区域发展差距的建议。

现实意义：区域发展差距演变过程和当前呈现的新趋势与区域协调发展战略的实施紧密相关。建议依托新发展格局，打通、整治不同区域之间在生产、分配、流通、消费各环节的堵点、难点、痛点，提高经济运行效率；利用好构建新发展格局的契机，充分发挥和挖掘相对欠发达地区的发展优势，从产业结构、人口流动、对外开放等多个方面，在政策和资源上向相对欠发达地区倾斜，特别是要加快相对欠发达地区城市群建设，吸引更多的人口与资源向相对欠发达地区的核心区域集中。

9. 肖金成，沈体雁，左万水. 中国经济南北差距扩大的原因与趋势分析——中国区域经济50人论坛第二十次专题研讨会综述［J］. 经济与管理，2021，36（1）：40-47.

研究背景：近来，人们对于南北区域发展问题的关注不断升温，很多学者围绕这一问题进行了大量研究和讨论。中国区域经济50人论坛第二十次专题研讨会以"南北差距扩大的原因与趋势"为主题，重点围绕南北差距扩大、南北差距形成的原因、缩小差距的对策与路径三个方面进行了研讨。

基本结论：参会专家认为，将南北方作为经济区域进行划分尚未形成共识；南方经济发展速度超过北方，南北经济发展水平出现新变化具有多方面原因；应从更加综合、全面的视角慎重、辩证地看待南北发展。

主要贡献：本文总结了参会专家从自然条件、资源禀赋、产业结构、市场化水平、开放程度、经济体制、国际宏观环境、人口与创新、工业化、城市与区域治理等方面对南北差距形成的原因分析，梳理了参会专家所提出的推动北方经济高质量发展、促进南北方区域协调发展的对策。

现实意义：通过对南方与北方发展差距的表现、原因与趋势展开深入探讨，能够为正确认识、科学对待、积极应对南方与北方发展差距问题，促进区域协调发展，推动全国实现更高质量、更有效率、更加公平、更可持续、更为安全的发展提供有效支撑。

10. 杨开忠. 中国共产党实现第一个百年奋斗目标的城市化道路［J］. 城市与环境研究，2021（2）：3-6.

研究背景：作为人类最伟大的发明，城市因集聚经济而能够更好地以最小投入获得最大产出，是人类文明创新进步的前沿和中心，代表人类社会先进生产力、先进制度、先进文化的前进方向。为了践行自己的初心和使命，为中国人民谋幸福、为中华民族谋复兴，中国共产党成立以来始终坚持"人民城市为人民"的城市化理想信念，从不同时期面临的社会主要矛盾出发，适应人民群众的需要，走出了一条城乡统筹、与时俱进的城市化道路。

基本结论：（1）从不同时期面临的社会主要矛盾出发，适应人民群众的需要，走出了一条城乡统筹、与时俱进的城市化道路，这条道路始于"农村包围城市"的政治城市化，经由"城市领导农村"的生产城市化，到以市场经济建设为核心的城市化，再到转向以满足人民美好生活需要为核心的自由全面城市化；（2）2021年我国新型城镇化开启了实现第二个百年奋斗目标的新征程，未来将面临更加稀缺的劳动力、资源，更加复杂的国际环境，更加突出的人民群众美好生活需要与发展不平衡不充分的矛盾以及发展与保护的矛盾。

主要贡献：系统梳理和总结了中国共产党实现第一个百年奋斗目标的城市化道路，并且根据党关于分两个阶段建成社会主义现代化强国新的战略安排提出了预期。

现实意义：根据党关于分两个阶段建成社会主义现代化强国新的战略安排，结合刘易斯第二拐点渐近发展的趋势，可以预期，到2035年，我国将基本实现以人为核心、活力、和谐、绿色、安全的城市化，到2050年将全面实现以人为核心、活力、和谐、绿色、安全的城市化。

第三节　重要著作[①]

1. 贺灿飞. 高级经济地理学［M］. 北京：商务印书馆，2021.

内容提要：中国改革开放40多年来，经济从快速增长轨道进入中低速增长"新常态"，从粗放式增长转向高质量发展。市场力量、全球力量和地方力量共同重塑中国经济地理格局。中国经济地理学者在服务国家重大空间战略的同时，进行了深入的理论探讨与知识创造。全书阐释了当代经济地理学重要的三个研究范式，即演化经济地理学、政治经济地理学和全球生产网络理论并对其发展和演变进行了全面梳理和评述；对经济地理学各细分研究领域如产业地理学、劳动力地理学、金融地理学、创新地理学、消费地理学和环境地理学等进行了详尽的介绍，对分支领域的理论成果和实证研究进行系统梳理；还对经济全球化带来的区域一体化、跨国公司兴起等现象进行了地理学分析，并结合区域经济发展理论、区域政策和空间治理研究批判性地讨论全球化与区域发展问题；从中国出发，回顾中国经济地理学学科的发展历程，并基于中国的特殊性，探索中国经济地理学研究对经济地理学学科的理论贡献，展望未来中国经济地理学的致知之路。

基本结构：本书在充分展示经济地理学发展历程和方法论演变的基础上，通过经典文献诠释两种"新经济地理学"，进而系统梳理当代经济地理学三个主要流派，即演化经济地理学、全球生产网络和地理政治经济学；随后按照经济地理学主要研究领域逐一解读；后收于中国经济地理学的总结。本书包括绪论、经济地理学发展历程、经济地理学研究方法论、经济地理学社会转向、新经济地理学、演化经济地理学、政治经济地理学、全球生产网络、产业地理学、产业集聚与集群、劳动力地理学、金融地理学、创新地理学、消费地理学、环境经济地理学、经济全球化、跨国公司地理、国际贸易与区域一体化、区域经济发展理论、区域政策与空间治理、中国经济地理研究等二十章以及外国人名对照表。

---

①　所选著作按照第一作者姓氏拼音首字母排序。

主要贡献：本书以经济地理学的视角考量世界，同时纳入经济学、管理学、商学、区域科学、社会学等领域，涉及全球生产网络、全球价值链、产业集群、金融地理、创新经济地理、跨国公司等交叉性热点话题，不仅系统性展示了国内外经济地理学的发展历程和方法论演变，还全面纳入了经济地理学国内外研究进展，展示了经济地理学在全新的世界经济背景下的前沿理论方法，是帮助读者系统性了解国内外经济地理学研究的经典之作。

2. 杨开忠. 新经济地理学研究 [M]. 北京：北京大学出版社，2021.

内容提要：新经济地理学为空间经济学研究提供了崭新的途径，使空间经济学研究从中观（部门）层面深入微观（企业和个人）层面，大大增强了空间经济学理论的解释能力。同时，新经济地理学的诞生使得将空间异质性、技术外部性、不完全竞争甚至时间纳入一个统一架构，以及使得建立经济地理、经济增长和产业组织的整合理论成为可能。本书主要回顾比较了经济地理学家和经济学家眼中的新经济地理学，并探讨了新经济地理学和经济地理学在理论前沿和政策研究方面的融合潜力。

基本结构：本书共分五编二十章。第一编为总论。其中，第一章介绍了新经济地理学的垄断竞争理论基础、报酬递增思想演进及其与复杂性区位模型的异同；第二章首先回顾克鲁格曼的核心边缘基础模型，而后根据不同模型建模的方法及其反映的区位决策机制的区别，介绍了新经济地理模型的五类改进方向，并对新经济地理学的实证研究和政策含义做了归纳总结；第三章总结了基于微观异质性的"新"新经济地理学的深远意义、建模框架和策略，分析了异质性企业空间选择效应和产业区位渐进式调整过程，梳理了异质性企业集聚模型、异质性消费者集聚模型和异质性劳动力集聚模型的主要进展。第二编为核心边缘模型的创新研究。其中，第四章在核心边缘模型架构下开发了一个厂商数目有限交易费用不同的垄断竞争空间模型，该模型表明克鲁格曼核心边缘基础模型是其特例；第五章构建了一个具有不对称性特点的空间一般均衡模型，把规模经济、旅行成本以及多样性偏好和产品差异化等因素纳入一个统一的分析框架中，并分析了这些因素对旅游空间结构的影响；第六章将相对效用引入理论模型中，构建包含相对效用的新经济地理学模型；第七章构建了一个整合竞争性地方政府的新经济地理学模型，表明集聚均衡支撑与否不仅取决于贸易自由度的高低，而且取决于地方政府实施的竞争政策能否超过某一"门槛"水平。第三编为城市体系模型。其中，第八章在回顾城市体系理论模型的基础上，提出纳入竞争性地方政府的新经济地理城市体系模型框架，并考察了竞争性地方政府基于土地和税收财政工具的竞争行为对城市体系演化的影响；第九章构建了同时整合城市内部空间结构和外部规模经济效应的新经济地理学模型，分析表明城市内部通勤成本和马歇尔外部规模经济效应都对经济活动的集聚程度有重要影响，引入这两个因素使得模型更加接近经济现实；第十章基于 DS 模型框架构建一个基于异质性企业的城市空间结构模型，分析表明：企业呈钟形集聚于城市中心周围，每一企业有且仅有一处最优生产区位及生产规模，企业间的竞争越激烈，科技水平越高，消费者的福利水平越高；第十一章构建了一种结合自组织与新经济地理学理论的空间格局演变模型，模拟的结果表明该模型能够较好地抓住单一中心城市和多中心城市在不同给定条件下的演化。第四编为集聚与增长整合模型。其中，第十二章系统梳理了集聚与增长整合模型研究框架、研究方法及其理论演进路径；第十三章针对传统经济地理增长模型中运输成本外生给定这一短板，构建了一个更加符合现实的、包含运输成本内生动态化机制的经济地理增长模型；第十四章在第十三章的基础上，增加了微观个体异质性特征，构建了一个内生动态化运输成本和企业异质性的新经济地理增长模型；第十五章在藤田和蒂斯（2002）模型的基础上，放松"人口不变"假设以及细分熟练劳动力，构建一个集聚与增长整合模型，使藤田和蒂斯模型成为本模型的特例，进一步探讨了集聚与增长整合领域相关文献尚未涉及的其他重要区域经济问题；第十六章构建了一个包含人力资本形成、交易成本、迁移成本的空间均衡模型，探讨了跨代际的人力资本形成、区域的交易成本和迁移成本在区域经济差异演化中的作用。第五编为历史与预期模型。其中，第十七章构建了一个纳入比较优势的异质性企业区位选择一般均衡模型，探讨产业区位如何影响区域平衡发展；第十八章基于中国经验构建了转轨经济条件下空间异质性大国区域发展模型，分析区域经济格局的演化过程；第十九章进一步提出基于迁移有限理性的大国区域发展模型，模拟不同条件下区域经济差异和人口流动；第二十章梳理了新经济地理学模型关于预期的处理方式，指出完全近视的静态预期和完美预见的前瞻预期之不足以及前瞻改进方向。

3. 杨开忠，李国平．面向现代化的中国区域科学［M］．北京：经济管理出版社，2021.

内容提要：中国区域科学的一些思想虽可追溯到 20 世纪 50 年代借鉴苏联经验开始探索的社会主义生产力布局学，但与生产力布局学不同的是，它是基于社会主义市场经济，是改革开放以来在回答和解决中国现代化建设重大问题中借鉴西方区域科学逐步发展起来的。1991 年中国区域科学协会成立，标志着中国区域科学作为一门正式学科诞生。改革开放以来，我国发展方式经历了 20 世纪 90 年代末以前的要素主导型、20 世纪 90 年代末至 2012 年的规模主导型以及 2012 年后从规模主导型向创新主导型发展转变的三个阶段。本书回顾了中国区域科学发展的历程，总结了中国区域科学协会成立 30 年以来的两条基本发展思路：一是全球化，用全球的视野、思维提出区域科学学科、学术问题的理论和方法；二是回答和解决了中国区域协调发展重大的现实需求问题。

基本结构：本书共由三编三十四章和三个附录构成。第一编为学科编，试图体现中国区域科学理论和方法的发展。包括对中国区域科学过去 30 年的发展历程、主要流派以及应用研究，中国区域科学未来 30 年的发展愿景，空间经济学渊源、建模策略、基本模型、中国空间经济学发展及空间经济学研究的未来方向，新经济地理学中的本地市场效应、产业集聚以及当前的研究热点和未来展望、区域经济学和城市经济学的学科发展、主要研究脉络与流派、研究热点及其未来展望，空间分析历史、近 30 年的研究方法进展以及未来展望、专题分析方法与模型以及综合分析方法与模型等的回顾与介绍。第二编为领域编，涉及区域科学研究中的经济、社会、生态、文化、区域、城市、乡村、规划、管理等方方面面，该编是系统了解中国区域科学各主要专题领域研究进展和区域科学工作者在各专题领域中学术贡献的一个窗口。第三编为经济区编，是能反映中国特色和区域特点的区域科学重大实践、服务社会和贡献决策的部分。一是由东部地区率先发展研究、中部地区崛起研究、西部大开发研究、东北地区振兴研究构成的四章，不仅系统总结梳理了构成我国区域协调发展战略中的四大区域的发展历程、研究脉络和研究热点，还对各区域发展以及研究方向进行了研判；二是分别对京津冀、长江经济带、粤港澳大湾区、长三角、黄河流域、成渝地区等重大战略区域的发展历程、发展规划、相关研究进行了系统性梳理、科学性提炼和前瞻性展望；三是围绕区域发展中的对外开放，开展了中国自由贸易试验区（港）以及"一带一路"的研究，分别就其实践、研究热点以及未来展望进行了全方位的梳理、总结和科学研判。三个附录分别为中国区域科学协会 30 年、中国区域科学协会大事记和中国区域科学协会专业委员会介绍。

主要贡献：今年是中国区域科学协会成立 30 周年。在此之际，组织撰写本书，力图比较系统、客观、全面地总结中国区域科学过去的 30 年，并基于全面建设现代化对区域科学的战略需求和区域科学的学科进展与前沿，试图分析、展望中国区域科学未来 30 年的发展愿景。

第四节　学　术　会　议[①]

1. 中国城市论坛（2021）
会议主题：中国共产党百年城市经济发展思想、理论与实践总结
主办单位：中国城市经济学会
会议时间：2021 年 12 月 29 日
会议地点：北京
会议概述：为贯彻落实党的十九届六中全会精神，全面梳理研究党的百年城市发展思想、理论与实践，深入探讨新发展阶段、新发展理念、新发展格局下中国城市未来发展之路，为推动建设社会主义现代化国家提供参考借鉴，中国城市经济学会于 2021 年 12 月 29 日，在北京举办中国城市论坛研讨会。

大会邀请了中国社会科学院、国家发展改革委、清华大学、北京大学、中国人民大学、南开大学、湖北省社会科学院、天津社会科学院、安徽省社会科学院、云南省社会科学院等机构的广大专家、学者参加了本次研讨会。围绕会议主题"中国共产党百年城市经济发展思想、理论与实践总结"进行了交流。

论坛上半场由中国社会科学院学部委员、中国城市经济学会会长潘家华研究员主持，潘家华认为，中国的城市建设经历了不同的发展阶段、取得了前所未有的巨大成就，也有很多理论创新和制度安排，亟待加以总结和发展。与会学者探讨了城镇化、城市人居环境、城乡差距、市民化、都市圈等多个重大命题的百年演进历程，展望了中国城市和城镇化发展的前景。

论坛下半场由中国城市经济学会常务副秘书长、中国社会科学院生态文明研究所研究员单菁菁主持。社科文献出版社王利民社长首先介绍了由中国城市经济学会主编、中国城市经济学会和社会科学文献出版社联合出品的《新中国城市发展》系列丛书的出版发行情况。中南财经政法大学公共管理学院教授、湖北省社会科学院原副院长秦尊文、天津社

---

① 所选会议按照其召开时间排序。

会科学院原副院长王立国研究员、安徽省社会科学院研究员、《江淮论坛》副主编张亨明、云南省社会科学院副研究员徐丽华分别代表《新中国城市发展》地方卷的研究团队介绍了湖北、天津、安徽、云南的城市化进程、空间布局及演变、省域副中心建设、城市生态化建设、城市群和区域一体化发展等内容，探讨了省域城市发展的重大问题。

本次论坛还召开了由中国城市经济学会青年工作委员会主办的青年学者论坛。青年学者论坛以"生态文明理念下的空间经济与空间规划：理论前沿与实践"为主题，吸引了来自中国社会科学院、国家发展改革委、中国人民大学、南开大学、中央财经大学、东北财经大学等国内高校和科研机构的青年学者及《管理学刊》《城乡规划》《城市与环境研究》等期刊编辑的积极参与，与会者重点探讨了生态文明范式下国土空间规划转型、空间经济学基础理论、空间经济学量化分析、城市经济学政策实践等领域的前沿动态。

中国城市经济学会是由中国社会科学院主管、在民政部注册登记的国家一级学会和全国性、开放性学术平台。自1986年成立以来，学会凭借智力资源优势和多领域、综合性的研究特色，组织开展了城市经济及城市发展理论与实践的前瞻性研究，总结城市经济发展经验，推动政、产、学、研协同开展广泛的学术研讨和交流，为服务国家战略、促进城市高质量发展做出了重要贡献。"中国城市论坛"是由中国城市经济学会主导的系列化品牌论坛，自2018年至今已连续举办四次，成为中国城市研究领域的重要对话平台。

2. 中国区域科学协会年会（RSAC′2021）暨"区域承载美好生活——迈向高质量发展的新空间格局"主题研讨会（2021）

会议主题：区域承载美好生活——迈向高质量发展的新空间格局

主办单位：中国区域科学协会

云南大学

会议时间：2021年12月24—26日

会议地点：昆明，云南大学

会议概述：2021年是我国"十四五"开局之年，也是开启全面建设社会主义现代化国家新征程的重要节点。为深入学习贯彻党的十九大精神，深化内陆沿边开放，推动区域协调发展，构建新发展格局，进一步推动区域科学理论、方法研究，中国区域科学协会和云南大学于2021年10月22—24日在云南省昆明市召开中国区域科学协会年会（RSAC′2021）（中国区域科学协会成立30周年纪念庆典）暨"区域承载美好生活——迈向高质量发展的新空间格局"主题研讨会（2021）。

大会邀请了国家发改委、中国科学院、中国社会科学院、北京大学、中国人民大学、浙江大学、云南大学、华东师范大学、上海交通大学、吉林大学、东南大学等著名科研机构和高校的600余位专家学者参会。围绕会议主题"区域承载美好生活——迈向高质量发展的新空间格局"进行了交流。

会议第一项为中国区域科学协会理事会换届会、中国区域科学协会第八届理事会一次会议。

会议第二项为开幕式，主持人云南大学经济学院党委书记梁双陆研究员首先介绍了与会领导与来宾，随后云南大学副校长段红云教授、中国社会科学院生态文明研究所党委书记杨开忠研究员及北京大学首都发展研究院院长李国平教授分别致开幕辞。

会议第三项为大会主旨报告，第一阶段由云南大学经济学院党委书记、空间经济学专委会副主任兼秘书长梁双陆主持，着重围绕"我国边境城镇体系建设研究""都市圈与城市群概念辨析与范围界定""中心城市与城市群发展的理论及中国实践"等议题开展了大会交流；第二阶段由北京大学首都发展研究院院长李国平教授主持，着重围绕"长三角区域一体化的科学基础与发展前景""东北振兴发展中的都市圈策略""博台线垂直于胡焕庸线引发的中国区域均衡发展战略思考"等议题开展了大会交流。

会议第四项为高端对话环节，国内众多重量级学者以"区域承载美好生活"为主题展开了精彩讨论和分享。中国地质大学（武汉）邓宏兵教授、复旦大学范剑勇教授、广东工业大学李秀敏教授、北京大学陆军教授、上海财经大学张学良教授、吉林大学赵儒煜教授分别从东北、华北、华中及东部沿海等多个区域、多个角度进行了深入比较，既立足区域发展理论，又密切区域创新实践，畅谈了各自对区域发展提升居民生活品质的理解和看法。

会议第五项为分会场讨论，大会共设置了九个平行论坛。各个分会场主题依次为"优化区域经济布局与促进区域协调发展""低碳背景下区域创新发展模式""区域创新驱动与产业转型升级""地方品质与区域发展""精准扶贫与全面推进乡村振兴""新发展格局下欠发达地区高质量发展""空间人口学与现代人口治理""'一带一路'与区域创新发展""中心城市、城市圈与城市群的高质量协调发展"。在平行论坛环节，各位专家学者进行了广泛的交流，共有84名学者在论坛上分享了自己的学术成果。

"此次会议凝聚了近百位专家、学者的最新研究成果，汇聚了众多区域高质量发展的新路径、新思考。"云南大学经济学院党委书记梁双陆表示，下一步，协会将对相关成果进行整理，以期为区域承载美好生活提供智力支持。

3. 中国区域经济学会年会暨新时代中国区域高质量发展学术研讨会（2021）
　　会议主题：新时代中国区域高质量发展
　　主办单位：中国区域经济学会
　　　　　　　南京审计大学
　　会议时间：2021 年 12 月 11 日
　　会议地点：南京，南京审计大学
　　会议概述：2021 年是中国共产党建党百年，是我国开启全面建设社会主义现代化国家新征程之年。我国区域发展处于新的历史起点，各地立足新发展阶段，贯彻新发展理念，构建新发展格局。为了深入研讨新时代区域高质量发展，中国区域经济学会和南京审计大学共同主办了 2021 年中国区域经济学会年会暨新时代中国区域高质量发展学术研讨会。

大会邀请了国家发改委、国务院发展研究中心、中国科学院、中国社会科学院、中国宏观经济研究院、北京大学、中国人民大学、南开大学、武汉大学等国内 60 多个机构的 660 多名专家学者参加了会议。中国区域经济学会副会长、中国社会科学院工业经济研究所副所长张其仔研究员和南京审计大学党委书记晏维龙教授分别代表主办单位致欢迎辞，会议由中国区域经济学会副会长兼秘书长陈耀研究员主持，围绕会议主题"新时代中国区域高质量发展"进行了交流。

会议第一项为开幕式，主持人中国区域经济学会副会长兼秘书长陈耀研究员首先介绍了与会领导与来宾，随后南京审计大学党委书记晏维龙教授、中国区域经济学会副会长、中国社会科学院工业经济研究所副所长张其仔研究员分别致辞。

会议第二项为主题发言，本届年会分为三场大会主题发言。主题发言第一场由中国区域经济学会副会长张世贤研究员主持，着重围绕"'十四五'促进区域协调发展应该把握的几个重点""我国不同地区工业发展及要素供给比较""人口外流、经济增长与南北差距"等议题开展了大会交流；第二场由南京审计大学经济学院院长李陈华教授主持，着重围绕"我国南北差距之主要原因分析""关于区域的差异性与区域的相互依赖性""投入产出视角下我国新发展格局的构建"等议题开展了大会交流；第三场由南京审计大学经济学院戴翔教授主持，着重围绕"区域'缩差共富'思考及路径抉择""区域协调发展的人才战略""长江经济带开展生态产品价值实现机制探索的若干思考"等议题开展了大会交流。

会议第三项为分会场讨论，大会共设置了八个平行论坛。各个分会场主题依次为"学术论文选题与写作""长三角经济社会发展""数字经济与产业高质量发展""资源、环境与城市高质量发展""交通基础设施、公共服务与区域协调发展""区域发展、网络结构与创新""低碳创新与绿色发展""数字金融高质量发展"。在平行论坛环节，各位专家学者进行了广泛的交流，共有42名学者在论坛上分享了自己的学术成果。

本次年会围绕国家区域重大战略和区域协调发展战略，紧扣新时代我国区域高质量发展面临的重大问题，展开了深入的高水平的学术研讨，取得了丰硕的高质量学术成果。展望未来，中国区域经济学会将在习近平新时代中国特色社会主义思想的指导下，坚持学术导向和问题导向相结合，加强学术交流研讨，努力为党和政府决策提供智力支撑，为推进学科建设作出更大贡献。

4. 第二十届全国区域经济学学科建设年会（2021）

会议主题：新发展格局与中国特色区域经济学科建设

主办单位：中国人民大学应用经济学院

　　　　　南开大学城市与区域经济研究所

　　　　　兰州大学经济学院

会议时间：2021年11月20—21日

会议地点：天津，南开大学

会议概述：中国特色社会主义进入新发展阶段，急需贯彻新发展理念、构建新发展格局。这对区域经济学科发展提出了许多新挑战和新课题，迫切需要加快凝聚学科发展方向，积极探索区域经济学科发展未来，推动中国区域经济学科理论与实践创新，形成有中国特色的区域经济学理论与方法。为此，由中国人民大学应用经济学院、南开大学城市与区域经济研究所、兰州大学经济学院主办，南开大学经济与社会发展研究院和天津城市经济学会承办的第二十届全国区域经济学学科建设年会（2021），积极讨论新发展格局下区域学科发展事宜，于 2021 年 11 月 20—21 日在南开大学召开。

大会邀请了中国人民大学、兰州大学、北京大学、中国科学院、浙江大学、复旦大学、厦门大学、吉林大学、武汉大学、中山大学、暨南大学、上海财经大学、东南大学等机构的数百名专家学者，而且获得了《人大复印报刊资料》《数量经济技术经济研究》《中国工业经济》《经济学动态》《南开经济研究》等知名期刊的鼎力支持，共计 2000 多人参加了线上线下会议。

会议第一项为开幕式，主持人南开大学经济学院院长、社科部部长盛斌首先介绍了与会领导与来宾，随后南开大学党委副书记梁琪教授致欢迎辞。

会议第二项为主旨报告，第一阶段由河南财经政法大学校长高新才主持，着重围绕"新发展格局与区域经济发展""学科评估视角下区域经济学科发展思路与路径""面向新征程的新空间经济学"等议题开展了研讨；第二阶段由中国人民大学杰出学者特聘教授孙久文教授主持，着重围绕"'中国故事'的区域经济视角""唯模型——中国区域经济学的误区""产业集聚提升城市绿色经济效率了吗？"等议题开展了研讨。

会议第三项为分会场讨论，大会共设置了六个平行论坛。各个分会场主题依次为"数字经济与区域经济高质量发展""新发展格局与区域创新发展""区域协调发展""区域经济重大战略与政策""城镇化、乡村振兴与城乡融合""区域空间格局优化"。在平行论坛环节，各位专家学者进行了广泛的交流。

此次年会将对加快凝聚区域经济学科发展方向，推动区域经济学科理论与实践创新，形成有中国特色的区域经济学理论与方法发挥积极促进作用。

5. 全国经济地理研究会第二十四届年会暨国家社科基金资助"十四五"高质量区域协调发展研讨会（2021）

会议主题："十四五"高质量区域协调发展

主办单位：全国经济地理研究会

江西财经大学

会议时间：2021 年 11 月 5—7 日

会议地点：南昌，江西财经大学

会议概述：为全面领会把握十九届五中全会精神，贯彻落实习近平总书记重要讲话精神，以新发展理念引领我国现代化建设，继续推动中国区域经济和经济地理理论与实践创新，全国经济地理研究会和江西财经大学于 2021 年 11 月 5—7 日，在江西南昌江西财经大学蛟桥园校区，共同举办全国经济地理研究会第二十四届年会暨国家社科基金资助"十四五"高质量区域协调发展研讨会（2021）。

大会邀请了中国人民大学、武汉大学、南开大学、中国科学院、北京大学、暨南大学、吉林大学、北京科技大学、南昌大学、江西财经大学等高校及科研院所的近 500 名专家学者参加了本次线上研讨会。围绕会议主题"十四五"高质量区域协调发展进行了交流。

会议第一项为全国经济地理研究会第九届理事会换届大会，会议选举了新一届会长、副会长、秘书长、常务理事和理事。

会议第二项为开幕式，主持人江西财经大学江西经济发展与改革研究院院长吴志军教授首先介绍了与会领导与来宾，随后江西财经大学袁红林副校长并致辞。

会议第三项为大会主旨报告，由中国人民大学应用经济学院教授、博士生导师、全国经济地理研究会会长孙久文教授主持，着重围绕"关于西部大开发几个重要问题探讨""中国区域发展不平衡不充分与区域管理立法""中国南北差距问题研究"等议题开展了大会交流。

会议第四项为分会场讨论，大会共设置了七个平行论坛。各个分会场主题依次为"推进区域治理体系治理能力现代化、制度创新""要素流动与区域经济高质量发展""产业发展、空间格局与区域协调发展""绿色生态与区域经济高质量发展研究""国内国际双循环与区域合作、'一带一路'、沿边区域发展""数字经济与区域经济融合发展""创新促进区域高质量发展研究"。在平行论坛环节，各位专家学者进行了广泛的交流，共有59名学者在论坛上分享了自己的学术成果。

会议第五项由新疆财经大学副校长高志刚教授、南开大学张贵教授、天津师范大学孟广文教授、武汉大学叶初升教授、中国科学院王姣娥研究员、中国人民大学张耀军教授、北京大学薛领教授、浙江理工大学陈斐教授等，就制度环境、城市创新、海南自由贸易港、共同富裕、城市群、区域融资等主题开展研讨。

此次会议中通过主旨演讲、学术论坛报告与学术研讨等形式，各位专家学者分享了自己在学科前沿领域所取得的最新理论成果，带来了一场学术分享盛宴，进一步促进了经济地理学和区域经济学的学科建设。

6. 第三届中国区域经济学者论坛（2021）

会议主题：新时代新格局新区域发展

主办单位：经济研究杂志社

上海财经大学长三角与长江经济带发展研究院

会议时间：2021年9月25日

会议地点：上海，上海财经大学

会议概述：2021年是"十四五"规划开局之年，在中国区域经济发展新阶段加快构建新发展格局，迫切需要进一步深化和完善区域经济学理论体系，探索区域经济学未来的发展方向，形成中国特色的区域经济学理论及分析框架，实现对中国区域经济发展实践的经验总结与理论阐释。

大会邀请了上海财经大学、经济研究杂志社、南开大学、京津冀协同发展研究院、对外经济贸易大学、中国人民大学、浙江工商大学、吉林大学、兰州大学、南开大学、中国社会科学院、复旦大学、同济大学、厦门大学、中山大学、东南大学、大连理工大学、中央财经大学、西南财经大学、上海社会科学院等高校与科研院所的老师、同学参会。围绕会议主题"新时代新格局新区域发展"进行了交流。

会议第一项为开幕式，主持人上海财经大学讲席教授、上海财经大学长三角与长江经济带发展研究院执行院长张学良首先介绍了与会领导与来宾，随后上海财经大学党委书记、上海财经大学长三角与长江经济带发展研究院院长许涛、《经济研究》编辑部副主任倪红福分别致开幕辞。

会议第二项为大会主旨报告，第一阶段由兰州大学经济学院院长、教授郭爱君主持，着重围绕"新发展格局与区域经济研究的趋势""立足新阶段构建新格局""区域经济发展与人均寿命的关系研究"等议题开展了大会交流；第二阶段由南开大学经济与社会发展研究院副院长李兰冰教授主持，着重围绕"共同富裕建设的正义论""关于新一轮东北振兴的几个思考""新发展格局下的上海对外开放"等议题开展了大会交流。

会议第三项为分会场讨论，大会共设置了四个平行论坛。各个分会场主题依次为"区域协调发展与协同治理""城市经济与高质量发展""区域经济增长与要素流动""区域经济增长与可持续发展"。在平行论坛环节，各位专家学者进行了广泛的交流。

本次论坛"新时代、新格局、新区域发展"的主题就是在践行总书记和党中央对大学的期盼，论坛的研究成果将为国家发展改革提供理论支撑。

◎ **参考文献**

[1] 安虎森，汤小银. 新发展格局下实现区域协调发展的路径探析 [J]. 南京社会科学，2021（8）：29-37.

[2] 安同良，杨晨. 互联网重塑中国经济地理格局：微观机制与宏观效应 [J]. 经济研究，2020，55（2）：4-19.

[3] 包智明，石腾飞. 牧区城镇化与草原生态治理 [J]. 中国社会科学，2020（3）：146-162，207.

[4] 曹清峰. 国家级新区对区域经济增长的带动效应——基于 70 大中城市的经验证据 [J]. 中国工业经济，2020（7）：43-60.

[5] 曹翔，高瑀，刘子琪. 农村人口城镇化对居民生活能源消费碳排放的影响分析 [J]. 中国农村经济，2021，442（10）：64-83.

[6] 陈飞，苏章杰. 城市规模的工资溢价：来源与经济机制 [J]. 管理世界，2021，37（1）：19-32，2，15-16.

[7] 陈景华，陈姚，陈敏敏. 中国经济高质量发展水平、区域差异及分布动态演进 [J]. 数量经济技术经济研究，2020，37（12）：108-126.

[8] 陈明华，岳海珺，郝云飞，刘文斐. 黄河流域生态效率的空间差异、动态演进及驱动因素 [J]. 数量经济技术经济研究，2021，38（9）：25-44.

[9] 陈强远，江飞涛，李晓萍. 服务业空间集聚的生产率溢价：机制与分解 [J]. 经济学（季刊），2021，21（1）：23-50.

[10] 陈文，吴赢. 数字经济发展、数字鸿沟与城乡居民收入差距 [J]. 南方经济，2021（11）：1-17.

[11] 邓忠奇，高廷帆，朱峰. 地区差距与供给侧结构性改革——"三期叠加"下的内生增长 [J]. 经济研究，2020，55（10）：22-37.

[12] 邓仲良，张可云. 中国经济增长的空间分异为何存在？——一个空间经济学的解释 [J]. 经济研究，2020，55（4）：20-36.

[13] 段巍，王明，吴福象. 中国式城镇化的福利效应评价（2000—2017）——基于量化

空间模型的结构估计 [J]. 经济研究, 2020, 55 (5): 166-182.

[14] 范剑勇, 刘念, 刘莹莹. 地理距离、投入产出关系与产业集聚 [J]. 经济研究, 2021, 56 (10): 138-154.

[15] 方创琳. 新发展格局下的中国城市群与都市圈建设 [J]. 经济地理, 2021, 41 (4): 1-7.

[16] 冯志轩, 李帮喜, 龙治铭, 张晨. 价值生产、价值转移与积累过程: 中国地区间不平衡发展的政治经济学分析 [J]. 经济研究, 2020, 55 (10): 4-21.

[17] 高虹, 袁志刚. 产业集群的规模与效率影响 [J]. 财贸经济, 2021, 42 (2): 119-133.

[18] 高延雷, 王志刚. 城镇化是否带来了耕地压力的增加? ——来自中国的经验证据 [J]. 中国农村经济, 2020, 429 (9): 65-85.

[19] 顾芸, 董亚宁. 地方品质对异质性劳动力流动的影响——基于中国 CMDS 微观调查数据的分析 [J]. 财经科学, 2021 (11): 80-92.

[20] 郭庆宾, 汪涌. 空气污染对城市化进程的反馈效应 [J]. 中国人口·资源与环境, 2021, 31 (8): 62-69.

[21] 韩兆安, 赵景峰, 吴海珍. 中国省际数字经济规模测算、非均衡性与地区差异研究 [J]. 数量经济技术经济研究, 2021, 38 (8): 164-181.

[22] 何伟. 经济发展、劳动力市场转型与农民工分化 [J]. 经济学动态, 2021 (3): 93-112.

[23] 贺灿飞, 任卓然, 叶雅玲. 中国产业地理集聚与区域出口经济复杂度 [J]. 地理研究, 2021, 40 (8): 2119-2140.

[24] 胡求光, 周宇飞. 开发区产业集聚的环境效应: 加剧污染还是促进治理? [J]. 中国人口·资源与环境, 2020, 30 (10): 64-72.

[25] 黄茂兴, 张建威. 中国推动城镇化发展: 历程、成就与启示 [J]. 数量经济技术经济研究, 2021, 38 (6): 3-27.

[26] 黄群慧. 新发展格局的理论逻辑、战略内涵与政策体系——基于经济现代化的视角 [J]. 经济研究, 2021, 56 (4): 4-23.

[27] 江小涓, 孟丽君. 内循环为主、外循环赋能与更高水平双循环——国际经验与中国实践 [J]. 管理世界, 2021, 37 (1): 1-19.

[28] 兰秀娟, 张卫国, 裴璇. 我国中心—外围城市经济发展差异及收敛性研究 [J]. 数量经济技术经济研究, 2021, 38 (6): 45-65.

[29] 李国平, 孙瑀. 面向 2030 年的中国城镇化及其区域差异态势分析 [J]. 区域经济评论, 2020 (4): 72-81.

[30] 李华, 董艳玲. 基本公共服务均等化是否缩小了经济增长质量的地区差距? [J]. 数量经济技术经济研究, 2020, 37 (7): 48-70.

[31] 李兰冰, 高雪莲, 黄玖立. "十四五" 时期中国新型城镇化发展重大问题展望 [J]. 管理世界, 2020, 36 (11): 7-22.

[32] 李兰冰, 刘秉镰. "十四五" 时期中国区域经济发展的重大问题展望 [J]. 管理世

界，2020，36（5）：36-51，8.

[33] 李兰冰. 中国区域协调发展的逻辑框架与理论解释 [J]. 经济学动态，2020（1）：69-82.

[34] 李培鑫，张学良. 城市群集聚空间外部性与劳动力工资溢价 [J]. 管理世界，2021，37（11）：121-136，183，9.

[35] 李永友，王超. 集权式财政改革能够缩小城乡差距吗？——基于"乡财县管"准自然实验的证据 [J]. 管理世界，2020，36（4）：113-130.

[36] 李泽众，沈开艳. 城市群空间结构对经济高质量发展的影响 [J]. 广东社会科学，2020（2）：26-36.

[37] 梁昌一，刘修岩，李松林. 城市空间发展模式与雾霾污染——基于人口密度分布的视角 [J]. 经济学动态，2021（2）：80-94.

[38] 蔺鹏，孟娜娜. 绿色全要素生产率增长的时空分异与动态收敛 [J]. 数量经济技术经济研究，2021，38（8）：104-124.

[39] 刘秉镰，朱俊丰，周玉龙. 中国区域经济理论演进与未来展望 [J]. 管理世界，2020，36（2）：182-194，226.

[40] 刘汉初，樊杰，张海朋，王甫园. 珠三角城市群制造业集疏与产业空间格局变动 [J]. 地理科学进展，2020，39（2）：195-206.

[41] 刘华军，乔列成，石印. 重大国家战略区域视角下长江经济带与黄河流域生态效率比较研究 [J]. 中国软科学，2021（10）：73-81.

[42] 刘明，王霞. 中国制造业空间转移趋势及其影响因素：2007—2017 [J]. 数量经济技术经济研究，2020，37（3）：26-46.

[43] 刘瑞翔，范金，戴枫. 沿海地区与内陆省份经济增长的比较测度 [J]. 数量经济技术经济研究，2020，37（6）：148-168.

[44] 娄帆，李小建，白燕飞. 1978年以来中国沿海与内陆经济格局的转折分析 [J]. 中国人口·资源与环境，2021，31（5）：1-11.

[45] 罗楚亮，董永良. 城乡融合与城市化的水平与结构 [J]. 经济学动态，2020（11）：36-49.

[46] 吕承超，崔悦. 中国高质量发展地区差距及时空收敛性研究 [J]. 数量经济技术经济研究，2020，37（9）：62-79.

[47] 吕承超，索琪，杨欢. "南北"还是"东西"地区经济差距大？——中国地区经济差距及其影响因素的比较研究 [J]. 数量经济技术经济研究，2021，38（9）：80-97.

[48] 马佳羽，韩兆洲，蒋青嬗. 粤港澳大湾区经济发展：空间格局、影响因素与启示——基于两级行政区分层数据 [J]. 数量经济技术经济研究，2021，38（11）：43-61.

[49] 马建堂，赵昌文. 更加自觉地用新发展格局理论指导新发展阶段经济工作 [J]. 管理世界，2020，36（11）：1-6，231.

[50] 潘丽群，陈坤贤，李静. 城市规模工资溢价视角下流动人口工资差异及其影响路径

研究 [J]. 经济学动态, 2020 (9)：111-129.

[51] 苏丹妮, 盛斌, 邵朝对, 陈帅. 全球价值链、本地化产业集聚与企业生产率的互动效应 [J]. 经济研究, 2020, 55 (3)：100-115.

[52] 苏丹妮, 盛斌. 产业集聚、集聚外部性与企业减排——来自中国的微观新证据 [J]. 经济学 (季刊), 2021, 21 (5)：1793-1816.

[53] 孙久文, 张皓. 我国区域发展差距的多尺度考察及其"十四五"趋向 [J]. 改革, 2021 (11)：71-81.

[54] 田文佳, 程宇丹, 龚六堂. 基于土地视角的中国城乡结构转型与经济增长 [J]. 经济学 (季刊), 2021, 21 (3)：909-930.

[55] 汪彬, 郭贝贝. 基于城市效率视角的中国城市化道路思考 [J]. 学习与探索, 2021 (9)：123-129.

[56] 王峤, 刘修岩, 李迎成. 空间结构、城市规模与中国城市的创新绩效 [J]. 中国工业经济, 2021 (5)：114-132.

[57] 王金华, 谢琼. 新型城镇化与乡村振兴协同发展的路径选择与地方经验——全国新型城镇化与乡村振兴高峰研讨会暨第十七届全国社科农经协作网络大会会议综述 [J]. 中国农村经济, 2021 (12)：131-137.

[58] 王军, 肖华堂. 数字经济发展缩小了城乡居民收入差距吗? [J]. 经济体制改革, 2021 (6)：56-61.

[59] 王俊. 经济集聚、技能匹配与大城市工资溢价 [J]. 管理世界, 2021, 37 (4)：83-98.

[60] 王灵桂, 洪银兴, 史丹, 洪永淼, 刘俏, 周文. 阐释党的十九届六中全会精神笔谈 [J]. 中国工业经济, 2021 (12)：5-30.

[61] 王兆华, 马俊华, 张斌, 王博. 空气污染与城镇人口迁移：来自家庭智能电表大数据的证据 [J]. 管理世界, 2021, 37 (3)：19-33, 3.

[62] 魏东霞, 陆铭. 早进城的回报：农村移民的城市经历和就业表现 [J]. 经济研究, 2021, 56 (12)：168-186.

[63] 魏后凯, 年猛, 李玏. "十四五"时期中国区域发展战略与政策 [J]. 中国工业经济, 2020 (5)：5-22.

[64] 魏艳华, 马立平, 王丙参. 中国八大综合经济区经济发展差异测度与评价 [J]. 数量经济技术经济研究, 2020, 37 (6)：89-108.

[65] 肖金成, 洪晗. 我国省际人口流动格局演变趋势及其城镇化效应 [J]. 城市问题, 2020 (8)：22-32.

[66] 邢春冰, 屈小博, 杨鹏. 农民工与城镇职工工资差距演变及原因分析 [J]. 经济学动态, 2021 (5)：64-78.

[67] 许宪春, 雷泽坤, 窦园园, 柳士昌. 中国南北平衡发展差距研究——基于"中国平衡发展指数"的综合分析 [J]. 中国工业经济, 2021 (2)：5-22.

[68] 杨开忠. 中国共产党实现第一个百年奋斗目标的城市化道路 [J]. 城市与环境研究, 2021 (2)：3-6.

［69］ 杨明洪，黄平．南北差距中的结构效应及空间差异性测度［J］．经济问题探索，2020（5）：1-13.

［70］ 杨万平，李冬．中国生态全要素生产率的区域差异与空间收敛［J］．数量经济技术经济研究，2020，37（9）：80-99.

［71］ 杨万平，张振亚．黄河流域与长江经济带生态全要素生产率对比研究［J］．管理学刊，2020，33（5）：26-37.

［72］ 杨子砚，文峰．从务工到创业——农地流转与农村劳动力转移形式升级［J］．管理世界，2020，36（7）：171-185.

［73］ 易行健，周利，张浩．城镇化为何没有推动居民消费倾向的提升？——基于半城镇化率视角的解释［J］．经济学动态，2020（8）：119-130.

［74］ 于斌斌，郭东．城市群空间结构的经济效率：理论与实证［J］．经济问题探索，2021（7）：148-164.

［75］ 于伟，张鹏，姬志恒．中国城市群生态效率的区域差异、分布动态和收敛性研究［J］．数量经济技术经济研究，2021，38（1）：23-42.

［76］ 余永定，杨博涵．中国城市化和产业升级的协同发展［J］．经济学动态，2021（10）：3-18.

［77］ 张吉鹏，黄金，王军辉，黄勔．城市落户门槛与劳动力回流［J］．经济研究，2020，55（7）：175-190.

［78］ 张可云，王洋志，孙鹏，张颖．西部地区南北经济分化的演化过程、成因与影响因素［J］．经济学家，2021（3）：52-62.

［79］ 张可云，王洋志．农业转移人口市民化方式及其对收入分化的影响——基于 CGSS 数据的观察［J］．中国农村经济，2021，440（8）：43-62.

［80］ 张丽，廖赛男．地方产业集群与企业出口国内附加值［J］．经济学动态，2021（4）：88-106.

［81］ 张茂榆，冯豪．城市群政策助推经济高质量发展的机制研究——基于四个国家级城市群的经验证据［J］．经济问题探索，2021（9）：87-102.

［82］ 张松林，樊士德，郑好青．中国土地城市化与人口城市化失衡之谜——基于城市便利性视角的分析［J］．财贸研究，2021，32（11）：16-26.

［83］ 张同斌，刘俸奇，孙静．中国城市圈层空间经济结构变迁的内在机理研究［J］．经济学（季刊），2021，21（6）：1949-1968.

［84］ 张伟丽，晏晶晶，聂桂博．中国城市人口流动格局演变及影响因素分析［J］．中国人口科学，2021（2）：76-87，127-128.

［85］ 赵霄伟．新时期区域协调发展的科学内涵、框架体系与政策举措：基于国家发展规划演变的研究视角［J］．经济问题，2021（5）：24-30.

［86］ 赵学军，赵素芳．新型城镇化进程中苏南农户福利的变化——基于无锡市惠山区新惠社区跟踪调查数据的分析［J］．经济学动态，2021（9）：93-107.

［87］ 钟粤俊，陆铭，奚锡灿．集聚与服务业发展——基于人口空间分布的视角［J］．管理世界，2020，36（11）：35-49.

[88] 周皓．中国人口流动模式的稳定性及启示——基于第七次全国人口普查公报数据的思考［J］．中国人口科学，2021（3）：28-41，126-127．

[89] 朱东波，李红．中国产业集聚的环境效应及其作用机制［J］．中国人口·资源与环境，2021，31（12）：62-70．

[90] 祝仲坤．公共卫生服务如何影响农民工留城意愿——基于中国流动人口动态监测调查的分析［J］．中国农村经济，2021，442（10）：125-144．

[91] 庄毓敏，储青青．金融集聚、产学研合作与区域创新［J］．财贸经济，2021，42（11）：68-84．

[92] 邹一南．农民工落户悖论与市民化政策转型［J］．中国农村经济，2021，438（6）：15-27．

[93] 左鹏飞，姜奇平，陈静．互联网发展、城镇化与我国产业结构转型升级［J］．数量经济技术经济研究，2020，37（7）：71-91．

[94] Wang Y, Sun B, Zhang T. Do polycentric urban regions promote functional spillovers and economic performance? Evidence from China［J］. Regional Studies，2020：63-74.

[95] Wang Y, Sun B, Wu S, et al. Can the internet reshape the national city size distribution? Cross-country evidence［J］. Papers in Regional Science，2021.

[96] Wu, S., Wang, P., & Sun, B. Can the Internet narrow regional economic disparities?［J］. Regional Studies，2021：324-327.

第十章 金融与经济发展

钱雪松　胡新禹　袁峥嵘　黄睿琦

（华中科技大学）

金融如何影响经济一直是学术界、实业界以及政府部门关注的焦点。围绕"金融与经济发展"，本章系统梳理了 2020—2021 年的相关研究成果，并对这一时期的重要论文、著作和学术会议进行了介绍，以厘清现有研究脉络，并展望未来的研究方向。

第一节　研究综述

在"金融与经济发展"领域，一个始终有待回答的问题在于：金融是否以及如何影响经济发展？围绕这一问题，学术界进行了丰富的探讨，相关文献不断涌现，但可能是由于经济发展阶段不同、研究方法不同、数据样本和指标测度不同，学术界对金融与经济发展之间及其运作机理始终存有争议。与之同时，当前我国经济已经由高速增长阶段转向高质量发展阶段，在经济转型过程中，我国还出现了数字普惠金融、绿色金融方兴未艾等新问题新情况。在此背景下，探究金融对经济发展的影响及其作用机制不仅具有重要的理论价值，而且对政府部门有效运用金融手段促进经济高质量发展至关重要。

整体来看，近年来围绕"金融与经济发展"这一话题，学术界主要从以下几个方面开展研究。其一，金融发展对经济增长的影响研究。正规金融、非正规金融等不同金融机制是否有助于经济增长？金融发展与经济增长之间呈现出线性关系还是非线性关系？其二，金融影响经济发展的作用机制研究。在经济结构层面，金融发展如何影响产业结构、区域结构、收入分配结构等？在资本配置和生产效率层面，金融如何影响投资、融资、全要素生产率等指标？在创新层面，金融如何影响创新投入、创新产出、创新绩效等创新指标？其三，基于我国经济转型实践的热点问题研究。一些学者十分关注我国的普惠金融发展、数字金融发展、绿色金融发展问题，主要包括各类型金融发展的经济效应和相关政策实施成效的影响等。还有一些学者十分关注新冠肺炎疫情冲击的相关问题，包括新冠肺炎冲击对经济发展的影响和相关金融对策等。

基于此，本章分别从"金融对经济增长的影响""金融影响经济增长的作用机制""若干热点问题研究"等三个方面系统梳理 2020—2021 年金融与经济发展领域的相关研究文献，在此基础上，结合我国新时代下的资本理论研究与收入分配差距等经济实践，我们进一步思考了"金融与经济发展"领域的研究趋势，以厘清研究思路，并指出未来的研究方向。

一、金融对经济增长的影响

长期以来，作为经济发展最直观的体现，金融发展是否以及如何影响经济增长一直是学术界关注的焦点问题。但针对这一重要问题，学术界一直没有达成共识，有学者认为金融发展促进经济增长，也有学者认为金融发展抑制经济增长，还有学者认为金融发展与经济增长呈现非线性关系。

（一）金融对经济增长的线性影响

大多数学者认为金融发展有助于促进经济增长。例如，童相彬、张书华和张志鹏（2021）运用中国2006—2020年的月度数据进行建模，运用主成分分析法合成的金融形势综合指数来反映金融周期波动情况，在此基础上考察金融周期波动对经济的影响。研究发现，金融正向冲击对实体经济产出和物价水平具有一定促进作用。庄毓敏、储青青和马勇（2020）运用中国31个省区市2008—2016年的面板数据，从企业创新角度考察金融发展对经济增长的影响，实证分析发现金融发展可以通过增加企业研发投入达到推动经济增长的效果。范从来、彭明生和张前程（2020）通过构建经济金融共生模型来考察中国经济与金融的关系，基于中国1980—2019年经济发展对金融的共生度测算，研究发现这一时期中国经济与金融之间是相互促进的，并且经济对金融的促进作用更大一些，基本表现出共生共荣的特征。

与上述研究不同，也有部分学者认为金融发展抑制了经济增长。例如，詹鹏和李欣睿（2020）运用中国2003—2018年省级面板数据和空间计量模型，从规模、效率、结构三个维度出发考察金融发展与经济增长的关系，研究发现金融发展规模和金融发展效率会抑制经济增长，而金融发展结构对经济增长具有正向效应。周立和赵秋运（2021）基于2003—2017年我国总体层面和分区域层面的面板数据，实证分析金融结构、产业技术创新与经济增长的关系，研究发现无论是总体层面还是分区域层面，金融供给数量均在一定程度上抑制了经济增长，但是随着产业技术创新程度的提高，金融供给数量的抑制作用逐渐减弱。刘兰凤和袁申国（2021）通过构建新型开放经济宏观（NOEM）模型发现，金融效率保持不变时，金融开放扩大会增加宏观经济的不确定性，不利于经济稳定增长。

（二）金融对经济增长的非线性影响

还有部分学者认为，金融发展对经济增长的影响是非线性的，在一定范围内有助于促进经济增长，而一旦超出了这个范围就会对经济增长产生负面影响。一些研究围绕如何解释和验证金融发展与经济增长的非线性关系展开。例如，黄倩、李江城和熊德平（2021）基于中国省级面板数据探究金融杠杆率和经济增长的关系，研究发现，金融杠杆率和经济增长之间呈现倒"U"形关系，即随着金融杠杆率的增加，经济增长速度先加快后减慢。当金融杠杆率增加到一定程度时，其对经济增长的影响会从正向影响转变为负向影响。孙红燕、管莉莉和张先锋（2021）基于投入产出分析技术构建了FWTW资金流量表和金融服务实体经济测算指标，研究发现，金融资金流向实体经济占比和实体经济增长之间存在着倒"U"形关系，因此在实体经济中投入的金融资金并非越多越好，过多投入金融资金会对实体经济增长产生负向影响，抑制经济增速。黎贵才、赵峰和卢荻（2021）借鉴后凯恩斯主义"存量—流量"货币框架，构建"生产性部门—金融部门"两部门模型，研究发现，金融化以金融资本实际回报率为中介对经济增长产生倒"U"形影响；适度的金融化可以促进资本循环周转，提高经济增长效率；过度的金融化最终将产生消费信贷挤压效应和金融虚拟化挤压效应，削弱资本的循环周转，降低经济增长效率。

二、金融影响经济发展的作用机制

金融对经济增长的影响十分复杂，其原因在于金融影响经济增长的作用渠道十分丰富。基于此，在探究金融对经济增长影响的基础上，很多学者从经济结构、资本配置和生产效率、创新等视角切入，考察了金融影响经济增长的作用机制。

（一）金融影响经济发展的作用机制：基于经济结构视角

随着金融与经济发展相关研究的不断推进，学者们不单单关注金融对经济增长的线性、非线性影响，也不局限于探讨金融变革与发展对经济的正、负面作用，更多地尝试基于不同视角研究金融影响经济发展的作用机制，其中，从经济结构来看，学者们在研究金融对经济发展的影响时，可以归结为三大类：金融对产业结构的影响、金融对区域发展的影响、金融对收入分配的影响。

1. 金融对产业结构的影响

只有当金融体系发展到与其所服务的产业结构相适应时，经济系统才会达到最优状态。不同金融结构在资源配置、分散风险方面的效率不同，因此，国内大多数学者聚焦于金融结构对产业结构的影响。肖康康和强皓凡（2021）基于中国 1995—2017 年省级面板数据，研究了金融结构、产业结构与经济发展之间的关系，研究发现当金融结构与产业结构协调适应水平较低时，金融结构提升会明显抑制经济绩效和产业升级，而当协调演进水平高于门限值时，金融结构提升则表现出对二者有利的作用。佟孟华、李慧和张国建（2021）基于 1997—2016 年中国 31 个省区市的年度数据，分析了金融结构通过何种路径影响产业结构变迁及其经济效果，研究发现，金融结构优化推动产业结构合理化和高级化，且金融结构对产业结构变迁具有非线性影响，具体呈现出门限、分层和时变的多重特征。毛盛志和张一林（2020）则重点考察了金融深化对于产业升级促进作用的动态变化，基于 1960—2014 年各国金融发展和经济发展面板数据，研究发现，在不同发展阶段存在不同的最优技术进步方式和最优产业结构，同时产业升级对于金融深化程度的要求随着经济发展呈现快速上升、在达到中等收入水平后缓慢递减的特征，只有达到金融深化程度的"最低要求"才能实现下一阶段的产业升级。

另外，在研究金融结构对产业结构的影响中，部分学者更关注金融结构的主导类型，研究了金融结构市场化对产业结构的影响。金融结构市场化是指金融体系由银行主导的金融结构向市场主导的金融结构变迁的过程。邓创和曹子雯（2020）采用中介效应检验和 SV-TVP-FAVAR 模型实证分析了金融结构市场化与产业结构升级的关系，研究发现，金融结构市场化可以通过技术创新影响产业结构升级，但是这一传导机制具有阶段异质性：在该影响机制的第一阶段，金融结构市场化对技术创新的促进效应具有延时特性，且影响强度具有逐年递增的特征。在该影响机制的第二阶段，技术创新对产业结构升级的促进效应较为显著和稳定；董嘉昌和冯涛（2020）基于 2001—2017 年中国省级面板数据构建固定效应面板模型，研究发现金融结构的市场化转型能够显著促进中国经济发展质量提升，但该作用仅在东部地区显著，且加快产业结构升级是金融结构市场化促进经济发展质量提升的重要影响机制。

2. 金融对区域发展的影响

金融对区域发展的影响主要集中在对区域高质量经济发展和区域间协调发展方面。田皓森和温雪（2021）基于 2006—2019 年全国 12 个重点城市群的面板数据进行实证检验，探究金融一体化对区域经济高质量增长的作用机制，研究发现，城市群金融一体化的推进对区域经济高质量增长具有促进作用，并且存在时空差异，成渝城市群等发展型城市群金融一体化的推进更能改善区域经济增长质量，同时后金融危机时期，金融一体化对经济增长质量的促进作用更加显著。程德智和王满仓（2021）基于 2005—2018 年黄河流域 9 省份 100 个城市的面板数据，采用空间计量模型分析黄河流域金融集聚对区域高质量发展的空间外溢效应，研究发现，金融集聚对区域高质量发展具有显著的正向促进作用和空间溢出效应。

吴金燕和滕建州（2020）选取省级面板数据并遴选最优时空权重矩阵进行空间计量建模，研究发现，区域金融化程度加深能够提高本地区和邻近地区的实体经济发展水平，同时，金融发展和金融创新将对邻近地区产生溢出效应，降低区域间经济差异。程德智和王满仓（2021）研究指出，金融集聚对黄河流域创新发展、绿色发展、开放发展、共享发展均具有显著的正向空间溢出效应，除开放发展外金融集聚会通过邻近区域和跨区域的空间溢出促进区域高质量发展。但金融集聚带来了金融资源的分布不均，金融集聚对区域协调发展产生显著的影响，加大了城乡间差距，不利于区域协调发展。

3. 金融对收入分配的影响

金融对收入分配的影响十分复杂，针对这一重要问题，学术界一直没有达成共识，有学者认为金融发展改善收入分配差距，也有学者认为金融发展加剧收入分配差距，还有学者认为金融发展与收入分配差距呈现非线性关系。

多数研究指出，金融发展有助于缩小收入差距。余春苗和任常青（2020）通过构建包含金融服务渗透性、可得性和使用性的多维度评价指标体系，研究发现，金融包容通过降低融资门槛、提升金融减贫效应、改善城乡金融资源配置和促进城乡经济包容性增长等路径有利于弥合地域间收入分配不平衡。其作用大小呈现显著的区域差异性，金融包容度更低的地区，普惠金融政策实施的边际效用更大，金融包容缩小城乡收入差距的程度更大。张应良和徐亚东（2020）基于 2005—2016 年省级面板数据的经验分析表明，正规金融和非正规金融的发展均有助于改善城乡收入差距，且非正规金融发展的影响更大，而劳动收入分配的作用则相反；劳动收入分配具有调节效应，劳动收入分配占比越高，正规金融发展的改善效应越弱，非正规金融发展的改善效应越强，面板门槛回归表明结果具有较强的稳健性。

部分学者认为有关金融对收入分配的影响可能是非线性的。张晓晶（2021）通过微观和宏观视角的考察，深入剖析了金融发展对不平等的影响机制，研究发现，适度、规范的金融发展有利于减轻不平等，但金融压抑和过度金融化都可能导致不平等加剧。而金融压抑与金融赶超并存是中国金融发展的"特色"，二者也成为当前分配不均的驱动因素。王爱萍、胡海峰和张昭（2020）基于2010—2016年省际面板数据考察了金融发展对收入贫困的影响及其作用机制，研究发现，金融发展对收入贫困存在非线性的倒U形影响，即金融发展达到一定水平之后才会降低贫困发生率，这种影响在包含国家级贫困县的省份更为明显。机制检验表明，金融发展通过经济增长渠道和人力资本积累渠道改善了收入贫困，而金融资源向研发投入水平较高的非贫困地区和非农部门的集聚可能"挤出"贫困人口的资金供给，不利于收入贫困的改善。

（二）金融影响经济发展的作用机制：基于资本配置和生产效率视角

当前，中国已进入高质量发展阶段，提高资源配置效率和全要素生产率是加快构建经济新发展格局的必然要求。在此过程中，要让市场在资源配置中起决定性作用，而金融作为市场配置资源的重要手段，在企业融资、投资等资本配置过程以及企业生产过程中发挥了关键作用。基于此，下文分别从资本配置和生产效率视角对既有文献进行梳理，以考察金融对经济发展的内在作用机制。

1. 金融对资本配置的影响

（1）金融对融资的影响。近年来，随着中国经济下行压力加大，融资难问题再次引起广泛关注。影子银行作为中国金融市场的必要补充，为经济发展提供了重要的融资渠道，部分学者聚焦于影子银行领域，探讨了金融对政府和企业融资的影响。其一，在政府层面，影子银行为中国地方政府融资提供了渠道，Chen等（2020）基于2004—2015年中国省级地方政府负债相关数据的研究发现，2009年银行贷款增长较快的省份在随后几年出现了更多的与影子银行活动相关的委托贷款增长，地方政府融资的主要形式由2009年的银行贷款融资转变为2012年后的非银行债务融资，且地方政府的非银行债务在影子银行活动中所占比重越来越大，从2008年的1.5%上升到2016年的48%，表明中国地方政府融资与影子银行之间存在密切联系。其二，在企业层面，张洁琼和马亚明（2021）构建了包含商业银行、居民部门、影子银行化企业及其他企业在内的四部门最优决策一般均衡模型，利用2007—2017年中国上市公司面板数据考察了企业影子银行化对企业融资约束的影响，研究发现企业影子银行化能为高生产率企业提供有效的替代性融资，全要素生产率越高的企业获得的融资约束缓解作用越大。但是企业影子银行化再配置的金融资源存在一定的信贷歧视，在融资约束较重的企业中，仅生产率较高的民营企业能从企业影子银行化发展中得到融资约束缓解，生产率较高但规模较小的企业的融资约束无法得到改善。蒋敏、周炜和宋杨（2020）基于2015年1月到2019年6月沪深A股上市企业的半年度数据，基于事件研究法和广义倍差法考察了资管新规背景下影子银行对企业融资的影响，研究发现资管新规的出台降低了影子银行融资规模，导致企业的融资成本和融资约束程度显著提升。Bao和Huang（2021）基于新冠疫情期间传统银行和金融科技银行贷款记录样本的研究发现，相较于传统银行，金融科技银行更有可能在疫情开始后放宽信贷准入，但这种信贷供应的增加不可持续：金融科技贷款的拖欠率在疫情暴发后增加了三倍。结果表明，在危机时期影子银行确实能为企业融资提供帮助，但当拖欠率飙升时此类机构的潜在脆弱性也不容忽视。

金融开放是中国经济转型时期市场化改革和对外开放的关键环节，对打通国内国际双循环、充分发挥市场在资源配置中的决定性作用至关重要，因此，也有学者从金融开放视角探讨了金融对企业融资的影响。李青原和章尹赛楠（2021）以外资银行进入为例，选取中国工业企业数据库企业为样本，通过中国加入世界贸易组织后外资银行分步进入的准自然实验，实证检验了金融开放对行业资源配置和生产效率的作用机制及效果。研究表明，外资银行的进入通过资金融通渠道和资金使用渠道，有效缓解了非国企的融资约束，提高了资源配置效率，最终有利于企业和行业生产率的提升。

（2）金融对投资的影响。投资是扩大内需的重要方面，也是拉动中国经济增长的关键引擎，一些学者通过考察金融对投资的影响，揭示金融影响经济发展的内在作用机制。其一，金融对投资效率影响的研究。周上尧和王胜（2021）构建了能够同时刻画中国影子银行机构特征与挤兑危机事件的 DSGE 模型，研究发现，虽然针对影子银行的强监管能够有效降低系统性金融风险，但同时也迫使大量资金更多地流向低风险企业，引发资源错配问题，降低了企业投资效率和长期产出水平。其二，金融对投资结构影响的研究。李小林、徐庆美、司登奎和吕学梁（2021）基于 2010—2019 年我国非金融上市公司年度数据，以"沪深港通"交易制度的实施作为资本市场开放的标志事件构造准自然实验，考察金融开放对企业投资结构偏向的影响。研究发现，"沪深港通"交易制度通过融资成本渠道和资产收益率渠道，降低了企业的股权融资成本，缩小了实体投资收益率与金融投资收益率的差距，对企业投资结构"脱实向虚"产生了"纠偏"作用，从而最终促使企业投资结构偏向实体投资。其三，金融对投资水平影响的研究。不少学者从影子银行角度切入，彭俞超和何山（2020）通过构建内生融资约束的异质性企业模型，考察影子银行限制政策对宏观经济的影响，研究发现影子银行可将成熟企业的资金转移到新兴企业，满足新兴企业的融资需求，缓解中小和民营企业融资难问题，提高经济整体的投资水平和产出水平；但资管新规发布后，影子银行经济活动受限，导致经济整体投资水平持续下降。对此，Jiang（2021）利用银行-公司关联数据考察了资管新规对企业投资增长率的影响，研究发现，资管新规限制了中国理财产品的发行和投资方向，私营企业投资增长率出现下滑；进一步的反事实分析表明，如果 2018 年投资增长率再提高 1.6 个百分点，GDP 增长率就会再增加 1 个百分点。Zhu（2021）基于 2013—2017 年影子银行贷款和投资分配省级面板数据的研究表明，由地方政府和国有企业主导的影子银行活动提高了房地产行业的投资水平，但却对房地产行业以外的私营企业投资产生消极影响，这类影子银行活动加剧了中国的金融错配问题。而金融错配程度的提高会加剧企业的融资约束程度，从而降低企业实体投资水平，且这种效应在资产专用性较强的企业中更为明显（韩珣和李建军，2020）。同时，还有学者关注到地方债对投资水平的影响，Huang 等（2020）基于地方债发行相关数据构建了 2006—2013 年中国地方公共债务数据集，探讨了地方债对企业投资水平的影响，研究发现，地方债通过诱导银行收紧对私营企业的信贷供应而挤占了私人投资，导致资本由私人部门向公共部门的重新分配，不仅会降低私人企业的投资水平，还会加剧挤出效应对经济增长的不利影响。

另外，部分学者从"法与金融"视角，考察法律制度带来的金融市场环境变化对企业投资活动的影响。钱雪松和方胜（2021）基于2003—2009年273家民营上市企业的非平衡面板数据，运用双重差分法考察了《物权法》出台对民营企业投资效率的影响。研究发现，《物权法》出台后，相较于固定资产占比较高企业，固定资产占比较低企业的投资效率提升更为显著，进一步研究表明，企业受融资约束的程度越强，《物权法》出台对投资效率的提升作用越大；地区制度环境越好，《物权法》出台通过缓解融资约束提升投资效率的作用力度越强。

2. 金融对生产效率的影响

生产效率的提高是提升经济发展质量的核心动力。如何提升资源分配效率和投入产出效率，是我国经济转型期急需解决的问题。在此背景下，不少学者围绕金融对全要素生产率的影响，尤其是银行业和证券业发展对企业全要素生产率的影响展开研究。

其一，不少学者探讨了银行业发展对全要素生产率的影响。张璇、高金凤和李春涛（2020）基于1998—2007年中国工业企业数据和相应年份金融业分支机构数据，研究发现银行业竞争的加剧改善了资源配置效率、提高了企业的全要素生产率，且这一效应在民营企业、小企业和东部地区企业中表现得尤为突出。龚关、江振龙、徐达实和李成（2021）构建经济模型研究了非金融企业影子银行化对资源配置效率的动态影响，研究结果表明，从短期来看，非金融企业影子银行化虽然推升了劳动力和融资成本，但能够提高人均产出和全要素生产率；而从长期来看，由于低效企业不会完全退出，资源未能完全配置到高效企业，非金融企业影子银行化将降低社会全要素生产率。

其二，还有学者探讨了证券业发展对全要素生产率的影响。比如，在股票流动性方面，史永东和王超（2021）基于2000—2019年我国A股上市企业数据，研究发现股票流动性对企业全要素生产率具有十分显著的提升效果，而且对于融资约束和代理冲突问题严重的企业，这种提升效果会更加显著。此外，在资本市场开放方面，部分学者关注到"陆港通"等政策提高了我国资本市场的开放程度，并基于此展开研究。戴鹏毅、杨胜刚和袁礼（2021）基于2011—2019年A股上市公司数据，以"沪港通"的实施作为资本市场开放的准自然实验构建双重差分模型，考察了资本市场开放如何影响企业全要素生产率。研究发现，资本市场开放通过增加股价特质信息含量、矫正股票的错误定价、提升企业信息披露质量，最终促进企业全要素生产率提升。刘新恒、丁辉、李舒娴和李广众（2021）以2011—2018年A股上市公司为样本，利用陆港通实施作为外生事件构建双重差分模型，实证检验了股票市场对外开放对企业全要素生产率的影响。研究发现，陆港通政策显著提升了中国上市企业的全要素生产率，且该效应突出体现在企业信息透明度较低、公司治理较差、所处地区司法制度薄弱的样本中。进一步研究表明，股票市场开放主要是通过提高企业的产出水平而提升了企业的全要素生产率。

（三）金融影响经济发展的作用机制：基于创新视角

金融与经济的关系一直是学术界的研究热点，而创新对经济增长的重要性也一直被反复提及和强调。理论上，一个发达的金融体系可以有效地动员储蓄、配置资源、分散风险，从而缓解企业创新的融资困境，促进研发创新和经济增长。在此背景下，很多学者从创新角度出发，研究金融对经济发展的作用机制。

企业是创新的主体，多数学者从企业角度探讨了金融对创新的影响。江轩宇、贾婧和刘琪（2021）选取 2006—2017 年 A 股上市公司作为研究对象，利用 Tobit 模型验证了债券融资与企业创新之间的正相关关系，并且证明融券类别对创新的影响具有异质性，研究发现短期融资券和中期票据相比公司债、企业债和可转换债券对企业创新的促进作用更加显著。段军山和庄旭东（2021）选取 2009—2018 年中国 A 股上市公司作为研究样本，以蓄水池、短期财富和资源挤占效应三个方向作为中介效应研究企业进行金融投资对技术创新的影响，发现企业的金融投资行为对企业技术创新投入和企业技术创新产出均有负面影响。

外部市场环境的健康发展能够为创新主体创造良好的融资环境，促进创新活动。于是，不少学者从市场环境角度研究了金融对创新的影响，主要有股票市场和信贷市场两个角度。在股票市场角度，闫红蕾、张自力和赵胜民（2020）利用 2009—2016 年我国 A 股上市公司经验数据进行实证分析，研究发现股票流动性对企业创新具有促进作用，该作用机制有一部分是通过提高企业的实际融资水平和研发投资规模，以及吸引机构投资者加强公司治理提高研发投资效率来实现的。林志帆、杜金岷和龙晓旋（2021）基于上市公司分类专利的申请、授权、终止数据研究发现，股票流动性使企业发明专利申请显著增加，申请质量明显下滑；股票流动性使创新含量较低的实用新型与外观设计授权显著增加。在信贷市场角度，叶永卫和李增福（2020）选取 2003—2011 年沪深两市 A 股上市公司作为样本，以 2007 年的银行续贷政策改革作为"准自然实验"，采用 DID 模型研究续贷限制对企业技术创新的影响，发现续贷限制会降低企业信贷规模、缩短企业信贷期限以及增加企业融资成本，进而抑制企业技术创新。蔡庆丰、陈熠辉和林煜（2020）选取 2009—2016 年我国 A 股非金融上市公司为研究对象，以上市公司周边银行分支机构数量作为代理变量，从金融地理结构视角探究信贷资源可得性对企业创新活动的影响，发现以邻近的银行网点数量为代表的信贷资源可得性越高反而抑制了企业的研发投入。

此外，也有研究注意到了金融发展和企业创新之间的非线性关系。张杰、吴书凤和金岳（2021）从 2005—2016 年中国各省份地区金融业增加值占 GDP 比重持续扩张的现象入手，研究发现金融业增加值占 GDP 比重持续扩张与本土企业创新投入呈稳定的倒 U 形关系，从而验证了我国各省份地区金融扩张对地区内微观企业创新活动造成两面性影响效应这一基本事实。

三、若干热点问题研究

一直以来，经济增长、经济结构、资本配置、生产效率、创新等问题始终是"金融与经济发展"领域关切的重要问题，因此，前文重点从上述视角进行文献梳理。但同时需要指出的是，当前中国经济正在由高速增长阶段向高质量发展阶段转型，在此背景下，中国经济发展和制度环境均面临很多新问题新情况。第一，为了缓解弱势群体"融资难融资贵"问题，我国大力发展普惠金融，为弱势群体融资创造了宽松制度环境，从而会对弱势群体的金融活动和经济决策产生复杂影响。第二，为了缓解交易活动中的信息不对称，推动创新创业发展，数字金融通过独特的技术优势，降低交易成本和优化资源配置，对中小企业的经营活动产生影响。第三，为了支持环境改善和应对气候变化，国家积极实施相关政策，为清洁能源、绿色材料等各类绿色项目提供投融资支持服务，积极推进绿色债券、绿色信贷等金融业务，对相关企业的项目运营和风险管理等产生深刻影响。第四，新冠肺炎疫情显著冲击了全球的金融市场与宏观经济，国际资本市场、大宗商品市场出现剧烈震荡，政府等相关部门采取积极的宏观经济政策和对中小企业微观经济主体的支持援助政策。基于此，为了揭示近年来"金融与经济发展"领域关注的热点问题及相关研究成果，下文进一步从普惠金融、数字金融、绿色金融和新冠肺炎疫情冲击等视角进行了文献梳理。

（一）普惠金融问题研究

近 10 年来，世界银行、国际货币基金组织、普惠金融联盟以及全球普惠金融合作组织等国际机构在全球范围内大力推广普惠金融实践，中国也积极参与其中。2014 年以来，"普惠金融"这一关键词连续 6 年出现在政府工作报告之中，同时被写入"十三五"规划。随着我国普惠金融的持续推进和完善，我国普惠金融的经济效应及其作用机理受到学术界的广泛关注。基于此，我们对 2020—2021 年的相关研究进行了细致梳理。

1. 普惠金融对家庭消费和收入的影响研究

普惠金融的宗旨是为社会所有阶层提供价格合理、需求匹配的金融服务，将被排斥在外的低收入居民、家庭和小微企业等"长尾"群体重新纳入金融服务对象。由此可见，中低收入家庭是普惠金融的重点服务对象。近年来，随着家庭微观数据的不断丰富，许多学者从家庭视角出发实证考察了家庭在多大程度上享受了普惠金融服务及其如何影响家庭的福利水平。

其一，普惠金融的发展显著提高了家庭的消费水平。张梦林和李国平（2021）基于中国家庭金融调查数据库 2017 年的微观数据，构建家庭层面普惠金融指数，研究发现，普惠金融可显著促进家庭总体消费水平提升，降低生存型消费占比，提升发展与享受型消费占比，推动消费结构升级。洪铮、章成和王林（2021）基于 2006—2018 年中国省际面板数据，考察普惠金融对居民消费能力的影响，研究发现，普惠金融发展有利于城镇居民消费升级，但对农村居民发展享受型消费的促进作用不明显。进一步研究发现，收入增长和收入分配改善是普惠金融提升居民消费能力的重要机制；

其二，普惠金融的发展有助于提高中低收入家庭的收入，促进收入分配的公平性。杨东、郑家喜和宋嘉豪（2021）基于 2009 –2016 年全国 30 个省区市的面板数据，运用 APN 法、熵值法和面板分位数回归等方法对农村普惠金融的发展如何影响农户的收入进行实证检验。研究发现，农村普惠金融的发展可以正向提升农户可支配收入，即发展水平越高，对应的农户收入也会越高。同时，农村普惠金融发展对农户收入的影响同样存在异质性。

2. 普惠金融对包容性增长的影响研究

普惠金融发展强调的是在促进经济增长的同时能够有效缓解贫困，缩小城乡收入差距，进而实现包容性经济增长。基于此，学者们对普惠金融发展的减贫效应及其对城乡收入差距的影响进行了深入探讨。

其一，普惠金融可以促进减贫，增强金融服务的可获得性。尹志超和张栋浩（2020）

基于中国家庭金融调查 2015 年数据，通过构建家庭金融普惠指数，研究了金融普惠对家庭贫困及脆弱性的影响。研究发现，金融普惠能够显著降低家庭发生贫困和脆弱性的概率，且对农村及城镇低收入者等弱势群体的影响更大。进一步地，金融普惠对未得到政府扶贫支持的贫困家庭有更大的作用，且可作为共同保险机制的补充，帮助家庭更好地应对社区协同性冲击导致的脆弱性；不同地区及不同金融服务的影响有所差异。最后，促进创业和提高风险管理能力是金融普惠发挥作用的主要渠道。李竹薇、卢雪姣、杨思敏和王晓姗（2021）构建了我国 30 个省区市（未含我国港澳台地区和西藏自治区）近 7 年的农村普惠金融指数，划分出农村普惠金融发展水平高低区域，进行非线性实证检验。研究发现，虽然脱贫攻坚取得了胜利，但农村普惠金融的减贫效果具有地区差异，在高水平地区存在明显的减贫效应，在低水平地区由于"虹吸作用"等原因会削弱脱贫效果，且在欠发达地区更为明显。此外，"倒 U 形"关系说明，即便低水平地区的减贫效果欠佳，但只要继续支持其发展，推动其尽快越过拐点，同样能实现减贫脱贫和辅助乡村振兴的初衷。

其二，普惠金融可以缩小城乡收入差距，缓解财富分配不均问题。郭雪、雷雨箫和董继华（2020）研究指出，普惠金融能够显著抑制收入差距的扩大，且存在地理区域上的差异，抑制效应呈现东部弱、中部次之、西部强的趋势。进一步地，抑制效应会因政府对经济支持力度的不同而改变。然而，Li 等（2021）基于我国 31 个省市区（未含我国港澳台地区）的面板数据，研究发现，东部经济发达地区普惠融资水平的提升对缩小城乡收入差距的效果非常明显，但在中西部欠发达地区盲目发展普惠融资也会造成城乡收入差距进一步拉大。

（二）数字金融问题研究

数字金融是指传统金融机构与互联网公司利用数字技术实现融资、支付、投资和其他新型金融业务的模式（黄益平等，2018）。数字金融拥有得天独厚的技术优势，为降低交易成本、提升居民金融使用有效性、减少信息不对称程度提供了巨大发展空间，满足了市场上日益增长的金融需求（王馨，2015；Hau et al.，2017；Huang et al.，2018）。近年来，随着我国数字金融的持续推进和完善，数字金融的经济效应和作用机理等问题受到广泛关注。基于此，我们对 2020—2021 年的相关研究进行了细致梳理。

1. 数字金融对经济增长的影响研究

以提供普惠服务和精准服务为核心价值的数字金融借助一系列数字技术，为金融体系改革和创新开辟了新的道路，从而成为服务经济发展的重要力量。在此背景下，学者们从经济增长角度切入，研究数字金融对经济发展的影响程度及其作用机制。

数字金融的政策性、靶向性和广覆盖性特征，正在逐渐改善我国实体经济的融资难、融资贵困境。滕磊和马德功（2020）基于 2012—2017 年省份数据和北京大学数字金融指数，研究发现，数字金融通过缓解企业融资约束提升了区域创新水平和对外开放水平，并利用普惠服务的核心属性协调区域发展确保发展成果为全民共享，显著促进地区高质量发展。汪亚楠、叶欣和许林（2020）基于 2011—2017 年我国 280 个地级市的面板数据，研究发现，数字金融能够显著提升我国实体经济，创新研发是其最重要的中介传导机制，对东部地区实体经济的促进效应强于中西部地区。

钱海章、陶云清、曹松威和曹雨阳（2020）以央行推出的《G20 数字普惠金融高级原则》作为准自然实验，研究发现，数字金融发展显著促进了经济增长，且在城镇化率低和物质资本高的省份中，数字金融发展对经济增长的积极作用进一步增强。

2. 数字金融对居民消费的影响研究

近些年以数字技术为核心的新经济业态飞速发展为我国经济高质量增长注入新活力，影响着经济社会发展的方方面面，特别是居民消费生活，学者们也对此进行了相关实证研究。

何宗樾和宋旭光（2020）基于中国数字普惠金融指数与中国家庭追踪调查（CFPS）的匹配数据，从微观视角探讨了互联网和数字经济所推动的数字金融发展与居民消费的关系。研究发现，数字金融发展在短期内对城市居民消费，特别是与生活相关的基础型消费具有显著的促进作用。在此基础上，本文进一步验证了数字金融发展驱动居民消费的可能机制：一是数字金融便利了居民的支付，加速了居民的消费决策，进而促进消费增长；二是数字金融通过降低家庭面临的不确定性进而释放消费需求，促进消费增长。

张勋、杨桐、汪晨和万广华（2020）基于中国数字普惠金融发展指数和中国家庭追踪调查数据，研究发现，数字金融主要通过提升支付的便利性来促进居民消费，而流动性约束的放松并不是数字金融发展提升居民消费的主要原因。但谢家智和吴静茹（2020）基于 2013 年中国家庭金融追踪调查数据，研究发现，数字金融方便快捷、交易成本低、普惠可得，缓解了家庭信贷约束，进而激励了家庭消费。进一步地，数字金融对低收入家庭和农村家庭消费的激励作用更明显。

3. 数字金融对创新的影响研究

随着我国各行业数字化转型按下"快进键"，在金融科技赋能下，数字技术和金融业的深度融合催生出数字金融模式，这种模式具有更强的包容性，促进了金融服务范围向非金融机构和个人延伸，并积极影响银行业绩效，最终实现金融生态重构和战略跃迁。那么，这种数字金融模式能否成为创新"新引擎"从而正向激励企业与区域创新？近年来，学者们围绕企业创新和区域创新展开了讨论。

一方面，数字普惠金融可以提高企业创新。唐松、伍旭川和祝佳（2020）基于2011—2017 年沪深两市 A 股上市公司数据，探讨数字金融发展对企业技术创新的影响及其内在机理。研究发现，数字金融发展能够有效解决企业的"融资难、融资贵"问题，并能够驱动企业去杠杆、稳定财务状况，对企业技术创新的确存在"结构性"驱动效果。进一步地，数字金融的发展能够有效校正传统金融中存在的"属性错配""领域错配"和"阶段错配"问题，并且在金融发展禀赋较差的地区，数字金融展现出更强的企业技术创新驱动效果，从而具备了较好的普惠特征。谢雪燕和朱晓阳（2021）基于新三板企业数据，研究发现，数字金融可以显著促进中小企业技术创新。其影响机制主要包括：第一，数字金融通过提高销售收入、降低管理费用提高了企业的盈利水平。第二，数字金融通过降低借贷成本、改善借款结构使企业借款结构长期化，缓解了企业的信贷约束。第三，数字金融的支付、货币基金、保险、信用等业务功能均显著促进了企业技术创新。

另一方面，数字普惠金融可以提高区域创新。郑万腾、赵红岩和范宏（2021）基于

2011—2018 年我国 30 个省区市面板统计数据，研究发现，数字金融能正向激励区域创新，且激励效应具有一定的创新主体异质性和区域异质性；在空间特征方面，某区域数字金融发展不仅直接激励本土创新，而且存在空间溢出效应能够间接激励其他区域创新，但这种空间溢出效应的贡献率十分有限；在传导路径方面，数字金融发展能够通过内部因素和外部因素两条路径间接激励区域创新，其中内部因素是主要的传导路径，研发强度在内部因素中起主要作用，而在外部因素中经济发展占主导地位。张梁、相广平和马永凡（2021）基于 2011—2018 年我国地级市面板数据，研究发现，数字金融在区域创新层面表现为"马太效应"，且存在明显的结构性差异，扩大了区域间的创新差距。数字金融对区域创新的"马太效应"主要通过对人力要素和金融要素的虹吸效应实现，且金融要素的相对贡献值为 81.58%。

（三）绿色金融问题研究

2016 年，中国担任二十国集团（G20）主席国，首次将绿色金融引入 G20 议程。根据中国人民银行、中华人民共和国财政部等七部委于 2016 年发布的《关于构建绿色金融体系的指导意见》中给出的定义，绿色金融是指为支持环境改善、应对气候变化和资源节约高效利用的经济活动，即对环保、节能、清洁能源、绿色交通、绿色建筑等领域的项目投融资、项目运营、风险管理等所提供的金融服务。它既包括对清洁能源、绿色材料等各类绿色项目提供的投融资支持服务，也包括绿色信贷、绿色债券、绿色产业投资、绿色发展基金、绿色保险等支持经济向绿色发展转型的金融业务。

我国对绿色金融工作予以高度重视，一系列绿色金融政策陆续出台且支持力度不断强化。与此同时，学术界对绿色金融的相关研究也不断涌现。基于此，文章尝试对 2020—2021 年绿色金融领域的相关政策及文献进行梳理，以厘清其发展脉络及研究思路。

1. 绿色债券政策实施成效的影响研究

绿色债券作为兼顾"绿色"与"债券"特点的新型融资工具，是构建中国绿色金融体系的重要内容（詹小颖，2016）。2015 年年底，中国发展改革委员会发布了《绿色债券发行指引》，绿色债券市场开始在中国蓬勃发展。在此背景下，学者们从企业和股市角度切入，研究绿色债权对上述主体的影响程度及其作用机制。

其一，发行绿色债券可以降低企业融资成本。杨希雅和石宝峰（2020）通过构建绿色债券信用利差影响因素模型，发现公募绿色债券有利于企业降低融资成本，绿色政策支持是影响企业融资的主要因素，第三方绿色认证的存在对降低绿色债券融资成本没有显著影响，发债主体的财务状况不是影响绿色债券融资成本的显著因素。陈国进、丁赛杰、赵向琴和蒋晓宇（2021）的研究也表明绿色债券纳入央行合格担保品范围这类绿色金融政策可以显著降低绿色债券的信用利差，推动绿色企业的债券融资成本下降；但同时会显著提高棕色债券的信用利差，推动棕色企业的融资成本上升。

其二，发行绿色债券有助于企业价值的提升。马亚明、胡春阳和刘鑫龙（2020）基于 DID 模型考察绿色债券发行对发行主体企业价值的影响，研究发现，发行绿色债券可以显著提升企业价值，并且具有动态持续性。对于开展第三方认证的企业、国有企业、制造业和电力行业企业以及西部地区企业，发行绿色债券的价值提升效应更加显著。另外，在企业创新方面，绿色债券政策有助于企业进行创新活动。陈国进、丁赛杰、赵向琴和蒋晓宇（2021）基于"绿色债券纳入央行合格担保品"这一准自然实验的研究发现：央行担保品类绿色金融政策通过影响棕色债券的融资成本显著提升了棕色企业的绿色创新水平，倒逼棕色企业进行绿色转型。

另外，绿色债券政策会对企业股价产生影响。Wang 等（2020）研究发现，企业发行绿色债券，会向外界传递环境合法性的信号，确保企业募集资金只用于绿色项目，降低投资者与企业之间的信息不对称程度，因此市场反应积极，会对股价产生正向影响。且绿色债权对公司股价的积极影响对经独立第三方和首次发行人认证的绿色债券反应更强烈（Flammer，2021）。但也有学者认为，绿色债券发行对股价没有显著影响。朱俊明等（2020）认为中国绿色债券与传统债券发行均没有对发行公司股票收益率产生显著影响，两类影响间也不因融资的绿色属性存在显著差异。针对绿色项目融资的政策支持并没有达到预期的有别于一般性金融工具吸引更多社会投入、助力绿色发展的目的。

2. 绿色信贷政策实施成效的影响研究

在中国，绿色信贷政策发轫于 2007 年，国家环境保护总局、中国人民银行和原银监会联合发布了《关于落实环保政策法规防范信贷风险的意见》，使其在政策层面逐渐得到重视；2015 年 9 月，国务院印发《生态文明体制改革总体方案》，正式提出建立绿色金融体系，完成了绿色金融发展的顶层设计。近年来，学者们主要从企业和银行视角切入研究。

其一，绿色信贷政策实施会对企业投融资、创新水平等产生影响。一方面，在企业投融资方面，不同学者对重污染企业和绿色企业分别进行研究。牛海鹏、张夏羿和张平淡（2020）基于 2001—2015 年中国绿色上市公司和"两高"上市公司的面板数据，考察绿色信贷政策对绿色企业和"两高"企业的影响机理，研究发现，绿色信贷政策显著提高了上市公司的融资便利性，增强了对上市公司的信贷支持。另一方面，在企业创新方面，学者们对绿色信贷是否促进了企业创新持不同观点。曹廷求、张翠燕和杨雪（2021）基于双重差分法考察《绿色信贷指引》实施对企业绿色创新活动的影响。研究发现，相较非重污染企业，绿色信贷政策的实施整体上抑制了重污染企业的绿色创新，从政策的动态效应上看抑制作用逐渐减弱，该政策促进了积极履行社会责任的重污染企业进行绿色转型。赵娜（2021）基于中国 30 个省区市 2008—2018 年的绿色专利数据，构建空间误差模型考察绿色信贷对地区绿色技术创新的影响及其作用机理。研究发现，我国各地区的绿色专利总量逐渐呈现出显著的正向空间相关性。绿色信贷显著促进了地区绿色技术创新水平的提升。

其二，绿色信贷政策会对商业银行借贷成本和行为产生影响。丁宁、任亦依和左颖（2020）从资源配置视角出发，考察绿色信贷与银行成本效率的关系，研究发现，绿色信贷政策与银行成本效率呈现"U"形趋势，且自 2014 年之后绿色信贷政策与银行成本效率表现出正向关系；曹廷求、张翠燕和杨雪（2021）认为，由于重污染企业可能会面临环境诉讼风险，因此当银行无法观察到借款企业风险类型时，会更倾向于给企业发放短期贷款，减少长期贷款。

（四）金融与新冠肺炎疫情冲击相关问题研究

新冠肺炎疫情不仅对人民的生命安全造成了巨大威胁，也给中国经济带来了新的挑战。近年来，不断有学者从宏观和微观视角切入考察新冠肺炎疫情冲击的经济影响，同时探究应对疫情冲击的相关对策。基于此，文章尝试对2020—2021年的相关文献进行梳理以厘清研究思路。

1. 新冠肺炎疫情冲击对经济发展的影响：基于金融视角的研究

新冠肺炎疫情显著冲击了全球的金融市场与宏观经济，国际资本市场、大宗商品市场出现剧烈震荡。杨子晖和王姝黛（2021）研究指出，在新冠疫情的冲击下，全球股票市场的风险溢出表现出显著的地理溢出效应，在贸易依存度和资本开放度较高的经济体间，金融风险传染效应更为明显，加剧了全球经济增长的不确定性，助长了市场的悲观预期。罗志恒（2020）研究指出，疫情将从供给、需求端同时冲击宏观经济，并影响到中观行业和微观主体，疫情的短期冲击非常大，但不改变中长期中国经济的走势。此外，由于资本市场反映实体经济的未来预期，股市和债市在短期内波动加大。方意和贾妍妍（2020）通过分析新冠肺炎疫情前后全球外汇市场风险变化情况发现，新兴市场国家是全球外汇市场中主要的风险输出者，其货币汇率波动率高于发达国家，因此新兴市场国家对其他国家外汇市场风险溢出效应较强。

2. 应对新冠肺炎冲击的金融对策

新冠肺炎疫情的爆发严重威胁着世界各国的社会稳定，在对受影响地区造成生命财产威胁的同时，也会对经济体运行产生持续性的负面影响，比如财政压力、金融动荡和持续的经济衰退。在复杂的国际形势下，疫情产生的全球回波效应具有很大的不确定性，这使得中国经济、金融和财政不确定性的特征在2020年更鲜明地显现出来。面临疫情冲击的环境，政府应充分保持政策定力，处理好稳增长与防风险的动态平衡（张晓晶和刘磊，2020）。

一方面，新冠疫情对于货币政策调控和经济周期产生了相当大的冲击，多位学者对新冠疫情下的经济运行进行了模拟研究，得出了不同的结论并提出了相应的宏观政策建议。王胜和赵浩权（2021）对比分析了降低利率的价格型货币政策与提供"疫情补贴"的数量型货币政策对我国宏观经济的影响，研究发现，无论是在衰退下对经济的刺激性政策措施还是疫情恶化后对宏观经济的稳定效果，数量型货币政策都表现更优。而郭栋（2020）认为数量型货币机制防御效果最优，但是存在滞后风险，因此，价格和数量次优组合的混合型货币政策是应对灾情的最优策略。李成威（2020）表示疫情的冲击是全球性、全方位的，产生的回波效应具有很大的不确定性，在此背景下，中国财政政策需要长短结合，既要优化政策措施、实施政策组合，又要加快体制机制改革，用改革的方法来构建确定性，从而稳定预期。

另一方面，新冠疫情对不同规模的企业会产生不同的影响，中小微企业在疫情期间维持和恢复经营的现金流压力更大。在政府减免和延期缴纳税费后，还需要金融支持来渡过生存难关并恢复经营。朱武祥、张平、李鹏飞和王子阳（2020）基于两次全国问卷调查的分析，发现政府对中小微企业受疫情冲击导致的经营及财务困境和政策诉求响应及时，政策出台速度快、覆盖面广，制定效率高。目前对中小微企业的金融救助，主要是不断加大信贷投放规模和优惠力度，并且依赖银行来使信贷优惠政策落地。陆岷峰（2020）总结了新冠肺炎疫情背景下小微企业发展的新特点，指出数字小微金融模式的需求在不断递进，本着优化提升数字小微金融服务能力的目的，金融科技需要被有效地嵌入、运用到小微金融服务当中，以建立长效金融服务模式支持中小微企业高质量发展。

四、研究展望

当前，中国经济已经进入高质量发展阶段，金融领域出现了一些新的经济现象和特征，进而在金融与经济发展相关研究涌现出一些新的研究课题。其中，资本市场深化改革成为近几年乃至未来一段时间内金融领域关注的热点，无疑会对中国金融体系运行以及中国经济高质量转型产生重要影响，这也成为金融与经济发展研究的新兴领域和重要方向。具体如下所述。

其一，资本与利益分配问题研究。资本作为社会主义市场经济的重要生产要素，是促进社会生产力发展的重要力量。但资本在发挥作用的同时，也出现了一些矛盾和问题，特别是资本的无序扩张，甚至在扩张中出现了垄断现象，导致利益分配不均的问题日益凸显，主要表现为收入差距长期居高不下、互联网资本垄断、劳动收入份额下降等问题。在此背景下，资本与利益分配的问题成为最近金融与经济发展相关研究的重要问题，目前已有研究大多基于国外数据，国内只是在大方向上初步论证了资本投入对收入差距的影响、资本参与对企业等微观主体经济行为的影响等问题（袁冬梅等，2021；王小华和温涛，2021），尚未就资本与利益分配的内在理论基础和作用机制等内在问题深入考察和定量刻画，也缺乏关于相关政策措施和金融工具在处理资本与利益分配方面发挥重要作用的研究。一方面，资本在参与社会分配中获得增殖和发展的情况下，为何会造成收入差距的扩大和劳动收入份额的下降？其中的理论基础和作用机制是什么？另一方面，我国目前实施的劳动保护等政策措施对收入差距和劳动份额会产生什么影响？资本市场深化改革相关政策实施对收入差距和劳动份额会产生什么影响？如何健全劳动、资本、土地、技术、数据等生产要素由市场评价贡献、按贡献决定报酬的机制，使得这些要素所有者在初次分配中获得应有的报酬？

其二，资本市场开放问题研究。2022 年 4 月 29 日，习近平总书记在主持中共中央第三十八次集体学习时，重点强调了要继续完善丌放型经济体制，更好发挥资本市场功能，为各类资本发展释放出更大空间，我国也一直积极推行对外开放的基本国策，资本市场的开放进程也不断加快。在资本市场重要性日益凸显的背景下，结合中国现实研究资本市场开放问题很有必要。国内学者关于资本市场开放问题的研究主要集中在微观企业和宏观市场两个角度。大部分学者聚焦于微观企业层面，探讨了资本市场开放对企业行为及其经济后果的影响（庞家任、张鹤、张梦洁，2020；戴鹏毅、杨胜刚和袁礼，2021）。还有部分学者从宏观市场角度切入，研究资本市场开放对国内、国外资本市场流动性、运行特征、风险防控等方面的影响（张雪莹和刘茵伟，2021；杨雪峰，2021）。但目前资本市场开放领域尚未形成系统完善的研究体系，仍存在许多亟待解决的问题，比如，资本市场开放如何能使资本市场更好地服务于实体经济发展？金融监管如何能最大限度地减少资本市场开放带来的风险？如何更好地发挥资本市场开放的积极作用？如何利用资本市场开放推进人民币国际化进程？如何利用资本市场开放进一步强化资本在促进科技、资本和产业循环方面的重要功能？如何在资本市场开放中保护投资者利益？通过学术研究回答上述问题，将有助于进一步激发资本市场开放潜力，更好地发挥资本市场功能、引导资本规范健康发展。

其三，资本监管问题研究。2022年4月29日，习总书记在主持中共中央政治局第三十八次集体学习指出，要提高资本监管能力和监管体系现代化水平。在此背景下，金融监管问题成为最近金融与经济发展相关研究的热点话题。例如，近年来学界涌现出大量探讨资管新规对金融市场以及实体经济影响的研究（彭俞超和何山，2020）。也有部分学者从系统性金融风险及其传导机制切入，论证了不合理的金融监管制度与系统性金融风险正相关，同时会加速金融风险在市场间的传导（周开国、季苏楠和杨海生，2021）。然而，由于经济形式多变，金融监管领域仍然有许多新的问题亟待解答。一方面，在新冠疫情的冲击下，出台的大量纾困政策和经济恢复措施很容易引起信贷与实体经济活动错配的风险，目前很多国家的量化宽松政策已引起了全球性的高杠杆和低利率现象。在此背景下，值得思考的问题是，如何设计金融监管体系来避免系统性金融风险的产生？如何保障经济平稳运行？另一方面，现代金融体系的一个关键变化是，以数字金融和普惠金融为代表的现代化金融逐渐为市场所熟知。随着金融科技化的发展，金融监管也应随着本国金融结构和金融风险的变化做出应对，因此学者可以探究金融监管如何在金融科技化发展与金融机构经营风险之间发挥调节作用，探寻怎样的金融监管体系可以保证金融市场稳定健康发展。

第二节　重 要 论 文

1. 尹志超，张栋浩 . 金融普惠、家庭贫困及脆弱性 [J]. 经济学（季刊），2020，20（1）：153-172.

研究背景：贫困问题是我国全面建成小康社会的突出短板，同时全面打好脱贫攻坚战，需要把提升脱贫质量放在首位、守住脱贫成果，尽可能避免当下非贫困家庭、脱贫家庭在未来返贫现象的发生。金融扶贫是我国脱贫攻坚的重要支撑保障。但现有文献大多在宏观层面研究金融普惠对贫困的影响，相对缺少微观证据。基于此，文章基于中国家庭金融调查（CHFS）2015年微观数据研究金融普惠对我国家庭贫困及脆弱性的影响及其作用机制，并进一步分析金融普惠在减贫上扮演了何种角色、是否能够提高扶贫成效，以及能否作为共同保险机制的补充帮助家庭有效应对协同性冲击导致的脆弱性问题。

基本结论：文章基于中国家庭金融调查2015年数据，通过构建家庭金融普惠指数研究了金融普惠对家庭贫困及脆弱性的影响。研究表明：（1）金融普惠能显著降低家庭发生贫困和脆弱性的概率，且对农村及城镇低收入者等弱势群体的影响更大。（2）金融普惠对未得到政府扶贫支持的贫困家庭作用更大，且可作为共同保险机制的补充，帮助家庭更好地应对社区协同性冲击导致的脆弱性；不同地区及不同金融服务的影响有所差异。（3）促进创业和提高风险管理能力是金融普惠发挥作用的主要渠道。

主要贡献：（1）将贫困及脆弱性纳入了统一框架，不仅分析了金融普惠对贫困的影响，也考察了金融普惠对脆弱性的影响，并通过脆弱性分解研究了金融普惠对不同风险冲击来源脆弱性的作用；（2）利用微观数据构建了家庭金融普惠指数，并严谨分析了金融普惠对贫困及脆弱性问题的影响机制；（3）加入了城市贫困问题，研究了金融普惠对城乡等不同群体贫困状况的影响，这对我国未来扶贫战略制定实施具有重要参考意义。

现实意义：文章提出构建多层面金融普惠指标、重点关注脆弱性家庭、持续改善创新创业环境、推动金融产品和服务方式创新、加快构建全国征信共享机制等建议，对金融普惠降低家庭贫困和脆弱性具有现实意义。

2. 郭峰，王靖一，王芳，孔涛，张勋，程志云．测度中国数字普惠金融发展：指数编制与空间特征［J］．经济学（季刊），2020，19（4）：1401-1418.

研究背景：过去数年，中国数字金融取得了长足发展，在全球都产生了很大影响力，然而现有关于普惠金融的研究主要集中于从传统金融服务的角度来研究普惠金融的概念、意义、指标构造和作用等，尚无一套从创新性数字金融角度来科学、全面地概括中国现阶段数字普惠金融现状的指标体系。

基本结论：文章利用中国一家代表性数字金融机构数以亿计的微观数据，编制了一套2011—2018 年覆盖中国内地 31 个省区市、337 个地级以上城市和约 2800 个县域的"北京大学数字普惠金融指数"，该指数用以刻画中国不同地区数字普惠金融的发展趋势。具体地：（1）中国数字普惠金融从 2011 年到 2018 年实现了跨越式发展，而且数字金融使用深度的增长开始逐步成为数字普惠金融指数增长的重要驱动力，中国的数字普惠金融已经走过了粗放式的"圈地"时代，进入了深度拓展的新阶段、新时代。（2）中国数字普惠金融的发展表现出很强的地区收敛性，不同地区数字普惠金融发展差距总体上大幅缩小，数字普惠金融为经济落后地区实现普惠金融赶超提供了可能，并为广大中低收入者和弱势群体获得覆盖更广、使用深度更大的金融服务奠定了基础，这有助于缓解中国经济发展中存在的不平衡问题。（3）中西部地区在数字金融覆盖广度上与东部沿海地区差距大幅缩小，但数字金融使用深度上则尚有一定的追赶空间。

主要贡献：文章首次从创新性数字金融角度构建了科学、全面地概括中国现阶段数字普惠金融现状的指标体系；同时，通过编制各省区市、各城市以及县域级的数字普惠金融指数，反映中国数字普惠金融发展程度和地区均衡程度，深化了普惠金融研究。

现实意义：数字金融是近年来中国社会各界广泛关注的领域，但基础数据的缺失极大地限制了相关领域的实证研究。文章构建的指数为各界提供了一套反映数字普惠金融发展现状和演变趋势的基础数据。将研究的问题限定于发展趋势、地区差距等，该指数有一定代表性。特别是在缺乏度量地区间数字普惠金融发展现状的情况下，该指数的发布提供了一个各地数字普惠金融发展程度的粗略度量，可供关注该领域的各界人士参考。

3. 战明华，汤颜菲，李帅．数字金融发展、渠道效应差异和货币政策传导效果［J］．经济研究，2020，55（6）：22-38.

研究背景：货币政策对实体经济的影响，本质上是一个货币政策冲击在特定金融结构中的动态传播过程，因此货币政策的有效性与货币政策传导的"中介"——金融结构密切相关。近年来，中国金融发展的一个突出特征是数字金融的迅速兴起。与历史上其他金融创新一样，数字金融在带来金融风险的同时，也对中国金融结构变迁产生了深远而广泛的影响。那么，数字金融对中国货币政策效果产生了何种影响？这种影响又是如何通过利率渠道和信贷渠道等传导机制的共同作用而实现的呢？

基本结论：文章利用拓展的 IS-LM-CC 模型，构建了数字金融如何通过利率与信贷两个传导渠道机制影响货币政策整体效果的理论模型。在此基础上，先利用条件脉冲响应 IVAR 模型对数字金融的总体效果进行了测算，接着对数字金融影响货币政策两个传导渠道功能的发挥进行了实证判断。研究表明：（1）数字金融发展总体上增强了货币政策的效果，主要表现为放大产出关于政策冲击的脉冲响应幅度、减少滞后时段和弱化"价格之谜"。（2）货币政策效果提高的深层机理主要是数字金融对利率渠道的放大效应要强于对信贷渠道的弱化效应。数字金融发展对信贷渠道的弱化作用主要体现在完善了银行外部融资市场，但对企业外部融资市场的完善影响不大。

主要贡献：（1）将数字金融引入标准的 IS-LM-CC 模型，创新性地解析了数字金融影响货币政策效果的两类机制路径；（2）利用条件脉冲 IVAR 模型，对数字金融影响货币政策的效果进行了识别；（3）提出信贷渠道的"两市场失灵"传导机理，并根据数字金融对两市场失灵影响不相关假定，对数字金融影响信贷渠道的两个机理环节进行了结构差异性检验。

现实意义：文章研究表明，优化货币政策的传导机制是一个长期的金融结构演进过程，而非短期政策调整问题。文章建议在加强对金融创新风险监管条件之下，促进以数字金融为代表的科技金融的发展，这对于实现新时期科技金融背景下的金融机构多元化竞争，并以此改进金融结构和减小金融摩擦程度具有重要意义。

4. 李建军，彭俞超，马思超. 普惠金融与中国经济发展：多维度内涵与实证分析 [J]. 经济研究，2020，55（4）：37-52.

研究背景：发展普惠金融，是中国全面建成小康社会的必然要求。世界银行等国际组织致力于发展普惠金融体系，现有研究大多基于国外的指标体系进行实证检验。然而普惠金融在中国发展的特点并未在国际指标体系中得到体现，体现中国特色的普惠金融指标体系未能构建，导致现有普惠金融与中国经济发展的研究结论莫衷一是。有鉴于此，应该如何根据中国国情构建中国的普惠金融指标体系，且普惠金融对经济增长与收入分配会产生怎样的影响，这些问题亟待考察。

基本结论：文章提出了包含广泛的包容性、特定化配比程度与商业可持续性三个维度的普惠金融指标体系，并采用 2009—2016 年省级面板数据，实证分析了普惠金融发展对经济增长和城乡收入差距的影响。研究表明：（1）普惠金融对经济增长有较强的促进作用，且这一促进作用在东部地区更显著；普惠金融缓解了城乡收入差距，且在西部地区更明显。（2）普惠金融促进经济增长的作用主要体现在广泛的包容性和特定化配比程度上。该促进作用在通信基础设施更差、民营经济更多的地区更显著，对城乡收入的缓解作用在通信基础设施更差或农业 GDP 占比更高的地区更强，验证了信息渠道和资源配置渠道。

主要贡献：（1）文章详细辨析了普惠金融发展与传统金融发展的概念差异，并从广泛的包容性、特定化配比程度和商业可持续性三个维度构建了中国语境下的普惠金融指标体系，刻画了中国普惠金融的内涵。（2）现有文献主要强调金融可得性（广泛的包容性）对经济发展的促进作用，文章在此基础上进一步发现，特定化配比程度对经济增长与收入分配均有积极影响，而商业可持续性的作用不明显。

现实意义：文章构建了中国语境下的普惠金融体系，对普惠金融发展、经济增长和收入分配的关系进行了实证分析，指出应有序地、有倾向地在不同经济发展水平的地区推进差异化的普惠金融体系，同时注意改善制度条件，这将有助于中国经济平衡增长和改善收入差距，并兼顾效率与公平。

5. 庄毓敏，储青青，马勇. 金融发展、企业创新与经济增长 ［J］. 金融研究，2020（4）：11-30.

研究背景：对于当前的中国而言，在人口和资源红利逐渐消失、后发优势相对减弱以及贸易保护主义的多重影响下，推动自主研发和实现创新型增长的意义凸显。然而在实践中，由于投入大、风险高、周期长等原因，企业的创新投入往往面临较强的融资约束。因此，如何通过构建一个发达的融资体系为企业创新服务从而实现创新型的经济增长，成为当前和未来相当长一段时期内中国面临的重要问题。

基本结论：文章将银行部门引入一般均衡模型，基于2008—2016年省级面板数据研究了金融发展、企业创新、经济增长的内在联系。研究表明：（1）金融发展对企业研发投入具有显著的促进作用，且在工业化程度、外商投资水平较高的地区以及政府支出水平较低、人才资源相对短缺的地区，该促进作用更加明显；（2）企业研发创新可以有效推动经济增长，且在金融支持实体经济中发挥了重要的中介作用。

主要贡献：文章创新了理论建模与实证分析，拓展了对于金融支持研发创新的渠道和机制的解释，验证了研发渠道在金融支持经济增长中的重要作用，揭示了"金融发展—企业创新—经济增长"的内生性传导机理及其在中国的体现，为金融支持创新型经济增长的改革逻辑奠定了理论和经验基础。

现实意义：文章认为金融发展水平能显著提升企业研发投入，进而推动经济转型升级，实现经济增长，提出要缓解创新型企业融资困境、加强人才培养和知识产权保护、着力提高金融服务实体经济尤其是企业研发活动的能力，这对于未来中国金融改革发展和经济增长方式转型具有重要的参考价值。

6. 王馨，王营. 绿色信贷政策增进绿色创新研究 ［J］. 管理世界，2021，37（6）：16.

研究背景：绿色创新是绿色发展的基础支撑和关键动力。《关于构建市场导向的绿色技术创新体系的指导意见》明确提出，到2022年基本建成市场导向的绿色技术创新体系。绿色金融作为资源配置的重要中介和桥接金融与生态环境的关键纽带，如何有效地服务于绿色创新是推进生态文明建设过程中面临的重要问题。在此背景下，如何实现绿色金融和绿色创新的有效结合值得进一步研究。

基本结论：文章以2007—2017年所有A股上市公司为研究对象，以原银监会《绿色信贷指引》的颁布为切入点，基于双重差分模型研究了绿色信贷政策对绿色技术创新的影响。研究表明，《绿色信贷指引》降低了代理成本、提高了投资效率，刺激了绿色信贷限制行业的绿色创新活动，使绿色创新总量显著增加，但绿色创新质量提升不明显。同时，随着地区环境执法力度的加强，绿色信贷政策增进绿色创新的作用增强。最后，绿色创新能够显著提升企业环境和社会绩效与财务绩效，但是对财务绩效的改善作用具有迟滞性。

主要贡献：（1）文章创新性地分析了绿色信贷政策与绿色创新关系，弥补了国内绿色金融理论研究的不足；（2）文章从存在何种关系、作用机理、潜在调节机制以及经济后果角度展开系统性分析，尝试性解构绿色金融与绿色创新的内在逻辑；（3）文章提供了银行信贷影响企业创新的新证据。

现实意义：如何更好地实现绿色金融与绿色创新的有效结合推进生态文明建设是文章最直接的政策含义。为此，文章从绿色信贷制度、绿色技术创新、企业自身、商业银行、环保当局、绿色金融体系六个角度提出建议，为"构建绿色金融体系"和"构建市场导向的绿色技术创新体系"提供了理论参考。

7. 钱雪松，方胜. 《物权法》出台、融资约束与民营企业投资效率——基于双重差分法的经验分析 [J]. 经济学（季刊），2021，21（2）：713-732.

研究背景：受制于体制扭曲和市场制度不健全等因素，中国民营企业普遍面临着投资效率低下问题，难以将大量高回报的投资机会转化为实际投资。在此背景下，提升民营企业投资效率成为我国转变经济发展方式与提高发展质量的主要内容，在我国深化经济改革过程中意义重大。那么，如何有效提升民营企业投资效率？特别地，法律制度改革能否以及如何提升民营企业投资效率？这些问题亟待回答。

基本结论：（1）从企业层面看，与受融资约束程度较弱企业相比，对受融资约束程度较强的企业而言，《物权法》出台对投资效率的提升作用相对更大；（2）从地区层面看，与法律制度环境较差（或金融市场化程度较低）地区相比，在法律制度环境较好（或金融市场化程度较高）地区，《物权法》出台通过缓解融资约束提升投资效率的作用力度更强。

主要贡献：（1）文章以《物权法》出台为自然实验，引入担保物权制度改革导致的外生融资约束冲击，有效识别出了融资约束外生冲击对企业投资效率产生影响的作用机制；（2）文章从法律制度环境切入考察我国民营企业的投资效率问题，为"法与金融"领域提供了来自中国这一新兴转轨经济体的新证据。

现实意义：文章的研究表明，我国以《物权法》出台为标志的担保物权制度改革通过缓解投资不足问题，显著提升了企业投资效率，这不仅为进一步推进市场化导向的法律改革提供了经验支撑，而且对广大发展中国家如何通过实施担保物权制度等法律改革来提升企业投资效率具有重要启示。

8. 杨子晖，王姝黛. 突发公共卫生事件下的全球股市系统性金融风险传染——来自新冠疫情的证据 [J]. 经济研究，2021，56（8）：22-38.

研究背景：2020年，新冠疫情显著冲击了全球的金融市场与宏观经济，国际资本市场、大宗商品市场出现剧烈震荡。新冠疫情的快速蔓延叠加疫情防控导致的生产停摆、供应链中断，加剧了全球经济增长的不确定性，助长了市场的悲观预期。因此有效应对金融市场的异常波动和外部风险的冲击，将是"十四五"时期金融监管部门面临的重要挑战。

基本结论：文章在突发公共卫生事件的背景下，利用弹性网络搜索技术，基于世界各个国家（地区）的地理区位、贸易依存度、资本开放程度、疫情防控形势，构建高维收益溢出与波动溢出网络，研究了国际股票市场间的系统性金融风险传染关系及其背后的驱动机制。分析结果表明：（1）在突发公共卫生事件背景下，全球股票市场的风险溢出表现出显著的地理溢出效应。（2）贸易依存度与资本开放度较高的经济体间，金融风险传染效应更为明显。（3）单一市场对国际市场的风险冲击与其疫情严重程度显著正相关，而海外疫情风险的持续上升将加剧本土金融市场的脆弱性。

主要贡献：文章从宏观视角切入，结合突发卫生公共事件背景，研究了系统性风险跨市场传染问题，丰富了相关领域研究。文章采用弹性网络收缩技术与网络拓扑分析方法，深入考察了高维网络中系统性金融风险传染关系及其背后的驱动机制；构建了基于滚动窗口的动态风险网络，对风险传染关系的动态演变进行了有效刻画。

现实意义：文章的现实意义在于，从突发公共危机治理的新视角，为健全国际金融风险监控机制提出相关建议。文章不仅有助于我们结合突发公共事件的背景，立足于各国家（地区）在世界经济一体化与国际价值链中的经济地位，有效识别国际金融市场的风险源头，未雨绸缪地防范国际输入性金融风险；而且还有助于我们根据各地区疫情防控形势的动态变化，剖析公共卫生事件冲击下的系统性金融风险传导路径与驱动机制，为健全国际金融风险监控机制，完善突发危机下的风险治理提供有益的参考依据。

9. 李青原，章尹赛楠. 金融开放与资源配置效率——来自外资银行进入中国的证据[J]. 中国工业经济，2021（5）：95-113.

研究背景：党的十九届五中全会强调，要"坚持实施更大范围、更宽领域、更深层次对外开放"。金融开放作为市场化改革和对外开放的关键环节，其对金融发展、资源配置效率及经济发展的影响尚存争议。金融开放水平的提高能否促进资源配置效率的改善、助力经济高质量发展，是亟待回答的问题。

基本结论：（1）外资银行进入显著降低了城市-行业层面全要素生产率离散度，提高了资源配置效率；（2）当城市-行业融资约束更强、违约风险更低以及会计信息质量更好时，外资银行进入优化资源配置的效果更好；（3）外资银行进入推动企业全要素生产率向更高水平集聚，降低企业融资成本，改善资源配置效率，并最终有利于行业生产效率提高，促进城市经济增长。

主要贡献：（1）文章借助外资银行进入的准自然实验，通过控制地区差异降低遗漏变量、反向因果等内生性问题，又克服了跨国研究设计中常见的数据非可比性；（2）文章在考虑企业层面融资约束、违约风险和会计信息质量等异质性特征的基础上，将外资银行进入中国的影响延伸到行业层面和宏观经济层面。

现实意义：文章在为金融开放优化资源配置和促进经济增长提供实证证据的同时，也为放松外资银行进入管制提供了理论支撑，对于新时期下如何把握更深层次金融开放带来的机遇，充分发挥外资银行进入中国的制度红利，改善资源配置效率具有重要现实意义。

10. 张杰，吴书凤，金岳. 中国金融扩张下的本土企业创新效应——基于倒 U 形关系的一个解释［J］. 金融研究，2021（4）：55-72.

研究背景：现阶段我国存在的金融资金大量空转、脱虚向实问题，可能会挤占以制造业为主的实体经济部门的贷款机会、提高实体经济部门的最终贷款成本，影响本土企业的创新行为和创新决策，对本土企业创新研发投入动力形成阻碍。所以，探究我国各省区市地区金融业扩张对地区内本土企业创新活动的影响效应及其作用机理十分有必要。

基本结论：文章针对 2005—2016 年中国各省区市地区金融业增加值占 GDP 比重持续扩张对本土企业创新活动的影响效应进行实证研究发现：金融业增加值占 GDP 比重持续扩张与本土企业创新投入呈稳定的倒 U 形关系。其抑制效应主要作用于 31.55% 的本土企业尤其是体现在 45.98% 的私人所有性质企业创新活动方面。从企业内源和外源创新活动的细分角度看，我国各省区市地区的金融扩张对 31.38% 的本土企业以及 55.66% 的私人所有性质企业的内源创新活动产生了显著抑制效应。而对企业外源创新活动所产生的抑制作用，则主要体现在独立法人和私人所有性质为主的民营企业方面。

主要贡献：（1）为全面理解包括我国在内的发展中国家金融发展与创新关系的理论体系提供了独特的视角，也为揭示我国金融体系"脱实入虚"和金融资金内部循环等现象，及其引发的金融不合理扩张对本土企业创新活动所产生的突出的负面效应提供了直接证据；（2）为我国今后加快推进以金融服务实体经济发展为导向的金融体制改革、构建"实体经济、科技创新、现代金融"协同发展的现代产业体系提供了有益参考。

现实意义：构建与本土企业发展的各个环节各种形式的融资需求相匹配、能够有效覆盖我国制造业产业链和创新链融合发展体系中所产生的各种融资需求的现代银行体系，尤其是发展地方性、专业化、全能制的股份制中小商业银行体系，可能是破解如何有效促进金融体系为实体经济服务困局的重要改革突破口。

第三节 重要著作

1. 巴曙松. 金融前沿与实践探索［M］. 北京：中国金融出版社，2021.

研究背景：伴随着经济迈向高质量发展，我国金融市场更趋向成熟，逐步建立了功能相互补充、交易场所多层次、交易产品多样化的金融市场体系，配置资源和服务实体经济的能力持续增强。目前，我国基本建成了以服务实体经济为目标、便民利民的金融服务体系。我国金融服务不断丰富，存款贷款、支付清算等基础金融服务的便利性和普惠性走在了世界前列。金融市场的登记、结算、征信、评级等体系基本健全，金融基础设施不断完善。

内容提要：本书基于北京大学汇丰商学院、北京大学汇丰金融研究院举办的"北大汇丰金融前沿讲堂"系列讲座，20 余位金融领域一线专家、学者以其多年金融研究与市场观察为依据，从金融体系的现状与发展路径、资本市场的创新与实践反思、金融行业前沿的发展分析与应对、疫情冲击下的宏观经济与金融风险研判等四个方面，聚焦中国金融前沿领域，全面剖析了中国金融市场的发展、现状和未来。本书既勾勒了中国金融市场的全景图，也是观察中国和国际金融市场发展趋势的"风向标"。金融从业者可以通过本书了解金融市场前沿、洞悉行业发展方向，学术研究者也可从中找到很好的研究切入点。本书由北京大学汇丰商学院金融学教授、北京大学汇丰金融研究院执行院长巴曙松担任主编，北京大学汇丰商学院副院长任颋、北京大学汇丰金融研究院秘书长本力担任副主编。

基本结构：本书共分为四个部分，具体如下：（1）变革之道：金融体系的现状与发展路径；（2）市场之思：资本市场的创新与实践反思；（3）行业之析：金融行业前沿的发展分析与应对；（4）宏观之策：疫情冲击下的宏观经济与金融风险研判。

主要贡献：（1）通过本书阐述"北大汇丰金融前沿讲堂"的内容，让读者了解金融市场的前沿动态，促进金融专业领域的学习研究与金融市场一线的互动；（2）读者与主办讲座的金融机构负责人能够深入了解这所位于深圳的优秀的学院——北京大学汇丰商学院；（3）通过本书的讲解，构建一个不同领域的优秀的金融家和金融专业人士交流合作的平台；（4）探究出中国和全球金融市场发展新趋势的"风向标"。

2. 吴晓求. 中国资本市场三十年：探索与变革［M］. 北京：中国人民大学出版社，2021.

研究背景：从 20 世纪 90 年代初沪深两个交易所设立以来，中国资本市场历经了 30 年坎坷，从制度变革角度看，在 1990—2020 年中国资本市场有 3 座丰碑。

第一座丰碑是 30 年前即 1990 年沪深交易所的建立和运行。对中国资本市场而言，沪深交易所的设立是历史的起点，也是发展道路上的第一座丰碑。沪深交易所的建立和运行开启了中国金融结构性改革和金融脱媒的时代。资本市场的出现开启了中国金融现代化的进程。

第二座丰碑是 2005 年开启的股权分置改革。受 1990 年初社会环境和人们认知的影响，上市公司设置了流通股和非流通股两类股份，其中发起人股东、控股股东或实际控制人股东持有的股份是不能流通的，这就在制度上人为地使股权处在分置状态。在股权分置时代，两类股东的利益诉求有重要差别，导致这样的利益机制存在严重缺陷。而经济的活力主要来自两个重要因素：一是竞争，有竞争才有活力，垄断肯定没有活力。二是激励，没有激励就没有积极性，就没有前行的动力。所以，在那个年代几乎没有好的上市公司是有必然性的。

第三座丰碑是股票发行的注册制改革。中国首部《证券法》于 1999 年 7 月 1 日颁布实施后，启动了股票发行的额度审批制到核准制的改革。相对于额度审批制，核准制是发行制度的重大进步。核准制当然也有欠缺，比如定价没有市场化。监管部门一般将 20 倍市盈率作为发行定价的基准，人为的、僵化的定价机制导致企业上市后连续出现 10 个涨停板的现象比比皆是，这种现象反映了这种发行制度有重大欠缺，于是也就出现了打新基金这种怪胎。资本市场发行制度的改革就是要让打新基金没有存在的市场基础，打新基金是发行制度扭曲的表现。

内容提要：本书梳理了中国资本市场 30 年发展变迁历史，探索发展中国资本市场的理论逻辑，主要包括：中国资本市场（沪深交易所）的创建及其背景，30 年历史变迁中的制度变革，法制建设，市场各元素的结构性变化，市场波动、成长及其经济效应，市场发展与金融功能的变化，市场监管模型的变迁，开放与国际化等内容。文献附录主要对30年里中国资本市场的有效性进行了检验。

本书主要是一种历史研究，是一种基于市场结构性元素变动的研究，同时也是一种大事件研究，目的是试图概括出中国资本市场发展的自身逻辑，研究这种基于自身逻辑的校正机制，在此基础上，试图提出发展中国资本市场的理论逻辑。

基本结构：本书由导论、11章正文、文献附录以及后记组成，11章内容如下：（1）中国资本市场的历史起点：沪深交易所的创建；（2）中国资本市场制度演进：基于发行制度市场化改革的全景分析；（3）中国资本市场运行机制的重构：从股权分置到全流通改革；（4）中国资本市场的法制建设：大陆法系与市场改革的适应；（5）中国资本市场的结构性变化：从单一到多元；（6）中国资本市场的发展Ⅰ：功能演进；（7）中国资本市场的发展Ⅱ：证券公司与市场中介；（8）中国资本市场的波动与成长：特点与路径；（9）中国资本市场发展与经济增长：效率分析；（10）中国资本市场监管模式：从实质性监管到透明度监管；（11）中国资本市场的开放与未来目标：构建新的国际金融中心。

主要贡献与现实意义：本书总结中国资本市场30年的发展经验、改革路径和利弊得失，准确、全面、客观地分析和了解中国资本市场的现状，以利于进一步推动中国资本市场深化改革，完善资本市场基础性制度，努力推动中国资本市场向着一个伟大的目标前行——构建新的国际金融中心。

3. 马骏. 构建支持绿色技术创新的金融服务体系 ［M］. 北京：中国金融出版社，2020.

研究背景：气候变化是对人类生存与发展的严峻挑战。近年来，越来越多的事实与科学研究证明了全球气候变暖不是未来的威胁，而是已经实际发生，各国政府、社会组织和广大民众也逐渐意识到了这一问题的危害性与紧迫性。

2015年的巴黎气候大会上，全球195个缔约方国家通过了具有里程碑意义的《巴黎协定》。落实《巴黎协定》关键是需要资金技术支持。虽然制定了多边资金机制，但并没有得到认真执行，政府政策引导、吸引社会资金，扩大融资规模的愿景也没有落实。资金确已成为气候行动的最大障碍。各国为了有效应对气候危机、完成碳减排的目标，必须加快各个行业的绿色低碳投资，特别是清洁能源、绿色交通、绿色建筑和可持续农业等领域的投资。但各国的低碳转型和绿色投资不能仅仅依靠财政投资，也不能依靠强硬的行政命令。多方研究表明，绿色低碳投资的大部分资金应该来源于社会资本。只有通过政府资金政策引导和市场化的机制与手段相结合，建立绿色金融体系，充分动员和高效利用社会资本与各类资源，才能有效可持续地推动各国的低碳转型与可持续发展。

目前，我国已经是全球主要的温室气体排放国。无论是我国应对气候危机、管理环境风险、实现高质量发展的自身需要，还是从"人类命运共同体"的理念、作为负责任大国实现碳减排目标的责任出发，加快我国绿色低碳循环发展的行动都刻不容缓。在此过程中，绿色技术和绿色金融应该发挥关键的作用。此外，我国在生态保护、环境改善、资源节约利用等方面的可持续发展诉求，也都离不开绿色技术和绿色金融的支持。

内容提要："十四五"作为中国经济新旧发展动能的重要转换期，绿色发展有望成为更为重要的新动力，以推动经济可持续、高质量发展。尽管近年来我国在推进节能减排、清洁生产、循环经济、绿色消费等方面取得了积极成效，但绿色发展仍然面临严重的瓶颈。其中，最突出的问题是绿色技术创新不足导致的绿色产品和服务成本过高，使得大量绿色生产（如清洁能源、电动车）和绿色消费（如节能家电、绿色建筑等）的发展仍然严重依赖有限的政府补贴。未来必须通过大规模的绿色技术创新，明显降低绿色生产、绿色消费、绿色出行的成本和价格，使得绿色经济活动比非绿色经济活动更具有成本和价格方面的优势。只有这样，才能真正利用市场机制（包括价格机制）来推动资源向绿色产业配置，推动投资、生产和消费向绿色化转型，在很少依赖政府补贴的前提下实现经济的可持续绿色发展。

我国政府在推动绿色经济和绿色技术创新发展方面采取了积极的行动，出台了一系列政策规定。十九大报告对"发展绿色金融，推进绿色发展，构建市场化导向的绿色技术创新体系"指明了方向。2019 年 4 月，国家发展改革委和科技部共同制定了《关于构建市场导向的绿色技术创新体系的指导意见》，对加强绿色技术创新的金融支持提出了框架性指引。同时发布了绿色产业指导目录、绿色技术推广目录、绿色技术与装备淘汰目录，引导绿色技术创新方向，推动各行业技术装备升级，鼓励和引导社会资本投向绿色产业。但是，目前我国绿色技术投资仍然严重不足，社会资本通过绿色金融服务体系对绿色技术创新的支持作用没有充分发挥，绿色技术企业仍然面临许多融资瓶颈。例如，由于缺失担保和抵押，加之银行对绿色技术了解有限，绿色科技企业和项目难以从传统金融市场（如银行和债券市场）获得融资。要解决绿色技术发展面临的一系列融资问题，必须构建一个有效支持绿色技术企业的金融服务体系。该体系应该包括多层次的融资和风险管理模式等内容。在此框架之下，本书提出一些有针对性的建议。

基本结构：本书共包括 13 章内容，具体如下：（1）绿色技术创新及其面临的融资问题；（2）绿色技术发展趋势和细分领域展望；（3）科技孵化器推动绿色技术创新；（4）绿色银行支持绿色技术创新；（5）绿色基金支持绿色技术创新；（6）多层次资本市场支持绿色技术企业发展；（7）绿色担保支持绿色技术创新；（8）绿色保险支持绿色技术创新；（9）绿色信托支持绿色技术创新；（10）绿色投资和绿色技术的认定标准；（11）国际绿色技术标准和专利实践；（12）国家级经开区和地方试点支持绿色技术创新；（13）关于强化金融支持绿色技术的建议。

主要贡献与现实意义：本书是在课题报告基础上提炼的研究成果，在梳理我国绿色技术创新和绿色金融发展现状的基础上，详尽分析了我国绿色技术创新面临的主要障碍，为如何构建一个有效支持绿色技术创新的金融服务体系提出了一系列具体的建议，对于有关政策制定部门、行业监管部门以及市场参与者都有很好的借鉴与参考价值。

4. 谭小芬．货币政策与非金融企业杠杆率研究［M］．北京：中国金融出版社，2020.

研究背景：一国非金融部门过高的杠杆率及其过快的增速往往被认为会对经济造成负面影响，并一度被作为稳定的金融危机预警信号。2011 年后，中国非金融企业部门杠杆率的快速攀升在世界范围内引发了广泛关注和担忧。穆迪、标准普尔等国际信用评级机构于 2013 年先后下调中国主权债务评级，认为过高的杠杆率是未来中国主要风险之一。众多学者和国际研究机构（如国际货币基金组织、国际清算银行等）纷纷建议中国应高度重视非金融企业部门杠杆率快速上涨的问题，积极主动寻求降低杠杆的方法，以防止债务风险和系统性风险的发生。然而，杠杆率毕竟是一个微观概念，笼统地通过信贷/GDP（宏观杠杆率）判定非金融企业部门杠杆率是否过高并不是一个很准确的解读，也不利于"去杠杆"政策的推出。为对我国非金融企业杠杆率存在的问题和"去杠杆"压力有更好的了解，有必要从微观角度进一步考察我国非金融企业债务问题现状和潜在债务风险。因此，本书从宏观和微观层面描述了有关我国非金融企业部门杠杆率的一系列特征事实，并以亚洲金融危机前夕危机国家（地区）的相应指标作为对照基准，对我国非金融企业部门潜在债务风险进行了分析。

内容提要：本书研究了货币政策对非金融企业部门杠杆率的影响，并考察了美国货币政策国际传导效应对新兴市场国家非金融企业杠杆率变动的影响，验证了金融结构市场化程度增强在一国非金融企业去杠杆过程中的重要性及其对货币政策在"去杠杆"进程中效应的影响，结果发现：第一，货币政策与企业杠杆率之间存在显著的"U"形非线性关系，这一非线性关系在短期杠杆率和非国有企业间表现得更为明显。第二，宽松的美国货币政策会通过国际传导（利率渠道和融资约束渠道）推动新兴市场国家非金融企业杠杆率更快上涨。第三，金融结构市场化程度的提升有助于降低企业杠杆率。同时，金融结构市场化程度增加在降低企业整体杠杆率的同时也会增加企业债务期限。

基本结构：本书共包括 7 个部分，具体如下：（1）绪论；（2）文献综述；（3）中国非金融企业杠杆率的特征事实：现状、成因、风险；（4）货币政策与非金融企业杠杆率；（5）货币政策国际传导与非金融企业杠杆率；（6）金融结构与非金融企业去杠杆；（7）结论与研究拓展。

主要贡献与现实意义：本书结合我国具体国情，通过严谨的理论、实证分析，给出政策意见，具体如下：为推动我国非金融企业顺利实现结构化去杠杆，国内货币政策应在保持稳健中性的前提下适度增加灵活性，根据形势动态变化，松紧适度。监管层在今后也应该重视美国货币政策变动带来的影响，避免国内外冲击叠加造成非金融企业过快去杠杆带来的风险。在保持我国货币政策稳健中性的前提下，金融层面还需要高度重视资本市场的发展，确保直接融资和间接融资结构均衡合理。同时宏观上需要转变经济增长方式，推动经济结构转型，加强监管，完善信息披露制度；微观上改善公司治理结构，降低政府对企业的干预程度。

5. 吴晓灵，丁安华. 平台金融新时代：数据治理与监管变革［M］. 北京：中信出版社，2021.

研究背景：当前我们正面临社会数字化转型发展的关键时期，大型平台科技公司在社会经济发展中的作用日益重要。信息技术的发展和平台经济的发展促进了社会分工的精细化，大型平台科技公司借助数据资源和算力算法的优势，从第三方支付切入了金融服务。这些平台金融科技公司介入传统金融业务的某些节点，开展了节点型金融业务，这是数字经济时代社会分工的结果。其优点是拓展了金融服务的范围，提升了金融服务的效率和客户的体验，促进了金融体系的数字化转型。但同时也带来了新的风险和挑战，如平台公司的垄断问题、个人隐私的保护问题、算法的歧视问题、介入金融业务后的便利性可能引发个人过度负债问题、信用风险问题和系统性金融风险问题等，这些都需要我们高度重视并加以研究。

内容提要：本书重点梳理了我国金融科技的发展轨迹，对其背后的商业逻辑进行了分析，研究了当前金融科技业态存在的平台垄断问题、信用风险问题、系统性风险和算法伦理等问题。本书认为金融科技的监管框架应该以包容性、稳定性、技术中性和消费者保护为目标。为实现上述监管目标，需要明确相应的监管原则。一是风险为本。技术风险应被视为一种独立的风险形式，并且要纳入宏观审慎监管范畴，根据系统重要性程度附加更高的数据治理要求和监管标准。二是技术中性。不因采用不同的技术而给予特殊的监管豁免。三是基于行为。主要聚焦于关联交易、不当竞争、投资者适当性、数据产权和隐私保护等行为，可以借鉴"审慎监管+行为监管"的双峰模式。四是探索功能监管与机构监管的有机结合，填补监管空白，防止监管套利。此外，本书针对金融科技的数据治理，提出了专门的监管原则并针对试点个人数据账户制度方面给出了具体建议。

基本结构：本书核心内容包括6个章节，具体如下：（1）金融科技公司监管；（2）建立个人数据账户制度；（3）金融科技热点问题；（4）信贷领域的风险与法律问题；（5）大数据在风控征信领域的应用；（6）金融科技公司国际监管的经验借鉴。

主要贡献与现实意义：本书以平台金融为重点，兼顾互联网产业的发展，分析其正向和负向效应，以及如何在规制下发挥好正向效应，并对负向效应做好监管。该书至少有以下五点贡献：宽广的视野；客观分析了平台金融产生的必然性和正向效应；分析了平台金融发展可能产生的风险；以很长的篇幅阐述了对金融科技公司的监管；结合我国实际，借鉴国际经验，提出了有价值的政策建议。另外，本书就金融科技的发展、面临的一些特殊问题，以及风险防范和监管等前沿问题进行了深入分析研究，介绍了金融科技公司国际监管的经验，并提出了相关建议。本书对金融科技的实操者、监管者和相关研究人员有重要的参考价值。

第四节　学术会议

1. 第三届中国金融学者论坛（2020）

会议主题：公司金融、银行与系统性风险、宏观经济、金融科技与家庭金融与资产定价

主办单位：经济研究杂志社

承办单位：北京大学光华管理学院

会议时间：2020年6月28日

会议地点：北京，北京大学（线上会议）

会议概要：2020年6月28日，时值北大光华35周年之际，由经济研究杂志社主办、北京大学光华管理学院承办的第三届中国金融学者论坛（2020）于线上举行，逾700人

相聚云端论坛，受到金融学界、业界的广泛关注。论坛主会场开幕式由北京大学光华管理学院金融学系主任刘晓蕾教授主持。中国人民银行研究局王信局长为论坛作主旨演讲。开幕式后，中国人民银行研究局王信局长为论坛带来了以《中国金融改革发展的几个问题》为题的主旨演讲。演讲主要就货币政策框架转型、支持三农和小微等领域结构性货币政策、疫情冲击下的金融稳定、疫情后的国际货币体系与人民币国际化四个方面进行了阐述。

主会场论坛结束后，"公司金融""银行与系统性风险""宏观经济、金融科技与家庭金融""资产定价"四大主题分论坛同时进行。来自海内外名校的48位金融学专家就24篇精彩报告进行专业的云端互动点评。

2. 中国金融论坛·第十一届《金融研究》论坛（2020）

会议主题：防范化解金融风险，加快深化金融改革，促进形成"双循环"新发展格局

主办单位：《金融研究》编辑部、上海财经大学金融学院

会议时间：2020年12月19日

会议地点：上海，上海财经大学

会议概要：2020年12月19日，中国金融论坛·第十一届《金融研究》论坛在上海财经大学举行。本次论坛由《金融研究》编辑部与上海财经大学金融学院共同主办，论坛为期一天，主题为"防范化解金融风险，加快深化金融改革，促进形成'双循环'新发展格局"。来自中国人民银行、全国多所知名高校和学术研究机构的专家学者莅临会议，共同研讨经济金融领域重要理论和政策问题。

论坛及第十一届《金融研究》优秀论文颁奖仪式由上海财经大学金融学院副院长陈选娟教授、朱小能教授主持。主题演讲环节，中国人民大学原副校长吴晓求教授、中国人民银行研究局二级巡视员匡小红、中科院大学经管学院院长汪寿阳教授发表了精彩演讲。本届论坛专门进行了征文活动，共收到190篇投稿。经过严格评审筛选，共选出45篇论文进行现场宣读和评议，入选比例为23.68%。在10个平行分会场，参会者围绕货币政策与系统性风险、创新与企业社会责任、房价与家庭金融、公司金融新视角、公司金融（投融资决策）、金融与经济发展、资本开放、资产定价、信贷市场、公司金融（公司治理）等议题展开研讨。

3. 中国金融论坛·第十二届《金融研究》论坛（2021）

会议主题：货币金融、资产定价、公司金融、金融市场、金融科技、绿色金融与普惠金融、金融风险、金融发展与地方债务、家庭金融、国际金融

主办单位：《金融研究》编辑部、西安交通大学经济与金融学院

会议时间：2021年12月25日

会议地点：西安，西安交通大学（线上会议）

会议概要：2021年12月25日，中国金融论坛·第十二届《金融研究》论坛在线上举行。本次论坛由《金融研究》编辑部与西安交通大学经济与金融学院共同主办，为期

一天，来自中国人民银行、全国多所知名高校和学术研究机构的专家学者参加会议，共同研讨经济金融领域重要理论和政策问题。

西安交通大学席光副校长和《金融研究》主编、中国人民银行研究局王信局长分别介绍了西安交通大学及经济与金融学院的发展历史和现状以及《金融研究》近年来积极探索有益办刊方式，开展交流活动，做好读者、作者服务等举措。

主题演讲环节，中国人民大学财政金融学院王国刚教授、清华大学经济管理学院许宪春教授、北京大学光华管理学院刘俏教授、中国人民银行研究局王信局长发表了精彩演讲。本届论坛专门进行了征文活动，共收到249篇投稿。经过严格评审筛选，共选出38篇论文进行现场宣读和评议，入选比例为15.26%。在10个平行分会场，参会者围绕货币金融、资产定价、公司金融、金融市场、金融科技、绿色金融与普惠金融、金融风险、金融发展与地方债务、家庭金融、国际金融等议题展开研讨。

4. 第十七届中国金融学年会（2020）

会议主题：公司金融、金融工程、风险管理、金融市场与机构、家庭金融、行为金融、数理金融、固定收益证券、货币理论与政策、金融监管、金融治理、国际金融、金融改革与开放等

主办单位：中国金融学年会理事会、首都经济贸易大学

会议时间：2020年10月31—11月1日

会议地点：北京，首都经济贸易大学（线上+线下）

会议概要：2020年10月31—11月1日，由首都经济贸易大学和中国金融学年会理事会联合主办、首都经济贸易大学金融学院承办的第十七届中国金融学年会（2020）在首都经济贸易大学召开。10月31日上午，首都经济贸易大学校党委书记韩宪洲在致辞中介绍了学校的学科建设、专业建设和人才培养情况。金融学院院长尹志超在致辞中介绍了学院发展情况、专业建设和人才培养情况。第十七届中国金融学年会理事会主席、浙江大学金雪军教授介绍了中国金融学年会的发展历程，并从凝聚力、创造力、影响力三个角度阐述了中国金融学年会的发展定位。

中国金融学年会秘书长、厦门大学管理学院特聘教授郑振龙基于疫情引发的资产定价、市场情绪产生的极端冲击，提出了对金融创新、金融安全的思考和看法，为学者们未来的研究方向提供了新的思路。十三届全国政协常委、经济委员会主任尚福林做了题为《加强中国特色金融学理论研究、助力构建经济新发展格局》的主旨演讲。尚福林结合工作实践和当前的经济形势，认为金融业在科学理论的指引下完成了从单一弱小到世界金融大国的历史性跨越，但金融业服务实体经济的任务更加繁重，坚守不发生系统性金融风险底线的挑战也更为突出。清华大学国家金融研究院院长、IMF前副总裁朱民以《走向高收入阶段的中国金融发展》为题，从金融服务经济结构转型、金融服务科技创新和经济大规模数字化转型、金融服务老龄化的居民养老需求、金融服务日渐增长的居民财富的长期安全和增值需求以及金融科技等方面指出了未来的金融发展方向。

线上分会场共70场，围绕公司金融、金融工程、风险管理、金融机构与金融市场、家庭金融、行为金融、数理金融、货币理论与货币政策、金融监管、国际金融、资产定

价、金融改革与开放等议题进行报告、评阅、交流。

5. 第十八届中国金融学年会（2021）

会议主题：公司金融、资产定价、金融工程、行为金融、绿色金融、科技金融、风险管理、数理金融、固定收益证券、对冲基金与量化投资、金融市场微观结构、货币理论与政策、金融市场与机构、国际金融、金融改革与开放等

主办单位：中国金融学年会理事会、厦门大学管理学院（线上+线下）

会议时间：2021 年 10 月 30—31 日

会议地点：厦门，厦门大学

会议概要：2021 年 10 月 30—31 日，由厦门大学和中国金融学年会理事会联合主办、厦门大学管理学院承办的第十八届中国金融学年会（2021）在厦门大学顺利召开。厦门大学党委常务副书记、管理学院院长李建发教授首先进行大会致辞，并简要介绍了百年厦大与百年厦大经管学科的发展历程、学科建设和人才培养情况。中国金融学会年会秘书长、厦门大学特聘教授郑振龙教授在致辞中指出，在全体理事的共同努力和金融学界的倾情参与下，中国金融学年会已经发展成为中国金融学界最权威、最具影响力的学术盛会。

主旨演讲阶段，中山大学岭南学院院长陆军教授主持了第一个主旨演讲，哈佛大学 Andrei Shleifer 教授做了题为《基本面预期和股市之谜（*Expectations of Fundamentals and Stock Market Puzzles*）》的报告。Shleifer 教授提出在标准资产定价模型中无法解释的多种股市之谜，可以通过放宽理性预期假设、通过投资者的长期预期对基本面信息的过度反应进行解释，该方法优于引入时变风险态度的已有解释思路。青岛大学党委书记胡金焱教授主持了第二个主旨演讲，北京大学光华管理学院院长刘俏教授做了题为《关于有效碳价格形成机制和碳元的几点思考》的报告。刘俏教授结合当前世界政经形势背景，从有效碳价格形成机制的重要性、碳价格形成的三角形框架以及碳元本位制三个方面阐述了他对碳价格机制的深刻思考和独到观点，并指出气候变化将是经济学的最终挑战。北京航空航天大学韩立岩教授主持了第三个主旨演讲，厦门大学管理学院常务副院长吴超鹏教授以《环境保护、公司治理与企业创新》为题做了报告。吴超鹏教授介绍了环境污染对金融市场和经济发展影响的研究现状，探讨了环境污染对微观公司层面的影响这一领域的研究趋势。

三位学者精彩的主旨演讲之后，由哈尔滨工业大学惠晓峰教授主持，一等奖论文获得者、中山大学朱书尚教授做了题为《信贷资产证券化对系统性风险的非线性影响（*Nonlinear Impact of Credit Asset Securitization on Systemic Risk*）》的报告。

2021 年 10 月 30 日下午和 10 月 31 日上午，本届金融学年会的 68 个学术分会场平行开启。本次年会共收到选题精妙、故事新颖、论证严谨的高水平学术论文 964 篇，经过数十位专家的认真评审，最终录取 207 篇论文与会交流，内容涵盖绿色金融、科技金融、公司金融、国际金融、家庭金融、金融改革与开放、货币理论与政策、金融市场微观结构、固定收益证券、金融工程等多个传统金融领域和交叉前沿的金融领域。

◎ **参考文献**

［1］ Bao Z, Huang D. Shadow banking in a crisis：evidence from FinTech during COVID-19 ［J］. Journal of Financial and Quantitative Analysis, 2021, 56 (7)：2320-2355.

［2］ Chen Z, He Z, Liu C. The financing of local government in China：stimulus loan wanes and shadow banking waxes ［J］. Journal of Financial Economics, 2020, 137 (1)：42-71.

［3］ Flammer Caroline. Corporate green bonds ［J］. Journal of Financial Economics, 2021, 142 (2).

［4］ Huang Y, Pagano M, Panizza U. Local crowding-out in China ［J］. The Journal of Finance, 2020, 75 (6)：2855-2898.

［5］ Jiang B. Best laid plans：economic consequences of shadow banking crackdown ［J］. Available at SSRN 3905079, 2021.

［6］ Jiazhen Wang, Xin Chen, Xiaoxia Li, Jing Yu, Rui Zhong. The market reaction to green bond issuance：evidence from China ［J］. Pacific-Basin Finance Journal, 2020 (60).

［7］ Zhu X. The varying shadow of China's banking system ［J］. Journal of Comparative Economics, 2021, 49 (1)：135-146.

［8］ 蔡庆丰, 陈熠辉, 林焜. 信贷资源可得性与企业创新：激励还是抑制？——基于银行网点数据和金融地理结构的微观证据 ［J］. 经济研究, 2020, 55 (10)：124-140.

［9］ 曹廷求, 张翠燕, 杨雪. 绿色信贷政策的绿色效果及影响机制——基于中国上市公司绿色专利数据的证据 ［J］. 金融论坛, 2021, 26 (5)：7-17.

［10］ 陈国进, 丁赛杰, 赵向琴, 蒋晓宇. 中国绿色金融政策、融资成本与企业绿色转型——基于央行担保品政策视角 ［J］. 金融研究, 2021 (12)：75-95.

［11］ 程德智, 王满仓. 黄河流域金融集聚对区域高质量发展的影响 ［J］. 中国人口·资源与环境, 2021, 31 (8)：137-147.

［12］ 戴鹏毅, 杨胜刚, 袁礼. 资本市场开放与企业全要素生产率 ［J］. 世界经济, 2021, 44 (8)：154-178.

［13］ 邓创, 曹子雯. 金融结构市场化、技术创新与产业结构升级 ［J］. 西安交通大学学报 (社会科学版), 2020, 40 (5)：20-29.

［14］ 丁宁, 任亦侬, 左颖. 绿色信贷政策得不偿失还是得偿所愿？——基于资源配置视角的 PSM-DID~1 成本效率分析 ［J］. 金融研究, 2020 (4)：112-130.

［15］ 董嘉昌, 冯涛. 金融结构市场化转型对中国经济发展质量的影响研究 ［J］. 统计与信息论坛, 2020, 35 (10)：34-41.

［16］ 段军山, 庄旭东. 金融投资行为与企业技术创新——动机分析与经验证据 ［J］. 中国工业经济, 2021 (1)：155-173.

［17］ 范从来, 彭明生, 张前程. 经济金融共生共荣：理论与中国经验 ［J］. 经济学动态, 2020 (9)：3-14.

［18］ 方意, 贾妍妍. 新冠肺炎疫情冲击下全球外汇市场风险传染与中国金融风险防控 ［J］. 当代经济科学, 2021, 43 (2)：1-15.

［19］龚关，江振龙，徐达实，李成．非金融企业影子银行化与资源配置效率的动态演进［J］．经济学（季刊），2021，21（6）：2105-2126．

［20］郭栋．灾难风险经济冲击效应与货币政策机制选择研究——基于 DSGE 模型的新冠肺炎疫情经济模拟［J］．国际金融研究，2020（8）：24-34．

［21］郭雪，雷雨箫，董继华．普惠金融对城乡收入差距抑制效应的检验［J］．统计与决策，2020，36（5）：142-144．

［22］韩珣，李建军．金融错配、非金融企业影子银行化与经济"脱实向虚"［J］．金融研究，2020（8）：93-111．

［23］何宗樾，宋旭光．数字金融发展如何影响居民消费［J］．财贸经济，2020，41（8）：65-79．

［24］洪铮，章成，王林．普惠金融、包容性增长与居民消费能力提升［J］．经济问题探索，2021（5）：177-190．

［25］黄倩，李江城，熊德平．金融风险视角下金融杠杆对经济增长的影响研究［J］．改革，2021（4）：78-94．

［26］江轩宇，贾婧，刘琪．债务结构优化与企业创新——基于企业债券融资视角的研究［J］．金融研究，2021（4）：131-149．

［27］蒋敏，周炜，宋杨．影子银行、《资管新规》和企业融资［J］．国际金融研究，2020（12）：63-72．

［28］黎贵才，赵峰，卢荻．金融化对经济增长的影响：作用机理与中国经验［J］．中国人民大学学报，2021，35（4）：60-73．

［29］李成威．以政策组合构建的确定性对冲疫情冲击——疫情对财政经济冲击影响以及财政政策如何积极作为视频会观点综述［J］．财政研究，2020（4）：3-8．

［30］李青原，章尹赛楠．金融开放与资源配置效率——来自外资银行进入中国的证据［J］．中国工业经济，2021（5）：95-113．

［31］李小林，徐庆美，司登奎，吕学梁．资本市场开放与企业投资结构偏向——来自"沪深港通"的经验证据［J］．财经研究，2021，47（12）：108-121．

［32］李竹薇，卢雪姣，杨思敏，王晓姗．农村普惠金融发展的减贫效应研究［J］．金融监管研究，2021（12）：1-19．

［33］林志帆，杜金岷，龙晓旋．股票流动性与中国企业创新策略：流水不腐还是洪水猛兽？［J］．金融研究，2021（3）：188-206．

［34］刘兰凤，袁申国．金融开放、金融效率与中国宏观经济波动［J］．国际经贸探索，2021，37（11）：68-84．

［35］刘新恒，丁辉，李舒娴，李广众．股票市场开放能提高中国企业生产效率吗？——基于陆港通的准自然实验［J］．系统工程理论与实践，2021，41（12）：3115-3128．

［36］陆岷峰．新冠肺炎疫情背景下商业银行数字小微金融发展战略研究——基于未来银行的发展视角［J］．新疆师范大学学报（哲学社会科学版），2020，41（6）：28-42．

［37］罗志恒．新冠疫情对经济、资本市场和国家治理的影响及应对［J］．金融经济，2020（2）：8-15．

[38] 马亚明，胡春阳，刘鑫龙．发行绿色债券与提升企业价值——基于 DID 模型的中介效应检验 [J]．金融论坛，2020，25（9）：29-39．

[39] 毛盛志，张一林．金融发展、产业升级与跨越中等收入陷阱——基于新结构经济学的视角 [J]．金融研究，2020（12）：1-19．

[40] 牛海鹏，张夏羿，张平淡．我国绿色金融政策的制度变迁与效果评价——以绿色信贷的实证研究为例 [J]．管理评论，2020，32（8）：3-12．

[41] 彭俞超，何山．资管新规、影子银行与经济高质量发展 [J]．世界经济，2020，43（1）：47-69．

[42] 钱海章，陶云清，曹松威，曹雨阳．中国数字金融发展与经济增长的理论与实证 [J]．数量经济技术经济研究，2020，37（6）：26-46．

[43] 钱雪松，方胜．《物权法》出台、融资约束与民营企业投资效率——基于双重差分法的经验分析 [J]．经济学（季刊），2021，21（2）：713-732．

[44] 史永东，王超．股票流动性影响企业生产效率吗？ [J]．经济管理，2021，43（11）：156-175．

[45] 孙红燕，管莉莉，张先锋．基于 FWTW 资金流量表的金融服务实体经济测算研究——兼论其对实体经济增长影响 [J]．数量经济技术经济研究，2021，38（7）：159-176．

[46] 唐松，伍旭川，祝佳．数字金融与企业技术创新——结构特征、机制识别与金融监管下的效应差异 [J]．管理世界，2020，36（5）：52-66，9．

[47] 滕磊，马德功．数字金融能够促进高质量发展吗？ [J]．统计研究，2020，37（11）：80-92．

[48] 田皓森，温雪．金融一体化的区域经济高质量增长效应——基于全国 12 个重点城市群的实证研究 [J]．宏观经济研究，2021（11）：139-148，175．

[49] 佟孟华，李慧，张国建．金融结构影响产业结构变迁的内在机理研究 [J]．财贸研究，2021，32（7）：1-13．

[50] 童相彬，张书华，张志鹏．金融周期波动对宏观经济时变影响特征的实证检验 [J]．统计与决策，2021，37（24）：124-128．

[51] 汪亚楠，叶欣，许林．数字金融能提振实体经济吗 [J]．财经科学，2020（3）：1-13．

[52] 王爱萍，胡海峰，张昭．金融发展对收入贫困的影响及作用机制再检验——基于中介效应模型的实证研究 [J]．农业技术经济，2020（3）：70-83．

[53] 王胜，赵浩权．"疫情补贴"政策是否适合中国经济？——基于数量型与价格型货币政策的对比分析 [J]．华中师范大学学报（人文社会科学版），2021，60（6）：45-58．

[54] 王小华，温涛．金融资本集聚与城乡收入差距：新中国成立 70 周年的逻辑验证 [J]．农业技术经济，2021（8）：4-19．

[55] 吴金燕，滕建州．经济金融化对实体经济影响的区域差异研究——基于省级面板数据的空间计量研究 [J]．经济问题探索，2020（7）：15-27．

［56］肖康康，强皓凡．"金融结构-产业结构"协调演进与经济发展［J］．社会科学，2021（9）：28-49．

［57］谢家智，吴静茹．数字金融、信贷约束与家庭消费［J］．中南大学学报（社会科学版），2020，26（2）：9-20．

［58］谢雪燕，朱晓阳．数字金融与中小企业技术创新——来自新三板企业的证据［J］．国际金融研究，2021（1）：87-96．

［59］闫红蕾，张自力，赵胜民．资本市场发展对企业创新的影响——基于上市公司股票流动性视角［J］．管理评论，2020，32（3）：21-36．

［60］杨东，郑家喜，宋嘉豪．农村普惠金融发展对农户收入的影响研究［J］．农村经济，2021（1）：104-110．

［61］杨希雅，石宝峰．绿色债券发行定价的影响因素［J］．金融论坛，2020，25（1）：72-80．

［62］杨子晖，王姝黛．突发公共卫生事件下的全球股市系统性金融风险传染——来自新冠疫情的证据［J］．经济研究，2021，56（8）：22-38．

［63］叶永卫，李增福．续贷限制与企业技术创新［J］．金融研究，2020（11）：151-169．

［64］尹志超，张栋浩．金融普惠、家庭贫困及脆弱性［J］．经济学（季刊），2020，20（5）：153-172．

［65］余春苗，任常青．金融包容与城乡收入差距——基于中国省级面板数据的实证检验［J］．农村经济，2020（3）：54-60．

［66］袁冬梅，金京，魏后凯．人力资本积累如何提高农业转移人口的收入？——基于农业转移人口收入相对剥夺的视角［J］．中国软科学，2021（11）：45-56．

［67］詹鹏，李欣睿．金融发展与经济增长之间关系的空间分析——基于我国省级面板数据［J］．调研世界，2020（12）：17-22．

［68］张杰，吴书凤，金岳．中国金融扩张下的本土企业创新效应——基于倒 U 形关系的一个解释［J］．金融研究，2021（4）：55-72．

［69］张洁琼，马亚明．企业影子银行化有助于优化金融资源配置吗？［J］．财贸研究，2021，32（9）：70-83．

［70］张梁，相广平，马永凡．数字金融对区域创新差距的影响机理分析［J］．改革，2021（5）：88-101．

［71］张梦林，李国平．普惠金融、家庭异质性与消费结构升级［J］．经济纵横，2021（2）：116-128．

［72］张晓晶，刘磊．宏观分析新范式下的金融风险与经济增长——兼论新型冠状病毒肺炎疫情冲击与在险增长［J］．经济研究，2020，55（6）：4-21．

［73］张晓晶．金融发展与共同富裕：一个研究框架［J］．经济学动态，2021（12）：25-39．

［74］张璇，高金凤，李春涛．银行业竞争与资源错配——来自中国工业企业的证据［J］．国际金融研究，2020（6）：54-63．

［75］张应良，徐亚东．金融发展、劳动收入分配与城乡收入差距——基于省级面板数据

的实证分析［J］. 改革，2020（11）：135-146.

［76］赵娜. 绿色信贷是否促进了区域绿色技术创新？——基于地区绿色专利数据［J］. 经济问题，2021（6）：33-39.

［77］郑万腾，赵红岩，范宏. 数字金融发展对区域创新的激励效应研究［J］. 科研管理，2021，42（4）：138-146.

［78］周开国，季苏楠，杨海生. 系统性金融风险跨市场传染机制研究——基于金融协调监管视角［J］. 管理科学学报，2021，24（7）：1-20.

［79］周立，赵秋运. 最优金融结构、产业技术创新与经济增长：基于新结构经济学视角的分析［J］. 深圳大学学报（人文社会科学版），2021，38（2）：71-83.

［80］周上尧，王胜. 中国影子银行的成因、结构及系统性风险［J］. 经济研究，2021，56（7）：78-95.

［81］朱俊明，王佳丽，余中淇，杨姝影，文秋霞. 绿色金融政策有效性分析：中国绿色债券发行的市场反应［J］. 公共管理评论，2020，2（2）：21-43.

［82］朱武祥，张平，李鹏飞，王子阳. 疫情冲击下中小微企业困境与政策效率提升——基于两次全国问卷调查的分析［J］. 管理世界，2020，36（4）：13-26.

［83］庄毓敏，储青青，马勇. 金融发展、企业创新与经济增长［J］. 金融研究，2020（4）：11-30.

第十一章　贸易与经济发展

李　酣　李子杭

（武汉大学）

中国经济已经进入了高质量发展的新时代。这一时期，高质量发展已经成为中国经济发展的目标，而实现这一目标的内部约束条件和外部经济环境都发生了剧烈的变化。作为改革开放以来驱动中国经济发展的三大动力之一，在新时代，对外贸易对于中国实现经济高质量发展的作用和意义都表现出一些新的特征，学术界对此进行了大量的理论和实证研究。本章将对 2020—2021 年间中国学者研究贸易和经济发展之间关系的理论和实证文献进行梳理、分析和总结，同时从中选择部分重要论文、著作和学术会议进行简要介绍，厘清学者们的研究路径，指出存在的问题，以为贸易和经济发展之间关系的未来研究导向和思路提供参考和借鉴。

第一节　研　究　综　述

高质量发展目标包括，实现稳定而中高速的经济增长速度、创新成为经济增长的主要动力，产业结构得到进一步优化，居民的福利实现持续的改善等，研究贸易与经济发展之间的关系也离不开这些主要内容。根据中国学者近两年在国内外重要期刊发表的文章选题来看，有关贸易和经济发展关系文献的研究领域主要聚焦在贸易的不同维度，如全球价值链和生产分割、进出口产品质量、数字贸易、服务贸易、各种贸易战略等，以及这些贸易现象与经济增长和经济发展的不同维度之间的关系上。这些选题之所以成为这两年的研究焦点，一方面是因为世界经济发展和全球化进程当中出现了一系列新挑战，另一方面是国内经济发展产生了众多新实践。本章将从经济发展的视角，根据不同的贸易维度与高质量发展目标不同层面的结合，来论述国内学者这两年来在这一领域取得的最新理论和经验研究进展。

一、贸易的包容性与包容性增长

贸易会促进经济增长已经成为定论，因而更多研究分析的是贸易促进经济增长的机制。近两年来，国内较多学者聚焦到全球价值链及其效应这一视角。他们发现贸易中的全球价值链嵌入可以平抑经济波动（唐宜红和张鹏杨，2020），还可以通过行业间的价值链关联效应，放大要素错配的改善对实际 GDP 增长的积极作用（杨曦和徐扬，2021）。同时，全球价值链和国内价值链的互动效应也能显著促进中国经济增长（盛斌、苏丹妮和邵朝对，2020）。然而，当前贸易保护主义盛行乃至全球经济脱钩的现实威胁，使各个经济体间的贸易和投资受到不应有的障碍，进而限制了经济的协同发展。贸易与经济增长的全球包容性之间是否具有一致的正向效应，已经成为影响贸易增长和经济全球化可持续发展的关键因素。为此，学者们首先研究了国际贸易和贸易组织本身应该具有的包容性特征，同时也探讨了贸易对实现全球包容性增长的效应及其作用机制。

（一）贸易的包容性

包容性意味着机会平等的增长，也意味着能够共享全球化的成果（Ali，2007）。针对去全球化浪潮和发达国家对贸易政策的滥用，学者们对贸易和贸易组织的包容性进行了大量研究。包容性应该成为贸易和贸易组织的重要特征，但包容性并不排斥差异性。郝获（2021）指出，多边贸易体制中的非互惠性原则本身就为贸易驱动的包容性发展理念提供了更深入的研究空间。张磊和卢毅聪（2021）认为 WTO 的改革具有必然性，但改革的方向应该是着重体现其权威性、有效性和包容性。费秀艳和韩立余（2021）提出，《区域全面经济伙伴关系协定》（以下简称 RCEP）的文本内容当中就体现了一定程度的贸易和经济发展的包容性。

（二）贸易驱动的全球包容性增长

一些学者对全球包容性增长的概念及内涵进行了探讨。谢锐、陈湘杰和朱帮助（2020）认为，从全球包容性增长的内涵来看，应该包含"一国经济增长的溢出影响应惠及不同国家和不同人群"和"一国经济增长溢出对不同国家和人群的影响应具有均衡性"两方面。在此基础上，他们进一步构建经济增长的全球包容性量化模型，并结合世界投入产出数据库，对中国、美国和德国在全球价值链网络处于中心位置，从而对全球包容性增长的效应，以及带来这种差异性效应的原因进行了实证分析。他们的分析表明，通过对世界其他国家的增加值变化所产生的逐渐增长的溢出效应，以上三个国家在目前这种全球价值链分工格局及其变化趋势中的重要地位，有助于世界各国获取更多来自中国和德国的增加值溢出，但抑制了各国获取美国的增加值溢出。

学者们认为多边贸易协定有助于各方实现包容性发展。马涛和陈曦（2020）指出，"一带一路"倡议联结的全球价值链提升了包容性发展的重要价值。闫东升和马训（2020）进一步认为"一带一路"倡议构建的包容性区域价值链，可以在驱动中国产业升级的同时，带动更大地域范围的系统实现共同的经济发展。盛斌和靳晨鑫（2020）指出，APEC 近年来实施的以"包容性、可持续性、互联互通"为特征的贸易合作，促进了亚太地区的包容性发展。马野青、倪一宁和李洲（2021）的测算表明，自由贸易协定通过减少贸易壁垒和提升市场竞争优势，驱动了全球的包容性增长，尤其是对签订这些协定的内部国家而言有更强的增长效应。李浩东、林江和刘川菡（2021）则提出，签订 RCEP 之后，通过整合区域合作和稳定供应链等途径，这一多边贸易协定已经成为解决国际不平衡发展问题，实现包容性发展的重要手段。马飒和张二震（2021）也认为 RCEP 推动了东亚区域产业链的优化提升，中国也应该在这一过程中主动优化调整自身的产业链，提高本国制度型开放水平，充分实现与 RCEP 协定国家的互利共赢。

2008 年的全球金融危机之后，随着各国经济增长陷入较长时间的停滞，主要发达国家基本维持在 0~1% 的增速范围内，出口的外部需求难以启动，内需驱动的全球化获得了学界的更大关注。沈春苗和郑江淮（2020）基于新熊彼特型的内生增长模型，将工序分工和创新一并纳入生产函数，从而形成了新的理论框架，以此为基础，他们证明了当前这种内需驱动的经济全球化虽然有助于实现不同国家之间的包容性增长，然而对一国内部的包容性增长却存在负面效应。戴翔（2021）则指出，包含内外生产和需求的双循环新发展格局是新的开放发展观和经济模式，有助于推动全球价值链的包容性发展。

二、贸易影响经济发展的机制

在理论分析之中，贸易可以从诸多路径影响经济发展。近年来，学者们从资本、劳动力、创新、生产率、数字贸易和结构转型等增长的要素和结构变迁视角切入，考察了贸易影响经济发展的多种作用机制。

（一）贸易影响经济发展的机制：资本

王莹和施建淮（2021）发现，在贸易越开放的东道国，资本的流入更多就越有助于其经济增长。张阿城和于业芹（2020）认为，自贸区的建设通过引导资本流动和技术创新，促进了城市经济的增长。而李蕊等（2021）则指出，自贸区的设立，通过营商环境的改善、贸易便利化和产业集聚等效应，显著地提高了外国资本在这些区域的进入水平，进而促进了区域的经济成长。

要素市场扭曲导致的资源错配是国家之间存在较大生产率差异的重要来源。邓富华和沈和斌（2021）发现，进口贸易自由化通过资源再配置、产业集聚和企业规模效应三种路径实现了资本错配状况的改善。王永进和李宁宁（2021）打破关于不变成本加成率的假设，提出了一种测算要素市场扭曲的新方法，基于中国加入 WTO 带来的冲击构造准自然实验，再用 DID 方法分析其引致的中间产品贸易开放对原来中国市场中存在的要素扭曲产生的影响和作用机制。他们的研究表明，中间品贸易自由化水平的提升，对于中国要素市场扭曲程度发挥了在统计意义上显著的降低作用，而且是通过降低企业进口要素价格和缓解企业融资约束这两种不同机制实现的。另外，这种改善作用在具有资本密集程度较低、由 FDI 资本直接设立，以及从事直接进口这些特征的企业中更为显著。

（二）贸易影响经济发展的机制：劳动力

劳动力包括数量和质量两个维度。闫冰倩和田开兰（2020）在全球价值链分工的背景下，基于全球多区域投入产出模型测算了全球产业布局演变对中国 GDP 和就业的影响，他们的研究表明，2000—2014 年的全球产业布局演变对中国 GDP 和就业具有显著的正向贡献，且在未来产业转出情景下，美国、日本和韩国的产业转出对中国 GDP 和就业的影响最大。劳动力的质量就是人力资本，而人力资本已经被新增长理论证明为驱动长期经济增长的内生动力，同时也是中国经济转型升级的重要力量。与此同时，在中国经济转型和对外开放发展的过程中，人力资本本身也呈现出稳步积累的发展态势。李世刚、周泽峰和吴驰（2021）利用中国 2005 年全国 1% 人口抽样调查数据和城市统计数据，考察了贸易开放对人力资本在公共部门和私人部门间配置的影响。他们发现，地区贸易开放程度的提高会降低个体进入公共部门就业的概率，而且那些受教育程度高的个体会更少选择在上述部门就业，从而使得人力资本更多配置到私人部门。他们进一步研究发现，企业经营环境优化和技能工资差距扩大，是贸易开放影响人力资本在公共部门和私人部门之间配置的两个重要渠道。赵春明、李震和李宏兵（2020）从区域劳动力市场调整的视角出发，利用四次全国人口普查微观数据及中国城镇住户调查数据，检验了扩大进口与人力资本积累之间的关系。他们的检验结果表明，扩大进口对进口地的人力资本积累的影响显著为正。另外，主动扩大进口不仅在短期对人力资本积累产生正向影响，而且在长期依然存在动态促进效应。

在中国贸易开放程度不断提高和工资收入不断增长的同时，收入差距也在扩大。王立勇和胡睿（2020）利用跨年度的中国家庭收入调查数据和无条件分位数回归方法，研究发现贸易开放显著提高了中国劳动力的工资收入，而且这种影响具有显著的动态异质性。他们进一步指出，中国的贸易开放对不同群体工资收入的影响，是一个随着贸易开放程度加深先降低，然后再上升的倒 U 形过程，其原因在于外商直接投资增长带来的劳动力需求效应和技能提升效应。刘维林（2021）在增加值贸易分解模型的基础上对要素报酬结构进行扩展，并利用世界投入产出数据库（WIOD）的国际投入产出表，考察 2000—2014 年各国劳动要素在全球价值链中的分工地位之后发现，样本期间出口中的劳动报酬份额出现了全球性的下降，而中国的劳动报酬份额以金融危机爆发时间为拐点呈现出先下降后上升的独特 U 形轨迹。

（三）贸易影响经济发展的机制：创新

创新是新时代经济发展的主驱动力，在中国面对贸易水平增长速度下降，转型升级遇到瓶颈和障碍的当下，更凸显出创新对于推动中国经济发展的核心作用。国际贸易的进出口和价值链关联性都会激励企业选择创新的行为，从而进一步发挥创新对经济发展的能动效应。

从出口方面来看，崔静波等（2021）基于 2010—2015 年北京中关村自主创新企业的面板数据分析了出口对创新的影响。他们发现，企业出口对创新的影响虽然表现出行业异质性，但总体上还是显著促进了创新投入与创新产出。与此同时，出口引发的创新投入增长效应具有 U 形特征，但是对创新产出的影响具有时间上的周期性。薛军等（2021）指出，关键中间品贸易不畅会制约最终产品厂商的生产与研发活动，进而影响全球分工格局。他们通过构建一个两国多部门动态一般均衡模型考察了发达国家限制关键中间品出口质量对发展中国家技术模仿，以及对发达国家技术创新的影响。模型分析的结果表明，北方发达国家对南方发展中国家企业使用的关键中间品加强质量限制，反而会使得发达国家企业创新研发强度与跨国企业的适应性研发强度出现大幅下降，而对发展中国家企业的模仿研发强度却有一定的促进作用。姜峰、蓝庆新和张辉（2021）利用"一带一路"建设的准自然实验，从签订"一带一路"倡议国家的企业内和企业间两个维度构建了基于贸易异质性的多国贸易模型，并基于 2004—2018 年 88 个参与国的企业数据，检验了中国出口贸易与"一带一路"沿线国家技术升级的因果关系。他们指出中国出口贸易的增加能显著推动"一带一路"参与国企业的全要素生产率提升和专利数增加，并且对于其中的高收入经济体中的高技术产业企业作用尤为显著。

从进口方面来看，何欢浪、蔡琦晟和章韬（2021）综合中国知识产权局专利数据库、工业企业数据库和海关数据库这些微观企业数据库，考察了进口贸易自由化对中国企业创新的质与量的影响。他们得到的主要结论是，进口贸易自由化总体上促进了中国企业创新的质与量。具体来看，中间品关税下降主要通过成本效应和技术溢出显著地促进了中国企业创新的质与量，而最终品贸易自由化对企业创新的质与量并没有显著的影响。谢红军等（2021）从鼓励关键设备进口这一创新政策出发，基于2002—2016年的微观企业数据研究发现，进口鼓励政策对受影响企业的创新水平和质量均具有显著的促进作用，他们还发现鼓励政策可能主要通过刺激企业进口和增强信贷能力两种途径发挥创新驱动效应。郭冬梅、郭涛和李兵（2021）研究了进口对企业科技成果转化的影响，结果表明进口产品质量的提升会促进更多企业应用专利，以及实施自有专利，但是进口产品的数量却抑制了企业对专利的应用。Liu 等（2021）利用中国加入 WTO 这一准自然实验，检验发现，进口竞争减少了企业的创新，出现这一结果的主要原因是存在熊彼特效应。

从产业链关联、贸易开放等其他方面来看，Liu 和 Ma（2020）发现，中国加入 WTO 带来的贸易政策不确定性的下降会提高企业的专利申请数量，这是一种新的贸易开放引致创新的机制。陈爱贞、陈凤兰和何诚颖（2021）先从理论层面分析了产业链的国内关联和国际关联对发展中国家创新发展的效应以及结构性差异，接着利用2001—2013年中国制造业企业数据进行了检验。他们的分析表明，产业链的国内关联和国际关联，与企业创新水平分别呈现"U"形和倒"U"形关系，而且主要对近技术和远技术距离行业以及中、高人力资本企业的创新有显著性影响。此外，张妍、冯晨和白彩全（2021）结合中国近代史上的开埠通商状况，检验这种贸易开放对中国近代科学技术传播的效应，同时运用近年全国人口普查数据，分析了开埠通商对本地人力资本积累的长期影响。他们的计量分析结果表明，开埠通商促进了中国近代科学思想的启蒙，这种科学文化的早期传播能够显著促进当地的长期人力资本积累。

（四）贸易影响经济发展的机制：生产率

提升劳动生产率和全要素生产率已经成为中国经济高质量发展的根本动力。国内学者也从国际贸易对劳动生产率和全要素生产率的影响这两个方面，进一步阐释了贸易对经济发展的影响机制。

从出口方面来看，李苏苏、张少华和周鹏（2020）通过匹配中国工业企业数据库和海关数据库，定量识别和分解了造成出口企业生产率优势的三种效应。分解效应后的估计结果表明，学习效应最为显著，而且效应的强弱随着企业贸易方式的不同而存在较大差异。另外，出口对生产率的影响机制在不同的企业中也表现出明显的异质性。袁莉琳、李荣林和季鹏（2020）基于马歇尔需求第二定律（MSLD）框架和中国工业企业微观数据，分析了出口需求冲击对产品组合和企业生产率的影响。他们发现出口市场的需求增加对企业生产率的正向作用并不显著，而且出口需求冲击对企业生产率与产品组合集中度的影响方向是截然相反的。也有学者同时从出口和研发两个角度探讨其对生产率的影响。王永进和刘卉（2021）通过构建一个包含企业出口、研发决策和专利申请的动态结构模型考察了专利申请和出口对企业生产率的动态影响。这一模型的分析结果发现企业的出口和研发投入增加之后，提高了该企业未来申请专利的概率，转而促进了企业生产率，增加其未来利润的净现值。罗长远和张泽新（2020）借助 2009—2015 年中国上市企业数据库，针对出口和研发活动的互补性及其对生产率的影响展开实证研究，他们指出研发企业参与出口能显著地提升生产率，而对于非研发企业来说参与出口则没有类似的效应。

从进口方面来看，谢谦、刘维刚和张鹏杨（2021）在全球生产外包模型框架下，从内嵌技术视角研究了中国企业进口中间品和企业生产率的关系及其作用机制。他们的实证研究结果表明，进口中间品内嵌技术提升了中国工业企业生产率，但对加工贸易企业生产率的提升效应并不显著。同时，直接创新效应、中间品种类的间接效应、企业技术吸收能力效应是其三个作用渠道。

从全球价值链等其他方面来看，苏丹妮等（2020）针对全球价值链、产业集聚与企业生产率的互动机制，运用微观企业数据库进行检验后表明，企业全球价值链分工地位的提升有利于生产率的改善。他们进一步指出，企业不同的全球价值链嵌入方式与产业集聚的互动，对于生产率具有异质性的影响。刘睿雯、徐舒和张川川（2020）研究的是贸易对劳动力市场结构的效应，进而分析了就业结构变迁对制造业企业生产率增长的贡献，他们的估计结果发现，贸易开放引致的就业所有制结构调整是贸易开放促进生产率增长的重要渠道之一，其能解释同时期源于"企业间"要素配置带来的生产率增长的 7.51% 以及制造业总体生产率增长的 1.46%～1.85%。Mo 等（2021）研究了企业的资本，重点是企业对于中间品的进口对企业生产率增长的效应之后指出，资本品进口带来的生产率效率要大于中间品进口带来的生产率效应，而且资本品进口带来的生产率效应具有动态特征。

（五）贸易影响经济发展的机制：数字贸易

数据是新时代经济发展的重要投入要素和增长引擎，数字贸易这一新型贸易形态已成为中国经济高质量发展的新动能。学者们首先尝试建立了数字贸易的测度指标。盛斌和高疆（2020）对数字贸易的内涵、特征及其影响进行了定性分析。吕延方、方若楠和王冬（2020）从路径分解、双向数字关联和双边联系等层面测度了中国数字服务贸易的特征，而且认为中国的服务业在数字全球价值链中扮演着重要的枢纽角色。张晴和于津平（2020）测度了投入要素数字化，通过检验认为，投入要素数字化通过提高企业生产率、出口产品质量和创新能力，提升了企业在全球价值链中的分工地位。温湖炜等（2021）测度了世界上主要经济体的数字服务贸易水平，得出的判断是中国在全球数字服务贸易网络中长期处于弱势地位，不过近年来开始逐渐位移到核心地位。另外，他们发现中国的互联网基础设施和知识产权保护对中国数字服务贸易产生了正面效应，但是中国与其他国家之间的文化距离，以及国家之间在电子交易方面存在的政策壁垒不利于中国数字服务贸易的发展。

马述忠和潘钢健（2020）认为，数字贸易的全球化在疫情的全球大流行环境下，成为纾解世界经济遭受的巨大负面冲击的重要策略选择。左鹏飞和陈静（2021）指出，数字经济通过助推国内国际双循环，为经济增长提供了新动能。从具体路径来看，任同莲

（2021）针对数字化服务贸易进行分析，发现其能够通过增加研发投入和进口产品种类效应，显著促进制造业出口技术复杂度的提升。然而，数字服务贸易的壁垒却会显著抑制服务业的出口复杂度提升（齐俊妍和强华俊，2021）。姚战琪（2021）使用结构方程模型检验后指出，数字贸易通过信息化、劳动力生产率等路径促进了中国出口技术复杂度的提升。

（六）贸易影响经济发展的机制：结构转型

结构转型是发展中国家经济发展的重要特征和动力机制之一，也是发展经济学的研究重点。参与国际贸易会对发展中国家的各类经济结构产生不同影响，进而影响到这些国家的经济发展成效。国内学者从产品结构和产品质量、产业结构、价值链升级、服务贸易和贸易服务化等结构转型的角度，深入地分析了贸易对经济发展的效应。

1. 产品结构和产品质量

产品结构是贸易的微观基础，进出口产品结构关系到国际贸易的获益，影响宏观结构的转变，进而影响经济增长和发展。刘竹青和盛丹（2021）在经济全球化的背景下，从产品生命周期的角度考察了贸易自由化对中国企业新产品出口的影响及其作用机制，他们指出产出关税下降明显促进了中国企业的新产品出口，有利于出口产品结构的优化和升级，拓展性研究的结果还表明贸易自由化对中国企业新产品出口的影响表现出明显的异质性。魏浩和张宇鹏（2020）针对融资约束和企业核心产品出口比重之间的关系进行了理论分析，他们的异质性企业模型表明，融资约束加剧不仅通过削减企业的中间投入规模和研发投入费用，显著降低了企业核心产品在出口总额中的比重，还显著抑制了企业出口产品结构优化。施炳展和方杰炜（2020）在知识产权保护引致的贸易摩擦加剧的现实背景下，从技术复杂度视角探究了知识产权保护对发展中国家进口结构的影响及其影响渠道。他们分析的都是发展中国家的进口贸易样本，检验结果表明这些国家知识产权体系的完善与进口高技术复杂度的产品之间存在显著的正相关关系，出现这种效应的机制是进口这类产品的数量增长和广度边际的拓展。

在优化产品结构的同时，提升产品质量同样不能忽视。《对外贸易发展"十三五"规划》指出，要"加快提高出口产品质量，推动出口迈向中高端，提高高技术含量产品在全国外贸中的比重"。Fan等（2020）认为除了生产率和偏好差异之外，产品质量的企业异质性也是同一产品的销售价格和市场竞争力在不同国家和不同企业中存在较大幅度变动的重要原因。卢盛峰、董如玉和叶初升（2021）以"一带一路"沿线国家的核心城市为主要研究对象，用双重差分模型评估了倡议对中国企业出口质量的因果效应，识别了中间的潜在影响机制。他们的研究结果表明，"一带一路"倡议的实施，驱动沿线各个城市的地方政府通过各项政策加强对企业创新行为的支持，进而帮助所在地方的企业提高了出口产品质量水平。

2. 价值链升级

经济全球化背景下，国际分工格局出现重大转型，全球价值链（GVC）分工模式成为国际分工的新常态。中国基于劳动力红利和良好的基础设施，逐渐融入这一全球价值链的分工、生产和价值分配体系。郑江淮和郑玉（2020）基于全球价值链分工框架，探究了新兴经济大国中间产品创新驱动全球价值链攀升的机制与路径，他们发现，中国制造业中间产品创新对全球价值链分工地位的影响存在显著的滞后效应和累积效应，且中国的中间产品创新更有利于促进高技术制造业的价值链攀升。吕越、谷玮和包群（2020）考察了人工智能对中国企业参与全球价值链分工的影响及相关作用机制，得到的主要结论为人工智能显著促进了中国企业参与全球价值链分工，同时其效应主要集中于加工贸易企业。李月和蔡礼辉（2020）研究了结构性改革对中国全球价值链地位的影响并且剖析了其作用机制，实证结果表明，结构性改革主要通过资源配置优化效应和有效竞争促进效应来影响中国工业全球价值链地位的攀升，而贸易领域结构性改革的促进效应最为明显。包群和张志强（2021）以 2011 年发生在日本的大地震，以及这次地震的核泄漏事故对贸易行为的冲击构造准自然实验，基于 DID 方法分析日本向中国出口的中间投入品在这次冲击前后对中国企业出口行为的不同影响，证实了出口企业高度依赖进口中间投入品。

中国的"一带一路"倡议的重要战略目标和任务之一就是要"推动构建和优化全球价值链"。戴翔和宋婕（2021）基于"一带一路"沿线参与国全球价值链分工地位的特定视角，进一步利用双重差分模型实证分析了中国"一带一路"倡议的全球价值链优化效应并利用中介效应模型检验了其作用机制，实证结果表明，"一带一路"倡议显著提升了沿线参与国全球价值链分工地位，而且主要通过政策沟通、设施联通、贸易畅通和资金融通的中介机制发挥作用。

3. 服务贸易和贸易服务化

产业结构转型升级既是经济发展的表征，也是经济发展质量提升的因素之一。服务产品贸易和制成品贸易的服务化是近年来贸易结构变化的两个重要且相互关联的新特征。盛斌和赵文涛（2020）基于空间溢出效应，发现不同地区嵌入全球价值链在地区内部和地区之间都会带来产业升级效应，其中空间溢出效应占总效应的大部分比重。从政策意义上来看，还需要着力打破地区间的市场分割以充分发挥这种效应。项松林（2020）以产品多样化和国别多元化为基础，使用全球 150 个经济体 1995—2017 年的样本数据研究了经济结构转型对贸易增长的二元边际的影响，他认为农业剩余劳动力向非农产业的转移，能够促进老产品企业出口规模扩大，但对新产品企业出口增加具有负面效应，即更有利于出口集约边际增长，不利于扩展边际的扩张。

符大海和鲁成浩（2021）基于异质性企业贸易模型，同时利用中国企业生产和出口的微观数据样本，研究了服务业的对外开放如何影响企业出口贸易方式的转型。实证结果表明，服务业开放能显著促进中国制造业企业的一般贸易额上升，抑制其加工贸易额，从而加速推动中国企业出口贸易方式由加工贸易向一般贸易转型。刘斌和赵晓斐（2020）在构建一般均衡模型的基础上，运用世界投入产出表数据分析制造业投入服务化与服务贸易壁垒对全球价值链分工的影响效应后指出，制造业投入服务化与服务贸易壁垒的交互效应会对全球价值链分工产生逆向冲击，并且该交互作用主要是通过缩短生产步长和提高中间品价格这两条渠道降低了全球价值链分工水平。邵朝对、苏丹妮和王晨（2021）从对外资进入服务业的管制放松出发建立模型，分析这种开放如何影响企业的创新决策。在此基础上结合 1998—2011 年中国工业企业和专利数据进行实证分析，结果表明服务业开放对企业创新具有显著的数量和质量激励效应，同时这种效应对具有更强知识溢出吸收能力企业的创新质量促进更大。张峰等（2021）从服务型制造的角度切入，以2000—2016年A股制造业上市公司作为研究样本探讨了服务型制造应对进口竞争的有效性，研究发现制造业的服务化能够让企业在面对更为激烈的进口竞争环境中实现经营绩效的提升，但是，随着服务业比重的上升，这种绩效的增长还是会逐渐减弱。

三、贸易战略与经济发展

为了应对一些发达国家挑起的去全球化逆潮，以及压制不断升温的贸易壁垒和技术限制，帮助实现中国经济的高质量发展，中国引领全球对外开放的导向，高举起贸易开放的旗帜，通过一系列贸易战略的实施，为国内和全球经济增长提供了良好的开放式贸易环境。

（一）"一带一路"倡议与经济发展

"一带一路"倡议实施带来的贸易、投资便利化和基础设施建设，以及社会文化交流，已经成为沿线各国经济增长的推动力。李小帆和蒋灵多（2020）采用简约式估计、结构式估计以及反事实研究方法，探讨了"一带一路"建设对中西部地区开放的促进作用以及随之产生的经济效应，他们发现"一带一路"建设大幅增加了中国中西部地区的进出口贸易，而且促进了中西部地区的对外开放，增加了中国的对外贸易、实际GDP以及社会福利。马艳、李俊和王琳（2020）根据马克思主义国际不平等交换的基本逻辑，对中国"一带一路"倡议的逆不平等性效应进行经验分析后发现，中国提出的"一带一路"倡议具有技术和制度双重维度的逆不平等性，是缓解全球化过程中发达国家与发展中国家之间不断加剧的不平等现象的重要举措。

（二）贸易试验区与经济发展

国内的自由贸易试验区已经成为中国在国际贸易领域实施的重要制度变革之一。设立自贸区的目标有促进对外开放和进出口，以及形成制度改革的范本等，但最终目标还是帮助推动和实现中国经济的高质量发展。中国自贸区建设正在逐步升级，已经逐渐发展成为中国新一轮制度创新的桥头堡。王爱俭、方云龙和于博（2020）在制度创新视角下探讨了中国自贸区建设推动区域经济增长的效果及动力机制，他们通过双重差分检验以及贝叶斯信息准则（BIC）的识别过程发现，自贸区这一制度创新驱动了区域经济增长。此外，沿海型自贸区建设对区域经济增长的驱动作用较为显著。彭羽和杨作云（2020）基于广义合成控制法的检验认为，自贸试验区通过制度创新传导效应驱动了区域高质量发展，而且不会对"政策洼地"产生投资挤出效应，而是有着更强的外溢效应。蒋灵多、陆毅和张国峰（2021）探讨了自贸区的贸易创造效应，虽然他们认为其对于出口产业结构没有显著的影响，但主要通过推动出口增长具有了转变经济增长方式的潜力。

与此同时，境外经贸合作区是中国坚定不移实行互利共赢的开放战略的重要体现，也是结合东道国发展需求推进当地社会经济发展的有效途径。严兵、谢心荻和张禹（2021）从东道国视角出发，运用双重差分法对境外经贸合作区的贸易效应进行全面分析后发现，虽然存在效应的异质性，但是这些合作区的设立显著提高了所在国的国际贸易总量。分析内中机制，可以发现制度环境提升、基础设施改善，以及外资流入创造的新就业机会在这一过程中都发挥了显著的促进作用。

（三）"双循环"与经济发展

加快构建以国内国际"双循环"相互促进的新发展格局，是"十四五"规划当中强调指出的一项关系中国发展全局的重大战略任务。叶初升和李承璋（2021）的论证指出，形成"双循环"新发展格局，是中国经济发展在新时代的必然逻辑，而这种"双循环"也是改革和开放相互促进的双循环。黄群慧和倪红福（2021）构建了供给和需求端的国际国内循环测度指标，基于全球价值链的国内国际循环 GDP 分解新方法，利用全球投入产出数据库进行了实证测算分析，结果表明中国国内经济循环的依赖程度在 90%上下。而从国际比较的角度看，根据两种循环带来的新增经济流量分析，内循环的主体地位已经基本确立，但"双循环"及二者的相互促进还没有定型。郭克莎和田潇潇（2021）认为，双循环的相互促进，有助于实现制造业的高质量发展，而制造业的转型升级是经济高质量发展的重要内容之一。林毅夫（2021）分析大国经济发展后指出，这一过程伴随着国内循环的更大比重。同时，无论国家经济规模的发展到了何种水平，都需要对国际国内的两种资源和两个市场做更为充分的利用，才能有利于进一步持续的经济发展。

（四）扩大进口与经济发展

在中国提高开放型经济水平、构建全面开放新格局的进程当中，扩大进口是一项重要的举措。对中国当前的高质量发展而言，主动扩大进口能够通过让消费者消费更高质量产品，从而提高福利水平；能够减少净出口，平衡贸易余额；还可以通过提升进口中间品的数量和质量等路径推动产业转型升级，以上都有利于新时代的高质量发展。对于其他国家而言，中国主动扩大进口的策略，也对他国企业意味着更广阔的市场空间。刘梦和戴翔（2020）基于全球投入产出模型的基本原理推导出包含进口和出口的"净出口"对经济增长拉动率和贡献率的新测算框架，并利用全球投入产出数据库（WIOD）提供的基础数据进行了具体测算，结果表明传统方法低估了"净出口"对经济增长的拉动率和贡献率，而且随着全球价值链分工日益深化低估现象将更普遍、更严重。李春顶等（2021）试图用一般均衡模型系统量化中国扩大进口带来的经济效应。他们的量化模拟结果显示，中国扩大进口战略整体上对中国和世界就业的增加、社会福利的提高、贸易的增长都有益，而且对除中国之外的其他国家的效益大于中国从这一战略中取得的收益，从而具有更大的"利他性"，为世界经济增长和福利提升了贡献了中国力量。刘京军、鲁晓东和张健（2020）以全球 39 个主要国家或地区的上市公司为样本，基于全球上市公司数据库和国际贸易数据库考察了中国进口强度对世界企业投资的影响，研究发现中国的进口对世界其他国家的企业投资有显著正向影响，而且对发展中国家的企业投资有更大的促进作用。Liu 等（2020）则认为，发展中国家依靠进口服务中间品，也可以弥补国内服务部门的缺失，同时能够提高这些制造业部门的显示性比较优势。

四、贸易的福利和生态效应

在高质量发展的历史阶段，经济发展的终极目标是为了满足广大人民对美好生活的需求，这其中既包括社会经济福利的改进，也包括居民健康水平等社会福利的保持和改善，还涵盖了生态环境水平的提升等。

（一）贸易的福利影响

目前学者们研究的结果表明，国际贸易对一国居民福利的影响巨大。在贸易自由化的福利效应方面，王备和钱学锋（2020）基于生活成本指数视角，利用1992—2009年的中国城镇住户调查数据考察了贸易自由化对家庭消费福利的影响，他们发现贸易自由化引致的进口关税削减会降低中国城市居民家庭的消费品与消费性服务生活成本指数，同时这种贸易自由化在某种程度上有助于缩小不同收入群体间的实际消费福利差距。钱学锋、李莹和王备（2021）将中间品贸易自由化和异质性消费者同时嵌入一般均衡贸易模型，以此分析中间品的自由贸易如何影响单个消费者的福利水平。经验分析表明，前者使得中国城市居民消费福利的增加超过8%，这种效应对其中的高收入群体更为明显。

在对外直接投资、加征关税和通胀政策的福利效应上，尹斯斯等（2020）采用一般均衡模型探究了企业对外直接投资如何影响贸易福利及其影响机制。他们指出，母国企业的OFDI会提高本国市场的竞争激烈程度，还会带来更高水平的贸易福利。至于后者，是因为企业具有劳动力成本优势，同时通过OFDI分享了投资东道国的技术水平实现的。崔琨和施建淮（2020）基于贸易摩擦效应，通过在货币政策非合作框架下建立引入中间品生产和贸易的新凯恩斯两国模型，研究加征关税和通胀政策对宏观经济的影响，分析表明，本国采取稳定中间品PPI通胀的规则可以最小化本国福利损失，外国对不同类型产品加征进口关税会导致显著的消费恶化和福利下降。

从贸易成本的角度看，Hsua等（2020）发现中国在1995—2004年间的贸易成本显著下降，这种开放程度的改善带来了7.1%的福利改进，其中促进竞争的效应占到了20%。韩佳容（2021）基于多部门一般均衡模型框架来评估制度性贸易成本下降的效益。同时，基于校准分析的结果发现，如果能够使得制度性贸易成本下降50%，中国整体福利水平会随之提升将近6%。从中国国内区域来看，欠发达区域从中获益最多。此外，这种制度性贸易成本的削减，也会使得海外市场获得更多收益。

贸易政策不确定性的上升不仅会带来贸易量的下降，也会对经济增长和福利产生负面影响，其中尤以最近几年中美贸易摩擦的效应最为典型。樊海潮、张军和张丽娜（2020）使用量化分析方法评估了2018年中美贸易摩擦对中美两国及世界其他国家福利水平的影响，理论研究表明关税收入效应与企业数量效应会对一国福利水平的变化产生影响，对于中美两国之间的这种贸易摩擦，带来的将是各自整体福利水平的下降。

（二）贸易的健康效应

健康是重要的社会福利，而贸易的发展与居民健康并不是孤立的。Fan等（2020）发现中国加入WTO带来的投入品关税下降，通过提高工人的劳动时间，反而对工人健康有着负面效应，而且加重了熟练劳动和非熟练劳动力之间的收入和健康程度差距。张明昂（2021）利用中国加入 WTO 的自然实验，研究贸易自由化引致的地区性进口冲击对居民健康的影响，基于广义双重差分模型的检验说明，贸易自由化降低了进口保护的程度，进而对于城市居民而言，其高血压和肥胖的发生率都会恶化。由此，基于主观自我评价的城市居民健康水平也会显著下降。然而，这些效应对于农村地区居民而言都不显著。除此之外，贸易自由化对健康的负面影响在劳动力市场流动性较低的地区和受教育水平较低的人群中更为强烈。雷权勇、祁春节和孙楚仁（2021）考察发现，进口贸易自由化对居民健康水平有正向的促进作用，而且主要是通过收入效应和环境效应两个路径实现的。然而，林发勤和纪珽（2021）则认为，贸易扩张通过增加人们的工作强度和健康状况的恶化这两个途径对居民的主观幸福感产生了显著的负效应。

（三）贸易与环境保护

贸易发展与环境保护都是新时期关乎国计民生的重大议题，两者之间的相互关系也是近年来学者们研究的热点问题之一。学者们从贸易壁垒的影响、进出口贸易和全球价值链等视角对此进行了研究。

在贸易壁垒对环境的影响上，陈登科（2020）将中国企业的污染这一独特数据库与中国工业企业数据库以及行业关税税率数据库合并，并借助中国加入 WTO 这一准自然实验考察了贸易壁垒下降对中国环境污染的影响及其机制，他发现这显著降低了中国企业的主要污染物，即二氧化硫的排放强度。在机制分析当中，他认为是下降的贸易壁垒驱动了企业能源消耗当中煤炭使用强度的下降，进而带来了二氧化硫排放强度降低。

在进出口对环境的影响上，邵朝对（2021）基于主动扩大进口和打好污染防治攻坚战的背景，通过构建中国企业污染排放和生产的匹配数据集，系统地考察了产出关税下降引致的进口竞争对中国制造业企业污染排放的影响。产出关税下降引致的进口竞争通过提升企业生产效率，以及通过管理效率的逃离竞争机制显著降低了中国企业污染排放强度。刘啟仁和陈恬（2020）同样利用中国制造业企业的数据进行分析，他们获取了这些企业能耗和产出的数据，分析了其中参与出口的企业的碳排放特征，基于这两者因果关系的检验结果表明，企业的出口行为与企业二氧化碳排放强度的提升之间具有显著的正向关系，同时企业的出口密度也会显著促进该企业碳排放强度的上升。

随着中国嵌入全球价值链的日益加深以及国内环境形势的日趋严峻，苏丹妮（2020）首次从作为污染防治主体的微观企业的视角，较为系统地考察了企业以不同方式嵌入全球价值链对中国企业污染排放行为的影响，这一研究结果发现，企业全球价值链的不同嵌入方式具有不同的环境效应，具体表现为企业全球价值链上游环节嵌入显著降低了企业污染排放强度，而企业全球价值链下游环节嵌入则显著提高了企业污染排放强度。

随着未来国际分工和跨国投资的焦点向服务行业转移，服务业通过对外直接投资的方式进入东道国市场，究竟会产生何种环境影响成为急需解答的新命题。苏丹妮和盛斌（2021）在企业污染排放模型中引入对外资开放服务业的因素，分析认为这种开放所带来的效果，与使用绿色、清洁的中间投入要素产生的效果相似，能够降低污染。然后，他们使用 1998—2012 年中国工业企业生产与污染排放的匹配数据检验并证实了模型的假设，而且还发现这是要素投入优化效应、生产率效应和减排设备投资效应共同发挥作用的结果。

五、研究展望

本文对 2020 年和 2021 年这两年间，国内学者在国内外主流期刊上发表的贸易与经济发展的相关研究进行了综合分析和总结。从以上理论和实证研究可以发现，商品和服务的进出口贸易，尤其是参与全球价值链有助于推动中国经济的持续增长。相较于经济增长效应本身而言，在当前的国际经济环境之中，贸易和贸易组织的包容性，以及贸易推动下的国内和全球包容性增长更引发了学者们的研究热情。另外，在当前的国际分工和全球化进程走向日趋复杂的环境中，学者们分析了中国在面对这些外部挑战和威胁之下，如何通过推动"一带一路"倡议、自贸区和贸易合作区改革、实施"双循环"战略和扩大进口战略等举措，应对逆全球化和价值链脱钩对中国贸易和经济发展的不利影响。此外，贸易还可以通过影响产品结构、产品质量和产业结构等经济结构，以及通过作用于资本和劳动力的配置、生产率、创新和数字贸易等方式促进经济发展。除了总量增长和结构变迁之外，贸易对于实现经济高质量发展的意义，还体现在改进人民福利水平、改善生态环境、提高居民健康水平等领域。

然而，当前的全球化进程暗流涌动，逆全球化的政治、经济和社会因素的影响日渐突出，美国挑起的中美贸易摩擦，以及和其他国家的贸易摩擦前景未明，中国已经走向了经济发展的新常态和高质量发展的新征途，这些贸易新现象和全球经济实践的新动向，都要求学者们从新的视角研究贸易与经济发展的关系。在理论上，由于中国经济发展面对的外部贸易、分工和生产的新环境，以及高质量发展背景下对贸易所发挥作用的新要求，已经不适宜用那种把发展中国家都作为同质性主体，或者作为国际市场上的价格接受者的小国贸易理论来解释中国的贸易与经济发展的关系了，需要从理论架构上进行重塑，以凸显大国特征和国内统一大市场对贸易和世界经济的影响。同时，面对全球价值链的新理论，结构转型新理论和实证，以及包含多种企业异质性的贸易理论框架的综合，需要在新的全球贸易和分工环境中，从微观企业的行为选择到宏观的结构转型，为贸易与经济增长和经济发展的关系构建新的理论框架。

在实证分析上，首先，贸易冲突、金融危机、技术壁垒、地缘政治冲突等各类冲击导致的不确定性正在深刻地影响分工、生产和交换这些国际贸易的核心要素，人们对这种不确定性的起因、表现形式、对贸易各维度的作用方式，进而影响经济发展的不同机制需要进一步的分析。对于中国而言，面对贸易摩擦进一步激化的可能性，以及全球价值链重构的前景，贸易对于经济增长和发展的作用和意义也正在转变，同时也需要更多关注贸易对本国居民福利、环境和分配结构等更具包容性增长概念的影响的研究。其次，新的信息技术、人工智能等技术创新的出现，正在深刻地改变人们的生产和生活在时间和空间上的分布，而贸易理论和实证的分析需要相应研究这些新问题和新趋势。最后，面对发达国家将贸易视为零和甚至是负和博弈，从而兴起的去全球化逆潮，中国的学者们更应该从理由上，尤其是从经验分析中，提供更多贸易，以及中国的进出口促进世界包容性增长的证据。

对于中国学者而言，面对中国经济增长进入中高收入新阶段、地缘政治因素影响上升和大国经济发展的前景等独具中国经济发展特色的问题，除了借鉴各国发展的历史经验、最新的前沿理论进展之外，也要形成新的实证分析方法、工具和应用，以及建构新的研究贸易与经济发展关系的理论分析模型。总而言之，在从理论和经验分析的综合维度，研究贸易和经济发展的相互作用这一重要的学术领域，未来中国学者还可以从新的经济实践中提出新的理论架构和机制，并从实证分析中探寻更多重要的特征性事实和效应，从而更有助于政府对相关政策进行科学设计，并用于指导实践。

第二节 重 要 论 文

根据上一节对 2020 年和 2021 年国内学术界关于贸易和经济发展相关议题的文献综述中的重点论文，本节从中选择国内知名学者在国际贸易的价值链、服务贸易、贸易和结构转型，以及贸易和环境等领域取得的重要突破性进展，从论文的思想背景、主要结论、理论和实证贡献，以及现实意义这些角度做更详细的介绍和分析。

1. 苏丹妮，盛斌，邵朝对，陈帅. 全球价值链、本地化产业集聚与企业生产率的互动效应 [J]. 经济研究，2020，55（3）：100-115.

思想背景：在信息通信技术飞速发展的支撑下，当前的全球生产活动在生产环节上分离在不同区域，全球掀起了一场引人瞩目的"价值链革命"。在中国不断融入全球化生产体系的同时，国内经济集聚也快速形成。随着对外开放程度加深，以及产业集聚程度不断提高，中国的企业不仅广泛参与到全球价值链当中进行生产和交易，而且也以集聚的本地产业集群形态嵌入全球价值链。国内企业在全球价值链中的位置以及参与方式的变化可能会深刻影响置身其中的国内本地化集群对企业生产绩效的作用方式。

主要结论：首先，企业 GVC 分工地位的提升有利于生产率的改善，即 GVC 分工地位越高的企业生产率也越高。其次，越是在更大程度上嵌入全球价值链上游环节的企业，其与当地产业集群之间的空间关联程度就越低；反之，如企业在更大程度上嵌入全球价值链下游环节，这种空间关联度就越高。最后，在分析集聚三种空间外溢渠道后发现，劳动力蓄水池效应和知识技术溢出效应的作用更强，且企业不同 GVC 嵌入方式与产业集聚呈现了异质性的生产率互动效应。

主要贡献：首先，此项研究在构建企业全球价值链、产业集聚与企业生产率互动机制的基础上，检验了这三个企业全球化生产、地域分布形态和企业微观特征的重要指标之间的互动机制。其次，将企业、本地产业集群和全球价值链的互动机制的动力源泉，根据马歇尔的外部性理论，拓展到了主体、物质和知识三个层面。

现实意义：这项研究分析的全球价值链体系下，全球生产分工的整体体系与本地产业集群产生的互动关系，以及这种互动对于企业生产率提升的影响，对于在当前的"双循环"背景中，深入探索如何综合利用好国内和国外两种资源，以及内部和外部两种市场，提供了重要的理论依据和实施路径。进一步地，从政策含义来看，对打破那种割裂全球价值链来实施措施的导向提供了有力的支撑。

2. 刘斌，赵晓斐. 制造业投入服务化、服务贸易壁垒与全球价值链分工［J］. 经济研究，2020，55（7）：159-174.

思想背景：2008 年之后全球经济增长陷入长期性增长停滞，发达国家为了自身的增长和就业掀起了逆全球化浪潮，叠加全球新冠疫情大流行，多因素共同冲击下的全球价值链分工和生产体系备受挑战。在这一背景下，从各国经济的结构转型特征来看，制造业投入的服务化成为新现象，并且成为世界经济动能转换的潜在动力，然而却受到现存服务贸易森严壁垒的严重阻碍，导致全球价值链的深化受到滞缓。

主要结论：首先，制造业投入服务化测度和服务贸易壁垒测度指标之间的交互效应的符号显著为负，这就表明两者的相互作用不利于全球价值链分工。其次，这种显著的负向效应在制造业投入服务化测度指标更高的行业较强烈。最后，由于两者分别导致了生产环节缩短和中间品价格上升的两种中间机制，从而最终导致全球价值链分工水平降低。

主要贡献：首先，从研究视角看，文章从制造业投入服务化的这种经济结构转型和服务贸易壁垒这种双重视角分析了全球价值链分工进程放缓。其次，文章在模型结构上在一般均衡模型中包含制造业和服务业的两部门生产，为整个文章的分析提供了理论基础，同时运用世界投入产出表数据对模型进行了实证检验。

现实意义：面对当今制造业服务化的趋势和全球化进程中森严的服务贸易壁垒的对立对全球化进程的阻碍，需要设计新的优化路径，从理论和经验证据两方面支撑中国在逆全球化潮流中坚持扩大开放的行动。这篇文章的理论研究厘清了以上两种对立的贸易实践对于全球价值链的不利影响，在政策上有助于为降低服务贸易壁垒，从而推动全球价值链分工的深化提供新路径。

3. 陈登科. 贸易壁垒下降与环境污染改善——来自中国企业污染数据的新证据［J］. 经济研究，2020，55（12）：98-114.

思想背景：贸易与环境是新时期关乎国计民生的重大议题，建设贸易强国和改善环境都是高质量发展的重要内容，同时也是实现高质量发展的强有力措施。建设贸易强国是中国建成现代化经济体系的重要一环，而防治环境污染也被列为决胜全面建设小康社会的三大攻坚战之一。当前，对于贸易与环境污染关系的现有文献还存在较大争议，且基于微观数据考察二者关系的文献非常匮乏。

主要结论：中国企业面对的贸易壁垒每下降 1 个单位，其二氧化硫的排放强度就会显著地下降超过 2%，从而在整体上，在前者降低的情况下，作为中国企业主要污染物的二氧化硫排放强度也会下行。文章的机制检验也指出，这一效应的取得主要不是源于企业产出的变化，而是建立了更清洁的生产过程，同时降低了煤炭的使用强度导致的。

主要贡献：首先，文章在数据利用上将传统的工业企业数据库与行业关税税率数据匹配，从而建立了分析贸易壁垒与企业污染排放的微观分析样本。其次，在贸易和环境污染研究中常见的内生性处理上，利用准自然实验和双重差分方法进行缓解。最后，文章基于微观企业数据更精细地识别了贸易自由化作用于企业污染行为的微观机制。

现实意义：首先，该研究发现贸易有助于降低环境污染，贸易不仅可以通过经典文献所识别的经济增长机制，还能够通过改善环境状况来提升中国社会的福利水平，这为新时期推进贸易强国建设提供了新的有力支撑。其次，在环境规制的可行策略上，除了直接的政府规制外，文章还提供了其他开放经济的路径，这既有利于经济增长，还能从贸易发展和经济增长中获得驱动环境改善的效应。

4. 刘啟仁，陈恬. 出口行为如何影响企业环境绩效 [J]. 中国工业经济，2020（1）：99-117.

思想背景：国际贸易长期以来都是各国经济起飞和发展的重要力量，然而近年来，全球贸易和生产分工的全球化也给一些参与全球贸易的国家，尤其是发展中国家带来了碳排放和污染加剧的负面影响。学者们过去针对发达国家企业在国际贸易中的环境效应进行的研究普遍认为，参与贸易的这类企业同时在污染排放强度方面比仅仅参与国内市场的企业更低，但是对发展中国家的企业参与全球贸易过程的环境效应还缺少实证的分析。

主要结论：（1）参与更多的出口贸易活动会提升中国企业二氧化碳的排放强度。（2）中国企业的二氧化碳排放强度会随着这些企业出口强度水平的提高而提高。（3）导致这种悖论的原因，主要在于中国出口企业的低效率和低利润率，从而无法在出口强度增大的情况下进行研发升级，以及更多投资于环保设备和技术。

主要贡献：（1）从企业层面分析了出口企业的碳排放特征，即这些企业的出口强度与其碳排放强度显著正相关。（2）基于企业层面能源消耗数据，结合这些能源的碳排放因子，相对更为准确地测算了企业的碳排放数据。（3）将企业出口行为、企业的劳动生产率、能耗因子和碳排放结合，验证了出口企业因为低劳动生产率而无法通过降低能耗以实现碳减排的逻辑链条。

现实意义：本文是从微观企业的出口特征、能耗数据和碳减排研究贸易与企业环境绩效的重要文献，是对这一文文献的重要补充。此外，通过分析出口企业的生产率特征导致无法实现碳减排这一机制，为制定新的环境治理政策提供了方向，证实了在国际贸易进程中不仅应制定宏观目标，还应直接着眼于微观企业，特别是促使出口企业提高自身的生产率，从而推动经济与环境的全面可持续发展。

5. 刘睿雯，徐舒，张川川. 贸易开放、就业结构变迁与生产率增长 [J]. 中国工业经济，2020（6）：24-42.

思想背景：全面开放新格局与高质量发展的动力机制和内涵具有紧密的内在关联。中国深化对外开放不仅是高质量发展阶段的背景，也是正在实践的发展导向，同时也面对着快速而剧烈的劳动力市场和就业结构变迁的经济现实。对贸易开放与制造业结构转型中的就业结构变迁进行理论分析和统计测度，有助于为全面开放新格局与高质量发展的研究提供理论和实践的双重支撑。

主要结论：（1）贸易开放驱动了中国劳动力就业的所有制结构调整，从而改善了劳动力资源的配置效率，而这一时期企业间要素配置改善导致的生产率上升中超过7.5%是源自这一机制。（2）这一机制能够解释这一时期制造业生产率总体改善的 1.46% ~1.85%。

主要贡献：（1）识别出独特的贸易开放影响生产率提升的机制，即前者影响了特定行业内部劳动力在不同所有制企业之间的流动，从而改善了劳动力资源原来存在的错配。这是对研究贸易与生产率关系这一支文献的重要贡献。（2）分析了贸易开放过程对就业结构的效应。这是对开放经济条件下就业结构转型的经济学研究的新贡献。

现实意义：文章不仅为中国实现要素资源的优化配置、产业结构的转型升级和增长动力的转换提供了新证据，也为理解中国的就业结构变迁提供了新视角。另外，文章对于劳动力在产业内部不同所有制企业之间流动和配置的新分析，为深化国有企业改革提供了新证据和新方向。

6. 卢盛峰，董如玉，叶初升．"一带一路"倡议促进了中国高质量出口吗——来自微观企业的证据 ［J］．中国工业经济，2021（3）：80-98.

思想背景："一带一路"倡议作为中国扩大对外开放，实现全球包容性增长贡献的中国智慧，一经提出就引发了国内外学者大量的研究。基于这一倡议，中国与沿线国家基于资本、人力资本、技术和资源等领域的广泛合作，实现了地理空间和经济空间的交融，驱动了中国和沿线国家相关城市的增长，以及中国企业的出口增长。然而，这一出口增长源自粗放式数量驱动还是高附加值产品质量驱动，即"一带一路"倡议是否促进了中国高质量出口？这关系到"一带一路"倡议是否能够成为中国外贸和增长的内生动力，还是仅仅驱动了数量的增长。

主要结论："一带一路"倡议的实施与国内相关城市出口产品的平均质量呈现统计意义上显著的正相关关系。其中的机制在于，沿线城市的地方政府为了配合"一带一路"倡议的实施，出台了一系列支持企业创新的措施，同时这也改善了企业面对的政策环境和营商环境，这些都是企业实现高质量出口的有利条件。

主要贡献：（1）这篇文章是国内文献中较早识别"一带一路"倡议对出口产品质量影响的文献，以往文献多陷于出口的数量和流量维度。（2）进一步识别了"一带一路"倡议通过影响地方政府的政策选择，改善创新等政策环境，进而促进相关企业提高出口产品质量的机制。（3）基于以上分析，提供了新的激励出口企业提高产品质量，增强国际竞争力的政策选择。

现实意义："一带一路"倡议与企业高质量成长和中国经济高质量发展的关联成为该领域的重点议题。这篇文章的分析为此提供了经验证据，同时也提供了一个重要的动力机制，还提供了新的地方政府的政策作用路径，为新时代的"有为政府"作用于高质量增长提供了实践依据。

7. 戴翔，宋婕．"一带一路"倡议的全球价值链优化效应——基于沿线参与国全球价值链分工地位提升的视角 ［J］．中国工业经济，2021（6）：99-117.

思想背景：当前的全球价值链是以发达国家为核心构造的，广大的发展中国家处于这一价值链条的边缘位置，虽然承担了资源供给和大规模生产的功能，却由于价值增益低下而分配不利。全球价值链的包容性发展不但需要更多发展中国家能够参与其中，而且需要提升这些国家的分工地位。中国的"一带一路"倡议有助于以上两个目标的实现，推进当前全球价值链的改善和优化，也有利于全球包容性发展。

主要结论：文章的理论分析表明，中国"一带一路"倡议由于以"人类命运共同体"先进理念为引领，以"共商、共建、共享"原则为基本遵循，从而有助于提升沿线参与国，尤其是发展中国家的全球价值链分工地位。"一带一路"倡议内含的政策、资金、贸易、基础设施等方面的便利化和互通，搭建了这一倡议促进沿线各国提升全球价值链分工地位的中介桥梁，而这一中介作用在文章中也得到了稳健的数据验证。

主要贡献：（1）在理论分析中，揭示了"一带一路"倡议驱动沿线国家提升全球价值链分工地位的内在逻辑，从而推动全球各国，尤其是发展中国家实现包容性增长。（2）在实证分析上，检验了五种"一带一路"倡议带来的"互联互通"在其中所发挥的中介作用，并得到了显著的正向效应。

现实意义：这篇文章从"一带一路"倡议在对当前的全球价值链进行优化中的作用的较新视角出发，评估了该倡议通过五种路径驱动沿线国家提高价值链分工水平的效应，拓展了"一带一路"倡议的实践价值。同时，对于推动"一带一路"倡议的科学发展，以及全球价值链的优化，提供了政策发挥作用的不同路径和需要改进的方向。

8. 张峰，战相岑，殷西乐，黄玖立．进口竞争、服务型制造与企业绩效［J］．中国工业经济，2021（5）：133-151.

思想背景：中国经济发展的历史经验已经证明，是对外开放带来了进步和发展，封闭只能伴随落后和挨打。制造业是经济发展的实体支撑和根基，在当前面临着服务化的新挑战。因此，在推动全面开放新格局的当下，研究贸易开放环境与国内制造业转型升级的关系，具有独特的意义。

主要结论：（1）面对对外开放带来的激烈进口竞争，服务型制造的提升可以提升中国企业的经营绩效。（2）以上检验的正向关联效应会伴随服务型制造比重上升而减弱，主要原因在于服务业务结构不合理，保持差异化是保持这一效应的关键因子。（3）这一正向效应的异质性主要在东部地区企业更为突出，同时在非高技术产业中更明显地表现为正向效应。

主要贡献：（1）首次对开放经济环境中的中国企业的服务型制造及其效应进行了微观企业层面的分析和检验。（2）基于"熊彼特效应"和"逃离竞争效应"这两种市场竞争对企业行为影响的不同机制进行研究，为实证分析提供了理论基础。（3）为中国企业面对激烈的进口竞争，实现和保持竞争优势提供了企业战略方面的理论支撑。

现实意义：当前中国企业在新的全面开放环境之中，势必面对更强烈的进口竞争的重大挑战，这篇文章的研究成果为企业应对这一新的竞争环境提供了理论依据，即通过发展服务型制造提升自身的经营绩效。在宏观经济意义上，服务型制造也是中国制造业转型升级过程中的新方向，文章的研究也为政府制定政策，充分发挥服务型制造的积极作用提供了实践经验和指引。

9. 崔静波，张学立，庄子银，程郁．企业出口与创新驱动——来自中关村企业自主

创新数据的证据 ［J］. 管理世界，2021，37（1）：76-87.

思想背景：中国经济整体规模较大，制造业的体量也在全球独树一帜，然而在制造业领域并非世界强国。相反，在开放经济的大背景下，中国制造业的进一步发展和转型升级还面对外部需求增长下降和内部亟待转型升级的双重挑战，而解决这些挑战的不二法门就是企业创新。创新不仅是企业提升国际市场竞争力的根本，也是继而促进宏观经济生产力提升和实现国家高质量发展的坚实基础。研究开放经济环境中企业出口和企业创新之间的关系就同时具有微观和宏观的重要现实意义。

主要结论：（1）总体上来看，对样本数据的检验证明了企业出口显著促进了创新投入与产出。（2）这种效应具有显著的行业异质性，在部分行业当中并不具有统计意义上的显著性。（3）出口对创新投入的效应在时间上呈现 U 形特征，出口对创新产出的影响却是一直减弱的。

主要贡献：（1）首次全面测度了企业的创新能力，基于研发投入、新产品和专利三个层面的测度，检验了中国企业出口与其创新指标之间的关系。（2）应用倾向得分匹配方法区分出口企业的不同类型，同时控制企业出口自选择效应，从而更稳健地识别了企业出口行为与其创新活动之间的因果关系。（3）对时间效应和行业异质性进行了充分检验，从而更具有政策指导价值。

现实意义：为当前中国更坚定地实施全面扩大开放的战略选择提供了新的企业层面的证据，有助于促进企业创新。同时为国际贸易与企业高质量发展之间的因果关系检验提供了更全面和更稳健的经验证据。

10. 谢谦，刘维刚，张鹏杨. 进口中间品内嵌技术与企业生产率 ［J］. 管理世界，2021，37（2）：66-80.

思想背景：扩大进口战略的提出与实施是中国当前对外开放新格局的重要举措。这一战略实施以来，对中国进出口成长的影响如何？是否拉动了外贸增长？对宏观经济增长的效应如何？是否促进了制造业的转型升级？这些在当前都是需要进行数据检验的重要命题。

主要结论：（1）从进口中间品视角出发，发现其中内嵌的技术水平，对企业的创新投入、企业生产率，以及企业的盈利水平都有正向的效应，当然这种效应水平的大小受到企业自身的技术吸收能力的影响。（2）虽然进口中间品的内嵌技术在整体上会提升中国工业企业的生产率，但从事加工贸易的企业一般技术吸收能力差，导致这些企业进口中间品不会显著提高它们的生产率水平。（3）直接创新效应、中间品种类的间接效应、企业技术吸收能力效应是三种主要的作用路径。

主要贡献：（1）在理论上，将进口中间品多样性、创新投入和技术吸收能力等企业异质性进行综合，用统一模型框架内生化分析企业中间品进口行为对其生产率的影响。（2）基于首次构建的进口中间品内嵌技术测度，识别和检验了进口中间品和企业生产率之间的关系和作用机制。

现实意义：在中国当前积极采用各种方式扩大进口，以实现对国内企业发展和宏观经济的促进作用的背景下，本文的研究为具体政策的制定和优化提供了理论支撑和政策指引。文章基于技术吸收能力检验的结果，为支持和促进中小企业和民营企业在扩大进口战略环境中实现创新发展和高质量发展，提供了具体的路径和措施。文章分离出的三种扩大中间品进口促进企业生产率提升的机制，为构建和优化进口促进政策，提高企业进口中间品的种类和多样性提供了政策依据。

第三节　重要著作

本文根据 2020 年和 2021 年国内学者在贸易和经济发展领域的重要研究选题和热点问题，选择部分重要出版社出版的具有较大影响力的著作，从研究背景、主要内容、基本结构、主要贡献及现实意义等方面对这些成果进行介绍。

1. 余淼杰. 构建中国全面开放新格局：理论、实证与政策研究 ［M］. 北京：科学出版社，2021.

研究背景：中国从 1978 年开始实行改革开放政策，这深刻地改变了中国和深远地影响了世界。得益于对外开放政策，中国已成为世界上货物贸易第一大国和服务贸易第二大国。中国吸收和对外直接投资也均达到较大规模，2018 年分别为 1349 亿美元和 1298 亿美元，占世界总额的 7.9% 和 19.3%。过去 40 余年间，中国的对外货物贸易量增长了 204 倍，国内生产总值（GDP）增长了 34 倍，中国实现了对外贸易发展的"奇迹"。党的十九大报告要求推动形成全面开放新格局，这标志着我国对外开放发展进入了新时代。那么如何构建中国全面开放新格局？尤其是在当今世界面临百年未有之大变局、国内经济增速放缓的大背景下，如何克服来自国内外的挑战，坚定信心实现更高水平和更高质量的对外开放？该书旨在回答以上问题。

内容提要：该书首先系统梳理和总结了改革开放以来我国不同阶段对外开放发展的驱动力，指出我国各个阶段的对外开放政策与该阶段的对外开放驱动力基本一致。对外开放过程可划分为三个阶段：广度开放阶段、深度开放阶段和全面开放阶段。基于此可以解释我国自改革开放以来对外开放发展的奇迹及总结我国对外贸易发展的逻辑和规律：有序而持续的对内改革和对外开放。其次采用规范的学术研究方法，从理论、实证和政策层面系统研究了对内改革和对外开放相关重要举措对构建全面开放新格局的影响机制和效应，并基于此给出当前背景下构建中国全面开放新格局的重点战略和战术措施。

基本结构：全书共分为"构建中国全面开放新格局的理论与实证研究"和"构建中国全面开放新格局的政策研究"上下两编，由 13 章组成，其中第一编由 8 章构成，第二编由 5 章构成。第 1 章介绍了改革开放以来中国对外开放发展的动力、成就与展望；第 2 章从贸易自由化的视角研究了贸易政策对企业绩效和出口行为的影响；第 3 章从非关税壁垒的视角研究了临时性贸易壁垒对企业融资行为和经营风险的影响；第 4 章基于"银行-企业"不完全信息条件，研究了国内企业和出口企业面临的不同信贷约束及其对企业出口的影响；第 5、第 6 章分别研究人民币汇率灵活变动（升值、贬值）对企业出口产品质量和出口国内附加值的影响效应和机制渠道，其中第 5 章主要研究了人民币升值对企业出口产品质量的促进效应，第 6 章通过理论建模和实证分析研究了人民币贬值对加工贸易企业出口国内附加值比率具有促进作用；第 7 章研究了进口产品质量在汇率出口价格传递中的调节作用；第 8 章从国内投入市场摩擦的视角研究了国有跨国企业和私营跨国企业对外直接投资的决策行为；第 9 章主要梳理和总结了改革开放以来中国对外开放政策的主要实践，为第二编的研究奠定基础；第 10 章研究了"一带一路"建设与人民币国际化的关系；第 11 章为全面开放新格局中的粤港澳大湾区建设提供了具体政策路径启示；第 12 章主要研究了当今全球最大的发展中国家之间的区域自由贸易协定在我国构建全面开放新格局中的作用；第 13 章以"扩大开放利好中国经济"为题总结全书，系统展示了中国在市场准入、投资环境、知识产权保护、进口等方面的现状。

主要贡献及现实意义：第一，该书通过系统梳理和总结中国对外开放发展的逻辑和规律，为进一步扩大对外开放奠定了基调，也为我国继续坚持经济全球化、多边合作机制、区域贸易投资自由化坚定了信心。第二，该书通过理论和实证的方法研究了贸易自由化（包括关税和非关税壁垒削减）、信贷约束放松、人民币汇率灵活变动、减少国内投入品市场扭曲等对企业生产率、企业经营风险、企业出口产品质量、企业出口国内附加值、企业对外直接投资决策等的影响效应和机制，对我国继续科学合理地加强对内体制机制改革、释放制度红利和推进对外开放发展具有重要意义。第三，该书系统分析了当前我国对外开放领域的一系列重要政策对构建全面开放新格局的影响效应和机制，并基于此提出了当前构建全面开放新格局的政策和措施的重点与难点，为高质量、高水平地构建中国全面开放新格局提供了路径启示。

2. 李志远．国际贸易理论与中国实践：信贷约束、生产全球化与贸易参与 ［M］．北京：人民出版社，2021.

研究背景：中国经济的发展与腾飞起始于中国在国际贸易领域的开放。更准确地说，中国之所以能够作为一个发展中国家参与全球性的国际贸易并取得最大的收益，归因于中国最早踏上由全球价值链所代表的全球性分工的历史快车。事实上，中国是全球发展中国家中较早参与国际分工的，而中国参与国际分工的形式，就是我们非常熟悉的"加工贸易"。加工贸易使得中国较早地加入全球价值链生产，而在这个时期全球价值链的概念甚至还未成型。在加工贸易的基础上，生产的过程使中国逐渐积累了更多的知识、更多的创新思想与设计、更多的人力资本、更多的生产组织能力、更多的企业与更多的活力。因此，中国的经济发展与国际贸易息息相关。中国的发展实践背后有着国际贸易已知或未知原理的规制，而国际贸易理论的创新也部分来自中国的发展实践。

内容提要：全书从国际贸易的前沿理论出发，将中国的贸易实践与国际贸易一般规律结合起来，并特别关注国际贸易实践中的两个重要特征，即国际贸易中企业所受的严重信贷约束和生产全球化背景下中国对全球价值链的参与。深入研究这些重要特征，以及国际贸易对中国资源有效配置的影响，对于深入理解国际贸易对中国经济发展的影响和研判未来最优发展战略路径极其重要。

基本结构：全书共分为 3 编共 9 章。第一编主要讨论了信贷约束条件下的国际贸易特点。其中第 1 章研究了在银行与企业间存在不完全信息条件下，银行如何为了实现激励相容（利用机制设计使企业诚实汇报自身信息）而对国内企业和出口企业施加信贷约束；

第 2 章指出企业还有一个相对更一般的因素影响着银行施加于企业的信贷约束，即资金循环周期；第 3 章考虑了给定信贷约束后，企业面对信贷约束的大小如何影响企业的出口决策；第 4 章进一步拓展第 3 章的讨论，不再将信贷约束与企业的生产率联系起来，而认为在给定生产率后企业可能会有一定信贷约束的波动空间。第二编主要关注世界与中国的生产全球化实践。其中第 5 章讨论了当前世界经济生产组织与理想的全球价值链生产的距离；第 6 章讨论了中国在当前全球化生产下所处的位置、分工与未来的发展战略；第 7 章进一步将关于全球价值链的讨论聚焦于中国在全球价值链生产组织上的特点。第三编转向研究中国企业的贸易参与以及影响的因素与政策。其中第 8 章分析了 2000—2006 年贸易中介在中国企业出口中的作用；第 9 章探讨了国家级开发区的设立对城市企业出口参与的影响。

主要贡献及现实意义：该书从国际贸易的前沿理论出发，结合中国的贸易实践，研究了当前国际贸易理论的两个重点问题：一是信贷约束条件下的国际贸易，二是生产全球化背景下全球价值链的参与模式、特点与原理。本书系统而深入地思考了中国参与国际分工特别是全球价值链的演进特征、决定因素与经济影响，站在当代国际贸易理论的最前沿，以创新的视角、缜密的模型和翔实的数据对中国的国际化生产与贸易实践进行了经验分析，既深化了通过理论对中国发展规律的透视，又丰富了中国案例对经济文献的贡献。

3. 东艳、徐奇渊. 直面中美贸易冲突［M］. 北京：中国社会科学出版社，2021.

研究背景：在美国的特朗普政府率先发难，挑起中美贸易冲突之后，两国之间的关税冲突已经进入了胶着状态，甚至在拜登政府任内有逐步趋向平息的态势。但是，中美之间的冲突已经从这一传统贸易领域蔓延到了科技、产业政策等领域。在新冠疫情暴发的两年之后，世界经济依然面对着更多的不确定性。在这样一个世界经济的大环境当中，中国采取何种战略来应对？本书提出了深化改革开放，以制度协调和制度开放直面这种冲突和复杂性的战略方针。

内容提要：本书包括以下部分：首先对中美关系的历史演变进行了回溯，并进一步论述了美国对中国政策转变的整个过程。其次围绕中美之间在投资、金融，尤其是技术和关税等各个领域的冲突进行了多角度的分析，并提出了管控冲突的建议。再次基于世界贸易组织这种全球多边机制、区域合作多边机制，以及中欧投资贸易协定的双边机制改革的分析提出具体的政策建议。最后在上述分析之外，还对这些全球、多边和双边机制改革环境中的中国本身的改革做了进一步的分析。

基本结构：全书共分十五章，具体如下：（1）压舱石与周期性的终结：国际秩序互动视角下的中美关系；（2）《301 调查报告》对中国的指控及其指责；（3）中美经贸冲突中的国防技术与供应链安全因素；（4）贸易摩擦的福利冲击；（5）美国加征关税的商品排除机制：是缓冲还是隐忧？（6）中国企业的对美投资是否受到了歧视？（7）美国外国投资委员会的 2017 年改革及中国的应对；（8）中美应合作推动形成国际技术转让的多边规则；（9）中国如何应对美国金融制裁？（10）中美贸易冲突：中国经济的核心利益是什么？（11）制度协调和制度型开放：基于中美、日美贸易摩擦的比较；（12）WTO"发展中国家地位"的调整压力及中国对策；（13）中国应尽快启动加入 CPTPP 谈判的进程；

（14）中欧合作的共识、障碍和推进步骤；（15）如何推动国有企业的竞争中性改革？

主要贡献：本书提炼出了以下深刻观点：（1）中美贸易冲突的扩展，对应于全球化的三个阶段；（2）中美关系本质上并不存在周期性，经贸依赖这一"压舱石"已经质变；（3）中美之间国际秩序距离的变动，越过了"非敌非友"的临界点；（4）面对中美贸易冲突，可以采取"以牙还牙"策略，也需要努力达成共识，推动实质性改革；（5）以制度协调和制度型开放应对中美摩擦。

现实意义：中国当前面对中美在不同领域的冲突加剧的挑战，除了贸易之外，还包括与之相关的科技、投资和金融等领域也遇到了美国设置的更多壁垒，中国需要在把握好自身核心利益的基础上形成统一的政策框架。这本书提出的建议包括：首先，在多边合作领域，以建设性立场应对 WTO 发展中国家地位的调整压力，并尽快启动加入 CPTPP 谈判的进程。其次，在双边合作领域，中美应合作推动形成国际技术转让的多边规则。同时，需要对美国企业在内的外资企业进一步全面扩大开放。在中欧合作方面，可以分四步推动经贸合作取得进展。最后，国内政策应尽快推动国有企业的竞争中性改革，同时稳妥处理好扩大开放与防范风险的关系。

4. 刘峥延. 中国贸易与环境协调发展研究：基于中国加入 WTO 的环境影响分析［M］. 北京：社会科学文献出版社，2021.

研究背景：当今世界面对逆全球化浪潮和冠病大流行等诸多挑战，但全球经济一体化和贸易自由化必将是未来世界发展的趋势。中国一直是经济全球化的坚定支持者，也提出了"双循环"相互促进的新发展格局，这就成为未来一个时期关系我国发展全局的重大战略任务。而贸易自由化与环境的关系一直是一个有争议的话题。一般认为，贸易自由化会对发展中国家特别是环境规制相对薄弱的国家的环境产生负面影响。中国作为最大的发展中国家，自 2001 年加入世界贸易组织以来，贸易自由化进程显著加快，贸易、经济发展迅速，与此同时中国又因为成为"世界工厂"饱受环境污染的困扰。因此，如何统筹推进贸易自由化与生态文明建设值得重点研究。

内容提要：该书首先综述了贸易自由化的环境影响以及贸易隐含污染物研究的相关文献，特别是关于中国加入 WTO 的环境影响研究的进展；其次在对贸易自由化的环境影响进行理论分析的基础上，明确了该书的情景设置与指标体系；进一步，该书在"贸易—经济—环境"系统的框架下，利用多区域递归动态可计算一般均衡模型（CGE）、多区域环境投入产出模型（EIO）等，量化评估了中国加入 WTO 对国内和全球环境的影响，并提出了促进中国贸易与环境协调发展的政策建议。

基本结构：全书共分八章，具体如下：（1）绪论；（2）理论基础与研究方法；（3）加入 WTO 以来中国经济贸易发展与环境保护的事实与特征；（4）中国贸易隐含排放核算及其驱动力分析；（5）加入 WTO 对中国贸易隐含排放的影响；（6）加入 WTO 对中国及全球温室气体和大气污染物排放的影响；（7）加入 WTO 后中巴大豆—肉类产业链替代性及其环境影响研究；（8）结论与政策建议。

主要贡献：（1）区分了贸易自由化对贸易隐含温室气体和污染物及由生产引致的温室气体和污染物实际排放的影响，通过这两套指标量化分析中国加入 WTO 的环境影响，提出贸易自由化与环境协调发展的对策；（2）通过反现实情景分析和多区域动态 CGE 模型手段相结合的方法评估中国加入 WTO 的环境影响，并综合运用时间维度和空间维度的分解方法分析贸易隐含污染物变化的驱动力，形成一套可用于贸易自由化环境影响分析的方法体系，丰富了贸易自由化环境影响分析实践，可为对中国其他贸易自由化举措开展环境影响分析提供有益借鉴。

现实意义：中国经济发展过程伴随着贸易的自由化，同时环境领域一段时期以来也有恶化的走向。鉴于开放发展和环境保护都是中国实现高质量发展的重要内容，本书提出的贸易自由化和环境协调发展的理论方法具有很好的政策应用价值。以供给侧结构性改革推动出口结构改善，能够充分发挥结构效应，进而遏制污染物排放。加快国外先进技术的引进，同时应该增强自主创新力度。另外通过适度扩大进口，可以减缓中国长期贸易顺差所导致的环境压力。

第四节 学 术 会 议

2020 年和 2021 年，贸易领域的国内学者围绕贸易和经济发展关系的热点和前沿选题，在不同区域和层次上组织了一系列的学术会议。研究者们以这些会议为平台，交流最新研究成果，碰撞学术思想，推动了对这一重大问题的研究进展。本节从中选取部分规模较大、代表性更强的重要学术会议进行重点介绍。

1. 第六届中国服务经济与贸易论坛（2020）
会议主题：进一步扩大服务业开放，推动服务贸易创新发展
主办单位：全国高校国际贸易学科协作组
会议时间：2020 年 9 月 26—27 日
会议概述：本届论坛主题为"进一步扩大服务业开放，推动服务贸易创新发展"。西北师范大学副校长李朝东教授、全国高校国际贸易学科协作组副秘书长黄建忠教授、对外经济贸易大学国际经济贸易学院唐宜红教授，以及来自商务部国际贸易经济合作研究院、北京师范大学、南开大学、厦门大学、对外经济贸易大学、湖南大学、东北财经大学、上海对外经贸大学、广东外语外贸大学、辽宁大学、中国农业大学、南京农业大学和兰州财经大学、兰州交通大学、西北师范大学等全国 40 余所高校、研究机构和期刊编辑部的 120 余名专家学者参加了本次论坛。

在开幕式后的主旨报告阶段，唐宜红教授、商务部国际贸易经济合作研究院服务贸易研究所所长李俊研究员、上海对外经贸大学国际经贸学院院长黄建忠教授、上海对外经贸大学国际经贸学院蒙英华教授分别做了题为《关于当前服务业开放的几点思考》《新时代中国服务贸易发展战略分析》《"双循环"与服务贸易自由化》和《新冠疫情与服务贸易发展》的主旨报告。

9 月 26 日下午的主题报告阶段，对外经济贸易大学中国 WTO 研究院周念利研究员、厦门大学经济学院陈勇兵教授、兰州财经大学国际经济与贸易学院胡静寅教授、商务部国际贸易经济合作研究院美洲与大洋洲研究所副所长周密研究员、首都经济贸易大学中国产

业经济研究院邹昭晞教授、辽宁大学经济学院李丹教授分别做了题为《对数字贸易规则"美式模板"的新观察与新思考》《房价、出口与荷兰病》《高水平开放护航服务贸易发展，数字化经济促进服务贸易转型》《美数字经济统计中服务成分的作用与潜力》《全球价值链演进与中国国内国际双循环》《贸易便利化、服务要素投入与出口国内增加值》的发言。当天下午，还举行了全国高校国际贸易学科协作组服务经济与贸易论坛秘书处会议。

9月27日上午，全国高校国际贸易学科协作组国际商务论坛副秘书长、上海对外经贸大学国际经贸学院汪建新教授、东北财经大学国际经济贸易学院孙玉红副教授、广东外语外贸大学经济贸易学院魏作磊教授、西北师范大学经济学院副院长陈开军副教授、中国农业大学经济管理学院马红旗副教授分别做了题为《"五年规划"与中国企业创新边际》《区域贸易协定中的数字条款对服务贸易的影响研究》《服务业发展水平与制造业出口升级》《资本市场开放与股价同步性》《资本下乡与契约切换》的发言。随后，全国高校国际贸易学科协作组副秘书长黄建忠教授宣布大会圆满完成既定议程、胜利闭幕。

本届论坛受到《国际贸易问题》《首都经济贸易大学学报》《国际商务研究》《上海对外经贸大学学报》等期刊以及经济科学出版社、中国商务出版社等单位的大力支持，期刊编辑部和出版社专家就期刊选题、学术论文投稿与审稿、专著出版等和与会代表进行了充分交流。

2. 第八届中国世界经济学科专家和中青年学者学术论坛（2021）

会议主题：世界经济新变化与高质量发展

主办单位：教育部人文社科重点研究基地复旦大学世界经济研究所、中国世界经济学会"美国经济论坛"、中南财经政法大学经济学院

会议时间：2021年10月23—24日

会议概述：此次学术论坛，获得了《世界经济》、*China & World Economy*、*Journal of Asian Economics*、《财经研究》《南开经济研究》《世界经济文汇》《中南财经政法大学学报》《浙江学刊》《世界经济情况》等参会支持。此外，本届学术论坛共收到来自复旦大学、中国人民大学、南开大学、武汉大学、中央财经大学、吉林大学、上海财经大学、厦门大学等国内外50多所高校，以及上海社会科学院、中国社会科学院等研究机构的共81篇学术论文，并遴选出30多篇应征论文作为拟入选报告论文。

论坛大会的上半场主题演讲由南京大学商学院副院长于津平教授主持。南开大学《南开经济研究》主编李坤望教授，上海对外经贸大学国际经贸学院院长黄建忠教授，清华大学经济管理学院国际经济研究中心主任陆毅教授，复旦大学文科科研处副处长罗长远教授，中山大学国际金融学院院长黄新飞教授，复旦大学世界经济研究所副所长沈国兵教授，中南财经政法大学经济学院院长李小平教授等七位学者先后进行了主题演讲。李坤望教授以"收入分配与内循环：基于结构模型的量化分析"为主题发表演讲。他在双循环新发展的背景下，探讨了收入分配和内循环之间的内在联系。黄建忠教授以"国际经济学视角下的数字经济若干问题"为题进行了专题发言。他指出，学界目前虽然对数字经济已经有了更为清晰的认知，但相关的理论基础却仍待发展，因此需要结合传统理论分析

方法来加深对数字经济的理解。罗长远教授以"后发优势与对外投资：来自中国的证据"为题进行了专题演讲。他指出，近年来，中国 OFDI 的显著特征表现为对发展中国家的 OFDI 金额有明显提升，而这也产生了一个关键问题，即中国企业为什么能在市场环境发展不完善的经济体进行投资。黄新飞教授以"中国对外援助、隐性担保机制与企业直接对外直接投资"为主题发表了专题演讲。他指出，随着全球经济的深度融合以及中国经济地位的不断提升，中国对外援助和对外直接投资（OFDI）扮演着越来越重要的角色。与此同时，逆全球化、贸易保护主义及地缘政治冲突等诸多外部负面因素也依然存在。

大会主题演讲的下半场由上海对外经贸大学国际经贸学院院长黄建忠教授主持。湖南大学经济与贸易学院党委书记祝树金教授，厦门大学经济学院国际经济与贸易系主任彭水军教授，南开大学教务处副处长周申教授，武汉大学经济与管理学院副院长余振教授，复旦大学经济学院世界经济系副主任李志远教授，上海对外经贸大学国际经贸学院副院长高运胜教授，中南财经政法大学经济学院代谦教授等七位专家学者先后进行了主题演讲。祝树金教授以"环境规划、产品质量与企业竞争策略"为主题发表了专题演讲。他指出，在中国经济发展历程中，一直都存在着严重的环境问题。这些问题不仅对居民健康构成了威胁，同时也造成了经济损失。彭水军教授以"排污权交易政策对企业出口产品质量的影响：创新补偿还是产品替换"为主题发表了专题演讲。他指出，长期以来，中国经济的发展依赖于高污染、高消耗、高投入的增长模式，因此伴随着经济快速增长的负面效应是环境问题的恶化及污染问题的突出。周申教授以"高铁开通、劳动力要素与中国 FDI 区位分布"为主题发表了专题演讲。他指出，中国交通基础设施近年来发展迅猛，尤其是作为新型交通基础设施的高铁，已经对中国的区域经济发展产生了重要的影响。李志远教授以"区域性全球价值链"为主题发表了专题演讲。他指出，虽然全球价值链的概念已经被学界普遍接受，但在实践过程中仍然具有讨论的空间。

此外，"中国经济专题"分论坛在 *China & World Economy* 编辑部主任宋锦的主持下顺利进行，分论坛采用在线研讨模式，由四位学者对其成果进行汇报研讨。"世界经济主题演讲"在西南民族大学经济学院教授尹忠明的主持下顺利进行，七位学者对其研究成果进行汇报研讨。"美国经济主题演讲"由复旦大学世界经济研究所副所长沈国兵主持完成，六名来自不同学校的知名学者分别对其研究成果进行了演讲，其他与会者展开了热烈讨论。随着"美国经济主题演讲"的结束，大会进入闭幕式致辞阶段。

3. 第六届国际经济学前沿论坛（2021）

会议主题：新发展格局与建设更高水平开放型经济新体制

主办单位：经济研究杂志社、厦门大学经济学院、厦门大学王亚南经济研究院

会议时间：2021 年 7 月 24 日

会议概述：为了深入学习贯彻党的十九届五中全会精神，推动国际经济学学科发展，促进本学科基础理论和应用研究的探讨和交流，2021 年 7 月 24 日第六届国际经济学前沿论坛在厦门大学举办。论坛为期一天，采用线上和线下（为主）并行的方式，24 日上午围绕国际经济学前沿理论，共邀请七位知名学者进行主题演讲；同时，论坛安排了 10 个场次的分组报告会，从 108 篇投稿论文中遴选了 30 篇论文，30 位来自各院校的专家学者

和博士生于 24 日下午进行了论文报告。

第一场大会主题演讲由西南财经大学国际商学院院长王珏教授主持，对外经济贸易大学原副校长、国家对外开放研究院执行院长林桂军教授，上海对外经贸大学国际经贸学院院长、研究生院院长黄建忠教授，东南大学经济管理学院特聘教授、国际经济研究所所长邱斌先后带来演讲。林桂军教授在题为《国家安全问题对贸易投资的影响及改革方向》的主题演讲中，通过总结现有 WTO 关于国家安全问题条款的几点缺陷，认为中国应该主动为"美国政府迭代而重新讨论 WTO 国家安全例外条款"这一机会做好准备，设计新的策略；以尊重 WTO 成员维护国家安全和避免隐形贸易保护主义双重目标为基础，以开放促改革，全力支持发展中国家融入多边贸易体制，推进贸易投资自由化与便利化，推动集体解决国家安全与贸易投资之间的冲突。黄建忠教授的研究题目为《"慢全球化"与大国开放经济》。他指出，目前全球化正在进行机制性回归，从"逆全球化"到疫情下的"全球化熔断"再向"慢全球化"回归；贸易政策已经从传统的跨国公司利益最大化驱动向"劳工权益"最大化驱动转变。邱斌教授 *Armington Elasticities and the Third-Country Effects of Trade Conflicts* 的研究从理论上证明了：当本国与外国商品间的替代弹性小于外国商品间的替代弹性时，一国针对特定国家的保护性关税将提高第三国的福利。

第二场大会主题演讲由湖南大学经济与贸易学院院长侯俊军教授主持，中国社会科学院经济研究所副研究员倪红福，中南财经政法大学工商管理学院院长钱学锋教授，复旦大学经济学院教授李志远，厦门大学经济学院国际经济与贸易系主任彭水军教授先后带来演讲。倪红福在题为《扭曲因子、进口中间品价格与全要素生产率：基于非竞争型投入产出网络结构一般均衡模型事后核算方法》的演讲中认为，全要素生产率和资本（投资）是中国经济增长的主要贡献者，且两者存在明显的此消彼长的"跷跷板"特征。钱学锋在《贸易理论研究的需求转向》的研究中谈到，贸易理论研究的需求侧近几年开始重新被关注，从模型出发，可以对需求函数进行改进；从数据出发，可以探索新的经验方法来测度消费者的偏好；从行为出发，可以从消费者异质性、需求结构转型、技能溢价、生产率问题、本地市场效应等方面拓展。李志远教授的报告题目为《国际贸易与一价定律》，他认为两地之间的贸易成本不仅要考虑到两地的价格，还需要考虑"第三个区域"对两地价格的影响。在题为《RCEP 的贸易和福利效应量化评估：基于全球价值链视角》演讲中，彭水军教授认为贸易创造效应将使 RCEP 区域内增加值出口显著增加，并且呈现由区域外向区域内转移的特征。

4. 第七届中国服务经济与贸易论坛（2021）

会议主题：借力数字外贸新引擎，促进服务经济与贸易新发展

主办单位：全国高校国际贸易学科协作组

会议时间：2021 年 6 月 12—13 日

会议概述：本届论坛的主题是"借力数字外贸新引擎，促进服务经济与贸易新发展"。会议分别邀请了 7 位专家学者围绕数字经济、数字贸易、产教融合、外企数字化转型、服务贸易等方面进行了主旨报告。来自商务部国际贸易经济合作研究院、北京师范大

学、南开大学、厦门大学、对外经济贸易大学、兰州交通大学、辽宁大学、上海对外经贸大学等 30 余所高校、研究机构的 60 余名专家学者参加论坛，共议数字外贸、服务经济与贸易新发展。

此次论坛设立了两个平行论坛。论坛上，与会专家学者围绕"数字贸易与服务业数字化"探索数字化运行发展服务经济与贸易的新业态、新模式、新场景。

南开大学经济学院院长盛斌做了题为《数字经济如何改变国际贸易》的主旨报告。盛斌教授指出，第四次工业革命现在已经由人工智能和数字经济为主导，这种新特征对国际贸易的影响也更为深远。杭州新丝路数字外贸研究院理事长潘建军以《疫情背景下，外贸企业数字化转型路径及人才需求》为题做了报告。他认为，数字化转型是后疫情时代外贸企业的不二选择，数字化服务应用是外贸企业数字化转型路径之一。商务部国际贸易经济合作研究院国际服务贸易研究所所长李俊的主旨报告重点聚焦对数字贸易的准确定义。他认为要做到这一点，对数字贸易的界定必须兼具包容性、针对性和场景化三个特征，才能改变世界不同国家和结构对其理解莫衷一是的现状。同时，还应该从数字产业国际化、技术驱动传统贸易方式变革、数据跨境流动这三个不同角度来分析数字贸易的起源。

辽宁大学研究生院院长、教育部经济与贸易类教学指导委员会副主任委员崔日明从对外贸易视角出发，积极探索进口贸易尤其是服务进口贸易对一国就业可能形成的关键影响，这有助于为中国优进优出外贸战略的实施以及进一步扩大就业的举措提供直接的理论参考和必要的理论依据。厦门大学经济学院国际经济与贸易系主任彭水军教授认为，服务贸易自由化和服务贸易成本的下降，引发了资源再配置、成本效率和技术创新三种效应，从而降低了中国制造业企业的污染排放强度，促进了这些企业的绿色转型。

全国高校国际贸易学科协作组副秘书长、服务经济与贸易论坛秘书长，上海对外经贸大学国际经贸学院院长黄建忠教授针对"双循环"下的世界经济与国际竞争新趋势谈到，新时代世界经济的核心内涵是数字经济，新时代比较优势及异质性源于数字科技，国际竞争制高点是工业 4.0。"双循环"背景下，装备产业需要重新认识"战略机遇"，扩大"应用场景"，集成优化营商环境。在经济发展的新时代，数字科技与数字经济的对外开放，应防止"脱钩"现象的产生。此外，数字经济与实体经济的深度融合，应该防止脱实向虚现象，也要避免数字与金融双重泡沫。

◎ **参考文献**

［1］包群，张志强. 地震的余波：价值链断裂、进口停滞与贸易危机传染［J］. 经济学（季刊），2021，21（2）：577-596.

［2］陈爱贞，陈凤兰，何诚颖. 产业链关联与企业创新［J］. 中国工业经济，2021（9）：80-98.

［3］陈登科. 贸易壁垒下降与环境污染改善——来自中国企业污染数据的新证据［J］. 经济研究，2020，55（12）：98-114.

［4］崔静波，张学立，庄子银，等. 企业出口与创新驱动——来自中关村企业自主创新

数据的证据［J］. 管理世界，2021，37（1）：76-87.

［5］ 崔琨，施建淮. 关税冲击下的中间品贸易、通货膨胀目标规则与福利分析［J］. 世界经济，2020，43（10）：169-192.

［6］ 戴翔. 人类命运共同体理念引领双循环新发展格局构建［J］. 江苏行政学院学报，2021（4）：48-54.

［7］ 戴翔，宋婕.“一带一路”倡议的全球价值链优化效应——基于沿线参与国全球价值链分工地位提升的视角［J］. 中国工业经济，2021（6）：99-117.

［8］ 邓富华，沈和斌. 进口贸易自由化对制造业资源错配的影响——基于中国加入 WTO 的自然实验［J］. 国际经贸探索，2020，36（6）：73-88.

［9］ 樊海潮，张军，张丽娜. 开放还是封闭——基于“中美贸易摩擦”的量化分析［J］. 经济学（季刊），2020，19（4）：1145-1166.

［10］ 费秀艳，韩立余.《区域全面经济伙伴关系协定》的包容性评析［J］. 国际商务研究，2021，42（5）：22-33.

［11］ 符大海，鲁成浩. 服务业开放促进贸易方式转型——企业层面的理论和中国经验［J］. 中国工业经济，2021（7）：156-174.

［12］ 郭冬梅，郭涛，李兵. 进口与企业科技成果转化：基于中国专利调查数据的研究［J］. 世界经济，2021，44（5）：26-52.

［13］ 郭克莎，田潇潇. 加快构建新发展格局与制造业转型升级路径［J］. 中国工业经济，2021（11）：44-58.

［14］ 韩佳容. 中国区域间的制度性贸易成本与贸易福利［J］. 经济研究，2021，56（9）：124-140.

［15］ 郝获. 多边贸易体制之非互惠法理基础探析［J］. 上海对外经贸大学学报，2021，28（6）：15-29.

［16］ 何欢浪，蔡琦晟，章韬. 进口贸易自由化与中国企业创新——基于企业专利数量和质量的证据［J］. 经济学（季刊），2021，21（2）：597-616.

［17］ 黄群慧，倪红福. 中国经济国内国际双循环的测度分析——兼论新发展格局的本质特征［J］. 管理世界，2021，37（12）：40-58.

［18］ 姜峰，蓝庆新，张辉. 中国出口推动“一带一路”技术升级：基于 88 个参与国的研究［J］. 世界经济，2021，44（12）：3-27.

［19］ 蒋灵多，陆毅，张国峰. 自由贸易试验区建设与中国出口行为［J］. 中国工业经济，2021（8）：75-93.

［20］ 雷权勇，祁春节，孙楚仁. 进口贸易自由化会提高中国居民的健康水平吗——基于2010—2015 年 CGSS 数据的研究［J］. 国际贸易问题，2021（9）：51-69.

［21］ 李春顶，郎永峰，何传添. 中国扩大进口战略的经济效应［J］. 中国工业经济，2021（2）：23-41.

［22］ 李浩东，林江，刘川菡. RCEP 达成背景下的包容性区域合作研究［J］. 辽宁大学学报（哲学社会科学版），2021，49（2）：35-41.

[23] 李世刚，周泽峰，吴驰．贸易开放与人力资本配置——基于公共部门与私人部门就业选择的视角 [J]．经济学（季刊），2021，21（4）：1455-1476.

[24] 李苏苏，张少华，周鹏．中国企业出口生产率优势的识别与分解研究 [J]．数量经济技术经济研究，2020，37（2）：48-69.

[25] 李小帆，蒋灵多．"一带一路"建设、中西部开放与地区经济发展 [J]．世界经济，2020，43（10）：3-27.

[26] 李月，蔡礼辉．结构性改革能否促进全球价值链地位的攀升？——基于中国工业面板数据的实证研究 [J]．南开经济研究，2020（5）：46-65.

[27] 林发勤，纪珽．贸易急剧扩张如何影响居民主观幸福感——基于中国社会调查微观数据的实证研究 [J]．南开经济研究，2021（4）：3-19.

[28] 林毅夫．百年未有之大变局下的中国新发展格局与未来经济发展的展望 [J]．北京大学学报（哲学社会科学版），2021，58（5）：32-40.

[29] 刘斌，赵晓斐．制造业投入服务化、服务贸易壁垒与全球价值链分工 [J]．经济研究，2020，55（7）：159-174.

[30] 刘京军，鲁晓东，张健．中国进口与全球经济增长：公司投资的国际证据 [J]．经济研究，2020，55（8）：73-88.

[31] 刘梦，戴翔．经济增长中"净出口"作用如何被低估？——基于传统方法的修正、再测算与比较研究 [J]．南开经济研究，2020（2）：49-67.

[32] 刘啟仁，陈恬．出口行为如何影响企业环境绩效 [J]．中国工业经济，2020（1）：99-117.

[33] 刘瑞翔，黄帅，范金．进口替代下的全球生产链重构及其对中国经济增长的影响 [J]．数量经济技术经济研究，2021，38（7）：83-103.

[34] 刘睿雯，徐舒，张川川．贸易开放、就业结构变迁与生产率增长 [J]．中国工业经济，2020（6）：24-42.

[35] 刘维林．劳动要素的全球价值链分工地位变迁——基于报酬份额与嵌入深度的考察 [J]．中国工业经济，2021（1）：76-94.

[36] 刘竹青，盛丹．贸易自由化、产品生命周期与中国企业的出口产品结构 [J]．经济学（季刊），2021，21（1）：263-284.

[37] 吕延方，方若楠，王冬．中国服务贸易融入数字全球价值链的测度构建及特征研究 [J]．数量经济技术经济研究，2020，37（12）：25-44.

[38] 卢盛峰，董如玉，叶初升．"一带一路"倡议促进了中国高质量出口吗——来自微观企业的证据 [J]．中国工业经济，2021（3）：80-98.

[39] 逯建，韦小铀，张维阳．国际航线、贸易产品结构与中国对外贸易的增长 [J]．财贸经济，2020，41（7）：147-161.

[40] 罗长远，张泽新．出口和研发活动的互补性及其对生产率的影响——来自中国上市企业的证据 [J]．数量经济技术经济研究，2020，37（7）：134-154.

[41] 吕越，谷玮，包群．人工智能与中国企业参与全球价值链分工 [J]．中国工业经济，

2020（5）：80-98.

[42] 马飒，张二震. RCEP 框架下东亚区域产业链重构与中国对策 [J]. 华南师范大学学报（社会科学版），2021（4）：19-30，205.

[43] 马述忠，潘钢健. 从跨境电子商务到全球数字贸易——新冠肺炎疫情全球大流行下的再审视 [J]. 湖北大学学报（哲学社会科学版），2020，47（5）：119-132，169.

[44] 马涛，陈曦. "一带一路"包容性全球价值链的构建——公共产品供求关系的视角 [J]. 世界经济与政治，2020（4）：131-154，159-160.

[45] 马艳，李俊，王琳. 论"一带一路"的逆不平等性：驳中国"新殖民主义"质疑 [J]. 世界经济，2020，43（1）：3-22.

[46] 马野青，倪一宁，李洲. 自由贸易协定推动了全球经济包容性增长吗？[J]. 上海经济研究，2021（10）：114-128.

[47] 齐俊妍，强华俊. 数字服务贸易壁垒影响服务出口复杂度吗——基于 OECD-DSTRI 数据库的实证分析 [J]. 国际商务（对外经济贸易大学学报），2021（4）：1-18.

[48] 钱学锋，李莹，王备. 消费者异质性、中间品贸易自由化与个体福利分配 [J]. 经济学（季刊），2021，21（5）：1661-1690.

[49] 彭羽，杨作云. 自贸试验区建设带来区域辐射效应了吗——基于长三角、珠三角和京津冀地区的实证研究 [J]. 国际贸易问题，2020（9）：65-80.

[50] 任同莲. 数字化服务贸易与制造业出口技术复杂度——基于贸易增加值视角 [J]. 国际经贸探索，2021，37（4）：4-18.

[51] 邵朝对. 进口竞争如何影响企业环境绩效——来自中国加入 WTO 的准自然实验 [J]. 经济学（季刊），2021，21（5）：1615-1638.

[52] 邵朝对，苏丹妮，王晨. 服务业开放、外资管制与企业创新：理论和中国经验 [J]. 经济学（季刊），2021，21（4）：1411-1432.

[53] 沈春苗，郑江淮. 内需型经济全球化与开放视角的包容性增长 [J]. 世界经济，2020，43（5）：170-192.

[54] 盛斌，高疆. 超越传统贸易：数字贸易的内涵、特征与影响 [J]. 国外社会科学，2020（4）：18-32.

[55] 盛斌，靳晨鑫. "以人为本"的贸易与投资政策：基于 APEC 的经验研究 [J]. 国际经贸探索，2020，36（11）：4-19.

[56] 盛斌，苏丹妮，邵朝对. 全球价值链、国内价值链与经济增长：替代还是互补 [J]. 世界经济，2020，43（4）：3-27.

[57] 盛斌，赵文涛. 地区全球价值链、市场分割与产业升级——基于空间溢出视角的分析 [J]. 财贸经济，2020，41（9）：131-145.

[58] 施炳展，方杰炜. 知识产权保护如何影响发展中国家进口结构 [J]. 世界经济，2020，43（6）：123-145.

[59] 苏丹妮. 全球价值链嵌入如何影响中国企业环境绩效？[J]. 南开经济研究，2020（5）：66-86.

[60] 苏丹妮，盛斌．服务业外资开放如何影响企业环境绩效——来自中国的经验 [J]．中国工业经济，2021 (6)：61-79.

[61] 苏丹妮，盛斌，邵朝对，陈帅．全球价值链、本地化产业集聚与企业生产率的互动效应 [J]．经济研究，2020，55 (3)：100-115.

[62] 唐宜红，张鹏杨．全球价值链嵌入对贸易保护的抑制效应：基于经济波动视角的研究 [J]．中国社会科学，2020 (7)：61-80.

[63] 王爱俭，方云龙，于博．中国自由贸易试验区建设与区域经济增长：传导路径与动力机制比较 [J]．财贸经济，2020，41 (8)：127-144.

[64] 王备，钱学锋．贸易自由化、生活成本与中国城市居民家庭消费福利 [J]．世界经济，2020，43 (3)：69-92.

[65] 王立勇，胡睿．贸易开放与工资收入：新证据和新机制 [J]．世界经济，2020，43 (4)：145-168.

[66] 王莹，施建淮．贸易开放是否促进跨境资本流动：基于信息传递的视角 [J]．上海金融，2021 (12)：46-57.

[67] 王永进，李宁宁．中间品贸易自由化与要素市场扭曲 [J]．中国工业经济，2021 (9)：43-61.

[68] 王永进，刘卉．企业专利申请、出口与生产率动态 [J]．世界经济，2021，44 (6)：123-150.

[69] 魏浩，张宇鹏．融资约束与中国企业出口产品结构调整 [J]．世界经济，2020，43 (6)：146-170.

[70] 温湖炜，舒斯哲，郑淑芳．全球数字服务贸易格局及中国的贸易地位分析 [J]．产业经济评论，2021 (1)：50-64.

[71] 项松林．结构转型与全球贸易增长的二元边际 [J]．世界经济，2020，43 (9)：97-121.

[72] 谢红军，张禹，洪俊杰，等．鼓励关键设备进口的创新效应——兼议中国企业的创新路径选择 [J]．中国工业经济，2021 (4)：100-118.

[73] 谢谦，刘维刚，张鹏杨．进口中间品内嵌技术与企业生产率 [J]．管理世界，2021，37 (2)：66-80.

[74] 谢锐，陈湘杰，朱帮助．价值链分工网络中心国经济增长的全球包容性研究 [J]．管理世界，2020，36 (12)：65-77.

[75] 薛军，陈晓林，王自锋，等．关键中间品出口质量限制对模仿与创新的影响——基于南北产品质量阶梯模型的分析 [J]．中国工业经济，2021 (12)：50-68.

[76] 闫冰倩，田开兰．全球价值链分工下产业布局演变对中国增加值和就业的影响研究 [J]．中国工业经济，2020 (12)：121-139.

[77] 严兵，谢心荻，张禹．境外经贸合作区贸易效应评估——基于东道国视角 [J]．中国工业经济，2021 (7)：119-136.

[78] 闫东升，马训．"一带一路"倡议、区域价值链构建与中国产业升级 [J]．现代经

济探讨，2020（3）：73-79.

[79] 姚战琪．数字贸易、产业结构升级与出口技术复杂度——基于结构方程模型的多重中介效应 [J]．改革，2021（1）：50-64.

[80] 杨曦，徐扬．行业间要素错配、对外贸易与中国实际 GDP 变动 [J]．经济研究，2021，56（6）：58-75.

[81] 叶初升，李承璋．内生于中国经济发展大逻辑的"双循环" [J]．兰州大学学报（社会科学版），2021，49（1）：16-28.

[82] 尹斯斯，潘文卿，高云舒，等．中国企业对外直接投资与贸易福利：理论与经验研究 [J]．世界经济，2020，43（7）：26-48.

[83] 袁莉琳，李荣林，季鹏．出口需求冲击、产品组合与企业生产率——基于中国工业企业的微观证据 [J]．经济学（季刊），2020，19（4）：1167-1190.

[84] 张阿城，于业芹．自贸区与城市经济增长：资本、技术与市场化——基于 PSM-DID 的拟自然实验研究 [J]．经济问题探索，2020（10）：110-123.

[85] 张峰，战相岑，殷西乐，等．进口竞争、服务型制造与企业绩效 [J]．中国工业经济，2021（5）：133-151.

[86] 张磊，卢毅聪．世界贸易组织改革与中国主张 [J]．世界经济研究，2021（12）：22-29，132.

[87] 张明昂．贸易自由化如何影响居民健康？——基于中国加入 WTO 的证据 [J]．经济学（季刊），2021，21（3）：819-842.

[88] 张晴，于津平．投入数字化与全球价值链高端攀升——来自中国制造业企业的微观证据 [J]．经济评论，2020（6）：72-89.

[89] 张妍，冯晨，白彩全．开放、知识传播与长期人力资本积累 [J]．世界经济，2021，44（2）：3-22.

[90] 赵春明，李震，李宏兵．主动扩大进口对中国人力资本积累的影响效应——来自最终品关税削减的长期证据 [J]．中国工业经济，2020（11）：61-79.

[91] 郑江淮，郑玉．新兴经济大国中间产品创新驱动全球价值链攀升——基于中国经验的解释 [J]．中国工业经济，2020（5）：61-79.

[92] 左鹏飞，陈静．高质量发展视角下的数字经济与经济增长 [J]．财经问题研究，2021（9）：19-27.

[93] Fan, H. , Lin, F. and Lin, S. The hidden cost of trade liberalization：input tariff shocks and worker health in china [J]. Journal of International Economics, 2020 (126)：103349.

[94] Hsu, W. , Lu, Y. and Wu, G. L. , Competition, markups, and gains from trade：aquantitative analysis of China between 1995 and 2004 [J]. Journal of International Economics, 2020 (122)：103266.

[95] Liu, Q. , Lu, R. , Lu, Y. and Luong, T. A. , Import competition and firm innovation：evidence from China [J]. Journal of Development Economics, 2021 (151)：102650.

［96］ Liu, Q. and Ma, H. Trade policy uncertainty and innovation: firm level evidence from China's WTO accession ［J］. Journal of International Economics, 2020 (127): 103387.

［97］ Liu, X. , Mattoo, A. , Wang, Z. and Wei, S. Services development and comparative advantage in manufacturing ［J］. Journal of Development Economics, 2020 (144): 102438.

［98］ Mo, J. , Qiu, L. D. , Zhang, H. and Dong, X. What you import matters for productivity growth: experience from Chinese manufacturing firms ［J］. Journal of Development Economics, 2021 (152): 102677.

第十二章　国际投融资与经济发展

余静文　李媛媛

（武汉大学）

改革不停步，开放不止步。当前，我国外部环境复杂多变，大国博弈，冲突与竞争成为常态，美国频频挑起冲突，从"301 调查"到中兴禁售令，中美贸易摩擦始终贯穿着中国，乃至全球经济金融形势。俄乌冲突也牵动着国际金融市场的神经，美联储主席鲍威尔强调，俄乌冲突、制裁已经给美国经济带来高度的不确定性。与此同时，我国经济也面临着结构调整、新旧动能转换带来的种种阵痛。2020 年的 COVID-19 冲击更是对我国及全球经济带来了深远的影响，国内外经济金融格局正在发生巨变，机遇与挑战并存。当今世界正经历百年未有之大变局，中国开放的大门不会关闭，只会越开越大，我国经济持续快速发展的一个重要动力就是对外开放。对外开放是基本国策。要全面提高对外开放水平，建设更高水平开放型经济新体制，形成国际合作和竞争新优势。

改革开放以来，我国经济的快速增长离不开对外开放引致的资本流入，大量资本流入与农村地区释放的劳动力有效结合，对我国经济产生了巨大的推动力量。2014 年，我国对外直接投资的规模首次超过了实际利用外资的规模，这是开放型经济发展到较高水平的普遍规律，也是我国由经贸大国转向经贸强国的重要标志。国际投融资涉及不同类别资本的流入和流出，资本本身是促进经济发展的关键要素，同时在经济发展的不同阶段，资本流动也表现出不同的形式，资本流动类别也有所区别。2020 年至 2021 年，我国学者在国际投融资领域发表了一系列有影响力的研究成果。本章按照上期报告中的结构安排，从四个方面对已有文献进行回顾。首先，本章将从资本流动管制政策的角度来回顾资本流动管制或放松政策对经济发展影响的最新文献。其次，本章将梳理外商直接投资（foreign direct investment，FDI）与经济发展关系的文献。再次，本章将回顾对外直接投资（outward foreign direct investment，OFDI）与经济发展关系的文献，其中包括"一带一路"倡议与经济发展关系的文献。最后，本章将梳理近两年涉及证券投资的资本流动与经济发展关系的文献。

第一节　研　究　综　述

一、资本项目以及各子项开放对经济发展的影响

国际投融资发挥作用的前提是资本项目管制的放松，国际投融资与经济发展的关系可

以描述为事实上的资本项目管制放松导致的资本流动与经济发展的关系。过去这方面研究较多，也较为成熟，但次贷危机爆发后，主要国家和经济体采取了与资本项目开放截然相反的资本管制措施，限制资本项目下的资本自由流动，主流文献开始关注资本管制措施带来的经济影响（Forbes et al.，2016；Alfaro et al.，2017）。得到学术界认可的结论有以下几点：第一，资本项目开放能够产生积极的经济效应，但存在一定的前提条件；第二，全球金融周期背景下，资本项目开放可能引起风险输入，采取资本管制是隔绝中心国家政策冲击和风险输入的措施之一。

（一）指标构建及应用

资本项目开放对经济发展影响的实证研究中，比较关键的内容是确定资本项目开放衡量指标。学术研究中较为常用的指标有两个，第一个是 Chinn 和 Ito（2006）构建的资本项目开放指标，通常记为 KAOPEN 指数。第二个是 Fernández 等（2016）构建的资本项目开放指标。这些指标主要基于国际货币基金组织的《汇兑安排和外汇管制年度报告》（*Annual Report on Exchange Arrangements and Exchange Restrictions*，AREAER）提供的信息来对一个国家资本项目（子项目）开放与否或者管制与否进行 0 和 1 的赋值。这种方法存在一个突出的问题，即以上指标不能很好地识别资本项目开放政策的变化，如果资本项目（子项目）没有完全实现自由化，那么该资本项目（子项目）的赋值将始终和管制状态赋值一样。

针对这类指标在衡量资本项目开放或管制方面的不足，Forbes 等（2015）、Chen 和 Qian（2016）、Pasricha 等（2018）等均尝试改进已有的资本项目开放或管制指标。Chen 和 Qian（2016）采取了新的方法来衡量资本项目开放程度。研究以 1999 年 1 月为基准，如果此后出现了资本项目管制放松的政策，那么在原指标基础上减去 1；如果此后出现了资本项目管制趋紧的政策，那么在原指标基础上加上 1，资本项目开放程度越深，该指标越小，表示资本项目管制越松。Forbes 等（2015）、Pasricha 等（2018）区分了资本开放和管制两种情况，并对两种情况赋值。Forbes 等（2015）构建了 2009 至 2011 年 60 个经济体的资本项目开放指标；Pasricha 等（2018）构建了 2001 至 2012 年 16 个新兴市场经济体资本项目开放指标的季度数据。Peng 和 Yu（2019）采取了 Chen 和 Qian（2016）的资本项目开放指标对中国资本项目开放经济效应进行了评估。这类新构建的资本项目开放或管制指标对每个政策都予以赋值，因此这类新构建的指标能够更好地反映政策的变化。同时，由于研究者既可以通过国际货币基金组织的《汇兑安排和外汇管制的年度报告》确定政策出台和实施时间，也能够通过网络、研究资料、学术文章等确定政策出台和实施时间，因此这类新构建的指标能够做到季度维度、周维度，甚至是日维度，这就可以与高频数据相结合来开展新的研究。

（二）资本项目开放产生的经济效应

资本项目开放对经济绩效的影响一直以来都是开放宏观经济学抑或国际金融学领域的重要研究问题。根据新古典增长模型的预测，发展中国家会受益于资本项目开放，资本项目开放会吸引资本流入，降低融资成本，提高投资水平。同时资本流入还能够促进金融发展，缓解企业的融资约束，改善企业治理，从而有利于生产率的提升。然而，一些经验研究并没有发现资本项目开放对经济绩效有显著的提升作用。资本项目开放对经济绩效的作用受到一些条件的制约，存在资本项目开放发挥积极效应的阈值。国内金融发展、金融监管有效性、制度质量、不同的内部改革次序都会影响资本项目开放的经济效应。对于发展中国家而言，本国经济发展存在诸多方面的障碍，不仅在资本项目的交易方面存在限制，而且在劳动力市场、国内金融市场等方面都存在扭曲，当其他扭曲没有消除时，单单消除资本项目交易方面的限制并不一定能够提高经济运行的效率。

首先，资本项目开放存在阈值，超出阈值，资本项目开放才能够产生积极的经济效应。已有经验研究发现，资本项目开放存在阈值或门槛效应。近两年这方面的研究主要集中在对阈值的细分上。王曦等（2021）提出了组合门槛的概念，并指出影响资本项目开放发挥积极经济效应的不是单一变量上的门槛，而是多个变量组合的门槛。他们利用了跨国（地区）数据，将初始人均 GDP、贸易自由度、金融发展、制度质量 4 个门槛变量进行两两组合。研究发现，资本项目开放在初始人均 GDP 和贸易自由度上同时存在门槛效应，即"双门槛效应"，当初始人均 GDP 和贸易自由度这两个门槛变量同时达到一定条件时，资本项目开放才能产生促进经济发展的积极效应。胡亚楠（2020）利用跨国（地区）数据，加入制度质量、货币政策、财政政策、对外开放度和金融发展 5 个初始条件指标建立动态门槛模型分析资本项目开放的门槛效应，研究发现，资本项目开放对经济增长的影响是非线性的，当初始条件越过门槛值后，资本项目开放表现出积极的增长效应。

再次，不同类型资本项目开放的门槛效应可能并不一样。彭红枫等（2020）使用跨国（地区）数据，采取多门槛面板回归模型、系统 GMM 对分类资本项目开放、制度质量与经济增长的关系进行分析，其中制度质量为资本项目开放的重要门槛变量。研究发现，各子类资本项目开放对一国经济增长的影响存在异质性，制度质量是资本项目开放促进或抑制经济增长的内在条件。同时，各子类资本项目的流入开放和流出开放存在非对称性。

其次，资本项目开放会带来风险，特别是短期资本流动会引致经济波动，使经济金融体系运行风险加大。范小云等（2020）使用跨国（地区）的数据，研究了资本项目开放程度和宏观审慎政策是否会影响资本流动波动与股市波动的关系。研究发现，一国资本项目开放程度的提高会在资本流动波动给股市波动带来的正向冲击中发挥一定程度的抑制作用；此外，宏观审慎政策在减小资本流动波动对股市波动造成的冲击中发挥有效作用，抑制资本流动波动对股市波动造成的正向影响。曾松林等（2021）使用跨国（地区）的宏观层面数据，并利用 Forbes 和 Warnock（2020）构建的资本项目子项目极端流动数据库，研究了极端国际资本流动的经济影响。该研究采取了系统 GMM 的方法，并发现，总资本的骤停和撤回对经济增长有极大的负面影响。赵艳平和张梦婷（2021）区分了临时性和长期性资本项目管制措施，采取跨国（地区）数据，运用系统 GMM 方法研究了这两类资本项目管制措施对资本流动的影响。研究发现长期性资本管制政策在降低资本流动规模方面效果明显，但在降低资本流动波动性方面效果不明显。临时性流出的资本流动规模管制有效，但流入的规模管制缺乏有效性。

最后，全球金融周期会影响资本项目开放、独立货币政策、固定汇率制度三个政策目标形成的"三元悖论"，资本项目开放会导致全球金融周期的输入，如果全球金融周期与本国经济金融周期相悖，那么资本项目的管制将成为抵御全球金融周期的可行措施，"三元悖论"坍塌为"二元悖论"，即货币政策独立性与资本项目开放之间的二元选择。美国货币政策冲击是全球金融周期的重要驱动因素，其引起的风险偏好溢出会削弱"三元悖论"。风险偏好能够跨境溢出，特别是风险处于较高水平时（陈雷等，2021）。陈创练等（2021）通过高维网状溢出模型分析全球金融周期共振现象，研究发现美国是全球最大的金融周期净溢出国，中国、日本、俄罗斯等是主要的吸收国。费兆奇和刘康（2020）构建双因素波动模型和多因素条件国际资本资产定价模型，考察了美国、欧元区国债波动对我国国债市场的溢出。研究发现不论经济体采取固定汇率制度还是浮动汇率制度，该经济体风险资产价格都会受到美国货币政策的冲击，浮动汇率制度没有办法起到隔绝美国货币政策冲击的作用。此外，张礼卿和钟茜（2020）构建了包含银行和金融摩擦的两国 DSGE 模型，发现美国货币政策冲击能够通过资本流动外溢到其他经济体的金融市场，由此导致其他经济体利率、银行风险承担、杠杆率与美国趋同，形成全球金融周期。同时，他们发现估值效应也是导致全球金融周期的重要因素。张勇等（2021）通过构建新凯恩斯模型和数值模拟发现，央行隐性汇率干预与金融市场风险加速器能够相互强化，导致"三元悖论"演变为"二元悖论"。

二、外商直接投资与经济发展

改革开放以来，体制机制改革释放的劳动力要素与对外开放引进的资本相结合对经济产生了巨大的推动力量，是中国经济增长奇迹的重要解释。过去很长一段时间，学术界对外商直接投资影响中国经济发展的机制以及力度大小进行了较充分的研究。学术研究发现的主要影响机制是资本扩张及技术外溢效应。从近两年的研究来看，关于外商直接投资的研究有三个显著特点。第一，切入点较新颖。比如，张川川等（2021）使用我国历史数据，以清末开埠通商为例来研究制度、文化对当前我国外商投资与进出口的影响。潘春阳和廖捷（2021）以城市马拉松赛事作为切入点，研究地方政府的"有为政府"形象对外资的吸引。第二，运用的识别策略较成熟。识别策略主要是我国加入 WTO 后对外资进入的管制放松，研究以此为"自然实验"来展开（毛其淋和方森辉，2020）。第三，研究数据开始使用家庭层面的微观数据。过去关于外商直接投资的研究主要是使用宏观层面以及企业层面微观数据，陈东和苏雯锦（2021）使用盖洛普世界民意调查数据研究了外商直接投资对居民健康的影响。张川川等（2021）使用中国家庭追踪调查研究了清末开埠通商影响外商直接投资进入的机制。

（一）外商直接投资的影响因素研究

跨境资本流动的驱动因素主要是收益和风险，更准确地说是经过风险调整后的收益，诺贝尔奖得主卢卡斯曾提出了资本逆流之谜，即资本为什么从发展中国家流向发达国家。根据新古典增长模型，相较于发达国家，发展中国家人均资本更低，因此资本边际回报会更高，具有逐利性的资本理应从发达国家流向发展中国家。但是，现实却是资本从发展中国家流向发达国家，这其中的一个原因在于，发展中国家的投资风险往往较高，实际投资回报可能还低于发达国家（Lucas，1990）。

概括而言，影响外商直接投资的主要因素是投资的实际回报。近两年关于外商直接投资影响因素的研究，不仅仅关注劳动力成本、金融发展水平、税收负担等因素，而且也从制度、文化视角来分析外商直接投资的区位选择。马双和赖漫桐（2020）从劳动力成本角度研究了外商直接投资的驱动因素。研究发现劳动力成本上升对 FDI 进入产生了明显的抑制作用，最低工资标准的提高降低了已有 FDI 企业的 FDI 进入深度。此外，FDI 进入导致的资本缺口和就业问题由国内资本有效地进行弥补，工业用地价格优惠能有效缓解劳动力成本提高带来的负面冲击。部分发达国家在较高税收水平下吸引到更多的 FDI，相反，部分发展中国家即便设置较低的税率，其 FDI 流入量仍然较低，为什么税率低的国家对资本的吸引力仍然不强呢？刘小川和高蒙蒙（2020）利用跨国数据，采取固定效应模型实证分析了税收负担、制度环境对外商直接投资流动的影响。其中税收负担数据来自世界银行总税率指标，制度数据来自世界治理指标体系，研究将税负变量与制度变量进行交互作为关键解释变量加入计量模型，研究发现，较好的制度环境能够削弱税收负担对 FDI 流入的负面影响。

优化营商环境是"稳外资"工作的重点之一，在此背景下，考察优化营商环境影响外资企业 FDI 的动机显得尤为重要。刘军和王长春（2020）利用世界银行企业调查数据库提供的企业经营数据研究了营商环境对 FDI 流入的影响。研究表明，营商环境优化削弱了外资企业的市场寻求型 FDI 动机，增强了效率寻求型 FDI 动机，生产效率是这一影响的重要中介机制。此外，吕朝凤和毛霞（2020）还从金融发展的角度探索外商直接投资的区位选择问题，利用我国城市商业银行的设置，采取倾向性得分匹配和双重差分的方法来展开研究。由于城市商业银行为企业提供了除国有银行、股份制银行之外的融资渠道，同时地方政府为招商引资也有干预城市商业银行的激励，促使其为外资企业提供信贷，因此城市商业银行的设立有助于降低企业融资成本。研究发现，城市商业银行的成立显著降低了融资成本，进而促进了城市 FDI 的流入。李蕊等（2021）考察了自由贸易区设立对外商直接投资的影响。自贸区通过营商环境磁吸效应、降低准入便利效应和产业集聚沉淀效应影响外商直接投资的流入。营商环境越好、外资准入门槛越低、产业集聚程度越高，自由贸易区对外商直接投资水平的积极影响就越大。

张川川等（2021）研究了制度、文化的长期影响，以清末开埠通商为例来考察其对当前我国外商直接投资与进出口的影响。研究利用了《中国近代经济史统计资料选辑》中的通商口岸信息根据、1995 年工业普查、2004 年经济普查数据以及中国家庭追踪调查 2012 年数据，采取普通最小二乘法、双重差分法和工具变量法来进行研究。研究发现，清末通商口岸地区比其他地区在当代具有显著更高的 FDI 和进出口贸易规模；通商口岸地区的居民对外国人的信任程度更高，这验证了文化机制，说明了文化是 FDI 进入的重要因素。此外，通商口岸地区有相对更好的企业融资环境，这验证了制度机制，说明制度因素也是 FDI 选择进入的重要因素。考虑到举办马拉松赛事可视为地方政府传递"有为政府"形象的信号，潘春阳和廖捷（2021）利用我国地级市层面数据实证分析了城市马拉松赛事对 FDI 区位选择的影响。研究发现，举办马拉松赛事的城市，FDI 流入明显增加。此外，举办马拉松赛事带来的"引资效应"在市场规模较大、政府财力较雄厚的举办城市更为突出。程盈莹等（2021）运用社会学和国际投资学相关理论构建理论框架，并利用谷歌开发的全球事件、语言和语调数据库（The Global Data Base of Events, Language, and Tone, Gdelt），采取泊松伪最大似然估计（PPML）研究了国际舆论对我国引进外资的影响，发现舆论关注度显著促进了我国引进外资。具体而言，外媒对华新闻报道量越多，企业对华投资越多，但舆论褒贬度对我国引进外资没有显著影响。

（二）外商直接投资的经济效应研究

中国经济增长奇迹的一个解释便是涌入的外资与农村地区释放的劳动力相结合，国内也展开了对外商直接投资经济效应的研究，这方面的研究因此比较成熟。近年来的研究更重视识别策略的有效性和研究主题的创新。在识别策略上，研究往往利用 2002 年外资管制政策调整、《外商投资产业指导目录》的变化，采取双重差分法来推断外商直接投资的经济效应。毛其淋和方森辉（2020）以 2002 年外资管制政策调整为自然实验，采取双重差分法研究了外资进入对我国制造业生产率的影响。结果表明，总体而言，外资进入对本土企业生产率产生了负面影响。但是在市场化程度较高的地区，外资进入对本土企业生产率的积极效应更为突出，积极效应主要通过外资进入引起的资源再配置来实现。韩国高等（2021）基于中国工业企业数据库，同样以 2002 年外资管制政策调整为自然实验，采取双重差分法研究了外资进入对本土企业就业的影响。外资进入显著促进了国内本土企业的就业增长，这一效应在非国有企业、劳动密集型企业、中低技术行业的企业中更加突出。张婷等（2021）利用《外商投资产业指导目录》的修订和中国工业企业数据库，采取双重差分的方法研究外资进入对企业就业的影响，研究同样发现外商直接投资显著提高了企业就业。苏丹妮和盛斌（2021）利用《外商投资产业指导目录——服务业目录》，研究了服务业外资开放对企业环境绩效的影响。研究表明，服务业外资开放作为一种清洁的中间投入，具有"污染光环"效应，有助于我国企业降低污染排放。

创新是经济增长的主要驱动力。诸竹君等（2020）基于中国工业企业数据库和专利数据，采取系统 GMM 的方法研究了外资进入对内资企业创新行为的影响。研究发现外资进入对内资企业的创新行为产生了显著的影响，这种影响可以用"重数量、轻质量和尚效率"加以概括，外资进入提高了内资企业的创新数量和创新效率，但是降低了创新的质量。其影响机制包括溢出效应、锁定效应和竞争效应。韩超等（2021）基于中国工业企业数据库和专利数据，利用《外商投资产业指导目录》识别外商投资领域的对外开放，采取工具变量的方法研究了外资进入对企业创新的影响，研究发现外资进入显著提高了企业创新能力，企业发明专利申请数量、申请专利的质量都出现了明显提升。

外商直接投资不仅仅对企业产生影响，而且也对居民产生影响。陈东和苏雯锦（2021）利用了 2009—2018 年盖洛普世界民意调查数据，研究外商直接投资对东道国居民健康的影响。研究发现外商直接投资可以提高一国经济发展程度，一方面使得政策当局增加卫生健康投入，另一方面也使家庭增加了卫生健康的需求。此外，外商直接投资有"污染天堂"和"污染光环"两个对立的假说，前者认为跨国公司通过 FDI 实现了污染产业的转移，后者认为外资企业会采取更为先进的清洁生产技术，改善环境质量。研究发现，外商直接投资能够提高东道国居民的健康水平，但是这一效应会随着人均 GDP 水平的提高而下降。

三、对外直接投资与经济发展

近两年，相较于外商直接投资，我国学者在对外直接投资领域做了更多的研究，一方面是因为我国对外直接投资规模不断扩大，另一方面是因为对外直接投资的识别策略更为成熟，研究较为充分。本部分将细分两个对外直接投资子领域的文献，即对外直接投资驱动因素的文献以及对外直接投资经济效应的文献，并依次对这两方面文献进行梳理和回顾。

（一）对外直接投资的驱动因素

对外直接投资的驱动因素与投资成本收益息息相关。能够提高投资收益，降低投资成本的因素都能够推动企业"走出去"。过去的研究关注劳动力成本，以最低工资标准的变动作为事件冲击来展开研究（Fan et al., 2018；王欢欢等，2019）。郭娟娟等（2020）还考察了土地房屋成本对企业"走出去"的影响。房价上涨对中国制造业企业"走出去"具有显著的正向影响，劳动力成本效应是房价上涨推动制造业企业"走出去"的主要机制。洪俊杰和张宸妍（2020）构建了行业层面的对外投资政策支持力度指标，并基于中国工业企业数据库数据和境外投资企业（机构）名录，采取动态 GMM 方法研究产业政策对对外直接投资的影响。研究表明，产业政策支持降低了对外直接投资临界生产率和平均生产率，在政府预算中性的假设下，适度的政策支持能够提高社会福利。

不确定性也是影响企业"走出去"决策的重要因素。陈琳等（2020）从人民币汇率波动不确定性的角度分析了我国企业对外直接投资的动因。研究发现，人民币汇率波动增加，减少了中国对外直接投资的可能性，也抑制了投资规模。张海波（2021）利用中国工业企业数据库和境外投资企业（机构）名录，以次贷危机为例，研究了外部冲击和信贷扩张对企业对外直接投资的影响。研究发现，信贷扩张能促进中国企业对外直接投资，国际金融危机爆发强化了这种投资促进效应。联合国贸发会于 2009 年开始每年定期发布两次《投资政策监测报告》，列举出了各国出台的各类投资政策，包括鼓励性、限制性和中性政策。基于这些信息，余官胜等（2020）采取倾向性得分匹配的方法考察了国际投资保护对我国企业"走出去"的影响。研究发现，国际投资保护阻碍了我国企业"走出去"，阻碍效应对我国能源产业企业和国有企业更为突出，但阻碍效应会随着时间减弱。

近两年的研究还关注银行竞争、中间投入品、外资持股、对非援助对我国企业"走出去"的影响。中国银行业在金融体系中扮演着举足轻重的角色，银行业的发展一直是金融发展的重要部分。余静文等（2021）在银行准入管制放松政策的背景下和鼓励企业"走出去"的情境下，利用匹配的中国工业企业数据库、境外投资企业（机构）名录以及城市层面商业银行分支机构的金融许可证信息来实证分析银行业管制放松对企业"走出去"的影响。结果表明，银行业"松绑"有助于企业"走出去"；银行业"松绑"引起的融资成本下降是银行业"松绑"影响企业"走出去"的重要渠道。余淼杰和高恺琳（2021）研究了进口中间品对企业对外直接投资的影响。研究发现进口中间品对企业对外直接投资概率有显著的正向影响，影响渠道为提升生产率和降低对外投资固定成本，进口中间品对企业未来在同一市场对外直接投资有显著的积极作用。此外，在进口契约密集程度较高、进口市场与中国的物理或制度距离较远时，进口中间品的影响更显著。孙楚仁等（2021）研究了对非援助是否能够促进企业对外直接投资这一问题。对非援助能有效促进中国企业对外直接投资；进一步的机制检验发现，中国对非援助的投资促进作用可以通过提高受援国监管质量、法治水平等政府治理能力实现；异质性分析发现，中国对非援助的投资促进作用主要体现在以发展为目的的援助、非中央企业投资、非洲低收入和中低收入国家。叶志强等（2021）利用 CSMAR 上市企业数据，以"沪港通"为外生冲击，采取倾向性得分匹配和双重差分的方法研究了外资持股是否有助于企业"走出去"。研究发现，外资大股东持股能够提高对外直接投资倾向，但只有长期持股才能够显著提高对外直接投资倾向；当对外直接投资于经济发达国家或地区以及上市公司产权性质是非国有时，外资大股东持股的影响更大；外资大股东的创新机制不能提高上市公司对外直接投资，但信息溢出机制可以发挥作用。臧成伟和蒋殿春（2020）通过区分企业所有制，研究了国有企业和非国有企业在海外并购行为上的差异。他们采取 Logit 模型、Tobit 模型以及双重差分法展开研究，发现国有企业在本国具有融资优势，使得其更青睐于国内并购，相反，非国有企业更倾向于海外并购，即"走出去"。孙浦阳等（2020）以服务企业为样本，考察服务企业技术前沿化是否提高了对外直接投资水平。实证结果表明，服务企业技术前沿化显著提高了对外直接投资水平，并且对绿地投资的作用更明显。提升信息沟通能力是服务企业技术前沿化影响对外直接投资的重要机制。

（二）对外直接投资的经济效应

过去关于对外直接投资经济效应的研究主要集中在对外直接投资是否会引起"产业空心化"问题。对外直接投资一个直接的经济效应就是生产的转移，引起"产业空心化"。近两年来，仍然有不少研究关注这一问题。姜青言等（2021）从对外直接投资动机出发梳理了对外直接投资对母国就业的主要影响路径，提出了一种基于时变状态空间模型和投入产出模型的对外直接投资对母国就业效应的测算模型。研究利用 2007—2014 年我国对美国制造业对外直接投资和出口数据以及投入产出表，测算了我国对美国投资的母国就业效应和机会成本。经测算发现，我国对美国的直接投资总体体现出了母国就业创造效应。刘娟等（2020）、李杨和车丽波（2021）分别从创业和就业技能结构视角来研究对外直接投资的经济影响。企业对外直接投资过程中，企业管理人员、技术人员与海外团队的互动，以及高端人才的流动都有助于创业；对外直接投资的逆向技术溢出，通过人力资本消化吸收后也能够间接影响创业，同时也会增加对技能劳动力的需求。对外直接投资涉及生产的转移，这可能导致母国污染程度的下降。欧阳艳艳等（2020）利用城市层面 PM2.5 年均浓度数据以及上市企业对外直接投资金额数据，采取面板空间滞后模型和动态 GMM 模型研究了企业对外直接投资对空气污染的影响。实证结果表明，企业对外直接投资增加会显著改善本地城市的空气污染水平，同时会减少本地城市向周边城市的污染溢出。

中国经济增速自 2012 年以来已经连续多年低于 8%，过去依赖要素投入、忽视效率、环境保护的要素驱动型经济增长模式亟待向效率驱动型，甚至是创新驱动型经济增长模式转型。这也意味着中国企业不能仅依赖于廉价要素投入来维系低价竞争模式并立足于国际市场，而需要紧抓提高质量这个关键来提高中国产品在全球价值链分工中的竞争优势。余静文等（2021）研究了企业对外直接投资对产品质量升级的影响。结果表明企业对外直接投资能够显著提升产品质量；学习机制对出口产品质量升级有明显的促进作用，母国企业的吸收能力能够加强对外直接投资对出口产品质量升级的促进作用；资讯获取以及规模经济机制同样作用于出口产品质量升级，信息咨询和贸易销售型对外直接投资也能够带来质量的提升。黄远浙等（2021）研究了跨国投资对企业创新的影响。研究区分以对外投资目的地数表示的对外投资广度，和以每个市场的对外投资次数表示的对外投资深度，采取固定效应模型、倾向性得分匹配以及双重差分的方法来展开分析，发现对外投资广度对创新绩效有正向促进作用，对外投资深度的作用呈"U形"变化。对投资目的地以及企业异质性的进一步分析表明，制度距离方向、区位以及经济发展类型会左右对外投资广度和深度的作用。此外，本国企业对外直接投资所带来的"逆向技术溢出效应"依赖于企业自身的吸收能力，打铁还需自身硬（Peng and Yu，2021）。因此，为了更好地发挥对外直接投资的"逆向技术溢出效应"，本国企业应当注重自身创新能力的提高，有效地吸收来自对外直接投资的"逆向技术溢出效应"，使得对外直接投资能够反哺企业自生能力，从而形成良性循环。此外，对外直接投资还有助于提高贸易福利。尹斯斯等（2020）研究了OFDI对贸易福利的影响。研究发现企业对外直接投资会加剧母国市场竞争程度，从而提高贸易福利，母国在东道国的对外直接投资的劳动力成本优势越大、东道国对母国研发水平优势越大，越有利于贸易福利提升。

当前关于国际投融资领域的研究还呈现出企业研究转向家庭研究的趋势。陈东和苏雯锦（2021）研究外商直接投资对东道国居民健康的影响。江小敏等（2021）研究了对外直接投资对工资的影响。研究发现，与发达国家不同，我国对外直接投资有助于临时合同工人工资水平的提高，且提升作用大于固定合同工人；对外直接投资在扩大高、低技能组间工资差距的同时也缩小了组内工资差距，即具有"组间扩大，组内收敛"的极化效应。其基本逻辑是，对外直接投资会扩大企业生产规模，提高生产效率，由此产生提高工资的效应；同时企业也会因生产规模扩大而雇佣更多劳动力，由于临时工流动性大，因此，为吸引临时工，企业对临时工的工资提高幅度更大。

四、"一带一路"倡议与经济发展

"一带一路"倡议是以贸易畅通、资金融通为主要内容的深化对外开放和鼓励"走出去"的新战略和新举措，也是在经济新常态下实现经济结构调整、经济发展模式转型的积极部署。"一带一路"倡议需要中国对外开放，同时也需要"一带一路"沿线国家的对外开放。这一部分，我们将聚焦于三方面的文献，首先是"一带一路"建设影响因素的分析。其次是"一带一路"倡议对中国经济的影响。最后是"一带一路"倡议对东道国经济的影响。从数据上来看，中国对"一带一路"的投资主要聚焦在基础设施上，这对东道国的影响偏长期，而在短期是否会造成东道国的债务负担从而拖累经济发展是当前政策讨论的热点问题。

（一）"一带一路"建设的影响因素

近两年以"一带一路"沿线国家为东道国来分析我国企业"走出去"区位选择的研究并不多。当前研究主要关注于金融环境和制度环境。葛璐澜和金洪飞（2020）基于我国企业在 38 个"一带一路"沿线国家完成的 371 笔海外并购交易数据，研究了东道国制度环境对我国企业"走出去"区位选择的影响。制度环境的改善可以吸引我国企业到"一带一路"沿线国家进行并购投资，其中监管质量的改善和政府效率的提高对中国企业海外并购区位选择的促进作用最为明显。何俊勇等（2021）采用投资引力模型，从东道国金融开放度、制度质量维度研究了"一带一路"建设的影响因素。研究发现，东道国金融开放度和制度质量的提升都对获得我国对外直接投资有显著的正向影响，企业"走出去"更愿意选择金融开放度高、制度质量高的沿线国家。

资源依赖是企业"走出去"，进军海外市场时面临的行为抉择，企业会从外部区位中获取资源来维持生存，由此与外部环境区位产生相互依赖的行为。可见，资源依赖是企业进行对外直接投资时选择区位的重要因素。吴亮与殷华方（2021）结合资源依赖理论与区位选择理论，用子公司、东道国海外子公司、海外同产业子公司的经营收入、资产等指标构建了四类影响跨国公司区位选择的资源依赖类型，分别为母公司参与型依赖、区域主导型依赖、产业主导型依赖和其他企业参与型依赖，并进一步考察了它们对中国企业"一带一路"区位选择的影响。研究发现，母公司参与型依赖、区域主导型依赖对我国企业"一带一路"区位选择具有正面影响，产业主导型依赖对我国企业"一带一路"区位选择具有负面影响，其他企业参与型依赖对我国企业"一带一路"区位选择的影响呈现"倒 U 形"关系。

（二）"一带一路"倡议对我国经济的影响

"一带一路"倡议相关文献主要利用了"一带一路"倡议的提出作为事件冲击，区分冲击前后以及"一带一路"沿线国家与非沿线国家，采取双重差分的方法来展开具体研究。罗长远和曾帅（2020）实证分析了"一带一路"倡议对企业融资约束的影响，发现"一带一路"倡议并没有降低企业融资约束，反而提高了企业融资约束。李小帆和蒋灵多（2020）采取简约式和结构式模型研究"一带一路"建设对中西部经济发展的影响。简约式模型估计部分采取了双重差分、三重差分的方法，其中三个维度差异分别来自"一带一路"倡议的提出、中西部关口城市、出口目的国和进口来源国是否为"一带一路"沿线国家。简约式估计表明，"一带一路"建设使中西部关口的出口与进口额相对东部关口显著提升，且"一带一路"建设显著促进了通过中西部关口与沿线国家的贸易。结构式估计表明，"一带一路"建设对中西部地区开放的促进作用增加了中国的对外贸易、实际GDP 以及社会福利。肖建忠等（2021）基于美国企业研究所和美国传统基金会公开的"中国全球投资跟踪"数据库，采取三重差分法研究了我国企业对"一带一路"沿线国家能源投资的影响。研究发现"一带一路"倡议有效促进了我国对沿线国家的投资规模，这一效应在能源行业更加突出。

也有研究分析了我国"一带一路"的节点城市，利用我国城市层面的差异研究"一带一路"倡议对我国经济的影响。卢盛峰等（2021）基于中国海关出口统计数据，采取双重差分的方法研究了"一带一路"倡议对我国出口质量的影响。分析结果表明，"一带一路"倡议提高了国内沿线城市的出口产品质量。这一出口产品质量提升效应背后的机制是"一带一路"倡议改善了沿线城市的政策环境，同时地方政府支持力度明显增加。鲁渤等（2020）基于我国地方经济发展与港口物流发展相关数据，量化我国八个沿海节点地区的港口区位商、辐射强度与港城协同度，采取倾向性得分匹配和双重差分的方法研究了"一带一路"倡议对沿海节点地区经济发展和港城发展的影响。分析结果表明，沿海战略节点地区没能实现"一带一路"倡议助力城镇化建设从而推动港口转型升级和港城统筹发展的目的，"一带一路"倡议也没有导致节点地区的高速经济增长。

还有一系列研究基于中欧班列开通，采取双重差分的方法来展开具体研究。张建清和龚恩泽（2021）发现中欧班列显著提高了我国城市全要素生产率。主要影响机制是中欧班列开通刺激了技术创新的提升。周学仁和张越（2021）以中欧班列为例，研究了国际运输通道对我国进出口增长的影响。相较于未开通中欧班列的城市，开通城市的出口和进口均显著增长。韦东明和顾乃华（2021）以中欧班列为例研究了国际运输通道对我国区域经济高质量发展的影响。研究发现中欧班列开通有助于实现我国区域经济高质量发展这一目标，能够通过技术创新效应、产业结构效应、资源再配置效应等机制促进经济高质量发展。此外，张俊美和佟家栋（2021）还采取工具变量法研究了"一带一路"国际人才网络对我国出口贸易的影响。研究发现国际人才网络在一定程度上可以弥补目的国制度的缺失，促进我国企业对"一带一路"沿线国家的出口贸易，其中出口贸易额和出口产品种类数都出现了明显增加，这是正式和非正式制度替代的体现。国际人才网络可以降低贸易中的不确定性和贸易成本，这是其影响我国与"一带一路"沿线国家出口贸易的重要渠道。

（三）"一带一路"倡议对东道国经济的影响

"一带一路"合作是顺应经济全球化和区域经济一体化的重大倡议，共建"一带一路"是习近平总书记深刻思考人类前途命运以及中国和世界发展大势，为推动中国和世界合作共赢、共同发展作出的重大决策。"一带一路"倡议不仅有助于我国经济高质量发展，而且也能够使沿线国家受益于"一带一路"倡议，这是理解我国坚定推动构建人类命运共同体的现实基础。曹翔和李慎婷（2020）采取倾向性得分匹配和双重差分的方法研究了"一带一路"倡议对沿线国家经济增长的影响。"一带一路"倡议有助于提高沿线国家的经济增长，影响渠道主要是"一带一路"倡议显著提高了沿线国家的消费、基础设施和就业，由此带动了当地的经济增长。宋弘等（2021）利用"一带一路"倡议的提出作为事件冲击分析了"一带一路"倡议对我国国家形象的影响。同时，他们也考察了"一带一路"倡议对沿线国家经济发展的影响，发现"一带一路"倡议显著提高了沿线国家的人均 GDP、就业率等。姜峰等（2021）采取工具变量的方法考察了双边贸易协议对"一带一路"沿线国家的企业技术升级的影响。研究发现中国出口贸易的增加能显著推动"一带一路"参与国企业的全要素生产率提升和专利数增加。

新冠疫情对全球经济造成空前的负面冲击，一些国家经济陷入困境，主权债务成为国际社会高度关注的问题。同时西方媒体一致炒作"债务陷阱论"，即我国"一带一路"倡议为沿线国家带来巨额债务。"一带一路"倡议是否为沿线国家带来了债务风险？金刚和沈坤荣（2019）曾利用微观层面数据对这一问题进行了研究，通过分析交通基础设施"问题投资"数量增减来研究债务风险，现实数据显示"问题投资"并没有显著增加，同时投资规模出现了明显提高。事实上，"一带一路"倡议不仅加大了基础设施投资力度，而且也提高了经济增速（曹翔和李慎婷，2020）。基础设施建设本身就可以降低交易成本，有利于经济的长期发展，因此，"一带一路"倡议能够降低债务风险。邱煜等（2021）利用宏观层面的数据进一步考察了"一带一路"倡议是否降低了沿线国家债务风险问题，债务风险直接用国家外债总额占资本存量比重来衡量，他们发现，平均而言，"一带一路"倡议能够降低债务风险，这一效应与地区经济发展程度、政局稳定性、参与"一带一路"倡议的积极性有关。研究也表明当前西方媒体宣扬的"中国方案"阴谋论是有悖事实的。严兵等（2021）利用国家（地区）层面的面板数据，采取双重差分法、广义合成控制法研究了境外经贸合作区对贸易的影响。研究发现在人均 GDP 较低、自然资源依赖度更高或"一带一路"沿线国家，经贸合作区促进贸易的积极效应更加突出。

五、资本市场对外开放与经济发展

资本市场对外开放与经济发展的关系是政策界和学界关注的热点问题之一。"十四五"规划明确表示，进一步推进金融双向开放是下一步工作部署的重要内容，未来将有序推动资本市场制度型对外开放。随着资本市场对外开放，更具理性的国际投资者所带来的国际组合投资促进了世界各地上市企业治理水平的提高（Hall，2002；Aggarwal et al.，2011）。资本市场对外开放能够降低企业融资成本，使融资约束较大的企业能够获得更多的资本，从事更高效的生产（Bae et al.，2006；Kacperczyk et al.，2021）。此外，更具成熟投资理性的外国机构也积极充当监督者对企业创新产生积极的影响（Luong et al.，2017），外国投资者的进入提高了企业对外国技术的吸收程度（Guadalupe et al.，2012）。Ma 等（2020）对 20 个经历股票市场自由化的经济体进行了研究，发现资本市场对外开放带来了更高的创新产出。

当前关于我国资本市场对外开放的研究主要是利用了"沪港通"和"深港通"这"两通"的政策冲击，采取双重差分的方法来开展具体的研究。在 QFII 制度下，虽然境外投资者被允许进入中国 A 股资本市场，但是其在投资门槛、投资领域与资金汇出等方面受到诸多管制，使得 QFII 制度对中国内地资本市场的影响较为有限（Tam et al.，2010）。2010 年 10 月，上海市率先发布合格境外有限合伙人（qualified foreign limited partner，QFLP）试点，此后深圳、珠海、广州等多个地市先后启动 QFLP 试点，推动外商投资股权投资类企业的快速发展。为推动内地和香港资本市场互联互通，"沪港通"与"深港通"政策相继于 2014 年 11 月和 2016 年 12 月开通，内地与香港地区投资者可在批准范围内直接买卖对方证券交易所上市的股票。由于"两通"政策产生了政策内的企业标的以及政策外的企业，这使得研究者可以通过比较"两通"政策实施前后，受到政策影响的企业和没有受到该政策影响的企业特征的差异来进行因果关系的识别。也正是因为该政策提供了一个研究资本市场对外开放的"自然实验"，近两年关于我国资本市场开放的研究大量涌现，并且 Yoon（2021）基于这一研究情境的研究发表于国际顶级期刊 *The Accounting Review*，其识别策略得到了国际学术界的认可。

从金融市场表现来看，资本市场对外开放后，股价信息质量以及信息披露质量明显提高（钟覃琳和陆正飞，2018；阮睿等，2021；Yoon，2021），并且市场成交量、波动性和市场回报率显著增加（钟凯等，2018；Burdekin et al.，2018；Liu et al.，2021）。从实体经济角度来看，我国资本市场对外开放的经济效应和部分研究发现的资本项目开放带来的经济效应相似。资本市场对外开放能够降低企业融资成本，从而有利于改善资源配置状况，提高资源配置效率，对企业全要素生产率、投资产生了积极影响（陈运森和黄健峤，2019；连立帅等，2019；庞家任等，2020；戴鹏毅等，2021）。然而，伴随着波动性溢出的增加，我国股票市场对外开放也扩大了风险敞口，增加了风险溢出的持续性，系统性风险将更容易产生（Bai and Zhang，2012；Huo and Ahmed，2017）。

虽然大量研究如雨后春笋般涌现出来，但是利用"沪港通"和"深港通"来研究资本市场对外开放的经济效应，需要注意以下两点。首先，进入"沪港通""深港通"的股票标的与没有进入的股票存在一定的差异，比如，"沪股通"的股票范围是上海证券交易所上证 180 指数、上证 380 指数的成分股以及上海证券交易所上市的 A+H 股公司股票。因此，已有研究在采取双重差分前会进行匹配，筛选控制组，比如，Yoon（2021）采取了熵平衡方法（entropy balanced natching）；阮睿等（2021）采取了倾向性得分匹配方法。其次，受到"沪港通"和"深港通"政策影响的企业并不是完全不变的，"两通"的标的股票常常会发生调整，甚至一年内都会发生变化，因此，控制组和处置组中的样本会出现变化。研究采取的是多时点的双重差分法，由于控制组样本不断变化，处置效应也可能存在异质性，双向固定效应模型的估计难以准确捕捉处置效应，有必要借鉴最新的研究成果（Sun and Abraham，2021；Baker et al.，2022），更好地利用"两通"政策这一识别策略。

六、研究展望

第一，"一带一路"倡议的研究依然是学术界讨论的热点问题。自 2013 年"一带一路"倡议被提出以来，政策沟通、设施联通、贸易畅通、资金融通、民心相通等五通建设取得明显进展，从"大写意"具体到"工笔画"。中国与"一带一路"沿线国家的双边投资成为中国实现产业结构转型，重铸全球价值链的重要举措。"一带一路"倡议相关研究的丰富与其较为成熟的识别策略有着密不可分的关联。从近两年的文献检索情况看，"一带一路"倡议研究主要有三个识别策略。首先是利用"一带一路"倡议提出导致的时间维度上的差异，以及沿线国家与非沿线国家在国家层面上的差异来构建双重差分的计量模型（罗长远和曾帅，2020）。其次是时间维度上的差异和国内与"一带一路"倡议相关的节点城市、区域与不相关的城市、区域之间的差异（卢盛峰等，2021）。最后是利用中欧班列在不同城市开通时间的差异，以及开通中欧班列城市与未开通中欧班列城市之间差异来构建多时点的双重差分模型（周学仁和张越，2021）。

第二，研究更加重视识别策略，未来对多时点双重差分法的改进将成为主流，好的识别策略将成为决定文章质量的最为重要的因素。当前大部分多时点双重差分均采用双向固定效应模型，当处置效应存在异质性时，这种模型设定不能准确识别处置效应。最新的研究对多时点双重差分的因果关系识别进行了较为充分的讨论，也提供了相应的 R 语言或 STATA 程序包（Sun and Abraham，2021；Baker et al.，2022）。未来多时点双重差分将更加重视正确的处置效应识别方法。此外，近两年，一些研究利用了新的情境来展开因果关系识别，比如，举办马拉松赛事城市对外商直接投资区位选择的影响（潘春阳和廖捷，2021）；清末通商口岸地区对外商直接投资和贸易的影响（张川川等，2021）；中欧班列对我国进出口的影响（周学仁和张越，2021）；"沪港通""深港通"对企业融资的影响（庞家任等，2020）。新的研究情境需要重视进一步地对处置组和控制组可比性的分析。事实上，诸多政策并不是外生的，比如举办马拉松赛事的城市、"一带一路"倡议的节点城市、中欧班列的开通城市，"沪港通""深港通"还涉及标的股票的调入和调出。这可能导致基于不同研究情境得到的研究结论不完全一致，比如，罗长远和曾帅（2020）将上市企业区分为参与"一带一路"倡议的企业和未参与的企业，采取双重差分的方法发现"一带一路"倡议并没有降低企业融资约束，反而提高了企业融资约束。李建军和李俊成（2020）同样基于上市企业，也是采取双重差分的方法，结果发现"一带一路"倡议扩大了企业的信贷融资规模，降低了信息不对称，改善了企业财务状况。二者识别上的差异在于对参与"一带一路"倡议企业的界定上。罗长远和曾帅（2020）采取了三种界定方法，一是将列入"一带一路"官网名录的企业界定为参与"一带一路"倡议的企业；二是将属于 IFIND 的"一带一路"概念板块企业界定为参与"一带一路"倡议的企业；三是将实际投资于"一带一路"沿线国家的企业界定为参与"一带一路"倡议的企业。李建军和李俊成（2020）根据上市企业与"一带一路"沿线国家是否存在业务来界定参与"一带一路"倡议的企业。

第三，未来将出现更多家庭层面的分析和结构式模型的分析。当前国际投融资领域研究主要利用企业层面微观数据来展开，微观数据包括，fDi Markets 全球企业绿地投资数据库、BVD（Zephyr）合资和并购企业数据库、中国"全球投资跟踪"数据库、Thomson One 数据库、境外投资企业（机构）名录、CSMAR 上市企业对外直接投资数据库等。使用微观层面数据一方面可以较好地识别变量因果关系，另一方面也有助于探讨影响机制。近两年，我们看到国际投融资领域研究也开始使用家庭层面数据，事实上家庭层面数据也较丰富，但是将国际投融资与家庭行为结合起来相对而言比较难，原因有两方面，首先，国际投融资更多是企业行为，比如"一带一路"倡议中企业的参与，外商直接投资和对外直接投资均为企业行为；其次，家庭层面数据频率较低，同时由于家庭成员流动性往往较高，面板数据的样本量往往较少，不利于展开较长时间维度的分析。值得注意的是，当前在国际宏观经济领域出现了一系列基于家庭数据展开的研究，比如关税、货币政策等对家庭行为的影响（Dai et al.，2020；Cloyne et al.，2020；Daniel et al.，2021）。陈东和苏雯锦（2021）基于盖洛普世界民意调查数据，研究外商直接投资对东道国居民健康的影响。此外，大部分研究均使用简约式计量模型来进行因果关系推断，李小帆和蒋灵多（2020）还采取结构式模型进行估计和反事实推断。如果结构式模型能够较好刻画影响机制，那么基于结构式模型进行的反事实估计能够更好地对政策进行量化分析，未来结构式模型估计或将越来越多。

第二节 重 要 论 文

1. 陈琳，袁志刚，朱一帆. 人民币汇率波动如何影响中国企业的对外直接投资？
[J]. 金融研究，2020（3）：21-38.

研究背景： 2005 年 7 月中国改革了人民币汇率制度，实行有管理的浮动汇率制，人民币汇率更加市场化、富有弹性。2015 年"8·11 汇改"是人民币汇率改革的另一转折点。近两年受国内外诸多不确定性事情影响，人民币汇率波动不断加大，对外投资受汇率波动的影响也明显增加。因此，在当前汇率波动加大且波动不确定性增加的背景下，研究人民币汇率波动对中国企业对外投资的影响具有一定的理论和现实意义。

基本结论： 文章基于"中国全球投资跟踪数据库"企业对外直接投资的微观数据研究了人民币汇率波动对中国企业对外直接投资的影响。研究表明，人民币汇率波动增加显著抑制了中国企业对外直接投资的可能性和投资规模。此外，汇率波动对投资于不同行业、不同国家以及不同投资方式的企业有异质性影响，这可能与我国现阶段对外投资的特点相关。

主要贡献： 首先，文章为汇率波动影响中国企业对外投资提供了微观层面的证据，丰富了中国企业对外投资影响因素的文献，对汇率影响企业决策的研究也进行了拓展。其次，文章采用的数据包含企业对外投资规模，可以同时考察汇率变动对于企业投资决策及投资规模的影响，利用手工搜集的企业年报还可对企业的汇率风险管理行为进行研究。

现实意义： 为了更好更健康地促进中国企业"走出去"，文章认为应关注外汇市场的稳定，必要的时候运用市场化手段调控外汇市场，形成相对稳定的汇率预期。此外，文章研究表明微观企业主体的套期保值可以帮助其规避汇率风险，因此，可以着力于建立和维护一个规范、竞争有序的外汇市场，支持企业进行风险管理。

2. 庞家任，张鹤，张梦洁. 资本市场开放与股权资本成本——基于沪港通、深港通的实证研究 [J]. 金融研究，2020（12）：169-188.

研究背景： 为推动内地和香港资本市场互联互通，我国于 2014 和 2016 年相继开通了"沪港通"和"深港通"。在此机制下，内地和香港的合规投资者可通过当地中介证券公司买卖双方交易所标的的个股，这吸引了两地投资者的积极参与，对两地股票市场产生了深远影响。文章重点研究"沪港通""深港通"机制对内地市场股权资本成本的影响。

基本结论： 文章从理论上分析了"沪港通""深港通"政策对内地市场股权资本成本的影响渠道，并从实证上检验了政策效果。文章认为，政策会从增加投资者竞争、提升信息平均精度的途径降低股权资本成本，但也会从增加信息不对称的途径提高股权资本成本，政策最终效果取决于个股原本的竞争程度和信息结构。

主要贡献： 文章从股权资本成本的视角探究"沪港通""深港通"的政策效果，兼具学术和现实意义。学术意义方面，文章首次提出并阐释了我国市场开放在竞争渠道和信息渠道上对股权资本成本的独特作用机制。现实意义方面，文章可为"沪港通""深港通"政策效果评估提供依据，并为资本市场相关政策提供建议。

现实意义：资本市场开放有望降低股权资本成本，但也需市场环境稳定、企业信息披露完善、境外投资者积极参与等前提条件作为保障。因此，可从内地股市的制度短板出发，进一步建立健全相关交易规则和披露机制，以更为优良的制度环境和市场氛围吸引国际资本流入；企业也应进一步优化公司治理，完善信息披露，提高信息质量。

3. 阮睿，孙宇辰，唐悦，聂辉华．资本市场开放能否提高企业信息披露质量？——基于"沪港通"和年报文本挖掘的分析［J］．金融研究，2021（2）：188-206.

研究背景："十四五"规划建议中，推进金融双向开放是"建立现代财税金融体制"工作部署的重要内容。那么，扩大资本市场开放能否为完善金融体系带来新的动力？经验证据表明，较高的上市公司信息披露质量是成熟金融市场的重要特征之一，并且信息披露质量能够显著影响资本市场效率。文章以"沪港通"这一重大资本市场开放事件为契机，研究中国扩大资本市场开放对提高上市公司信息披露质量的作用。

基本结论：文章利用"沪港通"政策实施这一准自然实验事件，研究了"沪港通"机制是否会促进标的企业提升其信息披露质量，信息披露质量指标用公司年报的文本挖掘构建。实证结果表明，"沪港通"机制能够显著提高标的企业的信息披露质量，该研究证实了资本市场开放能够改善企业信息披露，有助于理解对外开放促进金融市场成熟、提升上市企业活力的作用机制。

主要贡献：首先，给定资本市场开放这一外生冲击，文章将研究视角由上市公司的信息披露数量转向信息披露质量。其次，文章利用文本挖掘技术构建文本可读性指标，从而丰富了信息披露质量的相关研究。最后，文章为资本市场开放对企业行为和绩效的影响提供了新的实证证据。

现实意义：该研究对资本市场开放和资本市场制度建设有很强的政策含义。首先，中国资本市场应进一步对外开放，扩大资本市场容量，利用国际国内两个市场资源促进企业提升自身治理水平。其次，扩大金融开放对监管水平提出了更高的要求，监管部门要加强对信息披露质量的重视程度，引导企业主动提高信息披露质量，特别是公开信息披露质量。

4. 苏丹妮，盛斌，邵朝对，陈帅．全球价值链、本地化产业集聚与企业生产率的互动效应［J］．经济研究，2020（3）：100-115.

研究背景：改革开放以来，中国融入国际生产体系的程度不断深化，在 GVC 中所处的位置和所起的作用发生了显著变化。在中国不断融入全球化生产体系的同时，国内经济集聚也快速形成。企业在此背景下既处于国内产业本地化大规模集群的生产体系中，也处于全球价值链错综交织的生产体系中。那么，已在全球分工体系不断扩展的中国企业，其所处的全球分工体系与国内本地化产业集群之间存在何种互动关系，两者的互动对企业生产绩效产生何种影响，这是全球价值链视角下的重要问题。

基本结论：文章首次将国际生产体系下的全球价值链和国内生产体系下的本地化产业集群置于统一的分析框架内，阐述了全球价值链、产业集聚与企业生产率的互动机制。研究结论表明，企业 GVC 分工地位的提升有利于生产率的改善，但通过阻滞资源互通与能力互仿"双壁垒"而实施的战略隔绝削弱了本地产业集聚对企业生产率的正向效应。此外，从企业嵌入 GVC 的不同方式看，上游环节嵌入企业的生产率随着嵌入度的提高而改善。

主要贡献：首先，文章利用中国海关数据库和世界投入产出数据库首次尝试了从微观层面测算企业参与全球价值链的三个指标，以全面解释企业嵌入全球价值链的深度和广度。其次，文章对中国工业企业数据库进行了更为细致、科学的处理，对全球价值链、产业集聚与企业生产率的互动机制进行实证检验。最后，基于马歇尔外部性理论，从"人""物""知识"三个空间视角进一步拓展分析了企业参与全球价值链与本地产业集群互动关系的背后驱动力量。

现实意义：文章的研究对破除全球价值链背景下中国生产体系的双重分割，提升国内、国外两个大局统筹质量具有较强的政策含义。针对 GVC 低端锁定现象，政府一方面需从根本上改变以廉价能源和要素补贴方式维持国内代工企业融入 GVC 分工体系的传统做法，实施创新驱动发展战略；另一方面应进一步破除中间品供应环节的区际制度壁垒。

5. 黄远浙，钟昌标，叶劲松，胡大猛. 跨国投资与创新绩效——基于对外投资广度和深度视角的分析［J］. 经济研究，2021（1）：138-154.

研究背景：随着全球化进程的不断推进和发展，跨国公司寻求多元投资目的地的趋势日益明显，这一发展过程与跨国公司寻求提高创新能力的目的密切相关。如以华为、海尔为代表的企业在北美、欧洲以及亚洲市场纷纷布局，以子公司为载体通过"逆向技术溢出"提升母公司的创新绩效。"逆向技术溢出"的过程往往较复杂，涉及跨国公司与子公司内部网络以及子公司与东道国外部网络的关联程度，空间布局的不同会改变它的作用条件。在此背景下，文章重点研究新兴经济体企业对外直接投资空间布局结构对企业创新的影响。

基本结论：文章利用 1998—2013 年中国工业企业层面数据尝试深度挖掘对外直接投资与创新绩效之间的关系。研究发现，第一，对外投资广度对创新绩效有正向促进作用，对外投资深度对创新绩效的作用则呈"U"形。第二，制度多样化程度在对外直接投资与创新之间起了调节作用。第三，研究结论在东道国市场、企业投资动机、企业所有制方面都存在异质性。

主要贡献：首先，文章扩展了已有关于跨国公司对外区位选择对创新绩效影响的研究成果。其次，文章将对外直接投资"逆向溢出效应"和成本效应纳入理论分析框架内，分析对外投资广度和深度在知识的搜寻、获取、转移和整合等过程中的作用。最后，文章通过研究东道国制度因素对于对外投资广度和深度与创新关系的调节作用，深化了学界对于东道国制度因素影响企业对外投资绩效的理解。

现实意义：该文章的研究结果对中国企业跨国经营具有较高的参考价值。对外直接投资并非越多越好，需要慎重考虑对外直接投资的网络结构，只有适度的对外投资广度和深度并扎根于东道国市场才可能从中获利。要全面认识对外直接投资的创新效应，避免盲目追求市场多元化，引导企业根据东道国市场制度、区位以及经济发展类型等特征选择目的地。

6. 李建军，李俊成．"一带一路"倡议、企业信贷融资增进效应与异质性［J］．世界经济，2020（2）：3-24.

研究背景：在当前世界经济增速放缓、发达国家贸易保护主义势头不断上升的背景下，中国企业与"一带一路"沿线国家和地区经贸合作的稳步推进已成为全球经济发展的一大亮点。在投资和贸易规模逐年增长的同时，"一带一路"企业的融资需求也在不断增加。那么"一带一路"倡议在为企业带来广阔市场空间的同时，是否也增强了企业获取发展资源特别是企业发展倚重的信贷资源能力？"一带一路"倡议是否可以和如何影响企业信贷融资这类重要问题亟待探索。

基本结论：文章基于中国 A 股上市公司面板数据，利用双重差分的方法检验了"一带一路"倡议对企业信贷融资的影响。研究发现，"一带一路"倡议通过降低企业信息不对称、改善企业自身财务状况，促进了企业信贷融资。此外，"一带一路"倡议对企业信贷融资在不同类型企业、不同大小企业、不同产业中有异质性作用。

主要贡献：第一，文章拓宽了"一带一路"倡议的研究范畴，对基于理论视角的研究进行补充，检验"一带一路"倡议的经济绩效。第二，文章从企业层面研究，通过梳理上市公司年报等多种形式，在其可披露范围内手工整理获取上市公司与"一带一路"沿线国家和地区开展业务的情况，有助于理论和实务界全面客观认识"一带一路"倡议对微观经济的影响。

现实意义：文章对推进"一带一路"建设、提高"一带一路"资金融通效率具有重要的指导意义。首先，企业应充分利用倡议带来的发展契机，积极响应国家政策号召，增强获取政策红利的现实能力。其次，政府在制定政策体系时，应因地制宜，充分考虑企业的异质性。最后，政府应尽量减少对微观经济市场的直接干预，避免以政府意志代替市场选择。

7. 臧成伟，蒋殿春．"主场优势"与国有企业海外并购倾向［J］．世界经济，2020（6）：52-76.

研究背景：近年来随着中国产业快速发展和产业国际竞争力的不断加强，企业对外直接投资增长迅速，其中对外并购的飙升更是成为全球并购市场的焦点，海外并购还有增长空间。回顾中国企业海外并购的短暂历史，国有企业似乎具有更强的海外并购倾向，若将国内并购也纳入比较，可以看到国有企业的并购扩张似乎更偏好国内标的，民营企业则在海外并购市场上更为激进。文章由此探讨所有制的不同造成企业并购决策的偏好差异。

基本结论：文章从优势资源的不可转移性角度出发，研究了国有企业"走出去难"问题。研究认为各级政府的政策偏倚使国有企业在国内的生产经营具有政策性优势，但这类优势往往不能延伸至国外，属于典型的主场优势；由于国内外非对称的竞争优势格局，在并购市场上国有企业更青睐国内标的，海外并购则相对不足。

主要贡献：首先，文章将国内并购和海外并购放在一起进行比较，补充了相关研究的空白。其次，为解释"国有企业海外并购倾向较低"的现象，在学界主流研究的基础上，文章转而从所有制特征本身出发，探讨企业对海外并购行为的选择。最后，文章建立了较完整的理论框架，将政策偏倚带来的国有企业国内优势植入 Nocke 和 Yeaple（2007）模型，揭示"主场优势"对海外并购倾向的具体影响。

现实意义：文章的研究结论具有较强的政策含义。首先，要推动国有企业走出舒适区，就需要给予国有企业和非国有企业同等的竞争环境，让国内的激烈竞争培育真正具有国际竞争力的国有企业，并促使其迈出更大和更坚实的国际化步伐。其次，要真正做到所有制中立，建立和完善竞争中性的国内市场环境必将进一步提高中国企业的国际竞争力，使其在全球并购市场上走得更快更稳。

8. 孙浦阳，陈璐瑶，刘伊黎. 服务技术前沿化与对外直接投资：基于服务企业的研究 [J]. 世界经济，2020 (8)：148-169.

研究背景：随着服务业在中国经济发展中地位的上升，促进服务业高质量发展成为经济工作的重点之一，促进服务业技术前沿化是促进中国服务业发展的重要引擎。随着服务业成为国际产业投资热点，中国服务业对外直接投资迅速增长，服务技术水平对服务业对外直接投资有促进作用。在此背景下，文章对服务企业对外直接投资行为进行探究。

基本结论：文章运用 2007—2016 年中国上市公司数据，采用 PPML 回归方法，检验了服务企业技术前沿化对服务企业对外直接投资的影响。研究发现，服务企业技术距国际前沿水平越近，服务企业对外直接投资水平越高，服务企业技术前沿化是推动服务业"走出去"的重要动力，而且服务企业技术前沿化对绿地投资的提升作用更大。此外，服务企业技术前沿化提升了管理水平高、信息沟通依赖度高的企业的对外直接投资，提升了服务企业在高经济发展水平国家的直接投资。

主要贡献：首先，文章构建了包含服务企业经营方式选择的理论模型，将技术前沿化与对外直接投资相联系，引入了"信息沟通能力"与"服务质量匹配"两个服务企业经营过程的独有特点。其次，在经验研究中，文章从微观企业角度衡量中国服务企业技术前沿化程度和对外直接投资，并检验技术前沿化对服务企业对外直接投资的影响。最后，文章为促进中国企业高质量"走出去"提供了新的研究视角。

现实意义：文章聚焦于服务企业对外直接投资，具有很强的指导意义。中国服务企业技术前沿化是影响企业对外直接投资的重要因素，应积极发挥服务业技术前沿化对于服务业走出去的促进作用，服务企业应自主提升技术水平，主动向国际前沿服务水平靠拢；政府要积极主动为服务企业搭建技术交流平台，促进服务业技术前沿化。

9. 余静文，彭红枫，李濛西. 对外直接投资与出口产品质量升级：来自中国的经验证据 [J]. 世界经济，2021 (1)：54-80.

研究背景：中国对外直接投资的快速崛起与潜在经济增速下行现象并存。当前，中国经济亟待从过去要素驱动型的增长模式转向效率驱动型的增长模式，实现这种经济增长模式的转变需要中国经济更好融入全球经济，提高资源配置效率。在此背景下，对外直接投资是否对中国经济产生了积极影响？文章从产品提质升级视角研究了对外直接投资对中国经济的影响。

基本结论：文章基于中国 2000—2013 年微观数据，从产品提质升级视角研究了对外直接投资对中国经济的影响。研究表明，首先，对外直接投资能显著提升出口产品质量。

其次，对外直接投资提质升级的作用在差异化、一般贸易产品中更为突出。再次，不同类型经营范围的对外直接投资对产品质量提升有异质性。最后，对外直接投资提质升级的作用渠道主要是集约边际上的逆向技术溢出。

主要贡献：首先，文章提出并验证了对外直接投资逆向技术溢出效应的另一个途径，即对外直接投资对母国企业出口产品质量提升产生显著影响。其次，识别了对外直接投资影响出口产品质量的机制。最后，补充了出口产品质量影响因素的文献。

现实意义：在中国经济增速下行阶段，中国对外直接投资规模（流量）不断增大，在 2015 年首次超过了外商直接投资（流量）规模。文章的发现可以在这两个现象间建立联系，由于对外直接投资通过逆向技术溢出提升产品质量，从而有助于实现新旧动能转换，提高中国在全球价值链中的地位，从重"量"的经济增长方式转变为重"质"的经济增长方式。

10. 张川川，张文杰，李楠，杨汝岱. 清末开埠通商的长期影响：外商投资与进出口贸易［J］. 世界经济，2021（11）：27-48.

研究背景：伴随着对外开放程度的不断深化，经济发展的区域不平衡问题也日趋严重。从中国经济发展历史看，作为近代历史上最大规模的一次对外开放，清末开埠通商无疑是一个不可忽视的因素，它不仅促使中国东南沿海城市率先实现近代化，推动了整个中国的现代化进程，同时也为再一次检验历史因素对经济发展的长期影响提供了一个自然实验。

基本结论：文章研究了清末开埠通商对中国当代 FDI 和贸易往来的长期影响。研究表明，清末开埠通商对当代 FDI 和贸易规模具有显著的正向影响。相对于非通商口岸，通商口岸地区外商投资的相对规模更大，受列强势力范围影响的通商口岸地区的贸易规模也显著更高。进一步的研究发现，对外国人更为友善的态度和更好的企业融资环境是其中的作用机制。

主要贡献：第一，基于早期的历史数据，文章一方面检验了历史因素对经济发展的长期影响及其在解释当代区域经济发展差距方面的作用。另一方面，文章不仅验证了对外开放的积极作用，还发现了其中的重要机制。第二，该研究对经济史、制度文化、国际经济关系与贸易领域的系列研究做了很好的补充。第三，文章在技术层面也做出了一些有益的改进。

现实意义：加快促进港口等基础设施建设，完善与推进改革开放和"一带一路"倡议等政策，是维持和保障中国经济长期稳定发展的重要方向。文章有两个方面的政策启示：第一，理解当代区域间的社会经济发展差异不能忽视历史因素的重要影响；第二，保持积极的对外开放需要注重建立不同国家民众间的良好信任关系和完善当地的制度环境。

第三节 重要著作

1. 薛静. 中国对外直接投资与全球价值链升级研究［M］. 北京：中国金融出版社，2020.

研究背景：经济全球化的不断深化推动了国际分工的发展，产生了新型的国际分工。

全球价值链分工将更多的国家和地区纳入国际生产体系，发达国家的跨国公司往往占据主导地位，拥有全球价值链绝对的控制权，发展中国家如果没有突破，很有可能面临被"低端锁定"的危险。该书以全球价值链分工为背景，对中国如何通过对外直接投资方式来摆脱被"低端锁定"困境，实现全球价值链升级的问题进行研究。

内容提要：该书试图回答以下问题：其一，中国在全球价值链中究竟处于什么分工地位？其二，中国对外直接投资促进全球价值链升级的微观机理是什么？其三，中国对外直接投资能否促进全球价值链升级？上述问题是当前学术界讨论的热门议题，极具研究价值。

基本结构：全书共分为八章，具体内容如下：（1）绪论；（2）文献综述；（3）中国对外直接投资促进全球价值链升级的机理；（4）中国在全球价值链的分工地位：制造业证据；（5）中国对外直接投资促进全球价值链升级的实证检验；（6）中国企业对外直接投资促进全球价值链升级案例；（7）中国对外直接投资促进全球价值链升级的战略选择；（8）结论和研究展望。

主要贡献：在研究视角方面，该书从对外直接投资与全球价值链升级的关系出发进行研究，并提出我国通过对外直接投资促进全球价值链升级的战略及政策建议。在理论方面，该书通过构建模型来探讨通过对外直接投资实现我国全球价值链升级的机理，弥补了理论研究的不足。

现实意义：对外直接投资促进全球价值链升级是一个较新的研究课题，作为发展中国家我国促进全球价值链升级的机理值得探讨。该书通过理论分析和实证研究对 OFDI 促进国际分工地位提升进行探讨，丰富了中国对外直接投资的理论和研究。同时，在全球价值链升级的大背景下，该书的研究结论可为政府相关决策提供参考。

2. 王长义．"一带一路"背景下中国对外直接投资的产业升级效应及对策研究［M］．北京：经济科学出版社，2020．

研究背景：随着我国经济发展进入新常态，产业结构优化升级已经成为我国经济在新常态下持续健康发展的重要保证，而通过高水平的对外开放，利用对外直接投资推动国内产业升级成为新时期对外直接投资肩负的重要责任，并且要求对外直接投资成为国内经济结构调整和产业升级的重要途径之一。作为全方位对外开放格局重要组成部分的"一带一路"倡议，必将为我国对外直接投资带来巨大的机遇。在此背景下，有必要把对外直接投资与国内产业升级联系起来，研究"一带一路"倡议下中国对外直接投资对国内产业升级的影响，这不失为一个重要的现实问题。

内容提要：当前，我国经济进入增速转档、提质增效的关键时期，如何有效地通过对外直接投资促进国内产业结构的转型升级显得尤为重要。该书以中国对"一带一路"沿线国家的直接投资为考察对象，旨在从理论和实证两大角度分析"一带一路"沿线国家直接投资对我国产业升级的影响，以便为我国有关政府部门和企业提供决策参考。

基本结构：全书共分为六章，具体内容如下：（1）导论；（2）文献综述；（3）对外直接投资的母国产业升级效应：基于区域经济合作视角的分析；（4）"一带一路"沿线直接投资的现状及问题；（5）"一带一路"沿线国家对外直接投资产业升级效应的实证分析；（6）"一带一路"倡议下利用对外直接投资促进中国产业升级的对策。

主要贡献：该书从多学科，多领域出发，既有理论研究，也有实证分析，评价和分析了"一带一路"背景下我国对外直接投资对国内产业升级的影响。通过文献归纳和计量分析，证明我国在"一带一路"沿线国家的直接投资对国内产业升级起着明显的促进作用，且存在区域差异性。

现实意义：随着中国经济发展步入新常态，对外直接投资是国内经济结构调整和产业升级的关键一环。该书将"一带一路"倡议与国内产业升级联系起来，深入研究"一带一路"倡议下我国对外直接投资对国内产业升级的影响，并从微观角度阐明其机理。该书提出了"一带一路"背景下中国对外直接投资促进国内产业升级的政策建议，具有政策参考价值。

3. 田巍，余淼杰. 中国企业对外直接投资研究［M］. 上海：上海人民出版社，2021.

研究背景：1979 年以来，中国对外直接投资经历了曲折前进、不断上升再到稳步增长的过程。通过 40 多年的发展，中国现已成为世界第二大对外直接投资输出国。一些企业通过对外直接投资成功实现了"走出去"，在提升自身生产效率的同时也扩大了中国在世界经济体系中的影响力。该书立足于中国国情，运用理论预测和实证研究，分析改革开放后中国企业"走出去"的原因，诠释中国对外直接投资在新时代的发展。

内容提要：该书以新时代中国对外直接投资的发展为主要问题，结合经典的国际投资理论解释为什么要进行对外直接投资，以及什么样的企业会进行对外直接投资。通过理论建模和实证分析，该书从微观角度考察了企业全要素生产率、融资约束、汇率波动、企业所有制与对外直接投资的关系，并考察了中国制造业对外直接投资的反向技术溢出效应。此外，该书也对中国促进贸易与投资的相关政策，如降低出口关税，建设区域间自由贸易区等与企业对外直接投资的关系进行探究。

基本结构：全书共分为十章，具体内容如下：（1）绪论；（2）对外直接投资基本理论框架；（3）中国制造业对外直接投资企业的生产率特征；（4）要素市场、企业所有制和投资差异；（5）贸易服务型投资与生产型投资：现象与特征；（6）贸易服务型投资与生产型投资：理论模型与实证研究；（7）融资约束与对外直接投资动因；（8）中间品进口、信息与对外直接投资；（9）中国制造业对外直接投资的反向技术溢出；（10）中国贸易和投资促进措施。

主要贡献：该书立足于中国国情，运用当代经济学规范系统的方式得出可供理论实证的理论预测，再使用详尽的微观数据进行严格的实证研究，对影响中国企业"走出去"的原因进行多角度的分析，对新时代下中国对外直接投资的发展加以诠释。

现实意义：改革开放以来，中国对外直接投资经历了快速发展，研究何种因素或何种企业特征会影响企业对外直接投资，对未来企业更好地"走出去"有重要意义。该书将理论和实证相结合，从不同角度分析影响企业对外直接投资的原因，为今后中国对外直接投资领域的政策制定提供了思路。

4. 刘强．走出外贸低迷——基于对外直接投资和国际技术扩散的视角［M］．北京：中国社会科学出版社，2021.

研究背景：2012 年以来，我国的对外贸易增长率连续下降，面临着巨大压力。中国企业的出口难度进一步加大，出口成本进一步提高，成本优势进一步缩减。要解决这些问题，通过技术进步实现产业结构升级进而实现贸易结构改善是终极之路。"走出去"和"请进来"都是促进技术进步进而推动出口增长和改善产业结构的重要途径。该书对这两个途径对中国外贸的影响、作用机理和实现路径进行研究。

内容提要：该书以对外直接投资（"走出去"）和国际技术扩散（"请进来"）为主题，研究这两种途径对外贸发展的作用。该书分为上，下两编，上编以山东省为例研究对外直接投资拉动出口增长与贸易结构改善的机制和实效，下编以制造业为例探讨国际技术扩散促进技术进步与外贸产业升级的作用机理和路径。该书的研究结论对中国充分利用对外直接投资和国际技术扩散增强自主创新能力，实现产业结构和外贸结构的优化升级，促进外贸高质量增长，具有重要的理论价值和现实意义。

基本结构：全书共分为十一章，具体内容如下：（1）对外直接投资贸易效应的作用机制；（2）对外直接投资贸易效应的异质性；（3）山东省对外直接投资和对外贸易发展的现状与特征；（4）对外直接投资拉动出口增长和优化出口贸易结构实证检验；（5）利用对外直接投资促进出口增长、优化出口贸易结构的政策设计；（6）上编研究结论与政策建议；（7）国际技术扩散与产业结构升级的国际比较；（8）FDI、技术扩散与产业结构优化升级；（9）国际贸易视角下的外贸产业结构优化升级；（10）国际技术扩散对中国制造业技术进步及产业结构升级的实证研究；（11）下编研究结论与政策建议。

主要贡献：该书探讨了对外直接投资拉动出口增长和优化贸易结构的内在关联机制，系统且详细地分析了对外经贸发展中各种经济形态和经济现象之间的内在联系与机理关系。通过理论和实证，该书证明，对外直接投资不仅可以成为现阶段拉动出口增长的引擎，而且能够成为优化出口贸易结构的重要推动力。

现实意义：该书的研究对于发展中国家尤其是中国发挥国际扩散的作用，推动技术进步和经济增长具有重要的意义，由于不同国家和不同行业受国际技术扩散影响的实际效果不同，因此，该书对于中国制造业这个特殊对象进行研究，在现实层面上更是意义重大。

5. 周伟，江宏飞，吴先明．中国在"一带一路"对外直接投资研究［M］．武汉：武汉大学出版社，2021.

研究背景："一带一路"沿线国家正在成为我国对外直接投资的热土，而这些沿线国家存在着较大异质性，形成了不同的区位优势。一国经济发展水平与国家的区位优势、对外直接投资、吸引外商直接投资之间是否存在一定的联系：一方面，作为母国，我国的经济发展水平会如何影响我国的区位优势和企业对外直接投资？而另一方面，作为东道国，"一带一路"沿线国的经济发展水平又是如何影响其区位优势和中国企业对其直接投资的？这些都是值得探讨的课题。

内容提要：该书分为宏观实证编、区域国别编和微观企业编等。"宏观实证编"从"一带一路"东道国的角度分析了"一带一路"国家的投资发展阶段；测度了中国在"一带一路"国家 OFDI 的国家风险并进一步实证分析了国家风险对中国在"一带一路"OFDI 的影响。"区域国别编"主要研究了中国企业在非洲的直接投资，中法在非洲的合作，中欧在非洲的合作等。"微观企业编"分析比较了欧美日跨国公司国际化初期的特征，同时也研究了"一带一路"倡议下中国数字企业的国际化。

基本结构：全书共分为九章，具体内容为：（1）"一带一路"国家的投资发展阶段；（2）中国在"一带一路"OFDI 的国家风险；（3）国家风险对中国在"一带一路"OFDI 的影响；（4）影响"一带一路"国家在华 FDI 和对华国际贸易的因素；（5）中国企业在非洲 OFDI 的特征及安全风险探析；（6）中法合作开发非洲市场研究：动因、主要问题与互补优势；（7）中欧在非洲第三方市场合作分析；（8）企业国际化初期的组织结构选择；（9）"一带一路"倡议下中国数字企业的国际化。

主要贡献：该书不仅有宏观实证，也有微观分析，并对不同国家区域的对外直接投资合作进行研究，构建了完整的理论分析体系。该书指出，非"一带一路"国家仍然是在华直接投资的主力军，因此，在"稳外资"的发展战略中，重视和进一步地吸引"一带一路"国家和非"一带一路"国家在华的直接投资，显得尤为重要。

现实意义：中国在"一带一路"沿线国家的对外直接投资，是当今的热门议题。与以往研究不同，该书加入了国家风险对中国在"一带一路"国家对外直接投资影响的研究，颇具新意。该书为中国对外直接投资的宏观经济影响的研究提供了研究思路和参考。

6. 陈晔婷．企业对外直接投资与创新绩效［M］．北京：社会科学文献出版社，2020.

研究背景：在经济全球化的背景下，通过对外直接投资渠道获取的境外研发资本能够显著提升一国的创新绩效，特别是对于发展中国家而言，更能起到缩短研发周期、节约研发成本的作用。虽然"一带一路"倡议推动了中国企业对外直接投资的发展，但当前发展仍处于摸索建设的初级阶段，很多企业"走出去"并未实现提高研发实力的目的。此外，中美贸易摩擦使得发达国家对中国的技术封锁不断升级，中国企业通过对外直接投资获取显性知识变得越发困难。在此现实背景下，研究企业对外直接投资对企业创新绩效、企业隐性知识的影响是相当重要的。

内容提要：在中国企业大规模"走出去"的背景下，该书试图探究以下几个问题。第一，企业对外直接投资能够带来创新绩效的提高吗？第二，企业对外直接投资影响创新绩效的作用机制是怎样的？第三，跨国公司进行知识转移会受到哪些情境的影响？上述问题不仅是学术界亟待解决的问题，而且是中国政府和企业制定"走出去"战略时必须考虑的问题。

基本结构：全书共分为六章，具体内容为：（1）绪论；（2）国内外研究进展；（3）对外直接投资对创新绩效影响的初步假设——基于辽宁省四家制造业企业的调查研究；（4）对外直接投资对创新绩效影响的机制研究；（5）对外直接投资对创新绩效影响的实证检验；（6）技术获取型企业对外直接投资的思考。

主要贡献：通过对以往文献的梳理，该书进行分析并提出"对外直接投资—隐性知识获取—创新绩效"的基本研究框架且加以实证检验，拓展了相关研究的理论边界。在研究视角上，该书丰富了跨国公司研究领域中关于对外直接投资的视角，着重研究对创新绩效的影响，弥补了现有研究的不足。

现实意义：在经济全球化的今天，国家与国家之间竞争的核心就是生产力的竞争。在新形势下，如何有效提升科技进步对经济增长的贡献率是值得研究的议题。该书将理论和实证相结合，讨论在当前开放经济条件下，如何有效利用企业对外直接投资渠道提升创新绩效，这对于中国企业形成自身竞争优势具有重要的现实意义。

第四节　学术会议

1. 中国金融与投资论坛（2021）

会议主题：新时代共同富裕与金融发展

主办单位：

中南财经政法大学金融学院

数字技术与现代金融学科创新引智基地

数字技术与现代金融创新研究院

产业升级与区域金融湖北省协同创新中心

数量经济技术经济研究杂志社

会议时间：2021 年 12 月 19 日

会议地点：线上会议

会议概述：

共同富裕是社会主义的本质要求，是中国式现代化的重要特征。2021 年 8 月 17 日，中央财经委员会第十次会议明确提出在高质量发展中促进共同富裕。这是中国共产党践行以人民为中心的发展思想，着力解决发展不平衡不充分问题，更好满足人民日益增长的美好生活需要的重大战略安排。改革开放以来，我国金融健康发展成为经济高质量增长的重要驱动力，尤其是近年来中国特色的数字金融发展迅速，中国金融发展更加普惠和包容。在现阶段，我国应该如何通过金融发展助力实现共同富裕，是值得深入探讨的重大理论和实践问题。为此，中南财经政法大学发起中国金融发展与投资论坛（2021）于 2021 年 12 月 19 日通过线上会议形式举行。

在开幕式环节，中南财经政法大学党委副书记、校长杨灿明教授，中国社会科学院数量经济与技术经济研究所所长李雪松研究员，美国德州农工大学经济系、西南财经大学中国家庭金融调查与研究中心主任甘犁教授，产业升级与区域金融湖北省协同创新中心主任朱新蓉教授，中南财经政法大学科研部部长张金林教授，数量经济技术经济研究杂志社社长郑世林研究员等领导和嘉宾出席开幕式。开幕式由中南财经政法大学金融学院院长余明桂教授主持。

在主旨演讲环节，中国社会科学院数量经济与技术经济研究所李雪松所长，美国德州农工大学经济系、西南财经大学中国家庭金融调查与研究中心主任甘犁教授分别发表了《在高质量发展中促进共同富裕》《迈向共同富裕的路径选择》的主旨演讲。李雪松所长从高质量发展的科学内涵和基本要求、推动共同富裕的总体思路和分阶段目标出发，详细剖析了 8 项具体问题。甘犁教授通过丰富的国别数据令人信服地剖析了各国降低收入差异的主要路径，并提出了中国实现共同富裕的路径选择。

在成果发布环节，产业升级与区域金融湖北省协同创新中心主任朱新蓉教授从"聚变、底气、韧性"三个关键词出发，系统讲述了金融功能从传统到现代的演变、好的金融"择优向善"的内涵、金融研究"宏微观融合协同"的范式、新金融发展"含新含绿"的双目标等理论逻辑，并从金融宏观调控、金融机构、金融市场、金融国际化、金融监管五个方面对《2021 中国金融发展报告》的主体内容做了详细介绍。

随后，通过腾讯会议和学说平台，与会学者对金融发展与共同富裕、金融发展与经济增长、数字金融与农村发展、数字金融与家庭行为、金融发展与绿色经济、技术进步与经济增长 6 个平行论坛的论文进行了宣讲与点评。

本次中国金融与投资论坛（2021）共接收有效投稿 102 篇，入选宣讲论文 24 篇，评出优秀论文 6 篇，为中青年学者提供了高质量的学术交流平台。本届论坛采取线上举行的方式。据统计，学说平台及腾讯会议线上累计观看总人次超 20000，其中开幕式主会场观看人次超 8000，各分会场平均观看人次超 1700，在学界产生了良好反响。

2. 新兴经济体研究会 2020 年会暨第八届新兴经济体论坛国际会议

  会议主题：开放合作 命运与共

  主办单位：

    新兴经济体研究会

    中国国际文化交流中心

    广东工业大学

  会议时间：2020 年 11 月 6—8 日

  会议地点：广州，广州白云国际会议中心

  会议概述：

2020 年 11 月 6—8 日，新兴经济体研究会 2020 年会暨第八届新兴经济体论坛国际会议在广州白云国际会议中心举行，本年度会议主题为"开放合作 命运与共"。

来自新兴经济体研究会、中国国际文化交流中心、致公党广东省委、中国社会科学院、湖南大学、辽宁大学、广东外语外贸大学、华南农业大学、同济大学、上海财经大学、上海师范大学、广东国际战略研究院等国内 50 多所大学、研究机构的 180 余名专家、学者、企业家代表参会。新华网、光明网、中国日报、央广网、中新社、中青网、中国国际广播台、中国社会科学报、南方日报、广州日报、广东电视台、香港文汇报、香港大公报等 10 多家新闻媒体集中报道。

11 月 6 日为新兴经济体研究会 2020 年会。首先，由新兴经济体研究会会长张宇燕和新兴经济体研究会秘书长徐秀军分别做了关于中国新兴经济体研究会、广东省新兴经济体研究会 2020 年度的工作报告。其次，由广东省新兴经济体研究会会长蔡春林教授主持专题报告，他指出新冠肺炎疫情在全球多地暴发并呈蔓延态势，但疫情是暂时的，合作是长久的，随着人类命运共同体观念的不断深化，新兴经济体各国间秉持沟通协作、守望相助精神，将为维护地区和全球公共卫生安全贡献力量。

11 月 7 日上午，举办 2020 年新兴经济体论坛开幕式。5 位专家学者分别发表了主旨演讲。在主题论坛中，与会专家学者就"新兴经济体研究方法论""中国开放新格局""疫情下的金砖国家合作问题""合作与竞争""拉美的不确定性和中美拉三角关系"等问题进行讨论并提出建议。

11 月 7 日下午，大会开设了主题论坛。就"疫情大流行对新兴经济体的短期冲击和长期影响""新兴经济体与新发展格局""新兴经济体与高水平开放"3 个主题，各位专家学者进行了热烈的讨论。

11 月 8 日上午，大会开设的 4 个分论坛以视频会议的形式同步展开。主题分别为"新兴经济体与开放发展""新兴经济体与开放合作""'一带一路'与开放创新""开放合作与海外利益保护"。共有 70 余位国内外优秀专家学者参与讨论，18 位专家进行了有针对性的点评，为新兴经济体论坛的学术交流、思想碰撞和文化沟通添砖加瓦。

论坛期间，与会专家学者积极发言、热烈讨论并认为，未来全球经济前景依然复杂，在新冠肺炎疫情对新兴经济体在贸易、投资、金融等领域的冲击和挑战愈加强烈的背景下，新兴经济体需进一步加强开放合作，实现命运与共。

3. CF40 十三周年年会（2021）

会议主题：新发展阶段：开局和展望

主办单位：中国金融四十人论坛

会议时间：2021 年 4 月 24 日

会议地点：北京

会议概述：

"十四五"时期是我国全面建设社会主义现代化国家新征程、向第二个百年奋斗目标进军的第一个五年，我国进入新的发展阶段。2021 年是"十四五"开局之年，也是构建新发展格局起步之年。当前，国内外环境正在发生深刻复杂的变化，新发展阶段的经济工作面临哪些新的机遇和挑战？如何推动改革向更深层次挺进，加快培育完整内需体系，在新发展阶段构建新发展格局？金融业在新发展阶段面临着哪些新课题？2021 年 4 月 24 日，中国金融四十人论坛（CF40）十三周年年会——2021·金融四十人年会暨专题研讨会"新发展阶段：开局和展望"在北京召开，出席本次年会的中国金融四十人论坛和各地智库机构的顾问、理事、成员、理事和会员单位代表共计 383 位。

大会第一单元，CF40 常务理事会主席陈元首先发表致辞并为获得 2020 年"CF40 年度金融书籍""CF40 年度推荐书籍"的作者颁发荣誉证书。其中，《中国金融创新再出发》《债务的边界》及《多重约束下的货币政策传导机制》三本获奖图书均为 CF40 课题成果。《中国金融创新再出发》为 CF40 主办的第三期径山报告项目研究成果，《债务的边界》为 CF40 青年论坛 2019 年年度课题的研究成果，《多重约束下的货币政策传导机制》为 2019 年 CF40 年度重点课题"多重约束下的货币政策传导机制问题研究"的研究成果。

接着，CF40 召开了专题研讨会"新发展阶段：开局和展望"。CF40 学术委员、中国社科院国家高端智库首席专家蔡昉，CF40 学术顾问、中国银保监会副主席肖远企，CF40 成员、国家外汇管理局副局长陆磊以及 CF40 学术委员、中央财经委员会办公室副主任、财政部副部长廖岷先后发表主题演讲。

下午举办了午餐交流会以及两场平行论坛。午餐交流会"美国财政刺激政策与中国应对"由 CF40 常务理事会副主席、北方新金融研究院院长蔡鄂生主持，上海浦山新金融发展基金会会长、中国社科院学部委员余永定和 CF40 学术委员、中国人民银行国际司司长朱隽发表主题演讲。

平行论坛专场一聚焦"后疫情时期的宏观政策选择与风险应对"。CF40 特邀成员、中国人民银行金融稳定局局长孙天琦和 CF40 学术委员、安信证券首席经济学家高善文发表主题演讲。CF40 资深研究员张斌就 2021 年第一季度宏观政策报告《中国经济的时代画像：从制造到服务》发表演讲。平行论坛专场二以"高质量发展与可持续投资"为主题。CF40 成员、中国银行间市场交易商协会副秘书长徐忠、北京绿色金融与可持续发展研究院院长马骏，CF40 理事、泰康保险集团执行副总裁兼首席投资官段国圣发表主题演讲。

中国金融四十人论坛成立于 2008 年 4 月 20 日，由 40 位 40 岁左右的金融精英组成，通过举办会议、进行课题研究、出版系列专著等方式，汇集官、学、商界领域专家聚焦于中国金融经济发展，并进行政策研究与交流，是中国极具影响力的非官方、非营利性金融专业智库平台。

4. 第十八届中国金融学年会

会议主题：开启现代化国家新征程的中国

主办单位：厦门大学

　　　　　中国金融学年会理事会

会议时间：2021 年 10 月 30—31 日

会议地点：厦门大学管理学院

会议概述：

2021 年 10 月 30—31 日，由厦门大学和中国金融学年会理事会联合主办、厦门大学管理学院承办的第十八届中国金融学年会在厦门大学顺利召开。

10 月 30 日上午，第十八届中国金融学年会在厦门大学科学艺术中心隆重开幕。厦门大学管理学院党委书记邱七星主持本届年会的开幕式。厦门大学党委常务副书记、管理学院院长李建发教授，第十八届中国金融学年会理事会主席、首都经济贸易大学金融学院院长尹志超教授，第十八届中国金融学年会主席、管理学院财务学系主任吴育辉教授，中国金融学会年会秘书长、厦门大学特聘教授郑振龙教授分别致辞。

接下来是主旨演讲阶段。哈佛大学 Andrei Shleifer 教授做了题为《基本面预期和股市之谜》（*Expectations of Fundamentals and Stock Market Puzzles*）的报告。他指出，在标准资产定价模型中无法解释的多种股市之谜，可以通过放宽理性预期假设以次投资者的长期预期对基本面信息的过度反应进行解释。北京大学光华管理学院院长刘俏教授做了题为《关于有效碳价格形成机制和碳元的几点思考》的报告。刘俏教授从有效碳价格形成机制的重要性、碳价格形成的三角形框架以及碳元本位制三个方面阐述了他对碳价格机制的深刻思考和独到观点。厦门大学管理学院常务副院长吴超鹏教授以《环境保护、公司治理与企业创新》为题做了报告，介绍了环境污染对金融市场和经济发展影响的研究现状，并探讨了环境污染对微观公司层面影响这一领域的研究趋势。

10月30日下午和10月31日上午，本届金融学年会的68个学术分会场平行开启。本次年会共收到选题精妙、故事新颖、论证严谨的高水平学术论文964篇，经过数十位专家的认真评审，最终录取207篇论文与会交流，内容涵盖绿色金融、科技金融、公司金融、国际金融、家庭金融、金融改革与开放、货币理论与政策、金融市场与机构、风险管理、商业银行、资产定价、金融市场微观结构、固定收益证券、金融工程等多个传统金融领域和交叉前沿的金融领域。

出于严格遵守防疫规定的考虑，本届金融学年会采用"线下+线上"相结合的方式举行，其中主论坛采取"线上+线下"形式，分论坛全部采取线上形式进行。近400位经济金融学者参与线上论文汇报和点评，第一天的主论坛和分论坛共有8万多人次观看视频直播，整个大会累计观看视频直播超过13万人次。

5. 第三届上海国际金融论坛

会议主题：世界经济形势与资本市场机遇

主办单位：复旦大学泛海国际金融学院

会议时间：2021年1月12日

会议地点：复旦大学泛海国际金融学院

会议概述：

2020年1月12日，由复旦大学泛海国际金融学院主办的"第三届上海国际金融论坛——世界经济形势与资本市场机遇"在复旦大学隆重举行。此次论坛汇聚多位全球重量级顶尖学者、政府政要、业界领袖，共同探讨中国与世界经济发展中面临的迫切问题，展望中国与世界经济金融未来的新局面。

出席本次论坛的嘉宾包括：复旦大学副校长陈志敏教授，伦敦帝国理工商学院讲席教授、Brevan Howard金融研究中心主任Franklin Allen，美国芝加哥大学布斯商学院副院长、经济学讲席教授Randall Kroszner，春华资本集团主席、高盛集团原合伙人及大中华区主席胡祖六，携程集团联合创始人、董事局主席梁建章，瑞银中国首席经济学家汪涛等。复旦大学泛海国际金融学院党组织书记、经济学教授陈诗一，执行院长、金融学教授钱军担任本次论坛主持，复旦大学副校长陈志敏教授、泛海国际金融学院学术访问教授、哥伦比亚大学终身讲席教授魏尚进分别向大会致开幕辞。

接下来是主旨演讲环节，Randall Kroszner教授发表了题为 *Economic Outlook 2020: Managing Macro Volatility in a Disruptive World* 的主旨演讲。他指出，中国能否在经济不大幅放缓的情况下减少高负债并打击"影子银行"，以及如何维持流动性、降杠杆、减少负债率，是中国未来面临的主要挑战。梁建章博士发表了题为 *Predicting Technology Race: China vs. U. S. from a Human Resource perspective* 的主旨演讲，从人力资源角度分享了对中美科技竞争的看法。汪涛博士发表了题为《中国经济展望（2020—2021）》的演讲，从中美贸易，中国经济的长期趋势对当下的中国宏观经济进行展望。Franklin Allen 发表了题为 *Dissecting the Long-term Performance of the Chinese Stock Market* 的演讲，重点剖析了中国股市的长期表现。胡祖六博士发表了题为《中国资本市场的机遇》的演讲。胡祖六博士指出，未来资本市场继续成长的主要动力来自 IPO，一定要保持 IPO 市场的活跃，并让市场真正发挥作用。俞乃奋女士发表了题为《不动产之资本市场机遇》的演讲，她认为房地产的下一个机会在城市群，房地产科技的发展机会非常大。

与此同时，魏尚进教授和钱军教授分别主持两场圆桌讨论，并与各位嘉宾就中美贸易关系及中国资本市场等话题进行深度交流和探讨。

上海国际金融论坛是复旦大学泛海国际金融学院着力打造的学院最高规格的年度品牌论坛，每年邀请来自政府、学术、金融各界精英人士与会发表见解，旨在打造极具权威性和前瞻性的思想交流盛会和极具影响力和话语权的顶级金融智库平台，为国家、地方、企业的创新驱动和转型升级献计献力。

◎ 参考文献

[1] 曹翔，李慎婷．"一带一路"倡议对沿线国家经济增长的影响及中国作用 [J]．世界经济研究，2021（10）：13-24.

[2] 曾松林，吴青青，黄赛男．极端国际资本流动的经济影响与政策启示——基于资本账户子项目的视角 [J]．国际金融研究，2021（8）：34-43.

[3] 陈创练，王浩楠，郑挺国．国际金融周期共振传染与全球货币政策规则识别 [J]．中国工业经济，2021（11）：5-23.

[4] 陈东，苏雯锦．外资流入与居民健康异质性 [J]．国际贸易问题，2021（11）：73-89.

[5] 陈雷，张哲，陈平．三元悖论还是二元悖论——基于跨境资本流动波动视角的分析 [J]．国际金融研究，2021（6）：34-44.

[6] 陈琳，袁志刚，朱一帆．人民币汇率波动如何影响中国企业的对外直接投资？[J]．金融研究，2020（3）：21-38.

[7] 陈运森，黄健峤．股票市场开放与企业投资效率——基于"沪港通"的准自然实验 [J]．金融研究，2019（8）：151-170.

[8] 程盈莹，成东申，逯建．国际舆论对中国引进外资的影响：基于 Gdelt 新闻大数据的实证研究 [J]．世界经济研究，2021（7）：19-33.

[9] 戴鹏毅，杨胜刚，袁礼．资本市场开放与企业全要素生产率 [J]．世界经济，2021（8）：154-178.

[10] 范小云，张少东，王博．跨境资本流动对股市波动的影响——基于分部门资本流动波动性视角的研究 [J]．国际金融研究，2020（10）：24-33.

[11] 费兆奇，刘康．金融开放条件下国债市场的波动溢出和风险定价研究 [J]．经济研究，2020（9）：25-41.

[12] 葛璐澜，金洪飞．"一带一路"沿线国家制度环境对中国企业海外并购区位选择的影响研究 [J]．世界经济研究，2020（3）：60-71.

[13] 郭娟娟，冼国明，田朔．房价上涨是否促进中国制造业企业 OFDI [J]．世界经济，2020（12）：126-150.

[14] 韩超，王震，朱鹏洲．企业创新能力提升的市场化路径：外资开放与发明专利行为

［J］. 国际贸易问题，2021（3）：78-92.

［15］ 韩国高，邵忠林，张倩. 外资进入有助于本土企业"稳就业"吗——来自中国制造业的经验证据［J］. 国际贸易问题，2021（5）：81-95.

［16］ 何俊勇，万粲，张顺明. 东道国金融开放度，制度质量与中国对外直接投资："一带一路"沿线国家的证据［J］. 国际金融研究，2021（10）：36-45.

［17］ 洪俊杰，张宸妍. 产业政策影响对外直接投资的微观机制和福利效应［J］. 世界经济，2020（11）：28-51.

［18］ 胡亚楠. 资本账户开放的门槛效应及路径研究［J］. 世界经济研究，2020（1）：68-81.

［19］ 黄远浙，钟昌标，叶劲松，胡大猛. 跨国投资与创新绩效——基于对外投资广度和深度视角的分析［J］. 经济研究，2021（1）：138-154.

［20］ 江小敏，赵春明，李宏兵. 对外直接投资、劳动合同与技能工资差距［J］. 财贸研究，2021（2）：1-18.

［21］ 姜峰，蓝庆新，张辉. 中国出口推动"一带一路"技术升级：基于88个参与国的研究［J］. 世界经济，2021（12）：3-27.

［22］ 姜青言，杨翠红，田开兰. 中国对美OFDI对母国的就业效应：创造还是替代［J］. 系统工程理论与实践，2021.

［23］ 金刚，沈坤荣. 中国企业对"一带一路"沿线国家的交通投资效应：发展效应还是债务陷阱［J］. 中国工业经济，2019（9）：79-97.

［24］ 李建军，李俊成. "一带一路"倡议、企业信贷融资增进效应与异质性［J］. 世界经济，2020（2）：3-24.

［25］ 李蕊，敖译雯，李智轩. 自由贸易区设立对外商直接投资影响的准自然实验研究［J］. 世界经济研究，2021（8）：91-106.

［26］ 李小帆，蒋灵多. "一带一路"建设、中西部开放与地区经济发展［J］. 世界经济，2020（10）：3-27.

［27］ 李杨，车丽波. 对外直接投资对企业就业技能结构的影响效应［J］. 数量经济技术经济研究，2021，38（3）：120-139.

［28］ 连立帅，朱松，陈关亭. 资本市场开放、非财务信息定价与企业投资——基于沪深港通交易制度的经验证据［J］. 管理世界，2019（8）：136-154.

［29］ 刘娟，陈敏，曹杰. OFDI如何影响母国创业：抑制剂还是助推器？［J］. 世界经济研究，2020（7）：105-119，137.

［30］ 刘军，王长春. 优化营商环境与外资企业FDI动机——市场寻求抑或效率寻求［J］. 财贸经济，2020（1）：65-79.

［31］ 刘小川，高蒙蒙. 税收负担，制度环境与外商直接投资流动——基于不对称国际税收竞争视角［J］. 财贸经济，2020（10）：65-78.

［32］ 卢盛峰，董如玉，叶初升. "一带一路"倡议促进了中国高质量出口吗——来自微观企业的证据［J］. 中国工业经济，2021（3）：80-98.

［33］ 鲁渤，邱伟权，邢戬，文一景. 基于"一带一路"倡议评估的中国沿海节点港口与

港城发展策略研究［J］.系统工程理论与实践，2020（6）：1627-1639.

［34］罗长远，曾帅."走出去"对企业融资约束的影响——基于"一带一路"倡议准自然实验的证据［J］.金融研究，2020（10）：92-112.

［35］吕朝凤，毛霞.地方金融发展能够影响 FDI 的区位选择吗？——一个基于城市商业银行设立的准自然实验［J］.金融研究，2020（3）：58-76.

［36］马双，赖漫桐.劳动力成本外生上涨与 FDI 进入：基于最低工资标准［J］.中国工业经济，2020（6）：81-99.

［37］毛其淋，方森辉.外资进入自由化如何影响中国制造业生产率［J］.世界经济，2020（1）：143-169.

［38］欧阳艳艳，黄新飞，钟林明.企业对外直接投资对母国环境污染的影响：本地效应与空间溢出［J］.中国工业经济，2020（2）：98-116.

［39］潘春阳，廖捷.为资本而赛跑？——城市马拉松赛事吸引 FDI 的实证研究［J］.财经研究，2021（2）：124-138.

［40］庞家任，张鹤，张梦洁.资本市场开放与股权资本成本——基于沪港通、深港通的实证研究［J］.金融研究，2020（12）：169-188.

［41］彭红枫，商璨，肖祖沔.分类资本账户开放，制度质量与经济增长［J］.国际贸易问题，2020（9）：129-143.

［42］邱煜，潘攀，张玲."中国方案"果真布局了债务陷阱吗？：来自"一带一路"倡议的经验证据［J］.世界经济研究，2021（7）：120-134.

［43］阮睿，孙宇辰，唐悦，聂辉华.资本市场开放能否提高企业信息披露质量？——基于"沪港通"和年报文本挖掘的分析［J］.金融研究，2021（2）：188-206.

［44］宋弘，罗长远，栗雅欣.对外开放新局面下的中国国家形象构建——来自"一带一路"倡议的经验研究［J］.经济学（季刊），2021（1）：241-262.

［45］苏丹妮，盛斌.服务业外资开放如何影响企业环境绩效——来自中国的经验［J］.中国工业经济，2021（6）：61-79.

［46］孙楚仁，茹何，刘雅莹.对非援助与中国企业对外直接投资［J］.中国工业经济，2021（3）：99-117.

［47］孙浦阳，陈璐瑶，刘伊黎.服务技术前沿化与对外直接投资：基于服务企业的研究［J］.世界经济，2020（8）：148-169.

［48］王欢欢，樊海潮，唐立鑫.最低工资、法律制度变化和企业对外直接投资［J］.管理世界，2019（11）：38-51.

［49］王曦，李佳阳，陈中飞.资本账户开放促进经济增长的组合门槛条件分析——兼论中国局部开放策略［J］.统计研究，2021（3）：89-106.

［50］韦东明，顾乃华.国际运输通道与区域经济高质量发展——来自中欧班列开通的证据［J］.国际贸易问题，2021（12）：34-48.

［51］吴亮，殷华方.多重资源依赖及其对中国企业"一带一路"区位选择的影响：基于跨边界互动视角的分析［J］.世界经济研究，2021（8）：120-134.

［52］肖建忠，肖雨彤，施文雨."一带一路"倡议对沿线国家能源投资的促进效应：基

于中国企业对外投资数据的三重差分检验［J］.世界经济研究，2021（7）：107-119.

［53］严兵，谢心荻，张禹.境外经贸合作区贸易效应评估——基于东道国视角［J］.中国工业经济，2021（7）：119-136.

［54］叶志强，张顺明，孟磊.外资持股对中国上市公司 OFDI 的影响及机制研究［J］.系统工程理论与实践，2021（4）：830-845.

［55］尹斯斯，潘文卿，高云舒，黄寰.中国企业对外直接投资与贸易福利：理论与经验研究［J］.世界经济，2020（7）：26-48.

［56］余官胜，王灿玺，杨玲莉.国际投资保护会导致中国企业对外直接投资受阻吗？：典型事实与实证检验［J］.世界经济研究，2020（9）：75-88.

［57］余静文，惠天宇，矫欣蕊.银行业"松绑"与企业"走出去"：基于中国工业企业数据的分析［J］.统计研究，2021（4）：89-102.

［58］余静文，彭红枫，李濛西.对外直接投资与出口产品质量升级：来自中国的经验证据［J］.世界经济，2021（1）：54-80.

［59］余淼杰，高恺琳.进口中间品和企业对外直接投资概率——来自中国企业的证据［J］.经济学（季刊），2021，21（4）：1369-1390.

［60］臧成伟，蒋殿春."主场优势"与国有企业海外并购倾向［J］.世界经济，2020（6）：52-76.

［61］张川川，张文杰，李楠，杨汝岱.清末开埠通商的长期影响：外商投资与进出口贸易［J］.世界经济，2021（11）：27-48.

［62］张海波.外部冲击、信贷扩张与中国企业对外直接投资——基于 2008 年国际金融危机的研究启示［J］.国际贸易问题，2021（3）：158-174.

［63］张建清，龚恩泽.中欧班列对中国城市全要素生产率的影响研究［J］.世界经济研究，2021（11）：106-119.

［64］张俊美，佟家栋."一带一路"国际人才网络对中国出口贸易的影响：来自出口企业的微观证据［J］.世界经济研究，2021（9）：99-117.

［65］张礼卿，钟茜.全球金融周期、美国货币政策与"三元悖论"［J］.金融研究，2020（2）：15-33.

［66］张婷，高德婷，蔡熙乾，谢申祥.以"稳外资"助推"稳就业"［J］.财贸经济，2021（6）：104-118.

［67］张勇，赵军柱，姜伟.二元悖论是否是真实的货币政策约束［J］.世界经济，2021（4）：84-102.

［68］赵艳平，张梦婷.临时性资本管制能够抑制国际资本流动吗？：基于临时性资本管制与长期性资本管制的对比分析［J］.世界经济研究，2021（1）：62-75.

［69］钟凯，孙昌玲，王永妍，王化成.资本市场对外开放与股价异质性波动——来自"沪港通"的经验证据［J］.金融研究，2018（7）：174-192.

［70］钟覃琳，陆正飞.资本市场开放能提高股价信息含量吗？——基于"沪港通"效应的实证检验［J］.管理世界，2018（1）：169-179.

［71］周学仁，张越. 国际运输通道与中国进出口增长——来自中欧班列的证据［J］. 管理世界，2021（4）：52-63.

［72］诸竹君，黄先海，王毅. 外资进入与中国式创新双低困境破解［J］. 经济研究，2020（5）：99-115.

［73］Aggarwal, R. , I. Erel, M. Ferreira, and P. Matos. Does governance travel around the world? Evidence from institutional investors［J］. Journal of Financial Economics, 2011, 100（1）：154-181.

［74］Alfaro, L. , A. Chari, and F. Kanczuk. The real effects of capital controls：firm-Level evidence from a policy experiment［J］. Journal of International Economics, 2017（108）：191-210.

［75］Bae, K. , W. Bailey, and C. X. Mao. Stock market liberalization and the information environment［J］. Journal of International Money and Finance, 2006, 25（3）：404-428.

［76］Bai, Y. , and J. Zhang. Financial integration and international risk sharing［J］. Journal of International Economics, 2012, 86（1）：17-32.

［77］Baker, A. C. , D. F. Larcher, and C. C. Y. Wang. How much should we trust staggered difference-in-differences estimates［J］. Journal of Financial Economics, 2022, 144：370-395.

［78］Burdekin, R. C. K. , and P. L. Siklos. Quantifying the impact of the November 2014 Shanghai-Hong Kong stock connect［J］. International Review of Economics & Finance, 2018, 57：156-163.

［79］Chen, J. Z. , and X. W. Qian. Measuring on-going changes in China's capital controls：a de jure and a hybrid index data set［J］. China Economic Review, 2016（38）：167-182.

［80］Chinn, M. D. , and H. Ito. What matters for financial development? Capital controls, institutions, and interactions［J］. Journal of Development Economics, 2006, 81（1）：163-192.

［81］Cloyne, J. , C. Ferreira, and P. Surico. Monetary policy when households have debt：new evidence on the transmission mechanism［J］. Review of Economic Study, 2020, 87：102-129.

［82］Dai, M. , W. Huang, and Y. F. Zhang. Persistent effects of initial labor market conditions：the case of China's tariff liberalization after WTO accession［J］. Journal of Economic Behavior & Organization, 2020（178）：566-581.

［83］Daniel, K. , L. Garlappi, and K. Xiao. Monetary policy and reaching for income［J］. Journal of Finance, 2021, 76（3）：1145-1193.

［84］Fan, H. , F. Lin, and L. Tang. Minimum wage and outward FDI from China［J］. Journal of Development Economics, 2018（135）：1-19.

［85］Fernández, A. , M. W. Klein, A. Rebucci, M. Schindler, and M. Uribe. Capital control measures：a new dataset［J］. IMF Economic Review, 2016, 64（3）：548-574.

［86］ Forbes, K. J. , and F. E. Warnock. Capital flow waves or ripples? Extreme capital flow movements since the crisis ［R］. NBER Working Paper, 2020 (18052).

［87］ Forbes, K. , M. Fratzscher and R. Straub. Capital flow management measures: what are they good for? ［J］. Journal of International Economics, 2015 (96): S76-S97.

［88］ Forbes, K. , M. Fratzscher, T. Kostka, and R. Straub. Bubble thy neighbour: portfolio effects and externalities from capital controls ［J］. Journal of International Economics, 2016 (99): 85-104.

［89］ Guadalupe, M. , O. Kuzmina, and C. Thomas. Innovation and foreign ownership ［J］. American Economic Review, 2012, 102 (7): 3594-3627.

［90］ Hall, B. H. The financing of research and development ［J］. Oxford Review of Economic Policy, 2002, 18 (1): 35-51.

［91］ Huo, R. , A. D. Ahmed. Return and volatility spillovers effects: evaluating the impact of Shanghai-Hong Kong stock connect ［J］. Economic Modelling, 2017, 61: 260-272.

［92］ Kacperczyk, M. , S. Sundaresan, and T. Wang. Do foreign institutional investors improve price efficiency? ［J］. The Review of Financial Studies, 2021, 34 (3): 1317-1367.

［93］ Liu, C. , S. Wang, and K. C. J. Wei. Demand shock, speculative beta, and asset prices: evidence from the Shanghai-Hong Kong stock connect program ［J］. Journal of Banking & Finance, 2021 (126): 106102.

［94］ Lucas, R. Why doesn't capital flow from rich to poor countries? ［J］. American Economic Review, 1990, 80 (2): 92-96.

［95］ Luong, H. , F. Moshirian, and L. Nguyen. How do foreign institutional investors enhance firm innovation? ［J］. Journal of Financial and Quantitative Analysis, 2017, 52 (4): 1449-1490.

［96］ Ma, C. , J. Rogers, and S. Zhou. Online supplement to the effect of the China connect ［J］. BOFIT Discussion Papers, 2020 (1): S0-S8.

［97］ Pasricha, K. G. , M. Falagiarda, M. Bijsterbosch, and J. Aizenman. Domestic and multilateral effects of capital controls in emerging markets ［J］. Journal of International Economics, 2018 (115): 48-58.

［98］ Peng, H. F. , and J. W. Yu. Pain or Gain? The Chinese experience of capital account openness ［J］. China & World Economy, 2019, 72 (5): 108-134.

［99］ Sun, L. Y. , and S. Abraham. Estimating dynamic treatment effects in event studies with heterogeneous treatment effects ［J］. Journal of Econometrics, 2021 (225): 175-199.

［100］ Yoon, A. S. The role of private disclosures in markets with weak institutions: evidence from market liberalization in China ［J］. The Accounting Review, 2021, 96 (4): 433-455.

第十三章 政府、市场与经济发展

赵奇伟

（武汉大学）

在"制度至关重要"思想的影响下，学界对经济发展进行了深入的制度分析，认为政府是重要的经济参与者，不仅可以通过制定政策刺激潜在需要，实现经济的持续增长，更重要的是，政府可以通过与市场适宜地结合，为经济活动创造一个有利的环境。而在转型经济的背景下，中国最明显的制度特征表现在政府与市场相互关系的动态演变，政治、政府与市场如何影响到经济的持续增长备受关注。

第一节 研究综述

本章在梳理 2020—2021 年中国学者在国内外发表的该领域重要论著的基础上，着重从政府与企业、市场的关系、政府治理以及政府政策三个方面对既有的研究进行评述。

一、政府与企业、政府与市场及政府间的关系

政府是企业经营的重要制度环境，对于政府与企业之间的关系，很多学者从企业决策视角和地方官员行为的视角切入进行探讨。以下从政企关联、政府与市场的关系、政府间关系三个方面进行论述。

（一）政企关联

政府是企业经营重要的制度环境，因此政府与企业的关系以及政府与企业的互动，影响着经济发展的进程。一些学者从企业决策视角切入，考察政企关联对企业及高管行为产生的影响。张训常和苏巧玲（2021）考察了央企利润上缴政策对央企上市公司超额雇员的影响。Zhou 等（2021）阐述了政企关联在民营企业中的作用，他们发现，政企关联使企业更多地参与环境方面的企业社会责任。Wei 等（2021）基于资源依赖理论探讨了外国机构持股对企业政治支出的影响机制，研究表明企业可以从外国机构投资者的股权投资中获得许多好处，但高水平的外国机构持股可能会使公司受到更严格的政治和监管审查。Yang 等（2020）通过实证研究发现，与政府机构有正式联系的中国民营企业家倾向于为慈善事业做出更多贡献，有政治背景的企业家更有可能进行重大慈善捐赠，同时也更有责任感。

也有一些学者从地方官员行为的视角切入，考察地方政府如何影响企业。周梓洵等

（2021）使用中国地级市市委书记和制造业上市公司数据，探讨地方政府如何引导制造业企业"脱虚返实"。制造业企业的金融化程度与地方官员任期之间存在 U 形关系。程仲鸣等（2020）考察了地方官员晋升激励影响微观企业技术创新的机理，并将企业与地级市官员治理数据相匹配进行检验，研究表明地方官员的晋升压力显著损害了企业技术创新，而政绩考核新标准实施后，官员晋升压力对企业技术创新的抑制效应得到改善。此外，Pei 等（2021）综述了跨国企业的政治活动、战略企业社会责任以及二者的耦合，并指出当前该主题的研究需要纳入微观基础研究，更多地关注政治活动和战略企业社会责任之间的相互作用。

（二）政府与市场的关系

在我国，经济体制改革的核心问题仍然是处理好政府与市场的关系。在不同的时代背景和不同的国情下，政府与市场扮演的角色不是始终一致的，因此，政府与市场的力量强弱也发生着变化，最优结合点也一直在博弈中，从而出现了不同类型的政府与市场关系。

其一，政府与市场相互配合，彼此促进。于文超、梁平汉和高楠（2020）基于中国上市公司数据评估了政府信息公开对企业投资效率的影响。他们发现，政府信息公开显著提升了企业投资效率，且这一效应对非国有上市公司和管制行业上市公司更显著。柳春、张一和姚炜（2020）利用中国企业层面调查数据发现，地方政府对私营企业的帮助行为在一定程度上可以改善银行部门的信贷配置效率。齐鹰飞和李苑菲（2021）通过将政府消费引入带有生产网络的多部门一般均衡框架，明晰了政府消费冲击借助生产率渠道在生产网络中放大和扩散的传导机制。汪海和王喆（2021）围绕"理顺政府与市场关系"这条主线，深入剖析现代化经济体系建设所面临的一系列突出体制机制障碍和制度环境约束。

其二，政府与市场相互排斥、共同失灵。杨国超、李晓溪和龚强（2020）通过研究金融危机期间经济刺激政策的长短期效应，发现经济刺激政策引致的信贷膨胀更多流入了国有企业中盈利能力最差的企业。熊琛和金昊（2021）构建了包含国有和民营企业、金融部门以及地方政府的新凯恩斯动态随机一般均衡模型来量化分析地方政府债务累积对信贷配置和宏观经济的影响，通过模型分析发现，地方政府债务上升挤出了企业信贷资源，加强了信贷的国企偏好，降低了全要素生产率，金融供给侧改革、打破国企"刚兑"等政策能够缓解地方政府债务累积的信贷错配效应。

其三，政府与市场之间的关系需要不断调整，以符合经济环境和时代背景。刘向明、邓翔欧和藏波（2020）通过系统 GMM 对 2011—2018 年 80 家城商行的数据分析发现，政府持股比例较高会增加城商行同业负债比例，进而提高流动性风险发生的可能性。毛琦梁和王菲（2020）基于中国地区级制造业的实证研究表明，地区间会通过"水平关联""技术关联"与"投入产出关联"三条路径实现空间溢出，但受到制度环境的调节，较差的制度环境会削弱溢出效应。彭俞超和何山（2020）通过内生融资约束的异质性企业模型发现，影子银行限制政策不仅导致资本总量下降，减弱了宽松货币政策对投资的刺激效果，还使资本向高效率企业集中，提高了资源配置效率。

此外，一些学者进行了政府与市场相互影响的路径研究。陶克涛、张术丹和赵云辉

（2021）基于 TOE 框架以我国 31 个省级地方政府为案例，运用模糊集定性比较分析（fsQCA）方法，探讨技术、组织、环境条件对地方政府提升公共卫生治理绩效的联动效应及其路径选择，探索性地识别出三类推动政府公共卫生治理绩效提升的配适性选择方案。

（三）政府间关系

自党的十九大提出"实施区域协调发展战略、建立更加有效的区域协调发展新机制"以来，缩小区域差距、构建区域均衡发展格局，日益成为全面深化改革背景下实现区域治理体系和治理能力现代化的要务。在此背景下，一些学者开始考察政府间关系，以揭示政府治理中的多样性和复杂性。

其一，竞争型政府间关系研究。胡继晔和董亚威（2021）指出地方经济发展和官员个人晋升的"锦标赛"使得中央与地方之间在金融监管领域的目标并不一致，进而导致两者的行为方式存在显著不同。宋华盛、朱希伟和邓慧慧（2021）运用新经济地理学模型分析"红线"对地方政府土地招商博弈的政策效应。其研究发现，尽管"红线"无法根除此种招商博弈造成集聚不足的效率损失问题，但有助于减少地方政府"竞次"行为。

其二，合作型政府间关系研究。张跃（2020）以长三角城市经济协调会作为政府合作的一项准自然实验，通过双重差分法建立实证模型考察政府合作对城市群全要素生产率的影响，并对其作用机制和异质性进行深入探讨。吴伟达（2020）指出选择政府间行政协议作为长三角区域主要治理机制，是对几种区域治理机制评估后所得的比较优势结果，也是长三角区域治理实践结果的自然证成。

其三，竞合型政府间关系研究。黄文彬和王曦（2021）使用 2000—2015 年中国市级面板数据，探讨土地管制如何通过房价影响劳动力流动，进而引发城市间劳动力配置效率变化，最终影响经济增长。结果表明，土地利用管制对房价的边际影响大于土地供给与用途配置管制。政策模拟表明，一线（四线）城市的土地管制强度放松（增强），有助于劳动力配置改善与经济增长；土地利用管制的经济效应最强，其次是土地用途配置管制，最后是土地供给管制。

二、政府治理与经济发展

政府治理是指在市场经济条件下政府对公共事务的治理。随着社会的发展和经济水平的提升，政府治理中不断出现一些新理念、新举措，比如建设高效政府、廉洁政府、责任政府、善治政府等。为实现政府治理从传统向"善治"的转化，必须从根本上解决政府职能错位、腐败、治理手段僵化等问题。近两年来，学术界对政府治理的研究主要集中在财政分权、反腐败、新冠肺炎疫情以及政府干预等方面对经济的影响。

（一）财政分权

关于财政分权制度讨论的核心主要集中在公共物品的配给效率是否得到提高，关于分权制度的经济后果，在学术界一直没有得到一致的见解。刘穷志等（2021）发现，地方政府财政政策总体上呈现顺周期的特征，财政分权程度的提高放大了地方财政政策的顺周期性，并认为不宜过度进行财政分权，应该扩大地方债发行规模，促使地方财政政策逆周期调节。巫岑等（2021）从省级财政分权出发，利用2004—2018年中国A股上市公司的数据，发现当地财政分权程度与国有企业特别是地方国有企业的并购数量正相关，认为财政政策有利于地方政府引导与支持企业并购。席鹏辉和黄晓虹（2020）的研究发现，在减税降费的背景下，地方政府为了应对突发的支出需求，并不会扩大税基或者强化税收征管，而是挤出了其他方面的支出，并且这种挤出效应在目标达成后不会得到弥补。Hao等（2021）以吉林省、河北省和安徽省为研究对象，结果显示三省财政体制改革对县级政府卫生支出产生了显著的正向影响。Song等（2020）分析了"省直管县"的财政体制改革，认为财政分权有利于提高社会的全要素生产率，但是随着改革的推进，这种正向作用逐渐减弱。相反地，Tang等（2021）认为财政分权会导致地方财政压力，刺激了地方政府的违法用地行为。高翔（2020）系统地论述了中国财政体制改革的历程，并从微观层面探讨了中央政府对地方政府主动放权的原因。

（二）反腐败

颉茂华等（2021）以反腐倡廉为冲击，运用DID检验了政治关联对并购重组行为的影响，他们发现，反腐倡廉后，政治关联公司丧失了部分"优越性"；政治关联公司的绩效下降幅度也更大。邓慧慧（2021）等也使用DID模型评估了反腐政策对营商环境的影响及其传导路径，其研究表明加强反腐力度有利于持续优化营商环境。长期以来，腐败都是制约中国地方政府效率提升的重要因素，抑制地方政府腐败已成为提升中国地方政府效率的关键所在。李凤羽（2021）等的研究表明，地方政府腐败是中国城投债信用风险累积的重要原因，而中央政府主导的腐败治理能在一定程度上降低这种信用风险。汲铮（2021）等的研究表明考虑了腐败因素的官员最优自由裁量权边界小于未考虑腐败因素所得结果；若考虑经济租，则最优边界可结合租的大小收放，据此提出最优自由裁量权应依经济租的大小相机决策，对那些不得不保留的自由裁量权可通过阻隔主体、时间限制以及空间切割进行有效的规制。

（三）新冠肺炎疫情

在制度经济学在中国的应用拓展和深化的研究中，新冠肺炎疫情对我国宏观经济和行业产出的影响引发了许多学者的关注。从本次疫情看，目前研究报告很多，但分析侧重于影响机制角度，祝坤福（2020）基于当前疫情导致我国出口产能供给不足的事实，利用世界投入产出模型，提出疫情引起的产能缺口将对全球生产体系产生冲击，加大国内产业链加速外移的风险。周梅芳（2020）等认为疫情对我国宏观经济的冲击较大，供给侧冲击是主导影响路径。而胡滨（2020）等运用CGE模型对疫情冲击进行机理分析，认为新冠肺炎疫情对中国经济产出的冲击相当严重，政府干预则发挥了缓释疫情冲击的功能。娄飞鹏（2020）认为，传染病疫情一直威胁着人类的生命健康，对经济社会发展造成较大影响，未来传染病疫情仍然会继续存在，并可能呈多发的趋势，有必要从传染病疫情应对政策方面进行总结研究，形成框架性的政策思路，以有效应对传染病疫情并降低其对经济金融的负面影响。

（四）政府干预

在高质量发展的背景下，政府干预对区域经济发展和公共卫生服务的影响机理和深化方向研究，引起了业界的高度关注。在财政收支压力持续加大情况下，切实保障政府购买公共服务质量效益，增强公众享受公共服务的可及性和获得感，防范制度运行可能出现的风险，成为政府当前购买公共服务管理的重点。杨燕英（2020）等人提出基本主体协同合作构筑内部监督链条，各方力量相互配合构筑外部监督链条，内外部监督链条搭建政府购买公共服务 SU-CO 监督模型，从而构建政府购买公共服务多元主体协同监督运行机制，为健全和完善中国政府购买公共服务制度提供了有益的思路。熊若愚（2020）等人则针对当前政府提供公共服务领域中的资源诅咒现象，运用 2008—2014 年的省级数据并使用面板 SUR 和系统 GMM 分析发现，市场干预过度、自然资源丰富程度与政府公共服务水平呈负相关关系，改善政府与市场的关系、发展现代服务业、培育非国有经济有助于减缓自然资源与基本公共服务供给的反向关系。

突发公共卫生事件不断挑战着政府的公共卫生治理绩效。如何有效应对突发公共卫生事件是政府决策部门和学术界共同关注的热点问题。陶克涛（2021）等人运用 fsQCA 方法以我国 31 个省级政府公共卫生治理为案例进行了条件组态分析，基于研究结论给出各地方政府应加强技术、组织、环境各因素之间的协同整合；在环境条件和技术条件受限的情况下，政府应对特定公共卫生事件给予高关注度；因地制宜，制定符合地方政府自身实际情况的政府治理绩效提升政策等政策建议。

政府干预对于金融市场的影响一直以来备受关注。颜色等（2020）认为在不同制度环境下，金融市场和市场主体将会有不同表现，政府干预能尽快在制度设计层面形成规划，并且更好监督金融主体参与。王文莉等（2020）认为政府持股比例对农村商业银行资金使用效率产生显著的正向影响；基于财政赤字压力的政府干预对农村商业银行的资金使用效率产生显著的负向影响；基于政绩诉求压力的政府干预对农村商业银行资金使用效率产生负向影响。

改革开放过程中政府干预的正当性一直饱受争议。张书博（2020）基于帕累托改进的模拟分析，厘清并肯定政府干预在贸易开放过程中政府干预的必要性和正当性。王博等（2021）使用 2007—2014 年工业企业微观数据构建中介效应模型进行实证研究发现，地方政府干预工业用地出让会造成土地要素价格的负向扭曲，进而导致工业企业生产率下降。

三、政府政策

作为关键的外部环境，政府制定的政策会改变企业的经营环境，政府合理有效的政策是维护经济平稳发展的重要保障。近两年政府政策对经济发展的相关研究主要集中于财政政策、产业政策、环境保护政策和政策不确定性等四个方面。

（一）财政政策

1. 税收政策的分析与建议

政府非税收入与税收收入是国家财政收入的两大支柱，在现代国家财政治理中发挥着基础性、支柱性和保障性作用。潘欣欣（2021）在阐述政府非税收入内涵的基础上，梳理归纳现行非税收入管理制度体系，评述既有制度的问题和缺陷，深入剖析当前非税治理面临的困境，并结合当下的宏观经济情境，就深化非税收入改革、推进财政治理现代化提出政策建议。龚旻等（2020）在适应性学习预期的分析框架下，对市场主体不同政策学习模式进行甄别，提出由于财税政策规则不具备动态稳定性以及由此导致预期模式的不稳定，我国财税政策不确定性呈现内生性和系统性特征。李广众、贾凡胜（2020）以1998—2006年中国工业企业数据为样本，以财政"省直管县"改革为研究背景，从企业避税的角度考察政府层级改革能否激励地方政府加强税收征管，他们提出经历财政"省直管县"改革后的市级政府辖区内企业避税行为显著降低，表明面临财政压力，市级政府可能加强税收征管，进而抑制企业避税。

靳玉英、金则杨（2021）从企业-产品层面研究了2008年金融危机以来美国采取的适用于我国出口产品的政府采购本土化壁垒对我国企业出口产品定价的影响，重点将该作用与关税壁垒的相应作用进行了比较分析，发现政府采购本土化壁垒会导致我国向该壁垒实施国出口产品价格的上升，且多产品出口企业的产品和出口目的地多的产品在遭受政府采购本土化壁垒后价格上升得更多，在遭受关税壁垒后价格会下降得更多，高技术产品在遭受政府采购本土化壁垒后出口价格上升得更多，在遭受关税壁垒后出口价格下降得更少。蒲龙、杨高举（2020）以地方政府间税收竞争为切入点，研究其对企业过度投资的影响，利用工业企业数据库中的制造业企业，测算出企业投资效率并保留其中过度投资的样本，他们认为，政府间税收竞争显著促进了企业的过度投资行为。

疫情冲击加大经济下行压力，也凸显了国家治理中的一些短板。针对疫情影响及暴露的问题，中央和地方政府连续出台多项税收政策以扶持企业。李明等（2020）建议，未来我国税收政策应明确以补短板为重心，敢于退、勇于进，聚焦关键领域关键环节和关键主体积极布局，着重加大基本公共服务供给，提升产业链关键环节竞争力。张翼飞、王希瑞等（2021）提出经营所在地2008年1—2月受雪灾影响的小微企业税负稳中有降，是因为政府灾后通过"稳经营""促发展"以及两种政策相结合的举措为小微企业"降成本"；政府灾后提高纳税服务水平"增信任"，兼具促进小微企业减税政策"应享尽享"和税收遵从度提升的双重积极效果。

2. 政府补贴效果的分析

（1）政府补贴与企业创新

主流观点是政府补贴促进了企业创新。Yi等（2021）通过建立变量向量自回归（PVAR）模型，利用脉冲响应函数（IRF）工具和各变量的方差分解对中国能源产业的政府补贴、研发投入与创新绩效之间的交互作用进行研究，发现研发投入和创新绩效促进政府补贴、政府补贴和创新绩效促进研发投入、研发投入显著促进创新绩效。郑飞等（2021）检验财政补贴对企业创新的影响，发现财政补贴显著提高了企业的专利产出数量。齐永智等（2020）探讨了政府补助、技术创新与品牌价值之间的内在机理，发现政府补助对技术创新产生边际效用递减的促进作用。储德银等（2021）发现，政府创新补贴有利于提升企业创新绩效，企业文化对此具有调节效应。Gao等（2021）调查了中央和地方研发补贴对企业探索性创新的异质性影响，发现研发补贴总体上促进了企业的探索性创新。崔也光等（2020）研究发现，财政补贴既能有效激励企业自主研发无形资产投资，又能对外购无形资产投资存在一定的促进作用。周炜等（2021）对创新意愿和资金约束如何影响政府创新补贴与创新投入的关系进行分析，发现创新意愿能显著提升政府创新补贴的激励作用。王立勇等（2020）分析了中国政府 R&D 补贴政策的效果，发现政府 R&D 补贴对创新效率有显著促进作用，并研究了政府 R&D 补贴效果的影响因素。Hu 等（2021）发现绿色补贴对绿色过程和绿色产品创新有积极影响，但只有绿色产品创新才能提高财务绩效。

也有一些学者认为政府补贴效果是复杂和非线性的。张杰（2020）利用微观企业数据实证检验了政府创新补贴对企业私人性质创新投入可能具有的激励效应，发现在民营企业样本中政府创新扶持补贴政策对微观企业私人性质创新投入总体上呈现出显著的 U 形关系激励效应。施建军等（2021）全面地考察了政府补助对企业创新能力的影响，发现大型企业和高知识产权保护下的企业政府补助规模与企业创新能力呈浅 U 形关系。吴伟伟等（2021）探讨了金融化与所有权性质对政府补贴信号传递的联合调节效应，发现研发补贴对新创企业创新产出具有倒 U 形影响而非研发补贴对新创企业创新产出具有积极影响。

（2）政府补贴与政策执行和宏观经济发展

政府补贴是财政政策和货币政策的重要手段之一，近两年学界对如何进一步充分利用政府补贴，提高财政政策和货币政策的效力问题进行了研究。Zhu 等（2021）通过分析养老金政策相关文件和对社会福利部门的中央和地方官员以及专家的访谈研究中国解决公共部门雇员、城市企业雇员、农村居民和农民工四种人口群体养老金政策的问题。Li 等（2021）分析了贸易政策的不确定性、政府补贴和政治关系的作用之间的因果关系，发现当贸易政策的不确定性增加时，中国政府倾向于增加对能源企业的补贴，且有政治关系的企业可能会获得更多的补贴。梁毕明（2020）围绕政府补助、产品市场竞争是否会对企业投资效率产生影响这一核心问题，通过采用线性回归、面板单位根检验、面板协整关系检验等实证方法，同时从空间区域和产业行业两个维度上进行细化分析和验证，最终为中国企业在投资效率驱动方面提出理论和实践指导。Peng 等（2021）发现企业的异质性对财政补贴的选择策略和政策偏差有显著的影响，地方政府更有可能补贴高新技术企业、国有企业和出口企业，且企业的盈利能力与补贴负相关。徐小晶、徐小林（2021）发现在补贴退坡政策实施之后，新能源汽车上下游企业之间的商业信用融资水平出现明显调整，表现为商业信用供给期限缩短、企业间资金周转加快，政策对融资约束较强、科技创新实力较弱、国有控股的企业影响幅度更大。张宁等（2020）从当前各地城乡居保实践中总结出五种补贴政策模式并进行补贴政策情景模拟，发现累进补贴能激励参保农民选择更高的缴费档次，但基础养老金增长过快会"挤出"农民的缴费积极性。

无论是财政政策还是货币政策，其目标都是实现宏观层面上的高质量发展。李芳慧（2020）通过构建一个存在创新的异质性个体模型，分析创新补贴率对于经济增长和结构转型速度的影响。谢光华等（2020）研究政府补贴政策下企业资本投资取向对地区经济增长质量的影响，得到了企业新增固定资产投资与地区经济增长质量显著负相关，且地方国有企业，尤其是获取了高额度补贴的地方国有企业的固定资产投资与股权投资对经济增长质量的不利影响大于中央和民营企业的结论。

3. 其他财政政策的研究

从财政政策的机制分析角度来看，李永友、王超（2020）基于安徽省"乡财县管"改革这一准自然实验，在分析其集权特征基础上，识别了"乡财县管"这一集权式财政支出改革的影响，发现"乡财县管"改革通过赋予县级政府统筹全县乡镇财政资源权力，改善农村道路、电力两类基础设施和提高教育、医疗卫生和农村科技服务三类公共服务水平，增强了农村居民的增收能力。唐飞鹏（2020）以柯布-道格拉斯生产函数为基础对公共部门规模扩张带来的影响进行推导并进行实证检验，发现中国地方政府"官民比"对区内企业有显著反哺效应。马文涛、张朋（2020）从信息披露视角解释政府债务的形成机制，发现以公共信息披露形式呈现的财政透明度对政府债务规模具有抑制效应，这种抑制效应主要通过宏观层面的逆周期调控与系统性风险两个渠道实现。贾俊雪、梁煊（2020）研究了地方政府竞争与居民收入分配差距的关系，得到了地方政府竞争增大了居民收入分配差距的结论。

从财政政策的效果评价角度来看，穆怀中（2020）通过构建和分析养老"替代率剩余"系数模型发现人口老龄化趋势下国民财富"替代率剩余"总系数呈增长趋势，而弹性延长劳动退休年龄有利于缩小"替代率剩余"系数。刘冲等（2020）从地方财政存款影响银行信贷分配的视角，分析僵尸企业形成的内在机理，发现财政存款占当地存款比重越大，企业僵尸化概率越高，并且银行竞争助长了企业僵尸化。宫汝凯、陈娟娟（2020）实证分析了政府和社会资本合作（PPP）项目对地方债务的影响，发现PPP投资总额显著地影响了地方债务规模。孙开、张磊（2020）审视了财政压力、政府竞争与地方政府民生支出偏向之间的相关关系，发现财政压力对政府竞争具有调节作用，政府竞争对民生支出偏向的反向作用程度显著依赖于财政压力，经济发展水平较高的地区政府竞争与民生支出偏向之间的相关关系更显著。龚六堂（2020）构建了动态一般均衡模型，得出最优的劳动所得税与资本所得税的具体形式，并根据中国的经济数据提出了一些政策建议。龚六堂（2020）还分析了我国收入分配不平等和城乡区域发展不平衡问题的现象、原因和影响，并提出了完善所得税体制、提升政府调控收入分配不平等的能力等对策。赵谦（2020）通过分析新古典经济学思想、交易费用理论、制度改革模型等理论和梳理国内外政府采购制度发展历程描述我国经济体制改革和行政体制改革过程中我国政府采购制度的发展路径并探索我国政府采购制度未来的发展方向。李戎、田晓晖（2021）基于中国1992—2018年的数据考察财政支出结构的优化调整对宏观经济的影响及其传导机制，发现政府消费扩张的经济刺激效果最弱，且挤出私人部门的经济活动。胡渊、杨勇（2021）采用空间计量方法研究地区财政支出对FDI区位分布的影响，发现地方财政支出直接用于引资会引发地区间的恶性引资竞争并抑制本地区的FDI流入量。张兵兵等（2021）运用双重差分法考察地方政府融资平台对企业出口国内附加值率的影响，发现在样本期内地方政府融资平台的成立有助于提升企业出口国内附加值率。

（二）产业政策

在党的十九大提出的"经济高质量发展"的背景下，史燕平等（2021）从产业结构政策角度对去产能政策和融资租赁之间的因果关系和内在机理进行了深入研究。杨国超等（2020）则发现，经济刺激政策引致的信贷膨胀更多流入了国有企业中盈利能力最差，甚至是无法按期偿还贷款本息的企业。资源的严重错配还造成国有企业在经济刺激期雇用了更多劳动力，主营业务上也表现为通过降价和提供更宽松的商业信用而非通过创新活动来维持销售增长，非主营业务上则突出表现为房地产投资的大幅增长。

国家高新区作为最具中国特色的促进产业结构转型升级和自主创新能力提升的重要制度设计，具有重大研究价值。而判断中国国家高新区制度是否有效的关键依据，就在于科学验证国家高新区政策能否有效促进微观企业自主创新能力的提升。在产业组织政策方面，张杰等（2021）基于2009年"加快审批省级高新技术产业开发区升级为国家级高新技术产业开发区"政策出台的准自然实验条件，实证检验了中国各城市地区的国家高新区"以升促建"政策对企业创新水平的影响效应。他们发现，高新区升级政策对城市层面企业创新水平产生了显著的促进效应。荣枢等（2020）发现中国OFDI的逆向技术溢出存在政府扶持的门槛特征，当地区的政府扶持跨越一定的门槛水平时，OFDI才能对全要素生产率的增长起显著的促进作用。

（三）环境保护政策

在生态文明建设步伐不断加快的大背景下，政府发挥了重要的作用，成为当前环境保护中的重要力量。曹鸿杰等（2020）借鉴"标尺竞争"的相关理论，通过对中国治理体制下地方政府环保支出策略性行为的理论分析和实证研究，他们提出环境保护纳入考核内容产生了积极影响，中国省级政府间的环保支出不断增加，互相模仿的标尺竞争行为十分显著。地方政府环保支出不仅存在较强的空间相关性，也存在较强的正向时间滞后效应。同时，外商直接投资和财政分权并不是导致中国省级政府环保支出"逐底竞争"的原因，而且对外开放总体上有利于增加环保支出。在地方官员政绩考核中进一步强化非经济发展目标的要求，可以合理引导政府竞争，有利于增强政府对环保工作的重视，促使地方政府实现由经济增长向社会全面发展的目标转变。

地方环境政策创新可以为丰富国家环境政策工具箱提供重要的实验与案例。然而，在经济发展和环境治理的双重压力下，一项创新的地方环境政策可能在不同地区产生差异化的政策效果。王班班等（2020）利用河长制政策在长三角地区的扩散对上述三个问题进行实证评估，并采用中国工业企业环境统计数据库和中国工业企业数据库的微观数据，设计双重差分模型进行效应识别。他们发现在政策扩散过程中，河长制的污染治理效果在由上级政府主导推广的"向上扩散"地区得到了成功复制，但在地方政府主动模仿的"平行扩散"地区并不明显。

尽管出台了许多关于碳减排的措施，但中国的碳排放量仍居高不下。因此了解长三角地区产业结构、对外贸易和碳排放之间的关系，对于促进经济社会绿色转型，实现中国整体碳达峰和碳中和具有重大意义。曾海鹰等（2022）采用空间邻接权重矩阵、地理距离矩阵和经济距离矩阵结合空间杜宾模型探究产业结构、对外贸易与碳排放的联系。黎振强等（2021）采用空间计量方法进行分析，研究发现长江经济带地区各省市在碳排放方面存在明显的空间溢出效应，某地的产业结构升级主要是通过降低相邻省份的碳排放来促进整个长江经济带地区的碳减排。同时，长江经济带地区的碳排放存在明显的时间滞后性，前期较高的碳排放将导致本期碳排放量的增长。因此，长江经济带地区应推动区域的协调发展，沿江 11 省市应加强合作，从区域整体发展出发制定发展战略，同时要注意发展科技，提高能源使用效率，促进碳减排。

（四）政策不确定性

从国内市场来看，林建浩等（2021）基于结构向量自回归模型和随机波动率模型，发现以 M2 增长率度量的中国数量型货币政策是中国股市的重要定价因子，是预测股价的重要考虑因素。地方市委书记的换届，通常被认为是政策不确定性产生的因素之一，石光等（2021）利用卫星夜间灯光遥感影像构造了 1992—2012 年 279 个城市的空间扩张速度和跳跃性指标，通过动态公共品投资模型分析表明，地方政府官员换届增加了城市跳跃式扩张的概率，任期的不确定性会增强城市扩张跳跃性。刘一鸣等（2020）发现，中国市委书记变更会带来营商环境的变动，增加了私营企业家的社交经济成本。赵茜（2020）发现，外部经济政策不确定性通过改变投资者预期而不是影响中国经济政策不确定性，进而提高中国股票市场跨境资金的流出，通过扩大资本账户开放可以缓解这种跨境资金的流出。但是对于跨境银行来说，报告国的经济政策不确定性会抑制跨境银行资本的流出，并通过报告国高利率或者货币对美元贬值来强化这一效应，当经济政策不确定性上升时，影响资本流出的主要因素从利率转变为汇率（谭小芬和左振颖，2020）。另外，经济政策的不确定性也会增加商业银行计提贷款损失准备，申宇等（2020）利用 2004—2017 年中国部分商业银行的数据，发现经济政策不确定性越大，银行计提的贷款损失准备越多，风险水平越大的银行，在不确定性增加的情况下计提的减值准备越多。周爱民和刘欣蕊（2021）发现经济政策的不确定性正向影响商业银行的经营风险和信用风险。Xu（2020）发现，当政府的经济政策不确定性增加时，企业的加权资本成本会上升，并且其创新行为会减少。郭胤含和朱叶（2020）发现经济政策不确定性上升会刺激企业"脱实向虚"，对地方国有企业和非国有企业作用明显。何德旭等（2020）考察了货币政策不确定性对企业资本结构调整的影响，通过构建货币政策不确定性指标，发现货币政策不确定性通过影响银行信贷影响企业资本结构的调整。面对经济政策的不确定性，企业也会从不同方面进行应对。Liu 等（2021）利用中国非金融民营上市公司的数据，发现企业高级管理人员的政治联系有助于提前获得未公开披露的政策信息，通过降低民营企业与政策制定者之间的信息不对称来缓解政策不确定性的冲击。同样从高级管理团队（TMT）出发，Wei 等（2020）讨论了 TMT 的哪些类型的经验对管理政治风险至关重要。

近年来，国际贸易保护主义抬头，逆全球化浪潮兴起，国际经济政治环境不断动荡，也考验着企业应对国际经济政策不确定性的能力。中国企业跨境并购在整体 OFDI 中的比重较高，也引起了很多学者的关注。从并购时机来看，蒋墨冰等（2021）发现经济政策不确定性会导致企业最优并购时机延迟；从动机和后果来看，经济政策的不确定性会抑制企业进行跨境并购的动机，并且在这种情况下，并购的成功率、并购规模以及并购后的绩效表现都较低（尹达和綦建红，2020；黄灿等 2020）。耿伟和李亚楠（2020）分析了东道国不确定性对中国 ODI 二元边际的影响机制，发现东道国不确定性对中国对外直接投资的扩展边际具有显著的抑制作用，但是对集约边际的影响不显著。对于出口公司来说，綦建红等（2020）认为，目的国经济政策不确定性增加会显著降低企业出口频率。葛新宇等（2021）通过研究中国 A 股上市公司、商业银行及企业所处地区贸易敞口，结果显示贸易政策不确定性的加大会通过恶化区域内企业的风险、盈利与流动性储备状况，导致银行整体风险水平上升，并促使银行降低其主动风险承担水平。刘美秀等（2020）分析中国制造业企业发现，贸易政策不确定性下降对企业进口技术含量的提升具有显著的促进作用。

五、总结与评述

（一）研究路径概述

通过梳理国内外的文献以及专著，可以发现 2020—2021 年度政府、市场与经济发展领域的文献所涉及的研究主题如图 13.1 所示。近两年的文献主要集中在政府与企业、市场的关系、政府治理以及政府政策三个方面。其中，在中国经济转型的时代背景下，政企关联、政府与市场的关系等核心命题一直备受学界关注，而政府治理方面的文献主要聚焦于财政分权、反腐败、新冠肺炎疫情以及政府干预等内容，政府政策相关的文献则主要集中于税收政策、产业政策、环境保护政策、财政政策等。

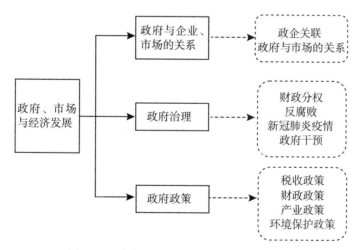

图 13.1 政府、市场与经济发展研究路径图

（二）研究结论概述

在论述述评部分，本研究已对政府政策、政治环境、政府治理以及政府与企业、市场相关方面的研究成果进行具体介绍，这里再次对已有的研究成果进行概述。

1. 政府与企业、政府与市场以及政府间关系

政企关联对企业影响的研究更多聚焦于对企业社会责任的影响。学者们一致认为政企

关联会使企业拥有更多的社会责任，同时具有政治背景的高管会更具责任感。此外，学者们也探究了地方官员对企业的影响，发现地方官员晋升压力损害了企业技术创新。政府与市场间的关系既是相互配合的关系同时也相互排斥。一方面，有为的政府可以促进提高企业投资效率，改善银行信贷配置效率，提高经济发展质量；但另一方面，一些资源的错配也会降低全要素生产率，对经济产生不良影响。

2. 政府治理与经济发展

在政府治理方面，学者们探究了财政分权、反腐败、新冠疫情与政府干预等对经济的影响。财政分权有利于地方政府引导与支持企业并购，但也会放大地方财政政策的顺周期性、带来挤出效应，给地方造成财政压力，增加政府违法用地行为。中国政府反腐败的持续推进有利于提高政府效率，优化营商环境；而对于政治关联企业来说，反腐败降低了企业的并购可能性和企业绩效。新冠疫情的暴发对经济带来了巨大冲击，导致我国出口产能供给不足，加大国内产业链加速外移的风险，而政府干预发挥了缓释疫情冲击的功能。此外，学者们认为政府干预对经济影响的积极性取决于所处情景，在此基础上建议构建对政府的监督链条，优化政府干预机制，实现经济更加健康平稳运行。

3. 政府政策

既有研究主要探讨了税收政策、产业政策、环境保护政策、财政政策、货币政策以及政府补贴对经济发展和企业成长的影响。在税收政策方面，通过对财税政策不确定性的宏观经济效应检验，发现其对生产、物价、出口等产生负面冲击。此外，疫情冲击加大经济下行压力，适度的税收竞争将在一定程度上促进企业的投资进而促进经济增长；且政府灾后提高纳税服务水平有利于促进小微企业减税政策"应享尽享"并提升税收遵从度。在产业政策方面，既有研究主要聚焦于产业政策对企业盈利与创新能力、资源配置效率、社会总福利和 OFDI 的影响，对提升产业政策有效性、促进经济高质量发展具有重要的理论启示。在环保政策方面，有研究表明将环境保护纳入地方官员政绩考核内容，增强了政府的环保支出，提高了能源效率和环境效率，促使地方政府实现由经济增长向社会全面发展的目标转变。但也有学者指出，一些创新的地方环境政策可能在不同地区产生差异化的政策效果。因此，环保政策应考虑不同地区之间的环保技术差距以及污染物的不同差异，以避免环保政策的扭曲和失效。在财政政策方面，既有研究主要聚焦于政府财政政策的影响和效果评价。研究表明政府财政政策会影响社会公共服务水平、城乡收入差距，同时也会影响 FDI 的区位分布和企业的经营利润。在政府补贴方面，关于政府补贴对企业创新以及宏观经济发展影响的研究结果均是不一致的，包括促进论和抑制论以及适度补贴。在政策不确定性方面，现有研究大多认为政策不确定性对经济发展以及企业经营都带来了不利影响。从国内市场来看，地方政府官员换届是政策不确定性产生的因素之一。从国际市场来看，国内经济政策不确定性会抑制企业进行跨境并购的动机、导致企业最优并购时机延迟、显著降低企业出口频率、抑制中国对外直接投资的扩展边际。

（三）存在的问题与未来研究趋势

1. 政府与企业、市场的关系

对政治关联的测量仍然需要完善。既有研究对政企关联的衡量主要采用董事会成员是否具有政府背景以及股权类型，相对单一，未来的研究可以通过企业是否与政府存在业务关系、获得政府补贴频率等多个指标构建复合指标进行测量。在政府与市场关系的论述中多使用定性分析方法，缺乏定量分析的研究。因此在未来的研究中可以基于理论模型，通过收集数据和构建指标并使用计量方法进行实证分析，来验证理论推导的准确性。

2. 政府治理

随着信息技术和大数据的发展，我国政府治理的数字化转型也在不断推进。信息技术革命下的政府改革，不仅体现为借助互联网技术提高治理能力和治理体系的现代化水平，更体现为政府的治理变革乃至社会的变革。同时信息技术的不断发展，不仅持续推动了产业升级，也给政府治理提出了新的挑战。未来的研究可以探究信息技术背景下，新技术如何推动产业发展与政府治理以及政府的数字化改革又会给经济带来何种影响。

3. 政府政策

既有研究大多静态分析政府政策的影响，而较少关注政策效应随时间的变化而变化。未来的研究可以将时间序列数据引入其中，探究随着中国市场改革的深入以及社会环境的不断变化，政府政策在不同发展阶段会有怎样不同的作用。此外，由于政府补贴同时存在激励效应和挤出效应，目前围绕政府补贴相关的实证结论尚不统一，且还没有任何一种理论能够全面合理地解释政府补贴的内在作用机制。因此需要更广泛地收集不同行业、不同企业样本进行研究，以全面深入分析政府补贴对企业的影响，有机整合现有相关理论以形成综合理论框架。既有研究对政策不确定性的测量方式较为单一，未来的研究可以采用其他直接或间接的方式衡量政策不确定性。

第二节 重 要 论 文

基于 2020—2021 年中国学者在国内外期刊上发表的"政府、市场与经济发展"相关主题论文，本章进一步根据论文主题相关度、引用率、转载率、下载率以及期刊影响因子等指标对论文进行筛选。其中，论文主题聚焦于政府与企业、市场间关系、政府治理和政府政策对经济发展的影响，中文期刊的复合影响因子在 8 以上，英文期刊的影响因子在 3 以上，中英文论文引用率均在 10 以上。按照这种标准，本章选择其中 10 篇重要论文进行详细介绍。

1. 李明，张璠璠，赵剑治. 疫情后我国积极财政政策的走向和财税体制改革任务[J]. 管理世界，2020（4）：26-33.

研究背景：党的十八大以来，财政政策持续发力，为打好三大攻坚战、深化供给侧结构性改革等提供了坚强保障。但由于地方活力不足、政策工具匮乏，我国地方政府产生了等、看、要的倾向，与以往敢闯、敢试、敢干的精神状态有不小差别。基层社区社会动员情况也不是很好。此外，面临疫情冲击后地方财政短收，但支出加大，不少地方财力捉襟见肘。根据中央部署，深入分析疫情对我国经济运行叠加的影响，找准疫情防控中凸显的核心短板和不足，在把握财政形势和运行规律的基础上，深入思考积极财政政策应着力的方向、"更加积极有为"的实现方式，立足长远，深入推进财税体制改革、确保政策行稳致远，极为必要。

基本结论：第一，疫情发生后，税务部门优化纳税环境、出台优惠政策，引导加大防疫物资生产，切实减轻企业特别是中小企业负担，各级财政紧急安排疫情防控补助资金。第二，文章提出了财政政策补短板应着力的主要领域包括加大关键基本公共服务投入，推动形成高质量发展的新动力源。第三，积极财政政策方向既立足当前，更着眼长远，其实施需要相配套的财税体制来保障。

主要贡献：第一，不同于传统的需求管理，文章倡议的积极财政政策方向，重在大力提质增效和注重结构调整。这与中央经济工作会议要求和财政工作部署一致，赋予了积极财政政策新的内涵。第二，文章的建议丰富了积极财政政策的工具选择，为"积极的财政政策要更加积极有为"的实现方式提供了参考。

局限性与未来研究方向：补短板不仅仅是疫情冲击下，我国稳增长的一种阶段性和应急性选择。短板是社会主要矛盾的重要体现，从深层次来看，补短板是解决社会主要矛盾的基本方式，应长期进行。因此，文章论及的积极财政政策方向也不是阶段性和应急性选择，未来财政政策应根据短板内容的动态变化，把补短板持续进行下去，财税体制也要持续深化改革，为政策实施提供坚强保障，在全面建成小康社会的基础上继续为基本实现现代化贡献力量。

2. Yuan Huaxi, Feng Yidai, Lee Chien-Chiang, Cen Yan. How does manufacturing agglomeration affect green economic effificiency? Evidence from 287 cities in China [J]. Energy Economics, 2020, 92 (104944).

研究背景：改革开放后，中国经济以平均每年9.7%的速度快速增长，从而迅速成长为世界第二大经济体。从2004年到2010年，中国的环境退化成本增加了2倍，占GDP的比例从3%增加到了3.5%。当前和潜在的环境退化正在威胁中国社会的可持续发展，这种增长模式是不可持续的。绿色经济效率（GEE）考虑能源约束和非预期产出，而绿色经济效率的提高与制造业密切相关。中国政府明确指出，利用制造业的集中度优势减少能源消耗和污染物排放，从而实现高质量的经济增长。"十三五"规划还要求推进制造业集群转型升级，培育若干先进制造业中心。

基本结论：文章的研究问题集中在制造业集聚（MA）如何影响绿色经济效率（GEE），基本结论为：第一，制造业集聚与绿色经济效率之间存在显著的积极"U"形关系，MA对GEE的影响将随着时间逐渐增加。第二，从短期来看，制造业集聚与传统经济效率之间存在倒"U"形关系。然而，从长远来看，这种积极的"U"形关系并不明显。第三，产业结构升级在MA和GEE之间起着重要的中介作用，也就是说，MA可以通过产业结构升级间接影响GEE。

主要贡献：第一，本研究使用了2003年至2016年间287个中国城市的面板数据。首次提出了将制造业纳入产业集聚、绿色经济效率和产业结构升级的理论框架。第二，文章利用动态空间面板-杜宾模型（DSPDM）分析了产业集聚对绿色经济效率的非线性影响，并建立了经济地理权重矩阵，以捕捉经济因素和地理因素的调节作用，从而使结论更加准确。第三，文章采用超松弛测度（SBM）对能源和环境约束下的GEE进行了估计，并将实证结果与不考虑能源和环境约束的传统经济效率进行了比较，使结论更符合实际。

3. 吴伟伟，张天一. 非研发补贴与研发补贴对新创企业创新产出的非对称影响研究 [J]. 管理世界，2021（3）：137-160.

研究背景：我国已成为创业活动最活跃的国家之一，新创企业对国民经济的持续发展具有重要意义。新创企业具有以外部合法性不足和内部资源缺乏为特点的"新生劣势"，近2/3的新创企业存续时间不超过5年，体现出低成长率和巨大的成长差异性。政府补贴有助于解决创新的正外部效应导致的市场失灵，提升新创企业创新积极性并缓解资源匮乏的问题。不同类别的政府补贴对企业的影响方式存在差异，研发补贴能够补充新创企业用于正式研发的资源，而非研发补贴则有助于新创企业通过技术和知识的采用、反求工程和模仿创新、对现有知识的创新组合应用等非研发策略提升创新能力。因此，探讨研发补贴和非研发补贴对新创企业创新产出的非对称影响具有重要意义。

基本结论：第一，研发补贴和非研发补贴对新创企业创新产出具有非对称影响。第二，金融化会对研发补贴、非研发补贴与新创企业创新产出的关系发挥调节效应，新创企业金融化能够使研发补贴和创新产出的倒U形关系变得更凸。第三，金融化和所有权性质会对研发补贴、非研发补贴与新创企业创新产出的关系发挥联合调节效应，所有权性质和金融化是影响研发补贴和非研发补贴与新创企业创新产出的重要条件。

主要贡献：文章对于深刻理解新创企业政府补贴与创新产出之间的关系做出3个方面的理论贡献。第一，文章发现了政府补贴对新创企业创新产出的特殊作用规律，揭示了研发补贴、非研发补贴对新创企业创新产出的非对称影响机制，有助于进一步深入理解外部资源与新创企业创新产出的关系。第二，文章揭示了内部融资行为对新创企业利用外部资源进行创新过程的影响。以往研究未充分考虑内部融资行为对外部资源和新创企业创新产出关系的重要作用，文章通过将企业金融资产配置的理论观点整合到外部资源与创新关系的理论分析中，厘清了企业内部融资行为视角下的新创企业融资约束的复杂变化机制。第三，文章通过分析不同组织形式新创企业的内部融资行为对外部资源和创新产出关系影响的差异，进一步揭示了内部融资行为这一边界条件作用机制的复杂性。

局限性与未来研究方向：第一，随着新创企业的不断成长和外部环境的持续变化，新创企业政府补贴对创新产出的影响机制也将发生变化，未来研究有必要进一步从动态性的视角对新创企业政府补贴和创新产出关系的影响因素进行探讨。第二，由于研发补贴和非研发补贴的区分难度较大，文章仅通过文本分析的方法筛选得出了这两类补贴的金额，未来的研究应进一步跟踪补贴实际用途，使用更多的非研发补贴测度方法进行研究。

4. 申宇，任美旭，赵静梅. 经济政策不确定性与银行贷款损失准备计提 [J]. 中国工业经济，2020（4）：154-173.

研究背景：近年来，金融领域面临去杠杆、去嵌套、去通道，回归金融服务实体经济的多重任务。与此同时，单边主义和贸易保护主义抬头，给宏观经济政策的制定和实施带来挑战，经济面临的政策不确定性风险越来越大。在中国，经济政策不确定性究竟是增加还是抑制了银行贷款损失准备计提？银行在经济政策不确定性面前是会"未雨绸缪"还是"刻意隐藏"？商业银行在进行贷款损失准备计提时，是否会将当前宏观经济政策波动的影响考虑在内？贷款损失准备计提是否具有前瞻性？贷款损失准备计提是否可以有效地预防经济政策不确定性可能对银行风险的影响？

基本结论：第一，文章将宏观经济政策的波动和银行微观行为联系在一起，研究发现经济政策不确定性会促进银行贷款损失准备的计提。第二，上市银行以及外资股东持股较多的银行会在经济政策不确定性较大时增加贷款损失准备计提。文章从银行风险以及风险抵御能力两个角度进行机制分析，发现在经济政策不确定性增加时，风险水平较高，银行会增加贷款损失准备计提；风险储备水平较低，银行会增加贷款损失准备计提，说明风险预防动机是银行在经济政策不确定性增加时多计提的主要原因之一。第三，银行在不确定性高时多计提贷款损失准备的行为对减少银行收益波动性、降低银行风险产生积极作用。

主要贡献：第一，文章从宏观经济政策不确定性的视角出发，发现银行会将经济政策不确定性可能带来的信用风险考虑在内，进行前瞻性计提。第二，文章发现经济政策不确定性本身带来的不确定性预期促使银行多计提损失准备，收缩流动性，在一定程度上抵消刺激性政策的扩张效果。第三，文章的研究证实银行贷款损失准备计提具有一定的前瞻性，并且经济政策不确定性增加时多计提可以抑制银行收益波动，降低破产风险。第四，文章发现风险较低、风险抵御能力较强的银行在经济政策不确定性增加时会减少贷款损失准备计提，一定程度上可以缓解因银行流动性"囤积"，提高信贷标准等"惜贷"行为给经济带来的负面影响，这就要求银行和监管机构加强银行风险治理，更好地服务实体经济。

现实意义：第一，从金融系统风险防控、金融安全能力提升的角度，文章建议监管机构提高银行贷款损失计提考核效率，增强银行预期管理，将经济政策不确定性纳入"预期损失模型"，以此提高银行风险监管水平。第二，加强银行体系对经济政策不确定性的识别和评估，引导信贷资金的高效率配置。第三，有助于增强中国经济政策的连续性和预期管理。第四，有助于深化中国银行业开放程度，提高外资股份对银行业的积极影响。

5. 周梅芳，刘宇，张金珠，崔琦. 新冠肺炎疫情的宏观经济效应及其应对政策有效性研究 [J]. 数量经济技术经济研究，2020（8）：24-41.

研究背景：作为新中国成立以来传播速度最快、感染范围最广、防控难度最大的重大突发公共卫生事件，新型冠状病毒肺炎疫情的暴发增加了我国经济增速进一步放缓的风险。为了减缓疫情对经济的影响，国家陆续出台了一系列财税、金融、社保等方面的支持政策，政策调节力度还将继续加大。

基本结论：文章利用以中国2017年投入产出表为数据基础构建的CGE模型，分析疫情及宏观应对措施对宏观指标和行业产出两个方面的影响。文章得出以下结论：第一，疫情对我国宏观经济的冲击较大，供给侧冲击是主导影响路径。第二，疫情对产业的影响是全方位的但存在非均匀性，供给侧冲击仍然是主导路径。第三，宏观应对措施能够有效减缓疫情冲击，但存在造成物价上涨和外需恶化问题。第四，宏观应对措施能缩小行业平均产出损失，但将扩大行业产出损失之间的差距。

主要贡献：第一，文章识别和量化了疫情的主要冲击路径。第二，文章借助一般均衡模型框架进行分析。疫情存在多个冲击渠道，对各经济部门既有直接影响，也有间接影响。文章基于一般均衡框架捕捉最终影响，并通过分解各条路径的作用，揭示在宏观层面和行业层面的传导机理，获得总体把握和一般性结论。第三，基于疫情下经济环境量化宏观应对措施的效果。文章在引入疫情冲击的环境下，探讨宏观应对措施的效果，包括对宏观变量和行业产出的正面和负面效果，以及不同措施的作用大小和机理差异。文章的研究有助于深化我们关于重大突发公共卫生事件对我国宏观经济波动影响的认识，并为宏观应对措施的制定提供一定的理论支持。

现实意义：基于研究分析的宏观结果和行业结果，文章提出以下政策建议：（1）进一步帮扶制造业企业复工复产。（2）强化居民消费和有效投资等内需支撑。（3）充分发挥货币政策的引导作用。（4）继续发挥财政政策"稳就业"的先导作用。（5）密切关注疫情蔓延及应对措施对出口的影响。

6. 曹光宇，刘晨冉，周黎安，刘畅．财政压力与地方政府融资平台的兴起［J］．金融研究，2020（5）：59-76.

研究背景：地方政府融资平台是中国地方政府在特殊的制度约束下汲取金融资源、实现跨越式发展的一项制度创新，是区域间开展横向竞争的重要抓手，对于支持基础设施建设进而推动经济增长发挥了重要作用。在充分肯定这一制度安排积极作用的同时，我们必须清醒地认识到地方政府融资平台背后潜在的系统性金融风险。如何实现对地方政府融资平台的有效规制、在满足地方政府正常融资需求的同时有效化解地方政府融资平台债务可能给宏观经济运行带来的风险，是当前中国经济政策讨论中的重大问题。这要求我们不仅应充分了解设立地方政府融资平台所带来的经济影响，更需要准确认知地方政府融资平台兴起的制度诱因。

基本结论：第一，文章首次从实证上检验了财政压力导致地方政府融资平台成立这一假说。研究发现取消农业税改革导致的财政冲击越大，县级地方政府在改革后设立融资平台的概率越高，通过双重差分的识别策略研究发现，取消农业税改革导致的农业税收入占总税收的比例每降低 1 个百分点，县级地方政府设立融资平台的概率上升 0.162 个百分点。第二，文章还排除了上述发现由扩权强县和财政省直管县等其他财政制度改革驱动的可能性。进一步的分析表明，面临更激烈的区域间竞争、初始财政禀赋较低的县更倾向于设立融资平台。

主要贡献：第一，文章首次从实证上检验了地方政府融资平台设立的制度成因。第二，文章从一个新的视角强调了中国财政体制和金融制度之间的内在关联性。第三，文章进一步丰富了关于财政压力对中国地方政府行为影响的研究。

现实意义：地方政府设立融资平台是应对财政压力的策略性反应。尽管当前地方政府融资平台受到强力管控，但只要财力与事权不平衡的财政压力依然存在，地方政府就始终有动机去寻求制度外收入。要从根本上缓解地方政府通过影子银行等非正规渠道举债的动机，就必须为地方政府确立稳定、充足的收入来源，最终建立起财力与事权匹配的激励相容的财政体制。

7. 李永友，王超．集权式财政改革能够缩小城乡差距吗？——基于"乡财县管"准自然实验的证据［J］．管理世界，2020（4）：113-130.

研究背景：中国在原有行政性分权基础上于1978年之后实施经济领域和财政领域的分权改革。分权改革的增长效应是显著的，但分权改革带来的问题也是明显的，规模不经济、重复建设和地方保护主义、地区分化、二元结构等问题日趋突出。最关键的是，分权改革下的中央财政日趋示弱。为了解决这一问题，中国自20世纪90年代中期开始了再集权改革，再集权改革首先在财政领域推开，然后逐步扩展到行政机构的隶属运动。再集权改革的确提高了中央的统筹能力，提高了资源配置效率，降低了重复建设和地方保护程度。然而，和这股全球性的再集权运动不同的是，中国早些时候的再集权改革并没有波及最基层政府，而是主要集中于县级以上政府。这种再集权运动在城市偏向和工业优先的发展战略下，导致了县级以上政府在支出安排上表现出严重的城市和工业偏向，乡镇的经济发展和公共服务基本上由乡镇政府自主解决。所以在中国再集权运动的前期，乡镇作为一级政府，拥有相当高的分权程度。然而，作为财力最为薄弱的一级，乡镇政府很难有能力发挥自己的信息优势来发展经济和提供辖区居民所需的公共服务。城乡发展不平衡在分权之后的再集权中不仅没有得到减缓，而且还进一步扩大。面对不断扩大的城乡发展差距，为了巩固基层政权，实现协调发展，2002年新一届政府提出了"工业反哺农业，城市支援农村"的发展战略。在这一战略指引下，一些省份开始尝试将再集权改革向基层政府延伸。

基本结论：第一，文章实证发现，"乡财县管"改革后，农村的道路、电力等基础设施得到了明显改善，农村的教育服务水平、医疗卫生服务水平以及农业科技服务水平都得到了显著提高，但与此同时，农田水利灌溉、农村公共文化服务等基础设施与农村公共服务在"乡财县管"改革后却没有得到改善，甚至还出现恶化。第二，在"乡财县管"改革后，县域内城镇居民收入增长并没有较改革前有显著变化。第三，"乡财县管"改革后，农村居民的税费负担并没有发生显著变化。第四，中国的"乡财县管"改革通过乡镇财政所会计人员垂直或半垂直管理，降低乡镇政府对乡镇财政独立决策权。

主要贡献：第一，文章将"乡财县管"视为一次再集权改革，放入分权—集权的理论框架。在两代分权理论之外，为集权理论的丰富提供了中国经验。第二，文章抓住"乡财县管"这一自然事件，通过构造连续型冲击变量识别集权效应。已有关于集权问题的研究主要集中于财政收入集中。然而，集中与集权还是有本质区别的，所以已有基于财政收入集中的集权效应识别都是不严谨的。因此，文章的变量选取和测量提高了实证的科学性和严谨性。第三，文章研究财政支出集权下的上级政府财政行为，而已有文献对集权问题的研究主要集中于下级政府财政行为，所以文章研究为理解集权效应提供了一个完整图景。第四，在改革实践层面，文章为当下的乡村振兴提供了一个全新视角。乡村振兴目的在于实现城乡统筹，而城乡统筹的关键在农村，作为旨在解决农村发展问题的重要财政改革，"乡财县管"对实现城乡统筹发展到底有何作用，对当下推动财政改革服务乡村振兴需要将具有重要启示。

局限性与未来研究方向：由于数据受限，文章没有检验改革对农村生态环境的影响，但从安徽省有关农村生态环境调查的相关报道中还是能够看出，部分农村的生态环境比较糟糕，虽然改水改厕在农村已普及，但部分农村环境并没有得到较大改观。后者是新时代农村振兴的关键，没有农村环境的改善，无论是资本还是人，都不会自然流向农村，而缺乏资本和人的支持，振兴农村只会是一个空洞的目标。因此，未来研究需要进行指标设计和数据收集，深入检验改革对农村生态环境的影响。

8. Xiaofei Pan, Gary Gang Tian. Political connections and corporate investments: evidence from the recent anti-corruption campaign in China [J]. Journal of Banking and Finance, 2020 (119): 113-130.

研究背景：现有文献证明，政治关系为企业提供了有价值的资源。一方面，政治关系有助于缓解金融约束带来的问题，增加企业投资活动的可用资本，从而解决投资不足的问题。另一方面，企业的政治关系可能表明政府的严重干预，扭曲企业的最终目标。为了实现政府支持的社会或政治目标，企业可能会被迫投资于无利可图但政治支持的项目，从而导致投资效率低下。因此，政治关系对企业投资决策的影响是复杂的，需要进一步探讨。此外，现有的研究通常使用静态研究模式来考察政治联系的影响：有政治关系和没有政治关系的公司之间经济结果的横向差异。然而，当企业与一名被罢免的官员有关联时，政治关系的变化对经济结果的影响机制尚不清楚。而政治关系的变化可能会影响企业的投资和行动，并让人们更深入地了解企业在应对政治体制变化时的动态反应。

基本结论：文章利用了正在发生的腐败丑闻和最近在中国发起的反腐败斗争，构建了一个自然实验，进而研究企业投资决策如何应对政治关系的终止。基本结论为：第一，在政府官员被罢免后，事件公司的投资支出比非事件公司下降得更显著，并且这在非国有企业中来说更为明显。第二，在腐败官员被罢免后，事件国有企业的投资效率得到了纠正，并且与非事件国有企业相比，显著提高了投资效率。第三，事件非国有企业的投资效率比非事件的非国有企业的投资效率下降幅度更大。第四，最近的反腐败斗争有效地约束了国有企业管理者的自我交易行为。

主要贡献：第一，文章改进了大多数现有研究中使用的传统政治关系测量方法，文章的测量更加客观。第二，这项研究通过利用公司层面的数据，有效地扩展了腐败对公司投资决策影响的证据。

9. MinHuang, MengyaoLi, ZhihanLiao: Do politically connected CEOs promote Chinese listed industrial firms' green innovation? The mediating role of external governance environments [J]. Journal of Cleaner Production, 2021, 278 (123634).

研究背景：越来越多的社会和环境问题引发了对经济和环境可持续性的全球关注。随着对环境友好型技术的呼声日益高涨，工业企业等关键的污染贡献者正成为公众关注的焦点，并被敦促实施"绿色"创新。为了实现可持续发展，绿色创新正成为工业企业的关键战略工具，但很少有学者研究 CEO 在影响企业绿色创新的环境和组织因素中的作用。既有研究也没有阐明有政治关联的 CEO 对环境友好型创新的影响。

基本结论：文章以中国工业企业为样本，考察了有政治关联的 CEO 对企业绿色创新的影响。通过利用随机效应模型，文章的实证结果表明：（1）有政治关联的 CEO 领导的公司更能参与绿色创新。其中，具有较高政治关联的 CEO 会参与更多的绿色创新。（2）文章比较了具有中央政治关联的 CEO 和地方政治关联的 CEO 对绿色创新的影响。结果表明，具有中央政治关联的 CEO 对企业绿色创新的促进作用更大，而具有地方政治关联的 CEO 对企业绿色创新的促进作用不显著。即有政治关联的 CEO 的价值会随着他们政治人脉的强弱而变化。CEO 的中央政治关联使他们获得更多的信息和政府资源，并迫使他们接受更广泛的社会监督和压力。因此，他们在绿色创新中发挥着更加重要的作用。（3）在环境执法强度低、分析师覆盖率高的地区，具有政治关联的 CEO 对绿色创新的积极影响更大，表明有政治关系的 CEO 在特定的制度环境中发挥着更大的作用。

主要贡献：第一，文章的研究通过理论框架、社会网络理论和制度理论丰富了对政治关联影响的理解。第二，很少有研究探讨这种效应是否随着 CEO 政治关联的强弱而变化，以及 CEO 的角色在不同的制度环境中如何变化。因此，文章通过理论分析和实证分析，探讨了 CEO 政治关联的不同优势对绿色创新的影响，并考虑了 CEO 政治关联对绿色创新的影响有大有小。第三，文章对企业和政策制定者具有实际意义。文章的研究结果表明，对于那些寻求环境合法性和财政资源、面临薄弱的制度环境和不利的行业条件（尤其是在发展中国家和转型期国家）的公司来说，与政府建立联系或聘请具有政治人脉的 CEO 是关键举措。文章建议中国政府和证券机构加强市场化改革，营造更加开放、公平的产业环境。

局限性与未来研究方向：第一，由于缺乏足够的绿色专利数据，本研究没有考虑绿色创新的质量。未来的研究可以通过考虑质量创新来补充文章的研究成果。第二，除了外部治理环境外，政治关联的 CEO 与绿色创新的关系还可能受到内部治理环境以及企业内部能力和资源的影响。这些因素可能对两者之间的关系有调节作用，这可能是未来研究的另一条途径。第三，文章的样本仅来自中国上市公司的行业，可能不适用于其他行业。未来的研究可以将文章的发现扩展到各个部门和国家。

10. 彭俊超，何山. 资管新规、影子银行与经济高质量发展 [J]. 世界经济，2020（1）：47-69.

研究背景：针对影子银行问题，2018 年 4 月 27 日，中国人民银行联合中国银行保险监督管理委员会、中国证券监督管理委员会以及国家外汇管理局正式发布《关于规范金融机构资产管理业务的指导意见》（以下简称资管新规）。资管新规实施一年以来，中国经济脱实向虚的现象得到了明显遏制，影子银行活动的规模也显著降低。然而，与此形成对比的是，实体经济生产和投资情况却没有得到明显改善，反而有进一步恶化的趋势。影子银行、投资、产出与货币供给等宏观变量的关系令人疑惑。尽管中国经济在 2018 年还遭遇了中美贸易摩擦、互联网金融监管收紧、结构性去杠杆等其他一系列冲击，但这些冲击往往仅能解释上述宏观现象的某些方面，因此不能窥探经济全貌。

基本结论：影子银行主要通过改变资本边际收益影响低效率企业的生产和投资决策。低效率企业能够通过抵押手中的生产性资本获得银行贷款，并对高收益的影子银行业务进行投资。虽然影子银行能够帮助高效率和融资约束更紧的企业获得融资，但它的存在也就意味着低效率企业持有生产性资本变得更加有利可图，提高了生产性资本的边际收益。因而，影子银行在经济中发挥了两种作用：一方面，促进企业持有生产性资本，提高总产出，且增强了宽松货币政策对投资的刺激效果；另一方面，使生产性资本更多地聚集到融资软约束的低效率部门，恶化了社会资源配置。当监管部门突然限制影子银行活动时，经济在短期内会因为资源配置效率改善而短暂上升，但在长期会因为总投资减少而出现下滑。虽然资管新规的出台改善了资源配置效率，促进了经济高质量发展，但"一步到位"的监管方式也会造成一定的经济成本。

主要贡献：第一，通过理论模型从企业角度详细刻画了企业参与影子银行的行为，并发现通过改变资本边际收益是影子银行影响企业投资决策的主要渠道，丰富了影子银行相关研究。第二，文章采用理论模型分析了资管新规的宏观经济影响，很好地解释了资管新规出台后的经济现象，弥补了该研究领域的不足。第三，文章比较了货币政策在有无影子银行的经济系统中的不同作用，揭示了影子银行影响货币政策的主要渠道。第四，文章研究了影子银行对资源配置效率的影响，深入探讨了资管新规如何促进经济高质量发展。

第三节　重 要 著 作

基于2020—2021年中国学者在国内外出版社出版的"政府、市场与经济发展"相关主题著作，本节进一步根据著作主题相关度、作者背景和出版社声誉对相关著作进行筛选。其中，著作主题聚焦于政府与市场之间的关系和财政分权。按照这种标准，本节选择了3篇重要著作，对其进行详细介绍。

1. 李稻葵．中国的经验：改革开放四十年的经济总结［M］．上海：上海三联书店，2020.

研究背景：中国改革开放40年创造了人类历史上大规模也极为特殊的经济增长。历史上可以参照的经济发展历程有五个：工业革命时期的英国、南北战争之后的美国、明治维新之后的日本、19世纪后期统一后的德国，以及快速发展阶段的"亚洲四小龙"。与这些快速增长的经济体相比，中国过去40年的经济发展不仅规模巨大而且具有极大的特殊性。中国的特殊性在于，经济发展的起点是一个政府高度管控的非市场经济体制。基于这一重要的特殊性，作者认为中国的经济发展为理解政府与经济的关系提供了宝贵的"实验素材"，将会在经济学原理层面创造新知。更重要的是，认真总结改革开放40年的经济学经验是进一步深化改革的必修课，也是回应国际社会对中国经济发展道路种种疑问的基础课。

内容提要：中国改革开放的实践，给经济学理论带来新知，对其他国家经济发展具有启发性意义。本书作者认为，中国改革开放40年在五个方面具有普遍意义的经济学含义，这五条原理全部围绕着政府与经济的关系展开。第一，经济的增长需要新企业的创立和发展，而这需要激励地方政府营造良好的营商环境。第二，快速的土地转换是经济增长的关键，而这需要激励地方政府将土地使用权从农地转换为工业或商服用地。第三，金融深化对于把居民储蓄转化为实体经济投资起着至关重要的作用，而这有赖于长期的金融稳定。第四，开放最根本的作用是学习，而非简单地发挥比较优势或利用外国的资金与技术，有管理的开放是推动学习的基础。第五，中央政府应对宏观经济进行积极主动的调控。当宏观经济处于上升期时，企业一拥而上，进行"抢占先机博弈"，导致经济过热、产能过剩；当宏观经济下行时，企业又打"消耗战博弈"，不愿意退出。为了解决这个问题，中央政府可以采取市场化手段、行政手段和改革手段"三管齐下"的方法来进行积极主动的宏观调控。

基本结构：该书共分为五个部分，总结了改革开放 40 年来的经济学经验和五条经济学原理，分别论述了新企业的创立及发展、土地使用权转换、金融深化与稳定、以学习为导向的对外开放、审慎的宏观调控、深化改革的方向等六大问题。

主要贡献：作者从政府与市场经济学的视角，总结中国构建开放型经济的经济学经验，强调开放的核心是学习，各类市场主体在学习中转变思想、推动经济转型升级，同时开放需要政府精心管理和引导，这些经验对于加快形成新发展格局至关重要。作者建议，保持和扩大知识开放，发挥各类开放平台的先行先试功能，积极主动对接和引领国际高标准经贸规则，同时妥善管控各类风险。

现实意义：中国经济学学科发展站在了一个新的发展起点上，如果说前辈们把从亚当·斯密到马克思的西方主流的现代经济学思想引了进来，现在我们站在一个新的起点，我们重要的工作是把自己的实践总结好，把自己的理论总结为具有普遍意义可复制的理论，才能反过来指导改革开放和经济实践，同时在国际上赢得理解甚至支持。中国经济的实践想要产生真正的具有长远影响力的经济理论和思想，就必须从人类社会发展的深层关怀的角度进行总结，提炼具有普遍性的经济学思想，坚持从中国实践出发，坚持对外开放和交流。

2. 汪海，王喆，等．推动有效市场和有为政府更好结合——新时代经济体制改革方略［M］．北京：中国计划出版社，2021．

研究背景：党的十九大报告作出了坚持全面深化改革的明确宣示，全面深化改革涉及多个方面，需要处理好各方面关系。其中，最重要的是政府与市场的关系这其他各种关系的基础。深入地看，其他需要平衡的关系，大都是政府与市场关系的延伸拓展或实化细化。如中央和地方的关系、统一指导与分级决策的关系、顶层设计与基层创新的关系等，大都主要涉及政府方面。而供给与需求的关系、联动发展与自主创新的关系等，大体都主要涉及市场方面。但主要涉及政府的，也与市场密切相关；主要涉及市场的，亦跟政府密切相关。因此，处理好政府与市场的关系是全面深化改革的核心问题，具有方向的性质。

我们在处理政府与市场的关系方面，还有许多遗留和新产生的深层次矛盾和问题尚未得到根本解决：一是实现政府和市场两种调节手段内在统一和深度融合的体制机制障碍还未彻底消除；二是政府机构改革和政府职能转变仍然相对滞后；三是市场体系不完善、市场结构不合理、市场机制不健全问题依然突出。要破解上述难题，推动新一轮改革取得新突破，必须以"市场在资源配置中起决定性作用，更好发挥政府作用"的科学定位为导向，以着力构建市场机制有效、微观主体有活力、宏观调控有度的"三有"经济体制为目标指引，继续在理论和实践的双重创新中深化认识和处理好政府与市场关系。

内容提要：该书围绕"理顺政府与市场关系"这条主线，深入剖析现代化经济体系建设所面临的一系列突出体制机制障碍和制度环境约束。全书在开篇即提出，全面深化改革涉及多个方面，需要处理好各方面关系。其中，最重要的是政府与市场关系，这是其他各种关系的基础，具有方向的性质。市场机制有效、微观主体有活力、宏观调控有度的"三有"经济体制蕴含了市场、微观主体和政府调控之间的科学联系，是构建现代化经济体系的必然要求和基本体制保障。作者深入剖析了现代化经济体系建设所面临的一系列突出体制机制障碍和制度环境约束，一针见血地指出我们在处理政府与市场的关系方面，还有许多遗留和新产生的深层次矛盾和问题尚未得到根本解决。作者前瞻性地提出了以构建"三有"经济体制为抓手、分阶段推进新一轮经济体制改革的基本思路和实施方案：即要以系统思维方法处理好经济体制改革各领域的重点与内容、主攻方向与优先次序，有效调动一切可调动的积极因素。

基本结构：该书共四编十二章。总论编在阐释现代化经济体系科学内涵的基础上，剖析了影响高质量发展的体制性障碍及其成因，提出了以"三有"（市场机制有效、微观主体有活力、宏观调控有度）体制建设为抓手、分阶段推进新一轮经济体制改革的基本思路和实施方案。综述编共三章，分别为建设现代化经济体系背景下政府与市场关系理论文献综述、党的十八大以来深化经济体制改革实践进展综述和基于中央深改委（组）44次会议报道的文本大数据分析挖掘。专题编共四章，分别为加快完善产权制度体系、深化要素市场化配置改革、完善市场监管体系建设、完善宏观经济政策协调机制。最后是调研编，对沿海地区（沪、杭、深）131家民企进行问卷调查，问诊营商环境沉疴，有针对性地提出了对策建议。

主要贡献：第一，该书紧紧围绕"理顺政府与市场关系"这条主线，深入剖析现代化经济体系建设所面临的一系列突出体制机制障碍和制度环境约束，提出了以"三有"体制建设为抓手、分阶段推进新一轮经济体制改革的基本思路和实施方案。第二，作者团队先后赴长三角、粤港澳大湾区、雄安新区开展实地调研和问卷调查，掌握了翔实的第一手资料（主要包括1个主报告、4个专题报告、1个调查报告、3个调研报告以及3个综述类报告，共计12篇），最终形成了一个较完整的研究成果体系。第三，作者提出了推进新一轮经济体制改革的步骤，即近期改革（2018—2020）着眼于打基础、管长远，着力补齐重大制度短板，在基础性领域和重要环节取得实质进展；中期改革（2021—2025）着眼于抓重点、统全局，要在巩固提升前期改革成果的基础上，实现关键性改革新突破；远期改革（2026—2035）着眼于再升级、再深入，将改革理论与实践推进到新的广度和深度。

现实意义：本书指出在我国进入决胜全面建成小康社会、决战脱贫攻坚和"十三五"规划即将圆满收官的关键时期的时代背景下，在"新发展阶段、新发展理念、新发展格局"主线下完善社会主义市场经济体制，就是要继续加快构建"三有"经济体制，做好"有效市场"和"有为政府"的结合，而这也正是本书的核心要义和时代价值。展望未来，建设现代化经济体系和新一轮经济体制改革，仍需我们继续在理论和实践的双重创新中深化认识和处理好政府与市场关系。

3. 高翔. 放权与发展：市场化改革进程中的地方政府 [M]. 杭州：浙江大学出版社，2020.

研究背景：中国改革开放后地方政府享有的权力很大一部分来自中央政府有意识的放权。因此，想要讨论地方政府的放权行为，首先要分析中央政府的宏观政策环境。改革开放以来，以家庭联产承包责任制为代表的一系列微观层面经济改革，改变了经济生产的微观激励机制，而生产剩余要能持续转化为生产激励，就必须建立能够自由交换的社会主义市场经济。由此，中国经济走上了由计划经济向社会主义市场经济转型的进程，而这个进程中，最重要的一点便是要逐步缩小行政体系对于经济活动的干预程度，这主要体现在各级政府逐步下放经济管理权限。但中国社会主义市场经济的起点并不是一片荒漠，而是首先要挣脱计划经济的诸多牢笼，而经济改革能够顺利进行的基础是政治稳定，苏东的"休克疗法"显然无法完成市场稳定转型的任务。基于上述原因，中国经济转型采取的是双轨制的渐进式增量改革，即分阶段逐步下放经济管理权限。尽管不同地方发展存在差异，但地方政府自发放权的整体趋势是确定的，研究这种自发放权机制在制度层面的动因具有重要的意义。

内容提要：人人都知道地方政府在中国的市场化过程中扮演了重要角色，却很少有人理解这一现象的背后机理。如果放权是一个关键变量，中国的地方政府为何不像其他国家的地方政府一样呢？地方干部为什么还会主动深化放权，而不是运用权力控制地方经济呢？简言之，地方政府为什么会自我约束呢？围绕这些问题，高翔博士在本书中开展了对市场化转型微观机制的重要探索。

基本结构：该书共分为七章，具体如下：（1）持续推进的中国市场化改革；（2）地方政府：市场制度的建构者；（3）重新认识放权：中央-地方关系中的政府与市场；（4）深化放权：持续扩大县级政府的经济管理权限；（5）分享发展权：地方政府率先改革征地制度；（6）推进限权：地方政府建立韦伯式行政体系；（7）有约束的放权：理解变革中国的内源动力。

主要贡献与现实意义：该书旨在从制度层面的角度对地方政府的主动放权行为做出一定的解释，并以此对中国未来进一步深化社会主义市场经济改革，以及如何进一步保障市场弱势群体的权益提出了一个制度框架层面的参考意见。该书对于地方政府主动放权、回应市场的动力给出的答案是"环式治理机制"。可以简单概括为：中央政府向地方政府放权，但同时中央政府将一部分市场信号、社会诉求纳入评价地方政府治理绩效的裁判标准，通过这种方式，市场与社会获得了对地方政府的非正式权威，从而形成了一种闭环的治理机制。市场与社会利用非正式权威，通过这种闭环体制有意识或无意识地向地方政府施压，并最终促使地方政府自愿放弃垄断资源等权力，去追求构建更为完善的市场。

第四节　学术会议

本节回顾了2020—2021年国内相关的学术会议，会议主题或者下设议题与"政府、市场与经济发展"相关，讨论的问题主要是制度与经济增长、改革与创新、政府治理与市场等。本节根据会议主题的相关性、主办单位权威性、与会学者背景、会议规模和影响力对相关会议进行筛选。本节选取的会议主办单位都是国内顶尖高校或权威杂志社。本节将对以下 4 场会议进行着重介绍。

1. 第三届中国制度经济学论坛（2020）

会议主题："产权改革与高质量发展""制度与经济增长""政治经济学理论""中国特色社会主义政治经济制度与增长""有为政府对创新的作用""制度、文化和法经济学""制度环境与实体经济""政策与企业微观行为" 等

主办单位：山东大学经济研究院
　　　　　北京大学国家发展研究院
　　　　　经济研究杂志社

承办单位：北京大学国家发展研究院
　　　　　中国经济研究中心

会议时间：2020 年 10 月 17—18 日

会议地点：北京，北京朗丽兹西山酒店

会议概述：中国制度经济学论坛由山东大学经济研究院、北京大学国家发展研究院、浙江大学经济学院和《经济研究》编辑部联合发起，目的是为中国制度经济学的研究者打造交流平台，推动制度经济学理论与应用研究在中国的发展，探索制度经济学未来的发展方向，进一步提升中国制度经济学研究的国际化水平，构建中国特色、中国风格、中国话语体系的经济学研究。本届中国制度经济学论坛，由山东大学经济学院、北京大学国家发展研究院、经济研究杂志社联合举办，来自北京大学、清华大学、中国人民大学、浙江大学、中山大学、复旦大学、武汉大学、厦门大学、重庆大学、山东大学和中国社会科学研究院等全国著名高校和科研院所的 100 多位学者参加了论坛。山东大学经济研究院院长和"中国制度经济学论坛"理事长黄少安教授、北京大学国家发展研究院院长姚洋教授、《经济研究》编辑部副主任、中国社会科学院经济研究所研究员谢谦分别在开幕式上致辞。本届论坛以"产权改革与高质量发展""制度与经济增长""宏观经济研究""政治经济学理论""中国特色社会主义政治经济制度与增长""有为政府对创新的作用""行政组织与公共管理""制度文化和法经济学""环境保护与高质量发展""制度环境与实体经济""经济史""收入差距与扶贫""文化与疫情""金融学"（两个平行会场）"政策与企业微观行为" 为主题开设了 16 个平行分会场进行专题讨论。

学者们围绕政府、政策与经济的关系先后进行了热烈的讨论。厦门大学龙小宁教授作了题为《高质量发展中知识产权行业的挑战与机遇》的演讲，指出统一、透明、可预期的制度间接保护有利于促进企业创新，而对不同企业区别对待、为创新提供货币激励的政策，效果存疑。中国人民大学聂辉华教授的报告主题是《朝向一个最优政企关系理论》，指出主流经济学理论中关于政企关系的理论存在缺位，然后以"是否合法"和"是否干预企业微观经营"为标准，定义了政企关系的四种情形，并进行了理论和实证分析。西南政法大学的肖忠意教授以《中国城市创新环境与微观企业高质量创新能力——兼论税收激励机制的经验研究》为题做报告，通过构建城市创新环境综合评级指标，发现城市创新环境的改善有助于释放税收激励对企业创新能力的促进作用。大连理工大学姜照华教

授的报告主题为《制度创新对经济增长贡献率的跨国比较研究》，从制度创新和生产要素配置结构出发，运用数据包络分析（DEA）分析了制度创新对经济增长的重要作用。中央财经大学林高怡博士的报告主题为《混合所有制改革与中国企业升级》，从纵向整合和横向整合的角度解释了混合所有制改革促进企业升级的机制。山东大学的李芳慧博士报告主题为《补贴创新、经济增长与转型——一个个体异质性的模型》，在一个包含创新内生增长模型中引入经济个体异质性，研究了在此模型框架下创新补贴如何影响经济增长以及经济结构转型。西南财经大学的张琳报告了题为《产业升级、地方政府竞争与最优金融分权》的论文，说明了我国金融分权的实际演变过程、地区金融分权的差异和金融分权对"融资难、融资贵"的影响。

2. 第二十届中国青年经济学者论坛（2020）

会议主题：新时代、新起点、新希望

主办单位：中国社会科学院经济研究所经济研究杂志社

北京大学光华管理学院

武汉大学经济与管理学院

中山大学岭南（大学）学院

承办单位：中山大学岭南学院

会议时间：2020年12月19—20日

会议地点：广州，中山大学

会议概述：2020年是全面建成小康社会、实现第一个百年奋斗目标的决胜之年，2021年是乘势而上向第二个百年奋斗目标进军的启动之年，正是在这样的背景下提出了"新时代、新起点、新希望"的主题。面对疫情的冲击，中国仍然是全球主要经济体中唯一保持正增长的，但是中国经济的增长也伴随着新挑战，这决定了经济学研究的土壤。第二十届中国青年经济学者论坛以此为主题于广州中山大学顺利举行，共119篇中文论文，9篇英文论文入选本届论坛。论坛由中国社会科学院经济研究所经济研究杂志社、北京大学光华管理学院、武汉大学经济与管理学院和中山大学岭南（大学）学院共同主办，设置了"政治经济学""经济增长""经济波动""微观理论""国际贸易""金融风险""公司金融""公共经济学""收入分配""保险与社会保障"等21个分论坛。来自北京大学、北京师范大学、东北财经大学、对外经济贸易大学、复旦大学、南京大学、南开大学、清华大学、山东大学、西安交通大学、厦门大学、浙江大学、中共中央党校、中国社会科学院大学、中国人民大学、中山大学、中央财经大学等全国高校和科研机构的专家学者参加了本次论坛，分享学术观点，就新时代如何发展和繁荣中国特色社会主义经济学理论以及当前国内外经济中的重大理论和现实问题进行了广泛的讨论和深入的交流，推动了青年经济学者针对中国经济问题的研究。

中山大学岭南（大学）学院党委书记陈险峰主持开幕式，中国社会科学院经济研究所所长、《经济研究》主编、中国社会科学院大学经济学院院长黄群慧研究员，中山大学党委常委、副校长李善民教授分别致辞。在开幕式之后的主旨演讲环节，北京大学龚六堂教授作了《完善所得税体系，实现全面富裕——完善初次分配与再分配》的演讲，构建了动态一般均衡模型，得出最优的劳动所得税与资本所得税的具体形式，并根据中国的经济数据提出了一些政策建议。中山大学王曦教授的演讲主题为《制度演进与宏观分析》，强调制度是各类经济主体行为的可行性边界，对比了传统静态的制度分析方法和制度演进的动态分析，并进一步讨论了动态演进的两个方向——内生化和外生化制度演进。在分论坛讨论环节，张艳等基于生育动机视角，利用增长理论研究了生育政策松动的背景下延迟退休对经济增长的影响，发现影响方向与父母对子女数量和质量的相对重视程度以及个体对子女照料的偏好等有关。才国伟等利用 1998—2013 年规模以上工业企业数据，实证检验了房地产部门的扩张对工业企业信贷的异质性影响，并且从抵押贷款、政府干预和金融市场扭曲等方面揭示房地产部门对工业部门信贷挤出的作用机理。朱彩云等发现最低工资标准上调增强了企业现金持有的交易性动机和预防性动机，从而促使企业增加现金持有，且该现象在融资约束较严重的企业、国有企业以及低学历职工占比大的企业中更加显著。陈晨通过收集整理国家创新企业中的上市公司名录，发现国家创新型企业政策实施在短期均促进企业创新绩效增长，但对企业经济效益在短期产生抑制，在长期有积极作用。宫汝凯和陈娟娟实证分析了政府和社会资本合作（PPP）项目对地方债务的影响，结果表明 PPP 投资总额显著地影响了地方债务规模。姜树广等基于文化差异视角解释了不同国家和地区在抗击新冠肺炎疫情结果方面的巨大差异，实证结果表明文化差异对疫情传播结果、政府应对措施均有解释力。

3. 中国特色社会主义政治经济学论坛第 22 届年会
会议主题：新发展阶段·新发展理念·新发展格局
主办单位：中国社会科学院经济研究所
　　　　　广西大学
承办单位：《经济学动态》编辑部
　　　　　广西大学商学院
协办单位：中国《资本论》研究会
会议时间：2020 年 12 月 26 日
会议地点：南宁，广西大学
会议概述：由中国社会科学院经济研究所与广西大学共同主办、《经济学动态》编辑部与广西大学商学院共同承办、中国《资本论》研究会协办的中国特色社会主义政治经济学论坛第 22 届年会在广西大学召开，会议的主题是"新发展阶段·新发展理念·新发展格局"。来自中国社会科学院、中央党校（国家行政学院）、清华大学、中国人民大学、复旦大学、南开大学、武汉大学、南京大学、四川大学、吉林大学、西北大学、湖南师范大学、广西大学等 40 多所高等院校和科研单位的 110 多名专家学者出席本届年会。本届年会设有"新发展格局""重要现实理论和实践问题""中国特色社会主义政治经济学建设"三个分论坛，中国社会科学院经济研究所副所长胡乐明研究员，广西大学副校长范祚军分别致辞，与会学者围绕年会主题展开了深入的讨论。

"加快构建以国内大循环为主体，国内国际双循环相互促进的新发展格局"是党的十九届五中全会提出的理念，围绕"新发展格局"，学者们从不同视角展开了探讨。中国社会科学院经济研究所副所长胡乐明研究员指出，构建新发展格局就是推进共同富裕、促进社会公平、促进生产力发展的过程。中南财经政法大学经济学院卢现祥教授指出，要从基础研究、自由企业制度、体制和创新模型等方面突破"卡脖子"技术，实现科技自立自强。关于进一步扩大对外开放，中国社会科学院经济研究所原所长裴长洪研究员指出，十九届五中全会部署了建设更高水平开放型经济新体制的新任务，明确了未来开放型经济新体制的发展方向和目标。厦门大学陈爱贞教授从供应链和价值链的角度出发，认为中国应该利用好全球价值链的新模式，依靠比较优势推动产业链升级。关于乡村振兴，四川大学朱方明教授指出，虽然已经消除了绝对贫困的问题，但是仍然存在着解决相对贫困的任务，这需要有情怀的企业家来推动乡村的高质量发展。山东财经大学经济学院崔宝敏副教授提出，加快农业农村现代化，需要解决农村发展的可持续性、内生性、人口和人才外流等问题。关于改善人民生活品质，南开大学陈宗胜教授认为，应通过进行农村土地改革缓解居民收入分配城乡差距过大的问题。

以新发展理念为基础，学者们就改革和发展中的问题进行了分析。中国人民大学方福前教授指出，供给侧结构性改革需要通过国家的金融改革对需求侧进行管理。南开大学周云波教授提出，我国目前的土地市场、劳动力市场等要素市场还存在着市场化程度不高的情况，要进一步发挥市场在资源配置中的决定性作用，减政让权，激发市场主体活力。关于如何构建新发展格局，学者们也进行了深入的讨论。复旦大学周文教授指出，要从马克思主义政治经济学角度把握和理解新发展格局的核心要义和丰富内涵，更加重视生产的作用，形成生产、分配、交换、消费有机统一的良性循环。上海交通大学史占中教授认为，中国特色社会主义经济学要与时俱进，就要重点研究好生产关系怎么更好地适应生产力的发展和信息技术革命时代如何有效配置资源两大问题。武汉大学经济与管理学院程承坪教授指出，中国特色社会主义政治经济学有独立的研究对象，符合成为独立学科的条件，能够成为一门独立的学科，要解决好认识来源和方法论问题。

4. 第八届中国组织经济学研讨会

主办单位：中国组织经济学研讨会组委会

承办单位：山东大学经济学院

协办单位：《管理世界》编辑部

《经济理论与经济管理》编辑部

《经济社会体制比较》编辑部

《世界经济》编辑部

《中国工业经济》编辑部

Economic and Political Studies 编辑部

中国人民大学企业与组织研究中心

会议时间：2021 年 11 月 27—28 日

会议地点：济南，山东大学

会议概述：组织经济学（organizational economics）是以博弈论和契约理论等经济学方法来理解各种组织的本质、边界、行为、绩效、最优设计及其变迁的一门科学。20 世纪

70 年代以来，组织行为一直是经济学研究的前沿领域和管理学的热门话题。为了推进组织经济学在中国的科研教学水平并为中国改革实践建言献策，一群中国青年经济学者依托中国人民大学企业与组织研究中心（CFOS）于 2012 年创办了"中国组织经济学研讨会"（China Conference on Organizational Economics，CCOE）。2021 年 11 月 28 日，由山东大学经济学院承办的第八届中国组织经济学研讨会通过线上方式召开。来自中共中央党校、中国社会科学院、清华大学、北京大学、中国人民大学、浙江大学、南京大学、华中科技大学、中山大学、南开大学、厦门大学、中国农业大学、东南大学、中央财经大学、暨南大学、中南财经政法大学等单位的 40 余位专家学者进行了论文报告。开幕式由山东大学金融系钱先航教授主持。中国人民大学聂辉华教授、山东大学经济学院院长曹廷求教授先后致辞。

研讨会分为五个主题分会场，包括"微观理论""企业理论""制度经济学""金融""政府治理""实验经济学"等专题。在企业理论专题，来自中国人民大学、中山大学、暨南大学和湖北大学的四位学者分别汇报了关于环境规制、国有企业混合所有制改革最优股权结构设计、企业投资等领域的最新研究成果。在制度经济学专题，来自中共中央党校、中国人民大学、浙江大学、厦门大学、中央财经大学等高校的十多位学者就民营企业家的理想信念教育、中国农村基层治理、政府土地出让行为、财政收支等问题进行了汇报与讨论。在政府治理专题，来自北京大学、中国人民大学、中山大学、南开大学、山东大学等高校的十多位学者就中国特色政绩考核制度、政府透明度、政务新媒体、政府防灾减灾能力、政府环境信息公开等话题展开交流与讨论。

除了上述会议外，国内外仍有许多会议及会议分论坛讨论政治、政府、市场与经济发展的关系。中国社会学会 2021 年会下设"经济社会学"论坛，包括"企业与市场""治理与发展""改革与变迁"等主题供与会嘉宾交流讨论。2021 年由中国工业经济杂志社、中央财经大学主办，北京工商大学经济学院承办的第三届"中国发展经济学前沿"学术研讨会，也对经济高质量发展、宏观经济治理、现代财税金融体制、地方政府行为等议题进行了深入讨论。2020 年经济研究杂志社、武汉大学经济发展研究中心、华中科技大学张培刚发展研究院等高校和科研机构举办了"第三届中国发展经济学学者论坛"，参会学者也就本领域相关问题发表了学术观点。

◎ **参考文献**

[1] 曹鸿杰，卢洪友，潘星宇．地方政府环境支出行为的空间策略互动研究——传导机制与再检验 [J]．经济理论与经济管理，2020（1）：55-68．

[2] 程仲鸣，虞涛，潘晶晶，张烨．地方官员晋升激励、政绩考核制度和企业技术创新 [J]．南开管理评论，2020，23（6）：64-75．

[3] 储德银，刘文龙．政府创新补贴、企业文化与创新绩效 [J]．经济管理，2021，43（2）：71-87．

[4] 崔也光，鹿瑶，王肇．财政补贴对企业无形资产投资策略的影响——基于自主研发与外购视角的实证检验 [J]．财政研究，2020（12）：49-61．

[5] 邓慧慧，刘宇佳．反腐败影响了地区营商环境吗？——基于十八大以来反腐行动的

经验证据 [J]. 经济科学，2021（4）：84-98.

[6] 笪哲. 结构性货币政策能纾解小微企业融资困境吗 [J]. 金融经济学研究，2020，35（2）：51-62.

[7] 段巍，吴福象，王明. 政策偏向、省会首位度与城市规模分布 [J]. 中国工业经济，2020（4）：42-60.

[8] 高洪民，李刚. 金融科技、数字货币与全球金融体系重构 [J]. 学术论坛，2020，43（2）：102-108.

[9] 葛新宇，庄嘉莉，刘岩. 贸易政策不确定性如何影响商业银行风险——对企业经营渠道的检验 [J]. 中国工业经济，2021（8）：133-151.

[10] 龚旻，张帆，甘家武. 财税政策不确定性的衡量——基于适应性学习预期的分析框架 [J]. 财贸经济，2020，41（5）：35-50.

[11] 郭胤含，朱叶. 有意之为还是无奈之举——经济政策不确定性下的企业"脱实向虚" [J]. 经济管理，2020，42（7）：40-55.

[12] 韩永辉，张帆，王贤彬，韦东明. 双边政治关系与中国企业海外并购 [J]. 经济科学，2021（5）：37-51.

[13] 何德旭，张雪兰，王朝阳，包慧娜. 货币政策不确定性、银行信贷与企业资本结构动态调整 [J]. 经济管理，2020，42（7）：5-22.

[14] 胡滨，范云朋，郑联盛. "新冠"疫情、经济冲击与政府干预 [J]. 数量经济技术经济研究，2020，37（9）：42-61.

[15] 胡继晔，董亚威. 基于央地博弈的地方金融监管体制完善 [J]. 宏观经济研究，2021（3）：25-38，84.

[16] 胡渊，杨勇. 财政支出、投资环境与FDI地区分布 [J]. 宏观经济研究，2021（9）：73-85.

[17] 黄灿俞，勇郑鸿. 经济政策不确定性与企业并购：中国的逻辑 [J]. 财贸经济，2020，41（8）：95-109.

[18] 黄文彬，王曦. 政府土地管制、城市间劳动力配置效率与经济增长 [J]. 世界经济，2021，44（8）：131-153.

[19] 汲铮，华生，蔡倩，李秀萍. 腐败治理、自由裁量权与管制权力边界 [J]. 世界经济，2021，44（12）：155-177.

[20] 贾俊雪，梁煊. 地方政府财政收支竞争策略与居民收入分配 [J]. 中国工业经济，2020（11）：5-23.

[21] 颉茂华，王娇，刘铁鑫，施诺. 反腐倡廉、政治关联与企业并购重组行为 [J]. 经济学（季刊），2021，21（3）：979-998.

[22] 姜建刚，张建红. 政治换届、国际关系与中国对外直接投资：交易成本视角 [J]. 世界经济研究，2020（7）：33-45.

[23] 蒋墨冰，黄先海，杨君. 经济政策不确定性、产业政策与中国企业海外并购 [J]. 经济理论与经济管理，2021，41（3）：26-39.

[24] 靳玉英，金则杨. 政府采购本土化壁垒与我国企业出口产品定价：基于与关税壁垒

作用的比较分析［J］. 国际贸易问题，2021（2）：113-128.

［25］李广众，贾凡胜. 财政层级改革与税收征管激励重构——以财政"省直管县"改革为自然实验的研究［J］. 管理世界，2020，36（8）：32-50.

［26］李明，张璿璿，赵剑治. 疫情后我国积极财政政策的走向和财税体制改革任务［J］. 管理世界，2020，36（4）：26-34.

［27］李永友，王超. 集权式财政改革能够缩小城乡差距吗？——基于"乡财县管"准自然实验的证据［J］. 管理世界，2020，36（4）：113-129.

［28］李戎，田晓晖. 财政支出类型、结构性财政政策与积极财政政策提质增效［J］. 中国工业经济，2021（2）：42-60.

［29］李真，刘颖格，戴祎程. Libra 稳定币对我国货币政策的影响及应对策略［J］. 西安交通大学学报（社会科学版），2020，40（3）：55-63.

［30］龙安芳，安淑新. 货币政策变化与小微型企业贷款需求关系研究——基于 VAR 模型的实证分析［J］. 宏观经济研究，2021（2）：60-67，98.

［31］林建浩，陈良源，田磊. 货币政策不确定性是中国股票市场的定价因子吗？［J］. 经济学（季刊），2021，21（4）：1275-1300.

［32］刘冲，周峰，刘莉亚，等. 财政存款、银行竞争与僵尸企业形成［J］. 金融研究，2020（11）：113-132.

［33］柳春，张一，姚炜. 金融发展、地方政府帮助和私营企业银行贷款［J］. 经济学（季刊），2020，20（5）：107-130.

［34］刘美秀，徐微，朱小明，唐萤. 贸易政策不确定性对企业进口技术复杂度的影响——以中国制造业企业为例［J］. 宏观经济研究，2020（12）：70-83.

［35］刘穷志，岳明阳，李晓淳. 地方财政政策逆周期调节：财政分权还是债务增发［J］. 经济理论与经济管理，2021（6）：50-65.

［36］刘向明，邓翔欧，藏波. 市场模式、政府模式与城商行流动性风险化解——一个三期博弈的分析框架［J］. 金融研究，2020（4）：131-146.

［37］刘晓欣. 全球法定数字货币现状、发展趋势及监管政策［J］. 人民论坛，2021（24）：66-70.

［38］刘一鸣，王艺明，常延龙. 政策不确定性与私营企业家时间再分配［J］. 经济科学，2020（1）：86-99.

［39］黎振强，周秋阳. 产业结构升级是否有助于促进碳减排——基于长江经济带地区的实证研究［J］. 生态经济，2021，37（8）：4-40，111.

［40］马文涛，张朋. 财政透明度、逆周期调控与政府债务规模［J］. 世界经济，2020，43（5）：23-48.

［41］毛琦梁，王菲. 制度环境、技术复杂度与空间溢出的产业间非均衡性［J］. 中国工业经济，2020（5）：118-136.

［42］穆怀中. 国民财富"替代率剩余"与财政养老适度水平［J］. 数量经济技术经济研究，2020，37（10）：133-148.

［43］彭如霞，夏丽丽，林剑铬. 创新政策环境对外商直接投资区位选择的影响——以珠

江三角洲核心区六市为例 [J]. 地理学报，2021，76（4）：992-1005.

[44] 彭俞超，何山. 资管新规、影子银行与经济高质量发展 [J]. 世界经济，2020，43（1）：47-69.

[45] 蒲龙，杨高举. 地方政府间税收竞争会诱发过度投资吗 [J]. 经济理论与经济管理，2020（4）：69-81.

[46] 綦建红，尹达，刘慧. 经济政策不确定性如何影响企业出口决策？——基于出口频率的视角 [J]. 金融研究，2020（5）：95-113.

[47] 齐鹰飞，李苑菲. 政府消费的生产性——基于生产网络模型的刻画、分解和检验 [J]. 管理世界，2021，37（11）：56-70，105，5-10.

[48] 齐永智，李园园，闫瑶. 政府补助、技术创新与品牌价值的门槛效应研究 [J]. 宏观经济研究，2020（4）：60-70.

[49] 荣枢，杨明晖，曾晶，等. 政府扶持政策促进了中国 OFDI 逆向技术溢出吗——基于门槛效应分析 [J]. 宏观经济研究，2020（11）：86-101.

[50] 申宇，任美旭，赵静梅. 经济政策不确定性与银行贷款损失准备计提 [J]. 中国工业经济，2020（4）：154-173.

[51] 石光，岳阳，张过. 政府换届周期对城市空间扩张的影响 [J]. 世界经济，2021，44（4）：178-200.

[52] 施建军，栗晓云. 政府补助与企业创新能力：一个新的实证发现 [J]. 经济管理，2021，43（3）：113-128.

[53] 史燕平，杨汀，庞家任. 去产能政策与融资租赁 [J]. 金融研究，2021（4）：73-91.

[54] 宋华盛，朱希伟，邓慧慧. 耕地红线、土地招商博弈与区域统筹发展 [J]. 经济理论与经济管理，2021，41（3）：84-96.

[55] 孙俊成，程凯. 双边政治关系、产品质量与出口行为 [J]. 世界经济研究，2020（7）：90-104.

[56] 孙开，张磊. 政府竞争、财政压力及其调节作用研究——以地方政府财政支出偏向为视角 [J]. 经济理论与经济管理，2020（5）：22-34.

[57] 谭小芬，左振颖. 经济政策不确定性对跨境银行资本流出的影响 [J]. 世界经济，2020，43（5）：73-96.

[58] 唐飞鹏. 财政供养公务员是否拖累了中国企业？[J]. 经济学（季刊），2020，19（2）：391-410.

[59] 陶克涛，张术丹，赵云辉. 什么决定了政府公共卫生治理绩效？——基于 QCA 方法的联动效应研究 [J]. 管理世界，2021，37（5）：128-138，156，10.

[60] 王班班，莫琼辉，钱浩祺. 地方环境政策创新的扩散模式与实施效果——基于河长制政策扩散的微观实证 [J]. 中国工业经济，2020（8）：99-117.

[61] 王立勇，唐升. 政府 R&D 补贴政策效果及决定因素研究——基于创新效率视角 [J]. 宏观经济研究，2020（6）：75-88.

[62] 王文莉，王秀萍，张晶. 政府干预对农村商业银行资金使用效率的影响及作用机制

研究——有中介的调节效应模型 [J]. 宏观经济研究，2020（6）：26-41，60.

[63] 巫岑，罗婷，饶品贵. 政府引导、财政分权与企业并购 [J]. 经济科学，2021（5）：20-36.

[64] 吴伟伟，张天一. 非研发补贴与研发补贴对新创企业创新产出的非对称影响研究 [J]. 管理世界，2021，37（3）：137-160.

[65] 吴伟达. 政府间行政协议：一种长三角区域主要治理机制的选择和完善 [J]. 宏观经济研究，2020（7）：153-164.

[66] 席鹏辉，黄晓虹. 财政压力与地方政府行为——基于教育事权改革的准自然实验 [J]. 财贸经济，2020，7（41）：36-50.

[67] 谢光华，韩丹妮，郝颖，等. 政府补贴、资本投资与经济增长质量 [J]. 管理科学学报，2020，23（5）：24-53.

[68] 熊琛，金昊. 地方政府债务的宏观经济效应——基于信贷错配视角的研究 [J]. 经济学（季刊），2021，21（5）：1545-1570.

[69] 徐宁，丁一兵，张男. 利率管制、LPR 与完全市场化下的货币政策传导机制：理论对比与实证检验 [J]. 南方经济，2020（5）：34-48.

[70] 徐小晶，徐小林. 财政补贴对企业商业信用融资的影响研究——基于新能源汽车补贴退坡政策的实证分析 [J]. 南开管理评论，2021，24（3）：213-224.

[71] 颜色，辛星，滕飞. 银行危机与政府干预——基于中国金融史的研究 [J]. 金融研究，2020（10）：113-130.

[72] 杨国超，李晓溪，龚强. 长痛还是短痛？——金融危机期间经济刺激政策的长短期效应研究 [J]. 经济学（季刊），2020，19（3）：1123-1144.

[73] 尹达，綦建红. 经济政策不确定性与企业跨境并购：影响与讨论 [J]. 世界经济研究，2020（12）：105-117.

[74] 于文超，梁平汉，高楠. 公开能带来效率吗？——政府信息公开影响企业投资效率的经验研究 [J]. 经济学（季刊），2020，19（3）：1041-1058.

[75] 张兵兵，闫志俊，周君婷. 地方政府融资平台与制造业企业出口国内附加值率 [J]. 国际贸易问题，2021（12）：82-100.

[76] 张杰. 政府创新补贴对中国企业创新的激励效应——基于 U 型关系的一个解释 [J]. 经济学动态，2020（6）：91-108.

[77] 张杰，毕钰，金岳. 中国高新区"以升促建"政策对企业创新的激励效应 [J]. 管理世界，2021，7（7）：76-91，6.

[78] 张宁，李旷奇. 政府补贴能提高农民的养老保险缴费积极性吗？——基于增量贴现效用模型的模拟分析 [J]. 经济科学，2020（3）：123-136.

[79] 张向达，刘冬冬. 经济高质量发展背景下货币政策操作测度分析 [J]. 数量经济技术经济研究，2020，37（2）：90-108.

[80] 张书博. 贸易开放与政府干预逻辑——基于帕累托改进的模拟分析 [J]. 国际贸易问题，2020（1）：32-50.

[81] 张训常，苏巧玲. 政府与国有企业间的利润分配对企业超额雇员的影响 [J]. 世界

经济，2021，44（11）：24.

[82] 张翼飞，王希瑞. 灾害冲击与小微企业税负——兼论地方政府行为的作用 [J]. 财政研究，2021（12）：93-107.

[83] 张跃. 政府合作与城市群全要素生产率——基于长三角城市经济协调会的准自然实验 [J]. 财政研究，2020（4）：83-98.

[84] 赵茜. 外部经济政策不确定性、投资者预期与股市跨境资金流动 [J]. 世界经济，2020，43（5）：145-169.

[85] 郑飞，石青梅，李腾，等. 财政补贴促进了企业创新吗——基于产业生命周期的经验证据 [J]. 宏观经济研究，2021（2）：41-52.

[86] 周爱民，刘欣蕊. 经济政策不确定性、银行集中度与银行风险 [J]. 经济理论与经济管理，2021，41（3）：10-25.

[87] 周梅芳，刘宇，张金珠，崔琦. 新冠肺炎疫情的宏观经济效应及其应对政策有效性研究 [J]. 数量经济技术经济研究，2020，37（8）：24-41.

[88] 周炜，宗佳妮，蔺楠. 企业创新需求与政府创新补贴的激励效果 [J]. 财政研究，2021（6）：104-118.

[89] 周梓洵，张建君，周欣雨. 地方政府如何驱动企业"脱虚返实"——来自官员任期的视角 [J]. 经济管理，2021，43（9）：31-47.

[90] 庄毓敏，张祎. 流动性覆盖率监管会影响货币政策传导效率吗？——来自中国银行业的证据 [J]. 金融研究，2021（11）：1-21.

[91] 曾海鹰，岳欢. 产业结构、对外贸易与碳排放——基于长三角地区41个地级市的实证分析 [J]. 工业技术经济，2022，41（1）：71-77.

[92] Gao Yuchen, Hu Yimei, Liu Xielin, Zhang Huanren. Can public R&D subsidy facilitate firms' exploratory innovation? The heterogeneous effects between central and local subsidy programs [J]. Research Policy, 2021, 50 (4): 31-47.

[93] Hao J, Tang CX, et al. The impacts of flattening fiscal reform on health expenditure in China [J]. Front Public Health, 2021 (9): 614-915.

[94] Hu Die, Qiu Lu, She Maoyan, Wang Yu. Sustaining the sustainable development: How do firms turn government green subsidies into financial performance through green innovation? [J]. Business Strategy and the Environment, 2021, 30 (5): 117-134.

[95] Li Xiao-Lin, Li Jingya, Wang Jia, Si Deng-Kui. Trade policy uncertainty, political connection and government subsidy: evidence from Chinese energy firms [J]. Energy Economics, 2021, 99.

[96] Liu, GC., Hu, M., Cheng, C. The information transfer effects of political connections on mitigating policy uncertainty: evidence from China [J]. Journal of Corporate Finance, 2021 (67): 10-16.

[97] Lu, Y., Gu, W., Zeng, K. Does the Belt and Road initiative promote bilateral political relations? [J]. China & World Economy, 2021, 5 (29): 57-83.

[98] Pan, XF., Tian, GG. Political connections and corporate investments: evidence from

the recent anti-corruption campaign in China. ［J］. Journal of Bank and Finance, 2020 (119): 143-184.

［99］ Peng Wei, Lee Chi Chuan, Xiong Ke. What determines the subsidy decision bias of local governments? An enterprise heterogeneity perspective ［J］. Emerging Markets Finance and Trade, 2021, 57 (4): 234-254.

［100］ Shi W, Gao C, Aguilera R V. The liabilities of foreign institutional ownership: managing political dependence through corporate political spending ［J］. Strategic Management Journal, 2020, 42 (1): 84-113.

［101］ Song MZ, Liu HB, Ye C. The influence of fiscal decentralization on the total factor productivity: empirical evidence from a Quasi-Natural experiment of Province-Managing-county reform ［J］. Economic Geography, 2020, 40 (3): 33-42.

［102］ Song, Y., Chen, B., et al. Does bilateral political relations affect foreign direct investment? ［J］. Economic Research-Ekonomska Istraživanja, 2020, 1 (33): 1485-1509.

［103］ Su, Yi, Li, Dan. Interaction effects of government subsidies, R&D input and innovation performance of Chinese energy industry: a panel vector autoregressive (PVAR) analysis ［J］. Technology Analysis & Strategic Management, 2021.

［104］ Sun, P., Doh, J. P., Rajwani, T., et al. Navigating cross-border institutional complexity: a review and assessment of multinational nonmarket strategy research ［J］. Journal of International Business Studies, 2021, 52 (9): 1818-1853.

［105］ Tang, P., Feng, Y., Zhang, Y., et al. Can the performance evaluation change from central government suppress illegal land use in local governments? A new interpretation of Chinese decentralization ［J］. Land Use Policy, 2021 (108) : 105578.

［106］ Wei, Q., Li, WH., Marco, D. S., Gu, J. L. What types of top management teams' experience matter to the relationship between political hazards and foreign subsidiary performance? ［J］. Journal of International Management, 2020 (26): 4.

［107］ Xu, Y., Yang, Z. H. Economic policy uncertainty and green innovation based on the viewpoint of resource endowment ［J］. Technology Analysis & Strategic Management, 2021: 1-14.

［108］ Zhou, P., Arndt, F., Jiang, K., et al. Looking forward and backward: political links and environmental social responsibility in China ［J］. Journal of Business Ethics, 2021, 169 (4): 631-649.

［109］ Zhu Xufeng, Zhao Hui. Experimentalist governance with interactive central - local relations: making new pension policies in China ［J］. Policy Studies Journal, 2021, 49 (1).

第十四章 新结构经济学研究

王　勇　黄宇轩　蔡佳瑶　姚　瑶

（北京大学）

从结构的异质性、内生性及其影响来研究经济体的发展、转型，以及从不同发展程度国家结构差异性的视角来探讨经济运行的现代经济学的各个子领域的研究都属于新结构经济学的研究范畴。新结构经济学发端以来，在国际国内经济学界引起了广泛关注，在过去的十多年里，林毅夫教授及其合作者们在国内外知名学术期刊上发表了众多论文，文献积累不断丰富。本章将系统梳理2020—2021年关于新结构经济学的学术文献，并指出新结构经济学目前的几个主要研究方向，为促进相关学术研究在国内外的发展和运用提供参考。

第一节　研　究　综　述

一、新结构经济学及其新发展

在新结构经济学初探发展的第一个五年（2015—2019）年里，学科建设粗具雏形，学术研究初有进展，国内外学术共同体粗具规模。而后的2020年和2021年作为新结构经济学发展的关键时期，具有承上启下的作用。在此期间，新结构经济学的研究主要向两个方向掘进：一方面沿着前期发展道路，继续开展新结构经济学基础理论研究，巩固完善理论基础；另一方面鼓励并大力支持新结构经济学理论创新，开拓新结构经济学各个子领域发展，构建和完善新结构经济学体系。在这两年里，新结构经济学逐步嵌入产业经济学、宏观经济学、金融学和环境经济学等领域，并拓展迅速。

新结构产业经济学作为新结构经济学学科建设的重点，是新结构经济学研究的基石。而产业升级与产业转型更是新结构产业经济学的核心命题。新结构经济学一贯主张要素禀赋结构驱动产业升级与结构转型，一个经济体最优的产业结构内生决定于其要素禀赋结构。新结构产业经济学认为，为了更好地发挥经济体自身的比较优势，政府应该采取"市场主导、政府因势利导"的产业政策，强调"有效的市场"和"有为的政府"相辅相成，共同创造良好的产业经济发展环境。此外，新结构产业经济学研究还从中国实际的经济情况出发，主张把当前中国的产业划分为五大类，分别是"追赶型、领先型、转进型、换道超车型和战略型"，针对五种不同类型的产业，国家应该采取相应的不同的发展策略，消除经济增长阻碍，最大效度地释放各个产业的增长潜力。

在新结构宏观经济学领域，近年来新结构经济学研究重点关注了发展中大国面临的长期经济增长难题这一问题。新结构宏观经济学理论强调后发者优势，认为处于追赶阶段的发展中国家，可以通过技术引进加快技术创新，促进经济结构升级，实现经济快速增长。此外，针对中国的具体国情，新结构宏观经济学研究认为，中国具备大国优势，有着人口众多、产业链完备和市场广阔的优势，同时，结合中国产业垂直结构这一独有的特征，对内需要进一步深化改革，激发各类市场主体的活力，对外坚持开放市场，发展国际贸易，创建以国内大循环为主体、国内国际双循环相互促进的新发展格局，保持经济长期稳定增长。

近两年，新结构经济学在金融学领域也有了新的突破。特别是在金融结构和融资模式的适配性问题以及开发性金融的相关研究中，新结构金融学通过引入不同发展阶段产业结构和金融结构的特征，探讨了不同经济发展阶段所对应的最适宜的金融结构和制度安排。此外，新结构经济学在环境经济学领域也得到了广泛的应用。近年来，在新结构经济学的思想和分析框架下，学者们对于企业自生能力与环境污染、偏离最优环境政策对长期经济增长的影响、地区赶超战略对能源消费强度的影响等若干问题都建立了新的研究角度，并形成了一系列新的理论视角和独到的学术观点。

本章主要围绕新结构经济学研究体系，对两年来（2020—2021年）国内外学者在国际、国内重要学术期刊和出版社发表和出版的新结构经济学重要学术论文和著作进行评价，意图厘清该学科的研究路径、梳理其研究脉络，展现新结构经济学新发展的同时，拟出可能存在的问题，并对相关领域研究趋势做出未来展望。

二、新结构经济学研究领域的具体进展

（一）新结构经济学视角下的"有为政府"、产业政策与产业结构

新结构经济学致力于以实现现代经济学的自主理论创新为切入点，指出发达国家理论以自身所处阶段的经济基础与相关环境为暗含前提，不适用于条件、环境不同的发展中国家，强调不同发展阶段国家的结构差异性，认为发展中国家必须通过有效市场与有为政府的结合，保证经济体按照其要素禀赋结构所决定的具备潜在比较优势的行业来发展产业，进而探寻与该产业结构相配套的制度安排。

1. 政府与市场关系

新结构经济学强调要素禀赋结构驱动的产业升级与结构转型，倡导"有效市场"与"有为政府"的结合，市场有效以政府有为作为前提，政府有为以市场有效作为依归。有效市场能够提供准确的价格信号，判断哪些产业具有比较优势，市场竞争也能够为技术和产业创新提供良好的外部环境，但是市场失灵的存在意味着必须发挥有为政府的作用。为了更加清晰严谨地阐述这些基本观点及其经济学逻辑，林毅夫（2020）对有为政府参与的中国市场发育之路进行了讨论，认为有效市场的发育需要有为政府的正确干预。政府干预应该遵循一国比较优势原则，实施因势利导的"顺势而为"干预策略。国家能力是保证政府实施正确市场干预的必要条件，中国独特的国家能力是中国特色社会主义市场经济发展之路的有力保障。林毅夫（2020）讨论了新经济发展中的有为政府和有效治理问题，认为对新经济发展来说，市场竞争是必不可少的，但如果没有有为政府的因势利导，会有

企业家无法自己克服市场失灵问题的存在，从而延缓甚至丧失新技术、新产业涌现的机会。

"十四五"时期是我国全面建成小康社会、向高质量发展和第二个百年奋斗目标进军的第一个五年规划期，也是我国积极引领新工业革命的重要时期。林毅夫（2020）立足于新结构经济学理论，从四个方面分析经济结构转型与"十四五"期间高质量发展的关系：第一，阐述"十四五"期间高质量发展的三个鲜明特征；第二，提出推动"十四五"期间高质量发展的基本原则，即发挥"有效市场"和"有为政府"的作用，按照比较优势发展各地经济；第三，指出"因势利导"和"倒弹琵琶"是推动"十四五"期间高质量发展的重要方法；第四，探索如何在"十四五"期间贯彻落实新发展理念。新结构经济学研究本着"知成一体"，贡献于各地"十四五"规划的制订和执行，携手推动我国经济稳定和高质量的发展。

2. 产业结构转型升级

新结构经济学强调禀赋驱动的结构转型与产业升级这一理论机制，最优的产业结构内生决定于要素禀赋结构，要素禀赋结构的升级会推动产业结构的升级。结构转型与产业升级的相关研究在整个新结构经济学理论体系中占有核心和基础地位。王勇和汤学敏（2021）对新结构经济学在产业升级与结构转型这一方向的研究进行了比较全面的概括性阐述和总体介绍，对相关核心概念和核心机制做了重点论述，以具体研究实例详细说明归纳相关定量事实的常见方法，并选取部分具有代表性的最新理论进展进行扼要介绍，希望有助于促进新结构经济学在该领域的相关研究。王勇（2021）从新结构经济学视角讨论了"十四五"时期中国产业升级的新机遇与新挑战，其次分析中国新的宏观经济形势、中国同步进行的四个结构性过程、外部"三明治"压力以及内部"垂直结构"带来的挑战，其次通过理论与实例分析，说明如何根据禀赋结构识别本地区具有潜在比较优势的产业，强调政府因势利导以降低交易费用，从而保障市场发挥有效的资源配置作用，最后阐述了中国产业升级面临的关键挑战与四个重要的新机遇。王勇和顾红杰（2020）从新结构经济学和金融学视角分析了新加坡自1965年独立建国以来的产业升级路径，并在此基础上得到三点启示：一是建议发展中国家在经济发展过程中动态调整金融结构，使之与该国产业结构的发展需要相适应；二是建议发展中国家既要尊重有效市场，又要发挥好政府的"有为作用"；三是建议"走出去"的中资商业银行根据东道国产业结构和金融环境制定与之相适应的发展策略。付才辉、赵秋运和陈曦（2021）发现现有的经济学文献对产业升级动力机制的研究更加侧重于宏观层面，代表性的理论思路包括由需求面和供给面驱动产业升级的非平衡增长理论和由禀赋结构升级驱动产业升级的新结构经济学，可以概括为产业结构变迁的恩格尔定律、鲍莫尔定律和林毅夫定律。然而，在经济学研究文献中，产业升级动力机制更多侧重于所谓的"替代效应"与"收入效应"的经济学原理，缺乏在企业层面对产业升级的动力机制和实践过程的理解。然而最关键的还是应聚焦于企业自身的动态核心能力，但企业的动态核心能力又以企业的自生能力为必要条件，即企业的资源禀赋结构需要与企业的价值链结构相匹配。

3. 有为政府与产业政策

新结构经济学主张"市场主导、政府因势利导"的产业政策，在产业政策方面的研究中，于佳和王勇（2020）运用新结构经济学原理与方法对中国光伏产业的发展过程分阶段、分产业链环节进行梳理总结，重点就该产业在各不同发展阶段面临的核心挑战、相关产业政策的得失、政府与市场的互动进行剖析。分析表明，中国光伏产业的发展印证了新结构经济学的基本理论，即产业发展要获得成功，必须发挥禀赋比较优势，既需要"有效的市场"，又需要"有为的政府"，同时还需要尽力避免政府的"乱为"与"不作为"。展望未来，中国光伏产业急需抓住"一带一路"的历史机遇"走出去"，向"一带一路"不同层次的国家进行梯级转移，这既有利于自身的升级转型发展，也有利于这些国家更好地实现工业化和可持续增长。

政府有为必须以市场有效作为依归，产业发展要获得成功还要避免政府的乱为。关于追赶型产业政策对经济发展影响，Lin，Wang 和 Xu（2021）采用两部门新古典增长模型研究了中国追赶型产业政策对经济发展的影响。Chen 和 Lin（2021）从政府发展战略的角度对欠发达国家的经济表现进行了解释。文章认为，政府发展战略和资源错误配置是欠发达国家经济发展的关键问题。文章发现，重工业导向的发展战略时期，中国的资本产出比与人均产出负相关，这与标准新古典增长理论的预测相矛盾。文章将政府重工业导向的发展战略纳入两部门模型以理解这一难题，模型表明更加强调重工业导向的发展会导致更大的资本产出比和更低的人均产出。文章还使用来自中国的地级市和企业数据检验了这一假设，发现重工业导向的战略将导致更大的资源错误配置和更低的 TFP。此外，产业升级中微观企业面临的挑战和应对策略研究也十分值得关注，Wang，Xia 和 Xu（2020）从新结构经济学的角度研究了中国轻型制造企业对劳动力成本上升的异质性反应，发现劳动力成本上升一直是企业面临的头号挑战，行业和企业特定的劳动强度是企业应对劳动力成本上升的异质性战略的关键决定因素，更劳动密集型的行业和企业更有可能选择搬迁而不是技术升级作为应对劳动力成本上升的战略。

此外，在有为政府这支文献中，关于财政政策、区域一体化、基础设施建设等领域的研究取得了快速进展。林毅夫、沈艳和孙昂（2020）以 2020 年 3 月起中国地方政府陆续发放的消费券为切入点，根据消费券的具体特征，以及微信支付数据、疫情数据和城市经济状况数据，使用双重差分法、三重差分法和合成控制法来识别消费券的发放效果，并评估政府在助力经济复苏中的作用。主要有如下发现：第一，发放消费券可以促进消费，发券地区受支持行业的支付笔数比未发放地区同期同行业高约 26.26%。第二，在第三产业占比高的地区，消费券显著增加交易活跃程度；定向低收入人群的消费券可以增加消费。第三，城市不发放消费券的主要原因是财力受限而不是消费券无效。论文建议，加大对贫困地区和低收入人群的消费券发放，并利用大数据技术，多策并举精准定位需扶持行业与人群，确保消费券发放透明、公正和高效。区域一体化是重要的国家发展战略，朱兰、王勇和李枭剑（2020）在新结构经济学理论指导下，提出了同一主权国家内部的地理区域内城市之间高质量融合发展的经济学分析框架。该框架从给定的主体城市的发展阶段和禀赋结构出发，通过分析禀赋结构—选择目标城市—甄别比较优势产业—确定产业融合路径—识别产业融合瓶颈—发挥有为政府作用这六个步骤，分析主体城市应该如何与目标城市更好地实现产业融合，促进区域一体化的发展。本文以宁波融入长三角一体化为例，详细展示了该分析框架在区域经济一体化中的应用，对京津冀和粤港澳大湾区等区域的经济一体化具有借鉴意义。在中国创新驱动经济增长的目标背景下，Lin，Wu 和 Wu（2021）研究了中国专利补贴政策对专利质量的影响，并编制了一套全面的专利质量指标。基于1995 年至 2010 年的中国省级面板数据，研究发现实施的专利补贴政策对专利数量以及各种质量指标的影响显著为正。此外，补贴政策对专利数量和质量的解释力随着时间的推移而减弱。文章还发现，这些政策的效果主要源于在位企业，而不是新进入企业，结果表明政府的专利补贴政策对提高中国的专利质量产生了积极效应。中国的增长奇迹中，有为政府在交通基础设施建设上发挥了重要作用。Ke，Lin 和 Wang（2020）考察和比较了中国接近中上收入水平时，交通基础设施的数量、质量和结构对区域经济增长的影响。论文将政府发展战略纳入评估中国交通基础设施增长效应的框架。发现在 2007—2015 年期间，随着中国接近中上收入水平，交通基础设施为中国的区域经济增长作出了贡献。特别是，公路和铁路的质量改善以及运输基础设施的结构升级大大促进了增长。此外，忽视当地比较优势的发展战略不仅会降低增长率，而且可能会限制交通基础设施的贡献。

（二）新结构宏观经济学

在宏观经济学领域，新结构经济学以要素禀赋结构为切入点，重点关注产业升级与结构转型，强调有为政府和产业政策的重要性，并且深入研究中等收入国家和发展中大国面临的增长难题，还讨论经济波动与宏观政策等经济运行的问题。最新的相关研究如下。

1. 宏观理论模型研究与应用

在新冠肺炎疫情冲击的背景下，王勇（2020）对宏观经济学理论建模进行了反思。建议对理论模型的数学性质进行深入分析、突出信息不确定性的作用、不局限于纳什均衡、包容市场不出清的非瓦尔拉斯的可能性、更充分地刻画政治经济学过程、讨论福利性质与最优改革问题、更好地体现不同发展阶段经济基本面的结构性区别。

在经济增长的相关理论研究方面，樊仲琛、徐铭梽和朱礼军（2022）研究了发展中国家通过进口学习内嵌于商品的知识，实现持续技术进步的过程。该文发现企业进口对专利申请有积极促进作用且该促进作用来自知识密集产品的进口。该文构建并校准一个开放经济下两国动态内生增长一般均衡模型：技术领先的发达国家通过创新拓展前沿，发展中国家技术离前沿较远，从发达国家进口并学习其产品中内嵌的知识实现技术追赶，逐渐接近前沿，最终转到自主创新。模型的模拟结果还揭示贸易壁垒将严重阻滞两国技术进步。郭凯明、颜色和杭静（2020）从生产要素禀赋变化影响的产业结构转型这一视角出发，建立了一个产业结构转型模型核算框架，研究了生产要素禀赋的相对数量、使用效率和配置效率影响产业结构的经济机制。文章通过对中国和印度产业结构转型进行定量评估和比较，发现中国物质资本深化对产业结构转型的影响较为显著，印度物质资本深化的影响相对较小，两国人力资本深化的影响非常接近；两国全要素生产率增长的影响程度都较为显著，但方向相反；两国生产要素市场改革的影响大致相同。李武和付才辉（2020）在新结构经济学的内生性生产函数的概念下，提出了结构性生产函数。这种生产函数由若干个规模收益非递增的生产函数通过过渡区域拼接而成，在过渡区域中可以具有局部规模收益递增的性质。在存在结构性多重均衡的经济体中，仅依赖市场机制一般无法保证经济从低水平均衡跃迁到高水平均衡，这时就需要政府采取因势利导的经济政策。通过仿真分析可知，过渡区域位置的不同会导致结构跃迁困难程度不同。当过渡区域靠近低水平均衡时，利用高投资低消费的经济政策可帮助经济体实现结构跃迁；而当过渡区域远离低水平均衡时，则需要引入外部资源。

此外，也有研究运用新结构经济学框架，关注发展中国家的经济增长与"中等收入陷阱"问题。赵秋云、马金秋、姜磊和黄斌（2020）构建了一个两部门的一般均衡模型从赶超战略的视角对"中等收入陷阱"这一现象进行重新审视，发现赶超战略导致经济结构扭曲，最终使得一个中等收入经济体落入"中等收入陷阱"。林毅夫（2021）探讨了我国在技术创新和产业升级方面具备哪些有利条件和面临哪些挑战，并从新结构经济学角度出发，分析如何抓住有利条件来克服这些挑战，从而实现长远发展目标。研究认为我国有9%的经济发展潜力，减掉人口老龄化1%的影响，还8%的增长潜力；即使再考虑应对美国贸易摩擦、需要自主创新所带来的挑战，以及在能源、环保方面的压力，到2035年之前我国仍可以顺利实现每年4.7%甚至更高的经济增长速度。届时，中国可以初步建成一个社会主义现代化国家。

2. 宏观实证研究

新结构宏观经济学相关的实证研究也有不少进展。付才辉、郑洁和林毅夫（2021）针对备受国内外学界和政策界关注的中国高储蓄和高投资现象，提出了一个新结构储蓄理论假说：如果一个经济体的结构变迁遵循由其禀赋结构所决定的比较优势，那么其可供储蓄和投资的经济剩余将最大，储蓄与投资的边际回报率最大，储蓄倾向和投资倾向最大，总的储蓄率也就越高；反之亦然。作者进一步使用跨国和中国省际的数据为该假说提供了实证支持。这个假说也是新结构资本积累理论的主要内涵：通过比较优势发展战略实现高储蓄高投资，进而提升禀赋结构促进生产结构升级，是经济发展最重要的机制。姜磊、姜煜、赵秋运、付才辉和吴清扬（2020）基于新结构经济学的分析视角，采用中国规模以上工业企业数据，探讨了政府发展战略对企业全要素生产率的影响。研究发现：违背比较优势的政府发展战略会显著降低企业的全要素生产率；在要素市场发育程度更低的省区，违背比较优势的政府发展战略对企业全要素生产率的负面影响更明显。朱兰（2019）基于新结构经济学，采用跨国专利引用数据，构建国家创新能力指标，考察国家创新能力对经济增长的影响。研究结果表明，国家创新能力对经济增长的影响存在显著的门槛效应，其依赖于经济体所处的收入阶段和要素禀赋结构。从收入阶段来看，国家创新能力有助于促进中上等和高收入经济体的经济增长；从国家创新能力不同维度来看，专利数量和质量均有利于促进经济增长，但专利集中度、技术周期、知识传播度、自主创新度对中等收入内部不同阶段经济体的作用不同。朱兰和马金秋（2020）梳理了文献和统计分析归纳收入标准的决定因素，分析了不同收入标准对"中等收入陷阱"识别和动因的影响，探讨了中国当前的发展中国家地位和中等收入转型难度。研究发现：收入门槛的界定依赖于收入分类法、数据来源和统计口径的不同组合，进而直接影响中等收入国家数目、"中等收入陷阱"及其成因的判断；使用不同的收入标准，中国目前都属于发展中国家，且跨越高收入门槛的难度和时间不同。不同收入标准适用于不同的经济增长问题。

3. 垂直结构

王勇（2020）从宏观经济增长的角度分析了中国国有企业的改革问题。作者强调了中国垂直结构下国有企业和民营企业的非对称性分布——国有企业集中于上游部门，下游主要是民营企业占主导，而且市场结构比较接近完全竞争。文章认为一些上游产业应该降低进入壁垒，打破行政垄断，允许更多的民营企业进入；但同时我们也应看到国有企业在经济下滑时起到的稳定经济的作用。王勇、黄宇轩和韩博昱（2022）在梳理了生产网络的相关研究之外，还结合中国宏观发展若干重要结构性变化过程，具体介绍了与生产网络紧密相关的垂直结构框架在宏观波动与政策、经济增长与产业升级、国有企业与资源错配等方面的相关理论和实证研究进展。

除了上述的新结构宏观经济学研究，王勇、徐杨帆和吴紫薇（2021）梳理了近十年新结构经济学在宏观经济学领域的学术论文，总结了经济结构变迁和经济运行过程中的典型事实、理论见解和实证结果，并针对当前研究中存在的不足，对未来新结构宏观经济学的研究方向提出了建议。

（三）新结构金融学

新结构金融学是运用新结构经济学的思想和分析框架来研究金融结构与发展的相关问题，通过引入不同发展阶段产业结构和金融结构的特性，探讨不同经济发展阶段所对应的最适宜的金融结构和制度安排。近两年的新结构金融学研究主要集中在金融结构和融资模式的适配性以及开发性金融这两方面。

1. 金融发展与经济发展

新结构金融学重点关注金融发展（包括金融深化和金融结构）对于不同经济发展阶段的产业升级以及经济发展的动态影响作用。张海洋和颜建晔（2020）从理论上描述了使用金融杠杆模式进行风险补偿的原理，并分析了其绩效和激励问题，以此探讨政府与市场在农户扶贫工作中的协作机制。他们发现金融杠杆模式可以达到最高的贫困户福利，实现比直接扶贫模式更高的社会总福利，但无法达到风险分担模式对应的最低扶贫成本。如果存在道德风险，政府只需要适当增加杠杆比即可激励银行付出努力。

毛盛志和张一林（2020）从新结构经济学的视角，为金融发展与经济发展之间关系的动态变化提供了理论基础，并揭示出跨越中等收入陷阱是一个产业升级、金融发展和制度完善"三位一体"的转型过程。该文在内生增长理论框架下引入结构转型，发现给定一国的发展阶段，不仅存在最优技术进步方式和最优产业结构，还存在一个对于金融深化程度的"最低要求"，低于这一临界值的国家将难以实现下一阶段的产业升级。同时，产业升级对金融深化程度的要求并非一成不变，而是随着经济发展呈现出先快速上升、在达到中等收入水平后缓慢递减的特征。在资本积累相对有限的约束条件下，中等收入国家要实现经济增长方式从模仿驱动转向创新驱动，需要首先实现金融深化程度的提升，并推动金融结构转型和制度完善，以实现对创新型产业的有效金融支持，否则很可能陷入"模仿陷阱"，长期徘徊在中等收入水平。张一林、林毅夫和朱永华（2021）则从微观角度出发，关注企业自生能力，并讨论了普遍存在于转型经济体的扭曲性金融制度安排的内生机制以及转型经济体平稳推进金融转型的必要条件和适宜方式。研究指出，推进金融转型以提高金融体系效率的关键在于改善企业缺乏自生能力的问题，并根据经济中企业自生能力状况的变化渐进完善金融体系。这种与转型国家自身要素禀赋结构、比较优势及其变化相适应的渐进式金融改革，能避免因金融改革引发经济崩溃并达到支持经济增长的目的，是比休克疗法更优的金融转型方式。文章的理论框架可对日本、韩国等东亚经济体的发展经验提供解释，并对于其他转型国家的金融改革也有普适性的意义。

此外，还有基于中国目前的要素禀赋结构和产业结构现状进行的实证研究。颜建晔、吴俊贤和康健（2021）在新结构金融学的理论基础上，通过理论推演及实证检验，分析了中国银行业结构与整体经济发展之间的线性关系，以及不同经济发展阶段下，地区银行业结构与经济发展之间的非线性关系。结果表明，中小银行在银行业结构中占比提高对中国目前整体经济发展具有显著的促进作用；中小银行在银行业结构中占比提高对地区经济发展的促进作用会随地区经济发展阶段的提高而显著下降。同样针对金融结构与经济增长的问题，周立和赵秋运（2021）从新结构经济学视角出发构建理论模型，利用我国总体层面和分区域层面的面板数据，对金融结构、产业技术创新与经济增长的关系进行了实证分析。结果发现：就金融供给数量而言，我国金融供给存在"总量超发"问题，无论是总体层面抑或分区域层面，金融供给数量均在一定程度上抑制了经济增长，但是随着产业技术创新程度的提高，金融供给数量的抑制作用逐渐减弱。就金融供给质量而言，金融市场结构和金融市场活力在总体层面和分区域层面上皆对经济增长发挥了促进作用，且这一作用随产业技术创新不断升级而增强。

2. 开发性金融

在开发性金融方面，Xu，Ru 和 Song（2021）创新性地使用项目层面数据，并通过构建一个信贷配给模型分析了资源融资基础设施（RFI）贷款模式的优势。文章发现：（1）资源融资基础设施的贷款规模比传统的政府基础设施购买模式大得多；（2）这种差异在监管不力的国家尤为明显。这表明，资源融资基础设施能帮助避免监管不善带来的负面影响。该文建议中国政策性银行引入问责制，以确保他们能够在实现中国政府设定的公共政策目标的同时，最大限度地提升借款国的发展成果。Griffth-Jones，Speigel，Xu，Carreras 和 Naqvi（2022）探讨了开发银行应当如何合理地运用金融工具，尽量减少来自复杂金融工具自身带来的金融工程风险，以鼓励真正承担经济风险的金融行为。该文认为使用复杂的金融工具来吸引私人资本可能会破坏政策的推进方向，并导致开发银行承担过多的风险。文章还进一步探讨了如贷款、担保、股权投资和保险等不同金融工具应对风险的比较优势。

还有研究关注于开发性金融机构的自身发展。Gottschalk，Castro 和 Xu（2022）通过对比三家大型的国家开发银行（巴西发展银行、中国发展银行、德国复兴信贷银行）在实施巴塞尔协议Ⅲ的经验，分析讨论了其对国家开发银行履行发展任务的影响。该文发现，巴塞尔协议Ⅲ带来的最大制约因素来自对最小资本要求和资本质量的提升。协议带来的运作风险计算方法的改变可能会导致所需资本的大幅增加。另外，协议中的大额风险敞口规则可能会削弱银行对大型基础设施项目的关注；协议对于项目融资和股权风险赋予的高风险权重可能会阻碍国家开发银行使用这些融资模式来支持复杂的大型项目和涉及创新的融资活动。Xu，Marodon，Ru，Ren 和 Wu（2021）指出当前公共开发银行和发展融资机构正在全世界范围内经历新一轮的复兴，但与之相关的系统性学术研究却相对缺失。造成这一现象的主要原因是相关数据的匮乏。为了填补这一研究领域的空白，该文系统性地提出了五点标准，以此为基础统计识别出全球范围内的 500 多家公共开发银行和发展融资机构，并进一步梳理出其所有权结构、经营范围、资产规模等相关特征事实，为相关方向的学术和政策研究奠定了基础。

（四）新结构环境经济学

新结构经济学近年来在环境经济学领域得到了广泛的运用。其中，学者基于新结构经济学的理论，初步提出了新结构环境经济学的理论框架，并在此基础上研究了最优环境结构、环境结构变迁、扭曲、转型与改革、运行等一系列问题。主要有以下方面的研究进展：

1. 新结构环境经济学的理论框架构建

林毅夫、付才辉和郑洁（2021）提出了新结构环境经济学的理论框架，指出新结构经济学是作为第三代发展经济学提出来的，但实际上是对现代经济学的一场结构革命，它涉及现代经济学的每个领域，包括环境经济学。他们基于新结构经济学一个中心三个基本点的研究视角，采用新古典的研究方法对经济体的环境系统进行结构分析，初步构建起新结构环境经济学的理论框架。其中，理论框架根据新结构环境经济学的基本原理和研究范畴，可以划分为四大理论体系，即新结构最优环境结构理论、新结构环境发展理论、新结构环境转型理论和新结构环境运行理论。四大理论体系一以贯之地认为，环境结构及其变迁、转型与运行均内生于要素禀赋结构所决定的生产结构。新结构环境经济学相比于聚焦环境资源配置的新古典环境经济学更高阶，未来需要加快新结构环境经济学的学科建设，逐步推动形成一门新结构经济学的子学科。

2. 环境结构变迁与运行

随着要素禀赋结构与环境禀赋结构的变迁，最优生产结构及其对环境结构的需求也会随之变迁，那么与之对应的最优环境结构也将变迁。朱欢、郑洁、赵秋运和寇冬雪（2020）基于新结构经济学理论，考虑不同发展阶段和要素禀赋结构的差异性，对经济增长对能源结构转型和二氧化碳排放的异质性作用进行研究。文章使用全球 67 个经济体 1990—2018 年的面板数据，运用联立方程模型实证检验经济增长对能源结构转型和二氧化碳排放的影响。研究结果表明：能源结构转型与经济增长呈 U 形关系，二氧化碳排放与经济增长呈倒 U 形关系，换言之，只有当经济增长跨过一定门槛才能实现能源结构转型和二氧化碳减排的双重红利，并且这一效应也存在于高收入经济体、低收入经济体和非资源型经济体。文章的研究结论为各经济体政策制定者在不同发展阶段下发挥政府因势利导的作用以实现能源结构转型和二氧化碳减排提供了理论依据。

除了要素禀赋结构所内生的生产结构对环境结构的决定性作用外，环境结构与其他经济结构也存在各种关联影响。例如，环境结构与金融结构、劳动结构、空间结构、财政结构等的相互影响。郑洁、付才辉和刘舫（2020）基于动态视角，对财政分权与环境治理的关系进行理论分析，提出研究假说，并利用 1997—2016 年的省级面板数据，对两者的关系进行实证检验。理论研究认为：财政分权在不同的经济发展阶段对环境治理的影响不同。当经济发展水平较低时，财政分权对环境治理的影响以负向的替代效应为主，财政分权不利于环境治理；而当经济发展水平较高时，财政分权对环境治理的影响以正向的收入效应为主，财政分权有利于环境治理。实证研究表明：整体而言，我国的财政分权不利于环境治理，随着经济发展水平的不断提高，财政分权对环境治理的负向效应不断减弱。此外，面板门槛模型的结果表明，当人均 GDP 达到 3.123 万元时，财政分权对环境治理的影响才有可能出现拐点。

3. 环境结构扭曲与转型

针对环境结构扭曲，学者们探讨了包括企业缺乏自生能力如何影响环境污染、偏离最优环境政策如何影响长期经济增长等问题。郑洁和付才辉（2020）基于新结构经济学视角，放松新古典理论的潜在假设——企业自生能力，初步构建了企业自生能力与环境污染的分析框架，识别出二者的环境治理机制、环境约束机制和技术进步机制，进而提出相关的研究假说并利用省级层面和行业层面的面板数据进行实证检验。研究结果表明：企业缺乏自生能力程度越大，环境污染越严重。机制检验表明，企业缺乏自生能力会使得环境治理投入不足，造成环境软约束以及抑制技术进步，从而加剧环境污染。朱欢、李欣泽和赵秋运（2020）基于新结构经济学理论，在测度偏离最优环境政策程度指标的基础上，首次考察了偏离最优环境政策对长期经济增长的影响。文章利用 2003—2016 年中国 221 个地级及以上城市数据，结合 SBM-DDF 方法重新估算了绿色全要素生产率，并以此为基础构建计量模型，实证结果表明：第一，偏离最优环境政策对中国经济增长具有显著的负向效应；第二，环境政策的偏离程度对经济增长的负向影响体现了经济发展阶段和要素禀赋结构的异质性；第三，环境政策的偏离度会通过扭曲产业结构进而对经济增长产生负向影响。研究既为遵循"环境政策与产业结构"匹配性提供了研究基础，也为新时代中国经济高质量发展背景下制定合理的环境政策提供了理论依据。

当经济体的环境结构偏离最优环境结构时，往往有两个基本的来源：其一是作为底层逻辑的生产结构对要素禀赋结构的偏离，其二是生产结构是符合要素禀赋结构所决定的比较优势的，但是环境结构不符合环境禀赋结构所决定的比较优势。因此，在环境结构转型改革时，需要厘清结构扭曲的来源。朱欢和李欣泽（2021）基于新结构经济学理论考察地区赶超战略对能源消费强度的影响与机制。他们通过测度 1995 2019 年中国分地区的发展战略指数，并利用面板双固定模型进行研究，结果表明：第一，中国分地区发展战略指数总体上呈现显著下降趋势，发展战略日益趋向于符合比较优势，东部地区发展战略指数最低，中部地区次之，西部地区最高；第二，面板双固定效应模型显示，当地区实行违背比较优势的发展战略时会增加能源消费强度，且该效应具有时间和空间异质性；第三，机制检验表明，违背比较优势的发展战略使得企业缺乏自生能力、产业结构扭曲和财政压力增加进而弱化了环境约束，从而提高了能源消费强度。为了促进节能减排，中国应致力于实行遵循比较优势的发展战略，促进西部地区高质量发展等。

（五）新结构经济学在其他领域的运用

1. 国际发展

已有发展经济学研究对于国际援助的有效性和治理改进之间的联系缺乏共识，Lin、Vu 和 Hartley（2020）引入模型阐明国际援助如何影响（支持或阻碍）受援国当地治理能力。该研究把之前文献对受援国的关注转移到了捐助国的行为上。研究结果表明：根据各种援助环境的不同，国际援助会支持或者阻碍受援国治理质量的提升。以提升受援国治理质量的捐助国策略应包括提升受援国在援助项目中的努力。Lin 和 Wang（2020）则指出现代主流经济学很少关注结构转型和工业化进程，而西方发达国家的援助项目也不会指导发展中国家如何利用产业政策发展其制造业或提升其科学技术能力。该文从非洲工业发展的历史出发，重新审视了发展中国家的结构转型、工业化过程以及国际援助和国际合作历史。研究指出在 1990 年至 2018 年间，世界各国抑或非洲地区的制造业增加值的增长与国家地区收入增长之间存在显著的正相关关系。

此外，也有研究从新结构经济学视角探讨了中国的发展经验对其他国家或地区发展的影响和借鉴作用。Xu 和 Carey（2021）梳理了新结构经济学的发展应用框架中的三个重点：（1）结构转型为政策重点；（2）产业政策的运用；（3）设立经济开发区。研究认为，虽然中国的发展经验无法被其他国家直接复制，但其结构转型中的发展经验和教训对其他发展中国家，特别是正处于快速城市化和一体化进程中的非洲国家，具有重要借鉴意义。于佳（2021）在梳理了全球治理以及全球经济治理相关文献的基础上，通过对当前全球经济治理机制演变过程中中国定位和发展的分析，提出中国参与全球经济治理，需要建立以中国发展经验为基础的新的全球经济治理理论，加强在全球范围内特别是发展中国家的人才培养，并对中国参与和引领全球经济治理提出政策建议。

2. 结构转型

回顾过去 70 年中发展中国家结构转型的经验，我们可以发现，几乎所有追随结构主义进行工业化或是追随新自由主义向市场经济转型的国家都失败了，而成功追赶上发达经济体的少数国家也其实存在与二者背道而驰的特点。Lin 和 Wang（2020）从新结构经济学角度指出了结构主义和新自由主义政策的几个缺陷。结构主义承认结构转型的重要性，主张政府支持先进产业发展，却忽视了结构的内生性和市场的作用。新自由主义过于相信市场的自发力量，但忽视各种扭曲的内生性和国家在结构转型中的作用。新结构经济学脱胎于东亚经济体的成功发展经验，倡导政府在市场经济中发挥积极促进作用以消除市场失灵。具体到中国的国有企业改革问题，Lin（2021）从新结构经济学的视角，回顾了中国国企改革的各个阶段，认为国有企业低效率和预算软约束的根源在于其所承载的战略性和社会性的政策负担。该文结合国有企业的现状，进一步提出深化国有企业改革的建议：（1）建立合理的激励机制；（2）政府要加强对这些企业的成本和价格的监督，防止企业利用战略包袱索取超出应有的补贴，或者攫取更多的垄断利润，从而侵害消费者利益。

而对于中国当前经济发展形势以及构建国内国际双循环的新发展格局，有不少研究从新结构经济学角度进行了系统分析。Lin（2020）指出，双循环的发展战略反映了中国清晰地认识到出口占 GDP 比重自 2006 年以来稳步下降的发展趋势，给予了中国走高质量发展道路的机遇。但这并不意味着中国应该改变过去充分利用国内外市场和资源发展经济的政策。由于现代制造业具有较大的规模经济，中国应继续充分利用国际市场。类似地，Lin（2021）进一步回答了以下三个问题：（1）为什么要以国内流通为主？（2）为什么继续充分利用国内外市场和资源的政策很重要？（3）中国将如何构建新的发展格局？该文指出落实新发展范式，最重要的是通过结构性改革挖掘增长潜力，深化改革提高国内流通效率，深化对外开放，更好利用国际资源促进发展，提高收入。在百年未有之大变局的大背景下，中国需要保持坚定决心，认清形势。在培育新的"双循环"过程中，中国政府有望发挥国内巨大市场优势，集中力量办好国家大事，进一步深化改革扩大开放，充分利用中国的发展潜力。林毅夫（2021）进一步探讨了中国提出的新发展格局及其具体落实方法。研究发现：（1）百年未有之大变局起因于新兴市场经济体的崛起，尤其是中国的快速发展。（2）中国以国内大循环为主体的同时，须坚持国内国际双循环相互促进。（3）中国在 2036—2050 年应该还有年均 4%~6% 的增长潜力。（4）金融市场、土地市场以及产权方面需要进一步改革。

对于经济发展中的绿色转型问题，Tong，Wang 和 Xu（2020）分析了禀赋结构、投资结构变化以及由此带来的就业变化、污染排放和社会福利变化之间的联系。研究指出中国的禀赋结构已经开始往人力资本方向转变，其潜在比较优势集中于人力资本密集型部门。该文的结果表明，首先，将投资转向人力资本将通过减少污染和延长预期寿命显著提升福利。到 2030 年，平均预期寿命将延长 0.91 岁。其次，人力资本密集型绿色产业将快速扩张，创造大量绿色就业岗位。

3. 其他微观层面的应用

在微观基础层面，周立和赵秋云（2021）基于新结构经济学理论，分析了企业家精神、产业技术创新与经济增长的关系。研究发现：企业家创新精神或创业精神在全国总体层面抑或分地区层面上对经济增长起正向促进作用；寻租活动在总体层面和分地区层面上皆显著抑制了经济增长；中国市场营商环境建设尚不够完善，在总体层面抑制了产业技术创新。李翠妮、葛晶和付才辉（2020）基于教育结构的一般均衡模型提出最优教育结构假说，评估了教育结构影响地区差距的因果效应。研究发现：产业结构违背比较优势地区的教育结构升级显著降低了教育结构适宜性，并对该地区的经济增长产生了显著的负向影响；教育结构适宜性扭曲通过加剧人力资本流失和降低人力资本结构适宜性两种路径，扩大了地区间的差距；教育结构适宜性扭曲通过增加企业社会性负担和降低全要素生产率，对地区经济差距产生了影响。

三、评论与展望

新结构经济学创造性地把发达国家和发展中国家经济结构的差异性和内生性引进现代经济学研究视野，实现了将现代经济学从以发达国家的结构为暗含前提的二维经济学，向不同发展阶段的国家有不同经济结构的三维经济学的方法转向。基于新结构经济学的理论框架，学者将重新审视诸多发展中国家在经济发展和转型时期存在的现象以及问题，并提出重要见解，甚至尝试颠覆一些以发达国家产业、技术、制度、文化结构为暗含前提来解释发展中国家问题的传统理论。近年来，新结构经济学学科体系粗具雏形，在关系经济运行的各个子领域里，新结构经济学的核心观点都得到了广泛且深刻的应用，逐渐发展出新结构产业经济学、新结构宏观经济学、新结构金融学、新结构环境经济学等，进而发起对现代经济学的一场"结构革命"。

通过本章对新结构经济学的研究综述可知，新结构经济学近年来已经有了不少研究成果，新结构经济学各个子领域的研究都把发展中国家和发达国家的结构异质性和内生性，以及由此导致的经济运行的内生性自觉放在理论模型的构建和实证检验中，在探讨相关问题时获得了更加深刻的理解。但是，新结构经济学的研究总体上仍处于发展的初探阶段，在国际和国内顶级期刊上的有影响力的研究论文发表规模依旧较小，对于很多问题尚处于定性探讨阶段，尚缺乏严谨的数学模型或实证模型进行学理分析。因此，目前新结构经济学未来的努力方向以及研究工作的开展可以分为中期和长期两个目标：

从中期目标来看，需要加快构建新结构经济学学科体系。目前新结构经济学在学科发展上尚处于萌发时期，为了满足其发展需要，应该率先建设新结构经济学教材体系。虽然新结构经济学的学术观点、研究发现需要由一篇篇的论文来呈现，但归根结底教材才是学科体系建构的最佳载体和基础性工作。教材要求的是综合性的知识体系，必须对一门学科的研究背景、研究对象、研究范式、中心思想、体系脉络、研究成果、实践应用、发展趋势等有相对完整的刻画。因此教材建设是学科发展的奠基石，也是当前新结构经济学发展的重中之重。

现阶段，新结构经济学各个领域教材编著需要侧重四个方面的内容，才能更有助于新结构经济学学科建设的后续推进：首先，要按照新结构经济学的基本原理，从底层逻辑出发，探索各个领域具体的结构变迁规律，按照对象现象本身的规律总结出具有一般性的原理及其逻辑体系，这样就可以很自然地形成教材框架体系；其次，要按照新结构经济学的基本范式，理清楚各领域从新古典到新结构的理论进阶路径，这样既可以覆盖传统主流的以新古典理论视角为核心的教材的基本知识点，也能够突出新结构经济学新在何处、妙在何方，展现新结构经济学的理论方法特色；再次，通过对传统经济学基本逻辑的梳理和新结构经济学理论范式的比较，对该领域的大量文献资料进行重构，系统整理出哪些是传统的缺乏结构及其内生性的理论视角的内容，哪些学说与新结构经济学视角如出一辙；最后，从现象和实证出发，落脚到实践上，尤其是要高度关注与我国及发展中国家密切相关的政策实践。以上这几个环节的工作，不但可以不断推进相关领域的新结构经济学教材内容的完善，而且更重要的是，可以引领相关领域的新结构经济学研究，进而加速新结构经济学学科体系的建设。

从长期目标来看，学术研究需要打破对传统经济学的盲信盲从，从发展中国家自身的经济基础和相应的上层建筑出发，进行经济学学科自主创新，以实现运用发展中国家经济学理论体系解释发展中国家经济学现象、指导发展中国家经济发展的理论目标。而要研究中国作为一个发展中、转型中国家现在和未来的经济长期发展问题，学术探讨不能仅仅只是照搬发达国家盛行的理论，而是要实事求是，了解自己国家所要解决问题的本质，以及自己国家的经济、社会、政治、文化特性，提出属于自己的具有创新性的理论解释架构。任何理论都是内嵌于产生这个理论的国家所处的发展阶段的经济基础及其相应的上层建筑之中，不同发展阶段国家的问题即使表面看起来相似，但是在解决问题时，也常常因为所据理论内嵌的暗含前提在发展中国家不存在或是有差异，而发生难以解释或者结论相悖的情形。因此，要以中国的经济现象和问题为研究对象，以新结构经济学为基本解释框架，在马克思主义指导下来构建中国经济学理论体系。

第二节　重要论文

1. Justin Yifu Lin, Wei Wang and Venite Zhaoyang Xu. Catch-up industrial policy and economic transition in China [J]. The World Economy, 2021, 44 (3): 602-632.

研究背景：中国在 1952 年到 1978 年（改革开放前）采取了优先发展资本密集的重工业的促进政策，但这一产业政策并不成功。正确的产业政策对于促进经济增长效果显著，但如果产业政策设计不恰当，就像改革开放前的中国所采用的重工业产业政策那样，则会导致资源分配不当和经济增长下滑。所以一个值得探讨的问题是：为什么中国会采取针对资本密集型/重工业的产业政策？

基本结论：研究结果表明，如果政府经济追赶的目标程度较为迫切，政府将选择更高的税收/补贴率。最终，尽管资本密集型产品的产出可能会更大，但长期最终产出会低于最优的方案。尽管对资本密集型产业的补贴会提升其产出。但如果政策过于扭曲（非常高的税率/补贴率），资本密集型部门的产出在长期内也可能低于对最适宜补贴部门进行补贴的情形。这些模型的结果推论与中国以及其他许多采用追赶型产业政策的发展中国家的典型事实相一致。

主要贡献：该文章通过构建理论模型，研究了扭曲的产业政策，以及由此产生的资源错配对于生产部门层面和国家总体层面宏观经济变量的影响。此外还通过以下方式为相关文献做出了新的贡献：（1）该模型中的部门差距是内生的，所以不受卢卡斯批判的影响。（2）文中的模型能同时反映部门特征差异对于短期资源错配和长期资本积累的影响。

现实意义：该文的研究结果印证了扭曲的产业政策即便在短期内会促进行业增长，但最终导致了效率和社会福利的巨大损失。模型的结果推论也与中国在 1952—1978 年间的经济增长特征，以及其他采用类似扭曲新产业政策的发展中国家的经济发展历史相一致。

2. Justin Yifu Lin. What does China's "dual circulations" development paradigm mean and how it can be achieved? [J]. China Economic Journal, 2021, 14 (2): 120-127.

研究背景：根据经济发展规律，国内经济循环在一国经济中的比重会随着经济规模的增长和服务业的扩大而增加。中国之前的发展战略定位被认为是出口导向的，而在 2020 年 5 月，中国国家主席习近平在中国政协十三届三次会议首次提出的"推动形成以国内大循环为主体、国内国际双循环相互促进的新发展格局"改变了这一定位。中国作为世界第二大经济体，也是世界上最大的贸易国，其经济战略定位的变化不仅会影响中国自身，也同样会对全球经济产生重大影响。因此，正确认识"双循环"发展战略是十分必要的。

基本结论：落实国内大循环为主、国内国际双循环的新发展模式，最重要的是通过结构改革挖掘经济增长潜力，通过深化改革提高国内流通效率，通过深化开放更好地利用国际资源，从而促进发展，提高经济收入水平。

主要贡献：本文围绕以下三个重要问题，做出了系统性的分析：（1）新的发展模式为什么要把国内流通置于主导地位？（2）为什么要继续实行充分利用国内和国际两个市场和资源的发展政策？（3）中国将会如何构建这一新的发展模式？

现实意义：在百年未有之大变局的背景下，中国需要保持决心，并对形势有清醒的认识。在培育新的双循环过程中，中国政府要发挥国内巨大市场的优势，集中精力办好国家大事，进一步深化改革，扩大开放，充分发挥中国的发展潜力，充分利用中国的发展潜力。这样一来，无论世界上有多少不确定因素，中国都能保持稳定，持续发展，实现把中国建设成为现代化国家的目标。到 2035 年把中国建成社会主义现代化国家，到 2049 年建成伟大的社会主义现代化国家的目标。中国的发展不仅可以使中国受益，而且也可以使其他国家受益。

3. Xu Jiajun, Ru Xinshun and Song Pengcheng. Can a new model of infrastructure financing mitigate credit rationing in poorly governed countries？［J］. Economic Modelling, 2021（95）：111-120.

研究背景：基础设施融资赤字对于世界上不少国家来说是一个重大的挑战，而对于发展中国家来说更是如此。为了填补基础设施的融资缺口，国际发展界自 20 世纪 90 年代初就呼吁私人部门更多地参与发展中国家的基础设施融资。然而结果并不尽如人意。公共基础设施项目具有正外部性，这使得私人投资者不太愿意为其提供资金。发展中国家的薄弱体制往往导致国际监管政策的失效，甚至适得其反。监管失败和价格上涨导致了人们对私有化基础设施融资的普遍不满。

基本结论：文章创新性地使用项目层面数据，得出以下结论：（1）资源融资基础设施（RFI）的贷款规模比传统的政府基础设施购买模式大得多；（2）这种差异在监管不力的国家尤为明显。这表明，资源融资基础设施能帮助避免监管不善带来的负面影响。

主要贡献：该论文对于基础设施融资和信贷配给理论的相关文献有以下两点重要贡献。（1）该研究第一个系统地使用项目层面的数据来研究 RFI 的特征事实，并采用一个正式理论模型解释了为什么 RFI 能够更好地缓解监管不善国家的信贷配给。（2）该研究采用了类似公司金融的经典信贷配给理论的分析框架，并将其创新性地运用到主权基础设施融资问题上。

现实意义：该研究对发展中国家基础设施融资赤字问题有实际意义：（1）文章系统地解释了监管不善如何从两个层面加剧了信贷问题。一是借款国的官员可能会私吞借贷资金，二是借款国的政府可能不会偿还基建贷款。深入研究这两个局限性，有助于更好地把握治理不善国家的基础设施赤字问题的性质。（2）文章阐明了资源融资基础设施的模式相比传统政府购买基础设施的模式的优越性。（3）文章建议中国政策性银行考虑引入问责制和更多透明度到 RFI 交易中，以确保它们能够在实现中国政府设定的公共政策目标的同时，最大限度地提升借款国的发展成果。

4. 林毅夫. 百年未有之大变局下的中国新发展格局与未来经济发展的展望［J］. 北京大学学报（哲学社会科学版），2021，58（5）：32-40.

研究背景：2021 年是中国完成第一个百年目标，开启"十四五"规划和奔向 2035 年远景目标以实现中华民族伟大复兴的宏伟目标之年，习近平总书记在 2018 年提出了当今世界正面临百年未有之大变局，并在 2020 年提出新发展格局，作为中国未来经济发展的政策导向。因此，了解认识以下问题有助于理解当前世界发展格局以及中国未来的发展方向：为何世界会出现百年未有之大变局？这个变局将会如何演变？什么是新发展格局及其落实方法？中国未来发展潜力有多大？相应需要的改革有哪些？

基本结论：（1）百年未有之大变局起因于新兴市场经济体的崛起，尤其是中国的快速发展所伴随的世界格局的变化，一个新的、稳定的格局也终将由于中国的进一步发展而出现。（2）中国以国内大循环为主体的同时，须坚持国内国际双循环相互促进。中国的经济发展越好，收入水平越高，经济体量越大，国内循环的主体地位也就会越高。（3）根据后来者优势、新经济创新的优势以及高质量增长需解决的除技术外的社会经济问题，中国在 2036—2050 年间应该还有年均 4%~6% 的增长潜力，以此计算，中国到 2049 年的人均 GDP，完全有可能达到当时美国的一半。（4）相应的改革措施：金融市场方面，要继续完善现有的各种金融制度安排，需要发展能为农户、中小微企业更好地提供金融服务的地区性中小金融机构。劳动力市场方面，要推动户籍制度改革，解决高房价问题，以利于人才流动。土地市场方面，要落实农村集体土地入市的政策，增加工业用地、商业用地和住房用地的供给。产权方面，要落实"毫不动摇地巩固和发展国有经济，毫不动摇地鼓励、支持和引导民营经济的发展"，让民营企业在市场上不受因为产权安排的不同而形成的准入或运营方面的障碍。在国际上应该更积极地推动世贸组织的改革，参加一些区域性的经济合作协定。

主要贡献：该文系统地分析了当前经济格局出现的原因和未来发展趋势，并进一步探讨了中国提出的新发展格局及其具体落实方法。

现实意义：面对百年未有之大变局，中国要保持定力，认清形势，在新发展格局中，做好自己的事，继续深化改革扩大开放，利用好中国的发展潜力。这样，不管国际上有多大的不确定性，中国都可以依靠自己国内的大循环保持稳定和发展，实现中华民族的伟大复兴，同时为其他国家带来发展的机遇，并贡献于新的稳定的世界格局的早日到来。

5. 王勇. "十四五"时期中国产业升级的新机遇与新挑战：新结构经济学的视角 [J]. 国际经济评论，2021（1）：56-75，5.

研究背景：2020 年 10 月 29 日召开的党的十九届五中全会审议通过了《中共中央关于制定国民经济和社会发展第十四个五年计划和二〇三五年远景目标的建议》，对"十四五"期间乃至未来 15 年中国的经济与社会发展指明了整体性的战略方向与政策重点。面对新的国内与国际形势，中国产业升级在"十四五"时期将会面临哪些新的机遇与挑战？应当如何分析与应对？中国各级政府、学术界以及国内外市场投资者都非常重视这些问题。

基本结论：在"十四五"期间乃至未来 15 年，中国的产业升级会面临各种各样的挑战，而且五大类产业所面临的挑战并不一样。发展领先型产业需要考虑如何避免大而不强，需要拓展国际市场，做好质量和品牌。发展追赶型产业的关键则是引进国外先进技术，故应考虑如何招商引资和改善营商环境。发展转进型产业一方面要提升附加值，并将失去比较优势的环节转移到其他国家或地区；另一方面涉及对产能过剩问题的处置。发展换道超车型产业的关键是人才。战略型产业面临被"卡脖子"的风险。不同地区五大类产业所占的比重是不同的。同一地区针对不同类型的产业应该实行的产业政策亦有差异，而且需要互相协调的配套支持。未来中国产业升级也有四大机遇：（1）中国政府很可能会加大扶持战略型产业政策的力度，从而给这些产业以及上下游相关产业的发展带来新机遇。（2）我们正在经历以人工智能、区块链、云计算、大数据为核心特征的新的工业革命。（3）"一带一路"倡议带来的机遇。（4）区域经济一体化上升为国家战略，有利于在空间布局与配置上提高生产资源的效率，有利于拓宽和挖掘国内市场，有利于中国企业找到更可靠的战略供应商，有利于释放被压抑的国内需求，有利于提高中国经济整体应对国际环境不确定性的能力。

主要贡献：本文从新结构经济学的理论视角，首先分析中国新的宏观经济形势、同步进行的四个结构性过程、外部"三明治"压力以及内部"垂直结构"带来的挑战。然后通过理论与实例分析，说明如何根据禀赋结构识别本地区具有潜在比较优势的产业，强调政府因势利导以降低交易费用，从而保障市场发挥有效的资源配置作用。最后阐述了中国产业升级面临的关键挑战与四个重要的新机遇。

现实意义：本文梳理了"十四五"时期中国面临的挑战并从经济学视角给出了分析和建议，对于理解中国当前面临的经济发展问题和厘清发展思路有重要贡献，帮助决策者加深对上述问题的思考，在制定与执行具体政策时能遵循新结构经济学所倡导的原理与方法，因地制宜、因时制宜、因结构制宜，更加充分地发挥"有效市场"与"有为政府"的双重作用。

6. 林毅夫，沈艳，孙昂．中国政府消费券政策的经济效应［J］.经济研究，2020，55（7）：4-20.

研究背景：2019年年末爆发的新冠肺炎疫情给中国和世界经济带来前所未有的挑战，疫情防控导致生产、消费和外贸同时萎缩。面对消费支出下滑冲击中小微企业、就业和低收入人群的新情况，需要迅速、果断地在需求端采取措施，以实现同时保护家庭、保障消费、帮企业渡过难关，从而保护中国经济根基的目标。为此，重启消费已成为稳定中国经济的重中之重。不同于发达国家采取的发放现金等措施，从2020年3月起，中国地方政府开始陆续发放消费券。据商务部统计，截至5月8日，中国已有28个省市自治区的170多个地级市发放了190多亿元消费券，这是中国历史上第一次大规模通过发放消费券来应对经济冲击。但是否应当加大发放规模取决于消费券能否达到刺激消费的初衷，这就需要先评估现有消费券的发放效果。

基本结论：（1）发放消费券可以促进消费，发券地区受支持行业的支付笔数比未发放地区同期同行业高约26%。（2）在第三产业占比高的地区，消费券显著增加交易活跃程度；定向低收入人群的消费券可以增加消费。（3）城市不发放消费券的主要原因是财力受限而不是消费券无效。

主要贡献：（1）从消费券刺激消费的角度，丰富了新冠肺炎疫情对经济影响的文献。综合国内外文献可知，尚缺少评估疫情下消费券影响的实证分析。本文的发现有助于理解在疫情背景下，在世界最大的发展中国家发放消费券对经济复苏的效果。（2）本文丰富和补充了消费券相关的研究。（3）本文为在新冠肺炎疫情这样的重大公共卫生安全事件背景下，政府如何处理和市场的关系提供了新的评估视角。

现实意义：消费券发放对消费券定向的行业起到了很好的提振需求、保护企业和就业的作用。但是，现有消费券的发放状况不足以应对疫情引发的经济下滑。该文建议加大对贫困地区、低收入人群的消费券发放力度。此外，地方政府不发券的主要原因是财力不足，对于自身财政实力不如经济发达地区的地方政府，可以允许其使用上级转移支付或增加赤字率来支持消费券发放。在发放过程中，需要多策并举，利用大数据技术精准定位需要扶持的行业与人群，确保消费券发放透明、公正、高效。

7. 樊仲琛，徐铭梽，朱礼军．发展中国家的进口与技术学习——基于中国经济发展的经验证据、理论和定量分析［J］.经济学（季刊），2022（即将发表）.

研究背景：中国正处于由高速增长阶段向高质量发展阶段转变的关键时期，从技术学习转向自主创新是实现从"中国制造"向"中国创造"转变的必然选择。很多发达经济体经历了从技术学习到自主创新的过程。自主创新实现技术进步。贸易开放带来的国际知识扩散对于发展中国家是重要的技术学习途径。基于此，本文研究如下机制：发达国家的技术嵌含在其生产的产品中，发展中国家通过与发达国家贸易，从进口的产品中学习技术，积累知识并逐步转型为自主创新。

基本结论：首先，本文通过实证检验归纳了一系列特征事实：（1）中国在2000—2009年的技术和前沿距离相比1990—2000年明显缩短；（2）从发达国家国家的进口和资本品进口更能够持续促进企业发明专利申请；（3）构造城市层面的进口冲击，得到只有高知识密集度的进口可以促进发明专利申请，而低知识密集度的进口对发明专利申请无显著作用。其次，构造的模型表明发展中国家的企业在进口中进行学习，逐渐缩短和发达国家的技术差距。当技术和前沿的差距足够小时，发展中国家转向通过自主创新的方式进行技术进步。另外，本文模型能够得出，虽然进口短期内让外国企业占据本土市场，但是长期可以促进本土企业通过技术学习快速追赶，最终实现对发达国家的赶超。

主要贡献：（1）本文研究了贸易推动发展中国家技术进步的新机制，即从贸易中学习，从而促进创新。（2）为了量化此机制本文拓展了 Akcigit 等（2018）的研究，构建了一个开放经济中两国内生技术进步模型并定量估计了模型参数，然后通过反事实实验从知识流动的角度研究了贸易摩擦对技术进步的抑制作用，对中美贸易和技术摩擦有重要的启示意义。（3）相比于文献，本文的模型并不局限于对平衡增长路径的刻画，而是得出发展中国家从学习到创新，从技术追赶到实现超越的转移动态过程，能够更加全面地研究发展中国家技术进步。

现实意义：文章模型的模拟结果表明：当贸易成本提高，发展中国家可进口的产品减少，使得部分原本进行技术学习的企业转向成本更高的自主研发，降低了发展中国家的技术进步速度。但与此同时，发达国家的部分企业失去了海外市场，创新的激励下降，导致技术进步速度减缓。所以，虽然美国设置了贸易壁垒，使得中国需要更早地通过自主研发实现技术进步，但是美国的高科技企业失去了中国的市场，也会降低技术进步速度，这将是一个两败俱伤的结果。

8. 张海洋，颜建晔．精准扶贫中的金融杠杆：绩效和激励 [J]．经济学（季刊），2020，20（5）：193-212．

研究背景：消除贫困同促进增长一样是每个经济发展阶段的重要目标。尽管自中华人民共和国成立以来，我国的扶贫工作从未停止，也取得了一定的成绩，但截至 2014 年年底，我国还有约 7000 万贫困人口。为了实现"精准扶贫"的目标，我国地方政府普遍改变了扶贫资金直接或间接发放到贫困户的方法，转而利用财政扶贫资金设立"风险补偿金"，用它作为担保以激励商业银行向贫困户（以及能够带动贫困户脱贫的企业）定向发放贷款。有了风险补偿后，相关贷款如若发生损失，由"风险补偿金"偿付，一定程度上解除了商业银行的后顾之忧，让它们愿意发放原本不愿涉及的扶贫贷款。但其中必然伴随着道德风险问题，即商业银行可能因此没有激励去识别合格借款人，而是随意发放贷款，任由贷款发生损失。为了解决这样的问题，在地方实践中出现了两种解决问题的思路：风险分担模式和金融杠杆模式。本文则比较分析了两种模式的效率和激励问题。

基本结论：金融杠杆模式确实可能比直接扶贫模式能实现更高的贫困户福利和社会福利，但扶贫成本会高于风险分担模式。值得注意的是，现实中政府无法观察到银行的行为，银行会偷懒，随机发放贷款并骗取政府的补贴。在这样的情况下，对于投资量较低的扶贫项目，为了实现扶贫成本最小化，需要进一步提高杠杆；对于收益率较高的项目，为了实现社会福利最大化，也需要进一步提高杠杆比率。

主要贡献：目前没有发现其他国家采用类似我国的"金融杠杆扶贫"的方法，也没有相关的研究。国内关于这一模式的研究主要还是描述性的，以介绍各地的相关做法和经验为主，深入的理论分析不多，本文的分析研究和发现弥补了这一空缺。

现实意义：该研究提供了选择扶贫策略的思路：如果要节约扶贫成本，应选用风险分担模式；如果想实现贫困人群利益最大化，应选用金融杠杆模式。但是在使用风险分担模式时，同时对贷款利率实施管控（比如要求基准利率放贷）可能不是恰当的措施。在政府对金融机构的风险进行分担，弥补"市场不愿自发进入扶贫领域"的短板之后，应该让价格信号指挥市场去配置资源，同时根据不同的市场利率找到最恰当的政府分担比例。这样才能体现"有为政府"和"有效市场"之间的协作。

9. 林毅夫，付才辉，郑洁．新结构环境经济学：一个理论框架初探 [J]．南昌大学学报（人文社会科学版），2021，52（5）：25-43．

研究背景：新结构经济学是作为第三代发展经济学提出来的，但实际上是对现代经济学的一场结构革命，它涉及现代经济学的每个领域，包括环境经济学。基于新结构经济学一个中心三个基本点的研究视角，采用新古典的研究方法对经济体的环境系统进行结构分析，初步构建起新结构环境经济学的理论框架。

基本结论：新结构环境经济学理论框架根据其基本原理和研究范畴，可以划分为四大理论体系，即新结构最优环境结构理论、新结构环境发展理论、新结构环境转型理论和新结构环境运行理论。四大理论体系一以贯之地认为，环境结构及其变迁、转型与运行均内生于要素禀赋结构所决定的生产结构。

主要贡献：该文初步从新结构经济学的底层逻辑勾勒了新结构环境经济学的主要逻辑架构，围绕主要议题探讨了新结构环境经济学的理论体系。为后续的深入研究提供了路线指南。

现实意义：发展经济不能对资源和生态环境竭泽而渔，生态环境保护也不是舍弃经济发展而缘木求鱼，要坚持在发展中保护、在保护中发展，实现经济社会发展与人口、资源、环境相协调，使绿水青山产生巨大生态效益、经济效益、社会效益。探索生态优先、绿色发展的新路子，关键是要处理好绿水青山和金山银山的关系。这不仅是实现可持续发展的内在要求，而且是推进现代化建设的重大原则。加快深化新结构环境经济学建设，对丰富新结构经济学学科体系有重要的理论意义，对我国和人类的生态文明建设也具有重要的实践意义。

10. 朱兰，王勇，李枭剑．新结构经济学视角下的区域经济一体化研究——以宁波如何融入长三角一体化为例［J］.经济科学，2020（5）：5-18.

研究背景：在当下国际环境错综复杂、外部市场相对疲软的大背景下，区域一体化对于提振国内需求、推进要素市场一体化改革、实现高质量经济增长具有重要意义，具体政策实施也变得更为迫切。长三角一体化、粤港澳大湾区、京津冀协同发展以及黄河流域经济带建设都是重要的国家战略。如何实现产业融合成为学术界和政策界研究关注的重点问题。

基本结论：该文提出了区域经济一体化的逻辑框架，具体包括六步：（1）分析主体城市的发展阶段及其禀赋结构。（2）寻找区域内产业融合的目标城市。（3）对比分析城市的产业结构，寻找比较优势产业。（4）划分五大类产业，确定产业融合路径。（5）分析产业融合现状，寻找制约瓶颈。（6）发挥有为政府作用，促进地区产业融合。该文依照此框架，以宁波作为主体城市，上海作为目标城市，发现两者产业融合遵循优势互补原则，宁波主要通过引进上海服务业促进本地制造业的发展。而针对产业融合过程中存在的约束瓶颈，需要有为政府因势利导，既需要宁波市政府从增强要素供给、改善软硬基础设施等方面，提高自身的产业竞争力，也需要宁波与上海合作，支持城市间的要素流动，降低交易成本，促进产业融合。

主要贡献：（1）这是第一篇运用新结构经济学的方法研究区域经济一体化的经济学学术论文。本文首次明确区分了新结构经济学与新经济地理学、城市经济学、区域经济学等相关主流理论在模型与分析思路上的关键差异，重点突出了"禀赋结构""产业异质性"与"有为政府"等新结构经济学核心概念在分析跨地区产业融合问题时所带来的新视角和优势。（2）该文进一步拓展了新结构经济学关于产业升级在跨地区产业融合方面的研究。（3）该文遵循新结构经济学"知成一体"原则，给地方政府提出了一套逻辑性与可操作性兼备的跨地区产业融合的分析框架。

现实意义：本文提出的基于禀赋结构和产业结构的区域经济一体化战略分析框架，为地方政府的决策科学化提供智力支持，提出操作性较强的步骤，降低"好心办坏事"的概率。此外，该框架也对于推进粤港澳、京津冀等区域的经济一体化具有借鉴意义。

11. 王勇，汤学敏．结构转型与产业升级的新结构经济学研究：定量事实与理论进展［J］．经济评论，2021（1）：3-17.

研究背景：新结构经济学理论体系特别强调对不同发展阶段的差异性分析，"禀赋结构"是用来刻画发展阶段的最重要的变量，而"产业结构"则是分析不同发展阶段经济结构的最重要的核心内生变量。禀赋驱动的结构转型与产业升级是新结构经济学所强调的理论机制。因此，结构转型与产业升级的研究是整个新结构经济学理论体系中非常核心的基础内容。如何更好地理解其中的核心内容和机制，梳理已有的相关研究，对于该领域的研究发展具有重要意义。

主要贡献：（1）该文系统阐述新结构经济学关于产业升级与结构转型问题的分析视角与核心机制，并且通过实例详细展示引导新结构经济学在这方面理论进展的主要典型事实有哪些，如何结合数据进行分析。（2）该文对新结构经济学在该领域的相关最新理论进展做了一个非技术性的扼要介绍，有助于促进未来该领域的理论研究和实证研究。

现实意义：本文是第一篇关于产业升级与结构转型的新结构经济学研究的综述与展望，有助于深化经济学研究者对于结构转型与产业升级问题，甚至对于整个新结构经济学体系，在研究方法和研究内容上的理解，对这方面理论与实证的进一步研究起到抛砖引玉的作用。

12. 张一林，林毅夫，朱永华．金融体系扭曲、经济转型与渐进式金融改革［J］．经济研究，2021，56（11）：14-29.

研究背景：中国的金融体制机制与发达国家存在诸多差异，呈现出浓厚的政府干预色彩，包括对银行资金配置的大量干预、严格的存贷款利率管制、极高的银行准入门槛、对国有企业贷款的隐性担保、银行业的预算软约束等。长久以来，都有来自各界的声音主张转型国家应当根据金融自由化理论，以发达国家的金融体系为模板，通过一步到位的金融改革去掉各种金融抑制、扭曲，以最快的速度采用与发达国家一致的金融制度安排。但是，对于包括中国在内的、处于转型期的发展中国家而言，取消政府对金融体系的扭曲干预，照搬发达国家的金融制度安排，以发达国家为参照系构建本国的金融体系，是否为金融改革和金融发展的最优选择？

基本结论：研究指出，金融扭曲内生于政府保护补贴与国防安全、国计民生和社会稳定息息相关但不具有自生能力的企业的需要，推进金融转型以提高金融体系效率的关键在于改善企业缺乏自生能力的问题，并根据经济中企业自生能力状况的变化渐进完善金融体系。此外，该理论框架也能对日本、韩国等东亚经济体的发展经验提供解释，日韩政府实施的扭曲性的金融安排同样也是内生于保护补贴不具有自生能力的企业的需要。

主要贡献：该文从企业自生能力的视角讨论了普遍存在于转型经济体的扭曲性金融制度安排的内生机制以及转型经济体平稳推进金融转型的必要条件和适宜方式。相比之前的研究，该文弥补了相关文献中对经济结构这一深层次原因探讨的空缺。

现实意义：该文的分析对于其他转型国家的金融改革也有普适性的意义。转型国家在设计和推进金融制度改革时，应当根据自身所处的发展阶段选择相适应的阶段性的转型目标和方式。在转型目标方面，应当根据自身的要素禀赋结构、比较优势、产业结构、企业的自生能力状况等，选择相应的转型目标，而不是以发达国家为参照系简单照搬甚至全盘复制。在转型方式方面，转型国家的金融改革不能急于求成，应当渐进推进，根据企业自生能力改善的情况，在保证社会稳定、维护国防安全和维系国计民生的前提下，逐步地消除各种不再必要的扭曲性政策。

13. 毛盛志，张一林. 金融发展、产业升级与跨越中等收入陷阱——基于新结构经济学的视角［J］. 金融研究，2020（12）：1-19.

研究背景：大多数发展中国家在达到中等收入水平后，难以进一步转型为创新驱动型国家、实现向发达国家的经济收敛，这一现象被称为"中等收入陷阱"。但对于中等收入陷阱的产生原因及跨越"陷阱"的有效途径，经济学家至今未达成一致的结论。中国当前重点领域的创新能力不适应高质量发展要求。因此，如何进一步深化金融体制改革，构建现代金融体制，为现代产业体系建设和发展提供金融支持，推动中国经济体系优化升级，是实现全面建设社会主义现代化国家目标的当务之急。

基本结论：给定一国的发展阶段，存在一个对于金融深化程度的"最低要求"，低于这一临界值的国家将难以实现下一阶段的产业升级。同时，产业升级对金融深化程度的要求并非一成不变，而是随着经济发展呈现出先快速上升、在达到中等收入水平后缓慢递减的特征。在资本积累相对有限的约束条件下，中等收入国家要实现经济增长方式从模仿驱动转向创新驱动，需要首先实现金融深化程度的提升，并推动金融结构转型和制度完善，以实现对创新型产业的有效金融支持，否则很可能陷入"模仿陷阱"，长期徘徊在中等收入水平。

主要贡献：（1）文章揭示了产业结构升级对金融深化程度的要求以及如何随着发展阶段变化而变化。（2）文章基于新结构经济学的视角，为中等收入陷阱的发生机制和跨越条件等提供了金融体系层面上的理论基础。（3）文章论证了在一国实现金融深化程度不断提升、产业结构升级与向发达国家收敛的过程中，其内在的最优金融结构应如何动态调整。

现实意义：不同发展阶段的国家应当采用不同的发展战略，具体体现在主导产业的选择与金融体系的定位方面。中国要实现当前产业升级，需要通过有效的制度供给完善金融发展所需的软性基础设施。虽然我国金融体系总体规模较大，但配置、监管效率还亟待提升，需要更有效的制度供给。此外，中国目前面临着去杠杆和防范系统性风险的重大任务，不能一味追求低杠杆，而应同时优化金融结构，以满足实体经济在发展过程中的金融服务需求，助推产业升级和经济结构优化，最终实现进入创新型国家前列的发展目标。

第三节　重要著作

1. 林毅夫. 论中国经济：挑战、底气与后劲［M］. 北京：中信出版集团，2021.

研究背景：中国已进入十八大提出的"两个百年"中的第二个百年发展阶段，面对百年未有之大变局和新的战略机遇期，中国应当在哪些方面发力？

内容提要：林毅夫教授认为，未来 10 年，中国经济将有年均 8% 的增长潜力。这个判断的背后，是对当下中国面对的巨大挑战和机遇、中国经济的韧性与底气的认知。中国如何继续后发优势？面对新工业革命，中国又应当如何参与并引领？如何理解双循环和新发展格局？如何通过经济结构的转型，促进"十四五"期间各地的高质量发展？关于这些问题在这本书中林毅夫教授给出了自己的观点。

基本结构：全书共九章，第一章介绍中国成就来自何处，包括李约瑟之谜和中国的复兴，中国经济增长动力何来，以及回望中国民企发展 40 年；第二章介绍中国发展的启示，包括发展中国家可以向崛起的中国学什么，中国经验有助于世界消除贫困；第三章指出中国要有自己的经济理论，包括十九大后中国新发展理念解读和从 70 年发展看经济学理论创新；第四章谈到如何做新结构经济学的研究，介绍为何要研究新结构经济学，什么是新结构经济学，以及怎么做新结构经济学的研究；第五章谈到从新结构经济学的视角看增长，包括如何理解新结构经济学与现代经济学的结构革命，创新、知识产权保护与经济发展，如何"因势利导"与"反弹琵琶"并用，发挥成渝优势；第六章介绍金融如何推动经济发展，包括新结构经济学与最优金融结构理论，金融创新如何推动高质量发展；第七章谈到构建新发展格局是历史必然，为何新发展格局是必然和共赢的战略选择，双循环提出的深意与落实中的关键点，以及中国要理直气壮地支持和引领新工业革命；第八章谈到"十四五"当迈向更高处，包括当前形势下国内外宏观经济走势判断，新冠肺炎疫情与中美贸易摩擦双重背景下的中国经济发展，经济结构转型与"十四五"期间各地的高质量发展；第九章解读全球合作带来的共赢，包括世界经济新动向，新形势下的全球经济治理体系，疫情下的全球经济及中国应对，中国经济与中美关系的过去、现在和未来，林毅夫教授对中美贸易摩擦的三点看法。

研究意义：面对世界经济不确定因素增多等一系列新形势下的新变化，林毅夫教授从中国经济自身的发展落脚，深度解读中国经济的发展格局、金融如何推动增长、十四五时期的发展方向、中国与世界其他国家的合作前景，分析了中国的发展经验及其对世界其他国家的启发。同时，他认为，作为世界第二大经济体，中国要有自己的发展理论，要有自己的理念解读和创新。因此，本书的另一个重要价值在于，作者从一直倡导的新结构经济学出发，用中国自己的发展理论和创新理论，去解释中国的发展和增长动力，具有高度的理论原创性。

2. 林毅夫，王勇，赵秋运. 新结构经济学研习方法 ［M］. 北京：北京大学出版社，2021.

研究背景：这本书是关于如何学习与研究新结构经济学的读物。不管你想了解新结构经济学的来龙去脉、新结构经济学的基本概念、如何做新结构经济学研究，还是如何从事新结构经济学教学，相信你都能从这本书中找到答案。

内容提要：本书是林毅夫教授及其团队为新结构经济学大道上的后来者提供的学习研究指引以及答疑解惑之作。全书共分为理论编、对话编、心得编。全书的目标是：第一，介绍新结构经济学的来龙去脉，追溯新结构经济学起源并理解其演变。第二，系统阐释新结构经济学理论中的一些核心概念及其界定。第三，系统介绍新结构经济学的研究方法，帮助读者更好地理解和洞察"本体""常无"以及"知成一体"的方法。第四，针对新结构经济学的授课过程中会遇到的困惑，提供解决思路。本书不仅适合对新结构经济学感兴趣的初学者，也适合长期致力于新结构经济学学习和研究的专业人士，以及关注中国经济问题的人士。

基本结构：本书一共有三编，第一编为理论编，主要包括林毅夫教授写给新结构经济学大道上的后来者的寄语，如何做新结构经济学的研究，以及新结构经济学的理论溯源与进展。第二编是对话编，内容有四部分，第一部分主要介绍关于新结构经济学禀赋内涵的探讨，这部分根据北京大学新结构经济学研究院学术副院长王勇组织的新结构经济学研究院内部研讨班上的对话整理；第二部分是关于新结构经济学方法论的对话，这部分根据"产业升级与经济发展"微信群讨论内容整理；第三部分是新结构经济学理论问与答，这部分是北京大学新结构经济学研究院赵秋运研究员针对自己学习和授课过程中的疑问总结而成；最后一部分是关于经济学研究方法和方向的讨论，这部分根据"产业升级与经济发展"微信群就2020年克拉克奖引发的关于经济学研究方法和方向的讨论内容整理。第三编为心得编，主要内容包括北京大学新结构经济学研究院学术副院长王勇撰写的两篇文章：再读"与林老师对话"系列图书有感，以"常无"心态研究新结构经济学——再读林毅夫教授的著作《本体与常无》，以及"不忘初心，传经授道新结构兰财授课之路感想"，最后这部分是赵秋运研究员写的关于新结构经济学授课的经验。

研究意义：新结构经济学是中国社会科学领域自主理论创新的成果，本书是学习与研究新结构经济学的入门读物，严格来说，是新结构经济学学习和研究的引导书和释疑书，不仅适合对新结构经济学感兴趣的初学者，也适合长期致力于新结构经济学学习和研究的专业人士。本书对有志从事新结构经济学研究、希望推广新结构经济学理论、关心中国经济发展前景，以及关注中国经济学学科发展的广大读者都大有裨益。

3. 林毅夫，王勇，赵秋运. 新结构经济学：理论溯源与经典文献［M］. 上海：格致出版社，2021.

研究背景：新结构经济学从结构变迁的角度研究经济发展问题，重新发掘和定义了发展经济学的关键性问题，并在此基础上进行了有益的拓展。在过去的十几年间，林毅夫教授和他的合作者们围绕着结构转型这个主题进行了大量理论和经验研究，本书就是这些研究的综合成果。

内容提要：本书分五大部分，从思想框架与理论溯源、新结构发展理论、新结构转型理论、新结构经济运行理论及新结构经济学实证研究方法等方面，集中展示了林毅夫教授推动发展经济学第三波理论思潮即新结构经济学发展的重要研究成果。

基本结构：本书一共有五编。第一编是思想框架与理论溯源，收录三篇有关新结构经济学思想框架与理论溯源的重要文献，该部分主要从新结构经济学理论如何重构发展经济学框架，新结构经济学所具有的新的理论见解，以及新结构经济学理论溯源与进展等方面进行了系统的介绍。第二编是新结构发展理论，收录新结构发展理论的五篇重要文献，发展问题的研究主要是关于一个经济体如何从生产力水平低的产业、技术、软硬基础设施的结构升级到生产力水平高的产业、技术、软硬基础设施的结构，以及产业、技术结构升级带来的对就业、收入水平、收入分配、软硬基础设施等方面的影响。由于各种结构环环相扣且是内生的，是由要素禀赋结构的升级来驱动的，因此就要研究如何提升要素禀赋结构，也就是提高人均资本的拥有量。新结构经济学的主张是在市场经济中政府发挥因势利导的作用，消除软硬基础设施的瓶颈制约，帮助企业家发展根据要素禀赋结构而言具有（潜在）比较优势的产业，采用和要素禀赋结构相适应的技术，迅速将其变成具有显性比较优势或是竞争优势的产业。具体包括：《经济发展战略对劳均资本积累和技术进步的影响——基于中国经验的实证研究》《要素禀赋、专业化分工、贸易的理论与实证——与杨小凯、张永生商榷》《适宜技术、技术选择和发展中国家的经济增长》《发展战略与经济增长》《产业政策与中国经济的发展：新结构经济学的视角》。

第三编是新结构转型理论，收录新结构转型理论的五篇重要文献。对转型问题的研究主要是关于一个结构有扭曲的经济体如何消除扭曲，变成一个各种结构环环相扣且没有扭曲的经济体。扭曲可以发生在产业、技术、硬的基础设施和各种制度安排的层面上，对此，本部分收录的论文以理论模型或经验实证来探讨扭曲产生的原因、扭曲的后果和如何有效消除扭曲。第四编是新结构运行理论，收录新结构运行理论的九篇重要文献。现代经济学的各个子领域，包括货币、财政、金融、劳动、产业组织、制度、区域、环境、国际发展等，研究的主要内容是经济如何运行。本书第五编主要介绍新结构经济学实证研究方法，收录的两篇重要文献对经济发展战略与经济增长进行了实证分析，并提供了技术选择指数测量与计算的具体方法。

研究意义：林毅夫教授所倡导的新结构经济学的研究，发端于转型经济学和发展经济学的研究，但引进不同发展程度国家结构的内生差异性，由此给涉及经济运行的经济学各子领域提出许多新的见解，并将带来整个现代经济学的"结构革命"。围绕这一"结构革命"的目标，十多年来，林毅夫教授及其合作者在国内外顶级学术期刊上发表了众多论文，文献积累不断丰富。本书选编其中的部分经典文献，集中展示林毅夫教授推动的对现代经济学之"结构革命"的重要研究成果；呈现新结构经济学思想的发展轨迹与学术概貌。

4. 林毅夫，付才辉，郑洁．新结构环境经济学初探：理论、实证与政策［M］．北京：北京大学出版社，2021.

研究背景：新结构经济学是对新古典经济学的结构革命，从新结构经济学视角重构整个经济学学科体系是其发展的必然过程，而环境经济学是经济学的重要分支学科之一，从新结构经济学视角对其重构是构建整个新结构经济学学科体系的必要组成部分。除了学科建设的需要，新结构环境经济学也是时代发展的必然产物，随着我国提出"3060"碳达峰、碳中和的重大战略目标，从新结构环境经济学角度进行完整准确全面的解读具有重大的政策意义。

内容提要：作为新结构经济学的一门子学科，如何构建新结构环境经济学的学科体系和理论体系？从新结构经济学视角如何理解环境污染和环境治理等环境问题？长久以来，在讨论环境问题时，制度背景是重要话题之一，在新结构经济学视角下，制度变量如何影响环境问题？如何深刻体会我国的"双碳"战略？本书作者给出了新结构经济学的新见解。

基本结构：全书共 8 章，主要由理论框架、实证分析和政策解读三部分内容构成。第 1 章是绪论，旨在从新结构经济学的底层逻辑出发，初步构建一个新结构环境经济学的理论框架。在第 1 章理论框架的基础上，第 2 章至第 4 章对理论框架中的几个重要维度加以展开。第 2 章主要涉及环境发展理论和环境转型理论，以环境污染作为研究对象，探讨在不同发展阶段环境污染的阶段性变迁特征，也即新结构经济学视角下的环境库兹涅茨曲线研究，这主要涉及环境发展理论；以此作为参照系，进一步探讨在每个发展阶段，违背比较优势的发展战略导致的结构扭曲对环境污染的影响，这就涉及环境转型理论。第 3 章则从企业自生能力这一微观基础出发，重点阐述了企业自生能力与环境污染的微观机制。第 4 章以环境治理作为研究对象，从新结构经济学视角分析环境治理软约束的成因。第 5 章和第 6 章以财政分权体制作为切入点，重点阐述了财政分权与环境污染和治理的关系。已有研究大多认为，中国式财政分权体制加剧了环境污染，识别了诸多不利的影响机制，第 5 章则从新结构经济学角度出发，认为中国式的财政分权体制有利于发展战略遵循地区比较优势，从而为降低环境污染提供了可能。不仅如此，随着经济发展阶段的变迁，财政分权对环境治理的影响也将发生变化，第 6 章重点阐述了在不同的经济发展阶段财政分权体制对环境治理的结构性效应。第 7 章从应用实践层面战略性地提出中国在面对环境和气候变化问题时的应对之策。特别是，在我国提出 2030 年实现碳达峰、2060 年实现碳中和的"双碳"目标后，就如何科学合理地实现这一目标而又不阻碍经济高质量发展提出对策。第 8 章进一步结合前面章节的理论与实证研究成果，运用新结构环境经济学对我国的"双碳"战略路线图进行了详细解读，以期更好地指导高质量发展下的"双碳"实践。

研究意义：现有的环境经济学理论大多是总结发达经济体的环境经济现象，大多是基于新古典经济学探讨给定结构状态下的环境资源配置问题，而新结构环境经济学主要研究环境结构及其变迁的决定和影响，从而可以对结构变迁中的环境资源配置问题提出新的看法，并将处于不同发展阶段的环境经济现象纳入统一的分析框架。

第四节　学术会议

1. 第三届中国宏观经济国际年会（2021）

会议主题：新发展格局下宏观经济学前沿领域的重大问题

主办单位：北京大学新结构经济学研究院、清华大学五道口金融学院、中国宏观经济研究论坛

会议时间：2021 年 6 月 28—30 日

会议地点：北京，北京大学博雅国际酒店

会议概述：第三届中国宏观经济国际年会（China International Conference in Macroeconomics，CICM）由北京大学新结构经济学研究院、清华大学五道口金融学院以及中国宏观经济研究论坛联合主办。来自麻省理工学院、普林斯顿大学、耶鲁大学、加州大学伯克利分校、杜克大学、波士顿大学、多伦多大学、伦敦政治经济学院、牛津大学、北京大学、清华大学等全球著名高校的近 150 名学者共同探讨新发展格局下宏观经济学前沿

领域的若干重大问题。

年会采取线上线下结合的创新形式，由清华大学五道口金融学院孵化的专业知识传播平台——学说提供技术支持，对 2 场主旨演讲、2 场系列讲座和 18 场学术分会议进行直播，线上观看总人次超过 18000 人，获得经济金融相关领域的专家学者以及高校学生等观众的一致好评。

在开幕式上，林毅夫教授回顾了在第一届年会中提出的新结构经济学理论以及其中蕴含的对宏观经济的深刻启示，并在此基础上将这一现代经济学的革命性理论与中国特殊的宏观经济现实进一步融合，提出了"新结构宏观经济学"的概念与视角。他同时阐明，本次会议的目的在于促进国内外经济学家学术研究成果的交流，并推动中国宏观经济学研究的发展。

本次年会期间，耶鲁大学国际与发展经济学讲席教授 Fabrizio Zilibotti，杜克大学经济学与金融学讲席教授 Ravi Bansal 先后发表主旨演讲。Fabrizio Zilibotti 以《从效仿到创新：中国研发部门何去何从？》（*From imitation to Innovation：Where is All That Chinese R&D Going?*）为题做演讲，结合静态资源错配模型和动态资源配置模型，对模仿或创新对经济增长的影响进行了分析。他认为，当全要素生产率较低时，企业进行技术模仿更有利于促进产出增长，当全要素生产率超过均衡值时，企业进行技术创新更有助于经济增长。他指出，政府激励的研发投资在很大程度上也促进了中国近些年的经济增长。Ravi Bansal 的演讲题为《不确定性引发的再分配与增长》（*Uncertainty-induced Reallocations and Growth*），他通过分析理论模型，研究不确定性对宏观金融内生增长的影响。他指出不确定性的增加会使投资偏好更多转向安全资产，导致企业研发创新投入的减少，二者的叠加影响会使得财富在社会范围内进行再分配，并在长期减缓经济增长的速度。在分论坛讨论中，与会学者围绕"中国经济""经济增长与发展""新结构经济学""财富与消费""人口迁移""宏观金融""国际宏观与金融危机""财政与货币政策""中国银行体系""金融科技"等 18 个宏观经济学重要领域深入交流。

在新结构经济学的分论坛中，北京大学新结构经济学研究院助理教授王歆报告了题为 *Agglomeration Economies，Factor Endowment，and Local Economic Development：Evidence from China's Early-Stage Industrial Investment* 的论文，北京大学新结构经济学研究院副教授王勇报告了以 *Endowment Structure and Role of State in Industrialization and Reforms* 为题的论文，北京大学新结构经济学研究院助理教授江深哲报告了题为 *Optimal Infrastructure Investment in Developing Countries* 的论文，北京大学新结构经济学研究院助理教授朱礼军报告了题为 *A theory of Primitive Accumulation* 的论文。学者们在会上详细汇报了新结构经济学在各个子领域的系列成果。

年会闭幕时，周皓教授指出，会议组委会对论文质量要求极高，在核心参会学者的共同努力下，中国宏观经济年会有望成为中国乃至亚洲最顶级的宏观经济会议。未来，年会将继续保持其学术的高标准。本届年会共收到有效投稿论文 375 篇，公开提交论文的接受率为 11.2%。年会论文评审委员会由 43 位海内外知名学者组成，林毅夫、苗建军、周皓、朱晓冬担任联席主席。年会地方组委会由北京大学新结构经济学研究院王勇（负责人）、江深哲、吴春赞、夏俊杰、朱礼军组成。

2. 新结构经济学国际研讨会（2020、2021）

会议主题：对过去 40 年经济转型国际经验的反思、经济增长、经济活动的空间布局、增长理论与经验事实、金融与发展和工业化与经济发展

主办单位：北京大学新结构经济学研究院

会议时间：2020 年 12 月 12—15 日、2021 年 12 月 13—14 日

会议地点：北京，北京大学

会议概述：新结构经济学国际研讨会是研究院一年一度的常规会议，通过集结国际学术界有影响力的机构和学者，以开放平台展开新结构经济学领域的国际对话，通过学术探讨与交流，推动新结构经济学的发展，扩大新结构经济学的国际影响力。

第七届新结构经济学国际研讨会由北京大学新结构经济学研究院主办，主题为"对过去 40 年经济转型国际经验的反思"。近 50 位国内外前沿学者通过线上会议的形式，就"中国技术变革与经济增长""开放与经济增长""政治经济与经济改革""转型期与新兴经济体的金融产业升级"四个专题进行广泛交流讨论。

在开幕式上，北京大学新结构经济学研究院院长林毅夫教授做题为 *Structural Endogeneity and Modern Economics in Developing Countries* 的主旨演讲。林毅夫教授回顾了发展中国家结构转型的过程，发展中国家尽管有巨大的优势和潜力，但许多国家却陷入了低收入或中等收入陷阱。他就此现象进行深入研究并指出，新结构经济学提供了许多新的理论见解，有大量的理论和实证研究等待发掘，为在场学者们提供了许多新的研究方向。

此次会议期间，北京大学新结构经济学研究院国际学术顾问委员会成员 Santiago Levy、Charles Jones、Stephany Griffith-Jones、Thorsten Beck 以及北京大学新结构经济学研究院的王勇、徐佳君、付才辉、尤炜、朱礼军等专家分别做了主题演讲，此外 Franklin Allen、Thorsten Beck、邢海鹏、贾瑞雪等多位颇具国际影响力的学者也分别进行了报告，来自海内外著名高校与研究机构的十余名学者相继做了点评讨论。

第八届新结构经济学国际研讨会于 2021 年 12 月 13—14 日在线上圆满举行。本次研讨会由北京大学新结构经济学研究院举办，国内外学者通过线上会议就"经济增长""经济活动的空间布局""增长理论与经验事实""金融与发展"和"工业化与经济发展"五个专题进行了广泛而深刻的交流讨论。

在北京大学新结构经济学研究院助理教授朱礼军主持的"经济增长"专场，耶鲁大学教授 Fabrizio Zilibotti 报告了题为 *Service-Led or Service-Biased Growth? Equilibrium Development Accounting across Indian Districts* 的论文，西北大学教授 Kiminori Matsuyama 报告了题为 *A Technology-Gap Model of Premature Deindustrialization* 的论文，北京大学新结构经济学研究院助理教授朱礼军报告了题为 *Unequal Transition：The Making of China's Wealth Gap* 的论文。谢丹阳、Francisco Buera、陈超然分别针对以上三篇文章进行了点评讨论。

在北京大学新结构经济学研究院助理教授尤炜主持的"经济活动的空间布局"专场，明尼苏达大学教授 Kjetil Storesletten 报告了题为 *Business Cycle during Structural Change：Arthur Lewis' Theory from a Neoclassical Perspective* 的论文，乔治·华盛顿大学副教授 Remi Jedwab 报告了题为 *Consumption Cities vs. Production Cities：New Considerations and Evidence*

的论文，耶鲁大学教授 Costas Arkolakis 报告了题为 *Aggregate Implications of Firm Heterogeneity：A Nonparametric Analysis of Monopolistic Competition Trade Models* 的论文，剑桥大学教授 Partha Dasgupta 在最近出版著作 *The Economics of Biodiversity* 的基础上，做了题为 *The Biosphere as an Overriding Structural Feature of Economics* 的报告。罗文澜、Tommaso Porzio、James Anderson 分别发表点评讨论。

在北京大学新结构经济学研究院助理教授夏俊杰主持的"增长理论与经验事实"专场，国立首尔大学教授 Keun Lee 报告了题为 *Variety of National Innovation Systems（NIS）around the World and in China，and Alternative Pathways for Growth* 的报告，华盛顿大学（圣路易斯）王平教授带来了题为 *Spatial Misallocation in Chinese Housing and Land Markets* 的论文，华盛顿大学（圣路易斯）教授 Michele Boldrin 报告了题为 *Overcoming Backwardness，the Problem of Primitive Accumulation* 的论文，美国圣母大学教授 Joseph Kaboski 报告了题为 *The Stable Transformation Path* 的论文。钱继伟、李明、林毅夫、曹林谊分别对以上论文予以点评。

在由北京大学新结构经济学研究院徐佳君助理教授主持的"金融与发展"专场，普林斯顿大学教授熊伟报告了题为 *The Mandarin Model of Growth* 的论文，哥伦比亚大学教授 Stephany Griffith-Jones 报告了以 *Matching Risks with Instruments in Development Banks* 为题的论文，北京大学新结构经济学研究院徐佳君助理教授展示了题为 *Development Banks and Green Bond Market Incubation* 的研究。王勇、Matthias Thiemann、高昊宇分别对以上论文进行了点评。

在北京大学新结构经济学研究院助理教授徐铭梽主持的"工业化与经济发展"专场，图卢兹大学教授 César A. Hidalgo 做了题为 *A Decade of Economic Complexity* 的报告，泛美开发银行的 Santiago Levy 博士报告了题为 *Social Protection as Anti-Structural Change Policy in Latin America* 的论文，哈佛大学教授 Dani Rodrik 报告了以 *Africa's Manufacturing Puzzle：Evidence from Tanzanian and Ethiopian Firms* 为题的论文，北京大学新结构经济学研究院王勇副教授带来题为 *Endowment Structure and Role of State in Industrialization* 的报告。Richard Rogerson、Celestin Monga、Gerard Roland 分别进行了点评。最后，林毅夫院长做总结发言，表示期待在未来几年里进一步推进宏观经济与结构转型领域的研究。

3. 新结构经济学视角下区域经济高质量发展和产业升级讨论会（2021）

会议主题：围绕区域经济一体化、新型职业农民持续务农意愿、要素市场扭曲与资源配置效率、贸易自由化与环境污染等主题进行探讨和交流，并合作发行出版新结构经济学研究联盟第一本著作

主办单位：北京大学新结构经济学研究院、格致出版社/上海人民出版社

会议时间：2021 年 7 月 23 日、2021 年 9 月 25 日

会议地点：北京，北京大学新结构经济学研究院、江苏南京，河海大学

会议概述：新结构经济学研究联盟系列丛书《新结构经济学视角下我国区域经济高质量发展与产业升级的研究》选题讨论会于 2021 年 7 月 23 日召开，会议由北京大学新结构经济学研究院联合格致出版社/上海人民出版社举办，新结构经济学研究联盟内兄弟单

位踊跃参与。会议就入选丛书的 20 余篇稿件进行讨论，参会作者来自北京大学、哈工大（深圳）、兰州大学、郑州大学、上海大学、南开大学、中山大学、南昌大学、复旦大学、西藏大学、新疆大学、新结构经济学长三角（绍兴）研究中心、新结构经济学知识产权研究院、中国社科院、吉林大学、贵州大学、河海大学、国务院发展研究中心、广州大学、贵州财经大学、西南政法大学、新疆财经大学等 20 余家单位。

会议在北京大学新结构经济学研究院国内发展合作部主任赵秋运的主持下召开，院长林毅夫教授做开幕致辞。林毅夫教授指出，新结构经济学研究联盟丛书《新结构经济学视角下我国区域经济高质量发展与产业升级的研究》探讨的问题非常关键，对于深化新结构经济学对区域发展的认识、实现新结构经济学倡导的"知成一体"很重要。本书作为新结构经济学研究联盟系列丛书的第一本，林毅夫教授寄予厚望，期待同仁们积极参与。

开幕演讲结束后，北京大学新结构经济学研究院学术副院长、新结构经济学研究联盟秘书长王勇发言介绍本书内容与框架，并专门阐述了如何在新结构经济学视角下研究区域经济学的问题。格致出版社副总编辑忻雁翔从编排和出版的角度对本书相关工作进行介绍，特别指出格致出版社与新结构经济学的结缘由来已久，见证了新结构经济学的成长。

在随后举行的讨论环节中，20 余篇书稿的作者代表依次汇报大纲，主要包括书稿的目录框架，各章节的安排，投稿文章的侧重点，以及讨论如何真正从新结构经济学的视角做分析。作者代表以新结构经济学视角对区域经济高质量发展问题各抒己见，涉及从东部沿海的"深圳奇迹"到中部内陆地区的"长三角制造业的产业趋同到产业集群""郑州航空港实验区开放发展的探索"；再到西部地区的"西藏高原经济发展研究""新疆的绿洲经济繁荣之道"等研究。在区域经济一体化研究方面，有关于"南京都市圈产业协同发展问题""宁波如何融入长三角一体化研究"等讨论。区域产业升级方面，有关于"辽源袜业产业兴起与变迁""新疆纺织产业的新结构经济学分析"等研究汇报。北京大学新结构经济学研究院学术副院长、新结构经济学研究联盟秘书长王勇对书稿进行点评和提出修改建议，与会专家学者进行了深入交流和探讨。

最后，北京大学新结构经济学研究院学术副院长、新结构经济学研究联盟秘书长王勇进行总结发言，对各参与单位作者表述感谢，会议圆满结束。新结构经济学研究联盟系列丛书是在林毅夫教授指导下倾力打造的学术著作，旨在从新结构经济学角度对某个主题从理论和案例方面进行深入、全面和系统的阐述，达成"知成一体"的目标。

2021 年 9 月 25 日，在举行了河海大学新结构经济学研究中心揭牌仪式后，新结构经济学研究联盟举行了新结构经济学视角下区域经济高质量发展和产业升级学术研讨会暨新结构经济学研究联盟丛书启动会，来自北京大学、南开大学、国务院发展研究中心、哈尔滨工业大学、吉林大学、上海大学、江苏大学、中山大学、河海大学等十几所院校和研究中心的专家学者，围绕区域经济一体化、新型职业农民持续务农意愿、要素市场扭曲与资源配置效率、贸易自由化与环境污染等主题进行了深入探讨和交流，并举行了新结构经济学研究联盟丛书启动仪式。

新结构经济学是由林毅夫教授倡导、根植中国本土与其他发展中国家实践的经济学自主理论创新，是一场现代经济学体系的结构革命。新结构经济学研究联盟将秉承"知成一体"的理念，贯彻"践行真知"的思想，构建新结构经济学研究中心的发展优势新格局，研究联盟各个成员将持续加强在新结构经济学领域的人才培养、科学研究、社会服务等方面的密切合作，为中国经济学自主理论创新贡献智慧和力量。

4. 新结构经济学和金融学最新进展学术研讨会（2021）

会议主题：新结构经济学和金融学的最新进展

主办单位：北京大学新结构经济学研究院、宁波市江北区人民政府、宁波诺丁汉大学宁波新结构经济学研究中心

会议时间：2021年5月22—23日

会议地点：宁波江北

会议概述：新结构经济学和金融学最新进展学术研讨会由北京大学新结构经济学研究院、宁波市江北区人民政府和宁波诺丁汉大学宁波新结构经济学研究中心共同主办，由《国际商务与金融研究》期刊、宁波甬城农村商业银行股份有限公司、宁波长阳科技股份有限公司、宁波市北京大学校友会共同支持。来自北京大学、宁波诺丁汉大学、南开大学、复旦大学、浙江大学、上海财经大学、中央财经大学等知名院校的近100名专家学者参加了此次会议。

宁波市江北区人民政府区长杨正平博士、北京大学新结构经济学研究院院长林毅夫教授、宁波诺丁汉大学副校长崔平教授、《国际商务与金融研究》总编辑 John W. Goodell 教授分别致开幕辞。杨正平区长介绍了宁波及其江北区的发展概况、历史底蕴、地方特色、产业优势、营商环境以及金融创新成果。随后，林毅夫教授介绍了新结构经济学理论，以及该理论在国内外的应用发展概况。崔平教授总结了新结构经济学的研究对象、范式，肯定了宁波新结构经济学研究中心在助力宁波经济发展中所取得的成绩。Goodell 教授总结了新冠肺炎疫情时期新结构经济学对世界经济的指导意义，并祝愿会议圆满成功，期待疫情过后能到现场参加。

在主题报告环节，林毅夫教授发表题为《金融发展如何为实体经济发展服务：新结构经济学视角》的主题演讲，他介绍了中国经济的制造业、农业和服务业三大产业的发展方向，并将中国经济的制造业分成五个细分产业分别进行探讨，全面概括新结构经济学对于各产业的未来发展路径以及对应融资渠道的观点，探讨金融系统如何更好地为各类实体经济的发展和转型提供支持。林教授指出，经济实体是在不断转型的，而科技在不断发展，产业在不断升级，低价值产业向高价值产业发展，这是当代经济发展的趋势。我们要发挥比较优势才能发现新机遇，提升企业的主营业务。而新的经济结构离不开新的金融体系，也离不开政府的干预。同时，林毅夫教授强调了中小微企业以及农业家庭个体对于中国经济的重要作用，也强调需要有与之相匹配的金融体系以及更多能够精准服务于这些小微经济个体的地方性融资机构，才能更好地实现中国经济的高质量发展。

南加州大学马歇尔商学院金融与商业经济学 Vincenzo Quadrini 教授做了题为《公共债务的兴起》的主题报告。Quadrini 教授分析了新冠肺炎疫情对世界各国的影响，并预测未来的公共债务会越来越多。他指出，公共债务不断增加的趋势，在新冠肺炎疫情暴发之前就已经存在。此外，Quadrini 教授总结了影响公共债务增加的四个外部因素：一是金融市

场越来越全球化，二是新兴市场增长快，并在全球市场中扮演越来越重要的地位，三是结构性变化会增加个人消费者和家庭的个体风险，四是各种各样的其他债务产品会越来越多。

随后，宁波诺丁汉大学华秀萍教授主持了题为《新结构经济学的理论与实践：如何进一步激发微观经济主体活力》的圆桌讨论环节。与会嘉宾包括北京大学新结构经济学研究院常务副院长徐佳君博士，天堂硅谷资产管理集团管理合伙人蔡晓非先生，宁波甬城农村商业银行股份有限公司董事长李友增先生，爱心人寿保险股份有限公司总裁潘华刚先生，永诚保险资产管理有限公司董事长康国君先生，以及大家财产保险股份有限公司总裁施辉先生。各位嘉宾就中小企业融资难问题、政府监管职能、企业文化、企业贷款制度、信息披露制度、抵押制度、商业模式的可持续性、银行业务下沉、企业风控、国际局势对中国的影响等议题展开讨论。林毅夫教授在点评时指出，我国双循环的发展格局，目前仍以国内大循环为主体。只要中国做好自己的事，维持好自己的发展，无论国际形势如何紧张，中国稳定发展的势头不会改变。此外，大会期间，为更好地推介江北区，江北区政府还邀请林毅夫教授及参加本次研讨会的保险机构负责人赴老外滩保险创新港考察投资环境并开展金融保险座谈交流。

本次大会共设 4 个分会场，内容涵盖新结构经济学和金融学以及相关领域的学术研究。此次会议的召开增进了国内外新结构经济学学者之间的交流合作，对我国新结构经济学领域相关研究的创新发展大有裨益。

5. 新结构经济学宏观理论研讨会（2021）
会议主题：新结构经济学宏观理论研究领域的问题
主办单位：北京大学新结构经济学研究院
会议时间：2021 年 4 月 24 日
会议地点：北京，北京大学新结构经济学研究院

会议概述：4 月 24 日，由北京人学新结构经济学研究院主办的新结构经济学宏观理论研讨会在线上、线下同步举行。20 余位国内外专家学者探讨了新结构经济学宏观理论研究领域的问题，近百位学者、学子远程参会。

上午的会议由北京大学新结构经济学研究院副院长、新结构经济学研究联盟秘书长王勇主持。他首先简要介绍了新结构经济学的理论视角和部分领域的研究动向，随后报告了与陈思雨合作的论文 *Skill Mismatch*, *Structural Unemployment and Industry Dynamics*。清华大学经管学院副教授董丰做点评。在此之后，对外经济贸易大学国际经济贸易学院教授朱胜豪报告了与向为合作的论文 *Income Distribution in the Race between Technology and Education*，清华大学经管学院副教授罗文澜做点评。最后，北京大学国家发展研究院博士研究生樊仲琛报告了与徐铭梽、朱礼军合作的论文《发展中国家的进口与技术学习——基于中国经济发展的经验证据、理论和定量分析》，对外经济贸易大学国际经济贸易学院朱胜豪做点评。

下午的会议由对外经济贸易大学国际经济贸易学院教授朱胜豪主持。北京大学新结构经济学研究院副院长王勇、北京大学经济学院教授张博首先报告了论文 *Endowment Structure and Technology Choice in General Equilibrium*，北京大学新结构经济学研究院助理教

授江深哲做点评。北京大学新结构经济学研究院博士研究生徐扬帆报告了与林毅夫、王勇、文一合作的论文 *Endowment Structure and Role of State in Industrialization and Reforms*，中山大学岭南学院助理教授杭静做点评。北京大学国家发展研究院博士研究生吴紫薇报告了与王勇、朱兰合作的论文《过早去工业化与经济增长——产业结构变迁中的人力资本配置》，对外经济贸易大学国际经济贸易学院教授徐朝阳做点评。最后，对外经济贸易大学博士研究生赵磊报告了与唐学礼、朱胜豪合作的论文 *Income Distribution in an Assignment Model*，北京大学新结构经济学研究院助理教授吴春赞做点评。

此次会议不仅明确了新结构宏观经济学的理论支撑，同时也探讨了新结构宏观经济学领域的未来发展趋势，为未来新结构宏观经济学领域的研究奠定了坚实的基础。

◎ 参考文献

[1] Chen B, Lin J Y. Development strategy, resource misallocation and economic performance [J]. Structural Change and Economic Dynamics, 2021 (59)：612-634.

[2] Gottschalk R, Castro L B, Xu J. Should national development banks be subject to Basel III？[J]. Review of Political Economy, 2022, 34 (2)：249-267.

[3] Griffith-Jones S, Spiegel S, Xu J, et al. Matching risks with instruments in development banks [J]. Review of Political Economy, 2022, 34 (2)：197-223.

[4] Ke X, Lin J Y, Fu C, et al. Transport infrastructure development and economic growth in China：recent evidence from dynamic panel system-gmm analysis [J]. Sustainability, 2020, 12 (14)：5618.

[5] Lin J Y, Vu K, Hartley K . A modeling framework for enhancing aid effectiveness [J]. Journal of Economic Policy Reform, 2020, 23 (2)：138-160.

[6] Lin J Y, Wang Y. New structural economics and international aid and cooperation：a brief review mainly from the perspective of African development [J]. Chinese Journal of African Study, 2021, 1 (1)：106-140.

[7] Lin J Y . State-owned enterprise reform in China：the new structural economics perspective [J]. Structural Change and Economic Dynamics, 2021 (58).

[8] Lin J Y, Vu K, Hartley K. A modeling framework for enhancing aid effectiveness [J]. Journal of Economic Policy Reform, 2020, 23 (2)：138-160.

[9] Lin J Y, Wang Y. Seventy years of economic development：a review from the angle of new structural economics [J]. China & World Economy, 2020, 28 (4)：26-50.

[10] Lin J Y. Dual circulation and China's development [J]. Frontiers of Economics in China, 2021, 16 (1)：30-34.

[11] Lin J, Wu H M, Wu H. Could government lead the way? Evaluation of China's patent subsidy policy on patent quality [J]. China Economic Review, 2021 (69)：101663.

[12] Lin J Y, Wang W, Xu V Z. Catch-up industrial policy and economic transition in China [J]. The World Economy, 2021, 44 (3)：602-632.

[13] Tong H, Wang Y, Xu J. Green transformation in China：structures of endowment,

investment, and employment [J]. Structural Change and Economic Dynamics, 2020 (54): 173-185.

[14] Wang F, Xia J, Xu J. To upgrade or to relocate? Explaining heterogeneous responses of Chinese light manufacturing firms to rising labor costs [J]. China Economic Review, 2020 (60): 101333.

[15] Xu J, Carey R. Exploring China's impacts on development thinking and policies [J]. IDS Bulletin, 2021, 52 (2).

[16] Xu J, Marodon R, Ru X, et al. What are public development banks and development financing institutions? ——qualification criteria, stylized facts and development trends [J]. China Economic Quarterly International, 2021, 1 (4): 271-294.

[17] Xu J, Ru X, Song P. Can a new model of infrastructure financing mitigate credit rationing in poorly governed countries? [J]. Economic Modelling, 2021 (95): 111-120.

[18] Yifu Lin J. What does China's 'dual circulations' development paradigm mean and how it can be achieved? [J]. China Economic Journal, 2021, 14 (2): 120-127.

[19] 樊仲琛, 徐铭梽, 朱礼军. 发展中国家的进口与技术学习——基于中国经济发展的经验证据、理论和定量分析 [J]. 经济学（季刊）, 2022（即将发表）.

[20] 付才辉, 赵秋运, 陈曦. 产业升级研究的微观探索：新结构经济学的视角 [J]. 上海大学学报（社会科学版）, 2021.

[21] 付才辉, 郑洁, 林毅夫. 发展战略与高储蓄率之谜——一个新结构储蓄理论假说与经验分析 [J]. 经济评论, 2021（1）: 49-67.

[22] 郭凯明, 颜色, 杭静. 生产要素禀赋变化对产业结构转型的影响 [J]. 经济学（季刊）, 2020, 19（4）: 1213-1236.

[23] 姜磊, 姜煜, 赵秋运, 等. 政府发展战略与企业全要素生产率 [J]. 当代经济科学, 2020, 42（5）: 103-112.

[24] 李翠妮, 葛晶, 付才辉. 教育结构适宜性对地区差距的影响——来自高校扩招的证据 [J]. 山西财经大学学报, 2020, 42（11）: 14.

[25] 李武, 付才辉. 经济结构跃迁政策仿真研究 [J]. 上海大学学报：社会科学版, 2020, 37（2）: 13.

[26] 林毅夫, 付才辉, 郑洁. 新结构环境经济学：一个理论框架初探 [J]. 南昌大学学报（人文社会科学版）, 2021, 52（5）: 25-43.

[27] 林毅夫, 沈艳, 孙昂. 中国政府消费券政策的经济效应 [J]. 经济研究, 2020, 55（7）: 4-20.

[28] 林毅夫. 百年未有之大变局下的中国新发展格局与未来经济发展的展望 [J]. 北京大学学报：哲学社会科学版, 2021, 58（5）: 9.

[29] 林毅夫. 经济结构转型与"十四五"期间高质量发展：基于新结构经济学视角 [J]. 兰州大学学报（社会科学版）, 2020, 48（4）: 1-8.

[30] 林毅夫. 新经济发展中的有为政府和有效治理 [J]. 新经济导刊, 2020（1）: 12-15.

［31］ 林毅夫 . 有为政府参与的中国市场发育之路 ［J］. 广东社会科学，2020（1）：5-7，254.

［32］ 林毅夫 . 中国未来创新发展的优势与挑战 ［J］. 金融论坛，2021，26（7）：4.

［33］ 毛盛志，张一林 . 金融发展，产业升级与跨越中等收入陷阱——基于新结构经济学的视角 ［J］. 金融研究，2020（12）：19.

［34］ 王勇，顾红杰 . 新结构经济学视角下新加坡的产业升级路径和启示 ［J］. 现代金融导刊，2020（7）：72-76.

［35］ 王勇，徐扬帆，吴紫薇 . 新结构经济学在宏观经济学领域的研究综述 ［J］. 兰州大学学报：社会科学版，2021（1）：9.

［36］ 王勇，黄宇轩，韩博昱 . 生产网络与垂直结构研究进展 ［J］. 经济学动态，2022（3）：123-138.

［37］ 王勇，汤学敏 . 结构转型与产业升级的新结构经济学研究：定量事实与理论进展 ［J］. 经济评论，2021（1）：3-17.

［38］ 王勇 . 垂直结构下国企改革的宏观角色 ［J］. 国有经济研究，2020（1）：17-21.

［39］ 王勇 . 由新冠疫情引发的对宏观经济学建模的思考 ［J］. 经济评论，2020（4）：41-45.

［40］ 王勇 . “十四五” 时期中国产业升级的新机遇与新挑战：新结构经济学的视角 ［J］. 国际经济评论，2021（1）：56-75，5.

［41］ 颜建晔，吴俊贤，康健 . 银行业结构对地区经济发展的影响——基于新结构金融学的理论与实证检验 ［J］. 兰州大学学报：社会科学版，2021（1）：13.

［42］ 于佳，王勇 . 中国光伏产业发展与 “一带一路” 新机遇——基于新结构经济学视角的解析 ［J］. 西安交通大学学报（社会科学版），2020，40（5）：87-98.

［43］ 于佳 . 新型全球经济治理与中国角色 ［J］. 开发性金融研究，2021（1）：6.

［44］ 张海洋，颜建晔 . 精准扶贫中的金融杠杆：绩效和激励 ［J］. 经济（季刊），2020，20（5）：193-212.

［45］ 张一林，林毅夫，朱永华 . 金融体系扭曲，经济转型与渐进式金融改革 ［J］. 经济研究，2021，56（11）：16.

［46］ 赵秋运，马金秋，姜磊，黄斌 . 战略赶超，经济结构扭曲与中等收入陷阱：基于新结构经济学理论视角 ［J］. 国际经贸探索，2020，36（9）：19.

［47］ 赵玮璇，程志强，魏智武，等 . 赶超战略与产业结构扭曲——基于新结构经济学视角对 “一带一路” 国家的分析 ［J］. 国际经贸探索，2020，36（6）：42-57.

［48］ 郑洁，付才辉，刘舫 . 财政分权与环境治理——基于动态视角的理论和实证分析 ［J］. 中国人口资源与环境，2020，30（1）：67-73.

［49］ 郑洁，付才辉 . 企业自生能力与环境污染：新结构经济学视角 ［J］. 经济评论，2020，1：49-70.

［50］ 周立，赵秋运 . 企业家精神，产业技术创新与经济发展 ［J］. 湖南科技大学学报：社会科学版，2021，24（2）：14.

［51］ 周立，赵秋运 . 最优金融结构，产业技术创新与经济增长：基于新结构经济学视角

的分析 [J]. 深圳大学学报：人文社会科学版，2021（2）：13.

[52] 朱欢，李欣泽，赵秋运. 偏离最优环境政策对经济增长的影响——基于新结构经济学视角 [J]. 上海经济研究，2020（11）：56-68.

[53] 朱欢，李欣泽. 发展战略对能源消费强度的影响——基于新结构经济学的分析 [J]. 河海大学学报（哲学社会科学版），2021，23（5）：26-36，110.

[54] 朱欢，郑洁，赵秋运，寇冬雪. 经济增长、能源结构转型与二氧化碳排放——基于面板数据的经验分析 [J]. 经济与管理研究，2020，41（11）：19-34.

[55] 朱兰，马金秋. 高质量发展视域下收入标准的测度、影响与合理性分析：兼论中等收入陷阱与中国的发展阶段 [J]. 宏观质量研究，2020，8（4）：84-102.

[56] 朱兰，王勇，李枭剑. 新结构经济学视角下的区域经济一体化研究——以宁波如何融入长三角一体化为例 [J]. 经济科学，2020（5）：5-18.

[57] 朱兰. 国家创新能力视角下的中等收入转型——基于新结构经济学理论 [J]. 经济与管理研究，2019，40（12）：13.

附　　录

中华人民共和国 2021 年国民经济和社会发展统计公报[1]

国家统计局

2022 年 2 月 28 日

2021 年是党和国家历史上具有里程碑意义的一年。在以习近平同志为核心的党中央坚强领导下，各地区各部门坚持以习近平新时代中国特色社会主义思想为指导，全面贯彻党的十九大和十九届历次全会精神，弘扬伟大建党精神，按照党中央、国务院决策部署，坚持稳中求进工作总基调，完整、准确、全面贯彻新发展理念，加快构建新发展格局，全面深化改革开放，坚持创新驱动发展，推动高质量发展。我们隆重庆祝中国共产党成立一百周年，实现第一个百年奋斗目标，开启向第二个百年奋斗目标进军新征程，沉着应对百年变局和世纪疫情，构建新发展格局迈出新步伐，高质量发展取得新成效，实现了"十四五"良好开局。我国经济发展和疫情防控保持全球领先地位，国家战略科技力量加快壮大，产业链韧性得到提升，改革开放向纵深推进，民生保障有力有效，生态文明建设持续推进。这些成绩的取得，是以习近平同志为核心的党中央坚强领导的结果，是全党全国各族人民勠力同心、艰苦奋斗的结果。

一、综合

初步核算，全年国内生产总值[2]1143670 亿元，比上年增长 8.1%，两年平均增长[3]5.1%。其中，第一产业增加值 83086 亿元，比上年增长 7.1%；第二产业增加值 450904 亿元，增长 8.2%；第三产业增加值 609680 亿元，增长 8.2%。第一产业增加值占国内生产总值比重为 7.3%，第二产业增加值比重为 39.4%，第三产业增加值比重为 53.3%。全年最终消费支出拉动国内生产总值增长 5.3 个百分点，资本形成总额拉动国内生产总值增长 1.1 个百分点，货物和服务净出口拉动国内生产总值增长 1.7 个百分点。全年人均国内生产总值 80976 元，比上年增长 8.0%。国民总收入[4]1133518 亿元，比上年增长 7.9%。全员劳动生产率[5]为 146380 元/人，比上年提高 8.7%。

年末全国人口[7]141260 万人，比上年末增加 48 万人，其中城镇常住人口 91425 万人。全年出生人口 1062 万人，出生率为 7.52‰；死亡人口 1014 万人，死亡率为 7.18‰；自然增长率为 0.34‰。全国人户分离的人口[8]5.04 亿人，其中流动人口[9]3.85 亿人。

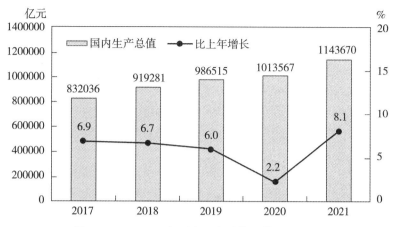

图 1 2017—2021 年国内生产总值及其增长速度

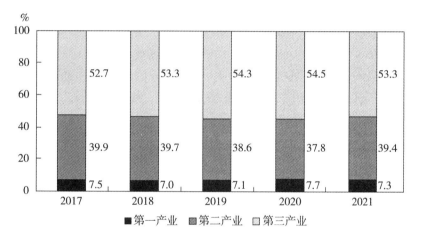

图 2 2017—2021 年三次产业增加值占国内生产总值比重

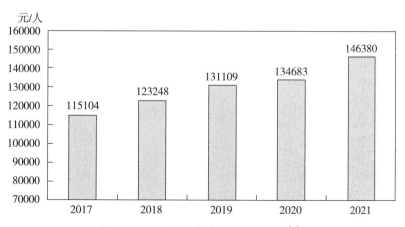

图 3 2017—2021 年全员劳动生产率[6]

表1　　　　　　　　　　　**2021年年末人口数及其构成**

指　　　标	年末数（万人）	比重（%）
全国人口	141260	100.0
其中：城镇	91425	64.7
乡村	49835	35.3
其中：男性	72311	51.2
女性	68949	48.8
其中：0~15岁（含不满16周岁）[10]	26302	18.6
16~59岁（含不满60周岁）	88222	62.5
60周岁及以上	26736	18.9
其中：65周岁及以上	20056	14.2

年末全国就业人员74652万人，其中城镇就业人员46773万人，占全国就业人员比重为62.7%，比上年末上升1.1个百分点。全年城镇新增就业1269万人，比上年多增83万人。全年全国城镇调查失业率平均值为5.1%。年末全国城镇调查失业率为5.1%，城镇登记失业率为3.96%。全国农民工[11]总量29251万人，比上年增长2.4%。其中，外出农民工17172万人，增长1.3%；本地农民工12079万人，增长4.1%。

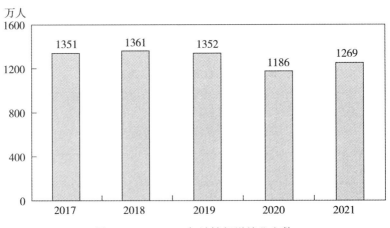

图4　2017—2021年城镇新增就业人数

全年居民消费价格比上年上涨0.9%。工业生产者出厂价格上涨8.1%。工业生产者购进价格上涨11.0%。农产品生产者价格[12]下降2.2%。12月份，70个大中城市中，新建商品住宅销售价格同比上涨的城市个数为53个，下降的为17个；二手住宅销售价格同比上涨的城市个数为43个，持平的为1个，下降的为26个。

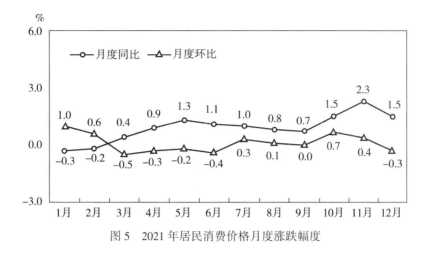

图 5　2021 年居民消费价格月度涨跌幅度

表 2　　　　　　　　　**2021 年居民消费价格比上年涨跌幅度（%）**

指　　标	全国	城市	农村
居民消费价格	0.9	1.0	0.7
其中：食品烟酒	−0.3	0.0	−1.2
衣　着	0.3	0.3	0.0
居　住[13]	0.8	0.8	1.1
生活用品及服务	0.4	0.4	0.4
交通通信	4.1	4.2	3.9
教育文化娱乐	1.9	2.0	1.7
医疗保健	0.4	0.3	0.7
其他用品及服务	−1.3	−1.4	−1.2

　　年末国家外汇储备 32502 亿美元，比上年末增加 336 亿美元。全年人民币平均汇率为 1 美元兑 6.4515 元人民币，比上年升值 6.9%。

　　新产业新业态新模式加速成长。全年规模以上工业中，高技术制造业[14]增加值比上年增长 18.2%，占规模以上工业增加值的比重为 15.1%；装备制造业[15]增加值增长 12.9%，占规模以上工业增加值的比重为 32.4%。全年规模以上服务业[16]中，战略性新兴服务业[17]企业营业收入比上年增长 16.0%。全年高技术产业投资[18]比上年增长 17.1%。全年新能源汽车产量 367.7 万辆，比上年增长 152.5%；集成电路产量 3594.3 亿块，增长 37.5%。全年网上零售额[19] 130884 亿元，按可比口径计算，比上年增长 14.1%。全年新登记市场主体 2887 万户，日均新登记企业 2.5 万户，年末市场主体总数达 1.5 亿户。

　　城乡区域协调发展扎实推进。年末全国常住人口城镇化率为 64.72%，比上年末提高

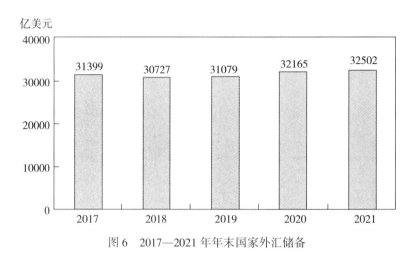

图 6　2017—2021 年年末国家外汇储备

0.83 个百分点。分区域看[20]，全年东部地区生产总值 592202 亿元，比上年增长 8.1%；中部地区生产总值 250132 亿元，增长 8.7%；西部地区生产总值 239710 亿元，增长 7.4%；东北地区生产总值 55699 亿元，增长 6.1%。全年京津冀地区生产总值 96356 亿元，比上年增长 7.3%；长江经济带地区生产总值 530228 亿元，增长 8.7%；长江三角洲地区生产总值 276054 亿元，增长 8.4%。粤港澳大湾区建设、黄河流域生态保护和高质量发展等区域重大战略深入实施。

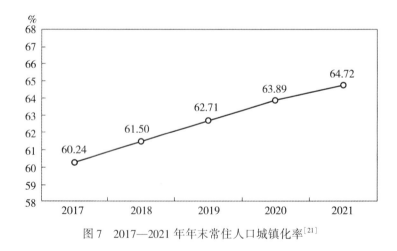

图 7　2017—2021 年年末常住人口城镇化率[21]

生态环境保护取得新成效。全年全国万元国内生产总值能耗[22]比上年下降 2.7%。在监测的 339 个地级及以上城市中，全年空气质量达标的城市占 64.3%，未达标的城市占 35.7%；细颗粒物（PM₂.₅）年平均浓度 30 微克/立方米，比上年下降 9.1%。3641 个国家地表水考核断面中，全年水质优良（Ⅰ～Ⅲ类）断面比例为 84.9%，Ⅳ类断面比例为 11.8%，Ⅴ类断面比例为 2.2%，劣Ⅴ类断面比例为 1.2%。

二、农业

全年粮食种植面积11763万公顷，比上年增加86万公顷。其中，稻谷种植面积2992万公顷，减少15万公顷；小麦种植面积2357万公顷，增加19万公顷；玉米种植面积4332万公顷，增加206万公顷。棉花种植面积303万公顷，减少14万公顷。油料种植面积1310万公顷，减少3万公顷。糖料种植面积146万公顷，减少11万公顷。

全年粮食产量68285万吨，比上年增加1336万吨，增产2.0%。其中，夏粮产量14596万吨，增产2.2%；早稻产量2802万吨，增产2.7%；秋粮产量50888万吨，增产1.9%。全年谷物产量63276万吨，比上年增产2.6%。其中，稻谷产量21284万吨，增产0.5%；小麦产量13695万吨，增产2.0%；玉米产量27255万吨，增产4.6%。

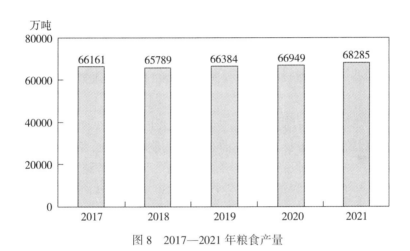

图 8　2017—2021 年粮食产量

全年棉花产量573万吨，比上年减产3.0%。油料产量3613万吨，增产0.8%。糖料产量11451万吨，减少4.7%。茶叶产量318万吨，增产8.3%。

全年猪牛羊禽肉产量8887万吨，比上年增长16.3%。其中，猪肉产量5296万吨，增长28.8%；牛肉产量698万吨，增长3.7%；羊肉产量514万吨，增长4.4%；禽肉产量2380万吨，增长0.8%。禽蛋产量3409万吨，下降1.7%。牛奶产量3683万吨，增长7.1%。年末生猪存栏44922万头，比上年末增长10.5%；全年生猪出栏67128万头，比上年增长27.4%。

全年水产品产量6693万吨，比上年增长2.2%。其中，养殖水产品产量5388万吨，增长3.1%；捕捞水产品产量1305万吨，下降1.5%。

全年木材产量9888万立方米，比上年下降3.6%。

全年新增耕地灌溉面积46万公顷，新增高效节水灌溉面积188万公顷。

三、工业和建筑业

全年全部工业增加值372575亿元，比上年增长9.6%。规模以上工业增加值增长9.6%。在规模以上工业中，分经济类型看，国有控股企业增加值增长8.0%；股份制企业增长 9.8%，外商及港澳台商投资企业增长 8.9%；私营企业增长 10.2%。分门类看，采矿业增长 5.3%，制造业增长 9.8%，电力、热力、燃气及水生产和供应业增长 11.4%。

图 9　2017—2021 年全部工业增加值及其增长速度

全年规模以上工业中，农副食品加工业增加值比上年增长 7.7%，纺织业增长 1.4%，化学原料和化学制品制造业增长 7.7%，非金属矿物制品业增长 8.0%，黑色金属冶炼和压延加工业增长 1.2%，通用设备制造业增长 12.4%，专用设备制造业增长 12.6%，汽车制造业增长 5.5%，电气机械和器材制造业增长 16.8%，计算机、通信和其他电子设备制造业增长 15.7%，电力、热力生产和供应业增长 10.9%。

表 3 　　　　　　　　　　　　**2021 年主要工业产品产量及其增长速度**[23]

产 品 名 称	单位	产量	比上年增长（%）
纱	万吨	2873.7	9.8
布	亿米	502.0	9.3
化学纤维	万吨	6708.5	9.5
成品糖	万吨	1482.3	3.6
卷烟	亿支	24182.4	1.3
彩色电视机	万台	18496.5	−5.8
其中：液晶电视机	万台	17424.3	−9.5
家用电冰箱	万台	8992.1	−0.3
房间空气调节器	万台	21835.7	3.8
一次能源生产总量	亿吨标准煤	43.3	6.2
原煤	亿吨	41.3	5.7
原油	万吨	19888.1	2.1

产 品 名 称	单位	产量	比上年增长（％）
天然气	亿立方米	2075.8	7.8
发电量	亿千瓦时	85342.5	9.7
其中：火电[24]	亿千瓦时	58058.7	8.9
水电	亿千瓦时	13390.0	-1.2
核电	亿千瓦时	4075.2	11.3
粗钢	万吨	103524.3	-2.8
钢材[25]	万吨	133666.8	0.9
十种有色金属	万吨	6477.1	4.7
其中：精炼铜（电解铜）	万吨	1048.7	4.6
原铝（电解铝）	万吨	3850.3	3.8
水泥	亿吨	23.8	-0.4
硫酸（折100％）	万吨	9382.7	1.6
烧碱（折100％）	万吨	3891.3	5.9
乙烯	万吨	2825.7	30.8
化肥（折100％）	万吨	5543.6	0.9
发电机组（发电设备）	万千瓦	15954.6	19.2
汽车	万辆	2652.8	4.8
其中：基本型乘用车（轿车）	万辆	976.5	5.7
运动型多用途乘用车（SUV）	万辆	973.6	7.6
大中型拖拉机	万台	41.2	19.4
集成电路	亿块	3594.3	37.5
程控交换机	万线	699.6	-0.4
移动通信手持机	万台	166151.6	13.1
微型计算机设备	万台	46692.0	23.5
工业机器人	万台（套）	36.6	67.9

　　年末全国发电装机容量237692万千瓦，比上年末增长7.9％。其中[26]，火电装机容量129678万千瓦，增长4.1％；水电装机容量39092万千瓦，增长5.6％；核电装机容量5326万千瓦，增长6.8％；并网风电装机容量32848万千瓦，增长16.6％；并网太阳能发电装机容量30656万千瓦，增长20.9％。

全年规模以上工业企业利润 87092 亿元，比上年增长[27] 34.3%。分经济类型看，国有控股企业利润 22770 亿元，比上年增长 56.0%；股份制企业 62702 亿元，增长 40.2%，外商及港澳台商投资企业 22846 亿元，增长 21.1%；私营企业 29150 亿元，增长 27.6%。分门类看，采矿业利润 10391 亿元，比上年增长 190.7%；制造业 73612 亿元，增长 31.6%；电力、热力、燃气及水生产和供应业 3089 亿元，下降 41.9%。全年规模以上工业企业每百元营业收入中的成本为 83.74 元，比上年减少 0.23 元；营业收入利润率为 6.81%，提高 0.76 个百分点。年末规模以上工业企业资产负债率为 56.1%，比上年末下降 0.1 个百分点。全年全国工业产能利用率[28]为 77.5%。

全年建筑业增加值 80138 亿元，比上年增长 2.1%。全国具有资质等级的总承包和专业承包建筑业企业利润 8554 亿元，比上年增长 1.3%，其中国有控股企业 3620 亿元，增长 8.0%。

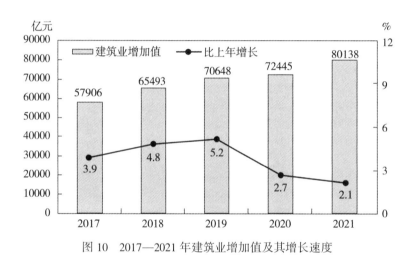

图 10　2017—2021 年建筑业增加值及其增长速度

四、服务业

全年批发和零售业增加值 110493 亿元，比上年增长 11.3%；交通运输、仓储和邮政业增加值 47061 亿元，增长 12.1%；住宿和餐饮业增加值 17853 亿元，增长 14.5%；金融业增加值 91206 亿元，增长 4.8%；房地产业增加值 77561 亿元，增长 5.2%；信息传输、软件和信息技术服务业增加值 43956 亿元，增长 17.2%；租赁和商务服务业增加值 35350 亿元，增长 6.2%。全年规模以上服务业企业营业收入比上年增长 18.7%，利润总额增长 13.4%。

全年货物运输总量[29] 530 亿吨，货物运输周转量 223574 亿吨公里。全年港口完成货物吞吐量 155 亿吨，比上年增长 6.8%，其中外贸货物吞吐量 47 亿吨，增长 4.5%。港口集装箱吞吐量 28272 万标准箱，增长 7.0%。

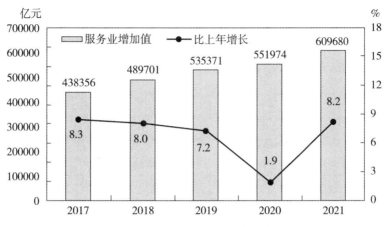

图 11　2017—2021 年服务业增加值及其增长速度

表 4　　　　　　　　**2021 年各种运输方式完成货物运输量及其增长速度**

指　　标	单位	绝对数	比上年增长（％）
货物运输总量	亿吨	529.7	12.3
铁路	亿吨	47.2	5.9
公路	亿吨	391.4	14.2
水路	亿吨	82.4	8.2
民航	万吨	731.8	8.2
管道	亿吨	8.7	5.7
货物运输周转量	亿吨公里	223574.4	13.7
铁路	亿吨公里	33190.7	9.3
公路	亿吨公里	69087.7	14.8
水路	亿吨公里	115577.5	9.2
民航	亿吨公里	278.2	15.8
管道	亿吨公里	5440.3	4.9

　　全年旅客运输总量 83 亿人次，比上年下降 14.1％。旅客运输周转量 19758 亿人公里，增长 2.6％。

表 5　　　　　　　　**2021 年各种运输方式完成旅客运输量及其增长速度**

指　　标	单位	绝对数	比上年增长（％）
旅客运输总量	亿人次	83.0	−14.1
铁路	亿人次	26.1	18.5
公路	亿人次	50.9	−26.2

续表

指　　标	单位	绝对数	比上年增长（%）
水路	亿人次	1.6	9.0
民航	亿人次	4.4	5.5
旅客运输周转量	亿人公里	19758.2	2.6
铁路	亿人公里	9567.8	15.7
公路	亿人公里	3627.5	−21.8
水路	亿人公里	33.1	0.4
民航	亿人公里	6529.7	3.5

年末全国民用汽车保有量 30151 万辆（包括三轮汽车和低速货车 732 万辆），比上年末增加 2064 万辆，其中私人汽车保有量 26246 万辆，增加 1852 万辆。民用轿车保有量 16739 万辆，增加 1099 万辆，其中私人轿车保有量 15732 万辆，增加 1059 万辆。

全年完成邮政行业业务总量[30] 13698 亿元，比上年增长 25.1%。邮政业全年完成邮政函件业务 10.9 亿件，包裹业务 0.2 亿件，快递业务量 1083.0 亿件，快递业务收入 10332 亿元。全年完成电信业务总量[31] 16960 亿元，比上年增长 27.8%。年末移动电话基站数[32] 996 万个，其中 4G 基站 590 万个，5G 基站 143 万个。全国电话用户总数 182353 万户，其中移动电话用户 164283 万户。移动电话普及率为 116.3 部/百人。固定互联网宽带接入用户[33] 53579 万户，比上年末增加 5224 万户，其中固定互联网光纤宽带接入用户[34] 50551 万户，增加 5136 万户。蜂窝物联网终端用户[35] 13.99 亿户，增加 2.64 亿户。互联网上网人数 10.32 亿人，其中手机上网人数[36] 10.29 亿人。互联网普及率为 73.0%，其中农村地区互联网普及率为 57.6%。全年移动互联网用户接入流量 2216 亿 GB，比上年增长 33.9%。全年软件和信息技术服务业[37] 完成软件业务收入 94994 亿元，按可比口径计算，比上年增长 17.7%。

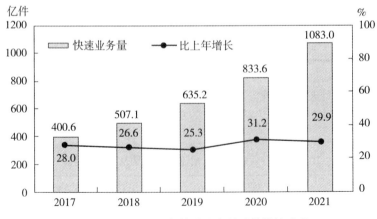

图 12　2017—2021 年快递业务量及其增长速度

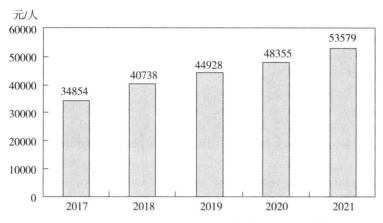

图 13　2017—2021 年年末固定互联网宽带接入用户数

五、国内贸易

全年社会消费品零售总额 440823 亿元，比上年增长 12.5%。按经营地统计，城镇消费品零售额 381558 亿元，增长 12.5%；乡村消费品零售额 59265 亿元，增长 12.1%。按消费类型统计，商品零售额 393928 亿元，增长 11.8%；餐饮收入额 46895 亿元，增长 18.6%。

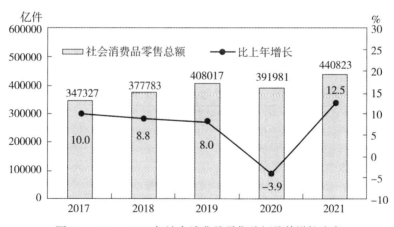

图 14　2017—2021 年社会消费品零售总额及其增长速度

全年限额以上单位商品零售额中，粮油、食品类零售额比上年增长 10.8%，饮料类增长 20.4%，烟酒类增长 21.2%，服装、鞋帽、针纺织品类增长 12.7%，化妆品类增长 14.0%，金银珠宝类增长 29.8%，日用品类增长 14.4%，家用电器和音像器材类增长 10.0%，中西药品类增长 9.9%，文化办公用品类增长 18.8%，家具类增长 14.5%，通信器材类增长 14.6%，建筑及装潢材料类增长 20.4%，石油及制品类增长 21.2%，汽车类增长 7.6%。

全年实物商品网上零售额 108042 亿元，按可比口径计算，比上年增长 12.0%，占社会消费品零售总额的比重为 24.5%。

六、固定资产投资

全年全社会固定资产投资[38]552884 亿元，比上年增长 4.9%。固定资产投资（不含农户）544547 亿元，增长 4.9%。在固定资产投资（不含农户）中，分区域看[39]，东部地区投资增长 6.4%，中部地区投资增长 10.2%，西部地区投资增长 3.9%，东北地区投资增长 5.7%。

在固定资产投资（不含农户）中，第一产业投资 14275 亿元，比上年增长 9.1%；第二产业投资 167395 亿元，增长 11.3%；第三产业投资 362877 亿元，增长 2.1%。民间固定资产投资[40]307659 亿元，增长 7.0%。基础设施投资[41]增长 0.4%。社会领域投资[42]增长 10.7%。

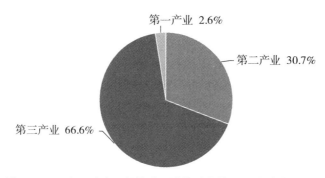

图 15　2021 年三次产业投资占固定资产投资（不含农户）比重

表 6　**2021 年分行业固定资产投资（不含农户）增长速度**

行　　业	比上年增长（%）	行　　业	比上年增长（%）
总计	4.9	金融业	1.9
农、林、牧、渔业	9.3	房地产业[43]	5.0
采矿业	10.9	租赁和商务服务业	13.6
制造业	13.5	科学研究和技术服务业	14.5
电力、热力、燃气及水生产和供应业	1.1	水利、环境和公共设施管理业	-1.2
建筑业	1.6	居民服务、修理和其他服务业	-10.3
批发和零售业	-5.9	教育	11.7
交通运输、仓储和邮政业	1.6	卫生和社会工作	19.5
住宿和餐饮业	6.6	文化、体育和娱乐业	1.6
信息传输、软件和信息技术服务业	-12.1	公共管理、社会保障和社会组织	-38.2

表7　　　　　　　　　2021年固定资产投资新增主要生产与运营能力

指　　标	单位	绝对数
新增220千伏及以上变电设备	万千伏安	24334
新建铁路投产里程	公里	4208
其中：高速铁路	公里	2168
增、新建铁路复线投产里程	公里	2769
电气化铁路投产里程	公里	4189
新改建高速公路里程	公里	9028
港口万吨级码头泊位新增通过能力	万吨/年	25368
新增民用运输机场	个	7
新增光缆线路长度	万公里	319

全年房地产开发投资147602亿元，比上年增长4.4%。其中住宅投资111173亿元，增长6.4%；办公楼投资5974亿元，下降8.0%；商业营业用房投资12445亿元，下降4.8%。年末商品房待售面积51023万平方米，比上年末增加1173万平方米，其中商品住宅待售面积22761万平方米，增加381万平方米。

全年全国各类棚户区改造开工165万套，基本建成205万套；全国保障性租赁住房开工建设和筹集94万套。

表8　　　　　　　　　2021年房地产开发和销售主要指标及其增长速度

指　　标	单位	绝对数	比上年增长（％）
投资额	亿元	147602	4.4
其中：住宅	亿元	111173	6.4
房屋施工面积	万平方米	975387	5.2
其中：住宅	万平方米	690319	5.3
房屋新开工面积	万平方米	198895	−11.4
其中：住宅	万平方米	146379	−10.9
房屋竣工面积	万平方米	101412	11.2
其中：住宅	万平方米	73016	10.8
商品房销售面积	万平方米	179433	1.9
其中：住宅	万平方米	156532	1.1
本年到位资金	亿元	201132	4.2
其中：国内贷款	亿元	23296	−12.7
个人按揭贷款	亿元	32388	8.0

七、对外经济

全年货物进出口总额 391009 亿元，比上年增长 21.4%。其中，出口 217348 亿元，增长 21.2%；进口 173661 亿元，增长 21.5%。货物进出口顺差 43687 亿元，比上年增加 7344 亿元。对"一带一路"[44] 沿线国家进出口总额 115979 亿元，比上年增长 23.6%。其中，出口 65924 亿元，增长 21.5%；进口 50055 亿元，增长 26.4%。

图 16　2017—2021 年货物进出口总额

表 9　**2021 年货物进出口总额及其增长速度**

指　　标	金额（亿元）	比上年增长（%）
货物进出口总额	391009	21.4
货物出口额	217348	21.2
其中：一般贸易	132445	24.4
加工贸易	53378	9.9
其中：机电产品	128286	20.4
高新技术产品	63266	17.9
货物进口额	173661	21.5
其中：一般贸易	108395	25.0
加工贸易	31601	13.3
其中：机电产品	73657	12.2
高新技术产品	54088	14.7
货物进出口顺差	43687	20.2

表 10　　　　　　　　　　　2021 年主要商品出口数量、金额及其增长速度

商品名称	单位	数量	比上年增长（％）	金额（亿元）	比上年增长（％）
钢材	万吨	6690	24.6	5289	67.9
纺织纱线、织物及制品	—	—	—	9384	-12.2
服装及衣着附件	—	—	—	11000	15.6
鞋靴	万双	873231	18.1	3097	26.2
家具及其零件	—	—	—	4772	18.2
箱包及类似容器	万吨	244	21.4	1800	26.1
玩具	—	—	—	2980	28.6
塑料制品	—	—	—	6397	20.5
集成电路	亿个	3107	19.6	9930	23.4
自动数据处理设备及其零部件	—	—	—	16488	12.9
手机	万台	95420	-1.2	9447	9.3
集装箱	万个	484	144.0	1514	198.3
液晶显示板	万个	142439	12.4	1788	30.5
汽车（包括底盘）	万辆	212	95.9	2227	104.6

表 11　　　　　　　　　　　2021 年主要商品进口数量、金额及其增长速度

商 品 名 称	单位	数量	比上年增长（％）	金额（亿元）	比上年增长（％）
大豆	万吨	9652	-3.8	3459	26.1
食用植物油	万吨	1039	-3.7	706	24.0
铁矿砂及其精矿	万吨	112432	-3.9	11942	39.6
煤及褐煤	万吨	32322	6.6	2319	64.1
原油	万吨	51298	-5.4	16618	34.4
成品油	万吨	2712	-4.0	1078	31.6
天然气	万吨	12136	19.9	3601	56.3
初级形状的塑料	万吨	3397	-16.4	3950	8.8
纸浆	万吨	2969	-2.7	1296	19.5
钢材	万吨	1427	-29.5	1210	3.9
未锻轧铜及铜材	万吨	553	-17.2	3387	12.5
集成电路	亿个	6355	16.9	27935	15.4
汽车（包括底盘）	万辆	94	0.6	3489	7.6

表 12　　　　2021 年对主要国家和地区货物进出口金额、增长速度及其比重

国家和地区	出口额（亿元）	比上年增长（%）	占全部出口比重（%）	进口额（亿元）	比上年增长（%）	占全部进口比重（%）
东盟	31255	17.7	14.4	25489	22.2	14.7
欧盟	33483	23.7	15.4	20028	12.1	11.5
美国	37224	19.0	17.1	11603	24.2	6.7
日本	10722	8.5	4.9	13298	10.1	7.7
韩国	9617	23.5	4.4	13791	15.1	7.9
中国香港	22641	20.3	10.4	627	30.2	0.4
中国台湾	5063	21.7	2.3	16146	16.5	9.3
巴西	3464	43.4	1.6	7138	20.3	4.1
俄罗斯	4364	24.7	2.0	5122	28.2	2.9
印度	6302	36.6	2.9	1819	25.1	1.0
南非	1365	29.4	0.6	2147	49.4	1.2

全年服务进出口总额 52983 亿元，比上年增长 16.1%。其中，服务出口 25435 亿元，增长 31.4%；服务进口 27548 亿元，增长 4.8%。服务进出口逆差 2113 亿元。

全年外商直接投资（不含银行、证券、保险领域）新设立企业 47643 家，比上年增长 23.5%。实际使用外商直接投资金额 11494 亿元，增长 14.9%，折 1735 亿美元，增长 20.2%。其中"一带一路"沿线国家对华直接投资（含通过部分自由港对华投资）新设立企业 5336 家，增长 24.3%；对华直接投资金额 743 亿元，增长 29.4%，折 112 亿美元，增长 36.0%。全年高技术产业实际使用外资 3469 亿元，增长 17.1%，折 522 亿美元，增长 22.1%。

表 13　　　　2021 年外商直接投资（不含银行、证券、保险领域）及其增长速度

行　　业	企业数（家）	比上年增长（%）	实际使用金额（亿元）	比上年增长（%）
总计	47643	23.5	11494	14.9
其中：农、林、牧、渔业	491	-0.4	55	38.4
制造业	4455	19.4	2216	2.8
电力、热力、燃气及水生产和供应业	465	78.9	249	14.9
交通运输、仓储和邮政业	693	17.1	351	1.3
信息传输、软件和信息技术服务业	4053	15.1	1345	18.8
批发和零售业	13379	23.7	1098	34.1

行　　业	企业数 （家）	比上年增长 （%）	实际使用金额 （亿元）	比上年增长 （%）
房地产业	1125	−5.5	1571	11.7
租赁和商务服务业	9290	23.7	2193	19.3
居民服务、修理和其他服务业	522	16.8	31	44.6

全年对外非金融类直接投资额 7332 亿元，比上年下降 3.5%，折 1136 亿美元，增长 3.2%。其中，对"一带一路"沿线国家非金融类直接投资额 203 亿美元，增长 14.1%。

表 14　　　　　　　**2021 年对外非金融类直接投资额及其增长速度**

行　　业	金额（亿美元）	比上年增长（%）
总计	1136.4	3.2
其中：农、林、牧、渔业	11.3	−18.7
采矿业	49.8	−2.2
制造业	184.0	−7.9
电力、热力、燃气及水生产和供应业	48.9	75.9
建筑业	55.7	7.9
批发和零售业	176.5	9.8
交通运输、仓储和邮政业	51.0	92.5
信息传输、软件和信息技术服务业	75.3	12.2
房地产业	24.9	−8.8
租赁和商务服务业	366.2	−12.4

全年对外承包工程完成营业额 9996 亿元，比上年下降 7.1%，折 1549 亿美元，下降 0.6%。其中，对"一带一路"沿线国家完成营业额 897 亿美元，下降 1.6%，占对外承包工程完成营业额比重为 57.9%。对外劳务合作派出各类劳务人员 32 万人。

八、财政金融

全年全国一般公共预算收入 202539 亿元，比上年增长 10.7%，其中税收收入 172731 亿元，增长 11.9%。全国一般公共预算支出 246322 亿元，比上年增长 0.3%。全年新增减税降费约 1.1 万亿元。

年末广义货币供应量（M_2）余额 238.3 万亿元，比上年末增长 9.0%；狭义货币供应量（M_1）余额 64.7 万亿元，增长 3.5%；流通中货币（M_0）余额 9.1 万亿元，增长 7.7%。

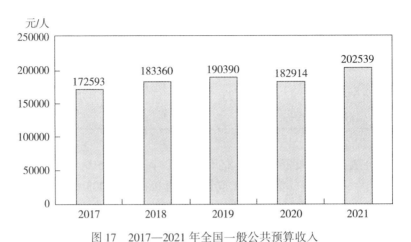

图 17　2017—2021 年全国一般公共预算收入

注：图中 2017 年至 2020 年数据为全国一般公共预算收入决算数，
2021 年为执行数。

全年社会融资规模增量[45]31.4 万亿元，按可比口径计算，比上年少 3.4 万亿元。年末社会融资规模存量[46]314.1 万亿元，按可比口径计算，比上年末增长 10.3%，其中对实体经济发放的人民币贷款余额 191.5 万亿元，增长 11.6%。年末全部金融机构本外币各项存款余额 238.6 万亿元，比年初增加 20.2 万亿元，其中人民币各项存款余额 232.3 万亿元，增加 19.7 万亿元。全部金融机构本外币各项贷款余额 198.5 万亿元，增加 20.1 万亿元，其中人民币各项贷款余额 192.7 万亿元，增加 19.9 万亿元。人民币普惠金融贷款[47]余额 26.5 万亿元，增加 5.0 万亿元。

表 15　　　　　　　　2021 年年末全部金融机构本外币存贷款余额及其增长速度

指　　标	年末数（亿元）	比上年末增长（%）
各项存款	2386062	9.3
其中：境内住户存款	1033118	10.6
其中：人民币	1025012	10.7
境内非金融企业存款	730137	6.1
各项贷款	1985108	11.3
其中：境内短期贷款	520506	5.7
境内中长期贷款	1291149	13.5

年末主要农村金融机构（农村信用社、农村合作银行、农村商业银行）人民币贷款余额 242496 亿元，比年初增加 26607 亿元。全部金融机构人民币消费贷款余额 548849 亿元，增加 53181 亿元。其中，个人短期消费贷款余额 93558 亿元，增加 6080 亿元；个人

中长期消费贷款余额 455292 亿元，增加 47101 亿元。

全年沪深交易所 A 股累计筹资[48]16743 亿元，比上年增加 1326 亿元。沪深交易所首次公开发行上市 A 股 481 只，筹资 5351 亿元，比上年增加 609 亿元，其中科创板股票 162 只，筹资 2029 亿元；沪深交易所 A 股再融资（包括公开增发、定向增发、配股、优先股、可转债转股）11391 亿元，增加 717 亿元。北京证券交易所公开发行股票 11 只，筹资[49]21 亿元。全年各类主体通过沪深交易所发行债券（包括公司债、可转债、可交换债、政策性金融债、地方政府债和企业资产支持证券）筹资 86553 亿元，比上年增加 1776 亿元。全国中小企业股份转让系统[50]挂牌公司 6932 家，全年挂牌公司累计股票筹资 260 亿元。

全年发行公司信用类债券[51]14.7 万亿元，比上年增加 0.5 万亿元。

全年保险公司原保险保费收入[52]44900 亿元，按可比口径计算，比上年增长 4.0%。其中，寿险业务原保险保费收入 23572 亿元，健康险和意外伤害险业务原保险保费收入 9657 亿元，财产险业务原保险保费收入 11671 亿元。支付各类赔款及给付 15609 亿元。其中，寿险业务给付 3540 亿元，健康险和意外伤害险业务赔款及给付 4381 亿元，财产险业务赔款 7687 亿元。

九、居民收入消费和社会保障

全年全国居民人均可支配收入 35128 元，比上年增长 9.1%，扣除价格因素，实际增长 8.1%。全国居民人均可支配收入中位数[53]29975 元，增长 8.8%。按常住地分，城镇居民人均可支配收入 47412 元，比上年增长 8.2%，扣除价格因素，实际增长 7.1%。城镇居民人均可支配收入中位数 43504 元，增长 7.7%。农村居民人均可支配收入 18931 元，比上年增长 10.5%，扣除价格因素，实际增长 9.7%。农村居民人均可支配收入中位数 16902 元，增长 11.2%。城乡居民人均可支配收入比值为 2.50，比上年缩小 0.06。按全国居民五等份收入分组[54]，低收入组人均可支配收入 8333 元，中间偏下收入组人均可支配收入 18445 元，中间收入组人均可支配收入 29053 元，中间偏上收入组人均可支配收入 44949 元，高收入组人均可支配收入 85836 元。全国农民工人均月收入 4432 元，比上年增长 8.8%。全年脱贫县[55]农村居民人均可支配收入 14051 元，比上年增长 11.6%，扣除价格因素，实际增长 10.8%。

全年全国居民人均消费支出 24100 元，比上年增长 13.6%，扣除价格因素，实际增长 12.6%。其中，人均服务性消费支出[56]10645 元，比上年增长 17.8%，占居民人均消费支出的比重为 44.2%。按常住地分，城镇居民人均消费支出 30307 元，增长 12.2%，扣除价格因素，实际增长 11.1%；农村居民人均消费支出 15916 元，增长 16.1%，扣除价格因素，实际增长 15.3%。全国居民恩格尔系数为 29.8%，其中城镇为 28.6%，农村为 32.7%。

年末全国参加城镇职工基本养老保险人数 48075 万人，比上年末增加 2454 万人。参加城乡居民基本养老保险人数 54797 万人，增加 554 万人。参加基本医疗保险人数 136424 万人，增加 293 万人。其中，参加职工基本医疗保险人数 35422 万人，增加 967 万人；参加城乡居民基本医疗保险人数 101002 万人。参加失业保险人数 22958 万人，增加 1268 万

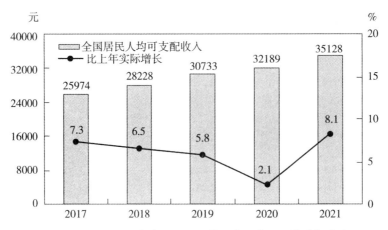

图 18 2017—2021 年全国居民人均可支配收入及其增长速度

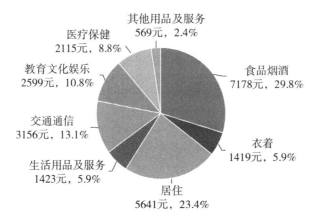

图 19 2021 年全国居民人均消费支出及其构成

人。年末全国领取失业保险金人数 259 万人。参加工伤保险人数 28284 万人，增加 1521 万人，其中参加工伤保险的农民工 9086 万人，增加 152 万人。参加生育保险人数 23851 万人，增加 283 万人。年末全国共有 738 万人享受城市最低生活保障，3474 万人享受农村最低生活保障，438 万人享受农村特困人员[57]救助供养，全年临时救助[58]1089 万人次。全年国家抚恤、补助退役军人和其他优抚对象 817 万人。

年末全国共有各类提供住宿的民政服务机构 4.3 万个，其中养老机构 4.0 万个，儿童福利和救助保护机构 801 个。民政服务床位[59]840.2 万张，其中养老服务床位 813.5 万张，儿童福利和救助保护机构床位 9.6 万张。年末共有社区服务中心 2.9 万个，社区服务站 47.2 万个。

十、科学技术和教育

全年研究与试验发展（R&D）经费支出 27864 亿元，比上年增长 14.2%，与国内生产总值之比为 2.44%，其中基础研究经费 1696 亿元。国家自然科学基金共资助 4.87 万个项目。截至年末，正在运行的国家重点实验室 533 个，纳入新序列管理的国家工程研究中心 191 个，国家企业技术中心 1636 家，大众创业万众创新示范基地 212 家。国家科技成果转化引导基金累计设立 36 支子基金，资金总规模 624 亿元。国家级科技企业孵化器[60] 1287 家，国家备案众创空间[61] 2551 家。全年授予专利权 460.1 万件，比上年增长 26.4%；PCT 专利申请受理量[62] 7.3 万件。截至年末，有效专利 1542.1 万件，其中境内有效发明专利 270.4 万件。每万人口高价值发明专利拥有量[63] 7.5 件。全年商标注册 773.9 万件，比上年增长 34.3%。全年共签订技术合同 67 万项，技术合同成交金额 37294 亿元，比上年增长 32.0%。

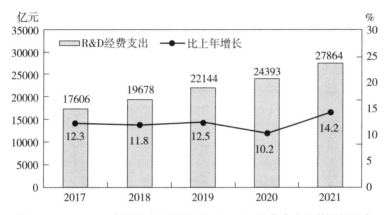

图 20　2017—2021 年研究与试验发展（R&D）经费支出及其增长速度

表 16　　　　　　　　　　　　**2021 年专利授权和有效专利情况**

指　　标	专利数（万件）	比上年增长（%）
专利授权数	460.1	26.4
其中：境内专利授权	445.1	27.0
其中：发明专利授权	69.6	31.3
其中：境内发明专利	57.8	33.2
年末有效专利数	1542.1	26.5
其中：境内有效专利	1429.5	28.6
其中：有效发明专利	359.7	17.6
其中：境内有效发明专利	270.4	22.2

全年成功完成 52 次宇航发射。天问一号探测器成功着陆火星，祝融号火星车驶上火星表面。天和核心舱发射成功，神舟十二号、神舟十三号等任务相继实施，中国人首次进入自己的空间站。羲和号探日卫星成功发射运行。祖冲之二号、九章二号成功研制，我国在超导量子和光量子两种物理体系上实现量子计算优越性。海斗一号全海深无人潜水器打

破多项世界纪录。华龙一号自主三代核电机组投入商业运行。

年末全国共有国家质检中心 869 家。全国现有产品质量、体系和服务认证机构 932 个，累计完成对 87 万家企业的认证。全年制定、修订国家标准 2815 项，其中新制定 1900 项。全年制造业产品质量合格率[64]为 93.08%。

全年研究生教育招生 117.7 万人，在学研究生 333.2 万人，毕业生 77.3 万人。普通、职业本专科[65]招生 1001.3 万人，在校生 3496.1 万人，毕业生 826.5 万人。中等职业教育[66]招生 656.2 万人，在校生 1738.5 万人，毕业生 484.1 万人。普通高中招生 905.0 万人，在校生 2605.0 万人，毕业生 780.2 万人。初中招生 1705.4 万人，在校生 5018.4 万人，毕业生 1587.1 万人。普通小学招生 1782.6 万人，在校生 10779.9 万人，毕业生 1718.0 万人。特殊教育招生 14.9 万人，在校生 92.0 万人，毕业生 14.6 万人。学前教育在园幼儿 4805.2 万人。九年义务教育巩固率为 95.4%，高中阶段毛入学率为 91.4%。

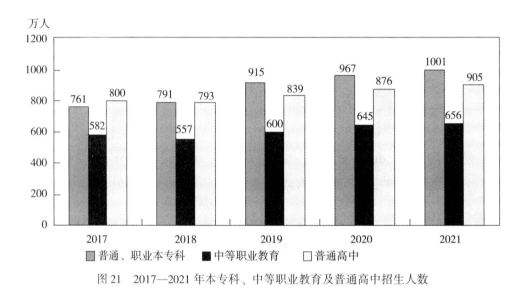

图 21　2017—2021 年本专科、中等职业教育及普通高中招生人数

十一、文化旅游、卫生健康和体育

年末全国文化和旅游系统共有艺术表演团体 2044 个，博物馆 3671 个。全国共有公共图书馆 3217 个，总流通[67]72898 万人次；文化馆 3317 个。有线电视实际用户 2.01 亿户，其中有线数字电视实际用户 1.95 亿户。年末广播节目综合人口覆盖率为 99.5%，电视节目综合人口覆盖率为 99.7%。全年生产电视剧 194 部 6736 集，电视动画片 78372 分钟。全年生产故事影片 565 部，科教、纪录、动画和特种影片[68]175 部。出版各类报纸 276 亿份，各类期刊 20 亿册，图书 110 亿册（张），人均图书拥有量[69]7.76 册（张）。年末全国共有档案馆 4233 个，已开放各类档案 18931 万卷（件）。全年全国规模以上文化及相关产业企业营业收入 119064 亿元，按可比口径计算，比上年增长 16.0%。

全年国内游客 32.5 亿人次，比上年增长 12.8%。其中，城镇居民游客 23.4 亿人次，增长 13.4%；农村居民游客 9.0 亿人次，增长 11.1%。国内旅游收入 29191 亿元，增长

31.0%。其中，城镇居民游客花费 23644 亿元，增长 31.6%；农村居民游客花费 5547 亿元，增长 28.4%。

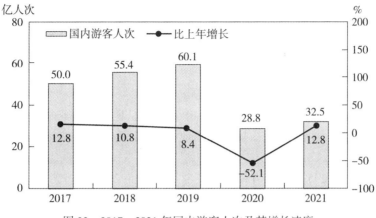

图 22　2017—2021 年国内游客人次及其增长速度

年末全国共有医疗卫生机构 103.1 万个，其中医院 3.7 万个，在医院中有公立医院 1.2 万个，民营医院 2.5 万个；基层医疗卫生机构 97.7 万个，其中乡镇卫生院 3.5 万个，社区卫生服务中心（站）3.6 万个，门诊部（所）30.7 万个，村卫生室 59.9 万个；专业公共卫生机构 1.3 万个，其中疾病预防控制中心 3380 个，卫生监督所（中心）2790 个。年末卫生技术人员 1123 万人，其中执业医师和执业助理医师 427 万人，注册护士 502 万人。医疗卫生机构床位 957 万张，其中医院 748 万张，乡镇卫生院 144 万张。全年总诊疗人次[70] 85.3 亿人次，出院人数[71] 2.4 亿人。截至年末，全国累计报告新型冠状病毒肺炎确诊病例 102314 例，累计治愈出院病例 94792 例，累计死亡 4636 人。全国累计报告接种新型冠状病毒疫苗 283533 万剂次。全国共有 11937 家医疗卫生机构提供新型冠状病毒核酸检测服务，总检测能力达到 4168 万份/大。

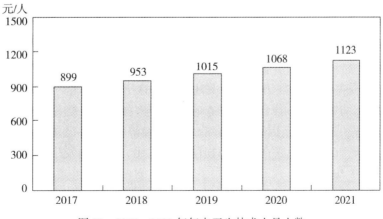

图 23　2017—2021 年年末卫生技术人员人数

年末全国共有体育场地[72]397.1万个，体育场地面积[73]34.1亿平方米，人均体育场地面积2.41平方米。全年我国运动员在16个运动大项中获得67个世界冠军，共创12项世界纪录。在第32届奥运会上，我国运动员共获得38枚金牌，奖牌总数88枚，位列奥运会金牌榜和奖牌榜第二位。全年我国残疾人运动员在5项国际赛事中获得110个世界冠军。在第16届残奥会上，我国运动员共获得96枚金牌，奖牌总数207枚，第五次蝉联金牌榜和奖牌榜第一位。

十二、资源、环境和应急管理

全年全国国有建设用地供应总量[74]69.0万公顷，比上年增长4.8%。其中，工矿仓储用地17.5万公顷，增长4.9%；房地产用地[75]13.6万公顷，减少12.2%；基础设施用地37.9万公顷，增长12.7%。

全年水资源总量29520亿立方米。全年总用水量5921亿立方米，比上年增长1.9%。其中，生活用水增长5.3%，工业用水增长2.0%，农业用水增长0.9%，人工生态环境补水增长2.9%。万元国内生产总值用水量[76]54立方米，下降5.8%。万元工业增加值用水量31立方米，下降7.0%。人均用水量419立方米，增长1.8%。

全年完成造林面积360万公顷，其中人工造林面积134万公顷，占全部造林面积的37.1%。种草改良面积[77]307万公顷。截至年末，国家级自然保护区474个，国家公园5个。新增水土流失治理面积6.2万平方公里。

初步核算，全年能源消费总量52.4亿吨标准煤，比上年增长5.2%。煤炭消费量增长4.6%，原油消费量增长4.1%，天然气消费量增长12.5%，电力消费量增长10.3%。煤炭消费量占能源消费总量的56.0%，比上年下降0.9个百分点；天然气、水电、核电、风电、太阳能发电等清洁能源消费量占能源消费总量的25.5%，上升1.2个百分点。重点耗能工业企业单位电石综合能耗下降5.3%，单位合成氨综合能耗与上年持平，吨钢综合能耗下降0.4%，单位电解铝综合能耗下降2.1%，每千瓦时火力发电标准煤耗下降0.5%。全国万元国内生产总值二氧化碳排放[78]下降3.8%。

全年近岸海域海水水质[79]达到国家一、二类海水水质标准的面积占81.3%，三类海水占5.2%，四类、劣四类海水占13.5%。

在开展城市区域声环境监测的324个城市中，全年昼间声环境质量好的城市占4.9%，较好的占61.7%，一般的占31.5%，较差的占1.9%。

全年平均气温为10.53℃，比上年上升0.28℃。共有5个台风登陆。

全年农作物受灾面积1174万公顷，其中绝收163万公顷。全年因洪涝和地质灾害造成直接经济损失2477亿元，因干旱灾害造成直接经济损失201亿元，因低温冷冻和雪灾造成直接经济损失133亿元，因海洋灾害造成直接经济损失30亿元。全年大陆地区共发生5.0级以上地震20次，造成直接经济损失107亿元。全年共发生森林火灾616起，受害森林面积约0.4万公顷。

全年各类生产安全事故共死亡26307人。工矿商贸企业就业人员10万人生产安全事故死亡人数1.374人，比上年上升5.6%；煤矿百万吨死亡人数0.045人，下降23.7%。道路交通事故万车死亡人数1.57人，下降5.4%。

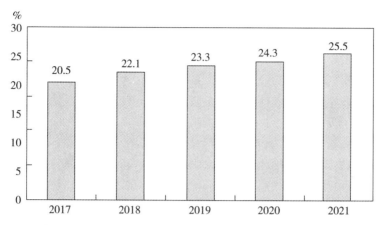

图 24　2017—2021 年清洁能源消费量占能源消费总量的比重

◎ **注释**

[１] 本公报中数据均为初步统计数。各项统计数据均未包括香港特别行政区、澳门特别行政区和台湾省。部分数据因四舍五入的原因，存在总计与分项合计不等的情况。

[２] 国内生产总值、三次产业及相关行业增加值、地区生产总值、人均国内生产总值和国民总收入绝对数按现价计算，增长速度按不变价格计算。

[３] 两年平均增速是指以 2019 年同期数为基数，采用几何平均的方法计算的增速。

[４] 国民总收入，原称国民生产总值，是指一个国家或地区所有常住单位在一定时期内所获得的初次分配收入总额，等于国内生产总值加上来自国外的初次分配收入净额。

[５] 全员劳动生产率为国内生产总值（按 2020 年价格计算）与全部就业人员的比率，根据第七次全国人口普查结果对历史数据进行了修订。

[６] 见注释［５］。

[７] 全国人口是指我国大陆 31 个省、自治区、直辖市和现役军人的人口，不包括居住在 31 个省、自治区、直辖市的港澳台居民和外籍人员。

[８] 人户分离的人口是指居住地与户口登记地所在的乡镇街道不一致且离开户口登记地半年及以上的人口。

[９] 流动人口是指人户分离人口中扣除市辖区内人户分离的人口。市辖区内人户分离的人口是指一个直辖市或地级市所辖区内和区与区之间，居住地和户口登记地不在同一乡镇街道的人口。

[１０] 2021 年年末，0~14 岁（含不满 15 周岁）人口为 24678 万人，15~59 岁（含不满 60 周岁）人口为 89846 万人。

[１１] 年度农民工数量包括年内在本乡镇以外从业 6 个月及以上的外出农民工和在本乡镇内从事非农产业 6 个月及以上的本地农民工。

[１２] 农产品生产者价格是指农产品生产者直接出售其产品时的价格。

[13] 居住类价格包括租赁房房租、住房保养维修及管理、水电燃料等价格。

[14] 高技术制造业包括医药制造业，航空、航天器及设备制造业，电子及通信设备制造业，计算机及办公设备制造业，医疗仪器设备及仪器仪表制造业，信息化学品制造业。

[15] 装备制造业包括金属制品业，通用设备制造业，专用设备制造业，汽车制造业，铁路、船舶、航空航天和其他运输设备制造业，电气机械和器材制造业，计算机、通信和其他电子设备制造业，仪器仪表制造业。

[16] 规模以上服务业统计范围包括：年营业收入 2000 万元及以上的交通运输、仓储和邮政业，信息传输、软件和信息技术服务业，水利、环境和公共设施管理业，卫生行业法人单位；年营业收入 1000 万元及以上的房地产业（不含房地产开发经营），租赁和商务服务业，科学研究和技术服务业，教育行业法人单位；以及年营业收入 500 万元及以上的居民服务、修理和其他服务业，文化、体育和娱乐业，社会工作行业法人单位。

[17] 战略性新兴服务业包括新一代信息技术产业、高端装备制造产业、新材料产业、生物产业、新能源汽车产业、新能源产业、节能环保产业和数字创意产业等八大产业中的服务业相关行业，以及新技术与创新创业等相关服务业。2021 年战略性新兴服务业企业营业收入增速按可比口径计算。

[18] 高技术产业投资包括医药制造、航空航天器及设备制造等六大类高技术制造业投资和信息服务、电子商务服务等九大类高技术服务业投资。

[19] 网上零售额是指通过公共网络交易平台（主要从事实物商品交易的网上平台，包括自建网站和第三方平台）实现的商品和服务零售额。

[20] 东部地区是指北京、天津、河北、上海、江苏、浙江、福建、山东、广东和海南 10 省（市）；中部地区是指山西、安徽、江西、河南、湖北和湖南 6 省；西部地区是指内蒙古、广西、重庆、四川、贵州、云南、西藏、陕西、甘肃、青海、宁夏和新疆 12 省（区、市）；东北地区是指辽宁、吉林和黑龙江 3 省。

[21] 根据第七次全国人口普查结果，对 2017—2019 年年末常住人口城镇化率数据进行了修订。

[22] 万元国内生产总值能耗按 2020 年价格计算。

[23] 2020 年部分产品产量数据进行了核实调整，2021 年产量增速按可比口径计算。

[24] 火电包括燃煤发电量，燃油发电量，燃气发电量，余热、余压、余气发电量，垃圾焚烧发电量，生物质发电量。

[25] 钢材产量数据中含企业之间重复加工钢材。

[26] 少量发电装机容量（如地热等）公报中未列出。

[27] 由于统计调查制度规定的调查范围变动、统计执法、剔除重复数据等因素，2021 年规模以上工业企业财务指标增速及变化按可比口径计算。

[28] 产能利用率是指实际产出与生产能力（均以价值量计量）的比率。企业的实际产出是指企业报告期内的工业总产值；企业的生产能力是指报告期内，在劳动力、原材料、燃料、运输等保证供给的情况下，生产设备（机械）保持正常运行，企业可实

现并能长期维持的产品产出。

[29] 货物运输总量及周转量包括铁路、公路、水路、民航和管道五种运输方式完成量，2021 年增速按可比口径计算。

[30] 邮政行业业务总量按 2020 年价格计算。

[31] 电信业务总量按 2020 年价格计算。

[32] 移动电话基站数是指报告期末为小区服务的无线收发信设备，处理基站与移动台之间的无线通信，在移动交换机与移动台之间起中继作用，监视无线传输质量的全套设备数。

[33] 固定互联网宽带接入用户是指报告期末在电信企业登记注册，通过 xDSL、FTTx＋LAN、FTTH/O 以及其他宽带接入方式和普通专线接入公众互联网的用户。

[34] 固定互联网光纤宽带接入用户是指报告期末在电信企业登记注册，通过 FTTH 或 FTTO 方式接入公众互联网的用户。

[35] 蜂窝物联网终端用户是指报告期末接入移动通信网络并开通物联网业务的用户。物联网终端即连接传感网络层和传输网络层，实现远程采集数据及向网络层发送数据的物联网设备。

[36] 手机上网人数是指过去半年通过手机接入并使用互联网的人数。

[37] 软件和信息技术服务业包括软件开发、集成电路设计、信息系统集成和物联网技术服务、运行维护服务、信息处理和存储支持服务、信息技术咨询服务、数字内容服务和其他信息技术服务等行业。

[38] 根据统计调查方法改革和制度规定，对 2020 年固定资产投资相关数据进行修订，2021 年相关指标增速按可比口径计算。

[39] 见注释 [20]。

[40] 民间固定资产投资是指具有集体、私营、个人性质的内资调查单位以及由其控股（包括绝对控股和相对控股）的调查单位建造或购置固定资产的投资。

[41] 基础设施投资包括交通运输、邮政业，电信、广播电视和卫星传输服务业，互联网和相关服务业，水利、环境和公共设施管理业投资。

[42] 社会领域投资包括教育，卫生和社会工作，文化、体育和娱乐业投资。

[43] 房地产业投资除房地产开发投资外，还包括建设单位自建房屋以及物业管理、中介服务和其他房地产投资。

[44] "一带一路"是指"丝绸之路经济带"和"21 世纪海上丝绸之路"。

[45] 社会融资规模增量是指一定时期内实体经济从金融体系获得的资金总额。

[46] 社会融资规模存量是指一定时期末（月末、季末或年末）实体经济从金融体系获得的资金余额。

[47] 普惠金融贷款包括单户授信小于 1000 万元的小微型企业贷款、个体工商户经营性贷款、小微企业主经营性贷款、农户生产经营贷款、建档立卡贫困人口消费贷款、创业担保贷款和助学贷款。

[48] 沪深交易所股票筹资额按上市日统计，筹资额包括了可转债实际转股金额，2020 年、2021 年可转债实际转股金额分别为 1195 亿元、1342 亿元。

［49］ 北京证券交易所股票筹资额按上市日统计，筹资额只计入北京证券交易所开市日起新上市公司，精选层平移公司历史筹资数据保留在原全国中小企业股份转让系统统计报表中。

［50］ 全国中小企业股份转让系统是 2012 年经国务院批准的全国性证券交易场所。全年全国中小企业股份转让系统挂牌公司累计筹资不含优先股，股票筹资按新增股份挂牌日统计。

［51］ 公司信用类债券包括非金融企业债务融资工具、企业债券以及公司债、可转债等。

［52］ 原保险保费收入是指保险企业确认的原保险合同保费收入。

［53］ 人均收入中位数是指将所有调查户按人均收入水平从低到高（或从高到低）顺序排列，处于最中间位置调查户的人均收入。

［54］ 全国居民五等份收入分组是指将所有调查户按人均收入水平从低到高顺序排列，平均分为五个等份，处于最低 20% 的收入家庭为低收入组，依此类推依次为中间偏下收入组、中间收入组、中间偏上收入组、高收入组。

［55］ 脱贫县包括原 832 个国家扶贫开发工作重点县和集中连片特困地区县，以及新疆阿克苏地区 7 个市县。

［56］ 服务性消费支出是指住户用于餐饮服务、教育文化娱乐服务和医疗服务等各种生活服务的消费支出。

［57］ 农村特困人员是指无劳动能力，无生活来源，无法定赡养、抚养、扶养义务人或者其法定义务人无履行义务能力的农村老年人、残疾人以及未满 16 周岁的未成年人。

［58］ 临时救助是指国家对遭遇突发事件、意外伤害、重大疾病或其他特殊原因导致基本生活陷入困境，其他社会救助制度暂时无法覆盖或救助之后基本生活暂时仍有严重困难的家庭或个人给予的应急性、过渡性的救助。

［59］ 民政服务床位除收养性机构外，还包括救助类机构、社区类机构的床位。

［60］ 国家级科技企业孵化器是指符合《科技企业孵化器管理办法》规定的，以促进科技成果转化、培育科技企业和企业家精神为宗旨，提供物理空间、共享设施和专业化服务的科技创业服务机构，且经过科学技术部批准确定的科技企业孵化器。

［61］ 国家备案众创空间是指符合《发展众创空间工作指引》规定的新型创新创业服务平台，且按照《国家众创空间备案暂行规定》经科学技术部审核备案的众创空间。

［62］ PCT 专利申请受理量是指国家知识产权局作为 PCT 专利申请受理局受理的 PCT 专利申请数量。PCT（Patent Cooperation Treaty）即专利合作条约，是专利领域的一项国际合作条约。

［63］ 每万人口高价值发明专利拥有量是指每万人口本国居民拥有的经国家知识产权局授权的符合下列任一条件的有效发明专利数量：战略性新兴产业的发明专利；在海外有同族专利权的发明专利；维持年限超过 10 年的发明专利；实现较高质押融资金额的发明专利；获得国家科学技术奖、中国专利奖的发明专利。

［64］ 制造业产品质量合格率是指以产品质量检验为手段，按照规定的方法、程序和标准实施质量抽样检测，判定为质量合格的样品数占全部抽样样品数的百分比，统计调查样本覆盖制造业的 29 个行业。

［65］普通、职业本专科包括普通本科、职业本科、高职（专科）。2021 年高职（专科）招生人数统计口径发生变化，包含五年制高职转入专科招生人数。

［66］中等职业教育包括普通中专、成人中专、职业高中和技工学校。

［67］总流通人次是指本年度内到图书馆场馆接受图书馆服务的总人次，包括借阅书刊、咨询问题以及参加各类读者活动等。

［68］特种影片是指采用与常规影院放映在技术、设备、节目方面不同的电影展示方式，如巨幕电影、立体电影、立体特效（4D）电影、动感电影、球幕电影等。

［69］人均图书拥有量是指在一年内全国平均每人能拥有的当年出版图书册数。

［70］总诊疗人次是指所有诊疗工作的总人次数，包括门诊、急诊、出诊、预约诊疗、单项健康检查、健康咨询指导（不含健康讲座、核酸检测）人次。

［71］出院人数是指报告期内所有住院后出院的人数，包括医嘱离院、医嘱转其他医疗机构、非医嘱离院、死亡及其他人数，不含家庭病床撤床人数。

［72］体育场地调查对象不包括军队、铁路系统所属体育场地。

［73］体育场地面积是指体育训练、比赛、健身场地的有效面积。

［74］国有建设用地供应总量是指报告期内市、县人民政府根据年度土地供应计划依法以出让、划拨、租赁等方式与用地单位或个人签订出让合同或签发划拨决定书、完成交易的国有建设用地总量。

［75］房地产用地是指商服用地和住宅用地的总和。

［76］万元国内生产总值用水量、万元工业增加值用水量按 2020 年价格计算。

［77］种草改良面积是指通过实施播种、栽种等措施增加牧草数量的面积以及通过压盐压碱压沙、土壤改良、围栏封育等措施使草原原生植被、生态得到改善的面积之和。

［78］万元国内生产总值二氧化碳排放按 2020 年价格计算。

［79］近岸海域海水水质采用面积法进行评价。

资料来源：http：//www.stats.gov.cn/tjsj/zxfb/202202/t20220227_1827960.html.

中华人民共和国 2020 年国民经济和社会发展统计公报[1]

国家统计局

2021 年 2 月 28 日

2020 年是新中国历史上极不平凡的一年。面对严峻复杂的国际形势、艰巨繁重的国内改革发展稳定任务特别是新冠肺炎疫情的严重冲击，以习近平同志为核心的党中央统揽全局，保持战略定力，准确判断形势，精心谋划部署，果断采取行动，付出艰苦努力，及时作出统筹疫情防控和经济社会发展的重大决策。各地区各部门坚持以习近平新时代中国特色社会主义思想为指导，全面贯彻党的十九大和十九届二中、三中、四中、五中全会精神，按照党中央、国务院决策部署，沉着冷静应对风险挑战，坚持高质量发展方向不动摇，统筹疫情防控和经济社会发展，扎实做好"六稳"工作，全面落实"六保"任务，我国经济运行逐季改善、逐步恢复常态，在全球主要经济体中唯一实现经济正增长，脱贫攻坚战取得全面胜利，决胜全面建成小康社会取得决定性成就，交出一份人民满意、世界瞩目、可以载入史册的答卷。

一、综合[2]

初步核算，全年国内生产总值[3] 1015986 亿元，比上年增长 2.3%。其中，第一产业增加值 77754 亿元，增长 3.0%；第二产业增加值 384255 亿元，增长 2.6%；第三产业增加值 553977 亿元，增长 2.1%。第一产业增加值占国内生产总值比重为 7.7%，第二产业增加值比重为 37.8%，第三产业增加值比重为 54.5%。全年最终消费支出拉动国内生产总值下降 0.5 个百分点，资本形成总额拉动国内生产总值增长 2.2 个百分点，货物和服务净出口拉动国内生产总值增长 0.7 个百分点。分季度看，一季度国内生产总值同比下降 6.8%，二季度增长 3.2%，三季度增长 4.9%，四季度增长 6.5%。预计全年人均国内生产总值 72447 元，比上年增长 2.0%。国民总收入[4] 1009151 亿元，比上年增长 1.9%。全国万元国内生产总值能耗[5] 比上年下降 0.1%。预计全员劳动生产率[6] 为 117746 元/人，比上年提高 2.5%。

全年城镇新增就业 1186 万人，比上年少增 166 万人。年末全国城镇调查失业率为 5.2%，城镇登记失业率为 4.2%。全国农民工[7] 总量 28560 万人，比上年下降 1.8%。其中，外出农民工 16959 万人，下降 2.7%；本地农民工 11601 万人，下降 0.4%。

全年居民消费价格比上年上涨 2.5%。工业生产者出厂价格下降 1.8%。工业生产者购进价格下降 2.3%。农产品生产者价格[8] 上涨 15.0%。12 月份，70 个大中城市新建商品住宅销售价格同比上涨的城市个数为 60 个，下降的为 10 个。

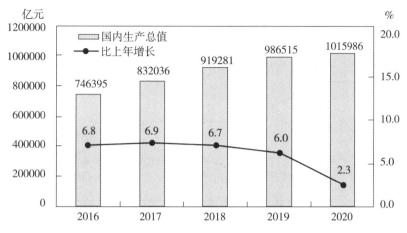

图 1　2016—2020 年国内生产总值及其增长速度

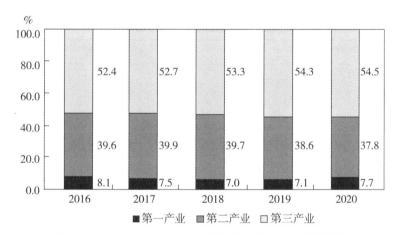

图 2　2016—2020 年二次产业增加值占国内生产总值比重

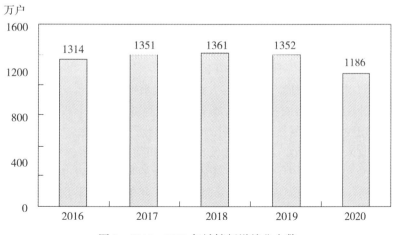

图 3　2016—2020 年城镇新增就业人数

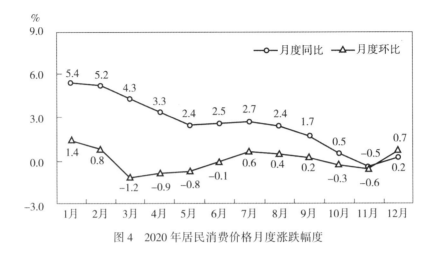

图 4　2020 年居民消费价格月度涨跌幅度

表 1　　　　　　　　　　　**2020 年居民消费价格比上年涨跌幅度（％）**

指　　标	全国	城市	农村
居民消费价格	2.5	2.3	3.0
其中：食品烟酒	8.3	7.8	9.6
衣　着	−0.2	−0.2	−0.3
居　住[9]	−0.4	−0.4	−0.5
生活用品及服务	0.0	0.1	−0.1
交通和通信	−3.5	−3.6	−3.2
教育文化和娱乐	1.3	1.4	1.1
医疗保健	1.8	1.7	2.0
其他用品和服务	4.3	4.4	4.1

　　年末国家外汇储备 32165 亿美元，比上年末增加 1086 亿美元。全年人民币平均汇率为 1 美元兑 6.8974 元人民币，比上年升值 0.02%。

　　三大攻坚战取得决定性成就。按照每人每年生活水平 2300 元（2010 年不变价）的现行农村贫困标准计算，551 万农村贫困人口全部实现脱贫。党的十八大以来，9899 万农村贫困人口全部实现脱贫，贫困县全部摘帽，绝对贫困历史性消除。全年贫困地区[10]农村居民人均可支配收入 12588 元，比上年增长 8.8%，扣除价格因素，实际增长 5.6%。在监测的 337 个地级及以上城市中，全年空气质量达标的城市占 59.9%，未达标的城市占 40.1%。细颗粒物（$PM_{2.5}$）未达标城市（基于 2015 年 $PM_{2.5}$ 年平均浓度未达标的 262 个城市）年平均浓度 37 微克/立方米，比上年下降 7.5%。1940 个国家地表水考核断面中，全年水质优良（Ⅰ～Ⅲ类）断面比例为 83.4%，Ⅳ类断面比例为 13.6%，Ⅴ类断面比例为 2.4%，劣Ⅴ类断面比例为 0.6%。年末全国地方政府债务余额控制在全国人大批准的

图 5 2016—2020 年年末国家外汇储备

限额之内。金融风险处置取得重要阶段性成果。

新产业新业态新模式逆势成长。全年规模以上工业中，高技术制造业[11]增加值比上年增长 7.1%，占规模以上工业增加值的比重为 15.1%；装备制造业[12]增加值增长 6.6%，占规模以上工业增加值的比重为 33.7%。全年规模以上服务业[13]中，战略性新兴服务业[14]企业营业收入比上年增长 8.3%。全年高技术产业投资[15]比上年增长 10.6%。全年新能源汽车产量 145.6 万辆，比上年增长 17.3%；集成电路产量 2614.7 亿块，增长 29.6%。全年网上零售额[16]117601 亿元，按可比口径计算，比上年增长 10.9%。全年新登记市场主体 2502 万户，日均新登记企业 2.2 万户，年末市场主体总数达 1.4 亿户。

城乡区域协调发展稳步推进。年末常住人口城镇化率超过 60%。分区域看[17]，全年东部地区生产总值 525752 亿元，比上年增长 2.9%；中部地区生产总值 222246 亿元，增长 1.3%；西部地区生产总值 213292 亿元，增长 3.3%；东北地区生产总值 51125 亿元，增长 1.1%。全年京津冀地区生产总值 86393 亿元，比上年增长 2.4%；长江经济带地区生产总值 471580 亿元，增长 2.7%；长江三角洲地区生产总值 244714 亿元，增长 3.3%。粤港澳大湾区建设、黄河流域生态保护和高质量发展等区域重大战略深入实施。

二、农业

全年粮食种植面积 11677 万公顷，比上年增加 70 万公顷。其中，稻谷种植面积 3008 万公顷，增加 38 万公顷；小麦种植面积 2338 万公顷，减少 35 万公顷；玉米种植面积 4126 万公顷，减少 2 万公顷。棉花种植面积 317 万公顷，减少 17 万公顷。油料种植面积 1313 万公顷，增加 20 万公顷。糖料种植面积 157 万公顷，减少 4 万公顷。

全年粮食产量 66949 万吨，比上年增加 565 万吨，增产 0.9%。其中，夏粮产量 14286 万吨，增产 0.9%；早稻产量 2729 万吨，增产 3.9%；秋粮产量 49934 万吨，增产 0.7%。全年谷物产量 61674 万吨，比上年增产 0.5%。其中，稻谷产量 21186 万吨，增产 1.1%；小麦产量 13425 万吨，增产 0.5%；玉米产量 26067 万吨，持平略减。

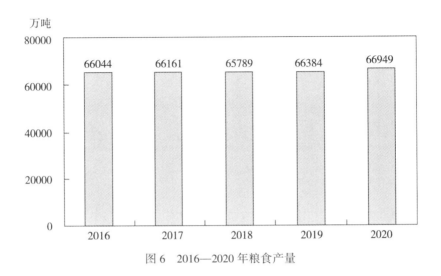

图 6　2016—2020 年粮食产量

全年棉花产量 591 万吨，比上年增产 0.4%。油料产量 3585 万吨，增产 2.6%。糖料产量 12028 万吨，减产 1.2%。茶叶产量 297 万吨，增产 7.1%。

全年猪牛羊禽肉产量 7639 万吨，比上年下降 0.1%。其中，猪肉产量 4113 万吨，下降 3.3%；牛肉产量 672 万吨，增长 0.8%；羊肉产量 492 万吨，增长 1.0%；禽肉产量 2361 万吨，增长 5.5%。禽蛋产量 3468 万吨，增长 4.8%。牛奶产量 3440 万吨，增长 7.5%。年末生猪存栏 40650 万头，比上年末增长 31.0%；全年生猪出栏 52704 万头，比上年下降 3.2%。

全年水产品产量 6545 万吨，比上年增长 1.0%。其中，养殖水产品产量 5215 万吨，增长 3.0%；捕捞水产品产量 1330 万吨，下降 5.0%。

全年木材产量 8727 万立方米，比上年下降 13.1%。

全年新增耕地灌溉面积 43 万公顷，新增高效节水灌溉面积 160 万公顷。

三、工业和建筑业

全年全部工业增加值 313071 亿元，比上年增长 2.4%。规模以上工业增加值增长 2.8%。在规模以上工业中，分经济类型看，国有控股企业增加值增长 2.2%；股份制企业增长 3.0%，外商及港澳台商投资企业增长 2.4%；私营企业增长 3.7%。分门类看，采矿业增长 0.5%，制造业增长 3.4%，电力、热力、燃气及水生产和供应业增长 2.0%。

全年规模以上工业中，农副食品加工业增加值比上年下降 1.5%，纺织业增长 0.7%，化学原料和化学制品制造业增长 3.4%，非金属矿物制品业增长 2.8%，黑色金属冶炼和压延加工业增长 6.7%，通用设备制造业增长 5.1%，专用设备制造业增长 6.3%，汽车制造业增长 6.6%，电气机械和器材制造业增长 8.9%，计算机、通信和其他电子设备制造业增长 7.7%，电力、热力生产和供应业增长 1.9%。

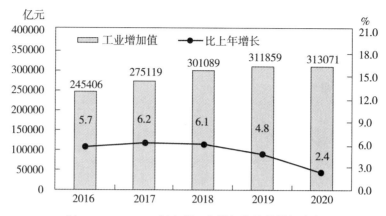

图 7　2016—2020 年全部工业增加值及其增长速度

表 2   **2020 年主要工业产品产量及其增长速度**[18]

产 品 名 称	单位	产量	比上年增长（%）
纱	万吨	2618.3	-7.4
布	亿米	460.3	-17.1
化学纤维	万吨	6126.5	4.1
成品糖	万吨	1431.3	3.0
卷烟	亿支	23863.7	0.9
彩色电视机	万台	19626.2	3.3
其中：液晶电视机	万台	19247.2	3.0
家用电冰箱	万台	9014.7	14.0
房间空气调节器	万台	21035.3	-3.8
一次能源生产总量	亿吨标准煤	40.8	2.8
原煤	亿吨	39.0	1.4
原油	万吨	19476.9	1.6
天然气	亿立方米	1925.0	9.8
发电量	亿千瓦小时	77790.6	3.7
其中：火电[19]	亿千瓦小时	53302.5	2.1
水电	亿千瓦小时	13552.1	3.9
核电	亿千瓦小时	3662.5	5.1
粗钢	万吨	106476.7	7.0
钢材[20]	万吨	132489.2	10.0

产　品　名　称	单位	产量	比上年增长（%）
十种有色金属	万吨	6188.4	5.5
其中：精炼铜（电解铜）	万吨	1002.5	2.5
原铝（电解铝）	万吨	3708.0	5.6
水泥	亿吨	24.0	2.5
硫酸（折100%）	万吨	9238.2	1.3
烧碱（折100%）	万吨	3673.9	6.2
乙烯	万吨	2160.0	5.2
化肥（折100%）	万吨	5496.0	−4.1
发电机组（发电设备）	万千瓦	13226.2	38.3
汽车	万辆	2532.5	−1.4
其中：基本型乘用车（轿车）	万辆	923.9	−10.2
运动型多用途乘用车（SUV）	万辆	905.0	2.6
大中型拖拉机	万台	34.6	23.0
集成电路	亿块	2614.7	29.6
程控交换机	万线	702.5	−11.1
移动通信手持机	万台	146961.8	−13.3
微型计算机设备	万台	37800.4	10.6
工业机器人	万台（套）	21.2	20.7

年末全国发电装机容量220058万千瓦，比上年末增长9.5%。其中[21]，火电装机容量124517万千瓦，增长4.7%；水电装机容量37016万千瓦，增长3.4%；核电装机容量4989万千瓦，增长2.4%；并网风电装机容量28153万千瓦，增长34.6%；并网太阳能发电装机容量25343万千瓦，增长24.1%。

全年规模以上工业企业利润64516亿元，比上年增长4.1%[22]。分经济类型看，国有控股企业利润14861亿元，比上年下降2.9%；股份制企业45445亿元，增长3.4%，外商及港澳台商投资企业18234亿元，增长7.0%；私营企业20262亿元，增长3.1%。分门类看，采矿业利润3553亿元，比上年下降31.5%；制造业55795亿元，增长7.6%；电力、热力、燃气及水生产和供应业5168亿元，增长4.9%。全年规模以上工业企业每百元营业收入中的成本为83.89元，比上年减少0.11元；营业收入利润率为6.08%，提高0.20个百分点。年末规模以上工业企业资产负债率为56.1%，比上年末下降0.3个百分点。全年全国工业产能利用率[23]为74.5%，其中一、二、三、四季度分别为67.3%、74.4%、76.7%、78.0%。

全年全社会建筑业增加值72996亿元，比上年增长3.5%。全国具有资质等级的总承包和专业承包建筑业企业利润8303亿元，比上年增长0.3%，其中国有控股企业2871亿元，增长4.7%。

图 8　2016—2020 年建筑业增加值及其增长速度

四、服务业

全年批发和零售业增加值 95686 亿元，比上年下降 1.3%；交通运输、仓储和邮政业增加值 41562 亿元，增长 0.5%；住宿和餐饮业增加值 15971 亿元，下降 13.1%；金融业增加值 84070 亿元，增长 7.0%；房地产业增加值 74553 亿元，增长 2.9%；信息传输、软件和信息技术服务业增加值 37951 亿元，增长 16.9%；租赁和商务服务业增加值 31616 亿元，下降 5.3%。全年规模以上服务业企业营业收入比上年增长 1.9%，利润总额下降 7.0%。

图 9　2016—2020 年服务业增加值及其增长速度

全年货物运输总量[24] 463 亿吨，货物运输周转量 196618 亿吨公里。全年港口完成货物吞吐量 145 亿吨，比上年增长 4.3%，其中外贸货物吞吐量 45 亿吨，增长 4.0%。港口集装箱吞吐量 26430 万标准箱，增长 1.2%。

表3 2020 年各种运输方式完成货物运输量及其增长速度

指　标	单位	绝对数	比上年增长（%）
货物运输总量	亿吨	463.4	−0.5
铁路	亿吨	44.6	3.2
公路	亿吨	342.6	−0.3
水运	亿吨	76.2	−3.3
民航	万吨	676.6	−10.2
货物运输周转量	亿吨公里	196618.3	−1.0
铁路	亿吨公里	30371.8	1.0
公路	亿吨公里	60171.8	0.9
水运	亿吨公里	105834.4	−2.5
民航	亿吨公里	240.2	−8.7

全年旅客运输总量 97 亿人次，比上年下降 45.1%。旅客运输周转量 19251 亿人公里，下降 45.5%。

表4 2020 年各种运输方式完成旅客运输量及其增长速度

指　标	单位	绝对数	比上年增长（%）
旅客运输总量	亿人次	96.7	−45.1
铁路	亿人次	22.0	−39.8
公路	亿人次	68.9	−47.0
水运	亿人次	1.5	−45.2
民航	亿人次	4.2	−36.7
旅客运输周转量	亿人公里	19251.4	−45.5
铁路	亿人公里	8266.2	−43.8
公路	亿人公里	4641.0	−47.6
水运	亿人公里	33.0	−58.0
民航	亿人公里	6311.2	−46.1

年末全国民用汽车保有量 28087 万辆（包括三轮汽车和低速货车 748 万辆），比上年末增加 1937 万辆，其中私人汽车保有量 24393 万辆，增加 1758 万辆。民用轿车保有量 15640 万辆，增加 996 万辆，其中私人轿车保有量 14674 万辆，增加 973 万辆。

全年完成邮政行业业务总量[25] 21053 亿元，比上年增长 29.7%。邮政业全年完成邮政函件业务 14.2 亿件，包裹业务 0.2 亿件，快递业务量 833.6 亿件，快递业务收入 8795

亿元。全年完成电信业务总量[26]136758亿元，比上年增长28.1%。年末全国电话用户总数177598万户，其中移动电话用户159407万户。移动电话普及率为113.9部/百人。固定互联网宽带接入用户[27]48355万户，比上年末增加3427万户，其中固定互联网光纤宽带接入用户[28]45414万户，增加3675万户。全年移动互联网用户接入流量1656亿GB，比上年增长35.7%。年末互联网上网人数9.89亿人，其中手机上网人数[29]9.86亿人。互联网普及率为70.4%，其中农村地区互联网普及率为55.9%。全年软件和信息技术服务业[30]完成软件业务收入81616亿元，按可比口径计算，比上年增长13.3%。

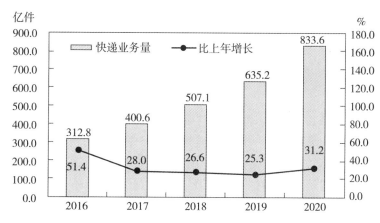

图10　2016—2020年快递业务量及其增长速度

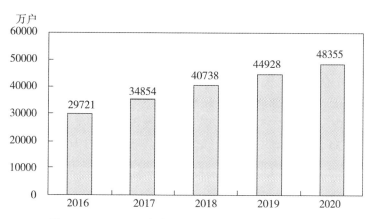

图11　2016—2020年年末固定互联网宽带接入用户数

五、国内贸易

全年社会消费品零售总额391981亿元，比上年下降3.9%。按经营地统计，城镇消费品零售额339119亿元，下降4.0%；乡村消费品零售额52862亿元，下降3.2%。按消费类型统计，商品零售额352453亿元，下降2.3%；餐饮收入额39527亿元，下降16.6%。

全年限额以上单位商品零售额中，粮油、食品类零售额比上年增长9.9%，饮料类

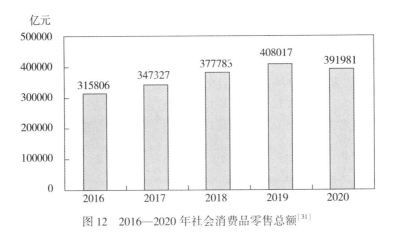

图 12　2016—2020 年社会消费品零售总额[31]

增长 14.0%，烟酒类增长 5.4%，服装、鞋帽、针纺织品类下降 6.6%，化妆品类增长 9.5%，金银珠宝类下降 4.7%，日用品类增长 7.5%，家用电器和音像器材类下降 3.8%，中西药品类增长 7.8%，文化办公用品类增长 5.8%，家具类下降 7.0%，通信器材类增长 12.9%，建筑及装潢材料类下降 2.8%，石油及制品类下降 14.5%，汽车类下降 1.8%。

全年实物商品网上零售额 97590 亿元，按可比口径计算，比上年增长 14.8%，占社会消费品零售总额的比重为 24.9%，比上年提高 4.0 个百分点。

六、固定资产投资

全年全社会固定资产投资[32] 527270 亿元，比上年增长 2.7%。其中，固定资产投资（不含农户）518907 亿元，增长 2.9%。分区域看[33]，东部地区投资比上年增长 3.8%，中部地区投资增长 0.7%，西部地区投资增长 4.4%，东北地区投资增长 4.3%。

在固定资产投资（不含农户）中，第一产业投资 13302 亿元，比上年增长 19.5%；第二产业投资 149154 亿元，增长 0.1%；第三产业投资 356451 亿元，增长 3.6%。民间固定资产投资[34] 289264 亿元，增长 1.0%。基础设施投资[35] 增长 0.9%。

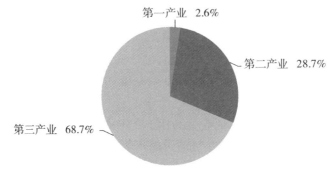

图 13　2020 年三次产业投资占固定资产投资（不含农户）比重

表5　　　　　　　　2020年分行业固定资产投资（不含农户）增长速度

行　　业	比上年增长（%）	行　　业	比上年增长（%）
总　　计	2.9	金融业	-13.3
农、林、牧、渔业	19.1	房地产业[36]	5.0
采矿业	-14.1	租赁和商务服务业	5.0
制造业	-2.2	科学研究和技术服务业	3.4
电力、热力、燃气及水生产和供应业	17.6	水利、环境和公共设施管理业	0.2
建筑业	9.2	居民服务、修理和其他服务业	-2.9
批发和零售业	-21.5	教育	12.3
交通运输、仓储和邮政业	1.4	卫生和社会工作	26.8
住宿和餐饮业	-5.5	文化、体育和娱乐业	1.0
信息传输、软件和信息技术服务业	18.7	公共管理、社会保障和社会组织	-6.4

表6　　　　　　　　2020年固定资产投资新增主要生产与运营能力

指　　标	单位	绝对数
新增220千伏及以上变电设备	万千伏安	22288
新建铁路投产里程	公里	4933
其中：高速铁路	公里	2521
增、新建铁路复线投产里程	公里	3380
电气化铁路投产里程	公里	5480
新改建高速公路里程	公里	12713
港口万吨级码头泊位新增通过能力	万吨/年	30562
新增民用运输机场	个	3
新增光缆线路长度	万公里	428

　　全年房地产开发投资141443亿元，比上年增长7.0%。其中住宅投资104446亿元，增长7.6%；办公楼投资6494亿元，增长5.4%；商业营业用房投资13076亿元，下降1.1%。年末商品房待售面积49850万平方米，比上年末增加29万平方米。其中，商品住宅待售面积22379万平方米，减少94万平方米。

　　全年全国各类棚户区改造开工209万套，基本建成203万套。全面完成74.21万户[37]建档立卡贫困户脱贫攻坚农村危房改造扫尾工程任务。

表 7   **2020 年房地产开发和销售主要指标及其增长速度**

指　　标	单位	绝对数	比上年增长（%）
投资额	亿元	141443	7.0
其中：住宅	亿元	104446	7.6
房屋施工面积	万平方米	926759	3.7
其中：住宅	万平方米	655558	4.4
房屋新开工面积	万平方米	224433	−1.2
其中：住宅	万平方米	164329	−1.9
房屋竣工面积	万平方米	91218	−4.9
其中：住宅	万平方米	65910	−3.1
商品房销售面积	万平方米	176086	2.6
其中：住宅	万平方米	154878	3.2
本年到位资金	亿元	193115	8.1
其中：国内贷款	亿元	26676	5.7
个人按揭贷款	亿元	29976	9.9

七、对外经济

全年货物进出口总额 321557 亿元，比上年增长 1.9%。其中，出口 179326 亿元，增长 4.0%；进口 142231 亿元，下降 0.7%。货物进出口顺差 37096 亿元，比上年增加 7976 亿元。对"一带一路"[38]沿线国家进出口总额 93696 亿元，比上年增长 1.0%。其中，出口 54263 亿元，增长 3.2%；进口 39433 亿元，下降 1.8%。

图 14　2016—2020 年货物进出口总额

表 8　　　　　　　　　　　2020 年货物进出口总额及其增长速度

指　　标	金额（亿元）	比上年增长（％）
货物进出口总额	321557	1.9
货物出口额	179326	4.0
其中：一般贸易	106460	6.9
加工贸易	48589	-4.2
其中：机电产品	106608	6.0
高新技术产品	53692	6.5
货物进口额	142231	-0.7
其中：一般贸易	86048	-0.7
加工贸易	27853	-3.2
其中：机电产品	65625	4.8
高新技术产品	47160	7.2
货物进出口顺差	37096	—

表 9　　　　　　　　2020 年主要商品出口数量、金额及其增长速度

商 品 名 称	单位	数量	比上年增长（％）	金额（亿元）	比上年增长（％）
钢材	万吨	5367	-16.5	3151	-14.8
纺织纱线、织物及制品	—	—	—	10695	30.4
服装及衣着附件	—	—	—	9520	-6.0
鞋靴	万双	740137	-22.4	2454	-20.9
家具及其零件	—	—	—	4039	12.2
箱包及类似容器	万吨	201	-34.7	1429	-23.9
玩具	—	—	—	2317	7.7
塑料制品	—	—	—	5902	20.0
集成电路	亿个	2598	18.8	8056	15.0
自动数据处理设备及其零部件	—	—	—	14599	12.0
手机	万台	96640	-2.8	8647	0.4
集装箱	万个	198	-17.9	508	10.5
液晶显示板	万个	126747	-15.9	1370	-7.1
汽车（包括底盘）	万辆	108	-13.2	1090	-3.2

表 10 　　　　　　　　　**2020 年主要商品进口数量、金额及其增长速度**

商 品 名 称	单位	数量	比上年增长（％）	金额（亿元）	比上年增长（％）
大豆	万吨	10033	13.3	2743	12.5
食用植物油	万吨	983	3.1	515	17.7
铁矿砂及其精矿	万吨	117010	9.5	8229	17.8
煤及褐煤	万吨	30399	1.5	1411	−12.1
原油	万吨	54239	7.3	12218	−26.8
成品油	万吨	2835	−7.2	818	−30.4
天然气	万吨	10166	5.3	2315	−19.4
初级形状的塑料	万吨	4063	10.1	3628	−1.2
纸浆	万吨	3063	12.7	1088	−7.6
钢材	万吨	2023	64.4	1165	19.8
未锻轧铜及铜材	万吨	668	34.1	2988	33.4
集成电路	亿个	5435	22.1	24207	14.8
汽车（包括底盘）	万辆	93	−11.4	3242	−3.5

表 11 　　　　　　**2020 年对主要国家和地区货物进出口金额、增长速度及其比重**

国家和地区	出口额（亿元）	比上年增长（％）	占全部出口比重（％）	进口额（亿元）	比上年增长（％）	占全部进口比重（％）
东盟	26550	7.0	14.8	20807	6.9	14.6
欧盟[39]	27084	7.2	15.1	17874	2.6	12.6
美国	31279	8.4	17.4	9319	10.1	6.6
日本	9883	0.1	5.5	12090	2.1	8.5
韩国	7787	1.8	4.3	11957	0.0	8.4
中国香港	18830	−2.2	10.5	482	−22.9	0.3
中国台湾	4163	9.5	2.3	13873	16.2	9.8
巴西	2417	−1.5	1.3	5834	5.8	4.1
俄罗斯	3506	2.1	2.0	3960	−6.1	2.8
印度	4613	−10.5	2.6	1445	16.7	1.0
南非	1055	−7.5	0.6	1422	−20.4	1.0

全年服务进出口总额 45643 亿元，比上年下降 15.7％。其中，服务出口 19357 亿元，下降 1.1％；服务进口 26286 亿元，下降 24.0％。服务进出口逆差 6929 亿元。

全年外商直接投资（不含银行、证券、保险领域）新设立企业38570家，比上年下降5.7%。实际使用外商直接投资金额10000亿元，增长6.2%，折1444亿美元，增长4.5%。其中"一带一路"沿线国家对华直接投资（含通过部分自由港对华投资）新设立企业4294家，下降23.2%；对华直接投资金额574亿元，下降0.3%，折83亿美元，下降1.8%。全年高技术产业实际使用外资2963亿元，增长11.4%，折428亿美元，增长9.5%。

表12　　　　　**2020年外商直接投资（不含银行、证券、保险领域）及其增长速度**

行　业	企业数（家）	比上年增长（%）	实际使用金额（亿元）	比上年增长（%）
总计	38570	-5.7	10000	6.2
其中：农、林、牧、渔业	493	-0.4	40	4.9
制造业	3732	-30.8	2156	-10.8
电力、热力、燃气及水生产和供应业	260	-11.9	217	-9.4
交通运输、仓储和邮政业	592	0.2	347	12.1
信息传输、软件和信息技术服务业	3521	-18.0	1133	13.3
批发和零售业	10812	-21.9	819	33.3
房地产业	1190	13.3	1407	-12.5
租赁和商务服务业	7513	30.1	1838	22.6
居民服务、修理和其他服务业	447	23.8	21	-42.4

全年对外非金融类直接投资额7598亿元，比上年下降0.4%，折1102亿美元，下降0.4%。其中，对"一带一路"沿线国家非金融类直接投资额178亿美元，增长18.3%。

表13　　　　　**2020年对外非金融类直接投资额及其增长速度**

行　业	金额（亿美元）	比上年增长（%）
总计	1101.5	-0.4
其中：农、林、牧、渔业	13.9	-9.7
采矿业	50.9	-32.3
制造业	199.7	-0.5
电力、热力、燃气及水生产和供应业	27.8	10.3
建筑业	51.6	-39.4
批发和零售业	160.7	27.8
交通运输、仓储和邮政业	26.5	-52.3

行　　业	金额（亿美元）	比上年增长（%）
信息传输、软件和信息技术服务业	67.1	9.6
房地产业	27.3	−43.4
租赁和商务服务业	417.9	17.5

全年对外承包工程完成营业额10756亿元，比上年下降9.8%，折1559亿美元，下降9.8%。其中，对"一带一路"沿线国家完成营业额911亿美元，下降7.0%，占对外承包工程完成营业额比重为58.4%。对外劳务合作派出各类劳务人员30万人。

八、财政金融

全年全国一般公共预算收入182895亿元，比上年下降3.9%。其中税收收入154310亿元，下降2.3%。全国一般公共预算支出245588亿元，比上年增长2.8%。全年新增减税降费超过2.5万亿元。

图15　2016—2020年全国一般公共预算收入

注：图中2016年至2019年数据为全国一般公共预算收入决算数，2020年为执行数。

年末广义货币供应量（M$_2$）余额218.7万亿元，比上年末增长10.1%；狭义货币供应量（M$_1$）余额62.6万亿元，增长8.6%；流通中货币（M$_0$）余额8.4万亿元，增长9.2%。

全年社会融资规模增量[40]34.9万亿元，按可比口径计算，比上年多9.2万亿元；年末社会融资规模存量[41]284.8万亿元，按可比口径计算，比上年末增长13.3%，其中对实体经济发放的人民币贷款余额171.6万亿元，增长13.2%。年末全部金融机构本外币各项存款余额218.4万亿元，比年初增加20.2万亿元，其中人民币各项存款余额212.6万亿元，增加 19.6 万亿元。全部金融机构本外币各项贷款余额 178.4 万亿元，增加 19.8 万亿元，其中人民币各项贷款余额 172.7 万亿元，增加 19.6 万亿元。人民币普惠金融贷款[42]余额 21.5 万亿元，增加 4.2 万亿元。

表 14　　　　　　**2020 年年末全部金融机构本外币存贷款余额及其增长速度**

指　　标	年末数（亿元）	比上年末增长（％）
各项存款	2183744	10.2
其中：境内住户存款	934383	13.8
其中：人民币	925986	13.9
境内非金融企业存款	688218	10.8
各项贷款	1784034	12.5
其中：境内短期贷款	492682	4.3
境内中长期贷款	1137504	17.1

年末主要农村金融机构（农村信用社、农村合作银行、农村商业银行）人民币贷款余额 215886 亿元，比年初增加 25210 亿元。全部金融机构人民币消费贷款余额 495668 亿元，增加 55994 亿元。其中，个人短期消费贷款余额 87774 亿元，增加 7177 亿元；个人中长期消费贷款余额 407894 亿元，增加 48817 亿元。

全年沪深交易所 A 股累计筹资[43]15417 亿元，比上年增加 1883 亿元。首次公开发行上市 A 股 394 只，筹资 4742 亿元，比上年增加 2252 亿元，其中科创板股票 145 只，筹资 2226 亿元；A 股再融资（包括公开增发、定向增发、配股、优先股、可转债转股）10674 亿元，减少 370 亿元。全年各类主体通过沪深交易所发行债券（包括公司债、可转债、可交换债、政策性金融债、地方政府债和企业资产支持证券）筹资 84777 亿元，比上年增加 12791 亿元。全国中小企业股份转让系统[44]挂牌公司 8187 家，全年挂牌公司累计股票筹资 339 亿元。

全年发行公司信用类债券[45]14.2 万亿元，比上年增加 3.5 万亿元。

全年保险公司原保险保费收入[46]45257 亿元，比上年增长 6.1％。其中，寿险业务原保险保费收入 23982 亿元，健康险和意外伤害险业务原保险保费收入 9347 亿元，财产险业务原保险保费收入 11929 亿元。支付各类赔款及给付 13907 亿元。其中，寿险业务给付 3715 亿元，健康险和意外伤害险业务赔款及给付 3237 亿元，财产险业务赔款 6955 亿元。

九、居民收入消费和社会保障

全年全国居民人均可支配收入 32189 元，比上年增长 4.7％，扣除价格因素，实际增长 2.1％。全国居民人均可支配收入中位数[47]27540 元，增长 3.8％。按常住地分，城镇居民人均可支配收入 43834 元，比上年增长 3.5％，扣除价格因素，实际增长 1.2％。城镇居民人均可支配收入中位数 40378 元，增长 2.9％。农村居民人均可支配收入 17131 元，比上年增长 6.9%，扣除价格因素，实际增长 3.8%。农村居民人均可支配收入中位数 15204 元，增长 5.7%。城乡居民人均可支配收入比值为 2.56，比上年缩小 0.08。按全国居民五等份收入分组[48]，低收入组人均可支配收入 7869 元，中间偏下收入组人均可支配收入 16443 元，中间收入组人均可支配收入 26249 元，中间偏上收入组人均可支配收入 41172 元，高收入组人均可支配收入 80294 元。全国农民工人均月收入 4072 元，比上年增长 2.8%。

全年全国居民人均消费支出 21210 元，比上年下降 1.6%，扣除价格因素，实际下降 4.0%。其中，人均服务性消费支出[49] 9037 元，比上年下降 8.6%，占居民人均消费支出的比重为 42.6%。按常住地分，城镇居民人均消费支出 27007 元，下降 3.8%，扣除价格因素，实际下降 6.0%；农村居民人均消费支出 13713 元，增长 2.9%，扣除价格因素，实际下降 0.1%。全国居民恩格尔系数为 30.2%，其中城镇为 29.2%，农村为 32.7%。

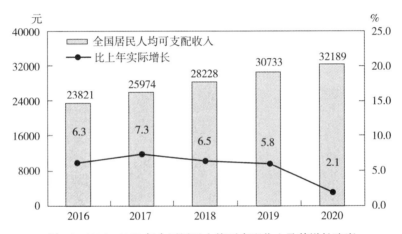

图 16　2016—2020 年全国居民人均可支配收入及其增长速度

年末全国参加城镇职工基本养老保险人数 45638 万人，比上年末增加 2150 万人。参加城乡居民基本养老保险人数 54244 万人，增加 978 万人。参加基本医疗保险人数 136101 万人，增加 693 万人。其中，参加职工基本医疗保险人数 34423 万人，增加 1498 万人；参加城乡居民基本医疗保险人数 101678 万人。参加失业保险人数 21689 万人，增加 1147 万人。年末全国领取失业保险金人数 270 万人。参加工伤保险人数 26770 万人，增加 1291 万人，其中参加工伤保险的农民工 8934 万人，增加 318 万人。参加生育保险人数 23546 万人，增加 2129 万人。年末全国共有 805 万人享受城市最低生活保障，3621 万人享受农村最低生活保障，447 万人享受农村特困人员[50] 救助供养，全年临时救助[51] 1341 万人次。全年资助 8990 万人参加基本医疗保险，实施直接救助[52] 7300 万人次。全年国家抚恤、补助退役军人和其他优抚对象 837 万人。

年末全国共有各类提供住宿的社会服务机构 4.1 万个，其中养老机构 3.8 万个，儿童服务机构 735 个。社会服务床位[53] 850.9 万张，其中养老服务床位 823.8 万张，儿童服务床位 9.8 万张。年末共有社区服务中心 2.9 万个，社区服务站 39.3 万个。

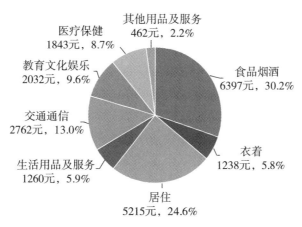

图 17　2020 年全国居民人均消费支出及其构成

十、科学技术和教育

全年研究与试验发展（R&D）经费支出 24426 亿元，比上年增长 10.3%，与国内生产总值之比为 2.40%，其中基础研究经费 1504 亿元。国家科技重大专项共安排 198 个项目（课题），国家自然科学基金共资助 4.57 万个项目。截至年末，正在运行的国家重点实验室 522 个，国家工程研究中心（国家工程实验室）350 个，国家企业技术中心 1636 家，大众创业万众创新示范基地 212 家。国家级科技企业孵化器[54]1173 家，国家备案众创空间[55]2386 家。全年授予专利权 363.9 万件，比上年增长 40.4%；PCT 专利申请受理量[56]7.2 万件。截至年末，有效专利 1219.3 万件，其中境内有效发明专利 221.3 万件，预计每万人口发明专利拥有量 15.8 件。全年商标注册 576.1 万件，比上年下降 10.1%。全年共签订技术合同 55 万项，技术合同成交金额 28252 亿元，比上年增长 26.1%。

表 15　　　　　　　　　　**2020 年专利授权和有效专利情况**

指　　标	专利数（万件）	比上年增长（%）
专利授权数	363.9	40.4
其中：境内专利授权	350.4	42.6
其中：发明专利授权	53.0	17.1
其中：境内发明专利	43.4	22.5
年末有效专利数	1219.3	25.4
其中：境内有效专利	1111.5	27.9
其中：有效发明专利	305.8	14.5
其中：境内有效发明专利	221.3	18.8

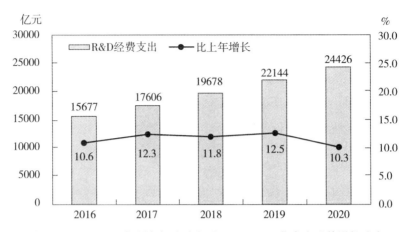

图 18　2016—2020 年研究与试验发展（R&D）经费支出及其增长速度

全年成功完成 35 次宇航发射。嫦娥五号发射成功，首次完成我国月表采样返回。我国首次火星探测任务"天问一号"探测器成功发射。500 米口径球面射电望远镜（FAST）正式开放运行。北斗三号全球卫星导航系统正式开通。量子计算原型系统"九章"成功研制。全海深载人潜水器"奋斗者"号完成万米深潜。

年末全国共有国家质检中心 852 家。全国现有产品质量、体系和服务认证机构 724 个，累计完成对 79 万家企业的认证。全年制定、修订国家标准 2252 项，其中新制定 1584 项。全年制造业产品质量合格率[57]为 93.39%。

全年研究生教育招生 110.7 万人，在学研究生 314.0 万人，毕业生 72.9 万人。普通本专科招生 967.5 万人，在校生 3285.3 万人，毕业生 797.2 万人。中等职业教育[58]招生 644.7 万人，在校生 1663.4 万人，毕业生 484.9 万人。普通高中招生 876.4 万人，在校生 2494.5 万人，毕业生 786.5 万人。初中招生 1632.1 万人，在校生 4914.1 万人，毕业生 1535.3 万人。普通小学招生 1808.1 万人，在校生 10725.4 万人，毕业生 1640.3 万人。特殊教育招生 14.9 万人，在校生 88.1 万人，毕业生 12.1 万人。学前教育在园幼儿 4818.3 万人。九年义务教育巩固率为 95.2%，高中阶段毛入学率为 91.2%。

十一、文化旅游、卫生健康和体育

年末全国文化和旅游系统共有艺术表演团体 2027 个，博物馆 3510 个。全国共有公共图书馆 3203 个，总流通[59] 56953 万人次；文化馆 3327 个。有线电视实际用户 2.10 亿户，其中有线数字电视实际用户 2.01 亿户。年末广播节目综合人口覆盖率为 99.4%，电视节目综合人口覆盖率为 99.6%。全年生产电视剧 202 部 7476 集，电视动画片 116688 分钟。全年生产故事影片 531 部，科教、纪录、动画和特种影片[60] 119 部。出版各类报纸 277 亿份，各类期刊 20 亿册，图书 101 亿册（张），预计人均图书拥有量[61] 7.24 册（张）。年末全国共有档案馆 4234 个，已开放各类档案 17659 万卷（件）。全年全国规模以上文化及相关产业企业营业收入 98514 亿元，按可比口径计算，比上年增长 2.2%。

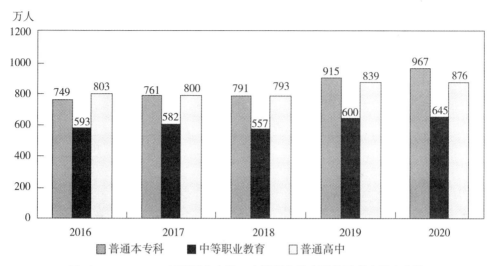

图 19 2016—2020 年普通本专科、中等职业教育及普通高中招生人数

全年国内游客 28.8 亿人次，比上年下降 52.1%。其中，城镇居民游客 20.7 亿人次，下降 53.8%；农村居民游客 8.1 亿人次，下降 47.0%。国内旅游收入 22286 亿元，下降 61.1%。其中，城镇居民游客花费 17967 亿元，下降 62.2%；农村居民游客花费 4320 亿元，下降 55.7%。

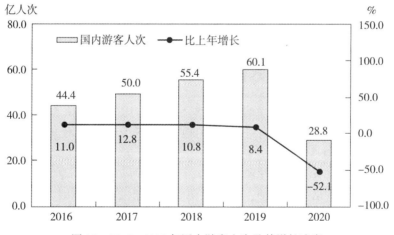

图 20 2016—2020 年国内游客人次及其增长速度

年末全国共有医疗卫生机构 102.3 万个，其中医院 3.5 万个，在医院中有公立医院 1.2 万个，民营医院 2.4 万个；基层医疗卫生机构 97.1 万个，其中乡镇卫生院 3.6 万个，社区卫生服务中心（站）3.5 万个，门诊部（所）29.0 万个，村卫生室 61.0 万个；专业公共卫生机构 1.4 万个，其中疾病预防控制中心 3384 个，卫生监督所（中心）2736 个。

年末卫生技术人员 1066 万人，其中执业医师和执业助理医师 408 万人，注册护士 471 万人。医疗卫生机构床位 911 万张，其中医院 713 万张，乡镇卫生院 139 万张。全年总诊疗人次[62]78.2 亿人次，出院人数[63]2.3 亿人。截至年末，全国累计报告新型冠状病毒肺炎确诊病例 87071 例，累计治愈出院病例 82067 例，累计死亡 4634 人。全国共有 8177 家医疗卫生机构提供新型冠状病毒核酸检测服务，总检测能力达到 1153 万份/天。

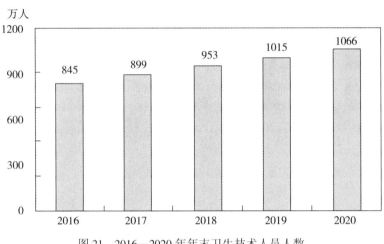

图 21　2016—2020 年年末卫生技术人员人数

年末全国共有体育场地[64]371.3 万个，体育场地面积[65]31.0 亿平方米，预计人均体育场地面积 2.20 平方米。全年我国运动员在 3 个运动大项中获得 4 个世界冠军，共创 1 项世界纪录[66]。全年我国残疾人运动员在 6 项国际赛事中获得 24 个世界冠军[67]。全年全国 7 岁及以上人口中经常参加体育锻炼人数比例[68]达 37.2%。

十二、资源、环境和应急管理

全年全国国有建设用地供应总量[69]65.8 万公顷，比上年增长 5.5%。其中，工矿仓储用地 16.7 万公顷，增长 13.6%；房地产用地[70]15.5 万公顷，增长 9.3%；基础设施用地 33.7 万公顷，增长 0.3%。

全年水资源总量 30963 亿立方米。

全年完成造林面积 677 万公顷，其中人工造林面积 289 万公顷，占全部造林面积的 42.7%。种草改良面积[71]283 万公顷。截至年末，国家级自然保护区 474 个。新增水土流失治理面积 6.0 万平方公里。

初步核算，全年能源消费总量 49.8 亿吨标准煤，比上年增长 2.2%。煤炭消费量增长 0.6%，原油消费量增长 3.3%，天然气消费量增长 7.2%，电力消费量增长 3.1%。煤炭消费量占能源消费总量的 56.8%，比上年下降 0.9 个百分点；天然气、水电、核电、风电等清洁能源消费量占能源消费总量的 24.3%，上升 1.0 个百分点。重点耗能工业企业单位电石综合能耗下降 2.1%，单位合成氨综合能耗上升 0.3%，吨钢综合能耗下降 0.3%，单位电解铝综合能耗下降 1.0%，每千瓦时火力发电标准煤耗下降 0.6%。全国万元国内生产总值二氧化碳排放下降 1.0%。

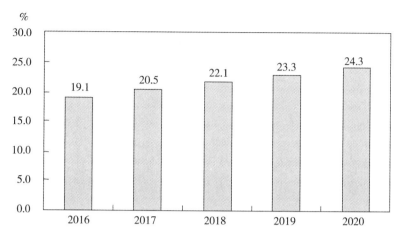

图 22　2016—2020 年清洁能源消费量占能源消费总量的比重

全年近岸海域海水水质[72]达到国家一、二类海水水质标准的面积占 77.4%，三类海水占 7.7%，四类、劣四类海水占 14.9%。

在开展城市区域声环境监测的 324 个城市中，全年声环境质量好的城市占 4.3%，较好的占 66.4%，一般的占 28.7%，较差的占 0.6%。

全年平均气温为 10.25℃，比上年下降 0.09℃。共有 5 个台风登陆。

全年农作物受灾面积 1996 万公顷，其中绝收 271 万公顷。全年因洪涝和地质灾害造成直接经济损失 2686 亿元，因旱灾造成直接经济损失 249 亿元，因低温冷冻和雪灾造成直接经济损失 154 亿元，因海洋灾害造成直接经济损失 8 亿元。全年大陆地区共发生 5.0 级以上地震 20 次，成灾 5 次，造成直接经济损失约 18 亿元。全年共发生森林火灾 1153 起，受害森林面积约 0.9 万公顷。

全年各类生产安全事故共死亡 27412 人。工矿商贸企业就业人员 10 万人生产安全事故死亡人数 1.301 人，比上年下降 11.7%；煤矿百万吨死亡人数 0.059 人，下降 28.9%。道路交通事故万车死亡人数 1.66 人，下降 7.8%。

◎ **注释**

[1] 本公报中数据均为初步统计数。各项统计数据均未包括香港特别行政区、澳门特别行政区和台湾省。部分数据因四舍五入的原因，存在总计与分项合计不等的情况。

[2] 2020 年开展第七次全国人口普查，相关数据拟于 2021 年 4 月份发布，公报中不再单独发布人口和就业人员相关数据。公报中涉及的人均指标根据人口预计数计算得到。

[3] 国内生产总值、三次产业及相关行业增加值、地区生产总值、人均国内生产总值和国民总收入绝对数按现价计算，增长速度按不变价格计算。

[4] 国民总收入，原称国民生产总值，是指一个国家或地区所有常住单位在一定时期内所获得的初次分配收入总额，等于国内生产总值加上来自国外的初次分配收入净额。

［5］ 万元国内生产总值能耗按 2015 年价格计算。

［6］ 全员劳动生产率为国内生产总值（按 2015 年价格计算）与全部就业人员的比率。2020 年就业人员数据为预计数。

［7］ 年度农民工数量包括年内在本乡镇以外从业 6 个月及以上的外出农民工和在本乡镇内从事非农产业 6 个月及以上的本地农民工。

［8］ 农产品生产者价格是指农产品生产者直接出售其产品时的价格。

［9］ 居住类价格包括租赁房房租、住房保养维修及管理、水电燃料等价格。

［10］ 贫困地区包括集中连片特困地区和片区外的国家扶贫开发工作重点县，原共有 832 个县。2017 年开始将新疆阿克苏地区纳入贫困监测范围。

［11］ 高技术制造业包括医药制造业，航空、航天器及设备制造业，电子及通信设备制造业，计算机及办公设备制造业，医疗仪器设备及仪器仪表制造业，信息化学品制造业。

［12］ 装备制造业包括金属制品业，通用设备制造业，专用设备制造业，汽车制造业，铁路、船舶、航空航天和其他运输设备制造业，电气机械和器材制造业，计算机、通信和其他电子设备制造业，仪器仪表制造业。

［13］ 规模以上服务业统计范围包括：年营业收入 2000 万元及以上的交通运输、仓储和邮政业，信息传输、软件和信息技术服务业，水利、环境和公共设施管理业，卫生行业法人单位；年营业收入 1000 万元及以上的房地产业（不含房地产开发经营），租赁和商务服务业，科学研究和技术服务业，教育行业法人单位；以及年营业收入 500 万元及以上的居民服务、修理和其他服务业，文化、体育和娱乐业，社会工作行业法人单位。

［14］ 战略性新兴服务业包括新一代信息技术产业，高端装备制造产业，新材料产业，生物产业，新能源汽车产业，新能源产业，节能环保产业和数字创意产业等八大产业中的服务业相关行业，以及新技术与创新创业等相关服务业。2020 年战略性新兴服务业企业营业收入增速按可比口径计算。

［15］ 高技术产业投资包括医药制造、航空航天器及设备制造等六大类高技术制造业投资和信息服务、电子商务服务等九大类高技术服务业投资。

［16］ 网上零售额是指通过公共网络交易平台（主要从事实物商品交易的网上平台，包括自建网站和第三方平台）实现的商品和服务零售额。

［17］ 东部地区是指北京、天津、河北、上海、江苏、浙江、福建、山东、广东和海南 10 省（市）；中部地区是指山西、安徽、江西、河南、湖北和湖南 6 省；西部地区是指内蒙古、广西、重庆、四川、贵州、云南、西藏、陕西、甘肃、青海、宁夏和新疆 12 省（区、市）；东北地区是指辽宁、吉林和黑龙江 3 省。

［18］ 2019 年部分产品产量数据进行了核实调整，2020 年产量增速按可比口径计算。

［19］ 火电包括燃煤发电量，燃油发电量，燃气发电量，余热、余压、余气发电量，垃圾焚烧发电量，生物质发电量。

［20］ 钢材产量数据中含企业之间重复加工钢材约 30566 万吨。

［21］ 少量发电装机容量（如地热等）公报中未列出。

［22］由于统计调查制度规定的口径调整、统计执法、剔除重复数据等因素，2020 年规模以上工业企业财务指标增速及变化按可比口径计算。

［23］产能利用率是指实际产出与生产能力（均以价值量计量）的比率。企业的实际产出是指企业报告期内的工业总产值；企业的生产能力是指报告期内，在劳动力、原材料、燃料、运输等保证供给的情况下，生产设备（机械）保持正常运行，企业可实现并能长期维持的产品产出。

［24］货物运输总量及周转量包括铁路、公路、水路和民航四种运输方式完成量，2020 年增速按可比口径计算。因新组建国家管网集团，部分油气运输管线统计归口发生变化等原因，管道运输相关数据尚在核实。

［25］邮政行业业务总量按 2010 年价格计算。

［26］电信业务总量按 2015 年价格计算。

［27］固定互联网宽带接入用户是指报告期末在电信企业登记注册，通过 xDSL、FTTx＋LAN、FTTH/O 以及其他宽带接入方式和普通专线接入公众互联网的用户。

［28］固定互联网光纤宽带接入用户是指报告期末在电信企业登记注册，通过 FTTH 或 FTTO 方式接入公众互联网的用户。

［29］手机上网人数是指过去半年通过手机接入并使用互联网的人数。

［30］软件和信息技术服务业包括软件开发，集成电路设计，信息系统集成和物联网技术服务，运行维护服务，信息处理和存储支持服务，信息技术咨询服务，数字内容服务和其他信息技术服务等行业。

［31］根据第四次全国经济普查结果及有关制度规定，对 2016-2019 年社会消费品零售总额数据进行了修订。

［32］根据第四次全国经济普查、统计执法检查、统计调查方法改革和制度规定，对 2019 年固定资产投资数据进行修订，2020 年增速按可比口径计算。

［33］见注释［17］。

［34］民间固定资产投资是指具有集体、私营、个人性质的内资调查单位以及由其控股（包括绝对控股和相对控股）的调查单位建造或购置固定资产的投资。

［35］基础设施投资包括交通运输、邮政业，电信、广播电视和卫星传输服务业，互联网和相关服务业，水利、环境和公共设施管理业投资。

［36］房地产业投资除房地产开发投资外，还包括建设单位自建房屋以及物业管理、中介服务和其他房地产投资。

［37］数据包括 2019 年全国 64.16 万户建档立卡贫困户存量危房和脱贫攻坚"回头看"排查新增的 10.05 万户建档立卡贫困户危房。

［38］"一带一路"是指"丝绸之路经济带"和"21 世纪海上丝绸之路"。

［39］对欧盟的货物进出口金额不包括英国数据，增速按可比口径计算。

［40］社会融资规模增量是指一定时期内实体经济从金融体系获得的资金总额。

［41］社会融资规模存量是指一定时期末（月末、季末或年末）实体经济（境内非金融企业和个人）从金融体系获得的资金余额。

［42］普惠金融贷款包括单户授信小于 1000 万元的小微型企业贷款、个体工商户经营性

贷款、小微企业主经营性贷款、农户生产经营贷款、建档立卡贫困人口消费贷款、创业担保贷款和助学贷款。

［43］沪深交易所股票筹资额按上市日统计，筹资额包括了可转债实际转股金额，2019年、2020年可转债实际转股金额分别为995亿元和1195亿元。

［44］全国中小企业股份转让系统又称"新三板"，是2012年经国务院批准的全国性证券交易场所。全年全国中小企业股份转让系统挂牌公司累计筹资不含优先股，股票筹资按发行报告书的披露日统计。

［45］公司信用类债券包括非金融企业债务融资工具、企业债券以及公司债、可转债等。

［46］原保险保费收入是指保险企业确认的原保险合同保费收入。

［47］人均收入中位数是指将所有调查户按人均收入水平从低到高（或从高到低）顺序排列，处于最中间位置调查户的人均收入。

［48］全国居民五等份收入分组是指将所有调查户按人均收入水平从低到高顺序排列，平均分为五个等份，处于最低20%的收入家庭为低收入组，依此类推依次为中间偏下收入组、中间收入组、中间偏上收入组、高收入组。

［49］服务性消费支出是指住户用于餐饮服务、教育文化娱乐服务和医疗服务等各种生活服务的消费支出。

［50］农村特困人员是指无劳动能力，无生活来源，无法定赡养、抚养、扶养义务人或者其法定义务人无履行义务能力的农村老年人、残疾人以及未满16周岁的未成年人。

［51］临时救助是指国家对遭遇突发事件、意外伤害、重大疾病或其他特殊原因导致基本生活陷入困境，其他社会救助制度暂时无法覆盖或救助之后基本生活暂时仍有严重困难的家庭或个人给予的应急性、过渡性的救助。

［52］包括医保部门实施的住院救助、门诊救助和其他有关部门实施的直接救助。

［53］社会服务床位数除收养性机构外，还包括救助类机构、社区类机构的床位。

［54］国家级科技企业孵化器是指符合《科技企业孵化器管理办法》规定的，以促进科技成果转化、培育科技企业和企业家精神为宗旨，提供物理空间、共享设施和专业化服务的科技创业服务机构，且经过科技部批准确定的科技企业孵化器。

［55］国家备案众创空间是指符合《发展众创空间工作指引》规定的新型创新创业服务平台，且按照《国家众创空间备案暂行规定》经科技部审核备案的众创空间。

［56］PCT专利申请受理量是指国家知识产权局作为PCT专利申请受理局受理的PCT专利申请数量。PCT（Patent Cooperation Treaty）即专利合作条约，是专利领域的一项国际合作条约。

［57］制造业产品质量合格率是指以产品质量检验为手段，按照规定的方法、程序和标准实施质量抽样检测，判定为质量合格的样品数占全部抽样样品数的百分比，统计调查样本覆盖制造业的29个行业。

［58］中等职业教育包括普通中专、成人中专、职业高中和技工学校。

［59］总流通人次是指本年度内到图书馆场馆接受图书馆服务的总人次，包括借阅书刊、咨询问题以及参加各类读者活动等。

［60］特种影片是指采用与常规影院放映在技术、设备、节日方面不同的电影展示方式，

如巨幕电影、立体电影、立体特效（4D）电影、动感电影、球幕电影等。

［61］人均图书拥有量是指在一年内全国平均每人能拥有的当年出版图书册数。

［62］总诊疗人次是指所有诊疗工作的总人次数，包括门诊、急诊、出诊、预约诊疗、单项健康检查、健康咨询指导（不含健康讲座）人次。

［63］出院人数是指报告期内所有住院后出院的人数，包括医嘱离院、医嘱转其他医疗机构、非医嘱离院、死亡及其他人数，不含家庭病床撤床人数。

［64］体育场地调查对象不包括军队、铁路系统所属体育场地。

［65］体育场地面积是指体育训练、比赛、健身场地的有效面积。

［66］受新型冠状病毒肺炎疫情影响，2020 年国际级体育赛事大幅减少，我国运动员获世界冠军数和创世界纪录数比往年有所减少。

［67］2020 年 1—3 月份的国际赛事数据（受新型冠状病毒肺炎疫情影响，2020 年 4 月份以后停止参加国际赛事）。

［68］经常参加体育锻炼人数比例来源于 2020 年全民健身活动状况调查。经常参加体育锻炼的人是指每周参加体育锻炼频度 3 次及以上，每次体育锻炼持续时间 30 分钟及以上，每次体育锻炼的运动强度达到中等及以上的人。

［69］国有建设用地供应总量是指报告期内市、县人民政府根据年度土地供应计划依法以出让、划拨、租赁等方式与用地单位或个人签订出让合同或签发划拨决定书、完成交易的国有建设用地总量。

［70］房地产用地是指商服用地和住宅用地的总和。

［71］种草改良面积是指通过实施播种、栽种等措施增加牧草数量的面积以及通过压盐压碱压沙、土壤改良、围栏封育等措施使草原原生植被、生态得到改善的面积之和。

［72］近岸海域海水水质采用面积法进行评价。

资料来源：http：//www.stats.gov.cn/tjsj/zxfb/202102/t20210227_1814154.html.